HISTOIRE
DES FRANÇAIS.

I.

Ouvrages du même auteur.

GÉOGRAPHIE PHYSIQUE, HISTORIQUE ET MILITAIRE. Ouvrage adopté par le ministère de la guerre pour l'École spéciale militaire de Saint-Cyr. 2ᵉ édition, revue, corrigée et augmentée d'un index alphabétique. 1 volume in-8°.   6 fr. 50 c.

JEAN-SANS-PEUR, DUC DE BOURGOGNE. Scènes historiques. 2 volumes in-8°.   12 fr.   »

HISTOIRE D'ANGLETERRE, par le docteur John Lingard, traduite par M. Léon de Wailly, continuée depuis la révolution de 1688 jusqu'à nos jours par Théophile Lavallée. 8 vol. in-12. Prix : 28 fr.

Sous presse.

ESSAI HISTORIQUE SUR LES RELATIONS DE LA FRANCE AVEC L'ORIENT depuis les temps anciens jusqu'à nos jours. 1 vol. in-8°.

HISTOIRE
DES
FRANÇAIS

DEPUIS LE TEMPS DES GAULOIS JUSQU'EN 1830.

PAR

THÉOPHILE LAVALLÉE.

> L'homme s'agite, mais Dieu le mène.
> FÉNELON.

QUATRIÈME ÉDITION, REVUE ET CORRIGÉE.

TOME PREMIER.

PARIS,

J. HETZEL, | CHARPENTIER,
LIBRAIRE-ÉDITEUR, | LIBRAIRE-ÉDITEUR,
RUE DE MENARS, 4. | RUE DE SEINE, 29.

1844.

PRÉFACE

DE LA PREMIÈRE ÉDITION.

« Notre histoire, a dit Napoléon, doit être écrite en quatre ou cinq volumes, ou en cent [1]. » Les cent volumes, l'histoire complète et détaillée, ont été entrepris avec une glorieuse constance par le savant M. de Sismondi : j'essaie humblement les quatre ou cinq, l'histoire abrégée.

Les travaux des grands historiens de notre époque, et principalement ceux de M. Guizot, ont fait une révolution dans la science; mais leurs découvertes, quoique admirées et adoptées par tous les savants, ne sont pas encore devenues vulgaires. La presse ne cesse de reproduire les compilations infidèles ou ridicules des vieux historiens, et principalement celle d'Anquetil; l'enseignement public les répète : et ainsi se propagent indéfiniment, même parmi les gens éclairés, même dans les livres sérieux, même à la tribune nationale, les erreurs et les préjugés les plus fâcheux, qui influent d'une manière déplorable sur l'éducation politique de la France. Il faut chasser à jamais des esprits ce tissu de niaiseries et de faussetés qu'on a pris si long-temps pour notre histoire; il faut vulgariser la science moderne, la mettre à portée de tous, montrer le passé de la France sous son véritable jour, et rendre ainsi populaire la foi en ses destinées. C'est par là qu'on ranimera dans tous les cœurs le culte de la patrie, qui semble entraîné dans le naufrage de tous les cultes. Mon ambition a été celle-là : mes éditeurs l'ont comprise et partagée, et nos efforts réunis tendent à jeter dans le peuple, dans les colléges, dans les écoles militaires, partout où l'on lit, un livre consciencieux, écrit sous l'inspiration de l'amour de la religion, de la liberté et du pays. Douze années consacrées à faire quatre volumes témoignent que, si je me suis largement servi des travaux de MM. Guizot, Sismondi, Thierry, etc., je ne me suis pourtant pas embarqué à l'aveugle sur la foi de ces excellents guides, et que j'ai abondamment puisé aux sources originales. D'ailleurs mon travail a été éclairé par tous les écrivains de philosophie historique, depuis Bossuet, Vico et Herder jusqu'à Ballanche, Saint-Simon, Buchez, etc.

Je n'ai point vu l'histoire comme une série d'accidents et une suite de noms et de dates, mais comme la science philosophique par excellence et la justification des destinées de l'humanité. J'ai donc élagué tous les détails oiseux, tous les faits isolés, toutes les biographies et les anecdotes; j'ai dit, non pas tout ce qui est intéressant, mais tout ce

[1] Mémorial de Sainte-Hélène, t. II, p. 265.

qui est utile : c'était la loi impérieuse du cadre que je m'étais imposé. D'ailleurs, je ne me suis pas borné à l'histoire matérielle des événements extérieurs, j'ai tracé aussi l'histoire intellectuelle, celle des sciences et des arts, et surtout l'histoire morale, celle de la philosophie, de la religion, du cœur humain. Enfin l'histoire a été pour moi non un curieux spectacle, mais une instruction de la plus haute solennité ; et j'ai cru que l'historien n'avait pas à remplir seulement une fonction littéraire, mais une sorte de sacerdoce.

L'unité morale de mon travail a été l'histoire du christianisme, base de toute civilisation, et par lequel les destinées de la France s'expliquent d'une manière si grave et si lucide ; l'unité matérielle, l'histoire de la nationalité française, poursuivie à travers toutes les révolutions avec tant de persévérance. J'ai considéré la France comme exerçant à toutes les époques la magistrature morale de l'Europe, comme ayant providentiellement la mission du progrès, comme placée toujours en tête des autres nations pour leur tracer le chemin de l'avenir ; et l'histoire de notre pays a été ainsi pour moi l'histoire de l'humanité dans l'Occident.

Voilà l'esprit qui a présidé à mon travail, travail fait en toute conscience, et qui aura du moins été utile à moi-même, s'il ne l'est à d'autres. Et maintenant ce n'est pas sans un profond serrement de cœur que je me sépare de ce compagnon de ma jeunesse et de ma solitude. Puisse-t-il, je le répète, ranimer quelque étincelle du feu sacré ! Puisse-t-il replacer sur ses autels ce pays privilégié, dont l'histoire est la plus majestueuse des épopées ; cette nation sympathique, mobile, intelligente, qu'on ne peut suivre à travers les orages de sa belle vie sans se prendre à elle de cœur et d'enthousiasme ; souvent trompée et vaincue, toujours forte et dévouée ; fraction de la grande famille humaine la plus digne d'amour, celle sur laquelle tous les peuples ont constamment les yeux, celle dont les biens et les maux sont les biens et les maux de toutes les autres ; centre de vie, cœur de l'Europe, France de Charlemagne, de saint Louis et de Napoléon !

TH. LAVALLÉE.

Saint-Cyr, 15 avril 1838.

PLAN DE L'OUVRAGE.

J'écris l'histoire de la nation française, c'est-à-dire des peuples qui habitent le pays compris entre le Rhin, les Alpes, la Méditerranée, les Pyrénées et l'océan Atlantique; pays autrefois appelé la *Gaule*, et dont la plus grande partie se nomme aujourd'hui la *France*.

La nation française ayant été formée par des races diverses et à la suite de nombreuses révolutions, son histoire se partage en deux grandes pages :

L'histoire des origines, ou de la Gaule;
L'histoire de la nationalité, ou de la France.

L'HISTOIRE DE LA GAULE SE DIVISE AINSI :

1º Histoire de la Gaule indépendante ;
2º Histoire de la Gaule romaine (1-406);
3º Histoire de la Gaule barbare (406-987).

Celle-ci se subdivise en trois livres :

LIVRE I. Domination des Francs-Neustriens (406-687).
LIVRE II. Domination des Francs-Austrasiens (687-843).
LIVRE III. Commencements de la nation française et du régime féodal (843-987).

L'HISTOIRE DE LA FRANCE SE DIVISE AINSI :

1º Histoire des Français pendant le régime féodal (987-1789);
2º Histoire des Français pendant la révolution (1789-1830).

L'histoire du régime féodal se subdivise en trois livres :

LIVRE I. Les Capétiens, ou la France confédérée en États féodaux sous la monarchie universelle de l'Église : *âge héroïque de la féodalité* (987-1328).

  SECTION I. Établissement de la monarchie universelle de l'Église (987-1100).

  SECTION II. Apogée de la monarchie universelle de l'Église (1100-1229).

  SECTION III. Décadence de la monarchie universelle de l'Église (1229-1328).

LIVRE II. Les Valois, ou la France constituée en monarchie féodale avec les états-généraux : *âge de transition de la féodalité* (1328-1589).

  SECTION I. Premières guerres des Anglais en France (1328-1380).

  SECTION II. Deuxièmes guerres des Anglais en France (1380-1453).

  SECTION III. Destruction de la vassalité souveraine (1453-1493).

  SECTION IV. Guerres des Français en Italie (1493-1559).

  SECTION V. Guerres civiles religieuses (1559-1589).

LIVRE III. Les Bourbons, ou la France sous la monarchie absolue : *âge de ruine de la féodalité* (1589-1789).

  SECTION I. Établissement de la monarchie absolue (1589-1654).

  SECTION II. Apogée de la monarchie absolue (1654-1715).

  SECTION III. Décadence de la monarchie absolue (1715-1789).

L'histoire de la révolution se subdivise en quatre livres :

LIVRE I. Monarchie constitutionnelle (1789-1792).

  SECTION I. Assemblée constituante (5 mai 1789-30 septembre 1791).

  SECTION II. Assemblée législative (1er octobre 1791-21 septembre 1792).

LIVRE II. République (1792-1804).

  SECTION I. Convention nationale (21 septembre 1792-26 octobre 1795).

  SECTION II. Directoire exécutif (27 octobre 1795-10 novembre 1799).

  SECTION III. Consulat (11 novembre 1799-18 mai 1804).

LIVRE III. Empire (1804-1814).

LIVRE IV. Restauration (1814-1830).

HISTOIRE

DE

LA GAULE INDÉPENDANTE,

DEPUIS

LES TEMPS LES PLUS RECULÉS JUSQU'A LA NAISSANCE DU CHRIST.

CHAPITRE PREMIER.

Coup d'œil sur le monde ancien.

§ I. PEUPLES DE L'EUROPE ANCIENNE. — L'Asie, d'après les traditions de tous les peuples, doit être regardée comme le berceau du genre humain. Trois grandes races, *blanches* ou *caucasiennes*, en sont successivement sorties, lesquelles ont peuplé l'Europe : ce sont les races *celtique, teutonique* et *slave*.

La race celtique s'est répandue dans l'Europe par diverses routes et à des époques qui sont antérieures à celles où commencent les connaissances historiques. Ses invasions ont déterminé la formation des nations civilisées de l'antiquité. Les peuples principaux de cette race sont, dans l'ordre de leur arrivée, les *Pélasges*, les *Ibères*, les *Galls* ou *Keltes* [1].

Les Pélasges vinrent, à ce qu'on croit, par le Caucase et l'Asie-Mineure : ils occupèrent d'abord la péninsule comprise entre la chaîne de l'Hémus, la mer Égée et le golfe Adriatique, laquelle prit le nom d'*hellénique* ou *grecque*, des *Hellènes* ou *Grecs* qui les suivirent dans ce pays; ensuite ils se répandirent dans la partie méridionale de la presqu'île comprise entre le golfe Adriatique, la Méditerranée inférieure et les Alpes, laquelle prit le nom d'*italique*, d'une de leurs tribus.

Les Ibères vinrent probablement par le nord de l'Europe : ils occupèrent le nord de la péninsule italique sous le nom d'*Étrusques*, le midi de la Gaule sous le nom d'*Aquitains*, enfin toute la péninsule qui plus tard fut appelée *hispanique*.

Les Galls suivirent les Ibères; ils occupèrent le nord du pays auquel ils ont donné le nom de Gaule (*Gallia*), et les grandes îles

[1] Du mot celtique *Gaels*, les Grecs ont fait *Keltes* et les Romains *Galli*.

de l'Océan appelées *Albion* et *Hibernie* (environ 2,000 ans avant J.-C.).

La race teutonique remplaça la race celtique dans la partie de l'Europe que celle-ci abandonnait, et elle se trouva placée au nord des Galls, dans toute la largeur de l'Europe, depuis le Pont-Euxin jusqu'à la mer de Scandinavie. Les principaux peuples de cette race étaient les *Kimris* [1], voisins du Pont-Euxin et du Palus-Méotide ; les *Goths*, qui peuplaient la presqu'île scandinave ; les *Teutons*, voisins de la mer Baltique. Nous verrons comment les invasions de cette race dans les pays du midi ont déterminé la formation des nations modernes.

La race slave remplaça la race germanique dans la partie de l'Asie que celle-ci abandonnait. Plusieurs tribus pénétrèrent par le Caucase et l'Asie-Mineure dans le nord de la péninsule hellénique sous le nom de *Thraces* et d'*Illyriens*, dans le bassin du Danube sous le nom de *Mœsiens* et de *Daces*, dans le nord de la péninsule italique sous le nom de *Vénètes*. La masse resta au delà du Tanaïs, pressée à l'orient par la race *scythe* ou *tartare*, qui appartenait à la famille *jaune* ou *mongolienne* du genre humain, et pressant à l'occident une quatrième race européenne, celle des *Finois*, qui avait été probablement traversée par les races celtique et teutonique, et qui est restée confinée dans les contrées du nord.

§ II. Établissement des Kimris et des Grecs dans la Gaule. — Migration des Galls en Italie et en Grèce. — Dans ces grandes migrations, les peuples se poussèrent, s'entrelacèrent, se mêlèrent avec une confusion extrême : c'est ainsi que les Ibères furent forcés par les Galls de reculer de la Loire à la Garonne ; c'est ainsi que les Galls, vers le seizième siècle avant J.-C., pénétrèrent dans la péninsule ibérique, en occupèrent les parties centrale et occidentale, qui prirent les noms de *Celtibérie* et de *Galice*, et causèrent une nouvelle migration d'Ibères, lesquels, sous le nom de *Ligures*, s'établirent sur la côte de la Méditerranée, depuis les Pyrénées jusqu'aux Apennins. C'est ainsi encore que, vers le quatorzième siècle, des peuples galliques, connus sous le nom d'*Ombriens*, conquirent le bassin du Pô, d'où ils ne furent chassés que quatre cents ans après par les Étrusques. Enfin, c'est ainsi que, vers le septième siècle, un premier flot de la race teutonique vint, comme nous allons le voir, bouleverser la population de la Gaule.

Les Kimris du Pont-Euxin, poussés, dit-on, par un grand mouvement de peuples qui se fit dans l'Asie septentrionale, se portèrent, par le bassin du Danube, sur le Rhin : ils le traversèrent, se ré-

---

[1] Appelés *Cimmériens* par les Grecs, et *Cimbres* par les Romains.

pandirent dans la Gaule, le long de l'Océan, jusque vers la Garonne, et refoulèrent les Galls dans les montagnes qui forment la ligne de partage des eaux de ce pays, depuis les Vosges jusqu'aux Cévennes. Après un demi-siècle de guerres terribles entre les peuplades envahissantes et les peuplades envahies, les Kimris finirent par s'asseoir dans la Gaule du nord-ouest depuis le Rhin jusqu'à la Garonne, laissant les Galls occuper la Gaule du sud-est et se mélangeant avec eux, principalement dans le pays entre Seine et Garonne (631 à 587). En même temps, d'autres hordes pénétrèrent dans l'île d'Albion, qui prit d'un de leurs chefs le nom de *Brydain* ou *Bretagne* : elles occupèrent toute la partie méridionale, et refoulèrent la population gallique dans la partie septentrionale, appelée *Calédonie*, et dans l'île d'*Hibernie*. Enfin, les Kimris, qui n'avaient pas passé le Rhin, restèrent maîtres de la rive gauche du Danube et des pays voisins de l'Océan, depuis le Rhin jusqu'à l'Oder; leurs principales confédérations occupèrent : 1° la péninsule qui ferme l'entrée de la Baltique, et qui prit le nom de *Chersonèse kimrique* ou *cimbrique;* 2° le bassin supérieur de l'Elbe, qui prit le nom de *Bohême* (Boio-heim) de la tribu qui s'y établit; 3° le pays entre Rhin et Weser, qui fut habité par les tribus belliqueuses et compactes des *Belges*. Ces dernières, deux siècles environ après la grande invasion, passèrent le Rhin, s'établirent dans la Gaule septentrionale, et donnèrent au pays situé entre Rhin et Seine le nom de *Belgique;* quelques-unes de leurs bandes, celles des *Tectosages*, s'avancèrent jusqu'à la Garonne et s'établirent à Tolosa (Toulouse) [1].

Au milieu du bouleversement causé par l'invasion des Kimris, une colonie grecque vint s'établir dans la Gaule.

Les Phéniciens, qui étaient les plus hardis navigateurs de l'antiquité, avaient découvert la Gaule vers le onzième siècle : ils vinrent y exploiter les mines des Pyrénées et des Cévennes, enseignèrent aux Galls, encore chasseurs et nomades, l'usage des métaux et l'agriculture, et fondèrent plusieurs villes, entre autres *Alesia*, « qui devint le foyer et la métropole de la Gaule [2]. » Quand la puissance commerciale des Phéniciens eut passé à Carthage et aux cités de l'Ionie et de la Grèce, des habitants de Phocée, ville grecque de l'Asie-Mineure, vinrent s'établir près de l'embouchure du Rhône, et y fondèrent, sur le territoire des Ligures, *Massalia* (Mar-

---

[1] Amédée Thierry, Hist. des Gaulois, t. I, ch. I. — Pezron, Antiq. des Celtes, page 49.
[2] Diodore de Sicile, livre IV. — *Alesia*, qui a donné son nom à l'*Auxois* (département de la Côte-d'Or), était probablement dans la position du village de Sainte-Reine.

seille) (599). Cette ville devint considérable, lorsque, l'invasion asiatique cherchant à refouler les colonies grecques en Europe, Phocée fut prise par les Perses, et qu'une partie de la population phocéenne vint se réfugier dans ses murs (539). Alors elle hérita du commerce et des établissements des Phéniciens, et, par des empiétements successifs sur les Ligures, finit par dominer tout le littoral depuis l'Èbre jusqu'au Var : *Emporiæ* (Ampurias), *Rhoda* (Roses), *Agatha* (Agde), *Antipolis* (Antibes), *Nicæa* (Nice), furent fondées ou conquises par elle. Elle établit des comptoirs dans toute la Gaule, fit commerce, par l'intérieur, avec l'île d'Albion, et n'eut bientôt plus d'autre rivale, dans la Méditerranée, que Carthage. Sa civilisation, son amour pour les arts, ses grands hommes, la rendirent aussi célèbre que ses richesses commerciales; mais elle resta toute grecque, et, quoiqu'elle eût l'ambition d'étendre sa domination sur la Gaule, elle n'exerça, par ses institutions politiques et religieuses, qu'une médiocre influence sur ce pays : elle lui donna son alphabet, des médailles, quelques monuments; mais sa langue et ses mœurs ne se propagèrent réellement que dans les villes voisines, et elle ne fut pour les Gaulois qu'une étrangère campée sur un bord de leur territoire.

Cependant l'invasion des Kimris, en remuant toute la Gaule, avait déterminé deux grandes migrations de Galls.

La première, composée, en partie, des nations du centre, et commandée par Bellovèse, entraîna à sa suite une multitude d'autres bandes, et même des Kimris. Elle passa les Alpes, occupa tout le bassin du Pô, qui prit le nom de *Gaule en deçà des Alpes* (Gaule Cisalpine), et en expulsa la population étrusque. De là elle se répandit dans la presqu'île, et, deux cents ans après son établissement en Italie, rencontra, vers l'embouchure du Tibre, une petite nation qui se croyait prédestinée à la conquête du monde : c'étaient les Romains, qui avaient déjà trois cent soixante ans d'existence et qui ne dominaient encore que la contrée belliqueuse et pauvre du Latium. Les Gaulois brûlèrent leur ville, et les forcèrent de se racheter à prix d'or (390). Il y eut alors, pendant deux siècles, une terrible lutte entre les deux peuples, lutte où « il ne s'agissait plus, pour les Romains, de l'empire, mais de la vie[1] : » aussi ils jurèrent de combattre « tant qu'il existerait un seul homme de cette race qui avait incendié Rome[2]; » ils affectèrent aux guerres gauloises un trésor particulier, perpétuel et sacré; enfin, plusieurs fois, pour se rendre les dieux favorables, ils leur sacrifièrent des captifs gaulois qu'ils enterraient vivants dans la place de leur ville. A la fin

---

[1] Salluste, Guerre de Jugurtha. — [2] Florus, liv. I, ch. 13.

les Cisalpins furent vaincus, mais non soumis; et dès qu'il se présenta des adversaires contre leurs ennemis, dès qu'Annibal, apparaissant sur les Alpes, les eut conviés à la ruine de Rome, ils reprirent les armes, donnèrent à Carthage les gloires de la Trébie, de Trasimène et de Cannes, « et se montrèrent, à Zama, enflammés de cette haine native contre le peuple romain particulière à leur race [1]. » Après la ruine de leur alliée, ils continuèrent la guerre avec acharnement, et ne posèrent les armes que lorsque leurs peuplades les plus indomptables eurent été chassées de la vallée du Pô (201 à 170). Alors la fortune de Rome atteignit les sommités des Alpes, et elle déclara aux Gaulois que, « la nature ayant placé une barrière entre la Gaule et l'Italie, elle punirait quiconque oserait la franchir (170) [2]. » La Cisalpine devint province romaine.

La deuxième migration des Galls était composée des peuples de l'est et commandée par Sigovèse; elle s'en alla, par la vallée du Danube, s'établir sur la rive droite de ce fleuve, dans les Alpes illyriennes, et elle y resta pendant trois siècles. Au bout de ce temps, les bandes gauloises passèrent le mont Hémus, et entrèrent en relation avec la Grèce. Les habitants de ce pays, après avoir, pendant deux siècles, préservé l'Europe de l'invasion asiatique, avaient porté, à leur tour, la guerre chez les Perses, et, sous Alexandre, roi de Macédoine, conquis toute l'Asie occidentale. A la mort de ce grand homme, ses capitaines se partagèrent son empire; et la Grèce tomba sous la domination des rois de Macédoine, qui prirent à leur solde les Gaulois de l'Illyrie et du Danube. Alors ceux-ci se mêlèrent à toutes les affaires de ce pays, et finirent par l'envahir en troupes formidables (281). La Grèce fut épouvantée à la vue de ces hommes, si sauvages qu'ils tiraient l'épée contre les vagues de l'Océan, qu'ils lançaient leurs flèches contre le tonnerre, qu'ils ne craignaient qu'une chose, avaient-ils dit à Alexandre, la chute du ciel. La Macédoine, la Thessalie, l'Étolie, furent épouvantablement ravagées : « ce n'était pas une guerre de liberté, comme au temps des Perses, c'était une guerre d'extermination [3]. » Les Grecs se placèrent autour du temple de Delphes, dont les Gaulois convoitaient les richesses, et, dans le combat qu'ils livrèrent auprès de cet ancien centre de leur nation, la civilisation l'emporta sur la barbarie : les Gaulois, saisis d'une terreur panique, firent la retraite la plus désastreuse (279). Quelques-unes de leurs bandes passèrent dans l'Asie-Mineure, et tyrannisèrent les villes du littoral. « Les rois de l'Orient les prirent à leur solde; et leur bravoure devint si célèbre, qu'il y eut bientôt dans toutes les contrées asiatiques des troupes

---

[1] Tite-Live, liv. XXX, ch. 33. — [2] Id., liv. XXIX, ch. 54. — [3] Pausanias, liv. X.

de Gaulois auxiliaires : tels étaient même la terreur de leur nom et le bonheur de leurs armes qu'aucun prince ne se croyait sûr de sa puissance sans leur appui (277 à 243)[1]. » Enfin, quelques hordes ayant été vaincues par les rois de Pergame, les autres finirent par s'établir entre le Sangarius et l'Halys, dans la haute Phrygie, qui prit le nom de *Galatie;* elles se mêlèrent aux populations grecque et asiatique, dont elles suivirent les destinées, et elles subirent avec elles la conquête des Romains, qui les reconnurent à leur bravoure [2].

§ III. POPULATION DE LA GAULE AU DEUXIÈME SIÈCLE AVANT J.-C. — Pendant ces longues migrations dans l'Italie et dans la Grèce, la Gaule avait pris une situation plus régulière; et sa population était définitivement formée d'Ibères, de Galls et de Kimris, ou, comme le dit César, d'Aquitains, de Celtes et de Belges.

Les Ibères se partageaient en Aquitains et en Ligures. Les Aquitains n'avaient pas de villes et vivaient dans un état presque sauvage sous la domination absolue des chefs de famille. Pauvres, ignorants et passionnés pour leur indépendance, ils évitèrent de se mêler avec les Galls. Leurs mœurs et leur langue se sont conservées, à travers toutes les révolutions, chez leurs descendants, les Basques, qui habitent encore les deux revers des Pyrénées occidentales. Les Ligures s'étaient mélangés facilement avec les Galls : ils se livraient à la piraterie, faisaient une guerre presque continuelle avec Marseille, et avaient fondé plusieurs villes, telles que *Ruscino* (Perpignan), *Narbonne, Arles,* etc.

Les Galls et les Kimris commençaient à se confondre sous le nom unique de Gaulois, quoiqu'ils restassent toujours séparés d'affection comme d'intérêts « par la langue, les mœurs et les lois [3]. »

Les Galls se partageaient en vingt-deux tribus, les Gallo-Kimris (entre Seine et Garonne) en dix-sept, les Kimris-Belges en vingt-trois. La plupart de ces tribus formaient d'abord des théocraties complètes; mais, après trois siècles d'existence, ces gouvernements furent renversés par les chefs de clans, qui établirent à leur place de petites monarchies et des aristocraties guerrières analogues à celles de la Grèce, sous lesquelles la Gaule fut bouleversée, pendant cent ans, par des guerres continuelles. Enfin, vers le milieu du deuxième siècle, presque toutes les tribus gauloises formaient des fédérations de cités ou de cantons, rivales ou ennemies, qui n'avaient de lien commun qu'une assemblée générale très-rarement convoquée.

[1] Justin, liv. XXV, ch. 2. — [2] Histoire des Gaules et des conquêtes des Gaulois, par dom J. Martin. — [3] César, liv. I, ch. 1.

Les vingt-deux tribus galliques se réunissaient en trois grandes confédérations, qui se disputaient presque constamment, par les armes, la suprématie. A la tête de ces confédérations étaient les *Arvernes*, les *Éduens*, les *Séquanes*. — Les Arvernes, ou habitants des hautes terres, occupaient le pays montueux situé entre la Loire, les Cévennes et la Garonne ; leur capitale était *Gergovie* (Clermont), et ils dominaient les *Helvii* (Vivarais), les *Velauni* (Velay), les *Gaballi* (Gévaudan), les *Rutheni* (Rouergue), les *Cadurci* (Quercy), etc. — Les Éduens occupaient les vallées de la Saône et de la haute Loire ; leur capitale était *Bibracte* (Autun), et ils dominaient les *Ambarri* (Bresse), les *Segusii* (Forez), les *Mandubii* (Auxois), les *Bituriges* (Berry), etc. — Les Séquanes habitaient le pays situé entre le Jura, la Saône et le Rhône, et avaient pour capitale *Vesontio* (Besançon). — Deux peuples puissants refusaient d'entrer dans ces trois ligues : c'étaient les *Allobroges*, qui occupaient le versant occidental des Alpes jusqu'au Rhône ; les *Helvètes*, qui habitaient entre le haut Rhin, le Jura et le haut Rhône.

Les Gallo-Kimris avaient pour principale confédération celle des peuples *armoricains*, c'est-à-dire habitants des rivages, qui occupaient le pays entre Loire et Seine, et à la tête desquels étaient les *Vénètes* (Vannes). A cette confédération se rattachaient non-seulement les *Andes* (Angers), les *Turons* (Tours), les *Carnutes* (Chartres), les *Senones* (Sens), les *Lingons* (Langres), etc., mais encore, dans les grandes circonstances, les peuples d'entre Loire et Garonne, tels que les *Pictones* (Poitou), les *Santones* (Saintonge), les *Lemovici* (Limousin), les *Petrocorii* (Périgord), etc.

Les Kimris-Belges ne formaient pas de confédérations ; mais ils avaient pour peuples principaux les *Remi* (Reims), les *Suessiones* (Soissons), les *Bellovaci* (Beauvais), les *Ambiani* (Amiens), les *Atrebates* (Arras), les *Eburoni* (Liége), les *Nervii* (Mons), les *Treviri* (Trèves) [1] ; etc.

Telle était donc la composition matérielle de la Gaule à l'époque où son histoire commence à prendre quelque certitude, c'est-à-dire deux siècles avant J.-C. : la masse, composée de Galls et de Kimris, confondus sous le nom unique de Gaulois ; des Aquitains et des Ligures, isolés dans le Midi, et, sur les bords de la Méditerranée, quelques Grecs [2]. Voyons maintenant quel était son état social, en le comparant à celui des autres pays de l'antiquité.

§ IV. Triple erreur sociale de l'antiquité. — La civilisation,

---

[1] Voyez le *Tableau des divisions politiques de la Gaule* dans ma *Géographie physique, historique et militaire*, 2e édition, p. 89.
[2] Tout cela formait probablement sept à huit millions d'habitants.

à l'état d'enveloppement sur les vastes plateaux de l'Asie, devait venir sur le sol découpé de l'Europe pour y subir ses développements. Elle y entra en suivant l'ordre des presqu'îles de la Méditerranée, par la Grèce, l'Italie, l'Ibérie ; de là elle remonta au nord par la Gaule et les pays teutoniques et slaves, mais en décroissant de telle sorte que, pendant que la Grèce jetait la plus vive lumière, la Slavonie était enfoncée dans l'obscurité la plus sauvage. La Gaule avait une existence intermédiaire de ces existences extrêmes : elle connaissait les arts utiles, ignorait les beaux-arts, avait des villes grandes et fortes, était régie par des institutions régulières, possédait des mines très-riches, un territoire couvert de forêts et de marécages, peu de routes, plus d'industrie que de commerce ; enfin, sans avoir le luxe des Grecs et des Romains, elle « ne différait point d'eux pour tous les usages de la vie [1]. » Mais, à quelque degré de civilisation matérielle et intellectuelle que les peuples des trois grandes races fussent parvenus ou dussent parvenir, comme ces peuples n'étaient que les branches séparées d'une même souche, ils se ressemblaient par les idiomes, les religions, les formes sociales ; et il y avait un caractère commun pour tous, qui mettait au même niveau le sauvage de la Baltique, vivant de poissons et sous des huttes de neige, et le citoyen d'Athènes, glorieux de ses palais de marbre et de sa langue harmonieuse : c'est que leur civilisation morale était également imparfaite ; c'est que toutes les sociétés de l'antiquité, barbares ou policées, avec leurs différences de mœurs, de lumières, de destinées, étaient basées sur trois erreurs capitales : 1° la multiplicité des dieux, 2° l'esclavage, 3° la vilité des femmes et des enfants.

1° Les religions de l'Europe ancienne avaient toutes pour origine la divinisation des objets de la nature, et généralement pour base sentimentale la terreur [2]. C'était par là que se ressemblaient le culte guerrier et sanguinaire de la Scandinavie et la mythologie gracieuse et impudique de la Grèce. Il en était de même de la religion primitive des Galls, fétichisme grossier qui, en s'élevant peu à peu à des conceptions plus abstraites, se confondit presque entièrement avec le polythéisme hellénique, malgré les pratiques sauvages qu'il emprunta aux cultes du nord. Cependant, quand les Kimris arrivèrent dans la Gaule, ils apportèrent une religion plus épurée et plus mystique, le *druidisme,* sorte de panthéisme, qui avait une grande analogie avec les cultes de l'Orient, et qui, ayant pour base l'éter-

---

[1] César, liv. I.
[2] Les anciens croyaient que le panthéisme égyptien était l'origine de toutes les religions. (Hérodote, liv. II, ch. 50. — Diodore de Sicile, liv. I, p. 6.)

nité de la matière et de l'esprit ainsi que la transmigration des âmes, inspirait à ses sectateurs une croyance ardente dans un autre monde, et par conséquent le plus grand mépris pour la vie. Cette nouvelle religion fut adoptée par les hautes classes ; l'ancienne resta chez les hommes de condition inférieure. Les druides établirent une théocratie analogue à celle de l'Égypte, et aussi tyrannique qu'éclairée ; ils réunirent les populations disséminées et toujours en lutte, firent cesser l'état barbare et immobile des clans, bâtirent des villes, propagèrent les arts utiles, et envoyèrent les guerriers à des expéditions lointaines. Entre leurs mains étaient le gouvernement, la législation, l'éducation publique, la garde des mœurs, l'administration de la justice, l'inspection des astres, la divination, le soin des malades. Ils n'écrivaient rien ; loi vivante et intelligence de la nation, ils étaient les dépositaires de toutes les sciences, de toute l'histoire, de toute la poésie, et faisaient parler le ciel et la nature à leur gré. Ils multiplièrent les sacrifices humains, que l'ancienne religion avait déjà mis en usage, et qui d'ailleurs étaient une pratique commune à tous les peuples de l'antiquité [1], et ils en firent un moyen de gouvernement. Les forêts étaient leurs temples, le chêne leur arbre sacré, le gui de chêne leur symbole mystique et leur remède universel. Ils n'ont laissé que des monuments grossiers formés de pierres droites (menhirs), de pierres levées ou horizontales (dolmens), de tumulus de terre, etc., parmi lesquels le plus étrange est celui de Carnac [2]. C'est dans les pays armoricains, sous un ciel brumeux, sur des côtes battues de tempêtes, chez un peuple rude et farouche, que leur culte était dans toute sa vigueur ; ce fut là que se maintint leur influence lorsque, après quatre siècles de domination, leur puissance politique tomba sous la révolte des chefs de clans, et qu'il ne leur resta plus que leur puissance morale et intellectuelle [3].

En résumé, les religions anciennes étaient toutes de formes, non de sentiment, parlant à l'esprit, non au cœur, uniquement des instruments politiques qui n'avaient point pour but l'amélioration morale des individus ; c'étaient des coutumes locales, non des vérités générales ; des affaires d'état, non de conscience : donc aucune com-

[1] Thémistocle, avant la bataille de Salamine, sacrifia à Bacchus « trois jeunes captifs, les plus beaux du monde, qu'on disait neveux du roi de Perse. » (Plutarque, Vie de Thémistocle.)
[2] Il est situé à l'entrée de la presqu'île de Quiberon, et se compose de quatre mille rochers bruts en forme d'obélisques grossiers dont la pointe serait fichée en terre, et qui ont vingt pieds de hauteur. Ils sont rangés sur onze lignes perpendiculaires à la côte.
[3] La Religion des Gaulois, par D. Martin. — Histoire des Celtes, par Pelloutier.

munauté de croyance, aucune unité sympathique ne pouvait unir, non-seulement les races entre elles, non-seulement les diverses sociétés qu'elles formaient, mais même les éléments de ces sociétés, les familles.

2° Dans l'antiquité, il n'y avait pas, pour ainsi dire, de genre humain, mais deux espèces d'hommes : les possesseurs et les possédés, les maîtres et les esclaves, les nobles et les clients. Les premiers étaient sacrés, avaient le nom, le culte, la terre et la famille; les seconds étaient « non pas seulement vils, mais nuls [1], » et ils n'avaient ni nom, ni dieux, ni biens, ni famille : les maîtres c'étaient des hommes, les esclaves c'étaient des choses. Cette grande division de l'espèce humaine en deux classes si différentes, née de la guerre et du droit du plus fort, était pourtant un premier progrès de l'humanité : au lieu de tuer ou de manger son ennemi, on avait préféré le conserver pour se servir de lui comme d'une chose; aussi avait-on sur cette propriété, comme sur les autres, le droit le plus complet d'user et d'abuser; de sorte que l'esclave était, au gré du maître, exploité comme machine, vendu comme bétail, détruit comme ennemi; et même, chez certains peuples, il était sacrifié sur le tombeau de son maître pour aller le servir dans l'autre monde. L'esclavage fut pour la société ancienne le but principal et le moyen le plus puissant d'activité; ce fut l'instrument de ses richesses, le secret de ses monuments, la pierre angulaire de sa civilisation. Agriculture, industrie, commerce, beaux-arts, tout était entre les mains des esclaves; « les hommes libres ayant besoin, disait-on, d'être oisifs pour pratiquer la vertu et exercer les fonctions du gouvernement [2]. » Aussi l'on en vint à croire que l'esclavage était essentiel à l'humanité : il n'y a point de société sans esclaves, dirent les philosophes; et l'esprit le plus vaste de l'antiquité, Aristote, prétendit « que, parmi les hommes, les uns sont des êtres libres par nature, les autres des créatures pour lesquelles il est utile et juste de vivre dans la servitude; que les esclaves ne diffèrent des bêtes qu'en ce qu'ils sentent la raison dans les hommes libres, sans en avoir l'usage pour eux-mêmes; que ces instruments animés ne sont capables que de la vertu nécessaire pour vaquer à leurs travaux; enfin que les dieux leur ont départi la force convenable pour les occupations serviles, comme aux hommes libres l'intelligence pour le commandement [3]. » Les anciens attribuaient vulgairement l'invention de l'esclavage aux Spartiates, petit peuple de la Grèce,

---

[1] *Non tam vilis quam nullus*, dit la loi romaine.
[2] Aristote, Morale, liv. VII, ch. 8.
[3] Aristote, Politique, liv. IV et V; Morale, liv. I.

dont les institutions étaient regardées comme modèles, bien qu'elles outrageassent tous les sentiments de la nature ; et ces hommes farouches justifiaient cette renommée en se montrant les plus terribles des maîtres : ils avaient déclaré perpétuel l'état de guerre contre leurs esclaves, et tous les ans ils envoyaient leurs enfants les chasser et les tuer par partie de plaisir et comme exercice militaire. Chez les Romains, il y avait deux sortes de maîtres, les patriciens et les plébéiens : ceux-là, espèces de génies terrestres et de demi-dieux, ayant seuls les fonctions civiles et religieuses ; ceux-ci originairement esclaves, qui parvinrent à être les égaux de leurs maîtres par un travail et une lutte uniques dans l'histoire ancienne. Au-dessous des uns et des autres venait une immense multitude d'esclaves qu'ils avaient acquis par leurs guerres perpétuelles, et dont ils faisaient une effroyable consommation pour leurs plaisirs privés et dans leurs fêtes publiques, en les faisant tuer les uns les autres. Cependant, comme la chasse aux hommes était leur grande et unique industrie, les esclaves devinrent si nombreux dans leur empire, qu'il fut défendu de les vêtir d'un costume particulier, de peur qu'ils ne vinssent à se compter [1] ; que plusieurs fois ils se révoltèrent et leur firent courir les plus grands dangers ; enfin, que l'esclavage fut définitivement la cause de leur ruine. Chez les Gaulois, il n'existait que deux classes d'hommes qui fussent quelque chose, les prêtres et les guerriers : les prêtres, interprètes de la loi et possesseurs de la science ; les guerriers, exécuteurs de la loi et possesseurs de la famille et de la terre. Le reste de la population était dans la servitude, les uns comme clients, c'est-à-dire comme attachés aux guerriers, qui les faisaient travailler, les menaient à la guerre et avaient sur eux le droit des maîtres sur leurs esclaves ; les autres comme serfs, c'est-à-dire comme instruments aveugles incorporés à la terre et suivant sa destinée [2].

En résumé, ce que les anciens appelaient *liberté* n'était que la possession exclusive de tous les droits pour quelques hommes ; ce qu'ils appelaient *patrie*[3] n'était que la possession exclusive pour les mêmes hommes de tous les biens. Eux seuls formaient le peuple et l'état, tout le reste était *étranger* et *ennemi*[4]. Aussi l'amour de la liberté et de la patrie était-il le sentiment le plus puissant de l'an-

---

[1] Sénèque, de la Clémence, liv. I, ch. 24.
[2] César, liv. VI, ch. 13.
[3] *Patria, res patrum.*
[4] Les deux mots étaient synonymes : *hostem vel peregrinum*, dit la loi des douze tables. Voyez Cicéron, *de Officiis*, lib. I, XII ; et Varron, *de Linguâ latinâ*, lib. IV.

tiquité ; conserver et accroître la *race* (gens) était le but principal auquel tendaient toutes les lois religieuses et politiques, toutes les forces individuelles et sociales. Les pensées et les actions des hommes libres, des patriciens, des nobles, étaient employées toutes à défendre leur *chose publique* (res publica) contre les esclaves, les plébéiens, les clients ; en cela était le devoir, le dévouement, la vertu.

. 3° L'organisation domestique était l'imitation, ou, pour mieux dire, l'élément de l'organisation sociale. Le père de famille existait seul socialement : c'était le dieu de la maison ; il en était seul le prêtre et le magistrat ; il donnait son nom à sa famille, à ses clients, à ses esclaves. La femme et les enfants vivaient dans un état de passivité qui différait peu de la servitude ; l'homme avait droit de vie et de mort sur eux comme sur ses esclaves : ils étaient, dit Aristote, sa propriété animée et une partie de lui-même. On divisait la famille comme élément social, en âme et en corps : l'âme, c'était le mari ; le corps, c'était la femme avec les enfants, les esclaves, les terres. Les mots de père et de mari étaient, dans presque toutes les langues anciennes, synonymes de maître ; ceux d'enfant et de femme synonymes d'esclave. Les femmes s'ignoraient elles-mêmes, et n'imaginaient pas qu'elles dussent avoir d'autre puissance sur l'homme que par les sens ; les philosophes se demandaient même si elles étaient susceptibles de vertus [1]. Partout on les achetait [2] ; partout la polygamie, soit ouverte, soit déguisée sous le nom de divorce, était en usage. La prostitution était honorée, ordonnée même par la religion et par la loi : elle se pratiquait dans les lieux les plus sacrés et jusque sur les autels [3]. Le monde était plein de temples à Vénus l'adultère et la courtisane ; il n'y en avait pas un à l'Amour conjugal. A Sparte, les femmes étaient des êtres sans pudeur et sans délicatesse, qu'on se prêtait mutuellement, d'après les lois de Lycurgue, pour donner de beaux enfants à la république [4]. A Athènes, on les louait à prix d'argent, on les enfermait dans leurs maisons, et elles ne trouvaient d'influence qu'en se faisant courtisanes. A Rome, elles étaient comptées par la loi dans la classe des choses, tellement qu'à défaut de titre, on pouvait les réclamer d'après l'usage et la possession d'une année entière ; on les tuait pour la faute la plus légère, pour avoir dérobé une clef ou bu du vin [5] ; on les répudiait sous les prétextes les plus frivoles, ou quand elles étaient vieilles, ou pour amasser des dots. En Gaule, elles étaient encore plus méprisées et plus maltraitées : considérées comme esclaves, elles

---

[1] Aristote, Morale, liv. I, ch. 5. — [2] Id., Politique, liv. II, ch. 8.
[3] Hérodote, liv. II et III. — Strabon, liv. XVI. — [4] Plutarque, Vie de Lycurgue.
— [5] Pline, liv. XIV, ch. 13.

travaillaient autant et plus que les hommes, et même cultivaient seules la terre. Quant aux enfants, partout on tuait ceux qui naissaient infirmes ou maladifs; partout on les exposait, pour arrêter l'excès de la population.

D'après cela, il n'y avait point de sainteté dans le mariage et dans la paternité : c'étaient plutôt des fonctions de citoyen que des dilections d'homme [1]. L'amour de la famille n'existait pas; point de mœurs domestiques et d'existence intérieure : les affections individuelles étaient peu fortes, excepté peut-être l'amitié; encore prenait-elle ordinairement la forme la plus abominable, autorisée néanmoins par les mœurs et par les lois [2]. Enfin les sentiments doux et les idées délicates étaient presque ignorés; la vie publique absorbait la vie privée, l'état effaçait la société. Voilà pourquoi l'histoire des anciens est toute dans les faits extérieurs et non dans les sensations intimes; voilà pourquoi nous ne connaissons d'eux que la place publique et non le foyer domestique; voilà pourquoi il nous semble que l'antiquité n'ait eu de l'homme que la tête et point le cœur.

En résumé définitif, le monde ancien ignorait presque entièrement les trois grandes passions du monde moderne : la foi, la liberté et l'amour. Les seuls peuples qui en eussent comme l'instinct et la prescience par leur ardeur de croyances, leur respect pour la volonté individuelle, leur amour de la famille, étaient ces races du nord, que Rome et Athènes appelaient barbares, et qui devaient régénérer matériellement l'humanité.

La triple erreur du monde ancien avait pour conséquence l'état de haine perpétuelle entre les races, parmi les sociétés, dans les familles : donc la guerre était l'état normal de l'antiquité. Religion, organisation politique, intérêt privé, tout y portait : *acquérir* et *conquérir*, voilà le but de l'activité individuelle et sociale [3]; c'était la grande science, le grand instrument d'industrie, la grande voie de civilisation. Aussi la guerre était-elle pleine de férocité et de désespoir : aussi *malheur aux vaincus!* Cette terrible sentence,

[1] « Si la nature eût été assez bienfaisante pour nous donner l'existence sans les femmes, nous serions débarrassés d'une compagnie très-importune. » Ainsi parla le censeur Métellus Numidicus devant le peuple romain; et il ajouta « qu'on ne devait considérer le mariage que comme le sacrifice d'un plaisir particulier à un devoir public. » (Aulu-Gelle, I, 16. — Voy. aussi Xénophon, au traité de Hiéron, et Plutarque, Œuvr. morales, p. 600.)

[2] Voy. Plutarque, Vies de Solon et d'Agésilas; Platon, t. II, p. 229; Morale d'Aristote, liv. II; Aristophane, Lucien, Athénée, etc.

[3] « La guerre est un moyen d'acquérir; la chasse en fait partie. On use de ce moyen non-seulement contre les bêtes, mais contre les hommes, qui, étant nés pour obéir, refusent de le faire. Cette sorte de guerre est dans le droit naturel. » (Politique d'Aristote, liv. I, ch. 8.)

qui résume tout le droit des gens dans l'antiquité, fut prononcée par les Gaulois dans l'incendie de Rome ; et elle fut longuement répétée par les Romains contre tous les peuples et contre les Gaulois eux-mêmes. C'est que ceux-ci n'avaient que la folie de la guerre et que ceux-là en avaient le génie ; c'est que les Gaulois semblaient ne combattre que par volupté sauvage, pour du sang, pour des esclaves, pour de l'or, et que les Romains avaient un but unique, l'empire du monde.

§ V. Avenir de l'espèce humaine. — Telle était donc, vers le deuxième siècle avant J.-C., la composition sociale de la Gaule : égale en morale à tous les autres peuples, inférieure à la Grèce dans les travaux intellectuels, à Rome dans les idées politiques, supérieure à personne. Une seule qualité la rendait éminemment perfectible : c'était sa faculté sympathique par laquelle elle devait absorber, transformer et s'assimiler les choses et les idées des autres races, principalement celles de la Grèce, de Rome et de la Judée.

1° La Grèce, après avoir vainement cherché l'unité politique sous les rois de Macédoine, avait été conquise par les Romains, et ne songeait plus qu'à éclairer le monde par ses idées. C'était Athènes, la société la plus progressive et la plus démocratique de l'antiquité, qui fécondait l'esprit humain, en développant les éléments, en révélant les mystères de l'art, de la science, de la philosophie. Déjà deux siècles auparavant, Socrate avait commencé la réaction contre les institutions religieuses et politiques du monde ancien, en rappelant à un but pratique et social les idées morales cachées dans les temples sous des mythes inintelligibles ; il avait créé la philosophie en éveillant dans l'homme la réflexion appliquée à tout et surtout à la connaissance de soi-même ; il avait assigné à la pensée son point de départ, établi la nature humaine comme centre de toute étude, compris l'unité de Dieu, entrevu certaines idées évangéliques, en restant (chose étrange !) froid et aveugle devant l'état des esclaves et des femmes. Enfin cet homme, qui se disait le citoyen de l'univers, avait scellé de sa vie sa protestation contre la société ancienne.

De Socrate, ou plutôt de l'esprit humain que Socrate avait fait sortir de l'enfance, naquirent, avec Platon et Aristote, les deux grandes divisions de la philosophie, l'idéalisme et le sensualisme. Dieu est le souverain bien, dit Platon ; notre âme, originellement libre, mais aujourd'hui déchue, est co-éternelle à Dieu ; notre raison n'est qu'un reflet de la *raison divine*[1]. C'est de ce reflet qu'il faut s'éclairer pour s'élever à cette raison divine ; l'homme ne doit

---

[1] Λόγος θεῖος.

s'occuper de la nature et du monde que pour en chercher les lois générales, et de là remonter à Dieu : « la vertu est l'effort de l'humanité pour atteindre à la ressemblance avec son auteur [1]. » La doctrine de Platon fut le grand mobile du perfectionnement de l'homme pendant trois siècles : en morale, en science, en politique, elle rapportait le monde sensible et changeant au monde idéal, où se trouve la vérité éternelle. Et pourtant ce penseur si sublime ne soupçonna pas qu'il y eût un mot à dire contre l'esclavage : il le crut établi de droit divin, il nia la paternité, il vanta la communauté des femmes !

En face de cette philosophie toute contemplative s'éleva la philosophie toute active d'Aristote, qui, en reconnaissant la source divine de la raison, ne s'en servit pas pour s'élancer hors du monde, mais pour s'y enfoncer, étudier la matière et l'esprit, l'homme et la nature, la science et l'art. Esprit critique, universel, généralisateur, il créa les sciences naturelles, compara le premier les institutions politiques, analysa les procédés de l'intelligence; génie tout pratique et rationnel, il n'affirma rien sans avoir prouvé, fit tomber les illusions de l'esprit et s'éleva à des doctrines à travers les faits [2]. Avec les *idées* de Platon et la *méthode* d'Aristote, se formulèrent nettement les deux grands éléments de l'organisme humain, entre lesquels la pensée n'a depuis fait autre chose que d'aller de l'un à l'autre : d'une part l'idéal et la foi, d'autre part la sensation et l'examen; ici la poésie et l'art, là la science et l'industrie; immense subdivision de la pensée, vieille comme l'homme, qui vivra autant que lui, et que nous retrouverons dans tous les siècles sous différents noms.

2° Rome avait conservé, plus long-temps que les autres peuples, l'organisation toute guerrière des sociétés primitives; chez elle la nation n'était que l'armée, et la légion l'image de la cité. Elle ignorait les arts de la Grèce, et, satisfaite de savoir la guerre et la politique, elle poursuivait par tous les moyens, valeur, cruauté, adresse, perfidie, l'accomplissement de sa maxime : que « la plus grande gloire est dans la plus grande domination. » Cependant cette organisation guerrière était attaquée à l'intérieur par la lutte entre les patriciens et les plébéiens, lutte qui donnait au monde le grand exemple d'opprimés réclamant contre leurs oppresseurs; d'esclaves tendant à dominer leurs maîtres. Aussi l'aristocratie romaine, la plus habile et la plus persévérante qui fut jamais, pous-

---

[1] Voy. le Timée, traduction de Cousin, Œuv. de Platon, t. II.
[2] Cousin, Introduction à l'Histoire de la Philosophie, et Philosophie du dix-huitième siècle, t. I.

saît ses clients à la conquête du monde pour les distraire des ambitions de la place publique et conserver la vieille organisation de la cité; et, par l'effet de cette grande lutte en quoi consiste toute son histoire, Rome s'en allait bataillant en tous lieux, semant les os de ses citoyens par tout le monde, et recevant en échange des millions d'esclaves. Elle avait conquis l'Italie, la Grèce, l'Asie ; Carthage et Numance n'existaient plus; elle regorgeait de captifs et de richesses; mais elle semblait poussée sans cesse par la main de Dieu : elle allait faire de tous les peuples un seul peuple, niveler toutes les nations, s'assimiler les mœurs, les religions, les institutions des vaincus, leur imposer son gouvernement et sa langue ; tout allait devenir romain.

3° Au fond de la Méditerranée, sur les confins des trois parties du monde, vivait un petit peuple ignoré et méprisé des autres : c'étaient les Hébreux, qui avaient été subjugués successivement par les Assyriens, les Perses, les rois de Syrie. Toujours conquis, sans jamais cesser de former une nation, ils haïssaient implacablement le reste du monde et refusaient obstinément de mêler leur race privilégiée à toutes les autres. Leurs annales étaient les plus anciennes et les mieux suivies, leurs institutions les plus morales, leurs coutumes les moins inhumaines. C'était le seul peuple où la religion fût la loi sociale, le seul où la guerre ne fût pas le but unique de la vie, le seul qui conservât précieusement le dogme de l'unité de Dieu, base de son unité politique, le seul où l'esclavage fût temporaire et la famille honorée, le seul, enfin, qui mît toutes ses espérances dans la venue d'un Sauveur qui viendrait régénérer le monde par la destruction de sa triple erreur sociale.

Dans ces trois peuples, les Grecs, les Romains, les Hébreux, était l'avenir de l'humanité.

CHAPITRE II.

Conquête de la Gaule par les Romains.

§ I. RÉDUCTION DU SUD-EST DE LA GAULE EN PROVINCE ROMAINE. — Marseille, alliée antique et inaltérable de Rome, devait principalement sa puissance commerciale aux conquêtes du peuple-roi : à mesure que les villes marchandes de l'Italie, de la Grèce, de l'Asie étaient assujetties, elle agrandissait ses établissements sur leurs désastres; et quand Carthage fut détruite, elle n'eut plus de rivale dans la Méditerranée. Mais sa prospérité extérieure ne satisfaisait pas son ambition : elle voulait devenir puissance territoriale dans la Gaule, et cherchait à franchir la barrière que lui opposaient les Ligures ; lassée d'une guerre où elle avait peu de succès, elle appela à son aide ses fidèles alliés (154). Les Romains, qui venaient de vaincre les Gaulois en Italie et dans l'Asie-Mineure, saisirent avec ardeur l'occasion de faire la guerre dans leur propre pays à ces redoutables ennemis : ils passèrent les Alpes, battirent les Ligures, soumirent toute la contrée entre le Rhône et la Durance, vendirent la population à l'encan, et fondèrent sur le territoire gaulois leur première ville, *Eaux Sextiennes* ou *Aix* (123).

A cette époque, la ligue des Arvernes, alliée à celle des Allobroges, prédominait sur les nations galliques, et était en guerre avec les Éduens. Ceux-ci, excités par les Marseillais, traitèrent avec les Romains, reçurent d'eux le titre fatal d'*amis et frères* qui leur imposait une sorte de servitude, et les engagèrent à marcher contre les Arvernes. Une grande bataille se livra sur les bords du Rhône, où les Arvernes furent complétement vaincus ; les Allobroges et les autres tribus qui gardaient les passages des Alpes furent subjugués par les Romains, et le sénat déclara le pays compris entre le Rhône, les Alpes et les Cévennes, *Province romaine* (118).

Les peuples de cette *Province* furent soumis à Rome à divers degrés : les uns reçurent le nom de *fédérés*, conservèrent leurs lois et leur gouvernement, et furent assujettis seulement à des tributs ; les autres furent réduits à l'état de *préfectures*, c'est-à-dire régis par un préfet romain, qui exigea d'eux, d'après les ordres du sénat, des terres, de l'argent et des hommes ; enfin, il y en eut qui descendirent à l'état de *sujets provinciaux*, peu différent de la servitude. Dépouillés de leur sol, de leurs lois, de leur existence nationale, ils furent gouvernés par des proconsuls qui cumulaient les pouvoirs administratif, judiciaire, militaire, imposaient des réquisitions forcées de toute nature, et se livraient sans contrôle à tous les caprices et à toutes les tyrannies du despotisme. Ce dernier état fut celui des Ligures et des Allobroges [1].

Pour maintenir la Province dans l'obéissance et l'habituer aux lois et à la langue de Rome, on fonda, soit dans les villes gauloises, soit dans des villes nouvelles, des *municipes*, c'est-à-dire des *colonies romaines*, *latines* et *italiques* [2]. Ces municipes étaient composés : 1° de citoyens romains transplantés de Rome, du Latium ou

[1] On donna aux Marseillais Arles, le pays des Volsces arécomiques, dont Nîmes était la capitale, le pays des Helviens, etc.

[2] Il y avait d'abord quelque différence entre les colonies *romaines* et les colonies *latines* et *italiques* : cette différence consistait principalement en ce que les dernières ne jouissaient pas des droits politiques, les peuples du Latium et de l'Italie ne les possédant pas encore ; et elle subsista jusqu'à ce que ceux-ci les eussent acquis (90 ans avant J.-C.). Il fallait d'ailleurs passer par le droit italique pour acquérir le droit latin, et par le droit latin pour acquérir le droit romain.

de l'Italie ; 2° d'habitants de la Province qui, par des services signalés, obtenaient le titre de citoyens romains. Les habitants de ces colonies jouissaient des libertés, des prérogatives et même des droits politiques des citoyens de Rome ; mais comme ces droits ne pouvaient s'exercer que dans Rome même, que peu de colons avaient la volonté ou le pouvoir d'y aller, ils étaient presque illusoires : c'était la métropole qui décidait la guerre, fixait les impôts, faisait les lois et envoyait aux colonies ses gouverneurs, ses soldats et ses juges. Il ne restait donc réellement aux colons que des pouvoirs locaux, restreints et mal définis, comme l'administration des revenus de la cité, l'élection aux magistratures municipales, l'intendance des édifices et du culte ; mais nous verrons les droits des municipes s'agrandir par les désastres du gouvernement central, devenir le fondement des libertés du moyen âge, et se perpétuer au moins par leurs traces jusqu'à nos jours. Au reste, les municipes, pour inspirer plus de respect aux peuples vaincus, s'appliquaient à être des images de Rome dans leur gouvernement, leurs magistrats et leurs monuments. Le sénat était remplacé par la *curie*, dont les membres se nommaient *décurions* ou *curiales* ; les consuls, par des *duumvirs* ou des *triumvirs*, etc. ; on voyait des *édiles*, des *questeurs*, des *préteurs* chargés, comme à Rome, de la police, des finances, de la justice ; enfin chaque municipe avait son forum, son capitole, ses cirques, ses temples ; et il reste encore de glorieux débris de ces monuments.

Narbonne fut la première colonie romaine, et elle devint la capitale de la Province et la rivale de Marseille. Après elles furent établies en municipes Nîmes, Béziers, Arles, Avignon, Carcassonne, etc.

§ II. INVASION DES TEUTONS ET DES KIMRIS. — GUERRES CIVILES DE MARIUS ET DE SYLLA. — Les conquêtes des Romains dans la Gaule furent interrompues par une invasion terrible qui menaça d'une égale destruction les vainqueurs et les vaincus. Les hordes des Kimris, qui habitaient les bords de la Baltique, se déplacèrent tout à coup, entraînant avec elles les hordes des Teutons (113) ; elles remontèrent l'Elbe ; traversèrent le Danube, ravagèrent le Norique et l'Illyrie pendant trois ans, entrèrent dans l'Helvétie, dont les peuples se joignirent à elles ; pénétrèrent chez les Belges, qui leur résistèrent ; se retournèrent sur la Gaule centrale qu'elles ravagèrent de fond en comble, et attaquèrent la Province. Déjà six armées romaines avaient été détruites et l'Italie tremblait, quand les Barbares se jetèrent sur l'Espagne, la pillèrent pendant deux ans, revinrent dans la Gaule, et se décidèrent à envahir l'Italie en deux bandes : les Teutons par les Alpes maritimes, les Kimris par les Alpes centrales. Mais Rome avait envoyé dans la Province son plus grand capitaine, Marius, qui, depuis deux ans campé auprès d'Aix, préparait son armée à recevoir les barbares ; il détruisit les Teutons dans une bataille si terrible, que le champ fut engraissé de cadavres pour plusieurs siècles, et porte encore le nom de *Pourrières*[1] (101). De là il passa en Italie ; et quand les Kimris descendirent des Alpes, il les anéantit près de Verceil, dans une bataille encore plus terrible, où il fallut exterminer jusqu'aux femmes et jusqu'aux chiens des barbares.

A cette époque, Rome, dont l'œuvre guerrière touchait à sa fin, voyait se dissoudre son organisation sociale fondée uniquement sur la guerre. La lutte entre les patriciens et les plébéiens avait pris une nouvelle forme : c'était maintenant celle des riches et des pauvres. Les premiers avaient toutes les charges, remplissaient le sénat, dominaient les comices ; ils possédaient l'Italie entière par leurs clients ou leurs esclaves, et spoliaient le monde conquis comme préteurs ou comme proconsuls. Les seconds, qui n'étaient plus qu'un ramas d'affranchis amenés de tous les coins de la terre, après avoir obtenu une égalité de droits illusoire, demandaient des richesses ; ils n'avaient plus de terres, plus de fonctions politiques, plus de guerres ; leur vote même leur était inutile. L'esprit militaire de Rome allait se retourner contre elle-même et engendrer la guerre civile. Marius, homme du peuple, commença l'œuvre en appelant au service militaire tous les pauvres, et en donnant le droit de cité à tous les habitants de l'Italie. La composition de l'armée et la constitution de l'état se trouvèrent ainsi changées d'un seul coup. Les légions ne furent plus comme autrefois la cité armée, mais des bandes sans patrie, avides d'or et de pillage, qui devaient s'emparer du pouvoir et le donner au chef qu'elles choisiraient. Les assemblées du forum devinrent des tumultes et des combats qui rendirent le gouvernement impossible. Alors la guerre civile commença, les riches ou les patriciens ayant à leur tête Sylla ; les pauvres ou les plébéiens, Marius (90).

La Province, déjà presque toute transformée aux mœurs romaines, y prit une grande part ; Marseille et Narbonne embrassèrent la cause de l'aristocratie ; les autres villes, celle du parti populaire. A la fin la richesse l'emporta : le vieux patriciat fut restauré, l'Italie vaincue, l'unité de Rome conservée contre ses alliés.

[1] *Campi putridi.* La fête commémorative de cette bataille a été célébrée jusqu'à nos jours, dans un temple de la Victoire, transformé par le christianisme en église dédiée à sainte Victoire, et dont les ruines existent encore. Voy. Amédée Thierry, t. II, p. 228.

Le sénat s'empara de tous les pouvoirs et annula le tribunat, les comices, l'ordre des chevaliers ; le brigandage des riches devint plus affreux, l'esclavage plus dévorant, la situation des peuples conquis plus intolérable. La Province avait servi d'asile aux proscrits du parti populaire ; Pompée, qui était devenu le chef de l'aristocratie, s'en vengea cruellement en ravageant tout le pays : il détruisit plusieurs villes, donna leur territoire à Narbonne et à Marseille, et fonda à Béziers, à Perpignan, à Toulouse, des colonies militaires qui se partagèrent les biens des proscrits gaulois. Le sang coula à grands flots pour apaiser les soulèvements de la Province, qui semblait animée d'une pensée d'indépendance ; on l'accabla d'exactions ; on abolit ses priviléges ; on transporta toute sa population armée dans les pays où Rome faisait la guerre. Enfin, Fontéius, qui lui fut donné pour proconsul, se signala par une tyrannie et une rapacité si épouvantables, que, la guerre civile étant apaisée, les Gaulois demandèrent à Rome justice de ses crimes (69). Mais l'orateur Cicéron prit sa défense ; il accabla d'ironies et d'insultes les barbares qui osaient accuser un citoyen romain ; le proconsul fut absous, et la Province, livrée désormais à la discrétion de ses gouverneurs, s'anéantit dans la domination romaine et perdit toute trace de son indépendance.

§ III. Premières guerres de César contre les Helvètes et les Germains. — Les diverses nations de la Gaule vivaient dans un tel isolement, que l'asservissement des Ligures et des Allobroges ne les avait nullement émues. Les Éduens, au contraire, fiers de l'amitié des Romains, se réjouissaient d'avoir pour voisins de si puissants alliés, et affectaient la suprématie sur les autres peuples galliques. Les Séquanes, lassés de leur tyrannie, résolurent de la détruire, et, pour contre-balancer l'assistance des Romains, ils cherchèrent aussi des auxiliaires en dehors de la Gaule. A cette époque, les hordes teutoniques, profitant de l'anéantissement de la race kimrique, s'étaient avancées au midi : elles occupaient toutes les régions transrhénanes, et étaient déjà en relation avec les Belges et avec les Helvètes, qui les connaissaient sous le nom de *Ghermanna* (Germani), hommes de guerre. Ce fut à ces barbares que les Séquanes demandèrent secours. Les *Germains* passèrent le Rhin, sous la conduite d'Arioviste, un de leurs chefs, battirent les Éduens, leur prirent leurs armes et leurs enfants ; puis ils se tournèrent contre les Séquanes, et les sommèrent de leur donner le tiers de leur territoire (63). Ceux-ci résistèrent, et, dans leur détresse, implorèrent l'assistance des Éduens. Les deux peuples, devenus amis par la communauté de misère, marchèrent contre les Germains et furent complétement vaincus à Magetobriga (Mogte-de-Broie), près de la Saône et de l'Ognon. Alors Arioviste exerça la domination la plus tyrannique sur toute la Gaule orientale.

Les Éduens demandèrent du secours aux Romains; mais ceux-ci étaient tout occupés des troubles de l'Italie, où la lutte entre les pauvres et les riches avait recommencé. Trois hommes s'étaient partagé l'empire : Pompée, César, Crassus. Il ne s'agissait plus de liberté et de constitution : le monde romain était bouleversé par la destruction des anciennes races, l'envahissement de l'esclavage, l'enfantement d'une nouvelle organisation sociale. César, génie aux idées larges et modernes, comprit qu'il fallait s'éloigner de cette Rome livrée à l'anarchie, y laisser s'user tous les hommes médiocres, comme Pompée, Crassus, Cicéron, et s'en aller préparer sa destinée dans un pays neuf et plein d'avenir, dans la Gaule. La Gaule conquise, il aurait de la gloire, des soldats, de l'or : Rome était à lui.

En ce temps-là les Helvètes, gênés par le voisinage des Germains, et avides de terres fabuleusement fertiles, avaient résolu de quitter leurs montagnes et d'aller s'établir dans les plaines occidentales de la Gaule. A cette nouvelle, le sénat romain envoya deux légions sur le Rhône et le lac Léman, s'entendit avec les Séquanes et les Éduens pour qu'ils défendissent les passages du Jura, et traita avec Arioviste pour qu'il restât en repos. Les Helvètes firent leurs apprêts pendant deux ans, brûlèrent leurs douze villes et leurs quatre cents villages, emportèrent des vivres pour trois mois, et partirent au nombre de trois cent soixante-huit mille têtes dont quatre-vingt-douze mille guerriers; ils arrivèrent sur le Rhône et demandèrent passage à travers la Province (58). Le proconsul à qui ils s'adressaient était César, qui venait de se faire donner le gouvernement des deux Gaules (Cisalpine et Provinciale) pour cinq ans; il les refusa, rassembla en toute hâte ses légions, et garnit le fleuve de fortifications que les Helvètes ne purent forcer. Alors ceux-ci se jetèrent dans les défilés du Jura, traversèrent le pays des Séquanes et des Éduens, et arrivèrent sur la Saône. César les poursuivit, leur livra une grande bataille près de Bibracte, et les vainquit complétement. La nation, réduite à cent trente mille individus, se dirigea vers le nord pour gagner le Rhin; mais, comme elle manquait de vivres, elle fut forcée de capituler, rendit ses armes et retourna dans son pays.

Les peuples de la Gaule félicitèrent César de les avoir sauvés « d'une guerre cruelle, peut-être même de la servitude; » et les Éduens le supplièrent secrètement de les délivrer des Germains, qui passaient le Rhin en si grand nombre « que la Gaule entière allait, disaient-ils, devenir Germaine. » La domination d'Arioviste sur une nation alliée des Romains était un outrage que ceux-ci ne pouvaient endurer plus long-temps : la plainte des Éduens fut accueillie. D'ailleurs l'invasion des Helvètes avait donné à César le protectorat des peuples galliques ; l'occasion d'assurer sa domination sur eux était venue ; mais il ne voulait personne au partage de la proie, et il ordonna à Arioviste de rendre la liberté aux alliés du peuple romain. Le barbare lui ayant répondu que « cette partie de la Gaule était sa *province* comme l'autre était la *province romaine*, » César marcha contre lui, le vainquit, et rejeta tous les Germains au delà du Rhin (38).

§ IV. Première, deuxième, troisième, quatrième et cinquième campagnes de César. — Les peuples galliques, pleins de joie de leur délivrance, virent avec douleur que l'armée romaine hivernait et s'établissait dans leur pays, que César levait des contributions, ramassait des vivres, gouvernait les assemblées fédérales ; et ils reconnurent qu'ils n'avaient fait que changer de maître (57). Cependant les Romains cherchaient l'occasion de s'étendre dans le nord de la Gaule ; ils s'allièrent avec les Rèmes, l'un des plus puissants peuples de la Belgique, et rapprochèrent leurs quartiers de ce pays. Les nations belges prirent l'alarme [1] ; formèrent une grande ligue contre les Romains, et mirent sur pied une armée de trois cent mille hommes à la tête desquels étaient les Suessions et les Bellovaques. A cette nouvelle, César jeta le masque d'amitié sous lequel il avait asservi une partie de la Gaule, et résolut de commencer ouvertement la guerre de conquête.

L'armée romaine, forte de soixante-dix à quatre-vingt mille hommes, entra en Belgique ; mais elle dut, dans ce pays encore tout sauvage, s'ouvrir un chemin à travers les forêts, la hache à la main, passer les fleuves à la nage, s'enfoncer dans les boues et les marécages. Enfin, après la marche la plus pénible, elle rencontra les Belges sur les bords de l'Aisne, détruisit la moitié de leur armée, s'empara de leurs places, et s'avança sur le territoire des Nerviens. C'était le peuple le plus sauvage et le plus belliqueux de la Gaule ; il attendit les Romains sur les bords de la Sambre, leur livra une furieuse bataille et fut entièrement exterminé. Les Aduatiques essayèrent encore quelque résistance : ils furent vaincus, et vendus comme esclaves au nombre de plus de cinquante

---

[1] « C'étaient les plus énergiques de la Gaule, dit César, parce que, étant les plus éloignées de la Province, la civilisation et le luxe avaient moins pénétré chez elles ; elles avaient moins de relations avec les étrangers, et en recevaient moins les choses qui amollissent l'homme. » Liv. I, ch. 1.

mille. Alors il suffit d'une seule légion qui parcourut la côte entre la Seine et la Loire pour soumettre les peuples armoricains, et achever ainsi la conquête de la Belgique. Ce fut la fin de la première campagne de César.

Le proconsul cantonna sept légions sur la rive droite de la Loire pour surveiller les Armoricains, sa cavalerie chez les Belges, une légion dans les Alpes Pennines pour s'assurer les passages de l'Italie, et il alla régler les affaires de la Cisalpine et veiller aux intérêts de sa faction. Dès qu'il fut parti, on attaqua ses soldats de tous côtés : la légion des Alpes fut contrainte de se réfugier chez les Allobroges ; les Morins, les Ménapes et d'autres tribus belges prirent les armes ; les cités de l'Armorique se fédérèrent, saisirent les tribuns et préfets romains comme otages, et équipèrent une grande flotte ; les Vénètes étaient l'âme de cette ligue, qui se propagea jusqu'à la Garonne. A ces nouvelles, César ordonne de rassembler des vaisseaux, envoie douze cohortes et une nombreuse cavalerie dans le pays entre Loire et Garonne, maintient les Belges dans le repos par son lieutenant Labiénus, et fait attaquer les Armoricains par trois légions. Lui-même monte sur ses vaisseaux, assiége les villes maritimes, et livre une grande bataille à la flotte armoricaine, qui est détruite (56). Les Vénètes se rendent : « le vainqueur fait égorger tous les sénateurs, et vend le reste du peuple à l'encan[1]. » Pendant ce temps, les trois légions battaient les tribus de l'intérieur ; les douze cohortes obtenaient même succès, passaient la Garonne, et, renforcées des milices de la Province, attaquaient les Aquitains : une seule bataille décida la soumission de ces peuples qui, deux années auparavant, avaient détruit deux armées romaines. Il ne restait plus à vaincre que les tribus belges : César marcha lui-même contre les Morins et les Ménapes, et, après avoir ravagé leur pays, il revint prendre ses quartiers d'hiver dans l'Armorique. Ce fut la fin de sa deuxième campagne.

La Gaule était vaincue ; mais il fallait assurer sa soumission par le dehors : Rome était forcée de conquérir les barbares sous peine d'être conquise par eux ; si elle s'arrêtait, elle reculait ; elle devait sans cesse agrandir le cercle de la civilisation pour assurer le salut du centre ; maintenant qu'elle ne craignait plus les Gaulois, c'était au delà du Rhin qu'elle voyait le danger, et il lui fallait faire de la Gaule une barrière entre l'Italie et les Germains. En ce temps-là les régions transrhénanes étaient agitées par de grandes guerres intestines qui rejetaient une multitude de barbares sur le Rhin : on en comptait, dit-on, jusqu'à quatre cent mille qui avaient traversé

[1] César, liv. v.

le fleuve. Les Gaulois étaient dans la consternation et l'anxiété : les uns voyaient dans les Germains des auxiliaires ; les autres appelaient les Romains pour les chasser. César, voyant sa conquête menacée au dedans et au dehors, rassembla ses légions, convoqua les Gaulois à la défense commune, marcha contre les barbares, et, au prix d'un parjure, gagna sur eux une victoire facile ; il la compléta en portant pour la première fois les aigles romaines au delà du Rhin, et il jeta une profonde terreur parmi les nations germaniques (55).

Au retour de cette expédition, l'infatigable conquérant tourna ses regards sur la Bretagne. Cette île était habitée, au midi par des Kimris, au nord par des Galls, peuples sauvages, chasseurs ou pêcheurs, aux corps nus et tatoués, ayant des femmes communes et vivant sous la dépendance absolue des chefs de famille ; ils étaient en relation d'amitié avec leurs frères du continent, et avaient donné des secours aux Vénètes. César, dans la pensée d'isoler la Gaule des pays voisins et de reculer le domaine de la barbarie, conduisit deux expéditions en Bretagne : il avait emmené avec lui presque toute la noblesse gauloise pour la faire périr dans cette guerre ; mais il eut peu de succès dans ces deux entreprises, ramena ses légions sur le continent et les cantonna dans la Belgique. Ce fut la fin de sa troisième campagne.

Cependant les Gaulois étaient impatients de voir au milieu d'eux des étrangers qui disposaient de leurs biens, réglaient leurs gouvernements, et les menaient mourir dans des guerres extérieures. L'assemblée générale ne se réunissait plus qu'en présence de César, et était devenue l'exécutrice de ses volontés ; c'était par elle qu'il donnait une couleur légitime à ses usurpations, qu'il obtenait des hommes et de l'argent pour soumettre la Gaule. A son retour de Bretagne, une grande révolte éclata ; elle commença chez les Carnutes et se propagea jusque chez les Éburons, les Trévires et les Armoricains ; il ne resta guère que les Éduens et les Rêmes dans l'alliance de César (54). Ambiorix, chef des Éburons, surprit un quartier de dix mille Romains qui hivernait dans le pays et le détruisit entièrement ; un autre quartier était assiégé et aurait eu le même sort, si César n'était accouru avec deux légions ; enfin le soulèvement général ne fut arrêté que par une grande victoire. Ce fut là sa quatrième campagne.

César, voyant le prestige de ses premiers succès évanoui, fit d'immenses préparatifs de guerre ; de leur côté, les Gaulois s'apprêtèrent ouvertement à une résistance désespérée. Le proconsul, impatient de commencer la campagne, convoqua auprès de lui l'assemblée générale des cités; les Carnutes, les Sénones, les Trévires refusèrent d'y envoyer leurs députés; il les déclara rebelles au peuple romain, marcha contre eux, les battit en tous lieux, fit égorger leurs chefs, et se dirigea en secret sur le pays des Éburons, qu'il voulait anéantir (53). Le fer et le feu détruisirent tout, hommes et choses, villes et campagnes; et le conquérant proclama aux nations voisines qu'il livrait au premier occupant les corps et les biens de cette « race de scélérats[1]. » Ce fut la fin de sa cinquième campagne.

§ V. Sixième campagne de César. — Durant ces glorieuses expéditions, la république romaine agonisait dans l'anarchie, et le monde, les yeux tournés sur la Gaule, attendait de ce pays la solution de ses destinées. Crassus ayant été tué dans une guerre contre les Parthes, la querelle était maintenant resserrée entre Pompée et César. Pendant que Pompée, chef du parti aristocratique, était chargé par le sénat de réformer la république, César s'offrait aux plébéiens comme le représentant de leurs intérêts et l'exécuteur de leurs vieilles haines contre les grands et les riches: il était tout préparé à la guerre civile. La conquête de la Gaule avait porté les fruits qu'il en attendait: sa gloire était plus grande que celle de Marius; son armée lui appartenait; enfin il pouvait verser l'or à pleines mains, « car les villes, les temples, les trésors de la Gaule avaient été pillés, dit Suétone, avec une incroyable cupidité, et bien plus pour leur opulence que pour leurs crimes. » Aussi il payait des armées, il bâtissait des villes, il tenait à Pise une sorte de cour, ou plutôt de marché, où un consul lui vendait sa neutralité pour 8 millions, et un tribun son alliance pour 12 millions.

Alors les Gaulois crurent l'occasion favorable: les légions étaient éparpillées, César occupé uniquement de ses projets ambitieux, toutes les attentions tournées vers Rome; ils sentirent que leur existence nationale était anéantie s'ils ne faisaient un grand et unanime effort: « Mourons! dirent-ils, mourons, plutôt que de perdre notre vieille gloire et cette liberté que nous avons reçue de nos pères[2]. » L'immense conjuration se fit dans le plus grand mystère; les hommes, les armes, les vivres furent ramassés en silence; enfin, le signal de la délivrance fut donné par les Carnutes, qui massacrèrent les Romains établis à Genabum (Orléans), et des cris répétés de village en village le communiquèrent en trois jours à toute la Gaule (52). Aussitôt les Arvernes proclament leur indépendance; les Aquitains se soulèvent; les Armoricains et toutes les nations entre Seine et Garonne prennent les armes; les Belges,

---

[1] César, liv. vi. — [2] Id., liv. vii.

surveillés par dix légions, n'osent remuer encore; les Éduens frémissent de douleur et de honte, sachant que leurs compatriotes les accusent des malheurs de la Gaule; les Rêmes seuls restent infidèles à la cause commune. L'assemblée générale donne le commandement de l'armée, avec l'autorité la plus absolue, à Vercingétorix, descendant des rois arvernes, et principal moteur du soulèvement de la Gaule; pour la première fois les Gaulois cherchaient leur salut dans l'unanimité des efforts et l'unité du pouvoir.

Vercingétorix organise rapidement la résistance la plus vigoureuse : il marche contre les légions du nord commandées par Labiénus, et envoie son lieutenant Luctère pour attaquer la Province, et fermer aux Romains le chemin de l'Italie. Mais, à la nouvelle de l'insurrection, César passe les Alpes, délivre la Province, jette quelques troupes dans l'Aquitaine, traverse les Cévennes, malgré six pieds de neige, et fond sur les Arvernes épouvantés. Le général gaulois revient sur ses pas; mais César, laissant dans l'Arvernie son armée, court avec sa cavalerie le long de la Saône, rallie, chez les Lingons, deux des légions de Labiénus, et appelle les autres. Vercingétorix le devine; il ravage le pays des Éduens, force César à courir au secours de ses alliés, et veut lui fermer le retour; mais il ne peut l'empêcher de s'emparer des villes de la Loire; et changeant de plan, il brûle toutes les villes des Bituriges, des Carnutes et des peuples voisins, et veut faire mourir de faim son ennemi. Il ne reste debout que Avaricum (Bourges), la capitale des Bituriges. César l'assiège, l'emporte d'assaut, et la livre au massacre et à la destruction. Vercingétorix recule pour défendre l'Arvernie. Alors le proconsul envoie Labiénus, avec quatre légions, pour soumettre les peuples de la Seine, et, avec les six autres, il marche sur Gergovie, la capitale des Arvernes. Il échoue devant cette ville et veut se retirer chez les Éduens; mais ce peuple, qui composait toute sa cavalerie et qui coupait en deux le théâtre de l'insurrection, rompt tout à coup son alliance avec les Romains, et déploie la plus vive ardeur pour la cause gauloise. César pouvait encore gagner le chemin de la Province; mais il veut rallier les légions de Labiénus et cherche à passer la Loire. Il en trouve tous les passages gardés par les Éduens, et se voit enfermé dans un pays saccagé, ayant derrière lui l'armée gauloise. Il remonte vers le nord, trompe les Éduens sur sa marche, parvient à franchir le fleuve, et atteint le pays des Sénones où Labiénus vient le joindre. Celui-ci, à la nouvelle des désastres de son général, était revenu sur la Seine, pressé par une armée belge; il avait gagné le passage du fleuve par une bataille, et ramené ses légions chez les Sénones.

Les Gaulois étaient pleins d'enthousiasme et de dévouement; ils avaient confirmé le commandement suprême aux Arvernes, et préparé de nouveaux efforts. César réunit ses légions, mais il était sans cavalerie, sans approvisionnements, sans communications avec l'Italie; il fallait s'ouvrir un chemin vers la Province. Il part du pays des Lingons en suivant la Saône, et rencontre l'armée gauloise. « Le jour de la victoire est arrivé, s'écrie Vercingétorix; les Romains abandonnent la Gaule et s'enfuient dans la Province. Il faut les anéantir, pour qu'ils ne reviennent jamais! » Et ses soldats jurent de ne pas s'approcher de leurs femmes et de leurs enfants avant d'avoir traversé deux fois l'armée romaine [1]. La bataille fut terrible : César se vit dans un tel péril, que son épée resta aux mains de l'ennemi, mais il n'en fut pas moins pleinement victorieux. Les Gaulois, saisis d'une terreur panique, se réfugièrent, au nombre de quatre-vingt-dix mille, sous les murs d'Alésia, la plus forte place de la Gaule. César se mit à leur poursuite et résolut d'assiéger à la fois l'armée et la ville; alors il fit construire une ligne de circonvallation qui avait onze milles de développement, avec un triple fossé, des terrasses, des remparts, des palissades, des chausse-trappes et des tours à quatre-vingts pas de distance; puis il protégea son camp, du côté de la campagne, par une ligne de contrevallation aussi formidable, et qui avait quatorze milles de tour. Tout cela fut fait en cinq semaines, par moins de soixante mille hommes. Alors les Romains, tranquilles dans cette double ligne de défenses, attendirent que la faim leur livrât Alésia, Vercingétorix et son armée.

Les Gaulois essayèrent vainement d'arrêter les travaux; parqués dans cette étroite prison, et désespérant de la forcer, ils envoyèrent des courriers par toute la Gaule, pour l'appeler à leur délivrance (51). L'assemblée générale décréta une levée de deux cent cinquante mille hommes. « Tous les peuples, excepté les Rêmes, fournirent leur contingent, tant était grand l'accord des Gaulois pour recouvrer leur liberté; tous dévouèrent à la guerre nationale leur vie et leurs biens [2]. » Cette armée arriva devant le camp romain au moment où l'armée d'Alésia était réduite aux dernières extrémités. Toutes deux livrèrent de concert deux terribles assauts à la formidable enceinte qui les séparait; jamais la fortune de César ne courut de plus grands dangers; mais le patriotisme, la valeur et le désespoir des Gaulois se brisèrent inutilement contre la force des lignes, la discipline et les machines des légions. L'armée de délivrance, à demi détruite, se dispersa; l'armée assiégée

[1] César, liv. VII, ch. 66. — [2] Id., ibid., ch. 76.

se rendit; soixante mille prisonniers furent vendus. Vercingétorix, chargé de chaînes, fut envoyé à Rome et jeté dans un cachot : il n'en sortit que six ans après, le jour où César triomphait, non moins pour avoir vaincu le patriciat que pour avoir subjugué la Gaule; et, selon la coutume des Romains, qui souillaient toutes leurs fêtes du sang des vaincus, la tête du héros gaulois tomba, avec une foule d'autres, sous la hache du bourreau. C'était la dernière libation de sang libre; le monde et Rome elle-même avaient alors un maître.

§ VI. Soumission définitive de la Gaule. — César empereur. — Fin de la société ancienne. — Après le désastre d'Alésia, les Éduens et les Arvernes posèrent les armes; les autres peuples continuèrent leur résistance; mais comme ils faisaient la guerre isolément, ils tombèrent les uns après les autres; leur soumission fut l'objet de la septième et dernière campagne de César. Les Carnutes et les Bituriges furent chassés de leur pays; les Armoricains se rendirent à discrétion; les Belges, vaincus à plusieurs reprises, furent forcés de livrer leurs armes et de s'enfuir en grand nombre au delà du Rhin. Les nations du sud-ouest résistèrent plus longtemps : elles étaient commandées par Luctère, qui s'enferma dans Uxellodunum, ville des Cadurci, y fut assiégé, et, après une longue défense, forcé de se rendre. « Alors comme César ne voyait pas de terme à la guerre des Gaules, il résolut d'épouvanter les peuples par un exemple : il fit couper la main à tous ceux qu'il venait de vaincre, et leur laissa la vie pour que leur mutilation rappelât long-temps leur rébellion et leur châtiment [1]. » De là il marcha dans l'Aquitaine, qui se rendit sans obstacle; et ensuite il parcourut ses conquêtes désormais soumises et silencieuses.

Ainsi se termina cette longue et terrible guerre, décisive non-seulement pour la Gaule, mais pour le monde entier, pendant laquelle, selon Plutarque, « César prit de force huit cents villes, soumit plus de trois cents peuples, et combattit contre trois millions d'hommes, sur lesquels un million périt dans les batailles, et un million fut réduit en captivité (50). »

Aussitôt que les armes furent posées, le conquérant voulut que tant de sang versé fît germer la civilisation; et alors commença ce travail merveilleux qui transforma si complétement les vaincus dans les vainqueurs, que la Gaule finit par perdre les souvenirs de son origine, de sa religion, de sa langue, de son histoire, et qu'elle ne sembla dater son existence que de Jules César. Il fit de tout le pays, hors la Province, une deuxième Province romaine,

[1] Hirtius, ch. 11.

qu'il appela *Gaule chevelue;* il laissa à toutes les tribus leurs lois, leurs chefs, leurs biens, respecta leur religion, les traita avec honneur ; il combla de titres et de richesses les grandes familles, donna les droits romains à plusieurs villes, se contenta d'un tribut d'environ 8 millions, et abandonna, pour ainsi dire, la Gaule à elle-même, afin qu'elle se refît de ses blessures. C'est que l'ambitieux Romain voyait le temps venu de commencer cette guerre, but de toute sa vie, dont la conquête de la Gaule n'avait été que le prélude. Cette belle contrée, pacifiée, soumise, et même attachée à son vainqueur, était l'arme qu'il avait préparée pour vaincre le patriciat. Les Gaulois, avides de combats et admirateurs de la gloire romaine, se pressèrent en foule dans les armées de César ; les Belges lui fournirent son infanterie pesante, les Aquitains son infanterie légère, les nations du centre sa cavalerie ; une légion fut tout entière composée de Gaulois, et se rendit célèbre sous le nom de *légion de l'Alouette.* La Gaule allait se venger de son asservissement, en travaillant à l'asservissement de ses vainqueurs.

Le sénat, inquiet de ces apprêts, ordonne à César de renvoyer ses légions (50). Celui-ci passe le Rubicon, qui séparait la Cisalpine de l'Italie, et marche sur Rome avec une armée composée des hommes les plus vaillants de l'Espagne, de l'Italie, de la Gaule.[1] Le sénat, Pompée, tous les grands et les riches s'enfuient, à la vue de ces barbares : « Dix ans de séjour parmi ces peuples féroces, disaient-ils, ont rendu César non moins féroce qu'eux. Il a déchaîné du haut des Alpes la furie gauloise ; il a soulevé cette race tout entière en lui promettant le pillage de Rome : la voilà, qui, des bords de l'Océan et du Rhin, accourt sur ses pas [2] ! » Le proconsul, maître de la ville, fit enfoncer, à coups de hache, le trésor accumulé depuis trois siècles pour résister aux invasions gauloises, trésor qui avait été respecté même aux temps d'Annibal et de Marius, et il le distribua à ses soldats en disant : « La république n'a rien à craindre, il n'y a plus de Gaulois [3]. »

Il poursuivit le parti de Pompée en Espagne, le vainquit à Pharsale, fit la conquête de l'Égypte, d'une portion de l'Asie et de l'Afrique, et revint enfin à Rome avec son armée de barbares dévoués qu'il accabla de richesses et d'honneurs, qu'il fit même entrer dans le sénat. Son retour fut signalé par des fêtes incroyables : c'étaient les dernières saturnales du monde ancien autour de l'homme qui régnait sur lui comme *dictateur perpétuel, empereur, père de la patrie, libérateur, dieu.*

La Gaule ne bougea pas pendant la guerre civile ; il n'y eut que

---

[1] Dion, XII, 55. — [2] Lucain, Pharsale, liv. I. — [3] Appien, liv. II, p. 453.

la Province qui y prit une part active, en embrassant la cause de Pompée. Mais lorsque César marcha en Espagne, il traversa la Province et assiégea Marseille, qui fut prise, privée de sa liberté, de ses armes, de ses trésors, et ruinée dans son commerce par la fondation de *Forum Julii* (Fréjus). Ainsi, l'antique alliée de Rome, la seule ville de la Gaule qui eût conservé son indépendance, se trouva englobée dans ce vaste empire, qui se donnait alors pour maître le destructeur de la nation gauloise.

L'unité romaine domina alors tout l'Occident; la terre s'appela le *Monde romain;* on ferma le temple de Janus. Rome, en cessant de conquérir, cessa d'être Rome; ses destinées étaient accomplies; la société ancienne, dont elle était la dernière et la plus vaste expression, avait fini sa carrière. L'humanité, impatiente de mouvement se replia sur elle-même, et se vautra dans l'égoïsme, la débauche, la cruauté; les trois erreurs capitales du monde ancien arrivèrent à leur apogée : trente mille dieux siégeaient au Capitole; l'esclave était jeté dans les viviers des grands pour engraisser les murènes; un décret du sénat donna toutes les femmes à César[1].

Alors, dans une étable d'une petite ville de Judée naquit le CHRIST!.... Quelque temps après les Germains s'annoncèrent au monde par le massacre des légions de Varus!... Le Christ et les Germains allaient renouveler moralement et matériellement l'humanité... Ici commence le temps de décomposition sociale qui prépare la grande époque de transition de la société ancienne à la société du moyen âge.

[1] Suétone, 52. — Dion, XLIV, 386.

HISTOIRE

DE

LA GAULE ROMAINE,

DEPUIS

LA NAISSANCE DE JÉSUS-CHRIST JUSQU'EN 406.

CHAPITRE PREMIER.

Commencement du christianisme et des barbares. — 1 à 324.

§ 1. ORGANISATION DE LA GAULE SOUS AUGUSTE. — Le patriciat se releva de sa défaite et tua César, mais il fut de nouveau vaincu, et deux hommes se disputèrent à qui dominerait ce ramassis de toutes les nations, qu'on appelait toujours le peuple-roi : Octave, neveu de César, vainquit Antoine à la bataille d'Actium, et sous le nom d'*Auguste*, qui lui fut déféré par le sénat, il demeura seul maître du monde romain.

Alors l'empire fut soumis à un gouvernement étrange, république de nom et de formes, monarchie despotique en réalité, dont le chef, sous le titre insignifiant d'*empereur*, concentra toutes les magistratures, et résuma tout l'état dans sa personne. Formidable unité qui avait en main la religion, comme grand-pontife, la loi, comme tribun perpétuel, l'armée, comme général! Au-dedans, l'empereur était le représentant des comices, l'électeur des consuls, le président du sénat; au dehors, il devint l'image de Rome entière, et exerça seul le despotisme que le peuple-roi s'était attribué sur les nations vaincues. Cette anarchie organisée, où le chef de l'état était le chef de l'armée, où l'armée avait toute la puissance politique, était le terme où devait aboutir nécessairement la constitution toute guerrière de Rome, alors que son œuvre de guerre était finie. Il n'y eut plus qu'un peuple, sans distinction de races. Les plébéiens furent aptes à toutes les fonctions, que leur corruption les empêcha de remplir, et ils virent même, sans murmure, les élections transportées au sénat; les patriciens conservèrent les apparences de la souveraineté, firent les lois, les magistrats, même les empereurs, mais ils ne furent que les instruments des despotes, qui semblaient leurs ministres et dont la puissance n'était fondée que sur leur bassesse; enfin les légions rendues permanentes, et composées d'hommes de tous pays, devinrent les maîtresses de Rome, par les gardes impériales ou prétoriennes, instituées par Auguste, et elles firent désormais toutes les révolutions.

On fit deux parts des provinces : les plus soumises et les plus centrales furent régies légalement par le sénat; les plus éloignées et les plus remuantes furent placées sous le régime purement militaire, c'est-à-dire sous la main de l'empereur. La Gaule fut au nombre de ces dernières. Octave continua avec ardeur la transformation romaine de ce pays, et il le visita plusieurs fois pour mettre à exécution ses projets d'attaque contre le passé, en détruisant tout ce qui pouvait rappeler aux Gaulois qu'ils avaient formé une nation. Il partagea la Gaule chevelue en trois grandes provinces: l'Aquitaine, entre les Pyrénées, les Cévennes et la Loire; la Belgique, entre la Seine et le Rhin; la Lyonnaise (*Lugdunensis*), qui comprenait tout le centre. Lyon (*Lugdunum*), ville nouvelle et sans passé, fut la capitale du pays, la résidence des gouverneurs, et le point d'où partaient les grandes routes militaires qui aboutissaient au Rhin, à l'Océan et aux Pyrénées. La Province resta séparée sous le nom de Narbonnaise, et fut même rendue au gouvernement légal du sénat; elle venait d'être peuplée de nouvelles colonies militaires, jouissait presque tout entière du droit romain, et comptait déjà dans le sénat plusieurs de ses citoyens.

Par cette division nouvelle, Octave détruisit les anciennes ligues, les différences de races et les souvenirs de l'indépendance. En même temps, il s'étudia à ruiner l'importance des vieilles villes au profit des villes modernes, à créer des cités *Juliennes* ou *Augustales*, dont les noms nouveaux fissent oublier les traditions nationales. Il fit de nombreuses concessions aux peuples qui sortirent presque tous de la condition de *sujets*; plusieurs même obtinrent les droits municipaux, et ces droits étaient devenus importants, depuis que le despotisme impérial rendant les comices illusoires, les citoyens n'allaient plus à Rome exercer leurs droits politiques, et concentraient toute leur activité dans les intérêts de leur ville. Les pouvoirs isolés et oppressifs des anciens chefs nationaux et des proconsuls disparurent devant l'unité de la puissance impériale, qui donna au pays des gouverneurs plus stables, moins absolus, plus occupés du bien public. « L'antique société gauloise fut bouleversée dans ses fondements; les centres d'autorité ou d'influence furent changés ou rattachés à des idées d'un autre ordre; l'institution de la clientèle, source de la puissance des grandes cités, n'exista plus; le territoire même de ces grandes cités fut morcelé, et leurs tribus éparpillées [1]. » L'aristocratie perdit toute influence politique, mais elle garda ses richesses; on lui donna des honneurs, on la fit entrer dans les sénats municipaux, dans les tribunaux, dans l'administration, partout enfin où la langue latine était employée; elle se porta avec ardeur et par ambition aux écoles où l'on enseignait les lois et les sciences des vainqueurs; elle s'attacha à l'ordre établi par la conquête, parce qu'elle trouvait dans les institutions romaines une source nouvelle de puissance et de crédit.

Les provinces du midi et du centre furent désarmées, et on leur donna à peine une faible garde pour la police. On laissa les armes à celles du nord, à cause des Germains, contre lesquels se portèrent toutes les inquiétudes de Rome : une bande de territoire à la gauche du Rhin, depuis sa sortie de l'Helvétie jusqu'à ses bouches, fut érigée en une nouvelle province qu'on appela Germanie; pour en faire une barrière contre les envahisseurs, on la peupla de Germains, et c'est l'origine de la population tudesque qui habite aujourd'hui ce pays; on y éleva des places de guerre, des camps retranchés, et l'on y cantonna huit légions composant environ cinquante mille hommes. Ces huit légions formaient à peu près toutes les troupes de la Gaule; car, dans l'intérieur, « douze cents hommes, dit Josèphe, suffisaient pour maintenir les douze cents villes de cette contrée illustre par sept siècles de victoires et de conquêtes [2]. » Quant aux soldats levés parmi les Gaulois, disciplinés à la romaine, mêlés avec les Romains, transportés dans toutes les parties de l'empire, ils prirent les mœurs et les sympathies des armées impériales, et devinrent étrangers à leur patrie.

Auguste voulut établir l'unité d'administration en même temps que l'unité de pouvoir : il fit faire un recensement de la population et des terres, afin d'asseoir uniformément les impôts qui devinrent d'année en année exorbitants. Ces impôts étaient de deux sortes : l'une sur les terres, l'autre sur les personnes. La taxe des terres était fixée tous les quinze ans par un recensement appelé *indiction*, et elle enlevait à peu près entre le tiers et la moitié du produit; outre cela, des taxes extraordinaires ou *superindictions* pouvaient être imposées par l'empereur. La taxe des personnes ne regardait que les hommes libres, mais elle était répartie par les propriétaires sur les colons : elle alla constamment en s'augmentant, et montait vers la fin du troisième siècle, à vingt-cinq pièces

---

[1] Amédée Thierry, t. III, p. 283. — [2] De Bello Judaico, lib. II, c. 16.

d'or ou 336 francs par tête. A cette époque, le nombre des hommes libres s'élevait environ à cinq cent mille, et la population entière pouvait aller à neuf ou dix millions[1]. Le fisc impérial s'enrichissait encore : 1° du revenu des terres confisquées et comprises dans le domaine de l'état (leurs produits étaient principalement destinés à l'entretien des armées); 2° d'impôts levés arbitrairement et irrégulièrement sur les marchandises; 3° d'impôts sur les objets de consommation et qui portaient sur les choses les plus minimes; 4° de la taxe du vingtième sur les legs et les héritages; 5° de dons gratuits faits aux empereurs à leur avénement et qui devinrent des taxes intolérables [2].

Avec l'unité d'administration, il fallait encore l'unité de religion. Rome, qui avait donné droit de cité dans son Capitole à tous les dieux du monde, sentait que le druidisme était incompatible avec son organisation politique, à cause du mysticisme de ce culte menaçant comme symbole de la nationalité gauloise; les druides n'avaient joué, il est vrai, aucun rôle dans la guerre de l'indépendance; mais ils avaient conservé, à défaut d'influence politique, toute leur autorité scientifique et morale. Auguste mina donc secrètement le druidisme par mille vexations et mille empêchements; il fit de l'abandon de ce culte une condition des faveurs impériales; enfin, comme les dieux helléniques et les dieux gaulois avaient une grande ressemblance d'attributs, il transforma les uns dans les autres. Les deux religions devinrent rapidement identiques, et des temples furent élevés partout aux dieux vainqueurs, même à Auguste et à la ville de Rome comme divinités tutélaires de la Gaule. Le druidisme fut abandonné par les nobles; il resta dans les basses classes, principalement chez les Armoricains où la domination et les influences romaines firent peu de progrès, et où il fut regardé comme le débris sacré de l'indépendance.

Tous ces changements ne se firent pas sans de vives résistances et de grandes souffrances; mais, en résumé, l'assimilation de la Gaule à la chose romaine fut un bienfait. L'administration impériale, malgré son despotisme et sa centralisation, fut éclairée, protectrice, et fit marcher à grands pas la civilisation intellectuelle et matérielle du pays. La population s'accrut; les villes s'enrichirent par les arts de luxe; l'agriculture et le commerce prospérèrent; la Gaule se couvrit d'écoles, de monuments et de

[1] Le territoire des Éduens, qui était le plus riche et le plus peuplé de la Gaule, avait 25,000 hommes libres et 5 à 600,000 habitants. Les départements de la Côte-d'Or et de Saône-et-Loire, qui comprennent à peu près le même territoire, ont 900,000 habitants.

[2] Gibbon, Histoire de la Décadence de l'Empire romain, t. III.

routes. Cependant cette civilisation ne se répandit réellement que dans les familles riches et puissantes; elle ne fut, pour ainsi dire, qu'un costume romain qui recouvrait le corps gaulois. Ces familles adoptaient avec empressement les mœurs et les arts de Rome, et se faisaient romaines de cœur comme d'esprit, d'habits comme de noms; mais la masse gauloise resta inculte, primitive, originale; elle se soucia peu de l'empire où elle ne voyait que des maîtres; elle s'isola dans son ignorance et sa nullité sociale; et c'est par elle que de nombreuses traces celtiques sont restées dans la langue et les mœurs de la France. Enfin, cette civilisation se répandit fort inégalement dans le nord et dans le midi. Le midi, occupé le premier par les Romains, garni de nombreuses colonies, éclairé constamment par le voisinage de Rome, se pénétra si ardemment et si rapidement des idées et des lettres romaines, qu'il dépassait au quatrième siècle l'Italie même en civilisation [1], et qu'il en conserva les débris long-temps après que le reste du monde était barbare. Le nord, plus éloigné de Rome, fut moins facilement soumis et policé; et presque toujours attaqué par les Germains, il garda dans leur contact une allure rude et sauvage qu'il ne perdit que dans la régénération du moyen âge.

§ II. LA GAULE SOUS LES SUCCESSEURS D'AUGUSTE. — L'œuvre de César et d'Octave fut continuée par leurs successeurs. L'empereur Claude, qui était né à Lyon, porta toute son attention sur la Gaule; il défendit sous peine de mort les cérémonies druidiques, et proscrivit les prêtres, qui se réfugièrent dans la Bretagne. Il envoya même ses légions dans cette île pour compléter la soumission de tous les peuples galliques, et réduisit en province romaine la partie méridionale ou kimrique. Les Galls gardèrent leur indépendance dans les montagnes du nord, et, sous le nom de Pictes et de Scots, se rendirent redoutables aux Bretons et aux garnisons romaines. Malgré la persécution de Claude, les débris du druidisme se conservèrent dans la Gaule jusque vers le neuvième siècle, et les idées merveilleuses de ce culte ont passé dans les contes de fées et les romans du moyen âge.

Enfin, sur la demande de l'empereur, et malgré l'opposition des patriciens qui voyaient la patrie romaine s'affaiblir en s'étendant, tous les Gaulois furent déclarés aptes à exercer les fonctions publiques et à entrer dans le sénat (48). La Gaule se trouva donc définitivement toute romaine; initiée aux destinées de Rome, elle lui donna des savants, des généraux, des empereurs, et signala dès lors l'influence de sa position géographique sur le reste de

---

[1] « C'est moins une province que l'Italie même, » disait Pline.

l'Europe. Mais elle ne fit rien par elle-même et pour elle-même : membre du colosse romain, elle vécut de sa vie, et son histoire est celle de l'empire.

Un seul grand et inutile effort témoigna que la Gaule avait des souvenirs de son indépendance ; ce fut quand un Batave, nommé Civilis, voulut créer un empire gaulois (69) : « les provinces, disait-il, n'ont été vaincues que par les provinces ; la Gaule n'a succombé que sous ses propres forces ; qu'elle ne fasse aujourd'hui qu'un seul corps. L'Orient, accoutumé à des rois, peut se résigner à servir ; mais il est encore des Gaulois qui sont nés avant le despotisme romain [1]. » A cet appel, tout le nord et le levant se soulevèrent. Les druides reparurent, « annonçant que l'heure était venue où l'empire des choses humaines allait passer aux nations transalpines [2] ; » on rêva l'indépendance, le retour des anciennes fédérations, de l'ancien culte ; on proclama un *empire gaulois,* auquel les légions cantonnées dans la Gaule furent contraintes de prêter serment. Mais la discorde se mit entre les provinces dont l'administration romaine entretenait avec soin les vieilles rivalités ; et Rome envoya une armée, commandée par Cérialis, pour apaiser cette rébellion menaçante. Les provinces du couchant n'avaient pas bougé ; celles du levant se soumirent facilement ; le nord seul fit une vive résistance. Enfin Cérialis ayant convoqué une grande assemblée, dit aux Gaulois que le Batave Civilis n'était qu'un nouvel Arioviste, et qu'ils se perdaient en voulant une Gaule impossible. « Il a fallu huit siècles d'une fortune et d'une discipline constantes pour élever le colosse romain : il ne peut être détruit sans la ruine des destructeurs.... Si l'on chassait les Romains de la terre, ce serait la guerre universelle entre les nations : les Romains sont le lien du monde.... Ce n'est pas pour protéger l'Italie qu'ils sont venus sur le Rhin, mais pour garantir la Gaule de l'invasion germanique... De quoi vous plaignez-vous ? tout est commun entre vous et eux ; nul privilége, nulle exclusion ; vous commandez les provinces, les armées, le sénat ; aimez donc cette Rome, qui se donne également aux vaincus et aux vainqueurs [3]. » Ces paroles remarquables furent appuyées de plusieurs victoires, et la Gaule rentra dans la soumission. Le temps où l'unité romaine viendrait à se dissoudre n'était pas encore arrivé ; les peuples, pour reprendre leur indépendance, avaient besoin d'être retrempés par de nouvelles idées et de nouveaux hommes.

Ces idées et ces hommes s'avançaient silencieusement et préparaient leurs armes contre Rome.

[1] Tacite, liv. IV. — [2] Id., liv. IV. — [3] Id., liv. VI.

§ III. Commencements du christianisme. — Le polythéisme, compté par les Romains au nombre des « instruments de gouvernement, » avait suivi la destinée de leurs institutions politiques. Le pouvoir public conjurait en vain l'incrédulité par ses pompes religieuses, les prêtres avaient beau entasser les dieux dans le Capitole et repeupler le ciel muet et désert avec les monstres qui gouvernaient Rome, la religion ancienne était abandonnée, et les dieux moqués sur la scène, à la tribune, dans les livres [1]. Aux élégances du culte hellénique avaient succédé les difformités du culte égyptien, qui, à force de jongleries sauvages et impudiques, de rites sanglants et grotesques, cherchait à ranimer la crédulité. Toutes les impostures et les superstitions se déchaînaient sur ce peuple « que ses dieux avaient abandonné : » on consultait les sorciers, on déterrait les morts, on égorgeait les enfants pour lire l'avenir dans leurs entrailles. L'univers semblait frappé de délire : « les hommes de tout âge et de tout état, dit Plutarque, saisis d'un désespoir frénétique, déchiraient leurs habits et se roulaient dans la fange en criant qu'ils étaient maudits des dieux [2]. » La philosophie grecque avait envahi le monde romain ; mais les doctrines progressives de Platon et d'Aristote avaient été dénaturées par le stoïcisme et l'épicuréisme, philosophies anti-sociales, que Rome exagéra encore pour sa ruine. Le stoïcisme, morale de solitaire et d'esclave, qui réprouvait la nature, éteignait les passions, faisait de l'homme un être apathique, immobile, égoïste, avait peu de prosélytes à cause de sa dignité dédaigneuse et de son rigorisme exclusif, et il témoigna toute son impuissance sociale lorsque, placé sur le trône avec les Antonins, il resta insensible et aveugle devant les maux de l'humanité. Mais la doctrine d'Épicure, qui admettait le plaisir comme but de la vie, l'utile comme base du droit, et finissait par le matérialisme le plus grossier et l'égoïsme le plus complet, la doctrine d'Épicure avait envahi tous les rangs de la société. Lucrèce lui prêtait le charme de ses beaux vers « pour délivrer les âmes des chaînes de la religion [3] ; » et Rome, qui avait vu César déclarer en plein sénat que tout finissait à la mort [4], Rome entière battait des mains au théâtre en entendant ces mots : « Après la mort, rien ; la mort elle-même, rien [5]. » Le peuple vivait matériellement du présent et ne croyait à aucun avenir ; il aimait les maîtres qu'il s'était donnés, d'autant qu'ils étaient plus despotes et cruels ; privé des élections, méprisant

---

[1] Voy. les Dialogues de Lucien, et Cicéron, de Naturâ Deorum. — [2] Plutarque, de Superstit., lib. III. — Juvénal, sat. VI. — [3] Lucrèce, liv. IV. — [4] Salluste, Guerre de Catilina. — [5] Sénèque le tragique.

toute industrie, même les armes, vivant en guenilles sur la place publique [1], il demandait à ses tyrans favoris du pain, des spectacles et des supplices; et les Néron et les Caligula, fidèles à leur mandat populaire, « aimaient avec fureur ce que le peuple aimait, contribuaient de tout leur pouvoir et même de leur personne à ses plaisirs [2], » enfin servaient à cette oisive et impure majesté les dépouilles du monde vaincu, le sang des gladiateurs et les têtes des patriciens. La société romaine n'était plus qu'un cadavre qui s'en allait en poussière. L'esclavage, avec son cortége de cruautés et de corruptions, avait détruit en elle la force politique, vicié la vie intérieure, desséché les derniers éléments de conservation. On ne se mariait plus; au lieu d'enfants on avait des affranchis; les races s'étiolaient; il n'y avait plus de famille. Rome étalait toutes ses lèpres à découvert : les combats du cirque, l'exposition des enfants, la prostitution légale des femmes, l'apothéose d'Antinoüs, l'arbitraire dans les supplices, la mort prodiguée comme jouissance et comme spectacle dans les théâtres et dans les festins, enfin cette épouvantable débauche où l'imagination délirante s'ingéniait à des prodiges de vice, et dans laquelle il n'y avait ni sexe, ni parenté, ni humanité. C'était une orgie universelle où l'on se hâtait de dépenser plaisirs et souffrances, richesses et misères; et quand on en lit les détails dans Tacite, Suétone, Juvénal, on se prend à appeler de tous ses désirs la marche des terribles destructeurs de ce peuple maudit; et l'on bénit avec transport le sang versé par les héros du Christ pour laver cet infâme égout de la société romaine.

Cependant un instinct de christianisme agitait le monde à son insu. Il y avait déjà des siècles que les mystères des temples de l'Égypte, de la Grèce et même de la Gaule initiaient un petit nombre d'élus au dogme sacré et incommunicable de l'unité de Dieu. Quelques hautes intelligences cherchaient dans Platon la solution des problèmes de l'humanité; et l'école d'Alexandrie, qui, plus tard, voulut être la rivale du christianisme, se jetait, en désespoir de cause, dans les folies du mysticisme. D'autres voulaient restaurer le vieux culte, y introduire la morale et l'unité : ils ne faisaient que le bouleverser et le rendre méconnaissable. Sénèque, tourmenté par un pressentiment chrétien, invoquait les droits de l'humanité pour les esclaves, divinisait la vertu et prêchait l'im-

---

[1] Le recensement fait par César donna 450,000 citoyens, dont 320,000, presque tous d'origine servile, étaient dans la plus complète misère; ils n'en exerçaient pas moins tous les droits politiques dans cet empire de 120 millions d'habitants.

[2] Grandeur et Décadence des Romains, ch. 15.

mortalité de l'âme[1]. La philosophie orientale sortait de l'Arménie et répandait, avec ses doctrines sur l'origine du bien et du mal, son spiritualisme ardent et mystique. Enfin « les malheurs de la guerre, les captivités, le commerce, avaient commencé la dispersion des Juifs, et jeté les feuillets de leurs livres sacrés dans l'univers[2]. » L'espèce humaine était travaillée par une soif universelle de croyances ; elle appelait la lumière ; elle aspirait à la vérité ; elle entrevoyait qu'il était quelque chose au delà de ce gouffre où elle étouffait ; elle se ruait de tous ses efforts à la porte de l'avenir, et retombait impuissante et désespérée.

Tout à coup voici que douze hommes, pauvres et ignorants, partent de la Judée « pour aller instruire toutes les nations ; » ils proclament l'amour de Dieu et des hommes, et jettent au milieu de ce monde classé par le glaive et basé sur l'esclavage le dogme de la paix et de la fraternité universelles. Dieu a fait, disent-ils, d'un seul homme le genre humain..... nous sommes tous la race de Dieu[3]. » C'était la *bonne nouvelle* si long-temps attendue ! la pauvreté, la faiblesse, la souffrance avaient enfin des dieux ! La foi, l'amour et la liberté allaient naître en l'homme, trésors nouveaux qui devaient régénérer ses sentiments et ses idées, changer son cœur et sa raison, lui donner une autre vie. A l'idolâtrie des patriciens qui divinisait la forme, l'égoïsme, les sens, succédait une religion plébéienne, de sentiment, d'abnégation, d'esprit. Le type de la religion hellénique, c'était le plaisir, c'était Vénus sortant du sein des eaux ; le symbole du christianisme, c'était la douleur, c'était Jésus mourant sur la croix.

Les commencements de la nouvelle religion furent très-rapides, grâce à la réunion de tous les peuples en un seul empire : « la cité-maîtresse, dit saint Augustin, avait été chargée d'imposer aux nations non-seulement son joug, mais sa langue, pour qu'abondât la foule des interprètes de l'Évangile[4]. » On le vit prêché presque en même temps à Jérusalem et à Rome ; la Grèce et l'Asie l'adoptèrent facilement ; la Gaule ne le reçut que vers le deuxième siècle, mais sa foi fut pleine d'ardeur et d'énergie[5]. Comme le christianisme n'était pas une réforme scientifique et spéculative qui dût se renfermer dans une école ou dans un temple, mais une réforme morale, pratique, universelle, qui avait un caractère émi-

---

[1] Sénèque, de Benefic., cap. 28, 29, 30. — [2] Villemain, Mélanges littéraires, t. III. — [3] Actes des Apôtres, ch. 17. — [4] De Civit. Dei, lib. XIX, cap. 7.

[5] C'est à Lyon, en 177, sous Marc-Aurèle, qu'on place les premiers docteurs et les premiers martyrs de la Gaule : le premier docteur est l'évêque saint Irénée, disciple de saint Polycarpe; le premier martyr est une femme, une esclave, sainte Blandine.

nemment humain et social, ceux qui l'embrassèrent les premiers furent les pauvres, les ignorants, les esclaves, les femmes, et ensuite ces ardentes intelligences qui y étaient disposées par les doctrines de Platon et un long désir de croyances.

La religion s'empara de toute l'existence de l'homme : par le baptême, elle l'initia à la société chrétienne, et, par les autres sacrements, elle sanctifia tous les actes de sa vie civile. « Sur le fondement de la charité, fin de la religion, âme des vertus et abrégé de la loi, tous les états de la vie humaine furent perfectionnés. » La femme, que le Christ avait émancipée dans sa mère, trouva dans le célibat une nouvelle existence, libre et indépendante ; la vierge chrétienne fut un être supérieur et honoré ; dès lors le mariage, sanctifié et corroboré, devint une alliance entre égaux, « et cette sainte société n'eut plus de fin que celle de la vie. Les supérieurs apprirent qu'ils sont serviteurs des autres et dévoués à leur bien ; les inférieurs reconnurent l'ordre de Dieu dans les puissances légitimes, lors même qu'elles abusent de leur autorité [1]. » Ainsi la société religieuse, vigoureuse de jeunesse, s'installa dans la société civile toute décrépite, et forma au milieu de ce monde corrompu de maîtres et d'esclaves un *peuple* chaste et libre, plein d'avenir sur la terre, parce que sa religion, en lui apprenant à la mépriser, lui apprenait aussi à y faire son devoir. Dieu, en se faisant homme, avait donné un prix infini à l'humanité.

Le peuple chrétien, chez lequel tout était libre et spontané dans l'origine, reçut sa première organisation de saint Paul. Gouverné d'abord par l'assemblée des fidèles, il se composa d'un grand nombre de petites communautés ou *églises*, égales et indépendantes, qui avaient pour chefs des anciens ou *prêtres*, institués par les apôtres ou élus par leurs frères. Tous les membres de ces églises étaient égaux, le maître et l'esclave, le Romain et le barbare, le mari et la femme, le père et l'enfant ; tous s'aimaient et mettaient en commun leurs biens, leur crédit, leur savoir ; tous étaient admis au gouvernement de la communauté, sans distinction de naissance, de rang et de fortune : la sainteté était le seul droit au commandement. Ils menaient une vie simple, chaste et sobre, fuyaient les jeux du cirque, obéissaient aux lois, payaient les tributs ; leurs réunions se faisaient dans des cabanes isolées, dans des cimetières, dans des souterrains [2].

---

[1] Bossuet, Discours sur l'Histoire universelle.
[2] Voy. l'Apologie de Tertullien, et Origène contre Celse. — Fleury, Histoire ecclésiastique, t. 1.

Il fallait maintenir l'unité, soit dans la doctrine, soit dans le gouvernement, entre toutes ces petites sociétés, où l'objet des croyances engendrait des choix ou *hérésies*, et dont la marche particulière pouvait entraver le gouvernement général. Alors les relations entre les diverses églises devinrent plus fréquentes, et donnèrent lieu à des espèces d'assemblées représentatives, appelées *synodes* ou *conciles*, dans lesquelles se discutaient le dogme, la discipline, les intérêts de l'Église universelle, et dont les décisions eurent force de loi parmi les fidèles. Les députés à ces assemblées furent ordinairement les chefs des communautés chrétiennes, et alors l'inégalité sociale entre les prêtres et les fidèles s'agrandit. Le clergé devint un corps distinct, permanent, cherchant à organiser et à concentrer en lui le gouvernement de l'Église ; et le sacerdoce n'étant pas une fonction civile comme chez les païens, il y eut entre ses membres des rapports de discipline qui engendrèrent la hiérarchie ecclésiastique. Les chefs des églises des grandes villes avaient une sorte de supériorité sur ceux des villes inférieures, surtout quand ils avaient été ordonnés par les apôtres ; de là vinrent les *évêques* (surveillants), chargés d'inspecter les petites communautés voisines de la ville dont ils étaient les chefs religieux. On prenait ces dignitaires parmi les ignares et les pauvres comme parmi les savants et les riches ; c'était une rude tâche, qu'on évitait de tous ses efforts, et qui menait d'ordinaire au supplice : « Elle ne donnait pas le commandement, dit Origène, mais le service de toute l'Église. » D'après cela, les évêques de Jérusalem, d'Alexandrie et de Rome, trois villes regardées comme les capitales de la chrétienté, obtinrent, dès l'origine, une grande influence et une sorte de suprématie sur toute l'Église, principalement les évêques de Rome, comme successeurs du chef des apôtres. D'ailleurs Rome, centre du gouvernement civil et âme du corps romain, n'avait pas d'égale ; les évêques de cette ville héritèrent donc de la magie de son nom ; on eut pour eux de la déférence, sinon de la soumission : on les prit pour arbitres dans les différends survenus entre les fidèles ou dans les questions de croyance ; et ils acquirent ainsi une prééminence morale non contestée, qui sembla faire d'eux les chefs de l'Église universelle. Toutefois cette prééminence n'ôta rien à la souveraineté des conciles en matière de foi, ni à l'indépendance des autres évêques dans le gouvernement de leurs églises ; de plus, elle n'avait aucune base politique, puisque les pontifes de Rome, ainsi que tous les autres, n'avaient nulle puissance temporelle ; cependant on vit poindre dès lors l'idée gigantesque de continuer la domination de Rome sur le monde, non plus par la force, mais par la foi, et de faire succéder un empire chrétien à un empire romain.

La purification intérieure de l'homme individuel était le but immédiat du christianisme, mais elle entraînait nécessairement l'amélioration de l'homme social; la révolution politique suivait invinciblement la révolution morale, et de l'affranchissement spirituel de l'individu dérivait l'établissement matériel de la liberté des peuples. La société chrétienne, qui, par sa morale et ses sacrements, ébranlait la loi et la société civiles, qui avait un gouvernement, des assemblées, des chefs, des revenus, ne se forma donc pas sans opposition de la part du pouvoir impérial. « Haïssez et punissez les fauteurs des religions étrangères, disait Mécène à Octave, parce que ceux qui introduisent des dieux nouveaux engagent à suivre des lois étrangères, et que de là naissent des unions par serment et des associations, choses dangereuses dans une monarchie [1]. » D'ailleurs « Rome comptait le dieu des Juifs parmi les dieux qu'elle avait vaincus; le vouloir faire régner, c'était renverser les fondements de l'empire, c'était haïr les victoires et la puissance du peuple romain [2]. » Les empereurs persécutèrent donc les chrétiens comme ennemis des dieux, hostiles à la chose romaine, et convaincus, dit Tacite, de la haine du genre humain. On les regardait comme des insensés et des furieux; on les accusait de tous les crimes, on les chargeait de toutes les calamités de l'empire; on dénaturait leurs doctrines, qu'on livrait au mépris et au ridicule; on appelait les supplices sur ces novateurs « qui excitaient à la révolte, disait Celse, les esclaves, les femmes et les enfants. » Leurs adversaires leur imputaient à folie ou à crime leurs plus hautes vertus : « C'est une chose inouïe, écrivait Lucien, que l'empressement de ces hommes pour leurs frères : si quelques-uns d'entre eux tombent dans le malheur, ils n'épargnent rien; ces misérables se figurent qu'ils vivront après leur vie; ils méprisent la mort, et plusieurs s'abandonnent volontairement au supplice [3]. » Lorsque la philosophie monta sur le trône avec Marc-Aurèle, elle ne fut pas plus clairvoyante : ce disciple d'Épictète, qui cherchait la vérité avec tant de bonne foi et avait un sentiment si exquis de ses devoirs, eut le malheur de ne pas reconnaître des frères dans ces chrétiens obscurs qu'il méprisait par orgueil philosophique, et qu'il persécutait par préjugé politique. Mais tous ces outrages, toutes ces haines, tous ces sup-

---

[1] Dion Cassius, liv. XLII, ch. 36. — [2] Bossuet, Histoire universelle, p. 320. — [3] Lucian. in Peregrino. — Histoire ecclésiastique de Fleury, t. I.

plices ne purent arrêter la propagation évangélique : les chrétiens souffrirent tout sans révolte et sans murmure ; ils ne se défendirent que par leurs vertus, leurs écrits et leur constance à mourir pour la vérité; on eut beau en tuer, le nombre de ceux qui souffraient l'emportait toujours, et en définitive la victoire demeura à la religion de la souffrance. « Nous nous multiplions à mesure que vous nous moissonnez, disait Tertullien aux empereurs : les chrétiens naissent du sang des martyrs. Nous ne sommes que d'hier, et déjà nous remplissons tout ce qui est à vous, les cités, les camps, les palais, le sénat, le forum ; nous ne vous laissons que vos temples. » Et Pline justifiait ces éloquentes paroles en écrivant à Trajan : « Cette superstition a infecté non-seulement les villes, mais les campagnes ; les temples sont presque abandonnés ; le sacrifices solennels sont interrompus, et les victimes ne trouvent plus d'acheteurs [1]... » Il y avait à peine un siècle que le Christ était né! l'apôtre saint Jean venait de mourir!

Le christianisme était l'ennemi intellectuel qui minait la société romaine ; l'ennemi matériel allait à son tour l'attaquer.

§ IV. PREMIÈRES INVASIONS DES BARBARES. — Rome s'était donné le Rhin et l'Euphrate pour limites de son empire ; et si elle combattait encore avec les Germains d'un côté, les Parthes de l'autre, c'était pour les tenir en respect, non pour les conquérir. Mais dès que le torrent des Barbares eut cessé d'être refoulé, il reprit sa marche naturelle vers les pays riches et civilisés : la digue allait bientôt être franchie. Cependant « Rome, qui n'aperçoit à ses frontières que des solitudes, croit n'avoir rien à craindre ; et nonobstant c'est dans ces camps vides que le Tout-Puissant rassemble l'armée des nations. Plus de quatre cents ans sont nécessaires pour réunir cette innombrable armée, bien que les Barbares, pressés comme les flots de la mer, se précipitent au pas de course. Un instinct miraculeux les conduit ; s'ils manquent de guides, les bêtes des forêts leur en servent. Ils ont entendu quelque chose qui les appelle du septentrion et du midi, du couchant et de l'aurore. Qui sont-ils? Dieu seul sait leurs véritables noms. Aussi inconnus que les déserts dont ils sortent, ils ignorent d'où ils viennent, mais ils savent où ils vont : ils marchent au Capitole, convoqués qu'ils se disent à la destruction de l'empire romain comme à un banquet [2]. »

Nous avons vu que la race germanique, depuis que les peuples celtiques s'étaient établis dans le midi de l'Europe pour y former

---

[1] Pline, liv. X, ép. 97. — Eusèbe, liv. III, ch. 33.
[2] Chateaubriand, Études historiques, t. I, p. 15.

les principales nations de l'antiquité, avait fait de nombreux efforts pour pénétrer dans les contrées méridionales : invasion des Kimris dans la Gaule, au septième siècle avant J.-C.; invasion des Kimris et des Teutons, au temps de Marius; guerres perpétuelles avec les Romains, etc. Tout cela n'avait servi qu'à rapprocher du Rhin et du Danube cette race qui devait enfanter les nations modernes. Son temps était venu. Elle occupait alors la Scandinavie, les bords de la Baltique, les pays situés entre la Vistule, le Rhin et le Danube, et se composait d'une multitude de nations qui, étant en fluctuation perpétuelle les unes sur les autres, n'avaient ni existence ni limites bien déterminées. Les Germains, presque entièrement sauvages, aimaient la vie nomade et la guerre, haïssaient le séjour des villes, et pourtant connaissaient les métaux, l'agriculture et le commerce. Quelques-unes de leurs tribus avaient « des rois qu'elles élisaient d'après leur noblesse, et des chefs de guerre qu'elles élisaient d'après leur valeur [1]; » mais la plupart étaient gouvernées par des assemblées d'hommes libres. Fiers de leur indépendance individuelle, ils raisonnaient leur obéissance, avaient un dévouement illimité pour le chef qu'ils s'étaient choisi, et formaient autour de lui des bandes nombreuses qui s'en allaient à d'aventureuses expéditions. Leur religion était la mythologie vaporeuse et guerrière des Ases, dans laquelle les forces de la nature étaient grossièrement allégorisées, et où Odin, le dieu suprême, n'ouvrait son paradis qu'à ceux qui mouraient par le fer. « Leurs esclaves n'étaient pas attachés au service domestique comme les autres, dit Tacite; chacun d'eux avait sa maison, sa famille; le maître leur imposait une redevance de grain ou de vêtements; là se bornait la servitude. » Ils respectaient les femmes, dans lesquelles ils reconnaissaient quelque chose de divin [2]; et, quoiqu'ils les achetassent, ils se contentaient d'une seule épouse, dont ils faisaient leur compagne pour vivre et pour mourir [3]. L'amour de la famille était leur sentiment le plus puissant; et, malgré leurs habitudes grossières, rapaces, féroces, il y avait chez eux un fond de moralité, de simplicité et d'énergie, qui les rendait aptes à recevoir la doctrine évangélique.

Les principaux peuples de cette race étaient :

1° Les *Goths*, subdivisés en *Ostrogoths*, *Visigoths* et *Gépides*. Ils avaient d'abord habité la Scandinavie; mais, après de nombreux détours, ils vinrent s'établir, vers le troisième siècle, entre le Borysthène, le Tanaïs et le Pont-Euxin.

2° Les *Vandales*, subdivisés en *Vandales*, *Burgundes* ou *Bour-*

[1] Tacite, Mœurs des Germains, 18. — [2] Id., ibid. — [3] Id., ibid.

guignons; Hérules, Longobards ou *Lombards.* Ils habitaient entre l'Elbe, la Vistule et la mer Baltique.

3° Les *Saxons* et les *Angles,* confédération de tribus distinctes, dans la Chersonèse cimbrique.

4° Les *Alamans* et les *Suèves*, confédération de tribus distinctes, entre le Mein, le Rhin et le Danube.

5° Les *Francs,* confédération de peuples anciennement distincts, et dont les principaux étaient : les *Saliskes* ou *Saliens*, habitants des bords de l'Yssel ; les *Ripewares* ou *Ripuaires*, habitants des bords du Rhin ; les *Sicambres*, entre la Sieg et la Roër, mêlés souvent aux Saliens. Ils confinaient avec les confédérations rivales des Saxons et des Alamans ; mais les limites de leur territoire variaient sans cesse ; et des tribus entières, de gré ou de force, passaient alternativement d'une confédération à une autre. Quelques-unes même se mirent à la solde des Romains, et formèrent contre les autres Barbares une frontière transrhénane. Les Francs étaient destinés à devenir les représentants de toute la race germanique ; et c'était ce peuple qui devait, avec les débris du passé, construire la société moderne.

Nous verrons tous ces peuples traverser le territoire de la Gaule, et le ravager en y laissant des colonies ; mais trois seulement s'y établirent à demeure, et ont été, par leur mélange avec les Gaulois, les principaux éléments de la nation moderne : ce sont les Visigoths, qui ont donné leur nom à la *Guienne* (Gothiana) ; les Burgundes, à la *Bourgogne;* les Francs, à la *France.* Les Vandales ont laissé leur nom à l'Andalousie, les Longobards à la Lombardie, les Angles à l'Angleterre, les Saxons, les Suèves et les Alamans, à la Saxe, la Souabe et l'Allemagne.

La race germanique n'était pas seule convoquée à la destruction de l'empire romain ; elle était pressée en arrière par la race slave, qui, profitant des mouvements que la première avait déjà faits, l'avait remplacée dans tout le nord de l'Europe, depuis la Vistule et le Borysthène. Enfin la race slave était elle-même poussée par la race jaune, la race tartare, qui venait des bords de la Caspienne, sous le nom de Huns, d'Alains, d'Abares, de Bulgares, etc. Un peuple de race tartare était même déjà mêlé à la race slave et la dominait : c'étaient les *Sarmates.*

Ainsi, pendant que la race germanique appuyait son aile droite à la mer Baltique, et son aile gauche à la mer Noire, ayant sur son front le Rhin et le Danube, la race slave occupait le centre en arrière ; et les Tartares, qui devaient donner le branle à ces deux races, « n'étaient d'un côté séparés des Goths que par le

Palus-Méotide, et joignaient de l'autre les Perses, qu'ils avaient à demi subjugués. Les Perses continuaient la chaîne avec les Arabes ou Sarrasins en Asie ; ceux-ci donnaient en Afrique la main aux tribus errantes du Bargah et du Saharah, et celles-ci aux Maures de l'Atlas, achevant d'enfermer dans un cercle de peuples vengeurs, et ces dieux qui avaient envahi le ciel, et ces Romains qui avaient opprimé la terre [1]. »

§ V. Suite de l'histoire de la Gaule sous les empereurs jusqu'a Constantin. — Vers le milieu du troisième siècle, les Barbares s'ébranlent sur toutes les frontières ; « il semble déjà que le bruit des pas et les cris de cette multitude font trembler le Capitole [2]. » Les Goths passent le Danube et ravagent la Thrace (249) : l'empereur Décius, qui s'était signalé par sa haine contre les chrétiens, est battu et tué par ces Barbares. L'Asie-Mineure et la Grèce sont dévastées ; et, pendant que les Goths s'emparent d'Athènes, les Alamans pénètrent jusque devant Rome ; les Francs se jettent sur la Gaule, l'Espagne et l'Afrique. Enfin, la pourpre impériale est disputée par trente généraux ou tyrans, quelques-uns gaulois ; la Gaule veut encore se séparer de l'empire, et l'unité n'est conservée qu'à force de sang et de ruines. Pendant ces désastres, la foi chrétienne, long-temps stérile dans la Gaule, s'y propage avec rapidité ; et l'on voit commencer les églises de Tours, de Clermont, de Narbonne, d'Arles, de Paris, de Toulouse, de Limoges, etc.

L'empire fut sauvé des Barbares par Claude et Aurélien. Probus acheva l'œuvre de ces deux empereurs en rejetant les hordes germaniques au delà du Rhin, et elles s'y tinrent en repos pendant cent ans (277). Il voulut même les faire servir à la défense du monde romain, la lâcheté des citoyens et la dépopulation des provinces rendant de plus en plus difficile le recrutement des légions ; à cette fin, il imposa pour tribut aux Germains vaincus de lui fournir seize mille soldats par an, et donna les frontières dévastées à quelques-unes de leurs colonies. Malgré ces soins, la prospérité de l'empire s'arrêta ; la civilisation commença à décroître en même temps que la population ; l'industrie cessa par la destruction des esclaves ; les objets de consommation devinrent d'une cherté exorbitante ; la richesse ne se renouvela plus ; on fut obligé de demander tout à la terre ; le despotisme impérial devint plus oppressif et moins fort, plus exigeant et moins protecteur. Le système municipal conserva seul de la vigueur ; le droit de citoyen romain avait été, par une combinaison financière de Caracalla,

[1] Chateaubriand, Études historiques, t. I, p. 17. — [2] Id., ibid.

donné à tout l'empire, et cessait ainsi d'être quelque chose ; les charges des curiales devinrent alors plus importantes et plus étendues, et les sénats municipaux se trouvèrent en possession de toute l'administration des villes.

Sous les successeurs de Probus, la décadence continue, et il semble désormais impossible qu'un seul homme suffise à la défense de toutes les frontières ; alors Dioclétien partage la pourpre impériale entre quatre morceaux (284). C'était bien moins dans l'intérêt de l'empire que dans celui de son pouvoir : comme la liberté avait passé du forum dans les camps, de là partaient toutes les révolutions ; et les empereurs avaient à craindre, non pas le peuple qui, tranquille et assuré dans sa bassesse, jouissait des fruits de leur tyrannie, mais les soldats, qui avaient hérité de tous les droits d'élection. Dioclétien espéra que les quatre principales armées, étant commandées par des hommes qui auraient des intérêts communs, balanceraient mutuellement leur influence, et laisseraient le pouvoir et la vie des césars assurés. C'était détruire l'œuvre de dix siècles, la fortune, le lien, la garantie de l'empire. Le monde romain, partagé par quatre maîtres, ne fut plus qu'une agrégation de peuples différents et ennemis. Rome cessa d'être « la patrie commune de toutes les nations, » le cœur et le centre de l'empire, le séjour même des empereurs. Dioclétien porta sa résidence à Nicomédie, et acheva de bouleverser la constitution romaine en dépouillant le sénat, cette image auguste de l'ancien gouvernement, des derniers restes de son pouvoir. Alors les lois émanèrent directement de l'empereur, qui ne fut plus le général, mais le maître de la république. Dioclétien dédaigna les titres de consul, de censeur, de tribun, et ajouta à celui d'empereur, qui prit un nouveau sens, le titre de seigneur ; il usurpa les attributions de la Divinité, osa ceindre le diadème, imita le faste et l'étiquette de l'Orient, et se fit une cour à la manière des rois de Perse. Alors, et comme le despote l'avait prévu, le règne des légions expira ; mais en même temps commença le pouvoir des domestiques du palais et des eunuques ; les révolutions et les guerres civiles naquirent désormais, non plus dans les tentes prétoriennes, mais au foyer impérial. Le despotisme, qui était auparavant dans les hommes, passa dans les institutions ; l'empire ne fut plus une magistrature, mais une propriété ; la *chose publique* devint la *chose privée* ; le nom de *sujets* (subjecti) alla des peuples vaincus au peuple vainqueur ; la fidélité au prince fut substituée à l'amour du pays ; l'honneur fut le dévouement à sa personne ; les fonctions domestiques devinrent des dignités ; les adorations et les servilités de l'Asie succédèrent aux mœurs libres de l'Europe ; le patriciat fut remplacé par une noblesse titrée, les grands et simples noms de la vieille Rome par les *ducs* et les *comtes*, les *clarissimes* et les *nobilissimes*, les *sérénités* et les *sublimités ;* enfin par les blasphèmes de *votre divinité*, de *votre éternité*, qu'on adressa à l'empereur. Ces changements dans la constitution de l'état amenèrent des changements dans l'administration. Dioclétien fit une nouvelle division des provinces et de toutes les parties du service public ; il multiplia à l'infini les fonctionnaires et les employés, pour rechercher et régulariser les ressources de l'empire épuisé. Ce fut une nouvelle calamité : une armée de collecteurs d'impôts vint fondre sur les provinces, et il s'engagea une lutte effroyable entre les fonctionnaires et les contribuables ; lutte qui eut à peine quelques moments de répit, et qui fut une des causes les plus actives de la ruine de l'empire. « Tous ces gens-là, dit Lactance [1], ne connaissaient que condamnations, proscriptions, exactions perpétuelles, et dans ces exactions d'intolérables outrages... On mesurait les champs par mottes de terre ; on comptait les arbres, les pieds de vigne ; on inscrivait les bêtes, on enregistrait les hommes ; on n'entendait que les fouets, les cris de la torture. » Dans la Gaule, les colons et les serfs se révoltèrent sous le nom de *Bagaudes*, et firent une dernière opposition à la conquête romaine dans une guerre sanglante qui se renouvela plusieurs fois.

Pendant que Dioclétien croyait assurer la défense de l'empire contre les Barbares en détruisant son unité, il essayait de consolider l'ordre social en vouant le christianisme à une proscription universelle et très-sanglante ; mais ses efforts furent aussi impuissants contre les chrétiens que contre les Barbares ; l'heure du triomphe des opprimés était arrivée : le gibet des esclaves allait remplacer l'aigle des Césars (303).

Dioclétien abdique. Galérius et Constance lui succèdent ; celui-ci gouverne la Gaule et se montre favorable aux chrétiens. Après lui, son fils Constantin est élu par les légions du Rhin : jeune, ambitieux, plein d'avenir, il jette un coup d'œil sur le monde, et voit sa fortune et sa gloire dans cette « folie de la croix, » qui est déjà la folie de la moitié de l'empire (308). « Poussé par l'inspiration de la Divinité et la grandeur de son génie, » il prend donc la croix pour bannière, et, certain de « vaincre par ce signe, » il dispute l'empire à six rivaux. Une bataille se livre à Rome, entre Constantin, protecteur du christianisme, et Maxence, défenseur

---

[1] De morte persecut., cap. 7.

de l'ancien ordre social; il n'en est pas de plus solennelle : le vieux monde décrépit et le nouveau monde naissant étaient en présence devant le Capitole. Constantin est vainqueur, et le christianisme entre avec lui en triomphe dans la ville éternelle (312).

Douze ans après, Constantin est délivré de son dernier rival; l'empire n'a plus qu'un maître; la paix est générale. Alors s'ouvre le concile universel de Nicée, sous la présidence de l'empereur. C'était la première grande assemblée des chrétiens : elle proclame le symbole de ses croyances, et déclare le christianisme définitivement constitué (325).

CHAPITRE II.

Triomphe du Christianisme et invasion des Barbares. — 312 à 406.

§ I. CONSTANTIN CHANGE LA RELIGION, LA CONSTITUTION ET LA CAPITALE DE L'EMPIRE. — D'après les essais de Dioclétien, Constantin avait reconnu que l'unité de l'empire, fondée seulement sur l'unité d'administration, était désormais impossible : il voulut lui substituer l'unité religieuse, et retenir les peuples sous son pouvoir par le lien d'une même foi. Il avait vu que l'empire avait besoin d'une constitution nouvelle qui fût en harmonie avec les nouvelles mœurs de la société romaine : il voulut créer une monarchie régulière et de droit divin. Il savait que Rome rappelait par son nom seul l'antique liberté et les anciens dieux; il voulut fonder une autre Rome qui représentât les nouvelles idées et le nouvel empire. Ainsi : changement de religion, de constitution, de capitale, telle fut la triple révolution par laquelle le monde romain sortit de son immobilité, et qui ne fit, au lieu de le consolider, qu'accélérer sa ruine.

§ II. CHANGEMENT DE RELIGION. — PUISSANCE DE L'ÉGLISE. — HÉRÉSIE D'ARIUS. — L'empereur était chrétien, mais les lois, l'administration, les mœurs, les lettres et la philosophie, tout était encore païen dans la société civile, et opposait une vive résistance à la nouvelle société religieuse qui se montrait au grand jour. L'Église avait donc besoin de protection : aussi elle se couvrit de la pourpre impériale; elle emprunta les formes, les moyens et la force du gouvernement civil; elle prit, envers le pouvoir qui l'avait tirée de la persécution, une posture de soumission et de reconnaissance. L'empereur intervint donc dans toutes ses affaires : il présida les conciles, interposa même son autorité dans les questions de foi, et sembla faire coexister l'Église dans l'état. Mais en même temps, il fit entrer les évêques dans ses conseils, leur confia des fonctions politiques, leur attribua le droit de juger sans appel, et ordonna que les causes civiles leur seraient déférées dès que l'une des deux parties le demanderait ; il laissa aux fidèles la faculté de laisser leurs biens aux églises, même au détriment de leurs familles ; il exempta le clergé de tout service public, excepté du paiement des impôts. Grâce à ces faveurs, la nouvelle religion fit de rapides progrès, non plus seulement chez les opprimés et les enthousiastes, mais parmi les ambitieux et les indifférents. D'ailleurs, le polythéisme était un culte d'habitude, non de conviction ; il ne pouvait avoir ni dévots ni martyrs ; et il n'y eut guère que les philosophes et les poètes qui essayèrent de défendre le passé, en engageant avec les prêtres chrétiens une lutte nouvelle et intéressante.

Mais l'Église avait beau se mêler à la société civile, emprunter la force du gouvernement impérial, recevoir de lui des faveurs politiques ; elle témoignait par ses institutions et ses idées qu'elle était en lutte et en contradiction avec la société, et que sa subordination au pouvoir temporel était plutôt extérieure que réelle. Ainsi, elle portait dans le tribunal de la confession des jugements bien plus respectés que ceux des tribunaux civils ; elle récompensait et punissait, par la canonisation et l'excommunication, avec bien plus d'efficace que la main impériale ; elle savait, bien mieux que l'échafaud, exciter, par la pénitence publique, le repentir dans le criminel et la terreur dans l'assistant ; enfin, elle était, par les sacrements, bien plus maîtresse que la loi romaine des actes de la vie civile. Toute l'antique liberté s'était réfugiée chez elle ; les nouveaux tribuns étaient les évêques élus librement et parmi tous dans les assemblées des fidèles ; les nouveaux comices étaient les conciles, où se jeta l'esprit d'opposition au despotisme, et où tous les problèmes de la pensée étaient largement élaborés ; la tribune était muette, mais la chaire parlait, et jamais voix ne fut plus éloquente. Enfin, l'Église, dès le moment qu'elle se vit existante dans le gouvernement civil et menacée d'être absorbée par lui, se couvrit du grand principe de la séparation des pouvoirs temporel et spirituel : c'était proclamer l'indépendance de la pensée, la liberté de la conscience, l'idée féconde et sublime que « la force matérielle n'a ni droit ni prise sur les esprits, sur la conviction, sur la vérité [1]. »

La société chrétienne marchait donc rapidement à la puissance universelle, et l'unité religieuse aurait pu donner quelques siècles

---

[1] Guizot, Histoire de la Civilisation en Europe, deuxième leçon.

d'existence au monde romain, si des hérésies ne fussent venues embarrasser les progrès du christianisme et accélérer la décadence de l'empire. Le fondement philosophique de la religion chrétienne, c'est la *foi*, ou l'abnégation de la raison individuelle pour la soumission à l'autorité divine; mais l'esprit de l'homme est travaillé par un besoin perpétuel de discussion et d'examen; et, dès que la foi eut été proclamée, le doute se leva, fit protestation, engendra des hérésies. Obscures, rares et faibles pendant les temps de persécution, les hérésies devinrent publiques, nombreuses et redoutables après la victoire. Presque toutes naquirent de l'esprit subtil et de l'imagination allégorique des Grecs : c'étaient les filles des anciennes écoles philosophiques; mais elles déshonorèrent leur origine par un déplorable enchaînement de folies, de crimes et de puérilités. L'Occident, moins sophistique et plus froid, en fut moins troublé que l'Orient; il les repoussa comme par instinct, accepta avec simplicité toutes les décisions de l'Église, qui, dès lors, mit en lui sa force et son espoir; et c'est par lui que la civilisation chrétienne a été conservée et fécondée.

La plus redoutable et la plus vivace des hérésies fut celle d'Arius : elle était née du platonisme, que certains sophistes voulaient introduire dans la doctrine évangélique; et, à l'ombre d'une métaphysique très-obscure, elle en venait à détruire le mystère de la Trinité, en admettant que le Père seul était incréé. C'était nier en réalité la divinité de Jésus-Christ : question vitale pour le christianisme, qui devenait ainsi une doctrine inventée, non une religion révélée; c'était déclarer que son fondateur était faillible, donc que l'Évangile n'était pas la loi divine, et, par conséquent, qu'un législateur mieux inspiré pourrait en apporter un jour une plus parfaite. Si l'arianisme eût triomphé, il réduisait le christianisme à n'être qu'une secte platonicienne, étroite, éphémère, esclave du despotisme impérial, et il faisait retourner le genre humain dans les voies du passé. Cependant, comme il était plus méthodique et mieux raisonné que les autres hérésies, il donna une vive excitation aux intelligences qui s'endormaient trop rapidement dans la foi, et il força le catholicisme à élaborer plus profondément et à énoncer plus explicitement ses croyances.

La doctrine d'Arius, d'abord protégée, ensuite persécutée par les empereurs, eut ses évêques, ses conciles, et sembla destinée à dominer l'empire. L'Orient, toujours disputeur et léger, l'adopta avec empressement; l'Occident la repoussa, surtout la Gaule, qui fournit contre elle de redoutables adversaires. Alors les ariens tendirent la main aux Barbares voisins de l'empire, convertirent à leurs dogmes les Goths, les Bourguignons, les Vandales, et ruinèrent ainsi l'avenir de ces peuples. L'Église combattit l'hérésie avec une activité et une énergie extrêmes; elle avait à sa tête Athanase, patriarche d'Alexandrie, génie profond et intrépide, qui parvint à replacer sur sa base l'édifice chrétien ébranlé. Elle mit tout en œuvre contre les hérétiques, même la persécution, développa glorieusement sa doctrine au concile de Nicée, enfin sortit victorieuse de cette tourmente; mais ce ne fut qu'après deux cents ans de combats, et nous allons voir l'arianisme se mêler à tous les événements qui vont suivre. Cette hérésie resta même définitivement en Orient, où elle engendra de nombreuses sectes; au septième siècle, Mahomet viendra pour recueillir et féconder ce fatal germe; enfin l'arianisme existe encore.

§ III. Changement de constitution. — Organisation nouvelle de l'empire. — Constantin s'était présenté aux Romains non moins comme le restaurateur de l'empire que comme le protecteur du christianisme; et l'unité religieuse, essayée par lui, n'était que le rétablissement et la consolidation de l'unité politique. Il jugeait avec raison que le salut de l'état était, non dans la résurrection de libertés inutiles, mais dans la fixité et l'hérédité du pouvoir impérial; il croyait qu'une monarchie régulièrement despotique, éclairée et vigoureuse, qui mettrait un terme au désordre des finances et à l'indiscipline des légions, rendrait l'intérieur prospère et tranquille, et garantirait les frontières contre les Barbares. Il réforma donc les finances, fit cesser les exactions des agents fiscaux, diminua le nombre des contribuables, tout en augmentant la capitation, et remit les impôts arriérés. Ensuite il cassa les gardes prétoriennes, et créa, à la place du préfet du prétoire (espèce de vizir qui faisait et défaisait les empereurs), quatre préfets qui n'eurent que des fonctions civiles. Enfin, il plaça plus immédiatement les légions sous la main impériale, en les rappelant des frontières et en les cantonnant dans les villes. Tout cela était la continuation de l'œuvre de Dioclétien. Alors les vieilles institutions achevèrent de tomber avec le vieux culte; les formes mêmes de l'ancienne république ne furent plus gardées, bien que son nom existât encore; l'empereur se fit à la fois la personnification de l'état et le représentant terrestre de la Divinité; l'empire devint un domaine que le souverain partagea à ses enfants.

En conséquence de ces changements, l'organisation administrative reçut des modifications qui (avec celles des successeurs de Constantin) finirent par diviser l'empire ainsi qu'il suit. Il y avait quatre *préfectures*, deux en Orient, deux en Occident. Les deux préfectures d'Occident étaient celles des Gaules et de l'Italie. La préfecture des Gaules comprenait trois *vice-préfectures* : Gaule, Espagne et Bretagne. A la tête de la préfecture était un *préfet du prétoire*, qui n'avait au-dessus de lui que l'empereur, et qui commandait à trois *vice-préfets*. Le préfet des Gaules résidait à Trèves, le vice-préfet à Arles. Quant au commandement militaire de la préfecture, il était attribué à un maître des milices, qui avait sous lui, dans les vice-préfectures, trois lieutenants appelés *comtes*. La vice-préfecture de la Gaule se divisait en dix-sept *provinces*, administrées chacune par des gouverneurs appelés *consulaires* ou *présidents*; enfin, chaque province se subdivisait en *cités*, gouvernées par des *curies* [1].

Les gouverneurs des provinces étaient chargés de la perception des impôts, de l'administration de la justice, des domaines publics et des postes impériales. Ainsi, sauf la guerre, ils régissaient et dominaient la société en toutes choses; comme ils tenaient la place du préfet, celui-ci la place de l'empereur, et qu'ils avaient sous eux une longue échelle de fonctionnaires exactement subordonnés les uns aux autres, le gouvernement des provinces était un despotisme pur et simple, et l'administration générale de l'empire était entièrement et absolument centralisée dans les mains impériales.

§ IV. Changement de capitale. — Fondation de Constantinople. — Avec une religion et une constitution nouvelles, il fallait une nouvelle capitale. Rome rappelait par son nom seul ce sénat si sage et si fier, ce peuple si glorieux et puissant, ces dieux qui avaient promis et donné l'empire du monde. Pour détruire tout ce passé, il aurait fallu détruire toute Rome. Constantin préféra créer une autre Rome, chrétienne et monarchique comme son empire, expression matérielle des nouvelles idées. Constantinople fut donc fondée dans la plus belle position du monde, près de cette Asie, où les peuples se courbent si facilement sous un maître, loin de ces Germains, qui ébréchaient déjà les frontières de la Gaule. Ce grand changement devait prolonger pour mille ans l'existence d'une partie du monde romain; mais, à dater de là, l'histoire de Rome est réellement finie, et celle du Bas-Empire commence.

§ V. Population de la Gaule au quatrième siècle. — Constantin et ses successeurs firent donc des efforts inutiles pour trouver des éléments de conservation à l'empire; ils ne voyaient pour causes matérielles de décadence que les légions, les finances,

---

[1] Voy. le *Tableau des divisions politiques de la Gaule au quatrième siècle*, dans ma *Géographie physique, historique et militaire*, 2e édition, p. 89.

les Barbares; mais c'était dans la population même qu'était la plaie irrémédiable. Un coup d'œil sur la population de la Gaule, au quatrième siècle, nous montrera les pieds d'argile du colosse romain.

En première ligne venaient les familles sénatoriales, c'est-à-dire celles dont les membres appartenaient au sénat romain et avaient exercé les grands offices de l'empire. Elles étaient exemptes d'impôts, possédaient plus de la moitié des terres, et jouissaient de vains titres honorifiques. Mais malgré ces priviléges, et quoiqu'elles descendissent des anciens chefs de clans gaulois, elles n'avaient pas une condition sociale distincte; c'était une aristocratie sans pouvoir, sans influence, sans popularité, sans indépendance, qui tenait tout des empereurs, même ses richesses, et n'était capable ni de gouverner ni de défendre le pays.

En deuxième ligne venaient les curiales, c'est-à-dire les citoyens qui possédaient vingt-cinq arpents de terre, et qui, à ce titre, faisaient partie des sénats municipaux ou curies. Ils administraient les affaires de la cité, commandaient les milices urbaines, et élisaient quatre magistrats suprêmes chargés de la justice, des finances, des bâtiments, etc. C'était la classe moyenne et éclairée de la population. Mais le gouvernement impérial avait déjà fait subir aux institutions municipales de nombreuses modifications. Ainsi, au lieu des quatre magistrats suprêmes, il n'y en avait plus qu'un, appelé le *prince*, nommé par ordre d'ancienneté et pour dix ou quinze ans; réforme toute monarchique, qui porta une atteinte funeste aux libertés des curiales. Le coup mortel leur fut donné par le décret qui les rendit solidaires des impôts sur leurs propres biens; de sorte que les contributions, acquittées par eux à l'avance, étaient ensuite réparties à leur gré sur les autres habitants, et qu'ils se trouvèrent transformés en agents gratuits du gouvernement, au profit duquel ils dépouillaient leurs concitoyens ou eux-mêmes. Aussi cherchèrent-ils à s'exempter de ce fardeau intolérable par tous les moyens, et même en se faisant colons ou esclaves. De son côté, le pouvoir s'efforça d'imposer les fonctions municipales à quiconque pouvait les porter, et fit entrer dans la curie même les bâtards, les Juifs, les clercs indignes du sacerdoce, même ceux qu'un jugement déclarait infâmes. Les décrets impériaux parquèrent les curiales dans leur cité, et les clouèrent à leur siége magistral : il leur fut défendu, ainsi qu'à leurs enfants, de vendre leurs propriétés, de s'absenter de la ville, d'entrer dans le clergé, les légions, les places administratives (les prêtres, les soldats, les agents impériaux, étaient exemptés de faire partie de la curie); leurs biens et leurs personnes furent complétement affectés au service public; on les forçait de se marier, et, s'ils mouraient sans enfants, leurs terres ne sortaient pas de la curie. « Ce sont les esclaves de la république, » disait la loi. Elle punissait de mort le curiale fugitif et celui qui lui avait donné asile; et cela, disait-elle, pour relever la splendeur de cette magistrature. Malgré toutes ces précautions, le nombre des curiales alla sans cesse en diminuant; et, au cinquième siècle, les plus grandes villes n'en comptaient plus qu'une centaine. Les terres abandonnées devinrent si nombreuses, que l'état les donna à qui voudrait les cultiver, et principalement aux soldats et aux fédérés : deux années d'occupation suffisaient pour en assurer la possession. Par suite de toutes ces misères, la curie devint à la fois impuissante et oppressive : outre qu'elle était incapable de protéger la cité contre l'administration impériale, elle l'accabla elle-même de vexations, et se mit en guerre perpétuelle avec la population. Alors le gouvernement institua une nouvelle magistrature, celle du *défenseur*, choisi hors de la curie et nommé par tous les citoyens, lequel était chargé de les protéger contre les exactions des curiales et les injustices des officiers impériaux. Le défenseur devint bientôt le magistrat unique de la cité, et annula complétement l'autorité du prince. Mais lorsque les évêques, déjà chargés de l'administration de la justice, furent appelés, par les décrets impériaux, à partager les fonctions municipales, ils rendirent, par leur influence immense sur les citoyens, cette nouvelle magistrature aussi inutile que l'autre. Alors les défenseurs furent supprimés; et les évêques, substitués tout simplement à leur place, héritèrent de toute l'autorité municipale, et devinrent les maîtres uniques des cités [1].

Au-dessous des curiales étaient : 1° les petits propriétaires, classe jadis très-nombreuse, et l'une des causes de la grandeur romaine, mais qui avait en partie disparu; 2° les marchands et artisans libres, qui vivaient dans les grandes villes, et étaient presque tous des affranchis sans considération et sans influence, gênés par les règlements impériaux. Enfin, venaient les neuf dixièmes de la population de la Gaule, les esclaves, partagés en deux classes principales : esclaves domestiques, comptés, marqués, traités comme des bêtes de somme, et qui étaient chargés de presque tous les arts industriels; esclaves ruraux, attachés à la terre sous des con-

---

[1] Code de Théodose, liv. VIII, X et XII. — Code de Justinien, liv. X. — Guizot, Premier essai sur l'Histoire de France. — Savigny, Histoire du Droit romain, t. I, ch. 2. — Fauriel, Histoire de la Gaule méridionale, t. I, p. 356.

ditions plus ou moins dures; et la cultivant moyennant un tribut : on les appelait généralement *colons*. Ces colons étaient aptes à entrer dans l'armée, à posséder en propre, à contracter mariage légalement; le maître n'avait pas droit de mort sur eux, et la loi réglait les châtiments qu'il devait leur infliger et les redevances qu'il pouvait en exiger; enfin, ils suivaient tellement la condition des terres, que celles-ci ne pouvaient être vendues sans eux, ni eux sans elles. C'était sur cette population agricole que pesaient les plus grandes charges, car les propriétaires faisaient retomber sur elle toutes les tyrannies financières; et elle décrut très-rapidement, sans qu'il fût possible de remplir ses vides [1].

Ainsi donc, la société romaine se trouvait composée de maîtres sans influence et d'esclaves sans patrie; point de classes intermédiaires où les familles sénatoriales et curiales pussent se recruter et se renouveler. De tels éléments de population nous expliquent comment les Barbares, une fois les légions vaincues, s'emparèrent de l'empire comme d'un désert; comment la masse des affranchis, des colons, des esclaves, « étrangère à la société civile païenne, dont les maîtres ne lui avaient pas fait sa place, entra avec ardeur dans la société chrétienne, dont les chefs lui tendaient les bras. L'aristocratie sénatoriale et curiale n'était qu'un fantôme : le clergé devint l'aristocratie réelle; il n'y avait pas de peuple romain : il y eut un peuple chrétien [2]. »

§ VI. Successeurs de Constantin : Constance, Julien, Valentinien, Gratien (337). — Constantin avait partagé l'empire entre ses fils; mais l'aîné, Constance, voulant régner seul, fait massacrer toute sa famille. Plus occupé des controverses religieuses que des affaires de l'état, il persécute les catholiques en faveur des ariens, et laisse les armées, déjà pleines de Barbares, nommer des prétendants à l'empire. Un Gaulois, nommé Magnence, se fait déclarer empereur à Autun; et Constance est obligé, pour le vaincre, d'emprunter l'aide des Alamans (350). Ces dangereux alliés ouvrent la porte aux Francs, saccagent quarante-cinq villes de la Gaule, et font reculer la population et l'agriculture à plus de trente

---

[1] Savigny, Histoire du Droit romain, t. I. — Code de Théodose, *passim*.

[2] Guizot, Civilis. franç., t. I, p. 83. — Ceci explique encore comment les langues gauloises ont laissé si peu de traces, les riches s'étant complètement transformés en Romains, et les esclaves gardant leur idiome ou parlant celui de leurs maîtres. Quelques parties de la Gaule, ont seules conservé, par leur isolement, leur langue originelle : 1º la presqu'île armoricaine, où ne pénétra presque point la civilisation romaine, et dont les côtes ont gardé la langue celtique; 2º les hautes vallées des Pyrénées occidentales, où les Basques parlent encore la vieille langue ibérienne; 3º les provinces riveraines de la rive gauche du Rhin, qu'on appelait les deux Germanies, et qui ont gardé la langue tudesque.

lieues du Rhin. L'empereur envoie contre eux son neveu Julien, qui avait seul échappé au massacre de sa famille; mais il ne lui donne que treize mille hommes (car l'empire était attaqué à la fois par les Goths et par les Perses), et il l'entoure de surveillants qui entravent tous ses pas. Julien était un jeune philosophe, passionné pour la gloire et le culte de l'ancienne Rome, qui s'arracha avec douleur aux écoles d'Athènes pour combattre les Barbares. Son génie suppléa aux moyens : il vainquit les Germains, les rejeta au delà du Rhin, les força de rendre vingt mille captifs, et laissa aux Francs la possession de l'île des Bataves, sous la condition qu'ils défendraient le fleuve comme alliés de Rome (358). Il s'attacha ensuite à réparer les malheurs de l'invasion ; et, par une administration sévère, l'allégement des impôts (la capitation fut réduite à sept pièces d'or, ou 92 francs), le rétablissement de plusieurs villes, il rendit quelque prospérité à la Gaule. Son séjour de prédilection était une pauvre bourgade renfermée dans une île de la Seine, et qu'il appelait sa *chère Lutèce*. La Lutèce de Julien devint Paris. Constance, jaloux de sa gloire, lui demande ses légions pour faire la guerre aux Perses. Les soldats de Julien le saluent auguste et le forcent à marcher contre son oncle (360). Celui-ci appelle les Germains; Julien les défait, et, Constance étant venu à mourir, il reste seul maître de l'empire [1].

Ce grand homme, voyant les querelles religieuses remplir l'état de troubles et de séditions, crut que le christianisme était la cause de la décadence du monde romain : la folie des Galiléens a tout perdu, disait-il; et, abjurant la foi du Christ, il entreprit de relever le polythéisme, en le rajeunissant avec la philosophie de Platon. C'était aussi absurde qu'impossible. Le christianisme, qui tendait à un ordre social mieux approprié à sa nature, était sans doute un des marteaux employés à la destruction de l'empire, mais non pas le marteau unique; et en imaginant par impossible que le christianisme n'eût pas existé, l'esclavage, la dépopulation, la lâcheté et l'indiscipline des armées, enfin les Barbares, n'auraient pas moins ruiné le vieux monde. Julien, homme juste, éclairé, austère, persécuta les chrétiens. Sa persécution fut, à la vérité, moins sanglante que moqueuse, sophistique et pamphlétaire; mais il protégea les ariens, dépouilla les églises de leurs biens, enfin interdit aux catholiques l'instruction, les livres, la prédication. Aveuglé par son fanatisme du passé, il méditait des mesures plus tyranniques ; mais dans une guerre contre les Perses, il fut frappé d'un javelot, et mourut en héros et en sage. Le trône im-

[1] Ammien Marcellin, liv. XVI, XVII et XVIII.

périal ne vit plus dès lors que des chrétiens; et l'hellénisme, un moment récrépi, continua de s'en aller en poussière (362).

Jovien est élu par les légions, et après lui Valentinien, qui appelle son frère Valens à l'empire (364). Alors a lieu le premier partage du monde romain en empire d'Orient et en empire d'Occident. Valens règne à Constantinople, Valentinien à Rome.

Depuis que Julien avait quitté la Gaule, les Alamans y étaient rentrés. Valentinien, ayant remporté sur eux plusieurs victoires inutiles, engagea les Bourguignons, qui avaient passé de la Dacie dans la Pannonie, à leur faire la guerre. Ceux-ci obéirent : ils se cantonnèrent sur la frontière du Rhin pendant cinquante ans, et attendirent le moment favorable pour passer le fleuve.

Gratien succède à Valentinien : c'était un élève d'Ausone et de saint Ambroise, qui résida presque constamment dans la Gaule et la gouverna avec sagesse (367). Son principal ministre était un chef de Francs, nommé Mellobald, qui portait le titre de comte des gardes du palais. L'empire était déjà tout occupé par les Barbares, qui depuis deux cents ans s'étaient introduits peu à peu dans les camps, les villes, les palais des Romains; on les voyait à la tête des armées, dans les plus hautes dignités, à la cour des empereurs; ils gouvernaient déjà ce monde qu'ils allaient prendre et occuper par la force.

§ VII. GRANDE INVASION DES GOTHS. — Les Goths avaient fondé, depuis plus d'un siècle, un vaste empire entre le Danube et le Tanaïs, les Carpathes et la mer Noire. Les peuplades qui habitaient la gauche du Tyras se nommaient Goths de l'Orient ou *Ostrogoths*, et celles qui habitaient la droite, Goths de l'Occident ou *Visigoths;* vers les Carpathes étaient les tribus moins puissantes des *Gépides*. Elles se livraient à l'agriculture, commençaient à se civiliser par leurs relations continuelles avec les Romains, et suivaient déjà le christianisme informe des ariens.

Tout à coup une race inconnue passe le Palus Méotide : c'était celle des Huns (375). De grandes guerres intestines avaient chassé du plateau central de l'Asie ces peuples tartares, qui se dirigèrent vers l'Occident en formidables troupes. Ils avaient rencontré d'abord les Alains, qui habitaient entre le Wolga et le Tanaïs; ils les entraînèrent, et vinrent se jeter avec eux sur les terres des Goths. Ceux-ci furent épouvantés à la vue de ces pasteurs sauvages, à la tête sphérique, au visage jaune et aplati, vêtus de peaux fétides, vivant de lait de jument et de viandes amorties sous la selle, qui habitaient, dit Sidoine Apollinaire, sur le dos de leurs petits et rapides chevaux; ils s'imaginèrent que ces monstres étaient nés de l'accouplement des démons avec les sorcières du Nord [1], prirent les armes en tremblant et furent vaincus. Les Gépides et une partie des Ostrogoths se soumirent aux Huns; les Visigoths se jetèrent en foule sur le Danube, et demandèrent à Valens un asile dans la Mœsie (376). L'empereur d'Orient était passionné pour l'arianisme : heureux de peupler sa frontière de guerriers qui sont ariens, il accorde le passage. Les Visigoths entrent dans l'empire : ils n'en sortiront plus.

Une partie des Ostrogoths se présente un peu plus loin et demande la même faveur : mais comme on commençait à craindre ces terribles hôtes, on les refuse. Ils passent de force, se réunissent aux Visigoths, que l'empereur avait outragés ; et les deux peuples battent partout les Romains et ravagent la Thrace. Valens court au-devant des Barbares : il est défait et tué dans les champs d'Andrinople (378). Gratien, qui venait au secours de son collègue, lui donne pour successeur l'un de ses généraux, Théodose. Les Goths se divisent et se soumettent ; les Visigoths sont cantonnés dans la Thrace, les Ostrogoths dans l'Asie-Mineure (379). C'est là leur première halte. Ils gardent leurs armes et leurs chefs, défendent la frontière contre les Huns moyennant une solde, cultivent les terres qui leur sont assignées, et, sous la puissante main de Théodose, restent tranquilles pendant seize ans. Ce n'était qu'avec une sorte de terreur religieuse qu'ils se voyaient au milieu de cet empire dont la grandeur les éblouissait, dont les villes, les monuments, les richesses, étaient l'objet perpétuel de leur admiration ; ils demandaient par grâce des terres romaines ; ils s'honoraient d'être soldats romains ; ils briguaient avec ardeur les dignités romaines ; ils n'avaient pas l'orgueilleuse pensée de détruire cet empire devant lequel ils s'humiliaient profondément ; et lorsqu'il croula entre leurs mains, ils n'eurent d'autre ambition que de le refaire avec ses débris.

§ VIII. Progrès du christianisme; puissance universelle des évêques ; institution des moines ; littérature chrétienne ; hérésie de Pélage. — Pendant que les Barbares mettent le pied dans l'empire, le christianisme l'ébranle et le mine en poursuivant son triple but : amélioration morale de l'homme, réforme de la législation, abolition de l'esclavage. Il y a soixante ans à peine qu'il est sorti des cachots, et déjà il est partout le maître. Les décrets impériaux, empreints de son influence, adoucissent les peines, modifient les confiscations, interdisent les combats de gladiateurs,

---

[1] Jornandès, de Rebus Geticis, cap. 24. — Zozime, liv. IV. — Sozomène, liv. VI. — Ammien Marcellin, liv. XXIX.

les prostitutions, l'exposition des enfants. Constantin avait abdiqué le grand pontificat, la première des dignités impériales ; Gratien avait renversé à Rome l'autel de la Victoire ; Théodose acheva de proscrire l'ancien culte : il ordonna de suivre la religion du Christ, fit détruire les temples [1], confisqua leurs biens et interdit les sacrifices sous peine de mort. On vit alors des prêtres avides et cruels abuser de ces décrets, rendre aux païens leurs persécutions, et employer la violence pour extirper le polythéisme des villages et des lieux secrets où il se réfugia obstinément. Néanmoins l'ordre social était si profondément païen, que l'hellénisme resta dans les mœurs et dans les usages : il servit comme de costume au christianisme, qui lui prit tout ce qui était à sa convenance et le convertit à son profit. Ainsi les cérémonies et les ornements passèrent de l'ancien dans le nouveau culte ; les reliques et les images s'introduisirent dans les églises ; la littérature s'embellit de merveilles et de miracles.

Alors apparurent des idées et des passions d'un ordre nouveau, qui achevèrent la confusion de l'ancien monde. Ce ne furent plus les hommes d'état, les grands capitaines, les bons princes qui excitèrent l'enthousiasme des peuples ; ce furent les évêques, les solitaires, les saints. Les intérêts religieux prirent la place des intérêts politiques et même domestiques ; la patrie fut la *cité céleste*. Le célibat, qui avait été ordonné aux prêtres par plusieurs conciles, devint une mode contagieuse ; et les orateurs chrétiens vantèrent follement la société religieuse de compter plus de vierges que d'épouses. Les biens des villes furent donnés aux églises ; la paroisse remplaça le municipe ; on aima mieux être chrétien que citoyen. Ainsi l'Église hérita de tout, tendit à tout gouverner, s'appropria toute la vie qui restait au corps romain. Le clergé formait une société forte, nombreuse, compacte, ayant de la dignité, des vertus, et des lumières ; il était seul libre, participant au gouvernement, maître des villes, influent sur la multitude et dans les conciles : le sacerdoce se trouva donc l'unique carrière où l'homme pût déployer son énergie ; et quand les Barbares devinrent les maîtres, tout ce qui était romain et avait des

[1] Il n'y en eut qu'un très-petit nombre transformé en églises, autant parce que ces édifices étaient incommodes pour le nouveau culte que parce que les chrétiens répugnaient à adorer le vrai Dieu dans la demeure des idoles ; ils aimaient mieux se servir des *basiliques*. La basilique était un vaste bâtiment ouvert, soutenu par un grand nombre de colonnes, et construit à côté du Forum pour y tenir les assemblées publiques dans les mauvais temps. Les chrétiens disposèrent la nef de cet édifice en forme de croix, fermèrent les côtés, ornèrent la voûte et les parois avec les débris des temples détruits, et en firent, pendant trois ou quatre siècles, leurs lieux d'assemblée ou leurs églises. Dans la Gaule, et surtout quand les Barbares s'y furent établis, les basiliques n'étaient que des bâtiments en charpente, grossiers, et souvent couverts en chaume.

lumières se jeta dans le clergé : c'était le seul moyen d'avoir de l'indépendance en face des vainqueurs et même de la supériorité sur eux.

Le gouvernement de l'Église militante avait été essentiellement démocratique ; celui de l'Église triomphante devint aristocratique, mais avec deux puissantes garanties de liberté pour le peuple chrétien dans l'élection de ses chefs et la tenue des conciles. Les évêques étaient, sous les empereurs païens, des hommes ardents, austères, bizarres, héros du martyre, qui frappaient l'imagination par leurs vertus sauvages et enthousiastes ; ils sortaient presque tous des rangs infimes de la société. Sous les empereurs chrétiens, les évêques furent des gens riches et savants qui appartenaient aux familles les plus distinguées : la plupart avaient rempli des charges publiques, et conservèrent, dans l'épiscopat, leur existence romaine, leurs habitudes d'élégance et d'esprit, leur intérieur mondain et même leur famille [1]. Le peuple, accoutumé d'avance à les respecter, les prit pour pasteurs, quand les relations de l'Église avec le gouvernement ou des églises entre elles devinrent plus nombreuses, plus étendues, plus compliquées, et exigèrent une science plus grande et une condition sociale plus élevée : « Il fallait, dit Sidoine, qu'ils fussent aussi propres à intercéder pour les corps auprès des juges de la terre que pour les âmes auprès du juge céleste [2]. » Alors les prélats devinrent des hommes universels et eurent une vie incroyablement active : philosophes et orateurs, ils écrivaient contre les hérétiques et instruisaient les fidèles ; magistrats et pères du peuple, ils gouvernaient la cité, administraient les biens de leur église, soulageaient les misères publiques par leurs richesses, jugeaient et défendaient les citoyens ; ils prêchaient l'Évangile aux populations des campagnes, voyageaient à travers les bandes de Barbares ou de Bagaudes, résistaient aux tyrannies des agents impériaux, et étaient sans cesse en péril de leur vie. Leur autorité s'accrut continuellement de celle que perdaient tous les pouvoirs en décadence ;

---

[1] Un disciple de Platon, Synésius, est élu évêque de Ptolémaïde par ses concitoyens, et n'accepte cette dignité qu'à condition qu'il gardera, avec sa femme, ses opinions philosophiques. (Voy. Mélanges histor. et littér. de M. Villemain.) — Simplicius est déclaré évêque de Bourges, « parce qu'il est d'une grande naissance, qu'il répand ses richesses aux pauvres, qu'il a rempli des missions devant les empereurs et les rois barbares, que sa femme est de noble famille et de grande vertu, et qu'il a élevé ses enfants dans la sagesse. » (Voy. Lettres de Sidoine, liv. VII ; Guizot, Civil. franç., troisième leçon.) — La plupart de ces évêques, en gardant leur femme, vivaient avec elle comme une sœur : ainsi firent saint Paulin de Nole, saint Rétice d'Autun, saint Hilaire de Poitiers, etc.

[2] Lettres de Sidoine, liv. VII, épît. 9. — Cet écrivain, évêque de Clermont, était lui-même un de ces prélats mondains, pieux et savants, « qui avaient passé, comme il le dit lui-même, des fonctions du siècle à celles de la cléricature. » Il appartenait à la plus célèbre famille de l'Auvergne, et était gendre de l'empereur Avitus.

leurs devoirs se multiplièrent avec les dangers de l'empire, et toutes les choses humaines et divines finirent par passer entre leurs mains.

L'épiscopat, ayant acquis tant d'importance, fut convoité pour l'argent, le luxe et le crédit qu'il donnait, et les élections furent souvent troublées par des tumultes scandaleux : ainsi deux candidats se disputèrent le siége de Rome à main armée, et cent trente-sept morts restèrent dans la basilique où se faisait l'élection. La virginité devint elle-même un titre d'orgueil, de faste et de corruption ; et le clergé accrut tellement ses richesses, que les empereurs les plus pieux furent forcés de lui interdire les legs testamentaires [1]. Enfin les évêques commencèrent à se lasser de l'intervention des césars dans les affaires ecclésiastiques, intervention qui semblait mettre l'Église dans l'état ; et ils tendirent non-seulement à faire coexister les deux sociétés civile et religieuse, mais à ce que l'état fût dominé par l'Église : « L'empereur, dit saint Ambroise, est au dedans de l'Église, et non pas au-dessus d'elle. Les princes et les magistrats, dit un autre évêque, n'ont qu'un domaine passager et terrestre, tandis que la puissance épiscopale vient de Dieu, et s'étend dans ce monde et dans l'autre. » Les empereurs cherchèrent à abaisser cet esprit d'indépendance en surbordonnant tous les évêques au siége de Rome ; et il leur fut prescrit, « non-seulement de ne rien tenter contre l'autorité du vénérable pape de la ville éternelle, mais encore de prendre pour loi ce qu'il a décidé et ce qu'il décidera [2]. »

L'église d'Occident se fortifia, à cette époque, d'une nouvelle institution, celle de la vie *monastique*, qui avait pris naissance dans l'imagination ardente des Orientaux. Les *moines* étaient des hommes qui, par enthousiasme religieux ou par dégoût des misères et de la corruption du temps, fuyaient la société et s'en allaient dans les lieux les plus déserts pour y vivre seuls, prier et méditer ; ils se réunirent ensuite en communautés pour s'occuper d'œuvres pieuses et de travaux manuels. Ces hommes étaient complétement en dehors du clergé : ils n'avaient point de fonctions ecclésiastiques, et gardaient toute leur liberté ; les uns menaient une vie frugale et sédentaire ; les autres traînaient leur licence vagabonde dans les villes et les campagnes. Leur existence extraordinaire, leurs incroyables austérités, leur zèle poussé jusqu'au cynisme et à l'extravagance, leur donnèrent une telle renommée, que les communautés de moines, ou *monastères*, devinrent des bourgades aussi

[1] Voy. les Lettres de saint Jérôme et de saint Jean Chrysostome, où ils blâment avec amertume la cupidité et la dépravation des prêtres de leur temps.
[2] Loi de Théodose et de Valentinien II.

peuplées que les villes, où vinrent se réfugier une foule de colons et d'opprimés. Les moines d'Orient furent les plus ardents adversaires de l'arianisme : ils donnèrent à l'Église des saints et des docteurs ; mais leur liberté et leur puissance engendrèrent souvent de grands désordres, et saint Jérôme foudroya de sa rude éloquence leurs folies, leur cupidité, leurs débauches et leur insupportable orgueil.

En Occident la vie monastique fut d'abord vue avec défaveur, et l'on accueillit les premiers moines avec des huées et des injures ; mais saint Martin, saint Ambroise, saint Augustin, les protégèrent, et bientôt des monastères furent fondés. Aux solitaires contemplatifs, stationnaires et extravagants de l'Orient, succédèrent les communautés travailleuses, intellectuelles et réglées de l'Occident ; elles remplacèrent les écoles impériales, dont l'enseignement et les professeurs étaient païens, et devinrent les écoles philosophiques du christianisme. Ce fut l'asile de l'esprit humain, qui, proscrit de la société par les désastres de l'empire, ne trouva plus à méditer en sûreté qu'à l'abri des autels. Les premiers monastères de la Gaule furent ceux de Ligugé, près de Poitiers, et de Marmoutiers, près de Tours ; celui de l'île de Lérins devint le plus célèbre par les saints, les savants, les martyrs qu'il produisit (360).

Les dangers et les désastres matériels de la société, cette confusion universelle que nous allons voir s'augmenter encore, n'arrêtaient pas le mouvement intellectuel : les hérésies, la puissance épiscopale, la vie monastique, ne faisaient que l'étendre ; et il se prolongea, au milieu des Barbares, pendant plus d'un siècle. Les philosophes platoniciens commencent à se rapprocher des savants chrétiens, à s'entendre avec eux, à n'avoir plus que des regrets et non des haines, à leur ressembler par les idées, le langage et les mœurs ; » ils ne sont séparés d'eux, dit Sidoine, que par l'extérieur et la foi. » Les Pères de l'Église sont tous disciples de Platon ; ils déclarent que leur maître a beaucoup approché des vérités évangéliques ; ils mêlent et fondent sa philosophie dans la théologie chrétienne. Mais la littérature païenne est, comme la société civile, petite, frivole, servile, sans idées, sans conviction, sans raisonnement ; elle secoue toute la poussière des temps anciens, retourne en tous sens le cadavre du génie antique, commente, critique, analyse, et ne donne pour consoler les esprits des misères de l'état social, que des rhéteurs et des faiseurs d'épithalames. La littérature chrétienne, au contraire, abonde en penseurs ; elle est sérieuse, libre, active, sociale, pleine d'onction et de sensibilité ; elle est en accord avec les idées et les besoins du temps ; « elle traite des choses qui remuent les âmes au fond de la solitude, et les peuples au milieu des cités[1]; » elle revêt, dans la *bouche d'or* des Jean, des Basile, des Grégoire, les plus hautes vérités du plus beau langage; elle met en débat, par tout le monde chrétien, les questions les plus profondes et les plus hardies; elle engage une active correspondance entre tous les fidèles, jusqu'à ce que le dogme soit proclamé dans les conciles comme conséquence de la croyance universelle.

L'Occident a une belle part dans cet âge d'or de la littérature chrétienne; et la Gaule méridionale, dont toutes les villes parlent encore la langue grecque, où la philosophie platonicienne prolonge son influence pendant trois siècles, est riche en écrivains et en orateurs. Mais on voit surtout cinq hommes dominer l'Occident par leur sainteté et leur savoir : ce sont Augustin d'Hippone, Jérôme de Bethléem, Ambroise de Milan, Paulin de Nole, Hilaire de Poitiers (les trois derniers Gaulois); âmes rêveuses, ardentes, mystiques, dont les écrits sont pleins d'un charme tout nouveau, parce qu'ils nous révèlent un spectacle inconnu à l'antiquité, celui du cœur humain dans ses replis les plus intimes, ses multiples incertitudes, ses furtives émotions, ses inexplicables appétences de perfection. C'est surtout dans saint Augustin, vaste intelligence qui a tout embrassé, cœur labouré par les passions, âme bouillante du désir indéfini du bonheur et de la vérité, que le génie moderne se dévoile dans toute sa gloire : ses *Confessions* sont pleines de ce sentiment de vague tristesse et de tendre mélancolie qui entraîne l'homme vers le ciel par dégoût de la terre, et que lui-même appelle « une piété gémissante; » sa *Cité de Dieu* développe cette pensée sur laquelle repose tout l'avenir du monde, que le christianisme est un progrès, non une décadence, et que, malgré les désastres de l'empire, le genre humain marche à de meilleures destinées [2].

L'évêque d'Hippone eut une vie prodigieusement occupée et mêlée à toutes les affaires du temps; il était en correspondance avec toute l'Église, qui le révérait comme son oracle, et il la

---

[1] Guizot, Civilis. franç., t. 1, p. 165.

[2] C'est la même idée sublime et féconde qui a inspiré Salvien dans son éloquent ouvrage *du Gouvernement de Dieu*, où il proclame la Providence au milieu des ruines, et aussi Paul Orose, dans son *Histoire universelle*, où il embrasse la condition du genre humain tout entier, et fait défiler les nations et les âges sous la main de Dieu. « J'ai voulu, dit celui-ci, m'accabler moi-même de confusion, pour avoir cru quelquefois les temps actuels démesurément pénibles et désordonnés; car j'ai trouvé que les jours passés n'étaient pas seulement aussi lourds que ceux-ci, mais bien plus atrocement misérables, d'autant qu'ils étaient plus éloignés des consolations de la vraie foi; et, par cette recherche, il a été clair pour moi que la mort avide de sang a régné tant qu'a été ignorée la religion qui proscrit le sang. Aux premières lueurs de cette religion, la mort a été plongée dans la stupeur : elle cessera d'exister quand la religion régnera seule. »

sauva d'une redoutable hérésie, le Pélagianisme, qui remua la société entière, et fut arrêtée avant qu'elle eût fait schisme (354 à 430). Cette hérésie était née dans le calme et méditatif Occident; et, tout empreinte de son esprit d'examen et d'indépendance, elle soulevait un problème fondamental que toutes les religions et les philosophies ont cherché à résoudre : la liberté de l'homme pour le bien et pour le mal, et l'influence divine, ou la *grâce*, sur sa volonté. Platon avait soutenu que la vertu est un don de la Divinité ; Zénon, qu'elle est le fruit de la volonté et des efforts de l'homme ; Aristote, « qu'elle n'est pas en nous le fait de la nature, ni contraire à la nature, mais que nous sommes susceptibles de la recevoir et de la perfectionner. » Pélage, docteur breton, proclama, comme les Stoïciens le libre arbitre, et soutint que l'homme naissait bon, et pouvait de lui-même s'élever à la plus haute vertu ; sa doctrine, en soulevant la question de l'origine du bien et du mal, niait implicitement le péché originel et la nécessité du baptême ; ce qui entraînait l'inutilité de la rédemption, et tuait par conséquent le christianisme. Augustin déclara que l'homme naissait mauvais, et ne pouvait faire le bien qu'avec la grâce de Dieu ; et il poussa la rigueur de ses idées jusqu'à admettre la prédestination. Pélage fut condamné ; et la doctrine d'Augustin, modifiée sous le rapport de la prédestination, fut acceptée par toute l'Église. Le Pélagianisme était sans doute une noble réclamation du moi humain ; mais ce réveil de la liberté était intempestif au milieu des calamités et à l'approche des Barbares qui allaient accabler le monde : il n'y avait que l'humilité la plus complète et la résignation la plus abandonnée qui pussent faire comprendre et supporter les unes ; il n'y avait que le despotisme divin qui pût soumettre les autres au joug de la civilisation et de l'Église [1].

§ IX. Invasion définitive de la Gaule. — Nous venons de voir le progrès et la vie dans la société religieuse ; retournons à la société civile, pour assister à sa décadence et à sa mort.

Un soldat, Maxime, soulève la Gaule et la Bretagne contre Gratien ; celui-ci est abandonné par ses troupes et tué avec son ministre Mellobald (384). Ce Maxime appuya son usurpation sur l'autorité de Martin de Tours, le saint le plus populaire de la Gaule, et qui acheva de la convertir au christianisme ; mais il donna le premier au monde l'épouvantable exemple de verser, au nom de Jésus-Christ, le sang des hommes qui ne croyaient pas comme lui. Un hérésiarque impur, nommé Priscillien, fut exécuté à Trèves, avec

---

[1] Guizot, Civilis. franç., cinquième leçon. — Œuvr. de saint Augustin, t. XII. — Eusèbe, Histoire ecclésiastique, t. V.

six de ses sectateurs (385). Saint Martin fit les derniers efforts pour sauver ces malheureux; et saint Ambroise, l'évêque de Rome, ainsi que plusieurs conciles, témoignèrent une grande horreur de leur supplice.

Théodose marche contre Maxime avec une armée de Goths et de Huns; son adversaire avait dans la sienne des Germains et des Gaulois : Maxime est battu, pris et décapité (388). Le Franc Arbogast a la plus grande part à cette victoire, et gouverne sous Valentinien II, successeur de Gratien; puis il tue cet empereur, et décore de la pourpre son propre secrétaire, Eugène. Celui-ci veut rétablir l'ancien culte, arbore sur ses drapeaux les images d'Hercule et de Jupiter, et se fait une armée de Francs et d'Alamans (392). Théodose marche contre lui avec des Visigoths commandés par Alaric, et des Vandales commandés par Stilicon. La croix est victorieuse, et Théodose reste seul maître de tout l'empire (394).

Il meurt laissant deux fils, Arcadius et Honorius (395). Celui-ci règne en Occident, avec Stilicon pour tuteur; celui-là en Orient, avec Alaric pour hôte et pour maître. La séparation des deux empires est définitive, et les lois de l'un ne sont plus obligatoires pour l'autre. Le monde romain approche de son dernier jour.

Aussitôt que les deux fils de Théodose sont sur le trône, les Barbares, tranquilles pendant seize ans, se remuent de tous côtés. Les Visigoths, sous le commandement d'Alaric, ravagent la Grèce. Stilicon vient à l'aide de l'empire d'Orient, repousse ces Barbares, qui passent en Italie, et les y poursuit (401). Il les défait à la bataille de Pollentia, sur le Tanaro, les force à se retirer dans l'Illyrie, et leur accorde une paix avantageuse (403).

En même temps, une colonne immense de Suèves, de Vandales et de Sarmates, commandée par Rhadagaise, vient des bords de la Baltique, traverse la Germanie, passe les Alpes, le Pô, les Apennins, et rencontre Stilicon à Florence : elle est battue et détruite (405).

Stilicon, pour vaincre Alaric et Rhadagaise, avait dégarni le Danube et le Rhin. Alors les Huns poussent par derrière les peuples slaves, ceux-ci les peuples germains, et tous se précipitent sur l'empire, en deux grandes colonnes conduites, l'une par les Alains, l'autre par les Vandales. Ils trouvent le Rhin défendu par les Alamans et les Francs, alliés de Rome. Les Vandales sont repoussés; mais les Alains accourent, renversent les Francs, et, le 31 décembre de l'an 406, ils traversent le fleuve qui sépare deux mondes.

Alors on voit se répandre dans la Gaule des Barbares de toute sorte : l'Hérule aux joues verdâtres, le Saxon aux yeux d'azur, le Sicambre aux cheveux graissés, le Bourguignon, géant de six pieds, le Suève, le Sarmate, le Gépide, etc. Tout est mêlé, hommes, armes, habitudes, vêtements; les anneaux de fer, les peaux de bêtes, les tuniques étroites, les corps velus et tatoués, les casques de tête de loup, les saies bigarrées; haches, frondes, crochets, massues, filets de cuir, flèches armées d'os pointus; les uns anthropophages et se parant de la peau des vaincus, les autres adorant des épées et des monstres; ceux-ci à cheval sur des rennes, ceux-là en barques, en chariots. Ce qu'ils avaient de commun, c'était le mépris de la vie, la soif du sang et la fureur de détruire [1]. « Tout ce qui se trouve entre les Alpes et les Pyrénées, entre l'Océan et le Rhin, est dévasté. Mayence est prise et détruite. Worms est ruinée par un long siége. Reims, Amiens, Arras, Térouane, Spire, Strasbourg, voient leurs habitants transportés dans la Germanie. Tout est ravagé dans l'Aquitaine, la Novempopulanie, la Lyonnaise, la Narbonnaise, sauf un petit nombre de villes que le fer menace au dehors et que la faim tourmente au dedans [2]. »

Les Barbares occupent donc définitivement la Gaule. Pour nous, le monde romain est détruit. Ici commence en réalité la grande époque de transition que les quatre siècles précédents ont préparée, époque critique de destruction, de travail, d'enfantement, qui dure près de six siècles. La société romaine et la population gauloise n'existent plus qu'en débris; c'est avec ces débris et les éléments chrétien et germanique qu'il faut former une nouvelle société, la société *féodale*, une nouvelle nation, la nation *française*.

[1] Chateaubriand, Études historiques, t. III, p. 102. — [2] Saint Jérôme, lettre 91.

HISTOIRE DE LA GAULE BARBARE.

406-987.

※

LIVRE PREMIER.

DOMINATION DES FRANCS-NEUSTRIENS

406-687.

CHAPITRE PREMIER.

Établissement des Barbares dans la Gaule. — 406 à 476.

§ I. SUITES DE L'INVASION. — Les Barbares ravagèrent la Gaule pendant dix ans sans y trouver de résistance et sans y former d'établissement durable : c'était une sorte de camp où ils erraient, cherchant quelle portion ils prendraient pour patrie. Leurs bandes, nombreuses, mais peu fortes, parcouraient et pillaient un territoire étroit, et, selon l'occasion, elles campaient ou se retiraient avec leur butin. A mesure qu'une contrée était dévastée, elles passaient dans une autre, poussant continuellement la frontière devant soi, et elles ne s'arrêtaient que lorsqu'elles ne trouvaient plus rien à ravager. Ces apparitions, courtes mais fréquentes, locales mais toujours instantes, détruisirent toute sécurité et toute correspondance dans la Gaule. Les villes conservèrent généralement quelque indépendance, et tous les débris de la société romaine s'y concentrèrent ; mais elles n'eurent plus qu'une existence isolée et précaire. Les campagnes furent abandonnées par les maîtres et les colons : elles devinrent la proie des barbares, qui craignaient de s'enfermer dans des murailles, et qui en firent un théâtre de misères et de pillages. Cependant tout était encore romain à la surface ; l'organisation sociale n'avait pas subi de changement fondamental, quoiqu'elle fût paralysée et agonisante ; le nom des empereurs était toujours invoqué et respecté, même par les vainqueurs ; mais de ce vaste système d'administration qui liait les diverses parties du corps romain, il ne restait que des formes et des mots, quelques débris du pouvoir municipal, enfin une autorité impériale qui devenait d'autant plus tyrannique et avide qu'elle était plus décrépite et impuissante. L'empire, se voyant mourir, se repliait sur lui-même pour conserver au moins la vie au cœur, laissant ses parties extrêmes se défendre à leur gré. Aussi les citoyens, désespérés, s'enfuyaient chez les Barbares, et leur servaient de guides. « Les Gaulois, dit Salvien, n'aspirent qu'à secouer le joug ; ils appellent l'ennemi, ils désirent la captivité, ils ont moins à craindre les étrangers que les agents impériaux. Les uns s'en vont chez les Barbares chercher de l'humanité et un abri, les autres se soulèvent et vivent de brigandages. Les petits propriétaires, qui n'ont pas fui, se jettent dans les bras des riches, et leur livrent leur héritage ; mais de l'état de colons où ils se sont réduits volontairement, ils deviennent bientôt esclaves [1]. »

§ II. ÉTABLISSEMENT DES VISIGOTHS, DES BOURGUIGNONS ET DES FRANCS DANS LA GAULE. — Au milieu de cette dissolution générale, la Gaule, indignée de ses souffrances, sent se renouveler sa vieille haine contre Rome. Les Bagaudes recommencent leurs ravages ; l'Armorique, qui était restée presque entièrement gauloise, et où le culte des druides existait encore, « chasse les magistrats romains, et se constitue, à son gré, en une sorte de république (407) [2] ; » la partie basse du pays entre Loire et Garonne, et quelques-unes des villes entre Seine et Loire, entrent dans cette *confédération armoricaine* [3], qui ne revint jamais sous la domination impériale.

Dans le même temps, les légions de la Bretagne proclament empereur un soldat nommé Constantin ; il est reconnu par la Gaule, s'établit à Arles, y organise un gouvernement régulier, et s'y fortifie à la fois contre Rome et contre les Barbares, qui continuent à ravager le pays. Stilicon traite avec Alaric pour qu'il marche contre l'usurpateur ; mais Honorius fait assassiner son ministre (408). Le roi des Visigoths demande l'exécution du traité : il est repoussé avec mépris ; alors il passe en Italie, et vient mettre le siège devant Rome. Là il fait un empereur nommé Attale, et, par suite de ce respect superstitieux des Barbares pour la chose romaine, il se déclare son général, lui soumet l'Italie, se lasse ensuite de lui, et marche de nouveau sur la ville éternelle. Vainement on le supplie

---

[1] Salvian., de Gubernatione Dei, lib. V, VII, X. — [2] Zozime, liv. VI, ch. 3. — [3] *Tractus Armoricanus* (Chron. de Marius).

de s'arrêter : « Je ne le puis, dit-il; quelqu'un me pousse [1]. » Rome est prise et pillée pendant six jours, mais avec une certaine modération; car « le vainqueur, qui était chrétien et même presque romain, avait prescrit la clémence (410) [2]. » Après cela il meurt, « en punition, dirent eux-mêmes les Visigoths, de ce qu'il avait mis sa main sacrilège sur la ville éternelle [3]. » Ataulf lui succède et passe dans la Gaule méridionale, emmenant captive Placidie, sœur d'Honorius.

La Gaule était alors presque entièrement libre des Barbares : les Suèves, les Alains, les Vandales l'avaient quittée pour se jeter dans l'Espagne, qu'ils s'étaient partagée (409). Constantin régnait encore, mais il avait à lutter contre deux autres usurpateurs; et Honorius, délivré des Visigoths, envoya contre lui une armée commandée par Constance. Celui-ci fut vainqueur, et fit rentrer la Gaule sous la domination impériale. Elle allait bientôt en être séparée pour jamais.

Ataulf s'était étendu dans la Narbonnaise, l'Aquitaine et la Novempopulanie, espérant contraindre Honorius à lui céder un établissement dans ces provinces, et adoucir les mœurs de son peuple par le contact des vaincus (412). La Gaule méridionale, où la domination romaine s'était concentrée, avait peu souffert des invasions des Alains et des Vandales; elle avait même, dans les dernières années, recouvré une sorte d'indépendance et de gouvernement national, quand Honorius avait décrété que les affaires des sept provinces du midi seraient réglées dans une assemblée annuelle composée des principaux citoyens. Aussi l'aspect de la civilisation de la Gaule fit un grand effet sur l'esprit des Visigoths, et plus encore sur celui d'Ataulf (412). Il s'établit à Narbonne, y épousa Placidie, s'entoura de toute la pompe romaine, et chercha à se créer un royaume sur les deux revers des Pyrénées. Honorius envoya contre lui Constance, qui le battit et le força de capituler dans Narbonne, sous condition qu'il se retirerait en Espagne (413). Ataulf alla s'établir à Barcelone, et y mourut assassiné. Cet homme n'était rien moins qu'un barbare, si l'on en croit ces paroles rapportées par un contemporain : « J'ai eu, disait-il, la passion d'effacer le nom romain de la terre, et de substituer à l'empire des Césars celui des Goths, de sorte que tout ce qui était *Romanie* devînt *Gothie*, et qu'Ataulf jouât le même rôle qu'Auguste. L'expérience m'ayant démontré l'impossibilité où sont mes compatriotes de supporter le joug des lois, j'ai pris le parti de chercher la gloire en consacrant les

---

[1] Sozomène, liv. IX, ch. 6. — [2] Jornandès, liv. c. — August., de Civitate Dei. — [3] Paul Orose, liv. VIII.

forces des Goths à rétablir dans son intégrité la puissance romaine, afin qu'au moins la postérité me regarde comme le restaurateur de l'empire. C'est pour cela que je m'obstine à vouloir la paix, décidé surtout par les conseils de Placidie, femme de grand sens et de vertu [1]. »

Wallia lui succéda (416). Il fit avec Constance un traité par lequel il rendait Placidie et s'engageait à chasser les Barbares du nord de l'Espagne, moyennant la cession de l'Aquitaine et d'une partie de la Narbonnaise et de la Novempopulanie. En effet, après avoir vaincu les Alains et les Vandales, il prit possession des pays cédés, non à titre de souveraineté politique, mais comme campement militaire; et dès lors les Visigoths eurent l'ambition d'en faire le noyau d'un état qui s'agrandirait des débris de l'empire (419).

La révolution qui soumit la Gaule méridionale aux Visigoths entraîna moins de maux et de violences qu'on ne pourrait croire : les vainqueurs s'emparèrent, il est vrai, des domaines abandonnés, et prirent aux habitants les deux tiers de leurs terres et le tiers de leurs esclaves; mais, une fois ce partage fait, le Barbare et le Romain vécurent en paix, sur un pied d'égalité et chacun suivant ses lois. D'ailleurs ces provinces ne furent pas détachées de l'empire : rien ne changea dans leur administration, leurs magistratures et leur religion; les édits impériaux continuèrent à y être suivis; Honorius ordonna même, à cette époque, de convoquer l'assemblée des sept provinces pour essayer de rendre au pays quelque prospérité. Ainsi Wallia n'avait que l'aspect d'un général de l'empereur, et ses Barbares n'étaient que les soldats et presque les sujets de l'empire; d'ailleurs les Visigoths avaient déjà perdu une partie de leur caractère sauvage : chrétiens et agriculteurs avant qu'ils passassent le Danube, familiarisés avec les mœurs et les institutions romaines par un séjour de quarante ans dans l'empire, ils montrèrent du goût pour la vie sociale, respectèrent la civilisation des vaincus, et cherchèrent à l'imiter.

Les Visigoths ne furent pas les premiers Germains qui s'établirent à demeure dans la Gaule : les Bourguignons les y avaient précédés, mais avec moins d'éclat et sur un plus petit territoire. Depuis que ces Barbares avaient été appelés de la Pannonie par Valentinien pour faire la guerre aux Alamans, ils étaient restés dans les Alpes, entre les sources du Rhin et celles du Danube. A l'époque où Honorius faisait la guerre à Ataulf, ils demandèrent à cet empereur des établissements entre le Rhin et les Vosges, et ils les obtinrent, sous condition de défendre la frontière contre les Alamans (414);

[1] Paul Orose, liv. VII, ch. 43.

Simples d'esprit et de mœurs, chrétiens de la secte d'Arius, « ouvriers en bois pour la plupart, et gagnant leur vie à ce métier [1], » ils s'établirent dans le pays sans secousse, et s'emparèrent des terres à la manière des Visigoths; mais, pleins d'admiration pour la grandeur romaine, et confus de se voir au milieu de la civilisation, ils gardèrent envers les vaincus une posture d'humilité. « Ils sont si doux, si innocents, si paisibles, dit Paul Orose, qu'ils vivent avec les Romains, non comme avec des sujets, mais comme avec des frères. » Leur premier roi fut Gundikhar.

Les Francs étaient alliés de Rome; mais, quoiqu'ils eussent obtenu d'elle de l'argent et des terres, quoiqu'ils fussent entrés dans les armées impériales, et qu'ils eussent vu leurs chefs gouverner les empereurs, ils n'en avaient pas moins fatigué la Gaule par leurs attaques réitérées, et pénétré, à la suite des autres Barbares, sur la rive gauche du Rhin. Les *Saliens*, qui occupaient les dunes marécageuses des bouches de ce fleuve, se distinguèrent par leurs courses et leurs pillages; ils étaient regardés comme les premiers de tous les Francs, non-seulement à cause de leur bravoure, mais parce que la famille de leurs chefs, appelés *Merewings* ou *Mérovingiens* (du nom d'un ancien roi qui passait pour le père commun de la tribu), était considérée comme la plus noble de toute la confédération [2]. « *Chlogio* ou Clodion, fort et renommé dans sa nation, était alors roi des Saliens; il habitait Dispargum, vers le pays de Tongres, et avoisinait les Romains, qui dominaient jusqu'à la Loire (428). Il envoya à Cambrai des espions qui examinèrent tout, les suivit, battit les Romains, et s'empara de la ville; il y demeura peu de temps, et occupa le pays jusqu'à la Somme [3]. »

Telles furent les premières conquêtes de ces Francs qui devaient dominer toute la Gaule. Leur invasion différait beaucoup de celle des Visigoths et des Bourguignons. Ceux-ci venaient en nation, tous à la fois, avec femmes, enfants, troupeaux, richesses, cherchant une patrie, et s'arrêtant dès qu'ils l'avaient obtenue; leur invasion était unique, générale, et avait le caractère d'une émigration. Ceux-là venaient par petites troupes de soldats, successivement et isolément, ne cherchant que du butin dans le pays conquis, et y

---

[1] Socrate, Hist. ecclésiastique, liv. VII, ch. 30.

[2] Gesta Francorum per Roriconem, apud Script. rer. franc., t. III. — Aug. Thierry, Lettres sur l'hist. de France. — Le nom de Mérovingiens était donné aussi à toute la tribu. Roricon, la Chronique de Sighebert et celle de Hariulfe disent : « Mérovée, de qui les Francs sont appelés Mérovingiens. »

[3] Grégoire de Tours, Hist. ecclésiastique des Francs, liv. II, ch. 9. — Pharamond, que certains historiens regardent comme le premier roi des Francs, n'a probablement jamais existé : il n'est question de lui que dans deux chroniques du VIII⁰ et du XI⁰ siècle.

vivant en nomades; leur invasion était répétée, incohérente, et n'avait que le caractère d'une expédition guerrière. Les Visigoths et les Bourguignons étaient chrétiens et à demi civilisés; oubliant leur patrie originelle, ils se hâtaient de poser les armes et de s'attacher à la terre. Les Francs étaient païens et presque sauvages; toujours debout et armés, ils ne voulaient pas s'éloigner de la Germanie, dont ils tiraient leur force, et ils ne vinrent que cinquante ans plus tard à l'état de propriétaires. Les vertus guerrières des premiers se perdirent dans un repos trop précipité, par l'amour de la propriété et de la famille, et par l'énervement de la vie sociale, à laquelle ils avaient été initiés prématurément; en se dispersant dans le pays, ils oublièrent leur organisation par tribus, s'éloignèrent de leurs anciens chefs, et rendirent leurs assemblées nationales très-difficiles à réunir. Les vertus guerrières des seconds ne firent que se fortifier par des combats continuels et leur mépris pour le luxe et la civilisation; ils campaient dans le pays sans qu'aucun lien les attachât aux indigènes; ils ne partagèrent pas les terres avec les Gaulois, mais ils se logèrent chez eux à la façon des soldats de Rome, y vivant en maîtres et à discrétion; ils restèrent groupés autour de leurs chefs de bandes, et continuèrent à se réunir dans les *mâls* ou assemblées par tribus, et dans les *champs-de-Mars* ou assemblées générales de la nation [1].

De ces différences dans les mœurs des trois peuples et dans le caractère de leur invasion vint leur plus ou moins d'aptitude à rester Germains ou à devenir Romains; et, sous ce rapport, les contrées où ils s'établirent exercèrent la plus grande influence sur eux, puisque les moins grossiers prirent demeure dans les parties les plus civilisées, et les plus barbares dans celles qui empruntaient au voisinage de la Germanie quelque chose de son état sauvage. L'expression la plus marquante de ces différences d'aptitude à la civilisation est dans les lois des trois peuples; lois apportées de la Germanie, mais qui n'ont été rédigées en langue latine que long-temps après l'invasion.

§ III. Lois des Francs, des Bourguignons et des Visigoths. — La loi des Francs Ripuaires fut publiée vers le milieu du sixième siècle; celle des Francs Saliens a subi de nombreuses modifications, dont la dernière est de 798 [2]. Toutes deux portent à peu

---

[1] *Mallum*, de *mâhl*, réunion. Champs-de-Mars, *campus Martis*, ou *placitum major*, par opposition au mâl, qui était aussi appelé *placitum minor*.

[2] Voici le prologue de cette loi, espèce de chant guerrier tout empreint du zèle sauvage de nouveaux convertis et de l'orgueil naïf de conquérants étonnés de leurs succès : « La nation des Francs, illustre, ayant Dieu pour fondateur, forte sous les armes, ferme dans les traités de paix, profonde en conseils, noble et saine de

près les mêmes caractères, quoique la première soit moins barbare et semble plus moderne que la seconde. C'est presque uniquement un code pénal où l'on trouve mêlées des notions de droit politique et de droit civil avec des mesures de police et des détails de procédure ; ce qui prouve l'état barbare de la société franque, où l'on ne s'inquiète pas de régler les pouvoirs politiques, mais de mettre un frein aux violences individuelles. La peine de mort y est très-rare : encore peut-on toujours s'en racheter. La peine ordinaire est la *composition* (wehrgeld), par laquelle la loi cherche à empêcher les vengeances et les guerres particulières, en stipulant un accommodement entre l'offenseur et l'offensé ; et, quand cet accommodement est refusé, elle règle les formes du combat judiciaire. Le meurtre d'un Franc vaut à sa famille un wehrgeld de 200 sous d'or ; celui d'un autre Germain 160 sous, et celui d'un Romain 100 sous seulement ; mais le meurtre d'une femme est estimé au double de celui d'un homme, et le meurtre d'un évêque à 900 sous d'or. On admet dans les jugements les preuves écrites, le serment des hommes libres qui affirment la culpabilité ou l'innocence de l'accusé, et plus souvent encore les épreuves judiciaires par l'eau, le feu ou le combat. Dans ce code, essentiellement germain, on découvre que les éléments de la tribu franque sont à peu près les mêmes en Gaule qu'en Germanie : une famille privilégiée, où l'on choisit un roi qui n'est qu'un chef de guerriers, égal en tout à ses compagnons ; des hommes libres guerriers et propriétaires ; des colons et des esclaves. La tribu décide elle-même ses affaires dans ses mâls, réunions plutôt domestiques que politiques, où l'on fait bonne

corps, d'une blancheur et d'une beauté singulières, hardie, agile, et rude au combat ; depuis peu convertie à la foi catholique, pure d'hérésie ; lorsqu'elle était encore sous une croyance barbare, recherchant la clef de la science, désirant la justice, gardant la piété, la loi salique fut dictée par les chefs de cette nation, qui, en ce temps, commandaient chez elle. On choisit entre plusieurs quatre hommes qui se réunirent en trois mâls, discutèrent avec soin toutes les causes du procès ; traitant chacune en particulier, et décrétèrent leur jugement en la manière qui suit. Puis lorsque, avec l'aide de Dieu, Chlodowig, le chevelu, le beau, l'illustre roi des Francs, eut reçu le premier le baptême catholique, tout ce qui, dans ce pacte, fut jugé peu convenable, fut amendé avec clarté par les illustres rois Chlodowig, Childebert et Chlothaire ; et ainsi fut dressé le décret suivant : Vive le Christ qui aime les Francs ! qu'il garde leur royaume et remplisse leurs chefs de la lumière de sa grâce ! qu'il protège leur armée, et leur accorde des signes qui attestent leur foi, la joie de la paix et la félicité ! que le Seigneur Jésus-Christ dirige dans les voies de la piété les règnes de ceux qui gouvernent ! car cette nation est celle qui, petite en nombre, mais brave et forte, secoua de sa tête le joug des Romains, et qui, après avoir reconnu la sainteté du baptême, orna somptueusement d'or et de pierres précieuses les corps des saints martyrs que les Romains avaient brûlés, massacrés, mutilés par le fer ou fait déchirer par les bêtes.... Ceci a été décrété par le roi, les chefs, et tout le peuple chrétien qui se trouve dans le royaume des Merewings. » (Script. rer. franc., t. IV, p. 122, traduction de M. Guizot.)

justice et où l'on traite cordialement de toute sorte d'intérêts, la lance à la main. L'article de droit civil le plus remarquable est celui par lequel les héritages passent, par égales portions, aux enfants de tout sexe : c'est l'origine des partages de l'empire franc et du droit d'hérédité des femmes dans le système féodal [1]. Les lois salique et ripuaire ont subsisté côte à côte des lois romaines, sans rien leur emprunter ; elles se sont conservées, et seulement dans le nord, jusqu'au onzième siècle, et ont été remplacées, à cette époque, par le droit *coutumier*, formé des débris des droits romain et barbare.

La loi des Bourguignons a été écrite par les rois Gondebald et Sigismond (447-534) ; elle n'est pas, comme celle des Francs, un simple recueil de coutumes, mais une œuvre de législation régulière qui offre un dessein de gouvernement. Son caractère le plus important est de soumettre à la même condition et d'établir sur un pied parfait d'égalité le Romain et le Bourguignon. La royauté y apparaît comme un pouvoir public, modelé sur l'autorité impériale, qui cherche non-seulement à conserver les lois romaines, mais à les réformer : ainsi elle publia pour les vaincus, entre 517 et 532, un résumé du droit romain connu sous le nom de Recueil de Pappien. C'est au code des Bourguignons qu'on doit l'introduction des combats et des épreuves judiciaires. Il s'est conservé comme droit personnel jusqu'au neuvième siècle ; mais le Pappien avait alors disparu.

La loi des Visigoths a été écrite sous le roi Euric, à la fin du cinquième siècle ; elle est incomparablement plus étendue, plus méthodique, plus romaine que les lois précédentes, et montre la main du clergé, qui y apparaît comme centre de la société. C'est un code universel, systématique, rationnel, de droit politique, civil et criminel : il connaît les besoins des citoyens et les devoirs du gouvernement, et investit la royauté de tout le pouvoir impérial. Outre cette loi des vainqueurs, les rois visigoths publièrent pour les Romains, en 506, un code qui est une reproduction des codes impériaux, et qu'on connaît sous le nom de Bréviaire d'Anien. Le code des Visigoths est resté dans le midi comme droit personnel jusqu'au onzième siècle ; mais le Bréviaire s'y est maintenu constamment, et il a été, pour les habitants de la Gaule, jusqu'au douzième siècle, la vraie source du droit romain [2].

---

[1] On s'est servi abusivement au XIVᵉ siècle d'un article de cette loi, qui est tout à fait en contradiction avec celui dont nous venons de parler, pour régler la succession à la couronne de France dans la ligne masculine exclusivement. Voici cet article : « De terrâ verô salicâ nulla portio hæreditatis mulieri veniat, sed ad virilem sexum tota terræ hæreditas perveniat. » Titul. XLII, cap. 6.

[2] Guizot, Hist. de la Civil. en France, neuvième, dixième, onzième leçons. —

Le principe commun à toutes les lois des Germains, c'est que le droit est personnel et non territorial; c'est que l'individu, quelque part qu'il soit, est libre de choisir la loi sous laquelle il veut demeurer; principe étendu même en faveur des vaincus, qui pouvaient vivre, s'ils le voulaient, sous les lois des Barbares. Ce principe, qui tient au caractère spécial du génie germanique, est l'essence même de la tribu germaine, où l'homme libre n'obéit que lorsqu'il y consent, où il élit le roi, choisit son chef de guerre, plaide ses intérêts dans le mâl; où enfin, contrairement au fondement des sociétés anciennes, il est homme avant que d'être citoyen. Aussi l'élément moral le plus important que les Germains aient apporté dans la société moderne, c'est la passion de l'indépendance personnelle, le respect pour la volonté de l'homme; élément fécond en conséquences, telles que l'association libre des compagnons de guerre, la foi de l'homme à l'homme, le dévouement individuel. De là vient, à part leur admiration pour tout l'édifice romain, qu'ils respectèrent même le droit des vaincus, qu'ils ne cherchèrent nullement à leur imposer leurs lois, leurs mœurs, leur langue; qu'ils ne songèrent qu'à dominer la terre sans gouverner les hommes. Grâce à cette tendance, la civilisation a été plus puissante que la barbarie; les Germains ont moins influé sur la société romaine par les institutions qu'ils ont apportées que par celles qui sont nées de leur situation au milieu des vaincus; enfin l'élément romain l'a emporté sur l'élément germanique dans la civilisation de la France.

§ IV. Invasion des Huns. — Les Visigoths, les Bourguignons et les Francs étaient les trois principaux peuples qui devaient, par leur mélange avec les Gaulois-Romains, former la nation française. Ils s'avançaient graduellement au midi, à l'orient, au nord, enfermant entre la Loire, la Saône et la Somme, les provinces qui étaient unies encore à l'empire, mais où les chefs des milices impériales, peu différents des rois germains par leur ambition, leurs ravages et même leur origine, défendaient les restes de la chose romaine à la tête de troupes barbares.

C'était alors Ætius qui gouvernait la Gaule au nom de Valentinien III, successeur d'Honorius; et, avec une armée de Huns, d'Alains et de fédérés de toute race, il luttait non-seulement contre les envahissements des trois peuples germains, mais encore contre les révoltes des Bagaudes et les hostilités des Armoricains. Il battit les Visigoths, qui tenaient le midi dans un état assez prospère, et

---

Savigny, Hist. du Droit romain, t. I et II. — Fauriel, Hist. de la Gaule mérid., t. II, p. 5.

voulaient s'étendre vers le Rhône et la Loire (425); il força les Bourguignons à abandonner le pays entre Rhin et Moselle, où ils s'étaient avancés (436); il repoussa vers l'Escaut et la Dyle les Francs, commandés d'abord par Clodion, ensuite par Mérewig ou Mérovée, son successeur (447). Mais une invasion plus terrible que toutes les autres vint arrêter dans ses succès l'habile général, et menacer également de destruction les anciens et les nouveaux possesseurs de la Gaule.

Les Huns, depuis leurs victoires sur les Goths, étaient restés au delà du Danube, sauf quelques hordes qui s'étaient dispersées dans l'empire. Attila, l'un des chefs de ces Barbares, parvint à réunir toutes leurs tribus sous son pouvoir et à soumettre tous les pays d'où étaient sortis les peuples qui ravageaient alors le monde romain. Sa domination allait de la Baltique au Pont-Euxin, touchant au Danube et au Rhin, et se perdant dans les glaces du nord et les steppes de l'Asie; sa demeure était un camp dans les herbages du Danube. Le monstre tartare, assis sur un escabeau devant une table chargée de plats de bois et de mets grossiers, recevait les ambassadeurs de Rome et de Constantinople, et envoyait dire aux empereurs : « Attila, votre maître, vous ordonne de lui préparer un palais [1]. » Tout à coup il se déplace, et, traînant à sa suite une meute de rois germains, slaves, tartares, il s'avance dans l'empire d'Orient, et ravage tout jusqu'à Constantinople. Théodose II, successeur d'Arcadius, ne parvient à l'arrêter qu'en se courbant sous les conditions les plus honteuses. Alors le conquérant se tourne vers l'Occident, et entre dans la Gaule (450) : glorieux des titres de fléau de Dieu et de marteau de l'univers, qu'il se donnait lui-même, il les justifie en détruisant tout dans sa marche, voulant, disait-il, que jamais moisson ne repousse là où son cheval a passé. Il ne resta debout, au nord de la Loire, que Troyes et Paris.

Ætius convie tous les habitants de la Gaule, romains ou barbares, à la défense commune. Les Visigoths, déjà dépossédés par les Huns soixante-quinze ans auparavant, ne voulaient pas leur céder leur nouvelle patrie : ils vinrent se joindre aux Romains. Les Bourguignons suivirent cet exemple, ainsi que les peuples de la confédération armoricaine. Mais, parmi les Francs, il n'y eut que les Saliens, commandés par Mérovée, qui vinrent se placer sous les aigles romaines; les tribus de la rive droite du Rhin s'unirent aux Huns, dans l'espoir du pillage. L'armée d'Ætius se composa donc de Gaulois, de Visigoths, de Bourguignons, de Francs, d'Alamans, etc. L'armée d'Attila avait des peuples de mêmes races : Os-

[1] Chron. Alexandr., p. 734.

trogoths, Gépides, Francs, Hérules, Thuringiens, etc. La bataille s'engagea auprès de Châlons (451) : elle fut effroyable; Théodoric, quatrième roi des Visigoths, y périt; les Francs et les Bourguignons firent de grandes pertes. Attila, vaincu, se retira lentement, sans qu'Ætius osât le poursuivre. La civilisation européenne fut sauvée.

Le dévastateur s'en alla en Italie. A son approche, quelques pêcheurs de la Vénitie se réfugièrent dans les îlots de l'Adriatique, et y bâtirent une petite bourgade (451) : « et voilà cette opulente, cette mystérieuse, cette voluptueuse Venise, de qui les palais rentrent aujourd'hui dans le limon dont ils sont sortis [1]. » L'année suivante, Attila mourut, et son empire avec lui. Ses soldats se découpèrent les joues sur sa tombe, pour pleurer l'exterminateur, « non avec des lamentations et des larmes de femme, mais avec du sang d'homme [2]. » Les Huns rentrèrent en Asie, et les peuples qu'ils avaient subjugués reprirent leur indépendance.

§ V. Fin de l'empire d'Occident. — L'invasion d'Attila porta une blessure mortelle à l'empire d'Occident, qui ne fit plus que traîner ses derniers restes dans la honte et la misère. Il n'y avait plus que des Barbares dans l'empire, et l'on trouve à peine trace, je ne dis pas de la résistance des Romains, mais de leur existence. Le monde semblait tout entier voué à la destruction : la guerre, la famine, l'incendie, la peste, se disputaient la vie des hommes; le désert conquérait sans cesse sur la terre civilisée; « il y avait, disent Salvien et saint Jérôme, des cités pleines de cadavres, n'ayant d'autres habitants que les oiseaux de proie; les animaux même disparaissaient; le sol se couvrait de ronces et de forêts. La Gaule avait été dévastée comme si l'Océan eût passé sur elle; l'Afrique était dévorée jusqu'aux entrailles; l'incendie avait balayé la Bretagne comme d'une langue rouge [3]. » Même destruction en Grèce, en Espagne, en Italie; et, pour comble, Rome fut encore prise : cette fois, ce fut par les Vandales, qui avaient passé d'Espagne en Afrique, et qui partirent de la vieille Carthage pour aller piller, pendant quatorze jours, la ville éternelle (455). Enfin,

---

[1] Chateaubriand, Études histor., t. II, p. 319. — [2] Jornandès, ch. 49.

[3] Salvian., de Gubern. Dei, lib. VI. — Hieron, ad Sophon. — Gildas, de Excidio Britanniæ. — Les Bretons, depuis qu'ils avaient été abandonnés par les légions romaines, ne pouvaient résister aux invasions des Pictes et des Scots; ils appelèrent à leur aide des pirates angles et saxons. Ceux-ci repoussèrent d'abord les Barbares de la Calédonie, puis ils s'allièrent avec eux, et attaquèrent de concert les Bretons, qui furent vaincus. Ce peuple se réfugia dans la partie occidentale de l'île qui se nomme encore pays des Galls, et y resta indépendant. Quelques tribus s'embarquèrent et allèrent aborder dans la péninsule armoricaine, à laquelle ils donnèrent leur nom, pendant que leur pays, où les Anglo-Saxons fondèrent huit petits états, prenait celui d'*Angleterre* (England).

après avoir changé vingt fois de maîtres, et les avoir reçus souvent de la main même des Barbares, l'empire s'éteignit sans bruit, sans secousse, et, pour ainsi dire, de mort naturelle. Un Barbare, nommé Odoacre, se mit à la tête des Hérules, Rugiens, Alains, et autres fédérés de l'Italie, s'empara de Rome, et déposa le fils d'un secrétaire d'Attila, que le sénat avait écrasé sous les noms de Romulus et d'Auguste ; au lieu de faire un autre empereur, il renvoya au César d'Orient les ornements impériaux, reçut de lui le titre de patrice, et prit celui de roi, sans y attacher le nom d'aucun pays et d'aucune nation (476). Le sénat déclara qu'un seul empereur suffisait pour remplir de sa majesté l'Orient et l'Occident, et que le siège de l'empire était transféré à Constantinople.

Il n'y eut dans l'Occident qu'un titre de moins. L'ordre social de l'empire continua d'exister, malgré l'absence de son nom, qui était encore l'objet des regrets des vaincus et des respects des vainqueurs. Ce qu'était le monde romain depuis les successeurs de Constantin, il le sera fondamentalement jusqu'aux successeurs de Charlemagne, en prenant constamment une plus forte teinte de barbarie. La machine du gouvernement, l'administration judiciaire et municipale, les magistratures, les dignités se conservent même dans les provinces où les rois germains ont élevé leurs trônes sauvages. Ces Barbares vont s'affubler de tout l'attirail de la vieille société, en le pliant à leur forme et à leur taille ; ils adressent déjà aux vaincus des ordres en langue latine et avec les formules impériales ; ils s'honorent même des titres de domesticité de l'ancienne cour, et « se font gloire de jeter sur leur casaque étroite et bigarrée la pourpre consulaire qu'on leur envoie de Constantinople [1]. »

Alors cessa, après cinq siècles de durée, l'union politique de la Gaule avec l'empire romain, quoique cette contrée continuât à rester romaine de mœurs et d'affection, et à recevoir des empereurs ses lois civiles. Les débris des provinces encore indépendantes étaient désormais incapables de résister aux Barbares ; déjà les Bourguignons occupaient presque tout le bassin du Rhône ; les Francs étaient arrivés à Tournay ; les Visigoths possédaient presque tout le midi jusqu'à la Loire. Il n'y avait plus d'autre moyen de salut pour les Gaulois que dans un accommodement avec les Barbares : l'Église allait guider les uns et les autres dans cette voie.

A chaque blessure de l'empire, l'Église d'Occident avait gagné quelque chose · à mesure que le gouvernement temporel et la

[1] Chateaubriand, Études historiques, t. III.

société romaine se dissolvaient, le gouvernement spirituel et la société chrétienne prenaient de l'extension et de la consistance ; à la chute de l'empire, l'Église commença de triompher. Elle n'aimait pas cet empire, qui la couvrait de sa majesté et la gênait par ses institutions; elle n'aimait pas ces empereurs qui l'avaient mise au pouvoir, « qui intervenaient dans ses croyances, qui faisaient dépendre ses destinées de leurs caprices [1]; » elle gardait en face d'eux une posture de gratitude et de dépendance, où elle serait restée si le nom seul de l'empire eût subsisté, témoin ce qui est arrivé en Orient. Une fois l'empire tombé, elle se trouva affranchie de toute protection embarrassante, libre dans ses mouvements, en puissance de se développer tout à l'aise. Elle tendit dès lors à faire succéder à l'empire temporel un empire spirituel, « à retenir, dit Sidoine, les peuples sous l'autorité de Rome par le lien de la foi, » à remplacer l'unité politique par l'unité religieuse. Au milieu des débris de tant de peuples, de tant de lois, de tant de croyances, à travers les obstacles que lui opposaient les antipathies des nations, les différences de mœurs et de langues, ses propres discordes et les hérésies, elle proclama l'unité comme son principe, l'universalité comme son but : « fait glorieux et puissant, qui a rendu, du cinquième au treizième siècle, d'immenses services à l'humanité. L'unité de l'Église a seule maintenu quelque lien entre des peuples et des pays que tout d'ailleurs tendait à séparer ; et, du sein de la plus épouvantable confusion politique que le monde ait jamais connue, s'est élevée l'idée la plus étendue et la plus pure qui ait jamais rallié les hommes, l'idée de la société spirituelle; car c'est là le nom philosophique de l'Église, et le type qu'elle a voulu réaliser [2]. »

Il fallait à cet empire spirituel une épée humaine : l'Église allait bénir celle des Francs.

CHAPITRE II.

Clovis. — 476 à 511.

§ I. Situation des Goths, des Bourguignons et des Francs. — A Théodoric Ier, roi des Visigoths, avaient succédé, d'abord Thorismond et Théodoric II, ensuite Euric, homme plein de génie pour la civilisation et pour la guerre, qui porta à son comble la grandeur de sa nation (466). Après avoir achevé la conquête de l'Espagne sur les Suèves, il s'empara de la Provence, du pays entre Loire et Dordogne, et attaqua l'Arvernie, qui lui coûta plusieurs

---

[1] Socrate, Hist. ecclésiast., liv. v. — [2] Guizot, Civil. en France, t. 1, p. 424.

années de guerres. Cette contrée, long-temps attachée à son existence celtique, n'avait adopté la langue et les mœurs de Rome que dans le siècle précédent ; mais elle s'était tellement empreinte de la vie romaine, qu'elle fit aux Visigoths une résistance héroïque, dans laquelle s'illustra l'évêque de Clermont, Sidoine Apollinaire. Elle n'obtint néanmoins aucun secours des empereurs, et fut cédée authentiquement par eux à Euric. Ce roi devint alors très-redoutable, et aspira à la conquête de toute la Gaule. Son royaume allait des Alpes à l'Océan et de la Loire au Tage. Sa cour de Toulouse était le centre de la politique de l'Occident ; elle correspondait avec les Barbares de tous les pays ; elle égalait en civilisation et surpassait en puissance réelle celle de Constantinople. « O Rome ! écrivait Sidoine, tu viens ici toi-même prier pour ta vie ; et, quand le Nord te menace de quelques troubles, tu implores le bras d'Euric contre les hordes de la Scythie ; tu demandes à la puissante Garonne de protéger le Tibre affaibli [1]. »

A cette époque, les Ostrogoths, qui, depuis la mort d'Attila, s'étaient cantonnés dans la Pannonie, et avaient ensuite passé dans l'Illyrie et dans la Macédoine, prirent pour chef Théodoric, et obtinrent de l'empereur Zénon de s'établir dans l'Italie (489 à 493). Odoacre et les fédérés furent vaincus. Théodoric conquit toute la Péninsule, et étendit sa domination sur la Rhétie, la Norique, etc. Ce grand homme, qui avait été élevé à la cour de Constantinople, conserva les lois et l'administration de Rome, affecta les mœurs et la politesse romaines, s'entoura de ministres romains, protégea les lettres et l'agriculture, et ne laissa à ses compatriotes que le métier des armes ; mais en même temps il régénéra le despotisme impérial avec toutes les plaies de la société païenne, la fiscalité, l'esclavage, etc.

La double famille des Goths commandait donc à presque tout l'Occident, et menaçait de succéder à la puissance romaine ; mais malgré sa grandeur politique et son goût pour la civilisation, il y avait en elle un vice qui ruina son avenir : elle était arienne, donc ennemie de l'unité, vouée au rétablissement du passé, antipathique aux peuples vaincus. Euric propagea l'hérésie avec une conviction ardente ; et « telle était la haine qu'il portait au nom catholique, qu'on doutait s'il était chef de nation ou chef de secte [2]. » Les orthodoxes furent persécutés avec acharnement, et se disposèrent, surtout dans la Gaule, à rejeter la domination des Goths.

Pareil vice entachait les Bourguignons, et pareille destinée les

[1] Sidoine Apollinaire, liv. VIII, ch. 2. — [2] Id., ibid.

menaçait, quoiqu'ils ne fussent ni intolérants ni persécuteurs : rester séparé de l'Église, c'est-à-dire de la seule puissance qui eût la force sociale, c'était se condamner à une vie de peu de durée. D'ailleurs la domination des Bourguignons était troublée par les discordes de leurs chefs. Après la mort de Gundikhar, ses quatre fils se partagèrent son royaume (436). Gondebald, qui était l'aîné, fit périr deux de ses frères avec leurs enfants, et régna avec le troisième, nommé Gundegésil. Il ne resta qu'une fille de la famille des deux rois tués, Clotilde, qui était catholique.

« Pendant ce temps, la puissance des Francs était peu de chose[1]. » Partagés en plusieurs tribus indépendantes, ils ne songeaient qu'à détruire les villes et les églises, emportant le butin dans leurs camps et leurs forêts. Leurs chefs, qu'on appelait, en tudesque, *konungs* et *grafs*[2], semblaient n'avoir aucun but d'établissement, quoiqu'ils eussent déjà emprunté aux Romains leur luxe, leurs titres et même leur langue. Cependant les Saliens s'avançaient vers le midi et l'ouest, et, maîtres de Tournay et d'Arras, ils étendaient leurs courses jusqu'à la Somme. Les Ripuaires s'étaient cantonnés à Cologne, et ne paraissaient pas vouloir s'éloigner du Rhin. Childéric était roi des Saliens, Sigebert roi des Ripuaires, tous deux de la noble famille des Mérovingiens (458). D'autres chefs étaient établis à Cambray, à Calais, et même près du Mans.

Le pays entre Meuse et Loire était le seul qui ne fût pas occupé par les Barbares : une partie appartenait à la confédération armoricaine ; l'autre partie était commandée par Ægidius, chef des milices romaines, qui tendait, à l'exemple des rois germains, à se créer une domination indépendante. Il rechercha l'appui des Francs ; et Childéric ayant été chassé par ses soldats parce qu'il avait outragé des femmes libres, il fut reconnu par eux comme leur chef, et les prit à sa solde comme souvent l'avaient fait les empereurs. Lorsqu'il mourut, son fils Syagrius lui succéda comme *roi des Romains*[3] ; mais les Saliens rappelèrent Childéric pour les

---

[1] Gildas, de Excidio Britanniæ.

[2] *Konung* a été traduit par *roi*, et *graf* par *comte*. « Le comte était vraisemblablement élu par le peuple ; peut-être, dans quelques districts, cette dignité était-elle héréditaire, peut-être même était-elle plus ancienne que la royauté et plus généralement établie. » (Hist. du Droit romain, par M. de Savigny, traduite par M. Guenoux, t. I, p. 204.) — Tacite dit des Germains : « Reges ex nobilitate, duces ex virtute sumunt. »

[3] C'est le titre que lui donne tout simplement Grégoire de Tours ; et ce titre de roi est attribué, dans ce temps, à tous ceux qui dominent sur un pays ou même exercent une autorité quelconque. — Ennodius, évêque de Paris, dit, en parlant d'une armée du grand Théodoric : « Le nombre des rois qui étaient dans cette armée égalait au moins celui des soldats. » Voy. Aug. Thierry, Lettre IX sur l'Hist. de France.

commander. Syagrius chercha à réunir les Barbares sous sa domination, adopta leurs mœurs et leur langage, enfin acquit une telle faveur auprès d'eux, qu'ils venaient soumettre leurs différends à son tribunal, et que les Romains l'appelaient le Solon des hommes du nord ; mais il ne put mener à fin ses projets, parce qu'il trouva un rude adversaire dans le roi des Saliens qui succéda à Childéric (481).

§ II. Conversion des Francs au christianisme. — Ce roi se nommait Hlodewig ou Clovis. Sa mère était femme d'un chef des Thuringiens, peuple de la confédération franque, habitant au delà du Rhin ; elle abandonna son mari, vint trouver Childéric, et lui dit : « Je sais que tu es fort, vaillant et habile ; c'est pourquoi je viens habiter avec toi : et sache bien que si j'avais connu, outre mer, quelqu'un plus habile que toi, j'aurais convoité sa compagnie[1]. » L'enfant qui naquit de cette union devint un homme actif, rusé, ambitieux, doué de qualités supérieures, et, dès qu'il succéda à son père, il conçut le projet de s'établir dans la Gaule, et d'en chasser les autres possesseurs. Comme sa tribu ne comptait que trois à quatre mille guerriers, il s'associa à d'autres bandes ; s'attacha, par sa renommée d'équité dans le partage du butin, une foule d'hommes des autres tribus, et vint attaquer les milices romaines près de Soissons (486). Syagrius fut vaincu, et se réfugia chez les Visigoths. Alaric II, successeur d'Euric, le livra à Clovis, qui le fit périr. Alors la domination des Saliens s'étendit jusqu'à la Seine ; et, comme il ne restait personne pour payer les soldats romains, ceux-ci vécurent en aventuriers sur le pays.

La bataille de Soissons, en détruisant le dernier débris de la domination romaine dans la Gaule, livrait définitivement ce pays à lui-même et aux Germains : elle détermina les évêques à se mettre en relation avec les Francs. L'Église avait toujours été portée d'instinct à favoriser les Barbares ; elle s'était réjouie de ces flots d'hommes nouveaux que l'Évangile devait transformer ; en face des calamités qui portaient les païens à accuser le christianisme de la ruine de l'empire, et les chrétiens eux-mêmes à douter de la Providence, elle avait élevé la voix pour démontrer que les malheurs du monde venaient du despotisme impérial, et que les succès des Barbares étaient dans les vues de Dieu[2]. « Les Barbares eux-mêmes, dit Salvien, confessent que ce qu'ils font ne vient pas d'eux, qu'ils sont entraînés et poussés en avant par une mission divine. » Depuis que l'empire était tombé, l'Église, fidèle à ses projets d'unité, cherchait celui des peuples germains qu'elle

---

[1] Grégoire de Tours, liv. II, ch. 12. — [2] Voy. page 64.

devait prendre pour successeur des rois romains ; comme elle voyait les Bourguignons et les Goths qui menaçaient de répandre l'arianisme dans le nord, elle se tourna, « avec un amour plein d'espoir, » vers les Francs, et les élut pour en faire son bras droit et leur donner la domination de l'Occident. C'était un peuple jeune, naïf, qui n'avait rien perdu de son énergie sauvage : il devait être docile à recevoir le christianisme pur et simple de l'Église latine, qui n'avait pas encore fait de prosélytes parmi les Barbares. Remy, évêque de Reims, se fit l'ami de Clovis[1] ; et ce fut peut-être par son conseil que le roi franc épousa la seul femme catholique qu'il y eût dans les familles des rois germains, Clotilde, nièce des rois bourguignons. Les évêques savaient que les femmes étaient les plus ardentes missionnaires de cette religion, à laquelle elles devaient une vie nouvelle. En effet, « l'épouse fidèle, liée à un mari infidèle, ne prit point de repos qu'il ne connût la vérité[2] ; » elle adoucit son cœur et prépara sa conversion.

En ce temps, les Alamans voulurent passer le Rhin (496). Les Francs Ripuaires demandèrent l'appui des Francs Saliens : Clovis accourut pour les repousser, et ses bandes, unies à celles de Sigebert, attaquèrent les Alamans à Tolbiac, près de Cologne. Les Francs pliaient, lorsque Clovis, levant les mains au ciel, promit au Dieu de Clotilde de se faire chrétien, s'il remportait la victoire. Les Alamans furent battus. Quelques-unes de leurs bandes se mirent sous la conduite de Clovis, en gardant leurs lois et leurs chefs ; les autres allèrent s'établirent dans la Rhétie, sous la protection de Théodoric.

Cette victoire était le complément de celle de Soissons ; elle témoignait que les Francs étaient résolus à n'admettre plus personne au partage de la Gaule, et elle rendit Clovis plus puissant que tous les autres rois francs. L'évêque de Reims le pressa d'accomplir son vœu. Clovis hésitait, par crainte de ses soldats ; mais ceux-ci lui ayant dit qu'ils étaient prêts à suivre le Dieu qu'annonçait Remy, il se décida à recevoir le baptême, avec trois mille des siens. Tous les arts, le luxe et la magnificence des Romains furent déployés pour cette cérémonie, qui eut lieu dans la basili-

---

[1] Leur liaison commença sans doute à l'occasion d'un vase précieux de l'église de Reims qui se trouvait dans le butin de la bataille de Soissons, et que Remy réclama. Clovis, désirant complaire à l'évêque, demanda ce vase à ses soldats pour sa part de butin ; mais un d'eux lui dit : « Tu l'auras si le sort te le donne ; » et il brisa le vase de sa hache. A quelque temps de là, le roi passant ses bandes en revue arrache au soldat sa francisque, et pendant que celui-ci la ramasse, il lui fend la tête de sa hache en disant : « Souviens-toi du vase de Soissons. » (Grég. de Tours, liv. II.)

[2] Chronique d'Aimoin, liv. XIV. — Append. à l'Hist. de Grég. de Tours, p. 1538.

que de Reims. Les Barbares se croyaient transportés au milieu des pompes du paradis; et Clovis, émerveillé, demandait si ce n'était pas là le royaume de Dieu : « Sicambre, lui dit l'évêque, courbe docilement la tête, adore ce que tu as brûlé, et brûle ce que tu as adoré [1]. » L'Église triomphait, et prenait possession de ses *fils aînés*.

Ce fut un immense événement : il commençait la grandeur des Francs et de la Gaule (496). Dès ce moment, ce pays devient le centre du catholicisme, de la civilisation et du progrès; dès ce moment il prend la magistrature de l'Occident, qu'il n'a cessé d'exercer, tantôt par ses armes, tantôt par ses idées; dès ce moment, il fait succéder à la nationalité romaine la nationalité française, qui commence, et dont l'élément fondamental est créé.

§ III. SUITES DE LA CONVERSION DES FRANCS. — A la conversion de Clovis, l'Église changea de situation, et passa, comme la société, de l'état *impérial* à l'état *barbare;* elle qui avait eu, devant « les rois couverts de pourpre, » un air de dépendance et d'infériorité, prit, devant « les rois couverts de fourrures [2], » un ton de bienfaitrice et de maîtresse. Désertant la cause de l'empire, elle se fit l'auxiliaire de l'invasion, l'amie et la conseillère des Barbares, à qui elle traça leur marche politique, dont elle dirigea les conquêtes et favorisa la domination, à l'ombre desquels elle négocia, administra, gouverna : son histoire devint celle des Francs [3]. Médiatrice entre les vainqueurs et les vaincus, elle engagea les uns à la modération, les autres à l'obéissance, et plaça toujours la croix entre la tête des opprimés et le bras des oppresseurs. C'est ainsi que le clergé sauva et mélangea les éléments romain et germanique, qui devaient former la société moderne; sans lui, la civilisation de la Gaule aurait disparu sous les coups de ces conquérants destructeurs, qui ne rencontrèrent réellement d'obstacles que dans les évêques, seuls magistrats, seuls représentants, seuls défenseurs de la société romaine. De même les conquérants, malgré leur énergie guerrière, se seraient absorbés dans les ruines qu'ils avaient faites, s'ils n'avaient trouvé une force morale pour émousser, conduire et transformer leur force matérielle. L'Église servit donc de lien entre le monde ancien et le monde moderne ; et, déjà patronne des Gaulois, elle se nationalisa parmi les Francs.

Clovis, converti au christianisme, devint un autre homme pour le clergé: ce fut un roi pieux, vaillant, glorieux, qui fut vanté,

---

[1] Grég. de Tours, liv. II, ch. 34. — Vita S. Remigii, apud Script. franc., p. 377. — Dubos, Hist. de la monarchie française.

[2] Sidon. Apollin., Epist., lib. VII, ep. 9.

[3] C'est ce qui explique le titre donné par Grégoire de Tours à son ouvrage : *Histoire ecclésiastique des Francs*.

adulé, offert avec transport aux Gaulois; l'Église traça un cercle de sainteté autour de son premier-né, et l'évêque de Rome félicita avec effusion le nouveau Constantin [1] : « Le Seigneur, lui dit-il, a pourvu aux besoins de l'Église, en lui donnant pour défenseur un prince armé du casque du salut; sois à jamais pour elle une couronne de fer, et elle te donnera la victoire sur tes ennemis. » Alors les papes virent leur pouvoir prendre de la consistance et de la réalité : n'ayant d'autre souverain que le roi des Ostrogoths, qui confirmait seulement leur élection, ils se montrèrent aux Francs autant comme des princes indépendants et les maîtres de Rome que comme les successeurs de saint Pierre et les évêques de l'ancienne capitale du monde, et ils prirent à leur égard des habitudes de souverains temporels et spirituels. Les Francs s'accoutumèrent à regarder les pontifes comme des espèces de dieux terrestres; leur soumission entraîna celle des autres peuples; l'unité religieuse, rêvée inutilement par Constantin, commença, mais avec la royauté germaine pour instrument, et non la royauté impériale pour maîtresse; « et Rome, reconnue des Barbares eux-mêmes comme l'ancienne source de la domination, parut recommencer son existence, et continuer la ville éternelle [2]. »

Dès que Clovis fut converti, il songea à se rendre maître du pays entre Seine et Loire, où dominait la confédération armoricaine. « Mais les villes de ce pays, qui étaient fortes et prospères, soutinrent la guerre avec courage. Alors les Francs les invitèrent à s'associer à eux; et les Armoricains (sauf les habitants de la presqu'île), qui voyaient ces Barbares devenus chrétiens, y consentirent avec joie. De plus, les débris des milices romaines, qui se trouvaient isolés à l'extrémité des Gaules, sans communication avec Rome, et qui ne voulaient point passer dans les rangs des peuples ariens qu'ils détestaient, se donnèrent, avec leurs drapeaux et le pays qu'ils occupaient, aux Armoricains et aux Francs réunis, en conservant seulement les mœurs de leur patrie [3].

Cette importante soumission avait été préparée et aidée par les évêques; et ce fut sans doute à cette occasion que saint Rémy traça à Clovis la conduite qu'il devait tenir avec ses nouveaux sujets, cherchant ainsi à transformer le chef barbare en magistrat romain. « Que ton prétoire soit ouvert à tous; et si quelqu'un paraît en ta présence, qu'il ne sente jamais qu'il est un étranger.... Porte honneur aux prêtres, et ne fais rien sans leur avis; si tu es en bon accord avec eux, ta domination sera plus solide et plus douce [4]. »

---

[1] Greg. de Tours, liv. II, ch. 34. — [2] Chateaubriand, Études histor., t. III. — [3] Procope, de Bello gallico, lib. I. — [4] Append. à l'Hist. de Grég. de Tours, p. 1326.

Ainsi par le seul fait de sa conversion à la foi catholique, le chef de trois mille pillards se trouva le maître de presque toute la Gaule septentrionale. Les Francs commencèrent à regarder ce pays comme leur nouvelle patrie, à y former des établissements, à lui donner même le nom de *France;* et les historiens ont pu dater de cette époque l'origine de la *monarchie française.*

§ IV. SITUATION DES FRANCS ET DES GAULOIS APRÈS LA CONQUÊTE. — L'établissement des Francs ne fut pas régulier et systématique comme celui des Visigoths et des Bourguignons. Parmi les compagnons de Clovis, les uns s'emparèrent des domaines vacants, les autres chassèrent les propriétaires ou les forcèrent d'exploiter les terres à leur profit; un petit nombre fit accord et partagea avec les habitants. Malgré cette expropriation violente et désordonnée, comme les vainqueurs n'habitaient que les campagnes, et que les Gaulois s'étaient retirés dans les villes, l'état politique de ceux-ci changea peu par la conquête, les villes ayant gardé, sous la protection des évêques, presque toute leur indépendance. La plupart des citoyens restèrent libres, soumis à leurs lois romaines, gouvernés et jugés par leurs propres magistrats, possédant même encore de grandes richesses territoriales. Mais, si l'état civil des Gaulois resta à peu près le même, leur état moral s'abaissa encore : déjà avilis par les officiers impériaux, ils ne sentirent pas leur abrutissement en face des Barbares; ils furent devant eux ce que sont des vaincus spirituels et lâches devant des vainqueurs ignorants et braves : astucieux, immoraux, cupides, ils cherchaient par toutes les voies à sortir de la classe des vaincus, ne refusant aucune fonction servile, rampant devant leurs maîtres, se prêtant à tous les métiers, à tous les offices; ministres, secrétaires, poètes, collecteurs, bourreaux; vexés, humiliés, tourmentés à plaisir.

Dans l'établissement territorial des Francs, il n'y eut guère que les chefs qui s'emparèrent des domaines gaulois, pour vivre, eux et leurs compagnons, de leurs produits; les soldats préféraient les richesses mobilières : aussi généralement les terres appelées *alods* ou aleux (en latin *sortes* [1]) se répartirent par grandes masses et en un petit nombre de mains. Ces chefs remplacèrent en quelque sorte les préfets et les gouverneurs, et prirent les titres de *ducs* et de *comtes;* mais encore bien qu'ils réunissent les pouvoirs militaire et civil, que Constantin avait séparés, ils se bornèrent ordinairement à dominer le pays par leurs soldats, à présider les assemblées des Francs, à lever des tributs accidentels et irréguliers sur les Gaulois,

---

[1] En tudesque *al-od*, tout bien, ou *loos*, sort. Voy. Aug. Thierry, Lett. sur l'histoire de France, p. 172.

enfin à convoquer les hommes libres, Francs ou Romains, qui composaient les tribunaux, et à prononcer les sentences portées par eux.

De même que dans les forêts de la Germanie, le chef distribuait à ses compagnons, des chevaux, des armes, des esclaves, de même dans les champs de la Gaule, le roi distribua des terres à ses guerriers. Ces terres furent nommées *féods* ou *fiefs* (en latin *beneficia* [1]), et commencèrent la dispersion et l'inégalité des Francs. Il n'y eut rien de fixe et de régulier dans la concession de ces dons qui étaient essentiellement révocables, mais avec plus ou moins de rigueur selon les forces et les intérêts de l'obligeant et de l'obligé : les uns étaient tout à fait temporaires, les autres à vie, quelques-uns héréditaires. Le service militaire et quelquefois certains services domestiques en étaient l'obligation ordinaire, et la fidélité au donateur la conséquence indispensable ; mais toutes les autres conditions variaient et dépendaient de la volonté des parties. Les bénéfices donnés par les rois ou par d'autres chefs se subdivisèrent en sous-bénéfices donnés par le premier bénéficié à ses compagnons : et de là cette série de *vassaux* [2] et d'arrière-vassaux liés les uns aux autres par des obligations semblables, et dans laquelle la relation envers le premier donateur était très-lointaine et très-vague ; de là cette hiérarchie de terres et de personnes qui devait finir par le *régime féodal*. Les bénéficiers tendirent à garder leurs bénéfices héréditairement, les donateurs à les reprendre à volonté ; les premiers l'ont emporté au bout de quatre siècles, et alors la féodalité a été l'ordre social [3].

Outre les concessions de fiefs faites à des Francs, il y eut aussi des concessions de terres, dites *tributaires*, faites par les vainqueurs à des colons gaulois, sous des conditions très-diverses. Tantôt les colons étaient libres et payaient au propriétaire un certain tribut ; tantôt ils étaient ses fermiers et lui rapportaient tous les produits de sa terre ; tantôt, enfin, ils la cultivaient comme serfs. Généralement leur condition fut plus pénible que sous la domination romaine, parce qu'il n'y avait plus de pouvoir public qui intervînt entre les colons et leurs maîtres, les chefs francs réunissant les droits de souverain et de propriétaire. Mais l'esclavage domestique, que les Germains ne connaissaient pas, disparut presque entièrement et se changea en une sorte de servage moins dur et moins avilissant. Les *lites* ou *fiscalins* (c'étaient les noms donnés aux esclaves des Ger-

---

[1] *Feh-od*, propriété mobilière, revenu, solde militaire. Voy. Aug. Thierry, Lett. sur l'Hist. de France, p. 172.

[2] *Vassus* ou *vassalus*, de *gessell*, compagnon. Ce mot ne paraît dans les actes qu'au dixième siècle.

[3] Guizot, quatrième Essai sur l'Hist. de France.

mains) n'étaient que des hommes de condition inférieure [1], et, grâce aux idées évangéliques, leur vie fut presque toujours respectée.

En résumé, et d'après la manière dont les propriétés étaient réparties, la population gallo-franque, à cette époque, pouvait être distribuée en quatre classes : 1º les propriétaires d'aleux ; 2º les propriétaires de fiefs ; 3º les tributaires ; 4º les esclaves. Les Gaulois composaient principalement les deux dernières classes et les Francs les deux premières ; mais il n'y avait en cela rien d'uniforme et d'exclusif. Aucune de ces classes n'était fixement séparée des autres ; des propriétaires d'aleux pouvaient être en même temps possesseurs de fiefs et même tributaires ; et il y avait de grandes inégalités entre les membres de ces quatre classes ; mais on peut dire généralement que la population libre, à divers degrés, était dans les trois premières [2].

§ V. Conquêtes des Francs sur les Bourguignons et les Visigoths. — Pendant que les Francs, campés dans le nord, formaient une armée compacte, presque étrangère au pays qu'elle dominait, les Barbares du midi s'étaient éparpillés et confondus avec les Romains, dont ils prenaient les mœurs et la faiblesse, en même temps qu'ils s'attiraient leur inimitié en persistant dans l'hérésie d'Arius. « Cependant la renommée des Francs s'était répandue dans la Gaule méridionale : leur domination y était vivement désirée [3] ; » les évêques entrèrent même en relation avec Clovis et l'engagèrent à conquérir le pays. Les Bourguignons et les Visigoths l'apprirent, et traitèrent les Gaulois avec défiance et tyrannie : plusieurs évêques furent chassés de leurs siéges et obligés de s'enfuir chez les Francs.

Gundegisil et Gondebald étaient rois des Bourguignons. Ce dernier, effrayé de la guerre qui le menaçait, rassembla les évêques et leur dit : « Si votre foi est vraie, pourquoi n'empêchez-vous pas le roi des Francs de me faire la guerre ? — L'abandon de la loi divine, répondit Avitus, évêque de Vienne [4], amène la ruine des états. Reviens avec ton peuple à la loi de Dieu, et il te donnera la paix [5]. » Gondebald se prépara à la guerre ; mais Clovis entra dans son royaume et le vainquit, grâce à la trahison de Gundegisil. Puis il s'allia avec les Ostrogoths d'Italie, ravagea la Provence, où les

---

[1] *Litus aut fiscalinus, minor persona aut debilior persona.* Voy. le Gloss. de Ducange.

[2] Guizot, quatrième Essai sur l'Hist. de France.

[3] Grég. de Tours, liv. II, ch. 23 et 36.

[4] Avitus était d'une famille sénatoriale qui, pendant cinq générations, occupa héréditairement le siége épiscopal de Vienne.

[5] Append. à l'Hist. de Tours, édit. de D. Ruynart, p. 1323.

grandes villes d'Arles, de Marseille, d'Avignon, avaient conservé leur puissance, et céda la domination de ce pays à Théodoric. Enfin, après avoir imposé un tribut aux Bourguignons et forcé leur roi de se reconnaître son *soldat*, il se retira. Gondebald recouvra ses états, et chercha à s'attacher les Gaulois par une administration équitable : ce fut alors qu'il publia la loi des Bourguignons.

Théodoric, ayant acquis la Provence [1], était devenu voisin des Visigoths sur lesquels régnait son gendre Alaric II; il chercha à empêcher la lutte qu'il voyait instante entre les Francs et les Visigoths. Clovis l'amusa par des promesses, jura qu'il n'avait que des intentions de paix, et, rassemblant ses Francs en champ-de-mars, il leur dit : « Il me déplaît beaucoup que ces Visigoths, qui sont ariens, possèdent une partie de la Gaule. Allons, avec l'aide de Dieu, et, quand nous les aurons vaincus, nous mettrons leur terre sous notre domination, car elle est très-bonne [2]. » Les Francs applaudirent et passèrent la Loire : « la terreur de leur nom retentissait au loin (507) [3]. » Les Visigoths s'avancèrent, n'ayant d'autres auxiliaires que les Romains de l'Auvergne et de la Saintonge; car partout ailleurs les évêques avaient soulevé contre eux les habitants. Ils rencontrèrent les Francs dans les plaines de Vouglé, près de Poitiers, furent complétement vaincus, et perdirent leur roi dans la bataille. Clovis partagea son armée en deux corps : l'un, commandé par son fils aîné, soumit l'Auvergne, Rhodez, Alby, s'allia aux Bourguignons et arriva jusqu'à Arles; lui-même conquit Bordeaux, Toulouse, et assiégea Carcassonne. Les Visigoths étaient divisés et avaient pour roi un enfant : c'en était fait de leur monarchie, si Théodoric ne leur eût envoyé des secours. Son général battit les Francs devant Arles, et força Clovis à lever le siége de Carcassonne; mais il ne resta aux Visigoths qu'une partie de la Narbonnaise, appelée Septimanie (entre les Pyrénées, le Lot et le Rhône), où leur domination se maintint pendant trois siècles.

Les Francs, après avoir horriblement ravagé les grandes villes et même les églises du midi, « afin d'effacer les restes de la nation des Goths [4], » « se retirèrent avec une multitude innombrable de captifs qu'ils vendirent en tous lieux [5], » ne laissant dans le pays qu'un petit nombre de soldats avec des comtes pour le gouverner.

---

[1] Ce fut alors que ce grand homme, plein des idées romaines, écrivit à ses sujets de la Provence : « Rappelés à votre antique liberté, reprenez des mœurs dignes de la toge; » et à Gemellus, son vicaire dans la Gaule : « Que les peuples fatigués reconnaissent en vous l'envoyé d'un prince tout romain; qu'ils sentent l'avantage d'avoir été vaincus; qu'ils ne regrettent plus Rome. » (Cassiodore.)

[2] Grég. de Tours, liv. II, ch. 37. — [3] Id. ibid., ch. 23.

[4] Gesta reg. Franc. apud Script., t. II, p. 554. — [5] Chron. de Moissac.

En réalité, le midi leur fut tout aussi étranger qu'avant leur invasion : y enlever du butin et des esclaves, tel était le but de la guerre ; et il fut si largement rempli, que les habitants, qui avaient appelé les Francs comme catholiques, se prirent contre eux d'une haine implacable dont nous verrons de terribles témoignages.

§ VI. RELATIONS DE CLOVIS AVEC LE CLERGÉ. — Cette guerre, ayant détruit l'arianisme dans ses plus puissants sectateurs, excita la joie du clergé ; un concile fut tenu à Orléans, où les évêques d'Aquitaine votèrent des remercîments au vainqueur ; et Avitus lui écrivit : « Ta félicité est la nôtre ; et quand tu combats, c'est nous qui gagnons la victoire [1]. » Clovis étant revenu à Paris, où il faisait sa demeure ordinaire, envoya en don aux évêques des cheveux de sa tête et les dépouilles du pays conquis ; il leur rendit compte de son expédition dans une lettre où il leur rappela les ordres donnés à ses soldats pour la protection des églises, des monastères, des prêtres et des serfs du clergé : « Si quelqu'une de ces personnes, dit-il, a été faite captive, nous avons ordonné qu'elle fût aussitôt remise en liberté. Quant aux laïques qui ont été pris en guerre, il est reconnu que vous êtes les maîtres de leur sort. Que tous ceux que vous reconnaîtrez par une lettre de vous nous soient envoyés, et vous verrez que nous respectons vos commandements ; mais mon peuple vous prie de n'accorder vos lettres qu'à ceux qui en sont dignes, et de le jurer par le nom de Dieu [2]. »

Clovis resta toute sa vie en parfait accord avec le clergé : ce fut le secret de sa puissance. Il lui fit des donations immenses [3], qui, contrairement aux fiefs concédés aux leudes, furent déclarés irrévocables ; en lui donnant des terres, il partageait avec lui les droits de la conquête, élevait les prêtres au rang des vainqueurs et les introduisait dans les assemblées nationales : « Cessez, leur disait-il, cessez d'être étrangers parmi les Francs, et que les possessions qui vous viennent de nous vous tiennent lieu de patrie [4]. » Grâce à ces donations et surtout à l'esprit de servilité des Gaulois, les évêques prirent envers Clovis le langage le plus adulateur : ils le laissèrent violer les élections ecclésiastiques, demandèrent sa permission pour ordonner des hommes libres, et consacrèrent

[1] Append. à l'Hist. de Grég. de Tours, p. 1322.
[2] Appendice à l'Hist. de Grég. de Tours, p. 1327.
[3] « Il fit don à l'église de Reims d'autant de terres que saint Remy pourrait en parcourir à cheval pendant que lui prendrait son sommeil de midi, cédant en cela à la prière des habitants, qui, chargés d'exactions, aimaient mieux appartenir à l'Église qu'au roi. » (Flodoard, Histoire de l'église de Reims.) Il lui donna en outre des terres dans la Belgique, la Thuringe, la Septimanie, l'Aquitaine, etc.
[4] Diplôme du monastère de Micy, cité par M. Fauriel dans l'Hist. de la Gaule mérid., t. III, p. 448.

même, à sa prière, des Romains coupables de sacrilége : « Il faut, disait Remy à ceux qui le blâmaient, se conformer à la volonté d'un roi défenseur et propagateur de la foi catholique. Ses ordres n'étaient pas canoniques, sans doute; mais le chef des provinces, le gardien de la patrie, le triomphateur des nations l'avait commandé ! » L'aveuglement du clergé alla jusqu'à excuser ses actions sanguinaires, et Grégoire de Tours, après avoir raconté plusieurs de ses crimes, dit, sans transition aucune : « Dieu prosternait ses ennemis devant lui, parce qu'il marchait avec un cœur droit devant le Seigneur, et qu'il faisait tout ce qui était agréable à ses yeux [1]. »

§ VII. Guerre contre les Bretons. — Soumission de tous les royaumes francs a Clovis. — La renommée de Clovis s'étendait dans toute l'Europe : Anastase, empereur d'Orient, qui voulait s'en faire un allié contre les Ostrogoths, lui envoya les insignes de patrice et de consul; et, d'après les préjugés des Germains, le roi franc se para avec joie de ces vains titres, croyant qu'ils légitimaient sa domination sur les vaincus.

Cependant il restait encore un peuple indépendant dans la Gaule : c'étaient les Bretons, qui n'avaient pas suivi l'exemple des villes de la confédération armoricaine, et qui avaient gardé leurs mœurs et leur langue celtiques, parce qu'ils se trouvaient hors de la route des invasions. Clovis, cherchant à étendre sa domination jusqu'à l'Océan, parvint à imposer des tributs à plusieurs cités; mais les Bretons refusèrent bientôt de les payer, gardèrent leurs chefs et leurs lois, et finirent par soustraire entièrement leur pays à sa domination. Les chefs francs préposés à la garde de cette frontière, et qu'on appelait *marquis* [2], se contentèrent d'y faire chaque année des ravages que les Bretons vengeaient sur les pays voisins. Leur roi était alors Budic; son fils Hoël fit alliance avec les fils de Clovis.

Clovis ayant donné à la tribu des Saliens une supériorité marquée sur les autres tribus franques, voulut rendre sa domination durable, en faisant disparaître les chefs qui appartenaient comme lui à la famille des Mérovingiens. Le plus puissant était Sigebert, roi des Ripuaires : à l'instigation de Clovis il fut tué par son propre fils; et celui-ci fut assassiné par les soldats du roi des Saliens, qui se présenta ensuite devant les Ripuaires, leur annonça ces deux meurtres, et leur dit : « Je ne suis nullement complice de ces choses; je ne puis répandre le sang de mes parents, car cela est défendu. Mais puisque cela est arrivé, je vous donne un conseil : s'il vous est agréable, suivez-le : ayez recours à moi, mettez-vous sous ma pro-

---

[1] Grég. de Tours, liv. II, ch. 40.
[2] *Marchesus*, de *mark*, marche, frontière.

tection. » Les Ripuaires répondirent à ces paroles par des applaudissements, et, l'ayant élevé sur un bouclier, ils le proclamèrent roi.[1]

Les autres chefs établis à Tournay, à Cambrai, au Mans, eurent le sort de Sigebert; de force ou d'adresse, Clovis se fit reconnaître roi par toutes leurs tribus; et alors les Saliens, qu'on commençait à désigner par le nom de *Neustriens* ou Occidentaux, par opposition aux Ripuaires, qu'on appelait *Austrasiens*[2] ou Orientaux, dominèrent sur toute la confédération des Francs, qui eut un chef unique.

Alors on rapporte que Clovis, ayant rassemblé les siens, parla ainsi de ses parents qu'il avait tués : « Malheur à moi qui suis resté comme un voyageur au milieu des étrangers! Je n'ai pas de parents qui puissent me secourir si l'adversité vient. » Mais il disait cela par ruse, et non par douleur de leur mort, pour voir si par hasard il pourrait encore trouver un parent, afin de le tuer. — Ces choses étant faites, il mourut (511)[3].

CHAPITRE III.

Fils de Clovis. — 511 à 561.

§ I. Partage du royaume de Clovis. — « Après la mort de Clovis, ses quatre fils, Théodoric ou Thierry, Clodomir, Childebert et Clotaire, reçurent son royaume et se le partagèrent également[4], » selon la coutume germanique. Ce partage ne fut pas un démembrement du corps social et de la puissance publique; la nation ou l'armée des Francs garda cette unité et cette souveraineté qui faisaient sa force; et la délibération des affaires de l'état demeura à l'assemblée générale. La royauté franque n'était pas une magistrature ayant l'exercice de l'autorité publique; elle ne gouvernait pas, laissait les vainqueurs et les vaincus s'administrer comme ils l'entendaient, et dominait tout simplement le pays par la force. Le devoir des rois était de mener les Francs au combat; leur puissance consistait dans la possession d'immenses alods avec lesquels ils se faisaient des compagnons nombreux; la marque de leur dignité était leur longue chevelure. Ils ne songeaient donc qu'à faire la guerre et à amasser des richesses, des armes, des habits, des chevaux, des esclaves, des femmes. Leurs demeures étaient de grandes fermes bâties près des forêts; elles étaient entourées par les cabanes des Gaulois attachés au domaine royal, qui fabriquaient

---

[1] Grég. de Tours, liv. II.
[2] *Oster-rike*, pays de l'est; *Ni-oster-rike*, pays de l'ouest. La limite entre la Neustrie et l'Austrasie allait des bouches de l'Escaut aux sources de la Seine, en passant par la forêt des Ardennes.
[3] Grég. de Tours, liv. II, ch. 42 et 43.
[4] Id., liv. III, ch. 1. — Voy. p. 74.

les armes, tissaient les vêtements, cultivaient les terres de leurs maîtres. Ils les parcouraient tour à tour pour y consommer avec leurs compagnons les provisions qu'on y avait amassées ; et c'était là qu'ils admettaient dans leur couche des femmes, gauloises ou germaines, qu'ils décoraient du titre de reines.

Les fils de Clovis se partagèrent donc l'héritage de leur père, composé de terres, de maisons, de richesses mobilières disséminées dans toute la Gaule; et, en conséquence, ils ne régnèrent ou commandèrent que dans les domaines qui leur échurent. Comme le sort en décida, et que l'intérêt de propriété prévalait sur toute idée d'administration, la division sembla très-bizarre. Théodoric eut des possessions au delà du Rhin, entre le Rhin et la Meuse, en Aquitaine et en Auvergne; il s'établit à Metz et commanda aux Francs-Austrasiens, qui nourrissaient des idées de jalousie contre les Neustriens. CHILDEBERT Ier fut roi à Paris, à Senlis, à Tours et à Alby; Clodomir à Orléans et vers les Pyrénées; Clotaire à Soissons et dans l'Aquitaine [1]. Tous quatre avaient une part dans le midi, comme pays de butin et de jouissance; mais aucun d'eux ne fit demeure au-delà de la Loire, bien qu'il y eût là des villes plus grandes et des campagnes plus riches que dans le nord : le midi était encore odieux et étranger aux Francs ; leurs bandes le parcouraient de temps en temps ; leurs chefs y avaient de vastes domaines, mais nul ne voulait s'y établir ; leur domination réelle et leur nouvelle patrie étaient entre la Loire et le Rhin.

§ II. GUERRES EN GERMANIE, EN BOURGOGNE ET EN AUVERGNE. — L'empire des Francs étant tout *ecclésiastique* [2] devait chercher à conquérir les peuples païens qui le touchaient au nord-est et les peuples hérétiques qui le touchaient au sud-ouest. Parmi les premiers, les Saxons et les Thuringiens, qui cherchaient à pénétrer dans la Gaule, furent vaincus par les Austrasiens et forcés, surtout les Thuringiens, à marcher pendant deux siècles sous les ordres des rois francs (530). Plus tard, les Alamans, qui habitaient la Rhétie, et les Bavarois [3], qui campaient entre l'Inn et le Danube,

---

[1] Les anciens historiens de la monarchie, pour avoir une liste régulière de *rois de France*, ne tiennent pas compte, dans le tableau de la dynastie mérovingienne, des partages de l'empire franc, et n'inscrivent comme *rois de France* que les princes qui régnèrent en Neustrie et qui eurent Paris dans leur héritage : ainsi, dans ce système, dont la nomenclature est devenue vulgaire, malgré son inexactitude, c'est Childebert qui est roi des Francs après Clovis. De même, dans la numération des rois qui portent le même nom, ils ne tiennent compte que des rois de Neustrie qui régnèrent à Paris. Nous suivrons ce mode de numération, et nous indiquerons en petites capitales les noms des rois francs qui forment la liste vulgaire des rois de France.

[2] Voir la note de la page 85.

[3] Les Bavarois (*Boiarii*) habitaient d'abord le bassin supérieur de l'Elbe (*Boio-*

furent réunis, de gré ou de force, à l'empire des Francs, mais plutôt comme tributaires que comme sujets. Ainsi la *France* orientale comprit une grande partie de la Germanie, et les Francs commencèrent à porter les premières idées de civilisation dans cette vaste région qui avait résisté aux armes et aux institutions de Rome.

Des deux peuples hérétiques du sud-ouest, les Visigoths étaient refoulés presque entièrement en Espagne; mais les Bourguignons n'avaient rien perdu de leur puissance, et devenaient de plus en plus romains. Clotilde nourrissait une haine implacable contre la famille de Gundebald qui avait tué son père et sa mère, et elle dit à ses trois fils (Théodoric n'était pas né d'elle) : « Faites que je ne me repente pas de vous avoir tendrement élevés; vengez avec constance la mort de mes parents. » A ces paroles les trois rois marchèrent en Bourgogne [1]. Sigismond, successeur de Gundebald, prince tout romain de mœurs et d'idées, avait abjuré l'arianisme, s'était mis en bon accord avec les évêques, et avait reconnu la suprématie politique des empereurs d'Orient. Tout cela ne lui fut d'aucun secours : il fut vaincu, et, par l'ordre de Clodomir, jeté, avec sa femme et ses enfants, dans un puits. Gondemar, son frère, ranima les Bourguignons et livra aux Francs la bataille de Véséronce, où Clodomir fut tué (524). Ses frères évacuèrent la Bourgogne, et, revenus dans leurs états, ils tuèrent les fils de Clodomir [2] et partagèrent son royaume.

La guerre recommença plusieurs années après, et cette fois les Bourguignons furent définitivement vaincus (534) : ils n'eurent plus

heim); ils en furent chassés par les Marcomans, de race slave, et passèrent dans le bassin du Danube.

[1] Grég. de Tours, liv. III, ch. 6.

[2] Clotaire et Childebert firent dire à Clotilde, qui nourrissait les trois fils de Clodomir : « Envoie-nous les enfants, afin qu'ils soient élevés à la royauté. » Et quand ils les eurent reçus, ils lui envoyèrent Arcadius, sénateur d'Auvergne, qui, montrant à la reine des ciseaux et une épée : « O reine très-glorieuse, dit-il, tes fils, nos seigneurs, attendent ta volonté sur ce qu'ils doivent faire des enfants; si tu ordonnes qu'ils vivent les cheveux coupés, ou qu'ils soient égorgés. » Celle-ci effrayée et ne sachant ce qu'elle disait : « J'aime mieux, s'écria-t-elle, les voir morts que tondus. » Arcadius revint diligemment et dit : « Achevez votre œuvre avec l'approbation de la reine. » Aussitôt Clotaire prenant l'aîné par le bras, le jeta à terre, et lui enfonçant son couteau dans l'aisselle, le tua cruellement. Comme il criait, son frère se prosterna aux pieds de Childebert, et, prenant ses genoux, lui disait avec larmes : « Secours-moi, très-bon père, que je ne meure pas comme mon frère. » Alors Childebert, la face couverte de pleurs, dit : « Je te prie, mon très-cher frère, accorde-moi sa vie, et je te donnerai tout ce que tu voudras. — Rejette-le, dit Clotaire, ou tu mourras pour lui. Tu es l'incitateur de cette affaire et tu dénies si vite ta parole! » Childebert, repoussant l'enfant, le jeta à Clotaire, qui lui enfonça son couteau dans le côté et le tua. Ensuite ils massacrèrent les serviteurs et les nourrices des enfants; mais ils ne purent prendre le troisième, parce qu'il fut délivré par des hommes puissants. Dédaignant un royaume terrestre, celui-là passa au Seigneur et mourut prêtre. Ce fut saint Clodoald ou saint Cloud. (Grég. de Tours, liv. III, ch. 18.)

de rois de leur nation, payèrent tribut aux Francs, servirent dans leurs armées, embrassèrent le catholicisme; mais ils conservèrent leur nom, leurs lois, leur administration. Ainsi l'arianisme disparut de la Gaule, et les Francs n'avaient plus de rivaux à la domination de ce pays.

Théodoric n'avait pas pris part à la guerre contre les Bourguignons (532). Les Austrasiens, à l'époque de la dernière expédition, vinrent lui dire : « Si tu ne veux pas aller en Bourgogne avec tes frères, nous te quitterons et les suivrons à ta place. » Mais il leur dit : « Suivez-moi, et je vous mènerai dans le pays d'Auvergne, où vous prendrez de l'or et de l'argent à votre désir, d'où vous enlèverez en abondance des esclaves, des troupeaux, des habits [1]. » Les Francs applaudirent, passèrent la Loire et arrivèrent en Auvergne. Ce pays, n'ayant été conquis que passagèrement par Clovis, avait conservé sa prospérité sous le gouvernement de ses évêques et de ses grandes familles; il portait une haine profonde aux Francs : aussi, quand Théodoric, qui avait eu l'Auvergne en partage, y envoya des gouverneurs, tout se révolta contre eux, et surtout le clergé : il avait juré d'en tirer vengeance. Les Austrasiens, qui étaient encore sauvages et à demi païens, se jetèrent avec fureur sur cette terre civilisée, « pillant, brûlant, mettant au niveau du sol les villes, les églises, les monuments romains, ne laissant aux habitants que la terre, que les Barbares ne pouvaient emporter. Ils s'en retournèrent suivis par de longues files de chariots et de prisonniers enchaînés, lesquels furent mis à l'encan par tous les lieux où ils passaient [2]. »

§ III. GUERRE CONTRE LES GOTHS EN ESPAGNE ET EN ITALIE. — Après la destruction du royaume des Bourguignons, les Francs tournèrent leurs armes contre les Goths. Athalaric régnait sur les Ostrogoths dans l'Italie et dans la Provence; Amalaric régnait sur les Visigoths dans l'Espagne et dans la Septimanie (526). Ce dernier avait épousé une sœur des rois francs; mais, comme il était très-attaché à la doctrine arienne, il maltraita cette princesse à cause de sa religion. Childebert attaqua, à plusieurs reprises, la Septimanie, et y fit de grands ravages; il passa même les Pyrénées, mais il fut vaincu et obligé d'abandonner ses conquêtes. De son côté, Théodoric échoua dans ses tentatives sur la Provence.

L'Église poursuivait partout la domination des ariens. En Italie, elle invoqua l'appui des empereurs d'Orient pour se débarrasser

---

[1] Grégoire de Tours, liv. III, ch. 11.
[2] Vies de saint Austremoine et de saint Fidolus, apud Script. rer. Franc., t. III, p. 407. — Fauriel, t. II, p. 118.

des Ostrogoths; et Justinien, qui voulait mettre sous sa dépendance les provinces de l'Occident, envoya contre eux Bélisaire (533). Les Ostrogoths demandèrent l'assistance des Francs; les Grecs suivirent cet exemple, tant était grande la renommée militaire des conquérants de la Gaule (539). A cette époque Théodoric était mort, et son fils Théodebert lui avait succédé dans le royaume des Austrasiens. C'était le plus actif et le plus habile des rois francs; entouré de conseillers romains qui l'appelaient « restaurateur de l'antiquité, » et l'encourageaient dans ses idées de civilisation, il n'en gardait pas moins les mœurs sauvages des Francs. Il promet son secours à la fois aux Grecs et aux Ostrogoths, accepte leurs présents avec la cession de la Provence, qui lui est faite par les uns et les autres, et entre en Italie avec une grande armée composée de Barbares de la Germanie. Les Ostrogoths lui livrent en toute confiance le passage du Tésin : il tombe sur eux et les met en déroute. Les Grecs, tout joyeux, accourent à lui : il les bat à leur tour; et il se trouve ainsi maître de l'Italie septentrionale, où il fait un immense butin. Alors les Francs se livrent à mille excès; et, comme ils détruisaient tout, ils manquent bientôt de vivres, sont décimés par les maladies, et se hâtent de repasser les Alpes.

Cependant les Germains et les Austrasiens, séduits par le butin rapporté d'Italie, continuèrent à s'en aller dans la presqu'île par troupes indépendantes, servant tantôt les Grecs, tantôt les Goths; ils s'établirent même dans la Vénétie et la Ligurie. L'un de leurs chefs, nommé Buccellin, devint la terreur de l'Italie, et conquit la Sicile. Enfin Narsès, général de l'empereur d'Orient, ayant détruit la puissance des Ostrogoths, entreprit de chasser les Francs, et livra bataille à Buccellin sur le Casilin; il fut complétement vainqueur (553). Les Austrasiens abandonnèrent leurs établissements en Italie, et revinrent à grand'peine sur le Rhin.

§ IV. Changements dans la situation sociale des Francs. — Les Francs-Neustriens ne prirent aucune part à ces expéditions. Chez eux les mœurs et les institutions germaniques se perdaient dans les aisances de la vie romaine. Les soldats qui se ramassaient autour d'un chef de guerre, depuis que ce chef était devenu propriétaire et que les occasions de pillage étaient plus rares, se disséminaient dans ses domaines; en devenant sédentaires et agriculteurs, ils perdaient une partie de leur liberté sauvage, prenaient l'aspect de colons, et cessaient de venir aux mâls. Les rois commençaient à n'être plus seulement des chefs d'armée; leurs compagnons prenaient la figure de sujets, et les comtes ou grafs celle d'officiers royaux. Le mot *leude*, qui désignait le peuple [1], fut appliqué spécialement aux hommes du roi, à ses fidèles, à ses *antrustions* [2]. Le nombre de ces leudes augmenta sans cesse, grâce aux dons et aux emplois publics dont les rois les gratifièrent; et, sans former une classe distincte, sans avoir une existence politique et des droits spéciaux, ils eurent une supériorité de fait sur les autres Francs. Les Gaulois, avides de toutes les distinctions qui les faisaient sortir de la classe des vaincus, s'efforcèrent à tout prix d'acquérir le nom de leudes, et il y eut tendance à ce que tous les hommes libres [3] devinssent les leudes d'un roi ou de tout autre chef. Alors la relation du compagnon au chef devint plus forte que celle de l'homme à la nation; l'usage des bénéfices, en faisant disparaître l'égalité primitive, donna au donateur les droits d'un patron et au bénéficier les obligations d'un client; la liberté de l'individu pencha à se changer en vassalité, et déjà l'on voit poindre la société féodale. D'après cela, la royauté barbare tendit à se substituer à l'ancien pouvoir impérial, à maintenir les débris du vieux gouvernement, à changer sa couronne de cheveux en un diadème d'or. Elle était entraînée à cet ambitieux projet par la servilité gauloise, qui lui faisait préjuger trop facilement de la docilité des Germains. En effet, les rois étaient entourés de Gaulois d'illustre naissance, qui se faisaient leurs courtisans, leurs ambassadeurs, leurs domestiques; ils voyaient les prêtres eux-mêmes remplir leur cour sauvage, y briguer à prix d'or les dignités ecclésiastiques, se mêler aux leudes, s'honorer des donations royales, et satisfaire à tous leurs caprices, même contre les lois de l'Église. Ils crurent que leur royauté, étroite et grossière, pourrait, à l'aide des vaincus, remplir le cadre immense de la royauté impériale, et ils commencèrent ce vaste plan par l'établissement d'impôts sur les Francs. C'était une grande innovation : le Germain, ne connaissant d'autre relation sociale que la relation toute volontaire du compagnon à son chef, regardait la jouissance absolue de sa propriété comme un droit aussi sacré que l'indépendance de sa personne; il ne payait donc nulle taxe, et ne connaissait d'autre obligation à lui imposée que le service militaire, qui était toute son existence, et qui d'ailleurs était une conséquence de la position des vainqueurs au milieu des vaincus. Il ne concevait nullement la nécessité d'un trésor public pour les frais du gouvernement général, et pensait que les rois, comme les autres chefs, devaient subvenir à leurs

---

[1] *Leude*, *liudi*, peuple, gens.

[2] *Antrustion*, de *true*, *trust*, foi; *fidèle* en est la traduction littérale.

[3] Ils sont désignés généralement par les noms de *Ahrimans* et de *Rachimbourgs*. Voy. Guizot, quatrième Essai sur l'Hist. de France.

dépenses et à celles de leurs compagnons avec leurs propres alods. C'était en effet avec le produit de leurs domaines, quelques tributs levés sur les Gaulois et le butin fait à la guerre, que les rois avaient jusqu'alors vécu; et, à vrai dire, ils n'avaient pas besoin d'autre chose, puisqu'ils n'avaient pas à payer, comme les empereurs, une immense quantité de fonctionnaires, puisque la guerre était faite aux frais des Francs, que le clergé vivait de ses propres biens, que la justice s'administrait par les hommes libres, enfin que les cités pourvoyaient elles-mêmes à leurs dépenses. Si donc ils remplaçaient les empereurs dans les honneurs qui leur étaient attribués, ils ne les remplaçaient nullement dans les charges qui leur étaient imposées. Mais le luxe des rois germains s'était accru avec leur orgueil : ils cherchaient à imiter les empereurs non-seulement dans leur puissance, mais dans leur pompe ; ils avaient des femmes à entretenir, des fêtes à célébrer, des abbayes à construire ; leur cour contenait une multitude d'officiers et de domestiques à l'instar des cours orientales ; et la vanité des Francs se trouvait honorée des titres de *référendaires*, de *camériers*, de *sénéchaux*, d'*échansons*, etc. Les rois essayèrent donc d'établir des impôts réguliers.

En Neustrie, l'entreprise réussit sans trop de résistance. On voulut même que les églises payassent au fisc le tiers de leurs revenus ; mais les évêques refusèrent et dirent à Clotaire : « Si tu veux ravir les biens de Dieu, le Seigneur te ravira promptement ton royaume. » Alors le roi condamna ce qu'il avait fait et en demanda pardon [1]. En Austrasie, où les leudes n'avaient pas oublié l'ancienne égalité germanique, et où les Gaulois étaient moins influents, l'établissement des impôts souffrit de grandes difficultés. Théodebert, dans ses essais d'administration romaine, avait pris pour ministre le Gaulois Parthénius. Celui-ci s'attira la haine des Francs, parce qu'il avait engagé le roi à mettre des tributs sur eux ; et lorsque Théodebert mourut, ils poursuivirent le ministre, qui se réfugia dans l'église de Trèves, et ils le lapidèrent contre une colonne (547).

§ V. CLOTAIRE RÉUNIT LES QUATRE ROYAUMES. — Théodebald, fils de Théodebert, lui succéda, ne régna que six ans, et mourut sans postérité. « Clotaire reçut son royaume, et mit sa femme dans son lit (553). »

A cette époque, les Saxons, tributaires des Francs, se révoltèrent, et Clotaire fit plusieurs expéditions contre eux. Ils vinrent alors en suppliants offrir leurs troupeaux, leurs habits et la moitié de leurs terres, pourvu seulement qu'on laissât libres leurs femmes et leurs enfants. Clotaire allait accepter ces conditions, mais

[1] Grég. de Tours, liv. IV, ch. 2.

les Francs s'y opposèrent; alors il leur dit : « Renoncez à votre projet; car le droit n'est pas pour vous. Si vous voulez continuer la guerre, je ne vous suivrai pas. » A ces paroles, les Francs irrités se jetèrent sur lui, l'accablèrent d'outrages, et voulurent le tuer s'il différait d'aller avec eux. Clotaire, voyant leur fureur, marcha contre les Saxons; mais il fut vaincu avec un grand carnage. Alors il demanda la paix aux Saxons, en leur disant qu'il les avait combattus contre sa volonté, et il se retira dans ses états (555)[1]. »

Ce roi avait envoyé, pour gouverner l'Aquitaine, son fils Chramn, qui était maudit par le peuple, parce qu'il dépouillait les uns de leurs biens, les autres de leurs dignités, « enlevant même les filles des sénateurs à la vue de leurs parents. » Chramn, qui voulait peut-être se faire roi dans le midi, conspira avec Childebert la ruine de son père, et s'avança dans la Bourgogne, pendant que son allié ravageait le pays entre Seine et Marne. Bientôt celui-ci mourut (558). CLOTAIRE I[er][2] s'empara de son royaume, et envoya sa femme et ses filles en exil. Il se trouva ainsi, comme son père, chef unique des nations franques.

Chramn se réfugia en Bretagne. Ce pays était livré à l'anarchie depuis la mort du roi Hoël; et Conao, ayant fini par tuer ses frères, régnait seul. Clotaire poursuivit son fils et livra bataille aux Bretons, qui furent vaincus. Chramn tomba aux mains de son père, qui le fit brûler dans une cabane avec sa femme et ses enfants (560).

« Un an après, comme Clotaire était cruellement tourmenté de la fièvre, il disait : Wah! que pensez-vous que soit le roi du ciel, qui tue ainsi de si grands rois? Et il rendit l'esprit[3]. »

CHAPITRE IV.

Frédégonde et Brunehaut. — 561 à 613.

§ 1. PARTAGE ENTRE LES QUATRE FILS DE CLOTAIRE. — COMMENCEMENT DES MAIRES DU PALAIS. — Clotaire laissait quatre fils, qui se partagèrent l'empire des Francs, non d'après les divisions géographiques, mais d'après la valeur des domaines royaux, chacun d'eux voulant demeurer au nord de la Loire et pourtant avoir sa part du midi. CARIBERT[4] eut Paris, Senlis, Chartres, Avranches, avec la plus grande partie de l'Aquitaine, les villes des Pyrénées, etc. Gontran eut Orléans pour demeure, et commanda principalement aux Bourguignons et à la moitié de la Provence. Chil-

---

[1] Grég. de Tours, liv. IV, ch. 14. — [2] Voir la note de la page 94. — [3] Id., ibid., ch. 21. — [4] Voir la note de la page 94.

péric eut Soissons pour demeure, et, outre sa part de l'Aquitaine et de la Provence, il commanda dans presque toute la Neustrie, où dominait la race des Saliens. Sigebert eut Reims pour demeure, et, outre sa part de l'Aquitaine, il commanda dans l'Austrasie, où la population teutonique s'était tellement concentrée que ce pays semblait une extension de la Germanie.

Ces partages de l'héritage royal, si bizarres qu'ils fussent, commençaient pourtant à prendre le caractère de partages politiques, depuis que l'usage des bénéfices avait envahi rapidement les aleux, que les leudes se changeaient peu à peu en sujets, et que la royauté devenait gouvernante. Mais on vit alors les empiétements des rois sur l'égalité germanique éprouver une vive opposition de la part des grands propriétaires et des anciens chefs de bandes, auxquels se réunirent bientôt les riches Gaulois et même les évêques. Comme l'Austrasie avait mieux conservé ses mœurs barbares, ce fut là surtout que cette aristocratie nouvelle s'organisa sous un chef dont la dignité et les attributions sont inconnues. Ce chef était appelé ordinairement *maire du palais*, quelquefois *tuteur du royaume, nourricier du roi, vice-roi*, etc.; il était presque toujours élu par les grands, et avait certainement l'administration de la justice [1]. L'origine de cette institution mystérieuse se perd sans doute dans les forêts de la Germanie ; mais ce n'est qu'à l'époque où nous sommes parvenus qu'il en est pour la première fois question, et voici en quels termes : « Pendant la jeunesse de Sigebert, tous les Austrasiens élurent pour *maire du palais* Chrodinus, parce qu'il était fort en toutes choses, craignant Dieu, imbu de patience, et qu'on ne trouvait rien en lui que ce qui plaît à Dieu et aux hommes ; mais il repoussa cet honneur en disant : Je n'aurai pas la force de faire la paix dans l'Austrasie, puisque tous les grands et leurs enfants sont mes parents ; je ne pourrai les soumettre à la discipline ni tuer quelqu'un d'eux, ils se soulèveront contre moi. Élisez un autre, et celui que vous voudrez, parmi vous. Mais, comme ceux-ci ne trouvaient personne, ils élurent, par le conseil de Chrodinus, son élève Gogon [2]. »

Il est probable qu'à cette même époque les Neustriens avaient aussi leur maire du palais ; mais ce chef ne devait pas avoir la même puissance que celui d'Austrasie, dans un pays où la royauté était déjà maîtresse. On trouve encore cette même dignité chez les Bourguignons, mais ayant à côté d'elle une dignité toute romaine, le patriciat, ordinairement occupé par des Gaulois, et qui donnait

---

[1] Sismondi, Hist. des Français, t. II. — Voy. la note 2 de la page 82.
[2] Chron. de Frédégaire.

le commandement de l'armée. Nous allons voir cette institution singulière jouer le principal rôle dans la lutte qui va s'ouvrir entre l'aristocratie et la royauté, entre les Austrasiens et les Neustriens, et amener le triomphe des leudes et des Francs du Rhin sur les rois et les Francs de la Seine.

§ II. INVASIONS DES ABARES ET DES LOMBARDS. — Les émigrations des Barbares n'étaient pas terminées. Les Abares, peuple nomade et pasteur, de race tartare, arrivèrent en Europe, traversèrent la Germanie, et ne furent arrêtés que par les Austrasiens. Ils finirent par prendre demeure entre les Carpathes et les bouches du Danube, et y restèrent deux cent trente ans (562).

Vers le même temps parurent les Lombards. Originaires des bords de la Baltique, ils étaient arrivés avec les derniers flots de la grande invasion, et avaient campé pendant cinquante ans dans la Pannonie et la Norique. La venue des Abares les fit sortir de leur repos. Ils passèrent les Alpes, et conquirent l'Italie, qui venait de rentrer sous la domination des Grecs : il ne resta à l'empereur que le midi de la péninsule et quelques villes maritimes. De là ils pénétrèrent dans la Provence (570). Amatus, patrice des Bourguignons, marcha contre eux, fut battu et tué. Alors le roi Gontran éleva au patriciat Ennius Mummolus, l'un de ces Romains d'illustre naissance qui se faisaient barbares à la cour des rois francs; et celui-ci, pendant quatre ans, détruisit toutes les bandes de Lombards qui passaient les Alpes, et acquit la renommée du plus grand homme de guerre de son temps (576).

Nous verrons, deux siècles plus tard, les Francs poursuivre les Abares sur le Danube, et les Lombards en Italie.

§ III. PREMIÈRES GUERRES ENTRE LES NEUSTRIENS ET LES AUSTRASIENS. — MORT DE SIGEBERT. — Les Germains se contentaient d'une seule femme; mais c'était un témoignage de grandeur pour leurs chefs d'avoir plusieurs épouses[1]. Le christianisme n'avait que faiblement modifié les passions grossières des rois francs; le contact de la corruption romaine n'avait fait que les rendre plus brutales et plus violentes; et le clergé les laissait prendre et renvoyer leurs femmes à plaisir, sans songer à leur faire respecter la sainteté du mariage. Des quatre fils de Clotaire, Sigebert seul avait épousé une femme de sang illustre, Brunchilde ou Brunehaut, fille du roi des Visigoths, docte, élégante, ambitieuse, aimant la civilisation romaine, et avide de ressusciter la royauté impériale au profit de son époux. Chilpéric, après avoir répudié une première épouse, Audovère, vivait avec une femme de basse naissance,

---

[1] Tacite, Mœurs des Germains, 18.

nommée Frédégonde, fougueuse, cruelle et sauvage ; il se laissa prendre au désir d'avoir, comme son frère, une épouse de sang royal, et, renvoyant toutes ses concubines, même Frédégonde, il demanda Galswinthe, sœur de Brunehaut, et l'obtint à grand'peine, en lui faisant, selon la coutume germanique, un *morgen-ghabe* (don du matin) de ses villes d'Aquitaine. Bientôt il se lassa de cette femme simple et vertueuse, et revint avec passion à Frédégonde. Galswinthe fut étranglée dans son lit, et Frédégonde resta la seule femme de Chilpéric. Le meurtre de sa sœur excita la colère de Brunehaut, et elle poussa son mari à faire la guerre à son frère. Des divisions s'étaient déjà élevées entre les Neustriens et les Austrasiens ; car ces deux peuples se trouvaient séparés par de nombreuses différences, ceux-là étant dominés par l'influence romaine et les idées monarchiques, ceux-ci par l'influence germanique et les idées aristocratiques. La guerre éclata donc avec fureur, et l'Aquitaine fut le champ où les Francs des deux nations se rencontrèrent et qu'ils ravagèrent à l'envi. Ce malheureux pays se partagea entre les deux rois, et consuma ses forces dans cette querelle, où tous les habitants, même le clergé, eurent tellement à souffrir que, selon Grégoire de Tours, « il y eut alors dans l'Église de plus grands gémissements que dans la persécution de Dioclétien[1]. »

Avant que cette guerre éclatât, Caribert était mort (567) ; son état avait été partagé entre ses frères, et Paris était devenu du domaine de CHILPÉRIC Ier, ce qui rendit celui-ci seul roi de la Neustrie ; Gontran se porta comme médiateur entre Chilpéric et Sigebert, et parvint à faire jurer la paix aux deux peuples (567). Mais les Austrasiens, en s'en retournant, élevèrent des murmures contre Sigebert, et lui dirent (574) : « Donne-nous où nous puissions nous enrichir et combattre, comme tu nous l'as promis ; autrement nous ne reviendrons pas dans notre pays. » Celui-ci, à qui sa femme avait inspiré le goût de la civilisation, s'était fait une cour toute romaine, avait des Goths pour ministres, et aurait voulu se créer une royauté indépendante de ses leudes ; mais les peuples auxquels il commandait étaient encore barbares, païens même, pleins de haine pour tout ce qui était romain, et d'orgueil en face de leurs rois. Il résista pourtant à leurs demandes ; mais les Austrasiens s'écrièrent qu'ils voulaient aller en Neustrie, et l'entraînèrent avec eux. Chilpéric, assailli à l'improviste, fut poursuivi jusqu'à Chartres, et là il obtint la paix de son frère. Mais les Austrasiens n'en tinrent aucun compte, et,

---

[1] Grég. de Tours, liv. IV, ch. 48.

se répandant dans la Neustrie épouvantée, ils détruisirent tout, et emmenèrent une foule de captifs. Sigebert les suppliait vainement ; il ne pouvait apaiser la fureur de ces barbares, qui l'accablaient d'injures, et il fut obligé de supporter tout avec patience jusqu'à ce qu'il fût revenu dans son pays[1]. Telle fut la première guerre où se manifesta la haine des Austrasiens contre leurs frères de Neustrie, ainsi que leur mépris pour la royauté mérovingienne.

L'année suivante, Chilpéric voulut prendre sa revanche ; il fit alliance avec Gontran, que les fureurs des Austrasiens avaient effrayé, et attaqua les terres de Sigebert. Aussitôt celui-ci rassembla ses Barbares des deux bords du Rhin, vainquit en tous lieux les soldats de Chilpéric, entra à Paris et à Rouen, força le roi de Neustrie à se renfermer dans Tournay. Il avait résolu de donner toutes les villes à ses soldats; mais les Neustriens épouvantés se décidèrent à le reconnaître pour roi. En effet, ils se rassemblèrent, l'élevèrent sur un pavois, et le proclamèrent. « En ce moment, deux serviteurs de la reine Frédégonde, ensorcelés par elle, s'approchèrent de Sigebert, sous quelque prétexte, armés de forts couteaux empoisonnés, et le frappèrent chacun dans les deux flancs. Il poussa un cri, tomba et rendit l'esprit (575)[2]. »

Aussitôt les Neustriens reprennent leur roi Chilpéric ; la veuve de Sigebert reste prisonnière aux mains de ses ennemis ; son fils Childebert, âgé de cinq ans, est enlevé par les leudes d'Austrasie, conduit à Metz, et reconnu roi, sur la tutelle de Wandelin, successeur de Gogon, maire du palais. Alors l'aristocratie austrasienne consolide sa puissance ; et, pour continuer sa lutte avec la Neustrie, elle s'allie avec Gontran, et lui fait adopter le jeune Childebert comme héritier de son royaume. Neuf années se passent, sinon en paix, du moins sans hostilités déclarées.

§ IV. SITUATION DES GAULOIS ET DU CLERGÉ EN FACE DES ROIS FRANCS. — Cette guerre dessina nettement la position de la Neustrie avec ses idées romaines, en face de l'Austrasie, encore toute germanique, et de la Bourgogne, portée tantôt vers l'Austrasie par la puissance de ses leudes, tantôt vers la Neustrie par l'influence de sa civilisation romaine. En conséquence de cette situation de la Neustrie, les Gaulois-Romains commencèrent à acquérir de l'importance : les rois francs, obtenant d'eux une obéissance plus facile et moins coûteuse, les préférèrent à leurs sujets germains; on vit les milices des villes marcher en armes sous les drapeaux royaux, et des ducs d'origine romaine lutter de pouvoir et de richesses avec ceux d'origine barbare. Malgré ce grand chan-

[1] Grég. de Tours, liv. IV, ch. 50. — [2] Id., ibid., ch. 48.

gement, qui rendait l'usage des armes à la population vaincue, son sort n'en fut pas moins malheureux : la fusion entre les deux peuples était loin d'être opérée ; il n'y avait guère que les grands qui se mêlassent avec les Gaulois[1] ; les soldats avaient gardé tout leur mépris pour eux : à la moindre occasion de guerre, ils pillaient les grandes maisons romaines, les églises, même les tombeaux, et, en pleine paix, réduisaient des hommes libres en servitude. Le roi de Neustrie lui-même, qui affectait la pompe romaine, bâtissait des cirques, donnait des spectacles ; ce Chilpéric, qui voulait réformer la grammaire latine, faisait des vers ridicules, et prétendait même à une réputation de théologien, n'était qu'un Barbare qui ressuscitait l'administration impériale, uniquement pour satisfaire sa passion pour l'argent ; et ses essais informes de civilisation n'aboutirent qu'à renouveler la fiscalité romaine. Les impôts qu'il mit dans ses états devinrent si intolérables, qu'un grand nombre d'habitants abandonnèrent leurs villes et leurs terres, et s'en allèrent en d'autres royaumes. Il y eut des révoltes en Aquitaine, où les collecteurs furent tués, et qui ne furent apaisées qu'à force de supplices. Enfin, lorsqu'il maria l'une de ses filles à un roi des Visigoths, il voulut lui faire un grand cortége pour l'envoyer en Espagne (584) ; alors « il ordonna de prendre dans les maisons fiscales de Paris beaucoup de familles, et de les mettre dans des chariots, sous bonne garde. Plusieurs, craignant d'être arrachés à leurs familles, s'étranglèrent ; d'autres personnes de grande naissance firent leur testament, demandant qu'il fût ouvert, comme si elles étaient mortes, dès que la fille du roi entrerait en Espagne. Enfin la désolation fut si grande dans Paris, qu'elle fut comparée à celle de l'Égypte. Durant le chemin, le cortége fut reçu en grande pompe, aux dépens des cités ; car le roi avait ordonné qu'on ne payât rien de son fisc, et tout fut fourni par les tributs des pauvres[2]. »

En face de cette force avide et brutale, qui livrait toutes choses au hasard, il n'y avait d'autre protection que celle du clergé, protection souvent inefficace ; car les prêtres ne trouvaient pas dans les Francs la docilité qu'ils avaient espérée, et ils étaient bien punis de leurs adorations devant Clovis. Les rois convoquaient les conciles, intervenaient dans les élections, vendaient les dignités ecclésiastiques au plus offrant, et jetaient dans le clergé des Francs cupides et féroces, qui ne voulaient du sacerdoce que ses richesses

---

[1] Les mariages entre les Germains et les Gaulois étaient rares, à cause d'un décret impérial de l'an 370 qui les interdisait, décret qui fut maintenu par les rois des Visigoths et des Bourguignons.
[2] Grég. de Tours, liv. VI, ch. 45.

et sa puissance. Ainsi l'Église avait perdu, en face des rois barbares, une partie de l'indépendance spirituelle qu'elle avait sous les empereurs; mais elle était toujours maîtresse du dogme et des esprits et elle avait acquis une grande puissance temporelle : outre ses attributions municipales, elle était propriétaire, elle faisait partie de l'aristocratie franque, elle se trouvait mêlée à toutes les affaires des rois. Les évêques battaient monnaie; rendaient la justice, levaient les impôts et des soldats, enfin faisaient tous les actes de souveraineté. Aussi Chilpéric leur portait une profonde haine; il s'indignait du frein qu'ils imposaient à ses passions brutales ou à ses volontés tyranniques; il voulait soumettre leurs terres à l'impôt et au service militaire, et il disait souvent : « Notre fisc devient pauvre; nos richesses sont transférées aux églises; ce sont les évêques qui règnent : notre dignité périt et leur est transportée [1]. » Le clergé, à force de persévérance, de ruse et de courage, parvint, non-seulement à garantir les hommes de ses terres de l'impôt et du service militaire, mais encore à augmenter le nombre de ses hommes libres, soit en donnant aux laïques la tonsure, qui leur assurait le privilége sacerdotal, soit en acceptant les donations de certains propriétaires qui cédaient leurs terres à l'Église, en s'en réservant l'usufruit, pour jouir de l'immunité ecclésiastique. C'est ainsi qu'une partie de la population de la Gaule se conserva libre à l'abri des autels. Aussi la popularité et la gloire du clergé furent immenses : mais par quels travaux et quels périls étaient-elles achetées! « C'était dans quelques cités fameuses, près du tombeau de leurs saints, dans le sanctuaire de leurs églises, que se réfugiaient les malheureux de toute condition, de toute origine, le Romain dépouillé de ses domaines, le Franc poursuivi par la colère d'un roi ou la vengeance d'un ennemi, des bandes de laboureurs fuyant devant des bandes de Barbares, toute une population qui n'avait plus ni lois à réclamer, ni magistrats à invoquer, qui ne trouvait plus nulle part pour sa vie sûreté ni protection. Dans les églises seulement, quelque ombre de droit subsistait encore, et la force se sentait saisie de quelque respect. Les évêques n'avaient, pour défendre cet unique asile des faibles, que l'autorité de leur mission, de leur langage, de leurs censures; il fallait qu'au nom seul de la foi ils réprimassent des vainqueurs féroces ou rendissent quelque énergie à de misérables vaincus. Chaque jour ils éprouvaient l'insuffisance de ces moyens : leurs richesses excitaient l'envie, leur résistance le courroux; de fréquentes attaques, de grossiers outrages venaient les menacer ou

---

[1] Grég. de Tours, liv. VI ch. 46.

les interrompre dans les cérémonies saintes; le sang coulait dans les églises, souvent même celui des prêtres. Enfin ils exerçaient la seule magistrature morale qui demeurât debout au milieu de la société bouleversée, magistrature à coup sûr la plus périlleuse qui fut jamais [1]. »

§ V. Régénération de la vie monastique par la règle de Saint-Benoît. — Dans cette grande lutte où il ne s'agissait pas moins que du salut de la civilisation, l'Église trouva des forces nouvelles dans les institutions monastiques qui furent alors régénérées par la règle de Saint-Benoît. Cette règle, l'une des plus belles conceptions de l'esprit humain, fut introduite dans la Gaule, en 543, par saint Maur; et, adoptée par tous les monastères, vers la fin du siècle, elle devint leur loi unique pendant six cents ans. Par elle les moines perdirent leur liberté vagabonde, furent astreints à des vœux perpétuels; comprimés et enchaînés par les principes de l'obéissance passive et de l'abnégation de la volonté individuelle; contraints de se livrer non plus seulement à la solitude et à la contemplation, mais à la prédication et au travail des mains. Alors des colonies de missionnaires-laboureurs se répandirent de tous côtés et importèrent dans les lieux les plus sauvages l'Évangile et l'agriculture; une multitude d'abbayes furent fondées, qui devinrent des centres de population et de lumières, des foyers d'activité agricole et commerciale; des villes considérables se formèrent autour d'elles; leurs fêtes y attirèrent un grand concours de peuple, et furent l'origine des foires et marchés. Les possessions des moines s'agrandirent sans mesure [2]; la piété ou la superstition leur concéda des provinces entières, et ces donations devinrent une mode et une passion par lesquelles bien des terres furent arrachées à la stérilité et des victimes à l'oppression. Les monastères prirent l'aspect de fermes, de manufactures, d'écoles, de cités; ils se gouvernaient eux-mêmes, avaient leur justice particulière, étaient exempts de toute tyrannie civile, et pouvaient même lever des armées de serfs et de tributaires. Ils se remplirent également de Francs et de Romains, de riches et de pauvres, mais surtout d'opprimés de tout genre et même d'esclaves rachetés. La vie monastique devint la vie chrétienne par excellence, et en même temps l'état social qui offrît le plus de sécurité. Les couvents de

---

[1] Guizot, Notice sur Grégoire de Tours.
[2] Le monastère de Saint-Martin d'Autun possédait 100,000 *manses* ou familles de colons; celui de Saint-Riquier possédait au huitième siècle, outre la ville, comprenant 2,500 manses, soixante-trois autres villes ou villages, un nombre infini de métairies, terres, péages, revenus, etc. Les offrandes faites au tombeau de saint Riquier montaient à deux millions par an. (Chateaubriand, Étud. histor., t. III.)

Saint-Benoît étaient les seuls lieux de la terre où l'inégalité de race et d'origine disparaissait : là se réfugièrent la liberté et la lumière; là s'élabora la science moderne; là prirent des formes nouvelles la littérature, la musique, l'architecture; c'est par eux que l'esprit de l'Évangile se conserva, que le travail fut sanctifié par des mains libres, et que l'humanité continua son laborieux développement.

Les moines étaient restés, jusqu'à cette époque, en dehors du clergé; mais, poussés par le désir de joindre à leur puissance populaire les priviléges de la cléricature, ils se firent presque tous prêtres. Alors les évêques, qui voyaient leurs richesses et leur influence avec envie, prétendirent les mettre sous leur juridiction et disposer à leur gré de leurs biens. Le nouveau clergé, qu'on appela *régulier* [1], repoussa ces prétentions par tous les moyens, même à main armée; et il fallut des traités formels, conclus sous la médiation des rois, pour régler les droits respectifs des évêques et des moines. Alors ceux-ci cherchèrent un appui dans les pontifes de Rome, dont la suprématie spirituelle n'était pas partout reconnue, et qu'ils contribuèrent efficacement à établir. Ils devinrent la milice dévouée et infatigable du saint-siége, et firent, à son profit, de nombreuses et importantes conquêtes spirituelles. C'est par eux que les Anglo-Saxons de la Bretagne et plusieurs peuples de la Germanie furent convertis au christianisme; et ces églises nouvelles, essentiellement filles de l'Église de Rome, préparèrent, par leur soumission absolue, sa puissance future [2].

§ VI. Deuxième mariage de Brunehaut. — Cruautés de Frédégonde. — Cependant Brunehaut était prisonnière dans la tour de Rouen; un fils de Chilpéric et d'Audovère, nommé Mérovée, s'éprend d'amour pour cette femme pleine de séductions, la tire de prison et l'épouse (576). Frédégonde fait poursuivre les deux époux. Brunehaut se sauve en Austrasie, où elle trouve d'autres ennemis dans les leudes, qui la tiennent dans l'humiliation; Mérovée va chercher un asile dans l'église de Tours, sous la chape de saint Martin. L'historien Grégoire était évêque de cette ville : il refusa intrépidement de livrer le fugitif aux satellites de Chilpéric; et, craignant que le saint asile ne fût forcé, il le fit échapper. Mérovée s'enfuit en Austrasie; mais les leudes le chassèrent, et il tomba, à Térouane, sous les coups des soldats de Frédégonde.

Cette femme sauvage, vrai type de la barbarie germanique,

---

[1] C'est-à-dire soumis à la *règle*. L'ancien était nommé *séculier*, c'est-à-dire vivant dans le monde ou le *siècle*.
[2] Guizot, Civil. franç., t. II.

n'avait à tâche que de faire périr les enfants de son mari ; mais elle-même perdait tous les siens par des maladies (580). Alors il lui prit des remords, non de ses meurtres, mais des exactions financières par lesquelles elle avait dépeuplé ses états ; et, pleine de douleur : « Nous thésaurisons, dit-elle à Chilpéric, et nous ne savons plus pour qui ; voilà que nos trésors, pleins de rapine et de malédiction, sont dénués de possesseurs. Est-ce que nos celliers ne regorgent pas de vin ? est-ce que le froment ne remplit pas nos greniers ? Nos coffres ne sont-ils pas combles d'or, d'argent, de pierres précieuses, de colliers et d'autres ornements impériaux ? Et voilà que nous avons perdu ce que nous avions de plus beau. Viens, brûlons ces injustes registres d'impôts ; qu'il nous suffise pour notre fisc de ce qui suffisait à ton père. » Ayant dit ces mots en se frappant la poitrine, elle jeta les registres au feu en disant au roi : « Que tardes-tu ? fais ce que tu me vois faire ; afin que si nous perdons nos enfants, nous évitions la peine éternelle. » Le roi, touché de cœur, jeta les livres au feu, et défendit de lever ces impôts à l'avenir [1]. »

Un autre enfant leur étant né, mourut aussi. « La reine, attribuant cette mort à des maléfices, fit prendre des femmes de Paris, et les livra aux tourments ; les unes furent assommées, les autres brûlées, plusieurs attachées à des roues qui leur brisaient les os. Puis, ayant pris le trésor de son enfant, vêtements, étoffes de soie et autres choses, elle le jeta au feu : on dit qu'il y en avait quatre chariots. Elle fit consumer l'or et l'argent dans une fournaise, afin qu'il ne restât rien d'entier qui lui rappelât la douleur de la mort de son fils [2]. » Alors le dernier des fils de Chilpéric, nommé Clovis, dit : « Voilà que, mes frères étant morts, tout le royaume me demeure. Mes ennemis tomberont entre mes mains, et j'en ferai ce qu'il me plaira. » Frédégonde persuada à Chilpéric que Clovis avait causé la mort de ses enfants ; et, par son ordre, elle le fit conduire, dépouillé et garrotté, dans une maison où il fut frappé d'un couteau [3].

§ VII. Reprise de la guerre entre la Neustrie et l'Austrasie. — Mort de Chilpéric. — Pendant que ceci se passait en Neustrie, les leudes étaient les maîtres en Austrasie, sous un roi enfant, et ce royaume avait perdu toute force et toute unité. La population romaine, déjà peu nombreuse dans cette partie de la Gaule, s'y était tellement annihilée, qu'elle semblait totalement disparue, et que, de nos jours encore, la langue germanique est

---

[1] Grég. de Tours, liv. v, ch. 35. — [2] Id., liv. vi, ch. 35. — [3] Id., liv. v, ch. 40.

presque seule parlée dans ces pays. Cependant Brunehaut, voyant grandir son fils, avait essayé de rétablir l'autorité royale, et elle s'était fait un parti puissant, à la tête duquel était Lupus, duc de Champagne. Ce parti prit les armes contre les leudes. « Éloigne-toi de nous, ô femme, dirent les grands à la reine au moment du combat, si tu ne veux être foulée aux pieds de nos chevaux. Qu'il te suffise d'avoir gouverné le royaume sous ton mari : maintenant c'est ton fils qui règne; et son royaume est sous notre protection [1]. » Lupus fut vaincu, et se réfugia chez Gontran. Ce roi, tout dévoué aux prêtres et entouré de sujets gaulois, semblait l'espoir de tout ce qui était romain. Les Austrasiens tournèrent leurs armes contre lui, et s'allièrent même avec Chilpéric. La guerre se fit encore dans l'Aquitaine, partagée si bizarrement entre les trois rois, et les Francs s'y livrèrent au pillage et au meurtre, « comme on a coutume, dit Grégoire de Tours, de le faire en pays ennemi; ils en tirèrent tant de butin et de captifs, que la contrée sembla entièrement vide d'hommes et de troupeaux [2]. » Après des combats nombreux et des traités plus nombreux encore, où les trois rois changeaient sans cesse leurs alliances, l'Aquitaine resta presque entière sous la domination des Neustriens.

Chilpéric mourut assassiné; on accusa de ce meurtre Frédégonde, dont il avait découvert les infidélités (584). Il laissa un enfant de quatre mois, CLOTAIRE II. Sa mère, craignant une attaque des Austrasiens, recueille ses trésors, se réfugie dans la cathédrale de Paris, et envoie dire à Gontran : « Que mon seigneur vienne et prenne le royaume de son frère. J'ai un petit enfant que je veux mettre entre ses bras, m'humiliant moi-même sous sa puissance [3]. » Gontran arrive à Paris, prend sous sa protection l'enfant de Frédégonde, et gouverne les deux royaumes; mais, « comme il n'était pas sûr des hommes parmi lesquels il était venu, il se munit d'armes, et, un certain dimanche, après que le diacre eut fait faire silence au peuple pour ouïr la messe, il se retourna vers les fidèles, et dit : « Je vous conjure, hommes qui êtes ici présents avec vos femmes, de me garder une fidélité inviolable, et de ne pas me tuer comme vous avez tué mes frères. Laissez-moi élever, pendant trois ans, mes neveux, que j'ai adoptés pour fils, de peur qu'il n'arrive (Dieu éternel, ne le souffre pas!) que, moi étant mort, vous ne périssiez avec ces enfants, puisqu'il n'y aurait de notre race aucun homme fort qui vous défende [4]. » C'est qu'il voyait avec effroi que les Francs commençaient à se lasser de cette race de Clovis,

---

[1] Grég. de Tours, liv. VI, ch. 4. — [2] Id., ibid., ch. 31. — [3] Id., liv. VII, ch. 5. — [4] Id., liv. VII, ch. 8.

souillée de crimes; et il avait juré de détruire les meurtriers et leur postérité jusqu'à la neuvième génération, « afin, disait-il, de faire cesser cette coutume perverse de tuer les rois. »

§ VIII. AVENTURES DE GONDOVALD. — VICTOIRE DE LA ROYAUTÉ SUR L'ARISTOCRATIE. — Les grands d'Austrasie s'alarmèrent de l'alliance de Gontran avec Frédégonde, et ils suscitèrent à ce roi des embarras dans l'Aquitaine, où Childebert ne possédait presque plus rien. On vit tout à coup s'élever dans ce pays un fils, vrai ou faux, de Clotaire Ier, nommé Gondovald, qui réclamait sa part de l'empire des Francs. Chassé jadis par son père, il s'en était allé en Orient et avait été élevé à Constantinople. Les grands d'Austrasie, unis à Mummole, patrice des Bourguignons, à Boson, le plus puissant duc du midi, à Didier, duc de Toulouse, etc., lui envoyèrent dire : « Viens, tu es appelé par les principaux du royaume ; nul n'osera s'opposer à toi, car il n'est resté dans la Gaule personne pour gouverner [1]. » Gondovald débarqua à Marseille, fut reconnu solennellement par toutes les grandes villes du midi, traversa Toulouse, Bordeaux, Poitiers, et menaça la Neustrie. L'Aquitaine, qui avait dépensé son énergie dans des guerres dont elle était victime, crut avoir retrouvé son indépendance.

Gontran, inquiet de cette révolte, indiqua un *plaid* aux Austrasiens pour faire la paix. Ægidius, évêque de Reims, chef des leudes d'Austrasie, le duc Boson et beaucoup d'autres se rendirent à cette assemblée. Gontran les vit avec colère, et la discussion devint si violente que les Austrasiens partirent en lui disant : « Nous te disons adieu, ô roi ! la hache est entière qui a tranché la tête à tes frères, elle te fera bientôt sauter la cervelle. » A ces mots, Gontran, furieux, leur fit jeter à la tête du fumier, de la boue, des herbes pourries ; et ils s'en allèrent avec ignominie [2].

Cependant Gondovald faisait de grands progrès et voyait accourir autour de lui tous les mécontents ; il envoya à Gontran des députés avec des baguettes sacrées, selon la coutume des Francs ; mais le roi les fit mettre à la torture, et ils avouèrent que tous les grands d'Austrasie avaient engagé Gondovald à se faire roi. Aussitôt Gontran manda Childebert, qui avait alors quatorze ans, et, après avoir fait un traité d'alliance avec lui, il lui mit sa lance dans la main et lui dit : « C'est la marque que je te donne tout mon royaume. Maintenant va, et soumets à ta domination toutes mes cités comme les tiennes. Les crimes ont fait qu'il ne reste de ma race que toi ; je déshérite tout autre ; sois mon héritier [3]. »

---

[1] Grég. de Tours, liv. VII, ch. 36. — [2] Id., ibid., ch. 14. — [3] Id., ibid., ch. 23.

Alors il lui dévoila la trame ourdie par les grands des trois royaumes contre les rois ; il lui donna des conseils pour se conduire avec ses leudes, et lui recommanda de ne croire ni garder près de lui l'évêque Ægidius. Puis il rassembla les grands et leur dit : « Voyez, guerriers, que mon fils Childebert est déjà devenu un homme fait. Renoncez donc aux méchancetés et aux prétentions que vous entretenez ; car voici le roi à qui vous devez obéir [1]. »

Cette alliance rompit les desseins des conjurés. Une armée de Bourguignons marcha contre Gondovald, qui se retira dans la ville de Comminges et y fut assiégé (585). Trahi par ceux qui l'avaient appelé, il périt de la main de Boson. Les assiégés furent massacrés ; et la ville, entièrement détruite, ne fut rebâtie qu'au onzième siècle, sous le nom de Saint-Bertrand. Mummole et la plupart des ducs furent tués par ordre de Gontran.

Cette victoire abattit l'orgueil des leudes d'Austrasie ; et, vers ce temps, « Wandelin, tuteur et nourricier du roi Childebert, étant mort, on ne mit personne en sa place [2]. » Brunehaut s'empara de tout le pouvoir, restaura la royauté d'une main vigoureuse, et commença des exécutions. « Alors les leudes s'entendirent avec ceux de Neustrie (587), et tinrent conseil pour tuer le roi Childebert et lui faire succéder Théodebert, l'aîné de ses fils, sous la tutelle d'un nommé Rauching ; deux autres leudes, Ursion et Bertfried, auraient pris avec eux le plus jeune, nommé Théodoric, et, après avoir chassé Gontran, se seraient emparés de son royaume. Pleins de colère contre Brunehaut, ils avaient résolu de la réduire à l'humiliation où elle était au commencement de son veuvage. Toutes ces choses parvinrent à l'oreille de Gontran, qui, ayant envoyé des messages secrets à Childebert, lui fit connaître tout ce qui se machinait contre lui [3]. » Celui-ci manda Rauching et le fit assassiner. Ursion et Bertfried, qui s'avançaient avec une armée, furent défaits et tués. Le fameux Boson fut massacré dans l'église de Trèves, où il s'était réfugié ; d'autres passèrent en des pays étrangers, quelques-uns furent dépouillés de leurs dignités. Enfin, Ægidius fut jugé par les évêques : « il déclara qu'il avait toujours agi contre les intérêts du roi et de sa mère, que c'était par son conseil que tant de guerres avaient dépeuplé la Gaule [4], » et il fut condamné à l'exil.

Cette victoire de la royauté sur l'aristocratie fut cimentée par le traité d'Andelot, dans lequel Gontran et Childebert se garantirent leurs états, se rendirent mutuellement les leudes qui avaient passé

---

[1] Grég. de Tours, liv. VII, ch. 23. — [2] Id., liv. VIII, ch. 21. — [3] Id., liv. IX, ch. 9. — [4] Id., ibid., ch. 19.

d'un royaume dans l'autre, et maintinrent les dons faits à l'Église et à leurs fidèles.

§ IX. MORT DE GONTRAN, DE CHILDEBERT ET DE FRÉDÉGONDE. — Après cette grande lutte, il y eut quelques années de repos; mais les royaumes des Francs se ressentirent long-temps de ces déchirements, et semblèrent même avoir perdu leur force militaire. Les Austrasiens, sur la demande des papes et des empereurs, s'en allèrent faire la guerre en Italie contre les Lombards, et n'en rapportèrent que peu de gloire et de butin. De leur côté les Neustriens et les Bourguignons firent quatre invasions dans la Septimanie, « car c'était une honte, disait Gontran, que les limites de ces horribles Goths s'étendissent jusque dans la Gaule; » mais ils n'éprouvèrent que des désastres et ruinèrent l'Aquitaine par leur passage.

Gontran meurt (593). Childebert réunit les deux royaumes d'Austrasie et de Bourgogne; mais il meurt deux ans après (595) et laisse deux fils sous la tutelle de leur aïeule Brunehaut. Théodebert règne sur les Austrasiens, Théodoric sur les Bourguignons. Ainsi, l'empire des Francs est gouverné par deux femmes et trois enfants qui ont chacun leur maire du palais.

La guerre entre la Neustrie et l'Austrasie recommence ; et Frédégonde, après avoir affermi, par des victoires et des crimes, le trône de son fils, meurt tranquille et glorieuse (597). A sa mort, les Austrasiens et les Bourguignons réunis envahissent la Neustrie. Clotaire II est vaincu à la bataille de Dormeille et conclut un traité par lequel il cède à ses ennemis tous ses états, sauf douze cantons, entre la Seine et la mer, qui forment désormais son royaume.

§ X. DOMINATION DE BRUNEHAUT. — LIGUE DES LEUDES CONTRE LA ROYAUTÉ. — MORT DE BRUNEHAUT. — Cependant Brunehaut demeurait en Austrasie, respectée des papes, des empereurs, des rois barbares; elle protégeait les arts, construisait des routes, bâtissait des monastères, détruisait le culte des idoles, réformait les mœurs du clergé, et prenait la plus grande part à la conversion des Anglo-Saxons au christianisme. « L'autorité doit être basée sur la justice, lui écrivait le pape Grégoire-le-Grand ; vous tenez inviolablement à cette règle, on le voit à la manière digne d'éloges avec laquelle vous gouvernez tant de peuples divers. Votre zèle est ardent, vos œuvres précieuses, votre âme affermie dans la crainte de Dieu [1]. » Mais elle continuait sa lutte contre les grands : elle les faisait périr, les dépouillait de leurs biens, et, à la fin, elle fit tuer le maire du palais Wintrio. Alors ils se révoltèrent, la

---

[1] Œuvres de saint Grégoire, t. II.

chassèrent d'Austrasie, et la forcèrent à chercher un refuge en Bourgogne (598).

Là, elle engage Théodoric à faire la guerre aux Austrasiens; mais les grands de Bourgogne s'y opposent, et elle commence contre eux la même lutte qu'en Austrasie. Elle ne s'entoure que de Gaulois-Romains, et leur donne tous les grands offices. « Un d'eux, Protadius, est créé maire du palais; il s'applique à abaisser les leudes, et, malgré eux, engage la guerre avec l'Austrasie. Mais, comme les deux armées étaient en présence, les grands se jettent sur Protadius et le tuent dans la tente du roi [1]. » Brunehaut ne se laisse pas abattre, venge la mort de Protadius, fomente les divisions entre les deux rois (605) ses petits-fils, et, pour assurer sa puissance, corrompt Théodoric et l'entoure de concubines.

A cette époque, saint Colomban, moine d'Irlande, remplissait de sa renommée la Gaule et la Germanie : ses aventures et ses miracles intéressaient plus les peuples que tous les événements politiques; ses paroles et ses vertus avaient partout du retentissement; Rome s'inquiétait du nombre de ses disciples et de ses doctrines subtiles empruntées aux écoles platoniques de l'Irlande. Les déportements du jeune Théodoric excitèrent son indignation; il lui envoya des lettres « pleines de coups de fouet ; » rejeta ses prières et ses présents, et, au lieu de bénir ses enfants, dit à la vieille reine : « Ils sont sortis de mauvais lieux et ne porteront jamais le sceptre. » Alors, Brunehaut irritée envoya contre lui des soldats qui se jetèrent à ses pieds, le supplièrent de leur pardonner leur crime, et l'entraînèrent en exil (606) [2]. Dès ce moment, l'Église, persécutée dans la personne de saint Colomban, abandonna Brunehaut et fit cause commune avec les leudes.

Cependant Théodoric, sollicité continuellement par la vieille reine, se décida à faire la guerre à son frère (612). Après s'être assuré de la neutralité des Neustriens, il entra dans l'Austrasie, gagna deux grandes batailles à Toul et à Tolbiac, conquit tout le royaume et fit tuer Théodebert avec ses enfants. De là il allait marcher contre Clotaire, qui avait violé sa neutralité, et réunir toute la Gaule sous son sceptre, lorsqu'il mourut, laissant quatre fils sous la tutelle de leur bisaïeule Brunehaut. La vieille reine garda les deux royaumes et se disposa, selon l'ambition de toute sa vie, à rétablir une monarchie sur le modèle de l'empire romain.

Mais les leudes d'Austrasie, sortis de la stupeur de leurs défaites, crurent le moment venu d'en finir avec cette ennemie implacable et

[1] Frédégaire, ch. 27. — [2] Id., ch. 36.

avec toute sa race : ils renouvelèrent leur formidable ligue, s'unirent aux grands de Bourgogne et à leur maire Warnakher, à qui Brunehaut était aussi odieuse, et appelèrent à leur aide les leudes de Neustrie, en promettant de se mettre sous la domination de leur roi. Arnolf et Peppin, les deux plus puissants seigneurs de l'Austrasie, et desquels descend la deuxième dynastie franque, dirigeaient ce grand complot, d'où date la ruine des Mérovingiens. « Il fut unanimement résolu qu'on ne laisserait échapper aucun des fils de Théodoric, qu'on les tuerait tous avec Brunehaut, et qu'on donnerait à Clotaire tout l'empire franc, partagé en trois mairies [1]. »

L'aristocratie des trois royaumes étant unie dans cette vaste conjuration, Clotaire s'avança avec une armée, déclarant qu'il venait soumettre sa cause au jugement de Dieu et des Francs (613). Brunehaut vint à sa rencontre avec une armée de Bourguignons et d'Austrasiens ; mais, au moment où la bataille allait s'engager sur les bords de l'Aisne, cette armée tourna le dos et s'enfuit dans son pays. La vieille reine fut prise avec ses petits-fils et conduite à Clotaire, qui fit d'abord tuer les enfants ; « l'ayant ensuite tourmentée par divers supplices pendant trois jours, il la fit conduire à travers toute l'armée sur un chameau, et attacher ensuite par les cheveux, les pieds et un bras à la queue d'un cheval furieux, et ses membres furent dispersés par les coups de pied et la course fougueuse du cheval [2]. »

Ainsi périt cette grande reine ; ainsi furent vaincus avec elle la civilisation romaine par la barbarie germanique ; et les essais de monarchie impériale par l'aristocratie des leudes ; ainsi se termina la première période de la lutte entre l'Austrasie et la Neustrie. Clotaire profita de la victoire des barbares, des leudes, des Austrasiens ; mais cette victoire devait retomber sur sa race et sur la Neustrie. Il régna sur toutes les nations franques ; mais « Warnakher fut institué maire du palais dans le royaume des Bourguignons, après avoir reçu du roi le serment de n'être jamais dégradé ; dans l'Austrasie, Radon occupa la même charge ; enfin Gundoland gouverna la Neustrie [3]. »

CHAPITRE V.

Maires du palais. — 613 à 687.

§ I. Règne de Clotaire II. — Clotaire, l'année suivante (614), confirma la victoire des grands dans une ordonnance, dite *Consti-*

---

[1] Frédégaire, ch. 40 et 41. — [2] Id., ch. 42. — [3] Id., ch. 43.

tution perpétuelle, qui fut signée par soixante-dix-neuf évêques et une multitude de fidèles réunis en concile [1]. » En voici quelques articles : 1° Tous les impôts établis par les quatre fils de Clotaire Ier sont abolis. 2° Tous les biens ou bénéfices enlevés aux leudes et aux églises leur sont restitués, et toutes les concessions qui leur ont été faites sont irrévocablement confirmées. 3° L'élection des évêques est réservée au concile provincial, au clergé et au peuple des cités, le roi n'ayant que le droit de confirmation. 4° Les clercs sont soustraits à la juridiction des officiers royaux ; et la connaissance d'une foule de crimes publics et privés est attribuée aux tribunaux ecclésiastiques. 5° Les juges ne doivent pas obéir aux ordonnances du roi qui violent la loi ; et il leur est interdit de condamner personne, même un esclave, sans qu'il ait été entendu. 6° Quiconque viole la paix publique doit être puni de mort.

Toutes ces prescriptions, qui portent l'empreinte des efforts du clergé pour mettre le droit à la place de la force dans cette société si anarchique, ne furent pas exécutées ; et la victoire de l'aristocratie ne fit qu'augmenter le chaos où vivait la Gaule. Les Francs avaient perdu dans les guerres civiles leur énergie et leurs vertus sauvages, les Gaulois y laissèrent les dernières lueurs de leur civilisation et les débris des institutions romaines. La classe des hommes libres diminua ; les petits propriétaires se virent dépouillés par les grands et réduits à la condition de tributaires ; les alods, agrandis immesurément, embrassèrent des provinces entières. Les conciles, qui avaient fait dans les deux derniers siècles toutes les lois religieuses et civiles, ne s'assemblèrent plus que rarement ; les églises et les abbayes se gouvernèrent isolément ; la hiérarchie ecclésiastique se confondit ; les évêques, qui étaient presque tous des leudes nommés par fraude ou par violence, vendirent ou dilapidèrent les biens de leurs églises, vécurent de guerre, de chasse et de pillage, exercèrent une véritable tyrannie sur leurs prêtres, et abandonnèrent le célibat pour traîner devant l'autel une épouse ou une concubine. L'élément aristocratique l'emporta dans la société religieuse comme dans la société civile.

Pendant que les grands prenaient cette puissance, Clotaire se trouvait réduit à une nullité presque complète, surtout chez les Austrasiens. Ceux-ci s'étant même lassés de lui obéir, et voulant avoir un roi particulier, il leur donna (622) son fils Dagobert, qui fut placé sous la tutelle de Peppin, maire du palais, et d'Arnolf, évêque de Metz.

§ II. Règne de Dagobert. — Quelques années après, il mourut,

[1] Capitul. de Baluze.

laissant deux fils, DAGOBERT Ier et Caribert (628). Le premier rassembla une armée en Austrasie et se fit élire roi par les leudes de Neustrie et de Bourgogne; le second s'efforça vainement d'avoir une part dans les trois royaumes. « Cependant Dagobert, touché de compassion et conseillé par des hommes sages, céda à son frère ce qui pouvait lui suffire pour vivre dans une condition privée, c'est-à-dire la moitié de l'Aquitaine. Caribert établit sa résidence à Toulouse, comme roi des Aquitains [1]. » La Gaule méridionale, toujours méprisée des Francs, souffrait impatiemment leur domination : elle crut avoir recouvré son indépendance sous Caribert, surtout lorsqu'elle le vit s'allier avec les Vascons, qui jouaient alors un rôle très-brillant dans le midi.

Ce peuple, nommé par lui-même *Escualdunac*, habitait les hautes vallées des Pyrénées occidentales ; ancien dominateur d'une partie de l'Espagne et de la Gaule, pur de tout mélange avec les autres races, glorieux de sa langue primitive et de son antiquité, il n'avait été soumis complétement ni par les Romains, ni par les Visigoths, ni par les Francs. Depuis le milieu du sixième siècle, il s'était précipité du haut de ses montagnes, avait combattu les Francs avec acharnement, s'était organisé en état ou duché indépendant, et avait étendu sa domination sur le pays entre Pyrénées et Garonne, auquel il a laissé le nom de *Gascogne*, nom qui menaça d'être donné à tout le midi de la Gaule. Le duc des Vascons était alors Amandus : il maria sa fille à Caribert. Celui-ci étant venu à mourir, Dagobert voulut reprendre l'Aquitaine, et s'intitula « roi des Francs et prince du peuple romain ; » mais les ducs et comtes qu'il envoya dans ce pays furent maltraités et quelques-uns massacrés ; d'autres s'imprégnèrent peu à peu de la haine du midi contre le nord, et se trouvèrent entraînés par leur ambition « dans le parti des serfs romains contre la noble nation des Francs [2]. » Amandus se déclara pour les deux fils de Caribert, et, soulevant toute l'Aquitaine, voulut rétablir le royaume de Toulouse. Alors Dagobert leva une grande armée et en donna le commandement à dix ducs francs, bourguignons et romains ; l'Aquitaine fut soumise, et les Vascons, vaincus, furent forcés d'envoyer leurs chefs à Dagobert, qui leur donna la vie « sous le serment qu'ils seraient fidèles à lui, à ses fils et à l'empire des Francs (636). » Malgré ce serment, les Vascons restèrent indépendants.

Dagobert reprit le projet de ramener les leudes à la soumission

---

[1] Frédégaire, ch. 47.
[2] *Edil francono luidi.* Voy. Aug. Thierry, Lettres sur l'Hist. de France; et Fauriel, Hist. de la Gaule mérid., t. II.

et de faire de la royauté un pouvoir social et régulier. Pour cela il quitta l'Austrasie, où il se trouvait sous la puissance d'Arnolf et de Peppin, et s'en alla en Neustrie, où il se fit une cour pompeuse. « Il y retint les principaux leudes d'Austrasie, et surtout Peppin, qu'il voulait tuer; mais voyant que sa dignité en serait ébranlée il n'osa le faire [1]. » Ensuite il enleva aux grands, même aux églises, les bénéfices qui avaient appartenu au trésor royal, et les partagea entre ses hommes de guerre pour se faire de nouveaux leudes plus soumis. Enfin il parcourut les trois royaumes pour faire montre de sa puissance et y remettre la justice. « Sa venue frappa de terreur les évêques et les grands, mais elle combla les pauvres de joie [2]. »

Ce roi avait une immense renommée dans l'Occident. Sa cour fastueuse, pleine d'évêques et de femmes, les hommes illustres, comme saint Ouen et saint Éloi, qu'il avait pour ministres, les abbayes qu'il fit construire, les lois salique et ripuaire qu'il fit rédiger, font de son règne l'époque la plus brillante de l'histoire des Neustriens. Les Francs semblaient avoir remplacé dans l'Occident les Romains; aucun peuple ne pouvait lutter de puissance et de gloire avec eux. En effet, les Visigoths ne possédaient plus que l'Espagne et la Septimanie; les Ostrogoths avaient disparu de l'Italie et les Vandales de l'Afrique; les huit petits états formés par les Anglo-Saxons dans la Bretagne n'occupaient nullement les regards; les Alamans, les Saxons, les Frisons, les Bavarois, les Lombards étaient tributaires; enfin, les empereurs d'Orient renouvelaient avec empressement leur alliance. Il n'y avait de voisins redoutables aux Francs que les Wenèdes, peuple slave qui s'était emparé du bassin de l'Elbe, et les Bulgares, peuple tartare qui occupait le bassin inférieur du Danube. Ces deux peuples étaient sans cesse attaqués et poussés en avant par les Abares, qui campaient entre les Carpathes et les Alpes.

Quelques hordes de Bulgares, poursuivies par les Abares, cherchèrent asile dans l'empire des Francs (631). « Le roi leur ordonna de passer l'hiver dans le pays des Bavarois, en attendant qu'il eût examiné avec ses leudes ce qu'il devait faire d'eux; puis, les Bulgares étant ainsi dispersés dans les maisons des Bavarois, il commanda, par le sage conseil des Francs, de les tuer tous en une nuit avec femmes et enfants; ce qui fut exécuté [3]. »

Les Wenèdes étaient plus redoutables; ils avaient secoué le joug des Abares, et, commandés par un Franc nommé Samo, ils inter-

---

[1] Vie de Peppin de Landen. — Frédégaire, ch. 52.
[2] Frédégaire, ch. 48. — [3] Vie de Dagobert.

ceptaient les marchandises et les voyageurs par la vallée du Danube. Dagobert les fit attaquer par les Alamans, les Lombards et les Austrasiens. Ces derniers se laissèrent battre ; « mais ils durent leur défaite moins au courage des Wenèdes qu'à l'abattement où ils étaient tombés en se voyant haïs de Dagobert, persécutés et dépouillés de leurs biens. Les ravages des Wenèdes continuèrent. Alors Dagobert vint à Metz ; et, par le conseil et du consentement des grands et des évêques d'Austrasie, il établit roi son fils Sigebert sous la tutelle du duc Adalgise et de son fils Cunibert, qui devaient gouverner le palais et le royaume (633). Dès lors, les Austrasiens reprirent courage et défendirent contre les Wenèdes la frontière et l'empire des Francs [1]. »

§ III. ARCHITECTURE LOMBARDE. — LITTÉRATURE RELIGIEUSE. — Dagobert protégeait les arts ; et les nombreux édifices religieux qui furent fondés de son temps donnèrent une vive impulsion à l'architecture, qui prit des formes nouvelles. A la basilique grecque, qui n'avait été en Gaule qu'une copie en bois des monuments de marbre de Rome et de Bysance, succéda l'église dite *lombarde;* coupée en trois nefs parallèles, inégales en largeur, surmontée de l'arc en plein cintre, elle était soutenue par des colonnes grosses et courtes, et avait une façade sans portique garnie de deux tours massives : monument lourd et disgracieux, mais plus occidental et plus sévère que la basilique. C'est dans ce style que Dagobert fit bâtir l'abbaye de Saint-Denis, avec une magnificence presque fabuleuse ; il la décora de meubles et vases précieux, ouvrages de saint Éloi, qui s'illustra dans ce siècle par la perfection qu'il donna au travail des métaux ; enfin, il l'enrichit de vastes domaines et lui donna en une seule fois vingt-sept villes ou villages. Cette abbaye acquit une immense renommée, et devint comme la métropole de la Gaule.

Pendant que les fondations religieuses donnent aux arts une nouvelle existence, la littérature romaine finit. Les écoles municipales ont été remplacées par des écoles monastiques, où l'enseignement n'est plus que religieux ; la littérature sacrée reste seule. Cette littérature, originale de formes et d'idées, n'est plus seulement un objet de jouissances intellectuelles, mais un moyen d'action et de gouvernement sur les esprits : les auteurs, qui sont ordinairement des évêques et des missionnaires, ne songent pas à faire de l'art, mais de l'effet ; ils ne veulent pas plaire aux esprits, mais remuer les cœurs ; leur éloquence est sauvage, simple, triviale, toute d'inspiration ; leur fécondité d'esprit prodigieuse. Ce qu'ils nous ont

[1] Frédégaire, ch. 61 et 69.

laissé de sermons, d'homélies, d'instructions religieuses, est presque incroyable. En outre, la littérature des légendes et des vies des saints occupe une très-grande place ; c'est la poésie et le roman de l'époque. Ces récits brillants, variés, dramatiques, alimentaient la sensibilité et séduisaient l'imagination ; ils transportaient les lecteurs dans un monde idéal de perfection et de sainteté ; ils offraient aux esprits découragés l'image d'une société imaginaire, où ils trouvaient un ordre de faits et de moralités qui les vengeaient et les consolaient des hommes et des choses du temps [1]. C'est dans les légendes qu'est toute l'histoire de cette époque, tant les intérêts politiques sont absorbés par les intérêts religieux. Les rois, leurs cours et leurs intrigues n'intéressent qu'autant qu'ils sont mêlés aux affaires des moines, des évêques, des saints ; les miracles, les prédications, les cérémonies religieuses ont seuls le pouvoir d'éveiller les esprits ; une réputation de sainteté est l'unique moyen d'exciter l'enthousiasme et d'arriver à la gloire.

§ IV. RÈGNE DE SIGEBERT ET DE CLOVIS II. — Dagobert mourut, laissant deux fils, Sigebert et CLOVIS II (638). D'après un traité fait avec les grands, le premier continua à gouverner l'Austrasie, Peppin étant maire du palais ; le deuxième régna sur la Neustrie et la Bourgogne, ayant pour tuteur le maire Æga. Alors commence la série des rois appelés *fainéants* par les anciens historiens.

Peppin gagna l'amitié de tous les leudes, et fit une étroite alliance avec eux. « Dans sa dignité peu différente de la grandeur suprême, dit son biographe, il imposait à tous, et au roi lui-même, le frein de l'équité ; véritable père de la patrie, modèle des ducs et instruction des rois, il aurait pu dire comme Job : C'est par moi que les rois règnent ; c'est par moi que les juges appliquent la loi [2]. » Il eut pour successeur dans la mairie du palais son fils Grimoald ; « car le peuple était dans l'habitude de ne confier cet office qu'à des hommes distingués par leur naissance et par leurs richesses [3]. »

A la mort de Sigebert, Grimoald, voyant le mépris des Austrasiens pour la race du grand Clovis, relégua le fils de Sigebert dans un monastère d'Irlande, et fit nommer roi son propre fils. Mais le moment n'était pas encore venu de renverser l'antique famille des

---

[1] Guizot, Hist. de la Civilis. en France, t. II, leçon 17. — On a fait des vies des saints une collection non achevée (collection des Bollandistes) qui contient seulement les neuf premiers mois de l'année, et forme cinquante-trois volumes in-folio ; le seul mois d'avril a quatorze cent soixante-douze légendes. Ce recueil est loin de contenir tout ce qui nous reste de ces biographies, dont les trois quarts ont été perdus.

[2] Vie de Peppin-le-Vieux, par un contemporain.

[3] Eginhard, Vie de Charlemagne.

rois chevelus. Les Austrasiens s'unirent aux Neustriens contre Grimoald, qui fut tué avec son fils ; et Erkinoald, qui avait succédé à Æga, gouverna tout l'empire des Francs, Clovis II étant seul roi (640).

§ V. ÉBROÏN RELÈVE LA ROYAUTÉ ET LA NEUSTRIE. — A la mort de Clovis II [1] (656), Erkinoald laissa l'empire indivis entre les fils de ce roi ; mais, lorsqu'il mourut (660), Childéric II régna en Austrasie, Wulfoald étant maire, et CLOTAIRE III en Neustrie et en Bourgogne, Ébroïn étant maire. La lutte entre la royauté et l'aristocratie allait recommencer dans les trois royaumes, et s'agrandir par la haine invétérée des deux races franques.

Ébroïn, homme ambitieux et plein de talents, voulut régénérer la puissance royale en Neustrie : il exila et dépouilla les grands ; et en fit périr un grand nombre. Leudes et évêques se révoltèrent contre sa tyrannie, et prirent pour chef Léodegaire ou Léger, évêque d'Autun, homme très-puissant par son savoir, ses richesses et son énergie. Clotaire III vint à mourir (670). « Ébroïn, au lieu de convoquer solennellement tous les grands pour élire un nouveau roi, éleva au trône, de sa seule autorité, un troisième fils de Clovis II, Théodoric, ou Thierry Ier. » A cette nouvelle, les leudes de Neustrie et de Bourgogne se réunirent, firent alliance avec ceux d'Austrasie, reconnurent pour roi CHILDÉRIC II, et se mirent en marche. Ébroïn et son roi, abandonnés de tous, tombèrent aux mains des leudes, furent tondus et relégués dans des monastères. Childéric II fut reconnu roi des trois royaumes, Wulfoald et Léger étant maires du palais.

Les grands profitèrent de leur victoire pour se faire céder de nouveaux priviléges qui tendaient à ramener les rois à l'antique égalité germanique. « Tout ce que Léger trouva de disparate avec les lois des rois anciens et des grands leudes, il le réduisit à l'état où il était jadis [2]. » Le roi s'alarma, maltraita les Neustriens, accusa Léger de « vouloir renverser la domination royale et envahir la souveraine puissance, et l'exila dans l'abbaye de Luxeuil, où Ébroïn portait l'habit de moine [3]. » Ensuite, et par le conseil des Austra-

[1] « Ce roi, pendant tout son règne, maintint son royaume en paix ; mais il vint un jour comme pour prier dans l'église des Saints-Martyrs (Denis et ses compagnons), et, voulant avoir en sa possession leurs reliques, il fit découvrir leur sépulcre. A la vue du corps du bienheureux Denis, plus avide que pieux, il lui cassa l'os du bras, l'emporta, et, frappé soudain, tomba en démence. Le saint lieu fut aussitôt couvert de ténèbres si profondes, et il s'y répandit une telle terreur, que les assistants, saisis d'épouvante, prirent la fuite. Le roi, pour recouvrer le sens, donna ensuite à la basilique plusieurs domaines, fit garnir d'or et de pierreries l'os qu'il avait détaché du corps du saint, et le replaça dans le tombeau ; mais il ne recouvra jamais la raison entière, et au bout de deux ans il perdit la vie. » (Vie de Dagobert.)

[2] Vie de saint Léger. — [3] Ibid.

siens, il se livra à tous les excès envers les Neustriens, et fit même battre de verges un leude. Les grands frémirent d'horreur, et massacrèrent le roi et sa famille (673).

A cette nouvelle, Ébroïn et Léger sortirent de leur prison ; les proscrits de tous les partis reparurent ; leudes et ahrimans, Neustriens et Austrasiens se firent une guerre très-confuse ; « et il y eut une telle anarchie dans les royaumes francs, qu'on crut que la venue de l'Anti-Christ était proche [1]. » Les Neustriens élurent pour roi ce même Thierry Ier qu'ils avaient chassé (674) ; « les ducs, leurs familles, leurs compagnons, se précipitèrent au-devant de Léger, offrant de se dévouer pour lui [2]. » De son côté, Ébroïn réunit une foule d'aventuriers, alla en Austrasie où il grossit son armée, se donna un faux roi et marcha contre la Neustrie. Les leudes furent vaincus ; » et quiconque ne se soumit pas à Ébroïn fut dépouillé de ses dignités ou frappé par le glaive. » Léger se retira dans sa ville d'Autun, et s'y disposa à soutenir un siége ; mais, lorsqu'il vit la nombreuse armée qui l'entourait, il dit adieu à son peuple, fit ouvrir les portes et se livra à ses ennemis, qui lui crevèrent les yeux.

Alors Ébroïn abandonna son faux roi, reconnut Thierry Ier, et gouverna avec une autorité absolue sur les Neustriens et les Bourguignons. Regardant comme ennemi tout ce qui était riche et puissant, il fit tuer, dépouiller, exiler les grands ; il accabla Léger de tourments, le réduisit en esclavage, le fit dégrader par un concile. Mais toutes ces persécutions tournèrent à la gloire de l'évêque, que l'opinion publique vénérait comme un martyr ; et, lorsqu'il lui fit trancher la tête, le peuple, qui ne voyait en lui qu'un prélat, et non le chef des leudes, le regarda comme saint et célébra sa mémoire dans de pieuses légendes (675).

Les leudes, persécutés par Ébroïn, se réfugièrent, les uns dans le pays des Vascons, où ils restèrent, les autres dans l'Austrasie, dont ils réveillèrent la vieille haine contre la Neustrie. Les Austrasiens avaient alors pour roi un moine vicieux, Dagobert, prétendu descendant de Clovis, qui s'attira la haine des grands ; ils le tuèrent, et, décidés à n'avoir plus de rois, ils gouvernèrent l'Austrasie à leur volonté, et prirent pour chefs Martin et Peppin, petits-fils de Peppin-le-Vieux et d'Arnolf (678). Ceux-ci résolurent d'attaquer Ébroïn, odieux à l'Austrasie comme restaurateur de la royauté et de la Neustrie, et qui d'ailleurs menaçait de poursuivre jusque chez eux les leudes neustriens. Mais ils furent vaincus ; et Martin, étant venu à un rendez-vous donné par Ébroïn, pour traiter

---

[1] Vie de saint Léger. — [2] Ibid.

de la paix, fut tué en trahison. De là, Ébroïn s'avança dans l'Austrasie avec le dessein d'en faire la conquête; mais il fut assassiné par un Neustrien qui se réfugia auprès de Peppin (684). Ainsi mourut cet homme, si remarquable par ses idées et ses talents, « qui exerça sur les habitants de la Gaule un pouvoir plus grand que n'en avait jamais possédé aucun Franc [1], » et qui retarda le triomphe de l'aristocratie et de l'Austrasie.

§ VI. Fin de la lutte entre les Neustriens et les Austrasiens ; bataille de Testry. — La guerre continua. Après cinquante ans de discordes civiles, les deux races avaient fini par se considérer complètement comme étrangères et ennemies; et la lutte devait se terminer par la ruine de l'une ou de l'autre.

Depuis la conquête de Clovis, les Francs saliens ou occidentaux avaient eu la prééminence dans la Gaule, grâce à leur position centrale et à l'avantage qu'ils eurent d'hériter des débris des institutions romaines. Leurs établissements s'étaient consolidés plus facilement que ceux des Francs ripuaires ou orientaux, chez lesquels l'invasion se continuait par la fluctuation perpétuelle des peuples germains. Mais les Neustriens avaient rapidement perdu l'âpreté de leurs mœurs conquérantes : naturalisés et confondus avec les Gaulois, ils en avaient pris la langue, les mœurs, les vices ; et les familles des premiers conquérants s'étaient anéanties dans les fureurs des guerres civiles ou dans les débauches de la paix. Au contraire, les Austrasiens, nombreux et ramassés, tenaient encore à l'antique pays des Francs, d'où ils tiraient leur force et leur fécondité, et ils vivaient en relation continuelle avec les tribus germaines. Farouches et belliqueux, libres et égaux comme leurs pères, influencés à peine par le contact des Gaulois, ils s'attribuaient exclusivement le nom de Francs, et donnaient avec mépris celui de Romains à leurs rivaux de la Neustrie. La langue tudesque s'était conservée chez eux ; chez les Neustriens, elle avait fait place à la langue latine ; les deux pays étaient devenus, selon l'expression des historiens, l'un la *France romaine*, l'autre la *France teutonique* [2], distinction populaire dont il reste encore des traces profondes [3].

Dans la dégénération sociale, qui était à son comble, le pouvoir qui avait prévalu et qui semblait seul avoir de l'avenir, c'était l'aristocratie, qui l'avait emporté et sur l'administration romaine et sur la royauté barbare. Or, cette aristocratie était, dans l'ordre

---

[1] Vie de saint Léger. — [2] Luitprand., liv. I.
[3] Guizot, troisième Essai sur l'Hist. de France. — Aug. Thierry; Lett. x sur l'Hist. de France. — Sismondi, Hist. des Français, t. II.

civil et dans l'ordre religieux, pleine et forte chez les Austrasiens, tandis qu'elle avait été affaiblie et ruinée chez les Neustriens. Les leudes d'Austrasie tendaient donc à faire succéder leur domination à celle des rois de la race de Clovis, dont ils s'étaient déjà débarrassés ; ils visaient à conquérir à la fois la Neustrie et la royauté. Le digne représentant de leur ambitieux projet était Peppin, homme tout plein de cet esprit de conquête et de propriété qui était un principe de vie pour la société future, personnage tout populaire, par le grand nombre de saints et d'évêques qu'il comptait dans sa famille : « sans avoir le nom de roi, il régnait en Austrasie avec une puissance royale [1]. »

Les idées d'Ébroïn s'étaient continuées chez ses successeurs. Les leudes de Neustrie, persécutés par eux, continuèrent à chercher un refuge en Austrasie, se lièrent avec Peppin par des otages et des serments, et l'excitèrent à la guerre contre Berthaire, maire du palais sous le roi Thierry Ier.

Peppin somma Berthaire de rappeler les exilés et de leur rendre leurs biens. Celui-ci répondit qu'il irait les chercher en Austrasie. Peppin rassembla ses leudes et les auxiliaires d'outre-Rhin, et marcha contre les Neustriens. Les deux armées se rencontrèrent près de la ville de Vermand (Saint-Quentin), dans un lieu nommé Testry (687). Le combat fut très-acharné, mais décisif : Peppin remporta la victoire, poursuivit les Neustriens, et soumit tout leur pays. Berthaire fut tué avec une grande partie de ses leudes ; les autres se réfugièrent dans des monastères ou prêtèrent serment de fidélité au vainqueur ; le roi Thierry fut pris, et Peppin gouverna tout l'empire des Francs comme maire de Neustrie et de Bourgogne.

Cette bataille mit fin à la lutte de l'aristocratie contre la royauté et à celle de l'Austrasie contre la Neustrie. Les Neustriens, dont les rois étaient parvenus à presque tout le pouvoir impérial, tombèrent définitivement sous le joug des Austrasiens, dont les grands avaient déjà fait passer à l'un d'eux le pouvoir sinon le titre des Mérovingiens. Ainsi cette multitude de petits états fondés par la conquête, qui avaient changé sans cesse de maîtres, de frontières et d'étendue, qui s'étaient réduits à deux aussi variables et aussi agités, finirent par se confondre en une seule domination.

La famille de Peppin devait fonder un nouvel empire et un nouveau gouvernement, empire et gouvernement éphémères, « sorte de pont jeté entre la barbarie et la féodalité [2], » sur les débris desquels s'élèveront les nations modernes et l'ordre social du moyen âge.

---

[1] Annales de Metz. — [2] Guizot, Civil. franç., t. II, neuvième leçon.

LIVRE DEUXIÈME.

DOMINATION DES FRANCS-AUSTRASIENS.

687-843.

CHAPITRE PREMIER.

Peppin d'Herstall, Charles-Martel, Peppin-le-Bref. 687 à 751.

§ I. ÉTAT SOCIAL ET EMPIRE DES FRANCS A LA FIN DU SEP-TIÈME SIÈCLE. — A l'époque de la bataille de Testry, les Francs n'étaient pas encore parvenus à fonder dans la Gaule un ordre social. En effet, la société, demi-romaine, demi-barbare, n'avait revêtu aucune forme stable et générale : rois et leudes, Francs et Gaulois, évêques et moines, n'avaient pas d'existence fixe et de situation arrêtée ; les éléments romain et germanique se heurtaient et se confondaient partout, luttant et transigeant au hasard. La nouvelle révolution ne fit d'abord qu'augmenter le chaos : les Austrasiens, en se répandant dans la Neustrie, donnèrent à leur victoire le caractère d'une seconde invasion germanique. A la vérité, la classe des hommes libres se renouvela ; mais les leudes se firent nommer ducs, comtes, marquis, dans les provinces où ils avaient des bénéfices, et ils confondirent les droits de leur charge avec ceux de leur propriété. Les assemblées du Champ-de-Mars furent plus fréquentes et régulières ; mais l'armée redevint gouvernante et souveraine. Les habitudes guerrières de la nation furent régénérées ; mais l'Église se matérialisa de plus en plus, et prit toutes les mœurs germaniques.

De même les Francs n'étaient pas encore parvenus à fonder un état : mêlés aux Romains, aux Visigoths, aux Bourguignons, et disséminés sur un vaste territoire, ils n'avaient ni centre, ni unité, ni même communauté de nom, de langage et d'intérêts ; et le mouvement imprimé par la bataille de Testry ne fit qu'ajouter à cette incertitude d'existence. Ainsi, à l'orient, les Thuringiens, les Frisons, les Saxons ne refusaient pas de faire partie de la confédération franque ; mais, comme ils voulaient leur part de la conquête, ils continuaient l'invasion, et ne reconnaissaient pas l'autorité suprême de Peppin. A l'occident, les Bretons faisaient sans cesse des courses sur les frontières de la Neustrie. Au midi, l'Aquitaine avait profité des guerres entre les Austrasiens et les Neustriens pour se rendre complétement indépendante sous un chef national, Odon ou Eudes, qu'on croit petit-fils de Caribert roi de Toulouse [1] : Eudes avait, dans les trente dernières années, enlevé aux Francs le duché de Toulouse, l'Aquitaine et une partie de la Provence; puis il était devenu, on ne sait comment, duc des Vascons. De plus, presque tout le bassin du Rhône, depuis Lyon jusqu'à la mer, obéissait à des seigneurs d'origine germanique qui s'étaient rendus indépendants durant les derniers troubles, et secondaient la haine des indigènes contre la domination franque. Enfin la Septimanie faisait toujours partie du royaume des Visigoths.

Ainsi donc la population franque n'avait encore ni consistance territoriale, ni unité politique. Fonder un état et une société, telle était la tâche réservée à Peppin et à sa dynastie. Peppin d'Herstall et Charles-Martel vont s'occuper de fonder l'état; Peppin-le-Bref et Charlemagne s'occuperont surtout de la société.

§ II. GUERRES CONTRE LES GERMAINS. — MORT DE PEPPIN. — Les dangers extérieurs les plus menaçants venaient de la Germanie. Peppin, dès qu'il eut soumis la Neustrie, remontra aux Francs que la nation n'était plus respectée des païens, et fit résoudre la guerre contre les Frisons et les Alamans. Il les vainquit à plusieurs reprises; et, pour les amener à la soumission, il favorisa de tous ses efforts les missionnaires envoyés dans la Germanie par les évêques de Rome. C'est ce qui renoua les relations entre les papes et les Francs, interrompues, depuis un siècle, par les conquêtes des Lombards.

Ces guerres forcèrent Peppin à séjourner constamment dans l'Austrasie. Il gouvernait ce pays sans titre déterminé; mais son autorité n'en était que plus grande, puisqu'elle était attachée à sa personne, comme son œuvre et sa propriété. Quant à la Neustrie, il la faisait gouverner par ses fils en lui laissant des rois aussi complétement ignorés qu'insignifiants, et dont nous n'inscrirons les noms que pour suivre la filiation de la dynastie mérovingienne : ce furent, après Thierry Ier qui mourut en 691, CLOVIS III, fils de Thierry Ier, qui régna de 691 à 695; CHILDEBERT II, fils de Thierry Ier, qui régna de 695 à 711; enfin DAGOBERT II, fils de Childebert II, qui régna de 711 à 714. La puissance de Peppin était si bien établie qu'il laissa, pour lui succéder, son petit-fils, âgé de six ans, sous la tutelle de sa veuve Plectrude (714).

§ III. CHARLES MARTEL. — BATAILLE DE VINCY. — SOUMISSION DÉFINITIVE DES NEUSTRIENS. — A la mort de Peppin, les Neustriens se soulevèrent pour reprendre leur indépendance; ils battirent les

---

[1] Voyez page 117.

Austrasiens, élurent pour maire Raginfried, tirèrent du cloître un descendant incertain de Clovis et le firent roi sous le nom de CHILPÉRIC II [1]. Puis ils s'allièrent avec les Frisons, pour que ceux-ci attaquassent l'Austrasie par le nord; et eux-mêmes s'avancèrent jusqu'à la Meuse. « Il y eut alors de grands troubles et de terribles persécutions dans les royaumes des Francs [2]. »

Un fils naturel de Peppin, nommé Karl ou Charles, homme fait et déjà célèbre par sa valeur, avait été, au désir de Plectrude, emprisonné quelque temps avant la mort de son père, sans que la cause en soit connue. Il s'échappe de sa prison et se présente aux Austrasiens, découragés d'avoir pour chefs une femme et un enfant, et se met à leur tête (715). Il court au-devant des Frisons, qui allaient se joindre aux Neustriens; mais il est battu. Alors les Neustriens traversent les Ardennes sans obstacle, se joignent aux Frisons devant Cologne, forcent Plectrude, qui s'était renfermée dans cette ville, à leur livrer une partie de ses trésors, et reprennent le chemin de leur pays (717). Mais Charles épiait leur retour : il les attaque et les bat complétement à Vincy, près de Cambrai, les poursuit jusqu'à Paris, et il les aurait entièrement détruits si une irruption de Saxons ne l'eût forcé de revenir sur le Rhin. Il repoussa les Barbares, jeta, à l'exemple de son père, des troupes de moines sur leur pays, puis se tourna sur Cologne et s'empara de cette ville. Plectrude, dont le petit-fils venait de mourir, « lui rendit les trésors de son père et remit tout en son pouvoir [3]. » Alors il se donna un roi de la famille mérovingienne nommé Clotaire, et gouverna tout l'empire avec le simple titre de chef ou duc des Francs.

Cependant les Neustriens n'étaient pas entièrement abattus; ils cherchaient partout des ennemis aux Austrasiens, et demandèrent des secours à Eudes d'Aquitaine « en lui envoyant des présents et la royauté . » Les Aquitains regardaient les Francs du Rhin comme bien plus barbares que ceux de la Seine ; ils avaient à craindre que les bandes de Charles ne voulussent, comme celles de Clovis, goûter des fruits et des richesses du midi : ils se réunirent donc aux Neustriens et marchèrent contre Charles (718). Celui-ci les battit près de Soissons, et les poursuivit jusqu'à Orléans. Eudes revint à grand'peine dans son pays, emmenant avec lui Chilpéric II, et il n'obtint la paix et la possession paisible de ses états qu'en livrant ce roi et ses trésors (719). Charles, dont le roi Clotaire venait de mourir, fit reconnaître Chilpéric par les trois royaumes, et régna seul comme son père.

[1] On le croit fils de Childéric II, et il régna jusqu'en 720. — [2] 2ᵉ Continuation de Frédégaire, ch. 103. — [3] Ann. d'Éginhard. — [4] 2ᵉ Contin. de Frédégaire, ch. 107.

Ce fut le dernier effort des Neustriens, qui désormais ne furent plus distingués de l'ancienne population gauloise et suivirent ses destinées. Le siège de l'empire des Francs se trouva alors transporté vers la Meuse et le Rhin, au centre de leur ancienne patrie. C'est ce qui doit arrêter les invasions du Nord, auxquelles avaient succombé les Neustriens, après les Romains, et auxquelles auraient succombé à leur tour les Austrasiens, si, au lieu de rester armés sur les bords du Rhin, ils s'étaient éparpillés dans la Gaule.

§ IV. Charles dépouille le clergé de ses biens. — Charles régnait sur l'Austrasie, la Neustrie et la Bourgogne ; mais la Gaule méridionale était entièrement détachée de l'empire, et les peuples d'outre-Rhin s'étaient rendus indépendants. Il avait une double tâche à remplir : constituer un état aux Francs, en ramenant à la soumission les nations qui s'étaient séparées d'eux ; repousser l'invasion qui, derrière ces nations, allait donner deux dernières et terribles secousses, au nord par les Saxons, au midi par les Arabes. Pour cela il lui fallait des guerriers, et des terres pour les solder ; mais, par suite de la victoire de l'aristocratie, les bénéfices étaient restés en toute propriété aux leudes, et Charles n'avait plus de terres à concéder à ses soldats. Alors ce chef barbare, sans s'inquiéter s'il enlevait à la société sa dernière garantie d'ordre et de civilisation, s'empara des terres du clergé et les donna à ses guerriers ; bien plus, il leur conféra les dignités ecclésiastiques, avec les propriétés qui y étaient attachées : de sorte que les églises se trouvèrent envahies par des leudes sauvages, qui y apportèrent leurs mœurs licencieuses et turbulentes, leurs goûts de chasse et de sang, leurs habitudes de tyrannie et de pillage. La force brutale fut alors seule maîtresse de la société : plus de conciles, plus d'écoles, plus de hiérarchie. Les cités se trouvèrent sans pasteurs et sans magistrats, les églises et les monastères sans gouvernement : « la discipline ecclésiastique fut anéantie ; les clercs, les moines, les religieuses, vécurent en tous lieux sans aucun frein [1]. » L'anarchie sociale n'avait pas encore été si grande ; l'Église n'avait pas encore été si matérielle, si violente : « le christianisme sembla un moment aboli dans la Gaule ; et, dans la partie orientale, les idoles furent restaurées [2]. »

Cependant, grâce à cette spoliation, Charles s'était donné des soldats tout dévoués, et avec ces Barbares il allait sauver l'Europe, l'Église et la civilisation.

§ V. Guerres et missions en Germanie. — Les Saxons formaient une vaste confédération de peuples entre l'Elbe et le Rhin ;

---

[1] Gesta episcop. trevirensium. — [2] Hincmar, ep. 6, ch. 19.

ils rattachaient à eux, de gré ou de force, toutes les autres tribus germaines, soulevaient les Thuringiens, les Alamans, les Bavarois et autres tributaires des Francs, donnaient asile à leurs réfugiés, enfin s'offraient à tous les Germains comme les défenseurs de leur indépendance, de leurs lois, de leur culte. Une haine implacable les animait contre ces Francs, déserteurs de leur patrie et de leur religion, dont ils enviaient les richesses et méprisaient la tendance romaine, et ils avaient résolu de les détruire avec la Gaule et tout ce qui restait de la civilisation. Charles les combattit avec acharnement pendant vingt ans ; mais il put à peine entamer la puissance de ces Barbares, qui, à son approche, s'enfonçaient dans leurs forêts immenses et impénétrables. Il laissa la tâche de les soumettre à des conquérants aussi intrépides et plus habiles que ses soldats, les moines, qui se jetèrent avec ardeur au milieu des Barbares, et commencèrent à les fixer en leur apprenant l'agriculture et l'Évangile. Déjà saint Gal et saint Colomban avaient converti les Suèves et les Bavarois ; saint Kilian et saint Willebrod convertirent les Frisons, et saint Boniface les Hessois et les Thuringiens. Ce dernier, l'un des plus grands hommes dont l'Église s'honore, devint l'apôtre et le pontife suprême de tous les pays au delà du Rhin. Il prit pour appui temporel de ses pieuses expéditions le chef de l'Austrasie, et soumit humblement ses conquêtes à l'évêque de Rome ; il travailla ainsi à la grandeur de l'un et de l'autre, et prépara l'alliance si remarquable qui allait bientôt les unir.

Le christianisme, introduit dans le nord, eut un tout autre aspect que celui du midi. Ici il s'était implanté peu à peu sur le polythéisme, en avait reçu les débris et pris les pompes ; il s'était chargé de continuer une civilisation qui n'était pas la sienne, avait marché lentement à travers les restes du passé, à travers les idées, les richesses et les mœurs païennes. Là au contraire il fut transporté tout entier sur une terre neuve et sans souvenirs, chez des peuples pauvres et simples, par des hommes aussi pauvres, aussi simples qu'eux ; il modifia donc ses formes d'après le tempérament spécial et les besoins moraux de la Germanie : il y fut moins splendide, moins éblouissant qu'au midi, mais plus droit et plus austère. La conversion de ce pays, œuvre des serviteurs dévoués du saint-siége, donna aux papes les sujets les plus aveuglément soumis, et cet exemple de subordination absolue leur servit pour établir leur suprématie dans toute l'Europe.

§ VI. Mahomet. — Conquêtes des Arabes. — Soumission de l'Espagne. — Pendant que le christianisme faisait des conquêtes dans l'Occident, il perdait dans l'Orient ses anciennes provinces.

Les idées chrétiennes avaient été dénaturées en Asie par les hérésies et les disputes théologiques ; les orthodoxes eux-mêmes avaient étouffé la pureté de la doctrine évangélique sous des pratiques minutieuses, des controverses extravagantes et des habitudes serviles et voluptueuses. L'arianisme allait porter ses fruits.

L'Arabie, qui était restée presque entièrement étrangère au monde grec et romain, était habitée par des peuples, les uns nomades et sauvages, les autres sédentaires et civilisés, la plupart idolâtres, quoique le judaïsme et le christianisme comptassent quelques sectateurs parmi eux. Le temple de la Caaba, dans la ville de la Mecque, était le plus célèbre de l'Arabie ; il avait pour pontifes les Heschemites, qui prétendaient descendre d'Ismaël, et étaient en même temps chérifs ou princes de leur tribu. Un membre de cette famille, Mahomet, né en 570, homme d'une imagination puissante et d'un génie merveilleux, après avoir étudié les livres des Hébreux et des chrétiens, s'annonça comme envoyé de Dieu pour expliquer les lois de Moïse et du Christ et continuer leur œuvre ; il dit que l'Évangile avait été la voie du salut pendant six siècles, mais que, les chrétiens ayant oublié les lois de leur fondateur, il était le *Paraclet* dont la venue avait été prédite, le plus parfait et le dernier des prophètes [1]. En conséquence il résuma toutes les hérésies, arienne, nestorienne, eutychienne [2], les mêla à des pratiques juives, les accorda avec les mœurs arabes, et proclama « l'unité de Dieu sans compagnon, » l'immortalité de l'âme, le jugement dernier ; il admit l'esclavage et la polygamie ; il imposa en pratique la circoncision, l'aumône, le jeûne, l'abstinence du vin, les ablutions journalières ; il voua à la mort les polythéistes et les idolâtres, et recommanda une sorte de tolérance envers les peuples du *temple* et du *livre*, c'est-à-dire les chrétiens et les juifs, descendants d'Abraham comme les Ismaélites. Enfin il entacha cette œuvre bâtarde d'un principe qui devait inspirer à ses sectateurs l'esprit aveugle du prosélytisme et de la conquête, la prédestination fatale, d'où la religion nouvelle fut appelée *islamisme*, c'est-à-dire abandon absolu à Dieu. Le livre de Mahomet fut le *Coran* (lecture), tissu de sublimités et d'extravagances, de préceptes et de déclamations, de législation et de poésie ; code religieux, civil, militaire, qui n'est qu'un immense plagiat de l'Évangile : « aussi il serait plus exact, dit un historien du moyen âge, d'appeler ses sectateurs hérétiques qu'infidèles, mais la force de l'usage a prévalu [3]. »

[1] Le Coran, traduction de Savary.
[2] Le nestorianisme et l'eutychéisme étaient des hérésies nées de l'arianisme. La première reconnaissait deux personnes ; la seconde, une seule nature en Jésus-Christ.
[3] Jacques de Vitry, Hist. des Croisades, liv. I.

L'islamisme, prêché à la Mecque, y fut persécuté; et Mahomet, condamné à mort par le cheik Abou-Sophian, se réfugia à Médine avec ses disciples (622). De cet événement date l'ère des *mahométans*, appelée *hégyre* (fuite). Médine reconnut le proscrit comme prophète et comme souverain. Alors il déclara que Dieu lui ordonnait de propager sa religion par le glaive, « le glaive, disait-il, qui ouvre le ciel et l'enfer. » Il commença donc la guerre d'aventures à la façon des Arabes nomades et pillards; au bout de sept ans il entra dans la Mecque en vainqueur, et bientôt après il soumit toutes les tribus de l'Arabie à sa doctrine et à ses armes (629). Il mourut ne laissant de ses dix-sept femmes qu'une fille, nommée Fathime, mariée à son premier disciple, Ali (632).

Les chefs arabes élurent pour lui succéder, comme pontife et comme souverain, Aboubekre, qui prit le titre de *khalife* ou vicaire; mais Ali, qui prétendait à l'héritage de son beau-père, protesta contre cette élection. Sous le khalifat d'Aboubekre, la guerre sainte, prescrite par Mahomet contre tous les peuples, commença : la religion et l'empire des Arabes se propagèrent avec une merveilleuse rapidité. Héraclius, empereur d'Orient, fut vaincu, et la Syrie conquise sous les deuxième et troisième khalifes, Omar et Othman (634). Jérusalem, ville sainte aux yeux des mahométans comme aux yeux des chrétiens, tomba au pouvoir des Arabes (637). La Cilicie, la Mésopotamie et l'Égypte furent facilement soumises; les habitants de ces pays, étant nestoriens ou eutychiens, accueillirent les conquérants comme des libérateurs, et s'empressèrent d'embrasser leur religion. L'empire des Perses, qui était en pleine décadence, fut attaqué et conquis, et la race des Sassanides disparut avec la religion des mages (651).

Le quatrième khalife fut Ali (655). Alors commencèrent les divisions religieuses des mahométans en *shiites* et *sonnites*. Les shiites regardent les trois premiers khalifes comme des usurpateurs, et Ali comme le vrai vicaire du prophète; les sonnites prétendent que la sainteté a réglé l'ordre de succession, et qu'Ali est inférieur à ses trois prédécesseurs. D'ailleurs les deux sectes diffèrent dans leurs dogmes et observances et se traitent mutuellement de sacrilége. La doctrine des Alides, moins entachée de fatalisme, se rapproche davantage de celle des chrétiens [1].

Un fils d'Abou-Sophian, Moaviah, chef de la dynastie des Ommyades, se révolta contre Ali et prit le titre de khalife. Ali fut assassiné; et le khalifat, après de sanglantes discordes, resta dans la

---

[1] Cette division subsiste encore aussi haineuse que jamais; les Persans sont shiites, et les Turcs sonnites.

famille de Moaviah pendant quatre-vingt-dix ans (660). Le siège de l'empire fut transféré à Damas. Les conquêtes continuèrent : l'Afrique septentrionale fut soumise, Carthage définitivement détruite, l'empire d'Orient morcelé sur toutes ses frontières, Constantinople vit même six fois les infidèles devant ses murs. Partout les disciples de Moïse et de Jésus furent invités à admettre « la révélation plus parfaite de Mahomet, » et n'obtinrent la liberté de conscience qu'à condition d'un tribut ; « partout les hérétiques chrétiens montrèrent pour les mahométans un attachement sincère et cordial [1]. » Le Coran se répandit dans le Kharasme, la Transoxiane, l'Inde en deçà du Gange, sur les côtes de la mer Rouge, de l'océan Indien et de la Méditerranée ; l'Asie occidentale et l'Afrique septentrionale eurent leur Évangile informe et bâtard, le seul qui pût convenir à leurs mœurs grossières et voluptueuses ; et sous l'influence de l'islamisme, qui fut un grand bienfait pour elles, la civilisation de ces contrées commença.

Sous le khalifat de Walid, troisième Ommyade, Moussa commandait en Afrique, où les Maures et Berbères, subjugués et convertis, s'étaient unis aux Arabes. Il profita des discordes qui agitaient le royaume des Visigoths d'Espagne, et fit passer dans la péninsule son général Tarik avec une petite armée. Roderic, dernier roi des Visigoths, fut défait et tué dans les champs de Xérès, et l'Espagne conquise en deux ans avec une facilité extrême ; car si les rois de ce pays s'étaient convertis au catholicisme, la plupart des habitants étaient restés ariens (711). Il ne resta de chrétiens indépendants que dans les Asturies, sous un chef catholique nommé Pélage ; et c'est là que commença entre les deux religions une lutte qui devait durer huit siècles.

Ainsi, quatre-vingts ans après la mort de Mahomet, l'empire des Arabes allait de l'Indus aux Pyrénées ; l'Occident était entamé, la religion du Christ reculait devant les doctrines du Coran : c'en était fait de tout ce que l'ancienne civilisation avait légué à l'avenir. Il n'y avait pas eu de moment plus solennel depuis la grande invasion des Barbares : car ce n'étaient pas seulement les Arabes qui arrivaient en Europe, c'était la race slave qui se remuait tout entière derrière les tribus saxonnes ; c'étaient les hordes asiatiques qui étaient déjà sur le Danube. Tous ces Barbares nouveaux allaient se joindre, se combattre et détruire ce que les Barbares du cinquième siècle avaient conservé ou fondé. Mais les Francs étaient là ; et l'on vit alors la puissante vitalité de cette nation providentielle, la seule qui eût survécu à toutes celles qui avaient envahi l'empire romain :

[1] Gibbon, t. x, p. 335.

§ VII. Invasion des Arabes dans la Gaule. — Bataille de Poitiers. — Les Arabes passèrent bientôt les Pyrénées, se jetèrent sur la Septimanie, qui était restée aux Visigoths, et s'emparèrent de Narbonne (718). Deux ans après ils entrèrent dans l'Aquitaine et assiégèrent Toulouse ; mais Eudes les vainquit dans une grande bataille, souleva la Septimanie contre eux et les força de repasser les Pyrénées. Ils revinrent, reprirent la Septimanie et se jetèrent en Provence ; Eudes les y suivit et remporta sur eux une deuxième victoire ; mais ils conservèrent leurs conquêtes et jetèrent l'épouvante dans toute la Gaule (725).

Cependant des haines nationales existaient entre les Berbères et les Arabes. Un Berbère, nommé Munuz, qui commandait sur la frontière des Pyrénées, « ayant appris que ses frères d'Afrique étaient maltraités, résolut de faire la paix avec les Gaulois, et de renverser la domination des Arabes[1] ; » il s'allia avec Eudes et épousa sa fille (730). L'Aquitaine, s'étant donné ce rempart du côté des Pyrénées, crut n'avoir plus rien à craindre ; mais un autre danger la menaçait.

Charles avait ramené l'état franc à sa constitution primitive, la guerre perpétuelle sous un chef élu librement par ses compagnons ; maintenant qu'il s'était fait, en combattant les Saxons, une armée disciplinée et des leudes tout dévoués, il pouvait reprendre ses projets de conquête sur la Gaule méridionale, qu'il avait vue avec tant de regrets se détacher de l'empire franc. Il attaqua donc le duc d'Aquitaine, sans s'inquiéter s'il donnait prise aux Arabes sur la Gaule en renversant l'avant-garde qui les arrêtait ; et, après avoir pillé tout le pays, il repassa la Loire (731). Pendant cette expédition, Abd-el-Rahman, lieutenant des khalifes en Espagne, marchait contre Munuz, qui fut vaincu et tué ; puis il traversa les Pyrénées au col de Roncevaux et s'avança sur Bordeaux. Eudes essaya de défendre la Garonne, et fut vaincu dans une grande bataille à la suite de laquelle Bordeaux fut prise et pillée. Les Arabes se répandirent dans l'Aquitaine jusqu'à la Saône et à la Loire, brûlant les églises, massacrant les habitants, et ils se dirigèrent sur la basilique de Saint-Martin de Tours, dont les richesses les attiraient.

Eudes s'était réfugié auprès de son ennemi Charles, et le conjurait de prendre les armes. Le duc des Francs, animé du désir de chasser les Arabes et de conquérir la Gaule méridionale, rassembla

[1] Isidore de Béja.

une armée d'Austrasiens, de Germains, de Romains, et passa la Loire. Bientôt l'Évangile et le Coran, les civilisations naissantes de l'Europe et de l'Asie se trouvèrent en présence dans les champs de Poitiers (732). Après un long carnage, « les nuées de cavaliers orientaux, armés de larges cimeterres, se brisèrent contre les murs de glace des fantassins du nord armés de piques et de franciques [1]. Abd-el-Rahman fut tué. Les Arabes se retirèrent lentement en dévastant tout sur leur passage. Charles, ayant contraint Eudes à lui jurer fidélité, le renvoya dans l'Aquitaine, et il s'en revint en Austrasie avec un immense butin et le surnom de *Marteau* des Sarrasins.

§ VIII. GUERRE DES FRANCS DANS LA GAULE MÉRIDIONALE. — Les Arabes se maintinrent dans la Septimanie et dans la Provence, favorisés par les habitants, qui préféraient leur domination à celle des Francs. Charles résolut de les chasser de ces provinces : il conquit Lyon et les autres villes du Rhône, et y établit ses leudes (733). Mais à peine eut-il quitté le pays, que les Provençaux appelèrent les Arabes et leur ouvrirent toutes leurs villes. Charles accourut, reconquit la Provence, et massacra tous les habitants d'Avignon ; puis il se jeta sur la Septimanie, et assiégea Narbonne. Une armée d'Arabes accourut d'Espagne à la délivrance de cette place : elle fut vaincue sur les bords de la Berre ; mais Charles ne put prendre la ville (737). Alors il parcourut toute la Septimanie, qu'il ravagea avec une fureur sauvage ; Nîmes, Agde, Béziers, célèbres par leurs monuments et leurs lumières, furent brûlées ; Maguelonne fut détruite de fond en comble : il ne resta debout aucun lieu fortifié. Les Francs enlevèrent d'immenses richesses de ce pays, qu'ils voyaient pour la première fois, et emmenèrent une multitude de captifs « accouplés deux à deux comme des chiens [2]. »

La guerre continua les années suivantes avec des succès divers. La Provence se révolta encore, fut encore conquise, et cette fois les Arabes en furent chassés pour jamais. La Septimanie fut de nouveau dévastée, mais non soumise. L'Aquitaine n'était guère plus dépendante : Eudes, étant mort, avait eu pour successeur son fils Hunold ; il fallut une guerre sanglante pour forcer le nouveau duc à un serment de fidélité qu'il attendait le moment de rompre (735).

Ainsi les habitants du midi, Romains, Aquitains, Visigoths, Arabes, étaient mus d'une même haine contre les Francs ; ils se soumettaient à l'approche de ces terribles dévastateurs ; mais, dès qu'une invasion des Saxons les avait rappelés dans leur pays, ils prenaient les armes avec une nouvelle ardeur. La vie de Charles-Martel se passa donc à courir de la Loire au Rhin et du Rhin à la

---

[1] Isidore de Béja. — [2] Chron. de Moissac.

Loire ; couvert encore des dépouilles des villes romaines, il s'en allait porter la désolation dans les forêts de la Germanie ; il détruisait les temples des païens comme il avait brûlé les Arènes de Nîmes ; il recevait des Saxons des otages et des tributs, comme il avait enlevé les citoyens d'Avignon et les richesses de Maguelonne ; mais nulle part il ne pouvait assurer la tranquillité aux frontières de son empire, et il laissa la tâche à achever à ses successeurs.

§ IX. Mort de Charles. — Peppin et Carloman lui succèdent. — Rois fainéants. — Il mourut, après avoir, de l'avis des grands, partagé l'empire entre ses deux fils (741). Carloman eut l'Austrasie, la Thuringe et la Souabe, qui commença à prendre le nom d'Allemagne ; Peppin eut la Neustrie, la Bourgogne et la Provence. Les duchés des Bavarois, des Aquitains, des Vascons et des Bretons restèrent tributaires et ennemis.

Odillon, duc de Bavière, et Hunold, duc d'Aquitaine, refusèrent le serment aux nouveaux chefs des Francs, et firent alliance contre eux. Alors les deux frères « se jetèrent d'abord sur le territoire des Romains[1], » puis sur celui des Bavarois, et ils forcèrent les ducs rebelles à l'obéissance. Hunold se retira dans un monastère et laissa ses états à son fils Waiffer, qui avait hérité de sa haine contre les Francs (745)[2]. »

Carloman était un prince très-pieux : à l'aide des papes et de saint Boniface, il réforma les mœurs du clergé, lui interdit l'usage des armes, rendit une partie de leurs biens aux églises, et s'occupa surtout des missions dans la Germanie. « Enfin, touché de l'amour divin et du désir d'une patrie céleste, il abandonna volontairement son royaume et son fils, qu'il recommanda à son frère, et se retira au couvent de Saint-Benoît, sur le mont Cassin, où il fit les vœux monastiques (747)[3]. »

Peppin ne fit reconnaître qu'avec peine sa domination sur les Austrasiens et les tributaires germains. Un fils naturel de Charles, Griffon, souleva même ces derniers ; mais il fut vaincu et tué. Alors Peppin devint, comme son père, seul maître de l'empire des Francs, et il songea à prendre le titre de roi.

Thierry II, fils de Dagobert II, avait succédé à Chilpéric II (720); mais, à sa mort (737), Charles-Martel n'avait plus nommé de roi. Peppin, voulant plaire aux Neustriens, mit sur le trône un dernier fantôme royal, Childéric III, fils de Chilpéric II (742). « La famille des Mérovingiens ne faisait depuis long-temps preuve d'aucune vertu, et ne montrait rien d'illustre que son titre de roi. Le prince

---

[1] 3e Cont. de Frédégaire. — [2] Vie de saint Berthaire. — [3] 3e Cont. de Frédégaire.

se contentait d'avoir les cheveux flottants et la barbe longue, de s'asseoir sur le trône et de représenter le monarque. Il donnait audience aux ambassadeurs et leur faisait les réponses qui lui étaient enseignées ou plutôt commandées. A l'exception d'une pension alimentaire mal assurée et que lui réglait le préfet du palais, selon son bon plaisir, il ne possédait en propre qu'une seule maison de campagne d'un fort modique revenu, et c'est là qu'il tenait sa cour composée d'un très-petit nombre de domestiques. S'il fallait qu'il allât quelque part, il voyageait monté sur un chariot traîné par des bœufs qu'un bouvier conduisait à la manière des paysans. C'est ainsi qu'il avait coutume de se rendre à l'assemblée générale de la nation, qui se réunissait une fois chaque année pour les affaires du royaume[1]. »

Le projet de Peppin avait besoin, pour s'accomplir, de l'appui de l'Église, et, depuis plusieurs années, une alliance se préparait entre les papes et les chefs austrasiens ; alliance qui devait contribuer à l'élévation des uns et des autres, et réaliser le rêve favori des prêtres et des barbares : un empire romain-chrétien.

§ X. SITUATION TEMPORELLE DES PAPES. — La suprématie que les évêques de Rome avaient obtenue, depuis quatre siècles, sur les autres évêques, ces titres de vicaire du Christ et de chef de l'Église universelle, qui leur étaient accordés, presque sans contestation, leur avaient inspiré depuis long-temps la pensée de faire succéder à l'empire d'Occident un empire spirituel dont ils seraient le centre. Mais pour y parvenir, il leur fallait acquérir une consistance territoriale, une indépendance politique que les révolutions précédentes n'avaient pu leur donner, et qui semblaient plus que jamais compromises par les ennemis qui les entouraient. Les Lombards, maîtres de l'Italie septentrionale, faisaient de continuels efforts pour envahir le territoire de Rome ; les Arabes s'étaient emparés de la Sicile et avaient mis le pied dans l'Italie méridionale ; enfin les empereurs d'Orient, qui, depuis l'expulsion des Ostrogoths, traitaient les Romains en ennemis et étaient regardés par ceux-ci comme des étrangers, accablaient les papes d'humiliations, leur faisaient payer à prix d'or la confirmation de leur élection, et leur ôtaient toute influence sur les chrétiens d'Orient, qui ne reconnaissaient pour chef que le patriarche de Constantinople.

Cependant les papes prenaient plus réellement de jour en jour possession de Rome ; et leur domination était fondée sur les titres les plus respectables, des vertus et des bienfaits. Dans cette ville plus que partout ailleurs, les circonstances avaient poussé les évê-

[1] Éginhard.

ques à hériter de tous les pouvoirs : élus par le peuple, ils le nourrissaient de leurs revenus et le défendaient par leur courage ; vicaires temporels d'un souverain absent et mal obéi, ils étaient, de plus, les magistrats uniques d'une cité où le régime municipal s'était fortifié, qu'ils avaient plusieurs fois sauvée des Barbares, et où ceux-ci, par un bonheur unique, ne s'étaient jamais établis. Enfin, Rome était restée plus romaine que toutes les autres parties de l'empire ; tout ce qui était encore romain dans l'Occident avait toujours les yeux sur elle, et, par la force de l'habitude et des souvenirs, cherchait sur les bords du Tibre des maîtres et des lois ; la papauté apparaissait à tous comme une sorte de pouvoir national intermédiaire entre le passé et le présent, seul apte à remplir le vide laissé par la disparition du pouvoir impérial.

Tout poussait donc les papes à la souveraineté, lorsque l'empereur Léon l'Isaurien entreprit d'abolir par la violence le culte des images (726). L'Orient se soumit ; mais l'Italie se révolta, chassa les officiers impériaux, et leva une armée pour la défense des saintes images : « si le pape ne l'eût empêché, elle se serait même donné un empereur [1]. » Alors le règne des Césars de Byzance fut suspendu ; l'Italie ne leur donna plus d'autre marque d'obéissance qu'en inscrivant leurs noms à la tête des actes publics, concurremment avec ceux des papes ; Rome se constitua en une sorte de république dont l'évêque fut le chef. Enfin Grégoire III prit la détermination d'affranchir l'Occident de la domination de Constantinople, et il le déclara dans un langage qui annonçait prématurément la monarchie pontificale.

§ XI. Négociation des papes avec les Francs. — Peppin est élu roi. — C'était dans les Barbares qu'était l'avenir du monde chrétien, et nous avons vu quelle puissante affinité il y avait toujours eue entre eux et l'Église ; la papauté, qui ne pouvait se constituer temporellement sans assistance humaine, se tourna donc vers eux avec espoir. Les plus voisins étaient les Lombards ; mais, alliés d'abord aux Italiens pour chasser les Grecs, ils avaient profité de cette guerre pour se jeter sur Ravenne et menacer Rome ; ils se présentaient donc comme ennemis, comme maîtres ; et d'ailleurs ils étaient encore entachés d'arianisme. Cependant il y avait un peuple qui se glorifiait d'être le fils aîné de l'Église romaine, foyer toujours pur du christianisme, vrai dominateur de l'Occident, qu'il venait de sauver des Arabes, et qu'il défendait contre les païens du nord, nation si puissante et si brave que son nom seul avait

---

[1] Paul Diacre, de Gestis Longobardorum.

suffi pour faire lever aux Sarrasins le siége de Constantinople [1] : c'étaient les Francs, à qui, depuis le baptême de Clovis, l'Église avait destiné la domination de l'Occident.

La conversion des Saxons, aussi nécessaire à l'affermissement des états austrasiens qu'à l'agrandissement de l'empire spirituel de Rome, avait mis les papes en relation intime avec les Francs. Grégoire écrivit à Charles-Martel une lettre pleine des plus hautes pensées politiques : il lui offrit de renoncer complétement à l'obéissance des empereurs, de mettre Rome sous sa domination, de le reconnaître pour patrice des Romains, et il laissa poindre l'idée hardie de rétablir l'empire d'Occident en faveur des Francs. L'apôtre des Germains, Boniface, qui était vénéré des Austrasiens, fut chargé de cette négociation ; et les Francs l'accueillirent avec les plus grands honneurs. Charles, qui était allié avec les Lombards, engagea d'abord le roi Luitprand à respecter le territoire de Rome ; mais l'affaire n'eut pas d'autre suite : Grégoire, Luitprand, Léon l'Isaurien et Charles-Martel étant morts la même année (741).

La position des papes devint de plus en plus fâcheuse ; les Lombards les menaçaient d'une ruine totale, et les négociations recommencèrent avec Peppin. Le marché était simple : les Francs devaient détruire les Lombards, et les papes les accepter pour seigneurs à la place des empereurs. Il fut bientôt conclu, par l'entremise de saint Boniface ; mais Peppin voulait, avant tout, convertir en droit le fait de sa puissance, et faire passer sur sa tête la couronne des Mérovingiens. Alors « Burkard, évêque de Wurtzbourg, et Fulrad, prêtre-chapelain, furent envoyés à Rome au pape Zacharie pour le consulter touchant les rois qui étaient alors en France et qui n'en avaient que le nom sans en avoir la puissance. Le pape répondit qu'il valait mieux que celui-là fût roi qui exerçait la puissance royale. Aussitôt, du conseil et du consentement de tous les Francs, et avec l'autorisation apostolique, l'illustre PEPPIN, par l'élection de toute la France, la consécration des évêques et la soumission des grands, fut élevé à la royauté suivant les anciennes coutumes, et oint pour cette haute dignité de l'onction sacrée, par la sainte main de Boniface, dans l'église de Soissons (752). Quant à Childéric II, qui se parait du faux nom de roi, Peppin le fit raser et mettre dans le couvent de Saint-Omer [2]. » La dynastie *mérovingienne* ou des rois neustriens était finie ; la dynastie *carlovingienne* ou des rois austrasiens commençait [3].

---

[1] En 718, sur le bruit répandu par les Grecs que les Francs armaient sur terre et sur mer en leur faveur. — [2] Éginhard, Annales. — Childéric II y mourut deux ans après — [3] Les *Carolingiens* ou *Carloringiens* tirent leur nom de *Karl*, Charles, ou *Charlemagne*, 2ᵉ roi de cette race.

Cet événement ne fit aucune sensation chez les Francs ; quoiqu'ils fussent habitués à choisir les rois dans une même famille, ils ne regardaient pas moins la royauté, ainsi que tous les autres commandements, comme élective : ce fut par ce principe qu'ils prirent pour roi le petit-fils de Peppin d'Herstall, et que sa postérité régna sur eux. Ce changement de dynastie fut la fin de la révolution commencée à la bataille de Testry, qui rajeunit le peuple franc en faisant prévaloir l'élément germanique dans l'Occident, et qui fit dominer la royauté dans l'ordre civil et la papauté dans l'ordre religieux, en déterminant l'alliance de ces deux puissances.

CHAPITRE II.

Peppin roi des Francs. — Conquêtes et gouvernement de Charlemagne. — Rétablissement de l'empire d'Occident. — 752 à 800.

§ I. EXPÉDITIONS DE PEPPIN EN ITALIE. — COMMENCEMENTS DE LA PUISSANCE TEMPORELLE DES PAPES. — Ataulf, roi des Lombards, s'empara de l'exarchat de Ravenne, et vint assiéger Rome. Étienne, successeur de Zacharie, s'enfuit dans la Gaule, demanda aux Francs le secours promis au saint-siége, et fut reçu avec des transports de joie et comme une sorte de divinité (753). Peppin mit à profit sa présence pour donner à sa royauté un caractère sacerdotal et divin. Chef d'une race nouvelle, il avait besoin de se rendre saint et inviolable aux yeux de ses compagnons et des peuples vaincus ; il crut qu'une cérémonie empruntée aux Juifs, le sacre, ferait de lui, comme de David, un élu de Dieu, et lui servirait autant qu'avait servi le baptême à Clovis. Il se fit donc sacrer une seconde fois à Reims de la main de l'évêque de Rome avec sa femme et ses deux fils (754). Étienne déclara que le roi nouveau tenait sa couronne de Dieu par l'intercession des saints apôtres, et menaça les Francs d'excommunication s'ils élisaient des rois d'une autre famille. En même temps, et au nom du peuple romain, il reconnut Peppin et ses deux fils pour patrices de Rome, dignité qui leur donnait la souveraineté de cette ville pendant la suspension du pouvoir impérial. Cette cérémonie du sacre, regardée avec respect et sans inquiétude par les Francs, est l'origine du droit divin dans l'histoire des royautés européennes, et en même temps la base du système social qui prévaudra au moyen âge, dans lequel le pape sera le souverain suprême, comme représentant de Dieu sur la terre.

Peppin assembla les Austrasiens et leur proposa la guerre contre les Lombards. En vain Ataulf envoya le moine du Mont-Cassin, Carloman, pour plaider sa cause et détourner les Francs de leur entreprise ; la guerre fut résolue. Peppin passa les Alpes, força les défilés de Suze, battit les Lombards et assiéga Ataulf dans Pavie (755). Celui-ci, contraint de demander la paix, rendit ses conquêtes et livra ses trésors. L'empereur d'Orient réclama alors l'exarchat, mais les Francs ne pouvaient reconnaître les droits perdus de l'empire ; c'était une conquête qu'ils avaient faite, et ils en disposèrent librement : « l'exarchat fut donné au pape et à la république romaine[1]. » Ainsi, pour le siége de Rome comme pour la famille de Peppin d'Herstall, le fait fut converti en droit ; la chaire de saint Pierre eut son pouvoir temporel politiquement constitué, et dès lors on vit poindre dans l'avenir la monarchie théocratique des papes. Cependant le nom des patrices resta en tête des actes publics et sur les monnaies ; on leur prêta serment de fidélité ; enfin il se trouva que Peppin hérita à peu près de la puissance des empereurs d'Orient, mais sans savoir au juste les limites de cette puissance, et avec cette différence qu'il reconnaissait la suprématie spirituelle de celui dont il était le souverain temporel.

A peine les Francs étaient-ils rentrés dans la Gaule, que les Lombards revinrent assiéger Rome (756). Le pape implora à grands cris le secours des patrices ; et, comme ils n'arrivaient pas assez vite, il envoya à Peppin et à toute la nation une lettre écrite, disait-il, par saint Pierre lui-même, qui les conjurait de délivrer son église et son peuple. Les Francs repassèrent les Alpes, battirent les Lombards, « se firent restituer la Pentapole, Ravenne et tout l'exarchat, et les remirent à saint Pierre[2]. » Ataulf se reconnut tributaire des Francs et jura de laisser Rome en repos.

§ II. RETOUR DU GOUVERNEMENT A LA FORME ECCLÉSIASTIQUE. — L'alliance de Peppin avec les papes l'avait placé dans une situation analogue à celle de Clovis. Il n'avait plus seulement, comme son père, à assurer la conquête des Austrasiens, il devait chercher à fonder une société ; et, loin de dépouiller et d'avilir le clergé, il lui fallait s'appuyer sur lui et le réformer. Avec l'aide de la papauté, il fit reprendre au gouvernement de l'Église de l'ensemble et de la régularité ; l'épiscopat sortit de son égoïsme et de son inertie ; les conciles devinrent fréquents[3], actifs et influents ; les codes pénaux ecclésiastiques se multiplièrent ; les instructions théologiques se perfectionnèrent ; les mœurs cupides et féroces des prêtres barbares furent réfrénées ; enfin le clergé, d'accord avec le pouvoir civil, se remit à la tête de la civilisation. Peppin lui rendit une partie de ses

---

[1] Codex Carol., p. 109. — [2] Éginhard, Annales.

[3] Il n'y en avait eu que sept de 700 à 752 ; il y en aura quarante-sept de 752 à 800.

biens, s'aida constamment de ses conseils, et fit entrer les évêques dans les champs-de-mars, non pas seulement comme propriétaires, mais comme prélats, pour balancer l'autorité des seigneurs et constituer un second ordre dans l'état. Cette innovation changea complétement la nature des champs-de-mars : ces revues, où les guerriers germains décidaient les affaires de la nation en tumulte et à la hâte, devinrent des conciles où les évêques introduisirent, avec la langue latine, des questions de dogme et de discipline, des idées d'administration et de législation romaine ; les Francs ne vinrent plus à ces assemblées qu'avec dégoût, et laissèrent le champ libre à l'influence du clergé. Alors la société reprit, comme sous les Mérovingiens, la forme ecclésiastique qui avait été effacée par le triomphe des leudes et des Austrasiens ; « tout se gouverna de nouveau par l'Église et pour l'Église, depuis les nations jusqu'aux rois, dont le sacre était purement celui d'un évêque [1]. »

§ III. Conquête de la Septimanie et de l'Aquitaine. — Pendant ces essais de gouvernement, les frontières étaient toujours menacées au midi et au nord. Peppin eut moins de succès contre les Saxons par ses armes que par les prédications des missionnaires ; mais, dans le midi, il acheva l'œuvre de son père par l'expulsion des Arabes et la destruction des ducs d'Aquitaine.

A cette époque l'Orient était le théâtre d'une grande révolution qui rompit l'unité de l'empire et de la religion de Mahomet. La dynastie des Ommyades, après avoir donné quatorze souverains, fut dépouillée du khalifat et détruite par les Abassides, descendants de l'oncle du prophète (750). Le siége de l'empire fut transféré à Bagdad, sur le Tigre, par Almansour, deuxième khalife abasside, et ses successeurs y résidèrent pendant cinq cents ans (752). Alors commença l'âge de luxe, de littérature et de civilisation des Arabes.

Un seul rejeton des Ommyades, Abd-el-Rahman, échappa au massacre de sa famille ; il fut appelé en Espagne pour mettre un terme aux guerres acharnées que les Arabes et les Berbères se faisaient depuis vingt ans, fut proclamé à Séville *émir-el-moumenim* (commandeur des croyants), et détacha à jamais cette province de l'empire de Bagdad. Cette révolution permit aux chrétiens d'Espagne de relever la tête ; les chefs des Asturies descendirent de leurs montagnes et s'emparèrent de quelques villes ; enfin, Alphonse I*er*, duc des Cantabres et descendant des rois goths, expulsa les infidèles de Léon, et y fonda un petit royaume.

Dans la Septimanie, les Visigoths se réveillèrent et chassèrent les Musulmans de leurs villes : mais, comme ils ne se sentaient pas assez

---

[1] Châteaubriand, Études histor., t. III, p. 20.

forts, ils appelèrent à leur aide le roi des Francs; et le comte qui commandait à Nîmes, Béziers, Agde, etc., lui livra toutes ces places. Alors Peppin vint assiéger Narbonne, métropole des Arabes dans la Gaule; mais ceux-ci, habiles à défendre les villes, repoussèrent les Francs pendant sept ans, et ne succombèrent que par la trahison des Visigoths, qui ouvrirent les portes aux assiégeants (759). Par cette conquête, la Gaule fut complétement délivrée de la domination des Arabes, et, pour la première fois, la Septimanie se trouva comprise dans l'empire des Francs. Un traité solennel laissa aux habitants, Goths ou Romains, leurs seigneurs, leurs lois et leurs libertés; et il s'établit très-peu de Francs dans le pays, qui garda même son nom de Gothie jusqu'au treizième siècle.

Peppin, maître de la Septimanie, voulut, à l'exemple de son père, étendre sa domination sur l'Aquitaine, dont les habitants, orgueilleux de leur indépendance et de leurs richesses, avaient toujours la même haine contre les Francs. Il somma le duc Waiffer « de rendre aux églises de son royaume les terres qu'elles possédaient dans l'Aquitaine par la munificence de Clovis et de ses successeurs; de lui restituer ceux de ses leudes qui s'étaient enfuis du royaume des Francs dans celui des Aquitains, etc. (760)[1]. » Waiffer rejeta ces demandes; et Peppin, avec le consentement de son peuple, passa la Loire et commença la guerre. Elle fut terrible et dura huit ans. Les habitants du midi sortirent de leur mollesse et combattirent avec désespoir ces envahisseurs du nord dont les bandes se retiraient chaque année, et revenaient au printemps suivant renouveler leurs dévastations. Les Vascons, dont l'existence était liée à celle des Aquitains, accoururent à leur défense et se montrèrent aussi vaillants qu'eux et plus barbares. Le Berry, le Poitou, l'Auvergne, devinrent des déserts sous les mains des Francs; Bourges, Thouars, Clermont furent incendiées: Peppin, qui détruisait tout à mesure qu'il avançait, après trois ans de combats n'était pas encore arrivé à Limoges. Il changea de plan, et essaya de prendre à revers le pays entre Dordogne et Garonne: il descendit le Rhône, se jeta dans la Septimanie, arriva jusqu'à Cahors; mais là il fut obligé de s'arrêter et de repasser les Cévennes après une course de plus de quatre cents lieues.

Cependant les Aquitains étaient épuisés. En vain Waiffer s'humilia et promit des tributs, on rejeta toutes ses propositions; on brûla les églises, on arracha les arbres et les vignes; on massacra les chefs aquitains, ou bien on les transplanta sur le Rhin avec leurs familles. Les comtes de Berry, d'Auvergne et de Poitou furent tués

[1] 4e Contin. de Frédégaire, ch. 124.

en combattant; Remistan, oncle de Waiffer, périt attaché à une potence. Toute la famille du duc était prisonnière; les seigneurs et les villes harassés se soumettaient les uns après les autres; les Vascons mirent bas les armes. Waiffer, avec une poignée de soldats, se défendait encore; il fit raser les villes fortes, et, avec quelques Vascons agiles et intrépides, il continua la guerre en partisan dans les châteaux, les montagnes et les cavernes; enfin, traqué dans la forêt de Périgueux, il fut tué en trahison par des satellites de Peppin (768). Telle fut la deuxième conquête du midi par les hommes du nord; elle fut plus solide et effective que celle de Clovis; toutefois, les Francs maltraitèrent le pays sans s'y établir; l'Aquitaine reprit même bientôt son caractère d'état distinct, tant la réaction de l'esprit national était énergique contre les conquérants.

§ IV. CHARLES ET CARLOMAN ROIS DES FRANCS. — Quelques mois après, Peppin, étant malade, assembla les grands et partagea l'empire entre ses deux fils Charles et Carloman. Il mourut (768); et les Francs se donnèrent pour rois ces deux princes, sous condition que CHARLES Ier aurait la Neustrie et la Bourgogne, Carloman l'Austrasie avec la Septimanie et la Provence. Tous deux, ayant accepté ces conditions, reçurent la partie du royaume qui leur revenait [1].

L'Aquitaine, encore toute meurtrie de la conquête, se souleva à la mort de Peppin; mais elle manquait de chef. Alors le vieux duc Hunold, père de Waiffer, après vingt-cinq ans passés dans le cloître, quitta le froc et reprit l'épée pour délivrer son pays. Il se jeta dans l'Aquitaine en aventurier, rassembla les mécontents et recommença la guerre. Les deux nouveaux rois passèrent la Loire; mais la discorde se mit entre eux, et Carloman abandonna son frère (769). Celui-ci battit Hunold, dépouilla les Aquitains de leurs armes, et fit bâtir sur la Dordogne un château [2], pour servir d'asile aux soldats qu'il laissait dans le pays. Hunold, s'étant réfugié chez les Vascons, fut livré par eux : il s'échappa des mains des Francs, et alla chercher un asile chez Didier, roi des Lombards (774). Son petit-fils Lupus continua la guerre et parvint à être élu duc des Vascons.

Carloman meurt. Ses fils vont demander un refuge à Didier. Charles arrive en Austrasie et se fait reconnaître roi par tous les Francs. C'est ce Charles que l'on trouve en tête de l'histoire de tous les peuples modernes, l'homme de l'époque de transition dont trois siècles et demi sont écoulés; son surnom de Grand s'est mêlé à son nom propre et ne peut en être séparé : c'est *Charlemagne*.

---

[1] Eginhard, Annales. — [2] *Castellum francicum* : on croit que c'est Fronsac (Gironde).

§ V. Buts et résultats généraux du règne de Charlemagne. — Ses trois prédécesseurs s'étaient efforcés de faire un état un et stable de ce vaste camp où les Francs combattaient sans frontières déterminées ; Charlemagne achèvera cette œuvre, et refoulera pour jamais au nord et au midi les envahisseurs. Il fera plus : il arrêtera cette décadence universelle qui durait depuis huit siècles et rendra le désordre stationnaire, pour que de là l'ordre renaisse. A lui finit la dissolution de l'ancien monde, à lui commence l'édification du monde moderne ; « c'est sous sa main que s'est opérée la secousse par laquelle la société européenne, faisant volte-face, est sortie des voies de la destruction pour entrer dans celles de la création [1]. »

Les Arabes, minés par leurs guerres civiles et affaiblis par leurs défaites dans la Gaule, avaient cessé d'être redoutables. Mais les Saxons avaient grandi par une lutte de cent ans, et ils menaçaient les Francs dans leur empire, leur religion, leur nationalité, ayant derrière eux l'arrière-ban des Slaves. C'est dans ce triple intérêt que Charlemagne va rallier tous les habitants de la Gaule, anciens et nouveaux : il achèvera de soumettre les populations romaines encore impatientes du joug des Barbares, c'est-à-dire les Aquitains ; il subjuguera les peuples germaniques dont l'établissement n'est pas encore consommé, c'est-à-dire les Lombards ; il remuera vainqueurs et vaincus, Germains et Romains, les tournera contre les derniers envahisseurs, et posera contre eux des barrières insurmontables. Les expéditions de Charlemagne ne sont pas des guerres de tribu à tribu, faites dans un intérêt d'établissement ou de pillage ; ce sont des guerres systématiques, inspirées par des idées grandes et commandées par des nécessités politiques. On en compte cinquante-trois sous son règne : dix-huit contre les Saxons, sept contre les Sarrasins d'Espagne, cinq contre les Sarrasins d'Italie, quatre contre les Abares, trois contre les Danois, quatre contre les Slaves, cinq contre les Lombards, deux contre les Grecs, une contre les Thuringiens, une contre les Aquitains, deux contre les Bretons [2].

§ VI. Guerres contre les Saxons. — La lutte contre les Saxons, « cette nation de fer [3], » dura trente-trois ans ; ce fut une guerre d'extermination (771 à 804). Charles, pour arrêter leur invasion, la porta lui-même dans leurs forêts, et « alla chercher les Barbares chez eux pour en épuiser la source [4]. » « Il serait difficile de dire, raconte Eginhard, combien de fois, vaincus et suppliants, les Saxons se livrèrent aux volontés du roi, remirent des otages et reconnurent les gouverneurs qu'on leur envoyait ; quelquefois même, entièrement abat-

---

[1] Guizot, Civil. franç., t. II, p. 304. — [2] Id., ibid., p. 270. — [3] Salvien. — [4] Châteaubriand, Etud. histor., t. III.

tus et domptés, ils consentirent à quitter le culte des idoles. Mais autant ils étaient faciles et empressés à prendre ces engagements, autant ils étaient prompts à les violer [1]. » Witikind, le plus illustre de leurs chefs, mit à défendre sa patrie la même constance que Charles à la subjuguer ; mais la bravoure des Saxons devait céder devant l'inébranlable résolution des Francs de dompter le pays en exterminant ses habitants, ou de le civiliser en les soumettant à leur religion. A mesure que Charles avançait dans leurs forêts et leurs marécages, « il faisait construire des forts qu'il garnissait de soldats, et partageait les terres entre les prêtres et les missionnaires [2], » espérant plus de la parole de ces gouverneurs évangéliques que de l'épée de ses farouches guerriers. Mais les conquérants trouvaient souvent les conversions trop lentes, et ils les hâtaient par la violence : on contraignait les Saxons à suivre les observances les plus minutieuses de l'Église sous les peines les plus sanguinaires ; la mort punissait une infraction au jeûne comme un indice de révolte ; quatre mille cinq cents des plus redoutables furent égorgés en un seul jour par l'ordre du roi. Au milieu de ces atrocités, des villes se bâtissaient, des abbayes se fondaient, les bois se défrichaient, et la civilisation de la Germanie naissait par les mains des barbares Austrasiens. Enfin, Charles, ayant forcé Witikind à se faire chrétien, fit enlever, avec leurs femmes et leurs enfants, dix mille de ceux qui habitaient les bords de l'Elbe, et les répartit çà et là dans la Gaule. Pour combler les vides, on envoya à leur place des moines, des serfs, des artisans, qui effacèrent les traces de cette affreuse guerre. Alors, le pays étant ruiné, la moitié de la nation détruite, ses dieux regardés désormais comme impuissants, la guerre finit à la condition que les Saxons embrasseraient le christianisme, se réuniraient aux Francs, dont ils partageraient tous les droits, et ne feraient plus avec eux qu'un seul peuple [3]. »

Pendant les trente-trois ans que dura cette guerre, les Francs étaient appelés à combattre avec la même constance et les mêmes succès par toute l'Europe, mais principalement au delà des Alpes et des Pyrénées, où deux royaumes vassaux allaient être fondés.

§ VII. GUERRE CONTRE LES LOMBARDS. — FORMATION DU ROYAUME D'ITALIE. — La guerre avait recommencé entre les Lombards et les papes ; ceux-ci prétendant élargir, ceux-là rétrécir les concessions très-vagues de Pepin. Adrien était évêque de Rome, homme énergique et plein de talents, qui mérita l'amitié de Charles ; Didier était roi des Lombards, ennemi juré des Francs et surtout de leur

---

[1] Eginhard, Vie de Charlemagne.
[2] Chron. de Moissac. — [3] Eginhard, Vie de Charlemagne.

roi, qui avait répudié sa sœur. Didier menace Rome (773); Adrien appelle les Francs. Charles passe les Alpes, défait les Lombards, qui se retirent dans Pavie et dans Vérone, fait investir ces deux villes, et parcourt l'Italie en vainqueur. Il entre à Rome : c'était le premier Franc qui paraissait dans la ville éternelle; le pape le reçoit comme un libérateur, et obtient de lui la confirmation des dons de Peppin. Pavie et Vérone capitulent (774). Dans cette dernière ville étaient Hunold et les fils de Carloman; le vieux duc des Aquitains est tué pendant le siége; les neveux de Charlemagne sont relégués dans des monastères. Didier se fait moine; Adalgise, son fils, se réfugie à Constantinople; et l'Italie, moins le duché de Bénévent, qui comprenait le midi de la presqu'île, fait partie de l'empire des Francs.

Charles laissa aux Lombards leur nom, leurs comtes, leurs lois, et ajouta à ses titres de roi des Francs et de patrice des Romains celui de roi des Lombards. Mais à peine fut-il sorti de l'Italie que les vaincus, excités par Adalgise, se révoltèrent; les ducs de Bénévent, de Frioul, de Spolète, se liguèrent avec le fils de leur ancien roi; Rome seule resta tranquille. A l'appel d'Adrien, Charles repassa les monts (776), et, aidé des Italiens, dispersa les Lombards, punit leurs chefs et les remplaça par des Francs. L'Italie fut définitivement soumise; mais, par respect pour son ancienne grandeur, il résolut de lui rendre une ombre d'indépendance en la constituant en un royaume à part, qu'il donna à son deuxième fils, Peppin. Ce fut un grand bonheur pour l'Italie, qui recommença une existence par elle-même, sous un chef ami des institutions romaines.

§ VIII. GUERRE CONTRE LES SARRASINS. — FORMATION DU ROYAUME D'AQUITAINE. — Les Sarrasins d'Espagne n'avaient pas tous reconnu le nouveau khalife de Cordoue : certains émirs des Pyrénées, fidèles au khalife de Bagdad, ou voulant se rendre indépendants, sollicitèrent les secours des Francs contre Abd-el-Rahman, promettant de se soumettre à Charles (777). Celui-ci, qui voulait refouler l'islamisme au midi, comme le paganisme au nord, rassembla deux armées : l'une, composée d'Aquitains et d'Italiens, entra par les Pyrénées orientales; l'autre, commandée par lui-même et composée de Francs et de Germains, entra par les Pyrénées occidentales. Il traversa la Vasconie, força le duc Lupus à lui prêter serment, et s'empara de Pampelune. De là il se porta sur Saragosse, et se joignit à l'armée des Pyrénées orientales; mais, ne trouvant pas en force les Arabes de son parti, il reprit le chemin de la Vasconie (778). Cependant les Vascons d'Espagne, sauvages et à demi chrétiens, s'étaient effarouchés à l'aspect des Francs; Inigo-Garcias, qui régnait sur ceux de la Navarre, et Fruela, qui commandait, comme comte de Castille, à ceux des Asturies, s'allièrent avec Lupus, et résolurent de détruire l'armée de Charles, à son retour. Ils s'entendirent avec les Arabes, et se postèrent dans les défilés de Roncevaux et le col d'Ibagnetta; cachés dans les forêts et les rochers, ils laissèrent passer la moitié de l'armée franque; mais ils tombèrent sur l'autre moitié, qui était embarrassée de bagages, et « tuèrent tous les hommes jusqu'au dernier [1]. » Roland, préfet des marches de Bretagne, périt dans le combat; et c'est la seule fois que l'histoire parle de cet homme si célèbre, dans le moyen âge, par des traditions que les chroniqueurs n'ont pas conservées, mais qui sont encore vivantes dans les Pyrénées. Charlemagne revint sur ses pas, battit les Vascons, fit pendre le duc Lupus; il partagea le pays entre les fils de ce duc, et y établit quelques leudes pour assurer sa soumission.

L'Aquitaine n'était pas mieux affectionnée aux Francs, et semblait toujours disposée à la révolte. Charles la partagea en quinze comtés, qu'il confia à des Austrasiens ou à des Romains dévoués; il se concilia les laïques et les abbés, et distribua un grand nombre de terres en bénéfices à ses soldats. Enfin, voyant que l'Aquitaine, la Vasconie et la Septimanie souffraient toujours avec impatience leur réunion à l'empire des Francs, il résolut d'en composer un état à part, posté en face des Arabes, et destiné à défendre la chrétienté contre l'islamisme. Il fit donc du pays compris entre l'Èbre, le Rhône, la Loire et les deux mers, un royaume d'Aquitaine, et il le donna à son troisième fils, Hlodowig (Clovis ou Louis), qui venait de naître, et qui fut envoyé à Toulouse, pour y être élevé à la façon des Aquitains (778) [2]. Dès lors, le midi, heureux d'avoir retrouvé une sorte d'indépendance, resta paisible; il répara ses désastres, rebâtit ses villes, fit un commerce actif avec l'Espagne et l'Orient; ainsi qu'il était arrivé à tous les Barbares qui avaient conquis ce pays de civilisation romaine, le nouveau roi et ses tuteurs subirent l'influence de cette civilisation, et ils gouvernèrent uniquement dans les intérêts de l'Aquitaine.

§ IX. Gouvernement de Charlemagne. — Pendant que les populations romaines de l'Italie et de la Gaule éprouvent la sollicitude de Charlemagne, que les populations tudesques, ennemies ou tributaires, sont soumises par la force de ses armes, la Gaule septentrionale reste soumise, oubliée, et pour ainsi dire méprisée. Charles ne connaît d'autre patrie que l'Austrasie, et ne séjourne qu'à Herstall, à Worms, à Aix-la-Chapelle; ses apparitions sont courtes et rares dans la Neustrie et dans la Bourgogne, dont l'histoire nous est inconnue sous son règne, et dont les noms sont à peine pro-

[1] Eginhard, Vie de Charlemagne. — [2] Histoire du Languedoc, par D. Vaissette, t. I.

noncés. L'influence germanique, déterminée par la bataille de Testry, est à son apogée; on ne trouve plus un seul nom romain ni dans l'armée, ni dans l'administration, ni même dans l'Église : tout est devenu tudesque. Charles s'honorait d'être Germain, ne vivait qu'en Germain, ne s'habillait qu'en Germain; et son histoire appartient en réalité plus à la Germanie qu'à la Gaule.

Les Austrasiens, dominateurs des vingt peuples différents qui composaient leur empire, se glorifiaient de leur nom de Francs-Teutoniques, de leurs mœurs et de leur langue tudesques; ils tendaient sans cesse à reculer le centre de leur domination vers la Germanie; et en effet, le nom d'Austrasie (*Oster-rick*), en s'avançant de ce côté, de siècle en siècle, a fini par rester, dans le bassin du Danube, à une petite province qui donne aujourd'hui son nom à un grand empire, l'Autriche (*Oster-reich*).

Tant de peuples, unis seulement par la conquête, devaient avoir des inclinations et des besoins très-différents. Charles voulut néanmoins en composer un tout par l'unité de gouvernement; ce fut l'occupation de toute sa vie. Mais il ne put faire pour les civilisations romaine et germanique que ce qu'il avait fait pour les peuples de ces deux langues, un mélange confus et forcé; et gouvernement et empire se disloquèrent après lui.

Empruntant ses idées de centralisation aux souvenirs de l'empire romain, il confia le gouvernement des provinces à des magistrats permanents et amovibles, *ducs, comtes, viguiers, centeniers, échevins*[1], lesquels étaient chargés : 1° de lever des troupes; 2° d'administrer la justice; 3° de percevoir les impôts.

1° Le service militaire était gratuit; il fut imposé aux vainqueurs comme aux vaincus, non plus du consentement libre des propriétaires, mais à raison de la propriété. Tout possesseur de douze arpents de terre était apte à entrer dans l'armée; et les possesseurs de biens meubles valant 5 sous d'or devaient, sur six d'entre eux, fournir un homme. Le réfractaire était puni d'une amende de 60 sous d'or; et s'il ne pouvait l'acquitter, il était réduit en esclavage. Les propriétés du clergé furent soumises, comme les autres, au service militaire; seulement, au lieu de faire venir à l'armée les évêques et les abbés, le roi leur ordonna de lui envoyer leurs hommes, qu'il faisait commander par ses leudes.

2° La justice était rendue, d'après les lois de chaque peuple, dans les assemblées provinciales (*placita minora*), qui se tenaient trois fois par an; mais, comme les hommes libres négligeaient d'y venir, les tribunaux furent composés d'échevins nommés par le

---

[1] *Scabini, schœffen*, juges.

roi, et il finit par dispenser entièrement les hommes libres d'assister aux plaids.

3° Les impôts étaient presque nuls sur les Francs, mais les peuples conquis payaient des tributs; de plus, les propriétaires envoyaient des vivres, des chevaux et des chariots au lieu où l'armée se rassemblait, et ils défrayaient le roi avec sa suite dans ses fréquents voyages.

Outre ces trois grandes branches d'administration, les gouverneurs étaient chargés des routes et des ponts, « qu'ils faisaient entretenir par des gens de basse classe, avec aussi peu de travail qu'il était possible : quant à la construction des monuments publics et surtout des églises, ni comte, ni duc, ni évêque, ni abbé, n'était dispensé d'y contribuer [1]. »

§ X. Envoyés royaux. — Assemblées nationales. — L'administration de Charlemagne était admirablement travailleuse : elle voulait tout savoir, prétendait remédier à tout, et étendait sa sollicitude jusqu'aux plus minutieux détails. Ses deux moyens extraordinaires d'action étaient : 1° les envoyés royaux (*missi dominici*); 2° les assemblées nationales.

1° Les envoyés royaux étaient des agents temporaires qui inspectaient les évêques et les comtes, les provinces, les domaines du roi et même les bénéfices concédés; ils remplaçaient entièrement le roi, réformaient les abus, présidaient les assemblées provinciales, y publiaient les *Capitulaires* ou ordonnances royales, suppléaient à l'insuffisance des lois, et rendaient compte au souverain de la manière dont les gouverneurs remplissaient leurs fonctions; ils parcouraient leurs légations quatre fois par an. « C'était par eux que le système monarchique acquérait autant de réalité et d'unité qu'il en pouvait posséder sur un territoire immense, couvert de forêts et de plaines incultes, au milieu de la barbarie des mœurs, de la diversité des peuples et des lois, en l'absence de toute communication régulière et fréquente, en présence enfin de tous ces chefs locaux qui, prenant leur point d'appui dans leurs propriétés ou dans leurs offices, ne cessaient d'aspirer à une indépendance absolue, et qui, s'ils ne pouvaient se l'assurer par la force, l'obtenaient souvent du seul fait de leur isolement [2]. »

2° Les assemblées nationales prirent, sous l'influence du génie de Charlemagne, un caractère tout nouveau; elles laissèrent aller de leurs mains dans celles du prince la souveraineté, et, au lieu de faire des lois, se contentèrent de donner des conseils sur les lois

---

[1] Le moine de Saint-Gall, Faits et Gestes de Charlemagne.
[2] Guizot, quatrième Essai sur l'Hist. de France.

proposées, en laissant la décision au roi. Ces assemblées furent convoquées régulièrement, toujours au delà de la Meuse et quelquefois au delà du Rhin : comme elles étaient autant des revues militaires que des sessions législatives, elles se tenaient ordinairement en plein air; les leudes, les évêques, les hommes libres y étaient appelés, et discutaient, à leur gré, ensemble ou séparément. C'était par eux que le roi apprenait les besoins ou les dispositions des peuples. Pendant les quarante-trois ans que régna Charlemagne, il y eut trente-cinq de ces assemblées, et elles nous ont laissé soixante-cinq *Capitulaires*, qui contiennent onze cent cinquante et un articles, dont six cent vingt et un de législation civile et quatre cent quatorze de législation religieuse. Engendrés par les intérêts et les besoins nouveaux de la société, ces *Capitulaires* sont pourtant presque tous empruntés aux lois romaines et germaniques, et n'ont nullement le but de fonder pour l'avenir une constitution régulière et permanente. Quoique la plupart fussent, dans l'intention du législateur, applicables à tous les habitants de l'empire, la législation civile demeura, comme dans les forêts de la Germanie, comme sous les rois mérovingiens, personnelle et non territoriale : Francs, Romains, Saxons, Lombards, gardèrent chacun la loi de leur race; et ce défaut d'une loi unique et générale fut le plus grand obstacle à l'essai d'unité impériale tenté par Charlemagne, et le témoignage de son impossibilité. L'Église seule avait cette unité et cette universalité de loi, et c'était le gage de son avenir [1].

§ XI. État du clergé sous Charlemagne. — La race de Peppin d'Herstall devait à l'Église sa grandeur; mais, de son côté, elle avait travaillé efficacement à la défense et à la propagation du christianisme. En combattant les païens du nord, les ariens de l'Italie, les musulmans d'Espagne, Charlemagne avait, en réalité, fait l'œuvre de l'Église; aussi était-il aimé et vénéré du clergé, qui voyait en lui un nouveau Théodose. Néanmoins il ne trouva pas dans les prêtres, pour ses projets de gouvernement et de civilisation, toute l'assistance qu'il en espérait, à cause de la décadence morale et intellectuelle où ils étaient tombés. Il lui fallut donc gouverner lui-même l'Église directement, et là, comme ailleurs, conduire seul la société, en traînant les autres derrière lui.

[1] Id., Civil franç., t. II. — Les recueils des Capitulaires, surtout celui de Baluze, qui est le plus complet, renferment, outre les lois, des ordonnances, des règlements de police, des avis administratifs, des actes publics de tout genre, même des réflexions et des plans de Charlemagne. Un de ces Capitulaires, intitulé *de Villis*, règle l'administration des domaines royaux, qui comprenaient peut-être la dixième partie du territoire, et dont le produit était tout le revenu de Charles. Cet homme singulier y porte le même esprit d'ordre et de détail que dans l'administration de son empire; il s'occupe de tout, depuis la vente des œufs jusqu'au partage des laines à filer, jusqu'aux fruits et aux légumes qu'on doit récolter.

Continuant la réforme commencée par Peppin et qui avait encore porté peu de fruits, il ne donna les dignités ecclésiastiques qu'a des hommes de science et de vertu, surveilla les évêques au moyen de ses envoyés royaux, restaura les études et la discipline, réforma les institutions monastiques ; il défendit d'ordonner les prêtres avant l'âge de trente ans, réfréna l'abus du droit d'asile, enfin interdit aux évêques la chasse et la guerre [1]. Mais, en ce dernier point, le clergé, généralement très-soumis, résista : il s'était fait guerrier pour conserver ses biens, il ne voulut pas quitter le service militaire, garantie de ses possessions ; il resta violent, ignare, imbu des mœurs et des passions germaniques. C'est ce qui mit tant d'incertitude dans les relations de Charles avec les prêtres : d'un côté, il laissa aux leudes une grande partie des biens et dignités ecclésiastiques, nomma directement aux évêchés et abbayes, empiéta sur le pouvoir spirituel, prescrivit aux prêtres ce qu'ils devaient enseigner, dire, prêcher, convoqua et présida seul les conciles, publia les canons ecclésiastiques, jugea et décida lui-même, non-seulement les questions de discipline, mais les articles de foi [2]. D'un autre côté, il employa les évêques comme ministres et comme envoyés royaux, il les appela dans ses conseils, dans les assemblées nationales ; il augmenta la juridiction des tribunaux ecclésiastiques, établit la dîme, donna aux prêtres une immense influence sur les familles par les mariages, les testaments, etc. C'est qu'il y avait dans l'essence du clergé, même quand il était mauvais, quelque chose de progressif ; il ne pouvait oublier complètement sa mission évangélique ; et, en définitive, grâce aux réformes de Charles, l'épiscopat reprit de l'ensemble et de la régularité, et la société ecclésiastique la force et la vie dont elle devait plus tard se servir pour transformer à son profit l'œuvre du grand roi. Ce fut dans la Gaule méridionale que la réforme du clergé réussit le mieux, à cause de la piété du jeune roi Louis et des vertus de saint Benoît d'Aniane, qui rendit à la règle bénédictine toute sa vigueur. L'Église y avait pourtant éprouvé de grandes souffrances : les Arabes et les Francs l'avaient ruinée et dépouillée ; presque tous les évêques étaient des leudes avides et sanguinaires. Louis les chassa de leurs siéges, ranima les études, restaura les monastères et en fonda de nouveaux « qui semblaient

---

[1] Capit. de Baluze, liv. vii, ch. 104.
[2] C'est ce qui arriva dans la question du culte des images, qui avait causé tant de troubles en Orient. Le concile de Nicée avait prescrit leur *adoration honoraire* : Charlemagne assembla un concile à Francfort, qui rejeta formellement cette doctrine, et il écrivit à tout son clergé : « J'ai pris place parmi les évêques comme arbitre ; nous avons vu, et, par la grâce de Dieu, nous avons arrêté ce qu'il fallait croire. » Le pape Adrien eut le talent de faire casser cette décision, et la doctrine du concile de Nicée a fini par être adoptée.

s'élever comme des flambeaux pour éclairer l'Aquitaine [1]. » C'est par là que les bons effets du gouvernement de Louis se perpétuèrent dans l'Aquitaine pendant trois siècles.

§ XII. Restauration des lettres et des arts. — En même temps que Charles arrêtait l'invasion barbare et la dégénération sociale, il arrêtait aussi la décadence intellectuelle, en fondant partout des écoles, et jusque chez les Saxons, en protégeant et en appelant autour de lui les savants. « Il rassembla à Rome des maîtres de la grammaire et du calcul, et les conduisit en France, leur ordonnant d'y répandre le goût des lettres [2]; « il porta ses soins jusqu'à introduire, et non sans résistance, la musique romaine dans les églises de la Gaule. Il protégea l'architecture et voulut faire d'Aix-la-Chapelle une nouvelle Rome en l'ornant d'édifices, de sculptures et de marbres enlevés à l'Italie. L'école de médecine de Salerne fut fondée. La géographie fit quelque progrès, surtout l'astronomie, qui était la science favorite de Charles. Grâce à son ardeur, l'activité intellectuelle se réveilla, et la littérature de ce temps comprend autre chose que les sermons et les légendes des deux siècles précédents.

Le représentant de cette littérature est Alcuin, moine né en Angleterre. C'est lui qui ranimait les études, restaurait les manuscrits anciens, et régentait en maître tous les savants de l'époque; il était le chef de l'école du palais, sorte de société littéraire dont étaient membres Charles, ses enfants, ses ministres. On a de lui plus de trente ouvrages, outre deux cent trente-deux lettres curieuses, dont trente sont adressées à Charles. Celles-ci renferment à la fois des discussions théologiques, des calculs astronomiques, des conseils politiques; ce qui prouve l'infatigable désir de science du grand roi, qui, au milieu de sa vie guerrière, s'occupait à la fois de théologie, de grammaire, d'histoire, d'astronomie, de législation, etc. Charles lui-même était, après Alcuin, l'homme le plus savant de son siècle : il passait pour un théologien très-habile; il corrigea, avec des Grecs et des Syriens, les quatre Évangiles; il composa une grammaire tudesque, un traité sur les éclipses et les aurores boréales, des poésies latines. Il fit faire un recueil des anciens chants nationaux des Francs, qui malheureusement a été perdu, et il avait ordonné de rédiger en langue tudesque les lois et les chants religieux. Il marchait à grands pas, et il voulait que les hommes de son siècle le suivissent; mais, malgré ses efforts, les Francs répugnaient à se livrer à l'étude. Alcuin, qui comprenait son im-

---

[1] Vie de Louis-le-Débonnaire, par un anonyme dit l'Astronome.
[2] Eginhard, Vie de Charlem.

patience, lui écrivait : « Il ne dépend ni de vous ni de moi de faire de la France une Athènes chrétienne. » En effet, le mouvement donné aux intelligences comme à la société était hâtif et superficiel, et l'œuvre de Charlemagne devait finir avec lui [1].

§ XIII. SITUATION DE L'ARISTOCRATIE FRANQUE. — Un homme était donc venu qui avait, avec des idées d'ordre et de gouvernement, l'ambition de créer une société nouvelle ; aussi voulait-il que sa royauté, qui avait tant de devoirs et de travaux, fût toute-puissante. Tous les pouvoirs ressortissaient au sien ; tout émanait de lui pour revenir à lui ; âme de ce grand corps qui n'avait d'unité que par lui, il voyait tout par lui-même ; et son génie, d'une activité merveilleuse, embrassait aussi facilement les plus hautes généralités que les plus petits détails.

Mais la royauté ne pouvait prendre une forme si monarchique sans rencontrer des obstacles dans l'aristocratie. Ces leudes austrasiens, qui avaient porté au trône la race de Peppin d'Herstall, suivirent Charles avec ardeur dans ses expéditions guerrières, mais virent avec défiance ses essais de despotisme impérial. De son côté, Charles ne leur confia des fonctions publiques qu'avec ménagement, et toujours en compagnie des évêques, à qui il donna la supériorité et les honneurs ; il ne leur concéda que des bénéfices temporaires, divisa leurs terres, les chargea de tributs, les empêcha de les céder et de les vendre, etc. Mais, malgré toutes ces précautions, la société était trop confuse et le gouvernement trop irrégulier pour que Charles, qui ignorait même la quantité de bénéfices dont il pouvait disposer, pût remédier à tous les empiétements de pouvoir des leudes. Aussi les possesseurs de bénéfices penchèrent-ils à les transformer en aleux, à les distribuer en sous-fiefs, à faire disparaître les petites propriétés et avec elles la classe des hommes libres, enfin à réduire la plus grande partie de la population à la servitude. Malgré la volonté et le génie de Charlemagne, la Gaule tendit à être possédée par quelques milliers de seigneurs, seuls formant la nation, seuls maîtres des pouvoirs publics, ayant sous eux des millions d'esclaves. Le nombre de ceux-ci devint si grand que l'on ne compta plus la fortune des individus que par têtes d'hommes : Alcuin en avait jusqu'à vingt mille. Leur condition était très-misérable, puisque Charlemagne, dont les domaines étaient pourtant les mieux administrés de toute la Gaule, ordonne dans un capitulaire de prendre garde qu'aucun de ses esclaves ne meure de faim, « autant que cela peut se faire, dit-il, avec l'aide de Dieu [2]. »

---

[1] Guizot, Civil. franç., t. II.
[2] Baluze, t. I, p. 264. — Les serfs des terres ecclésiastiques étaient bien moins

§ XIV. GUERRES SUR TOUTES LES FRONTIÈRES. — Au milieu de ces essais de gouvernement général, il fallait défendre, contre les populations sauvages qui les entouraient, des frontières très-étendues et très-vulnérables.

De l'embouchure de l'Elbe au golfe de Fiume, la frontière suivait l'Elbe, la Moldau, le Danube, l'Ens, coupait la Drave et la Save et atteignait la mer Adriatique. A la droite de l'Elbe et vers son embouchure, étaient les Saxons maritimes, appelés aussi Danois et Northmans, qui occupaient la Chersonèse cimbrique et commençaient alors à faire la piraterie dans les îles Britanniques. Le long de l'Elbe jusqu'à sa source, étaient des peuples slaves, les uns ennemis, les autres alliés des Francs; de la source de l'Elbe jusqu'au Danube, les Silésiens, Bohèmes et Moraviens, autres Slaves errants et ennemis; du Danube à l'Adriatique, les hordes des Huns et des Abares qui se renouvelaient sans cesse par des migrations asiatiques : pasteurs et nomades, forts de leur cavalerie et de leur pays marécageux, tous libres et égaux, ces barbares avaient, depuis deux siècles, entassé les richesses de l'Europe dans leurs camps. Enfin au midi, les Francs avaient pour frontières : en Espagne, l'Èbre, attaqué sans cesse par les Arabes; en Italie, le Vulturne et l'Aufide, au delà desquels était la domination du duc de Bénévent, prince lombard et tributaire des Grecs.

Cette longue ligne de frontières était menacée à la fois; et chaque année Charles courait du nord au sud et de l'Elbe au Pô, pour repousser l'invasion des ennemis extérieurs ou assurer la soumission des tributaires. Les quatre années qui suivirent la création des royaumes d'Italie et d'Aquitaine furent presque entièrement employées à la guerre des Saxons (782 à 785); mais, dans les quatorze années qui terminent le siècle, Charles eut à com-

---

malheureux, si l'on en croit un curieux document publié par M. Guérard, et qui donne un aperçu statistique sur la commune de Palaiseau à la fin du VIIIe siècle. Ce domaine appartenait à l'abbaye de Saint-Germain-des-Prés, et se composait de deux parties : 1º le domaine seigneurial, tenu et mis en valeur par les propriétaires au moyen d'esclaves; sa population allait à 700 âmes; 2º le domaine accensé, comprenant 108 hectares de terres cultivées et 117 *manses* ou habitations; 108 de ces manses étaient tenues par des colons *ingénus* ou libres, et 5 par des serfs; les 108 manses d'ingénus étaient occupées par 179 familles comprenant 618 personnes, dont 8 serfs seulement; les 5 manses de serfs étaient occupées par 10 familles, comprenant 27 personnes. Les 645 habitants du domaine accensé, après avoir payé les redevances en argent et en nature à leurs maîtres, avaient moyennement de reste et en toute propriété une somme de 110 fr. 71 c. de notre monnaie. Ainsi l'aisance matérielle des paysans de Palaiseau, au temps de Charlemagne, ne différait pas grandement de celle qu'ils peuvent avoir de nos jours. La population était à peu près la même. Enfin la culture de la terre elle-même a peu changé : il y a aujourd'hui 1/15 de champs de blé et 1/4 de vignes en moins; mais les prés se sont accrus de 1/8 et les bois ont presque triplé; des trois moulins qui existaient alors, il en reste deux.

battre de tous côtés : contre les Thuringiens, les Bretons, les Grecs, les Bavarois, les Abares, les Arabes, etc.

1° Les Thuringiens, las de la guerre des Saxons, dans laquelle ils combattaient toujours à l'avant-garde des Francs, voulurent tuer le roi et se soustraire à sa domination. Charles marcha contre eux, les soumit et fit crever les yeux à leur chef (786).

2° Les Bretons, réduits par les rois francs à la condition de tributaires, refusèrent de payer les impôts; ils furent vaincus après une guerre qui dura vingt-trois ans; « et, pour la première fois, la Bretagne fut comprise dans l'empire des Francs [1] (787). »

3° Le duc de Bénévent donnait asile aux exilés lombards, et était allié avec les Grecs, qui possédaient encore la Sicile et quelques villes d'Italie. Le pape, inquiet de ces intrigues, appela Charles au delà des Alpes. Mais, à l'approche du roi, le duc de Bénévent lui envoya son fils comme otage avec des présents, et lui promit, pour son peuple et pour lui-même, une entière soumission, avec un tribut de sept mille sous d'or. A ce prix, il garda son duché. Alors les Grecs donnèrent le gouvernement de la Sicile à Adalgise, fils de Didier, et lui fournirent une armée (788). Peppin, roi d'Italie, s'étant fait joindre par le duc de Bénévent, marcha contre Adalgise, qui fut battu et tué.

4° Le plus puissant et le plus inquiet des tributaires était Tassillon, duc des Bavarois. Voisin des Lombards, des Slaves et des Huns, il entretenait avec eux des relations hostiles aux Francs, et il engagea même les Huns à pénétrer dans l'empire. Alors Charles fit entrer trois armées dans le pays des Bavarois; Tassillon se rendit en suppliant auprès de lui, livra ses fils, et jura d'être fidèle; mais ayant été convaincu de trahison dans l'assemblée nationale, il fut renfermé dans un monastère, et son peuple fut entièrement soumis aux lois et au gouvernement des Francs (788).

5° Les Huns, comptant sur l'appui de Tassillon, étaient arrivés dans le Frioul et dans la Bavière : ils furent battus. Charles leur ayant vainement proposé la paix, fit entrer trois armées dans la Pannonie, l'une de Saxons et de Frisons, par le bassin de l'Elbe; la deuxième de Lombards, par l'Illyrie; la troisième de Francs et d'Aquitains, que lui-même commandait, par le bassin du Danube. Les Francs ravagèrent tout le pays jusqu'au Raab; mais les maladies les forcèrent à revenir sans avoir soumis les Abares [2]. L'année

---

[1] Annal. Francor., anno 787.
[2] Ce fut au retour de cette expédition que Charles voulut faire communiquer le Danube et le Rhin par un canal creusé entre l'Altmühl et la Rednitz; mais ses ouvriers étaient incapables d'exécuter un tel travail, et l'on y renonça après avoir fait un fossé de deux mille pas dont les traces existent encore.

suivante, Charles allait recommencer la guerre, mais il en fut empêché par une révolte des Saxons et une invasion d'Arabes (789). Pendant que lui-même repoussait les Barbares du nord au delà de l'Elbe, et soumettait jusqu'à l'Oder les peuples slaves qui leur avaient donné du secours, son fils Peppin, avec une armée de Lombards et de Bavarois, ravagea le pays des Huns jusqu'à la Theiss et pilla leur grand camp. Cette guerre dura huit ans et fut presque aussi rude que celle des Saxons. « Les Francs en rapportèrent des trésors si grands, dit Éginhard, que jusqu'alors on pouvait les regarder comme pauvres, mais qu'après cette guerre ils purent se dire riches. » Le roi des Abares se fit chrétien avec une partie de son peuple; mais la Pannonie avait été tellement dévastée qu'il y restait à peine trace de demeure humaine (796).

6° Les Arabes avaient passé les Pyrénées et s'étaient emparés de Narbonne. Guillaume, duc de Toulouse et tuteur du roi Louis, marcha contre eux et fut battu sur les bords de l'Orbieu. Les Arabes firent de grands ravages dans la Septimanie et se retirèrent avec beaucoup de captifs (793). Les années suivantes, les Aquitains reprirent Narbonne et passèrent les Pyrénées. Les émirs de l'Aragon et de la Navarre se soumirent; et on forma de tout le bassin de l'Èbre un comté où s'établirent des Francs et des Aquitains (797). La guerre continua jusqu'en 812 avec acharnement et dans toutes les montagnes; les Vascons y prirent une grande part comme alliés des Arabes, et furent définitivement vaincus. Le roi Louis fit le siége de Barcelone et s'en empara (804); de là il se porta sur Tortose, et ne la prit qu'après huit ans de rudes combats (810). Enfin une trêve mit fin à cette guerre, et assura aux Francs la possession du bassin de l'Èbre (812).

§ XV. Puissance universelle de Charlemagne. — Tant de guerres et tant de succès rendaient Charles le maître et le centre de l'Europe. Presque tous les peuples des langues tudesque et latine lui obéissaient directement; les Arabes d'Espagne le prenaient pour arbitre et imploraient son appui; Alphonse II, roi de Galice et des Asturies, lui rendait compte de ses actions comme au plus grand des rois chrétiens, et s'honorait d'être appelé son *fidèle;* les Écossais le nommaient leur seigneur; les empereurs de Constantinople voyaient avec jalousie sa puissance : craignant, comme la renommée le publiait, qu'il n'eût dessein de régner sur tout l'empire romain, ils recherchaient son alliance, suivant le proverbe des Grecs : « qu'il faut avoir le Franc pour ami, non pour voisin [1]. » Enfin sa renommée s'étendait jusqu'en Asie; il envoya une ambassade et

[1] Eginhard, Ann.

des présents à Haroun-al-Raschid, troisième khalife abasside; et celui-ci lui donna les clefs du Saint-Sépulcre de Jérusalem, comme pour marquer qu'il abandonnait la souveraineté des lieux consacrés par la mort du Christ : les deux chefs du christianisme et de l'islamisme avaient des intérêts communs contre les schismatiques chrétiens de la Grèce et les schismatiques musulmans de l'Espagne.

Depuis la chute de l'empire d'Occident, il n'y avait pas eu en Europe une puissance comparable à celle de Charlemagne; il ne manquait à ce grand homme qu'un titre, ambitionné depuis longtemps par les Francs; et l'empire romain semblait rétabli. Charles ne pensa pas à se conférer lui-même ce titre ou à se le faire donner par ses soldats; il savait que l'ordre social ne pouvait être constitué que sur la base de l'autorité religieuse, et il n'hésita pas à demander la couronne impériale, non plus à l'élection ou à la force, comme les empereurs païens, mais, avec une intelligence parfaite des temps nouveaux, à la papauté. Celle-ci semblait pourtant moins avancée que lui, et il la traitait ordinairement en auxiliaire soumise; mais elle n'en était pas moins la maîtresse absolue des esprits, et, aux yeux de tous « la première dignité du monde [1]. » Elle fut pleine de joie : jamais souverain n'avait fait autant que Charlemagne pour propager et consolider le christianisme; toutes ses guerres avaient été dirigées contre les ennemis de l'Église; toutes ses lois avaient été faites dans l'intérêt de l'Église : c'était le César tant désiré par elle; en le couronnant, elle se couronnait elle-même. Le moment de cette grande révolution était arrivé.

§ XVI. Charlemagne, empereur d'Occident. — Adrien était mort, et avait eu pour successeur Léon III. Charles, comme patrice des Romains, reçut le serment de fidélité du nouveau pontife, et lui écrivit : « Nous nous réjouissons de l'unanimité de votre élection et de l'humilité de votre obéissance envers nous [2] » (795). Et, d'après la position qu'il avait prise dans la chrétienté, et qui semblait faire du successeur de saint Pierre son lieutenant spirituel, il lui donna des conseils ou plutôt des ordres pour sa vie politique et morale, comme il aurait fait envers le moindre prêtre.

Léon III, accusé de grands crimes par les Romains, fut maltraité et jeté dans un couvent. Il s'en échappa, se réfugia chez les Francs, et alla trouver Charles, qui était à Paderborn (799). C'était le premier pape qui passait le Rhin, et le roi des Francs était bien aise de montrer ce représentant de Dieu aux peuples qu'il combattait et convertissait depuis trente ans. Léon fut émerveillé de la variété des langues, des mœurs, des habits des nations que Charles avait

---

[1] Œuvr. d'Alcuin, t. I, p. 117. — [2] Baluze, t. I.

soumises au saint-siège apostolique, et il eut avec lui de longues conférences dont le résultat peut être deviné d'après l'événement qui les suivit : il est probable qu'un traité analogue à celui que Peppin avait fait avec Zacharie fut passé entre Charles et Léon, et que le rétablissement de l'empire d'Occident fut dès lors résolu.

Le pape retourna en Italie avec une escorte de seigneurs qui devaient lui faire rendre obéissance ; il fut reçu en grande pompe, et attendit l'arrivée de Charles pour se soumettre à son jugement. Le roi, après avoir mis ordre aux affaires des Slaves, des Saxons et des Huns, désarmé les Bretons ainsi que les Sarrasins des îles Baléares, reçu les ambassadeurs de Constantinople et de l'Espagne, s'en alla visiter la Gaule septentrionale, dont les côtes commençaient à être infestées de pirates danois ; il fit garnir de bateaux et de soldats les embouchures des fleuves, traversa les villes de Rouen, d'Orléans, de Tours et de Paris, tint l'assemblée nationale à Mayence, passa les Alpes tyroliennes avec une puissante armée, et arriva à Rome (800). Il y fut reçu en triomphe par le peuple et le clergé. Le procès du pape commença ; mais les évêques assemblés déclarèrent « qu'ils ne pouvaient juger le siége apostolique, par lequel tous sont jugés, tandis que lui ne peut l'être par personne [1]. » Léon se purgea par serment des accusations portées contre lui, et ses ennemis furent punis.

La fête de Noël arriva. « Le pape célébra la messe dans la basilique du Vatican, en présence de Charles et d'un immense concours de peuple ; puis, s'avançant vers le roi, il versa sur sa tête l'huile sainte, et plaça sur son front une couronne d'or, aux applaudissements du peuple qui criait : Charles, auguste, couronné par Dieu, grand et pacifique empereur des Romains, vie et victoire ! Alors le pape, se prosternant devant lui, l'adora à la façon des anciens princes [2] ; » et cette cérémonie fut regardée comme renouvelant l'empire d'Occident après 324 ans d'interruption.

Ainsi Rome chrétienne retrouvait son ancienne puissance et créait encore un empereur romain ; mais il n'y avait plus rien de romain dans le monde : un prêtre chrétien donnait à un soldat germain le titre de ce qui n'existait plus. Ce n'était donc qu'une vaine cérémonie ; pourtant elle fut la base du système politique du moyen-âge, où les papes et les empereurs se disputeront la direction du monde chrétien, et l'origine de la grande querelle qui remuera l'Occident pendant trois siècles, la querelle de l'empire et du sacerdoce.

[1] Anastase. — [2] Eginhard, Vie de Charlem.

CHAPITRE III.

Empire occidental des Francs. — 800 à 843.

§ I. Résultats du rétablissement de l'empire. — Nous avons vu que, dès leur arrivée dans l'Occident, les Barbares, empressés à se substituer en tout aux Romains, avaient reçu avidement les dignités de l'empire : ainsi Théodoric, Clovis, Peppin, s'étaient honorés du titre de patrices, qui semblait pourtant les rendre dépendants de Constantinople. Toute leur ambition tendait à continuer ou à refaire un empire romain ; les Goths l'avaient tenté : les Francs réussirent. Mais ce but que Charlemagne seul pouvait atteindre fut une erreur de son génie ; il ne concevait que le rétablissement du passé, et se faisait le représentant de la société ancienne, pendant que le présent était dans l'enfantement d'une société nouvelle, toute différente de principe et d'avenir. Occupant à peu près le même territoire, faisant la même œuvre de guerre et d'administration, portant le même titre que les Constantin et les Théodose, il croyait, parce qu'il avait arrêté l'invasion des Barbares, contre laquelle tant d'empereurs avaient échoué, que tout était fini, que l'empire des Césars était pleinement rétabli. Quand il n'y avait plus rien de romain dans le monde que l'ambition de sa propre pensée, le Franc Karl croyait avoir relevé la chose romaine : il n'avait relevé que son nom. En terminant les invasions du Nord, en arrêtant le désordre social et intellectuel, en réunissant momentanément dans un état unique vingt peuples qui vont former des états particuliers, il avait satisfait aux besoins de l'époque ; quand il alla au delà de cette tâche et y entraîna son siècle ébloui, il ne fit plus qu'une œuvre éphémère ; et, s'il eût vécu quelques années de plus, il aurait assisté lui-même, et malgré son génie, à sa destruction. Toutefois son édifice ne disparut pas complétement avec lui : sous son administration stable et régulière, les influences locales ou féodales qui doivent bientôt gouverner le monde avaient eu le temps de prendre possession du sol et des habitants ; aussi son grand empire s'éparpillera en états qui, malgré leurs variations, auront de l'avenir, et son gouvernement central en gouvernements locaux qui ont de la force et de la durée ; enfin si l'unité politique doit disparaître, l'unité religieuse restera. Mais il ne croyait pas faire ce qu'il a fait ; il n'imaginait pas que son empire et son gouvernement n'étaient que le laboratoire où les nations et la société modernes se formaient, et que son système de monarchie romaine n'avait que préparé le triomphe de l'aristocratie féodale et de la domination universelle des papes [1].

§ II. Fin du règne de Charlemagne. — Charles, devenu césar et auguste, profita habilement de ces vieux titres pour rendre son pouvoir absolu, comme celui des empereurs. Héritier de leur nom, il crut la conquête des Francs légitimée aux yeux des vaincus; et, supérieur, par sa nouvelle dignité, aux vainqueurs, il détruisit l'antique égalité des Germains, adopta l'étiquette fastueuse des cours orientales, et consolida cette royauté de droit divin, que son père avait importée avec le sacre dans la Gaule. C'est alors que, voulant détruire la hiérarchie des leudes et faire prédominer la relation du roi à l'homme libre sur celle du seigneur au vassal, il réclama et exigea de tout homme libre, non comme propriétaire suprême, mais comme souverain, le serment de fidélité que celui-ci prêtait à son chef immédiat, à cause du bénéfice qu'il tenait de lui. C'était une grande idée : elle centralisait tous les pouvoirs autour d'un seul, et faisait de la royauté, non plus seulement la première des dignités, mais une magistrature publique et suprême. Les grands ne virent pas la portée de cette entreprise; et, excepté quelques propriétaires d'aleux, « qui le refusèrent par orgueil, » tous firent prêter serment à leurs vassaux [2]. Les progrès de l'aristocratie se trouvèrent ainsi arrêtés; et « Charles abaissa tellement les cœurs fiers et intraitables des Francs, qu'ils n'osaient rien entreprendre dans l'empire que ce qui convenait à l'intérêt public [3]. »

Pendant les quatorze années qui s'écoulèrent depuis son couronnement jusqu'à sa mort, le nouveau César continua son système d'unité et de centralisation, soit par ses guerres, soit par ses lois. Il publia les codes des Saliens, des Ripuaires, des Lombards, des Saxons, etc., et fit la guerre par ses lieutenants ou par ses fils. L'année 804 vit terminer la lutte avec les Saxons. Les Danois leur succédèrent, et attaquèrent les populations slaves; Charles les ayant arrêtés en bâtissant des forts sur l'Elbe, l'invasion, désormais impuissante à pénétrer par terre, dégénéra en pirateries. Les Barbares du nord montèrent sur leurs bateaux d'osier couverts de cuir, et jetèrent la terreur sur les côtes de l'Océan. Les flottes qui défendaient les embouchures des fleuves ne purent les arrêter; et leur audace arracha des larmes au vieil empereur, qui prévoyait les maux qu'ils feraient à ses successeurs. En même temps, les

---

[1] Guizot, Civil. franç., t. II.

[2] Capitul. de Baluze, t. I, p. 242, 377, 541. — Formules de Marculfe, t. I, ch. 40. — Guizot, quatrième Essai sur l'Hist. de France.

[3] Eginhard, Vie de Charlem.

Sarrasins ravagèrent la Corse et la Sardaigne; Louis d'Aquitaine fut repoussé par les Maures d'Espagne, et Peppin d'Italie par les Grecs, dans la Vénétie. La décadence de l'empire se manifestait par l'audace de ses ennemis, qui semblaient impatients de la mort du grand homme.

Charlemagne avait fait son testament et partagé ses états entre ses trois fils. Les deux aînés moururent : Charles, qu'il avait associé à l'empire, sans enfants; Peppin, laissant un fils nommé Bernard, qui fut roi d'Italie (811). Alors il fit venir à Aix son troisième fils, Louis, roi d'Aquitaine; « il le présenta aux évêques, abbés, comtes et seigneurs des Francs, et leur demanda de le constituer roi et empereur (813). Tous y consentirent; et le même avis ayant plu à tout le peuple, l'empire lui fut décerné par la tradition de la couronne d'or, tandis que le peuple criait : Vive l'empereur Louis [1]! »

L'année suivante, Charles mourut, après avoir régné quarante-six ans comme roi et quatorze ans comme empereur (28 janvier 814). L'antiquité n'avait présenté que deux hommes aussi grands; et l'humanité attendit mille ans avant d'en voir un taillé à cette hauteur.

§ III. Louis-le-Débonnaire, empereur. — Progrès de l'aristocratie et du clergé. — Guerres sur toutes les frontières. — « La supériorité de gloire dont brillait Charles avait amené les Gaulois, les Aquitains, les Bourguignons, les Alamans, les Bavarois, à se glorifier, comme d'une grande distinction, de porter le nom de sujets des Francs [2]. » Mais cet empire, tout régulier et assuré qu'il paraissait, n'était que la domination militaire d'une certaine race d'hommes sur d'autres races étrangères qui, après la mort du fondateur, devaient faire des efforts immenses pour recouvrer leur indépendance politique. Retenir en un seul corps tant de pays divers et ennemis était une tâche difficile : Louis Ier, dit LE PIEUX OU LE DÉBONNAIRE, y succomba. Il avait pourtant montré de la sagesse en gouvernant les Aquitains, si turbulents et ennemis des Francs; il s'était même fait aimer d'eux par sa justice et sa bonté; il avait défendu leur pays avec vigueur contre les Arabes. Mais sa dévotion extrême était celle d'un moine, non d'un roi; lui-même se déclarait plus propre au couvent qu'au trône : il se laissa avilir par le clergé, pendant que les grands se rendaient indépendants, et que les peuples se remuaient pour se séparer de l'empire; et, sous

---

[1] Chron. de Moissac. — Eginhard, ch. 30. — Thégan, des Faits de Louis-le-Pieux, ch. 6. — Le principe de l'élection était toujours reconnu; et un article du testament de Charles porte que si le peuple choisissait un certain prince pour roi, les autres princes seraient tenus à consentir à cet ordre de succession.

[2] Le moine de Saint-Gall, des Faits et Gestes de Charlemagne.

cette triple attaque, l'unité monarchique de Charlemagne s'ébranla dans les mains de son fils.

Louis fut accueilli, à son avénement, par des acclamations; car le gouvernement de son père, à cause de ses guerres continuelles, était devenu impopulaire, et l'on espérait avoir du repos sous un roi dévot et pacifique. Au premier champ-de-mai, il rendit la liberté et les biens à une foule d'ahrimans dépouillés ou réduits en servitude pendant le règne précédent; il restitua aux Saxons le droit d'héritage, et déchargea les Aquitains de plusieurs impôts. Il cherchait par là à régénérer la classe des hommes libres, si importante et si affaiblie, pour s'en faire un appui contre les grands; et il eut soin, à cet effet, de réclamer de tout l'empire le serment exigé par son père. Mais en même temps il donna aux leudes des domaines royaux à titre de possession perpétuelle, et laissa ainsi l'aristocratie reprendre sa marche ascendante. Ce fut là grande erreur de son règne et de celui de ses successeurs, et la cause immédiate de leur ruine. Les fiefs vont devenir l'unique monnaie avec laquelle les rois paieront les services et achèteront des serviteurs; mais plus ils donneront, plus ils auront besoin de donner, jusqu'à ce qu'eux-mêmes soient réduits à la nullité.

La conduite de Louis envers le clergé fut encore moins habile. Il chercha à réformer ses mœurs; mais il lui rendit la liberté des élections, qui avait été constamment violée par Charlemagne, et il laissa ainsi s'introduire dans les dignités ecclésiastiques les hommes ambitieux, corrompus, ignorants, que son père en avait exclus. Il ne s'inquiéta pas de voir un pape nouvellement élu prendre possession de son siége sans demander la confirmation impériale et s'attribuer tout le pouvoir dans Rome. De plus, quand celui-ci, croyant le césar irrité, vint en France pour l'apaiser (816), Louis alla à sa rencontre: au lieu de contester son élévation, il le pria de confirmer à lui-même sa dignité en lui donnant l'onction sacrée; et le pontife, en lui mettant le diadème sur la tête, lui dit: « Pierre se glorifie de te faire ce présent, parce que tu lui assures la jouissance de ses justes droits. » C'était la papauté qui devait, en définitive, hériter de la monarchie de Charlemagne : le grand homme avait lui-même, et à son insu, préparé ce résultat, en assurant l'indépendance politique des pontifes, et en recevant de leurs mains la couronne impériale.

Ces empiétements de l'aristocratie et du clergé étaient menaçants pour l'avenir; mais, pour le présent, ils n'attaquaient pas l'unité de l'empire. Cependant Louis, qui la sentait chancelante dans ses mains, fit faire, dans une assemblée générale des Francs, une *con-*

stitution impériale, par laquelle deux royaumes subalternes furent créés, l'un en Aquitaine, l'autre en Bavière (817): le premier fut donné à Peppin, deuxième fils de l'empereur; le second à Louis, son troisième fils; quant à l'aîné, Lothaire, il fut associé à l'empire. On décida que les deux rois subalternes ne pourraient ni faire la guerre, ni conclure un traité, ni céder une ville, sans l'autorisation de leur frère aîné : un seul fils devait succéder à chacun d'eux. « C'était, disait la constitution, pour ne pas rompre l'unité de l'empire, merveilleusement maintenue par Dieu même. » Bernard, roi d'Italie, à qui de pareilles conditions furent imposées, en prit ombrage : par le conseil d'Adelhard et de Wala, petits-fils de Charles-Martel et ministres de Charlemagne, il se révolta et marcha contre Louis avec une armée; mais il fut bientôt abandonné de ses soldats. Alors il se rendit à Châlons-sur-Saône, sur la foi de l'empereur, et lui demanda pardon; mais il n'en fut pas moins condamné à mort dans une assemblée des Francs, et exécuté (818). Son royaume fut attribué à Lothaire[1].

L'empire, reculé jusqu'aux limites de l'Europe civilisée, s'affaiblissait sur ses frontières; et, chaque année, il fallait combattre les peuples barbares qui l'avoisinaient. Les côtes de l'Océan furent ravagées par les hommes du Nord; les Slaves de l'Elbe et de la Drave et d'autres peuples inconnus, dont les demeures étaient variables, entrèrent dans l'empire et furent difficilement repoussés; les Croates se rendirent indépendants; le duc de Bénévent refusa les tributs; les Sarrasins pillèrent la Corse et la Sardaigne; mais les Francs les poursuivirent, et firent en Afrique une descente qui jeta la terreur parmi eux; les Abares de la Pannonie se révoltèrent, et ne furent soumis qu'après plusieurs années de guerres, pendant lesquelles l'on commença à entrer en contact avec les Bulgares, qui faisaient trembler l'empire grec. Les Vascons se révoltèrent, firent une longue guerre aux Aquitains, et détruisirent encore une armée franque à Roncevaux; mais leurs chefs furent proscrits, et l'on donna leur duché en bénéfice amovible à un parent de l'empereur. Les Maures d'Espagne recommencèrent leurs invasions : ils s'allièrent aux Vascons et aux Goths de la Septimanie, et s'emparèrent d'une partie de la marche de Gothie (entre l'Èbre et l'Hérault); mais ils furent repoussés, et dans cette même marche, où les Goths avaient pour duc Bernard, fils de Guillaume-le-Pieux, duc de Toulouse, Louis donna aux chrétiens d'Espagne

---

[1] Il laissa un fils nommé Peppin, auquel furent donnés les comtés de Vermandois et de Valois. Ce Peppin eut pour fils Herbert, tige des comtes de Vermandois, et Peppin, tige des comtes de Valois.

des terres, « avec le droit commun aux Francs de ne pas payer d'impôts. » Enfin les Bretons refusèrent les tributs, prirent pour roi un nommé Morvan, et attaquèrent la Neustrie. « Le césar indigné envoya un leude à Morvan pour l'engager à implorer la paix; mais celui-ci répondit : « Les champs que je cultive ne sont pas à ton roi ; qu'il gouverne les Francs : Morvan commande aux Bretons[1]. » Louis marcha contre eux et ravagea leur pays. Morvan fut tué, mais sa mort ne termina pas la résistance des Bretons (824) ; Louis leur donna pour duc Nomenoë, qui devint plus tard le libérateur de son pays.

Au milieu de toutes ces guerres, les assemblées nationales étaient fréquentes ; mais on ne s'y occupait guère que de législation ecclésiastique. La plupart des capitulaires sont néanmoins remarquables par la sagesse des instructions données aux envoyés royaux ; l'un d'eux ordonne « que le peuple (c'est-à-dire les hommes libres) soit interrogé sur toute nouvelle disposition qui serait ajoutée à la loi ; et qu'après avoir donné leur consentement, tous les assistants mettent leur signature au bas du capitulaire[2]. » La formule de promulgation était : « Le seigneur Louis, empereur, a publié ce capitulaire avec l'assentiment général du peuple[3]. »

C'est dans une de ces assemblées que Louis, plein de remords à cause du meurtre de Bernard d'Italie, déclara publiquement qu'il avait péché contre son neveu et contre ceux qu'il avait persécutés à son sujet, particulièrement contre Adelhard et Wala ; il voulut même faire pénitence publique de son crime. Les Francs ne virent dans cet acte de dévotion qu'une marque de faiblesse ; et la pusillanimité du césar, dévoilée à tous, précipita la révolution qui devait dissoudre l'empire de Charlemagne.

§ IV. Première révolte des fils de Louis. — Deux collections de peuples, d'origine, de langue et de mœurs diverses, composaient l'empire, et commençaient à dessiner formellement leurs différences et leurs antipathies : c'étaient les peuples de langue tudesque au nord et à l'orient, et ceux de langue romaine à l'occident et au midi. L'unité de l'empire était généralement odieuse à ces peuples ; leur état social répugnait à un gouvernement unique et étendu. La Gaule septentrionale, oubliée et même opprimée depuis la bataille de Testry, cherchait à secouer le joug de ces vainqueurs dont elle ne parlait pas la langue, et qui se donnaient exclusivement le nom de Francs ou *Français*, revendiqué par ses habitants. Les peuples de l'Aquitaine et de l'Italie, qui avaient aussi leurs

---

[1] Ermold-le-Noir, poème sur la vie de Louis-le-Pieux. — [2] Capit. de Baluze, t. II. — [3] Id., ibid.

idiomes particuliers, formés des débris de la langue latine, voulaient de même se séparer des Germains, détruire l'unité impériale, et se donner un gouvernement particulier. Tous ces peuples profitèrent, pour atteindre leur but, des querelles de Louis-le-Débonnaire avec ses fils : c'est ce qui donna à leurs efforts l'apparence de guerres civiles, dans lesquelles ils semblaient marcher en aveugles au gré de l'ambition des princes ; mais, en réalité, ils travaillaient à la formation des états et de l'ordre social du moyen âge.

L'empereur, ayant perdu sa première femme (819), avait épousé la fille d'un chef bavarois, Judith, femme belle, instruite et spirituelle, qui prit le plus grand ascendant sur son époux, et lui donna un quatrième fils, nommé Charles (823). Les grands la haïssaient et l'accusaient de liaisons adultères avec Bernard, duc de Gothie, qui était le favori de Louis. Cet homme ambitieux et rusé avait dans le gouvernement une puissance égale à celle des anciens maires du palais : il s'était attaché à persécuter et à dépouiller les leudes ; et ceux-ci n'attendaient que l'occasion d'éclater contre lui, Judith et l'empereur.

Sollicité par sa femme, Louis convoque une assemblée nationale à Worms (829) ; là, du consentement de Lothaire, il détache de l'empire le pays compris entre le Jura, les Alpes, le Rhin et le Mein, en forme un état qu'il nomme royaume d'*Allemagne*, à cause des Alamans qui avaient habité ce pays, et il le donne à son quatrième fils. La création de ce nouveau royaume excite une fermentation universelle. Les fils aînés de Louis la blâment par ambition ; le clergé, comme ruinant l'unité de l'empire et la constitution de 817 ; les grands, par haine contre Judith et Bernard ; tous les mécontents, par un vague désir de troubles. A leur tête se montre Wala, abbé de Corbie et principal ministre de Lothaire en Italie, qui avait une grande influence dans l'Église par son savoir, sa piété et son énergie.

« En ce moment, la discorde s'éleva entre les Francs et les Bretons : les Francs voulaient occuper de force la Bretagne, et en étaient empêchés par le vaillant Nomenoë [1] (830). » Louis veut punir ce duc rebelle, lève une armée et appelle ses trois fils. Mais cette guerre était envisagée avec une grande répugnance par les Francs, à cause du butin médiocre qu'on tirait de la Bretagne et de ses sauvages habitants. L'armée se révolte ; « alors les chefs de la conjuration, ne pouvant tenir plus long-temps leurs desseins secrets, et se sentant soutenus par la multitude et par un grand

---

[1] Vie de saint Convoyon.

nombre de seigneurs, appellent Peppin d'Aquitaine [1]. » C'était le plus turbulent des fils de Louis : caressé par les Aquitains, il s'était empreint de toutes leurs idées, et n'était plus Franc. Excité par son peuple et par sa propre ambition, il marcha contre son père, sous prétexte de chasser du gouvernement le duc Bernard. Louis de Bavière vint bientôt le joindre ; et « Lothaire excita ses frères et tout le peuple à relever l'empire chancelant [2]. » L'empereur se trouva abandonné de tous ; Bernard s'enfuit à Barcelone, Judith à Poitiers. Louis tomba aux mains de ses fils et des conjurés ; quelques-uns voulaient qu'on le fît mourir, d'autres qu'on le déposât ; mais les rois d'Aquitaine et de Bavière firent décider qu'on lui laisserait le nom d'empereur, qu'il serait renfermé dans un cloître, et que Lothaire gouvernerait en son nom. La constitution de Worms fut annulée et celle de 817 rétablie.

C'était la *France romaine* qui avait renversé l'empereur ; la *France teutonique* devait le relever. « A l'approche de l'automne, les conjurés voulaient que l'assemblée générale de la nation fût convoquée en une ville de *France*; mais Louis s'y opposa de toutes ses forces, car il se défiait des *Français* et avait toute confiance dans les Germains. Il l'emporta, et l'assemblée se fit à Nimègue (830) [3]. » « Toute la Germanie accourut en foule au secours de l'empereur [4]; » et les Francs-Romains se trouvèrent à Nimègue inférieurs en nombre et en puissance. Peppin et Louis, mécontents de l'ambition de Lothaire, conspirèrent pour rétablir leur père. « Alors, ceux qui étaient venus avec des desseins hostiles contre le césar, perdirent l'espérance et conseillèrent à Lothaire de combattre ou de se retirer (831) [5]. » Celui-ci s'apprêta en effet à la guerre ; mais il fut bientôt obligé de s'humilier et de livrer ses partisans à la vengeance de l'empereur, qui se contenta de les exiler. Louis renvoya ses trois fils dans leurs royaumes, mais en augmentant la puissance des deux cadets et en ôtant à l'aîné les droits que lui donnait la constitution de 817.

§ V. Deuxième révolte des fils de Louis. — Bientôt les mécontentements recommencèrent (832) ; « les grands divulguèrent le mauvais état de la chose publique, et soulevèrent le peuple pour obtenir un bon gouvernement [6]. » Peppin renouvela ses intrigues, et fit alliance avec Bernard, qui avait été disgracié par l'empereur ; en même temps, Louis de Bavière envahit le royaume d'Allemagne. L'empereur appela Peppin auprès de lui, et marcha contre Louis de Bavière, qu'il força à la soumission ; mais Peppin s'était

---

[1] Vie de Louis-le-Pieux, par un anonyme dit l'Astronome. — [2] L'Astronome, ch. 44. — [3] Id., ch. 45. — [4] Id., ibid. — [5] Id., ibid. — [6] Id., ibid.

échappé, et avait soulevé tout le midi. Le vieux Louis le dépouilla de son royaume, le donna à Charles, son fils de prédilection, et marcha au delà de la Loire; mais les Aquitains l'obligèrent à repasser le fleuve.

Alors les trois fils se révoltèrent à la fois, rassemblèrent trois armées, et se réunirent à Colmar pour contraindre leur père à quitter le trône. Le pape Grégoire IV, homme d'une grande sainteté, mais qui voulait rétablir la constitution de 817, « pour l'union des peuples et le salut de l'empire, » se mit de leur parti et les accompagna (833). L'empereur s'avança à leur rencontre, et les quatre armées se trouvèrent en présence à Rothfeld. L'intervention du pape fut sans résultat; sa présence avait excité beaucoup de surprise et de scandale parmi les évêques du parti impérial, « qui voulaient le déposer pour être venu sans être appelé, et qui lui signifièrent que, s'il les excommuniait, il s'en irait lui-même excommunié [1]. » Tout se disposait à une bataille : l'empereur avait une forte armée, une partie du clergé pour lui, et « Judith tournait à tout ce qu'elle voulait les cœurs des soldats [2]. » Cependant, en une seule nuit, « tous les esprits furent changés; le peuple fut trompé par de fausses promesses et de mauvais conseils; les soldats de l'empereur passèrent comme un torrent dans le camp de ses fils; et le bas peuple menaça de courir sur le vieux césar [3]. » Abandonné de tous, Louis se résigna et se remit entre les mains de ses fils, avec Judith et Charles. Ils furent relégués, Louis à Saint-Médard de Soissons, Judith à la citadelle de Tortone, Charles à l'abbaye de Pruym. Les trois frères se séparèrent, après avoir confirmé le premier partage de l'empire; et Lothaire gouverna comme empereur.

Une assemblée générale se tint à Compiègne, où tous les évêques assistèrent, et qui fut présidée par Ebbon, archevêque de Reims. « Il y fut reconnu que l'empire agrandi, pacifié et ramené à l'unité par Charles-le-Grand, avait déchu entre les mains de son fils, faute de prévoyance et de capacité : c'est pourquoi l'empereur avait été justement privé de la couronne [4]. » Alors Lothaire, pour empêcher une seconde restauration, engagea ou força les évêques à soumettre son père à la pénitence publique, « après laquelle un homme ne peut jamais rentrer dans la milice du siècle [5]. » En effet, « Louis,

[1] Vie de Wala, dans le t. VI des Hist. de France, p. 279-292.
[2] Id., ibid.
[3] Id., ibid. — Ann. de Saint-Bertin, a. 833. — L'Astronome, ch. 48.
[4] Actes de la déposition de Louis-le-Pieux, dans le t. VI des Hist. de France, p. 243.
[5] Sirmond, Recueil des Conciles de France, t. II, p. 560.

s'étant prosterné sur le cilice, devant l'autel, fut contraint de lire devant tout le monde un long écrit où étaient stipulées toutes ses fautes, la mort de Bernard, l'exil des leudes, les guerres civiles, les partages de l'empire, etc. Il confessa qu'il avait indignement rempli le ministère qui lui était confié, et qu'il voulait faire une expiation de ses péchés; puis il détacha sa ceinture militaire, la plaça sur l'autel, et, se dépouillant de l'habit du monde, il reçut des évêques, avec l'imposition des mains, l'habit de pénitent [1]. »

Après cet acte audacieux de puissance sacerdotale, les évêques se retirèrent, pleins de stupeur de ce qu'ils avaient fait, inquiets des murmures et du trouble des peuples, humiliés de la tyrannie que Lothaire avait exercée sur eux (834). Celui-ci tint son père dans une captivité très-dure et voulut le contraindre à se faire moine. Mais l'abaissement du vieil empereur avait produit un effet inattendu : il lui avait donné des partisans, même dans la Gaule. Des envoyés germains parcoururent l'Aquitaine et la Bourgogne, excitant la compassion des habitants, qui se réunirent dans la volonté de délivrer l'empereur [2]. » Les hommes libres, qui ne voyaient de salut que dans la conservation de la puissance impériale, s'opposèrent à ces seigneurs « qui méprisaient la famille du grand Charles, s'efforçaient de se partager l'autorité, et même de ceindre le diadème; ils protestèrent que, tant qu'il se trouverait quelqu'un de sa race aussi haut qu'une épée, celui-là seul commanderait aux Francs et aux Germains [3]. » Les rois d'Aquitaine et de Bavière, jaloux de la puissance de leur frère, se plaignirent de ce qu'il traitait leur père avec tant de mépris. La réaction fut si rapide, et les peuples parurent si unanimes, que Lothaire, maître des armées et des provinces, perdit tous ces avantages en moins de deux mois, fut obligé de mettre son père en liberté, et se sauva à Vienne sur le Rhône. Le vieux Louis se trouva tout à coup au milieu de sujets soumis, entouré de respect et d'amour par Peppin et Louis, qui vinrent à son aide. Il se fit relever de la sentence ecclésiastique par les évêques de son parti, et reprit sa ceinture et son épée.

Toujours clément et débonnaire, il avait pardonné à tous ses ennemis; mais Lothaire fit marcher deux armées contre lui, gagna deux batailles, fit périr les partisans de son père, incendia et ravagea les villes qui lui étaient fidèles. Il allait livrer une troisième bataille près de Blois, lorsqu'il se décida tout à coup à demander pardon à l'empereur. Celui-ci l'embrassa et le renvoya en Italie,

---

[1] Sirmond, Recueil des Conciles de France, t. II, p. 560. — Actes de la déposition de Louis-le-Pieux, dans le t. VI des Hist. de France, p. 243.

[2] L'Astronome, ch. 49. — [3] Le moine de Saint-Gall.

sous condition qu'il n'en sortirait pas sans son ordre. Une assemblée tenue à Thionville annula tout ce qu'avait fait le concile de Compiègne (835).

§ VI. Dernières révoltes des fils de Louis. — Une autre assemblée tenue à Crémieux régla de nouveau le partage de l'empire : les trois fils rebelles furent réduits strictement, Lothaire à l'Italie, Louis à la Bavière, Peppin à l'Aquitaine ; les annexes de leurs royaumes furent données au fils de Judith. Lothaire refusa de venir à cette assemblée, et se tint pendant quatre ans dans son royaume en position hostile. Louis de Bavière prit les armes ; mais, à l'approche du vieil empereur, ses peuples l'abandonnèrent. Peppin d'Aquitaine mourut (838), laissant un fils, Peppin II, que les Aquitains reconnurent pour roi ; mais ils chassèrent d'auprès de lui ses tuteurs de race franque, car ce peuple avait repris toute sa haine contre les conquérants. L'empereur refusa de reconnaître Peppin II, et envoya des garnisons dans le pays : « Ce n'est pas, dit son biographe, qu'il voulût priver son petit-fils du royaume d'Aquitaine, mais il voulait châtier ce peuple, qui s'abandonne à la légèreté, ne peut souffrir la domination étrangère, et qui avait dessein de corrompre le jeune Peppin, comme il avait corrompu son père [1]. » L'Aquitaine se souleva, chassa les troupes impériales ; et il y eut alors de grands malheurs et des crimes monstrueux dans ce pays [2]. »

Cependant la santé de l'empereur chancelait ; et Judith, voulant donner un protecteur à son fils, se rapprocha de Lothaire, qui, depuis quatre ans, se refusait à toute négociation. Alors le traité de Worms fut conclu, qui partagea l'empire en deux portions, par la Meuse, le Jura et le Rhône, entre Lothaire et Charles (839). Lothaire devait avoir l'orient, Charles l'occident ; Peppin II était dépossédé, et Louis réduit à la Bavière.

Les peuples s'indignaient de tous ces partages, où ils se voyaient accouplés sans égard à leur origine et à leurs sympathies : ils refusèrent de sanctionner le traité de Worms. Les Germains voulaient Louis pour roi ; les Aquitains, le fils de Peppin. Charles n'était accepté que par la Gaule septentrionale, comme Lothaire par l'Italie. Le vieux césar passa le reste de sa vie à lutter contre ces antipathies ; il se porta d'abord dans l'Aquitaine, parvint à établir Charles à Poitiers, mais il fut vaincu dans les montagnes d'Auvergne et repassa la Loire. De là il se porta dans la Germanie, où les peuples refusèrent de le combattre, et il força Louis à se soumettre. Mais, au retour de cette expédition, il mourut (840).

[1] L'Astronome, ch. 61. — [2] Id., ch. 41.

§ VII. Bataille de Fontanet. — A cette nouvelle, Lothaire, qui était associé à l'empire depuis vingt-trois ans, prétendit en continuer l'unité, et, selon la constitution de 817, gouverner seul, avec ses frères pour lieutenants ; « il envoya donc des messagers par tous les pays des Francs, pour annoncer qu'il prenait possession de l'empire, et pour se faire prêter le serment[1]. » Louis et Charles repoussèrent cette prétention. Leur ambition était soutenue, d'abord par les seigneurs, qui profitaient des guerres civiles pour agrandir leurs domaines, se faire payer leur fidélité en bénéfices, et transformer ceux-ci en aleux indépendants et héréditaires ; ensuite par les peuples, qui se sentaient réunis, pour la première fois depuis la chute de l'empire romain, chacun en un seul corps différent de mœurs et de langage, et ne voulaient plus que leur patrie devînt, comme au temps des césars, une province d'un empire unique.

Louis de Bavière était aimé et obéi dans les pays au delà du Rhin, ce qui lui a fait donner le nom de Germanique. Charles II, surnommé le Chauve, faible, inhabile, mais actif et instruit, excitait une sorte d'enthousiasme chez les peuples de la Gaule septentrionale ; cependant sa domination était méconnue : 1° par les Bretons, indépendants sous leur duc Nomenoë ; 2° par les Aquitains, qui avaient conservé Peppin II ; 3° par Bernard, duc de Septimanie ou de Gothie, qui prétendait se faire un état indépendant sur les deux revers des Pyrénées, et s'était allié aux Aquitains. Le midi de la Gaule avait une double tâche à remplir : s'isoler de l'empire, se séparer de la Gaule septentrionale. D'après ces prétentions diverses, Lothaire s'allie avec Peppin II, Charles avec Louis, l'Italie avec l'Aquitaine, la Neustrie avec la Germanie. Charles et Louis veulent détruire l'unité impériale, Peppin se rendre indépendant de Charles, Lothaire dominer sur tous.

Les quatre rois ramassent des troupes, et la guerre commence (841). Lothaire, le premier, marche contre ses frères, qui le supplient en vain « de ne pas troubler les royaumes que Dieu et leur père leur ont confiés ; » il attaque Louis, ne peut le vaincre, et se tourne contre Charles. Celui-ci, assailli en même temps par les Bretons et les Aquitains, était réduit à la plus grande détresse ; mais il se fit des soldats dévoués en cédant aux leudes la propriété de leurs bénéfices ; alors « ses serviteurs résolurent de mourir avec gloire plutôt que de le trahir, car chacun fondait en lui les plus grandes espérances[2]. » Charles passa la Seine, battit Lothaire,

---

[1] Nithard, Hist. des guerres de Louis-le-Pieux, liv. II, ch. 4.
[2] Id., ibid.

pendant que Louis, de son côté, dispersait les troupes impériales et passait le Rhin. Les deux frères font leur jonction et se mettent à la poursuite de Lothaire. Celui-ci, qui attendait Peppin et Bernard, ses alliés, négocie ; une trêve est conclue, et une assemblée indiquée pour terminer cette grande querelle. Les trois frères se préparent à y venir avec des armées. Une bataille générale était le vœu de tous : il fallait le jugement de Dieu pour la destruction de l'empire de Charlemagne.

La situation était si solennelle, que Charles et Louis, tout en se préparant au combat par des jeûnes et des prières, conjurent leur frère de laisser en paix l'Église de Dieu et le peuple chrétien ; ils lui offrent en présent tout ce qu'il y a de richesses dans leurs armées, et lui proposent un nouveau partage. Lothaire les amuse de promesses, jusqu'à ce que ses alliés soient arrivés ; alors il leur envoie dire : « Sachez que le titre d'empereur m'a été donné par une autorité supérieure, et que j'ai besoin de toute grandeur pour remplir une si haute charge [1]. » « Tout espoir de paix étant détruit par ces paroles, les deux frères font savoir à Lothaire que le lendemain ils en viendront au jugement du Dieu tout-puissant [2]. »

Le lendemain, 25 juin 844, s'engagea, sur les bords de la Cure, non loin d'Auxerre, la bataille de Fontanet, la plus solennelle de l'histoire de la Gaule. Toutes les nations de l'empire franc y étaient en présence, sauf les Bretons, les Vascons et les Septimaniens (Bernard, duc de Septimanie, se tint avec ses troupes à trois lieues du champ de bataille). Lothaire avait sous lui des Italiens, des Austrasiens et des Aquitains ; Louis, des Germains ; Charles, des Neustriens et des Bourguignons. Ce fut un immense choc entre deux masses de cent cinquante mille hommes chacune, engagées sur un front de deux lieues, et qui fut décidé en moins de six heures. Lothaire fut vaincu : il laissa quarante mille hommes sur le champ de bataille, et ses deux frères autant : c'était l'élite de la nation des Francs. Les vainqueurs furent épouvantés de leur victoire ; « les rois et les peuples, affligés d'en être venus aux mains avec un frère et avec des chrétiens, interrogèrent les évêques sur ce qu'ils devaient faire. Ceux-ci déclarèrent qu'on avait combattu pour la justice, que le jugement de Dieu l'avait prouvé manifestement, que quiconque avait pris part à l'affaire, du conseil ou de la main, avait servi la volonté de Dieu. Et, pour lui rendre grâces de cette éclatante manifestation de sa justice et le remercier de la délivrance des peuples, on ordonna un jeûne de trois jours [3]. »

Les forces militaires et l'énergie nationale des Francs furent pres-

[1] Nithard, liv. II. — [2] Id., ibid. — [3] Id., ibid.

que entièrement dépensées dans cette bataille. La classe des hommes libres et celle des leudes y disparurent presque entièrement; et comme elles seules étaient habiles aux armes, « il n'y eut plus rien pour arrêter les ravages des Normands[1]. » La classe des grands va se reformer avec le restant des hommes libres, et commencer le deuxième âge de l'aristocratie, qui ne finira qu'au quatorzième siècle. La classe des hommes libres, renouvelée deux fois par les bandes de Clovis et celles de Peppin d'Herstall, n'a point d'éléments avec lesquels elle puisse se reformer; et désormais il n'y a plus dans la Gaule que des seigneurs et des serfs. Le champ est prêt pour la féodalité.

§ VIII. TRAITÉ DE VERDUN. — Après la bataille de Fontanet, les deux rois victorieux se séparèrent; et la guerre continua mollement par l'épuisement des partis. Pendant que Charles cherchait vainement à soumettre l'Aquitaine et obtenait l'obéissance de la Septimanie, Lothaire rassembla de nouvelles troupes tirées de tous pays, et se joignit à Peppin. Alors Charles et Louis se réunirent entre Bâle et Strasbourg, et résolurent de se prêter mutuellement serment devant leurs armées (842). Ils commencèrent par leur adresser un discours chacun dans sa langue : Louis parlait à ses Germains la langue tudesque; Charles, à ses Neustriens, Bourguignons, etc., la langue *romane*, formée du celtique, du latin et du germain, et parlée, avec des variétés, dans toutes les parties de la Gaule. « Vous savez, dirent-ils, que Lothaire, mécontent du jugement de Dieu, ne cesse de poursuivre à main armée moi et mon frère. C'est pourquoi nous nous réunissons aujourd'hui, et, pour que vous soyez sûrs de la solidité de notre union, nous allons nous prêter serment en votre présence. Ce n'est point une avidité coupable qui nous fait agir; nous voulons seulement être assurés de nos communs avantages, et que, par votre aide, Dieu nous donne le repos. Si jamais je violais le serment que je vais prêter à mon frère, je vous délie tous de toute soumission envers moi[2]. »

Alors Charles, se plaçant devant l'armée des Germains, prononça son serment en langue tudesque; et Louis, devant l'armée des Gaulois-Francs ou des *Français*, prononça le sien en langue romane[3]. Ils se mirent ensuite à la poursuite de Lothaire, résolus de le détrôner. Celui-ci se réfugia d'abord à Aix, puis à Lyon;

---

[1] Ann. de Metz. — [2] Nithard, liv. III, ch. 5.

[3] Ce dernier serment est le plus ancien monument de la langue française; il nous a été laissé par Nithard, l'historien le plus éclairé de ce temps, qui commandait une aile de l'armée de Charles à Fontanet. Il semble qu'il sentait l'importance de cet échantillon, qui est, pour ainsi dire, l'acte de naissance de la nation française.

enfin, voyant que ses frères, par l'ordre des évêques, s'étaient déjà partagé ses états, et que nul ne se dévouait pour l'unité impériale, il leur envoya dire : « Je me contenterai du tiers de l'empire, si vous voulez m'accorder quelque chose en sus, à cause du nom d'empereur qui m'a été donné par notre père, et de la dignité impériale que notre aïeul a ajoutée à la couronne des Francs. Alors, avec l'aide de Dieu, chacun gouvernera de son mieux sa part; nous maintiendrons les lois chacun dans nos états, et une paix éternelle sera entre nous [1]. » Les deux frères accédèrent à ces propositions, et la paix fut conclue à Verdun (843).

Le royaume de Charles occupa toute la partie de la Gaule située au couchant de l'Escaut, de la Meuse, de la Saône et du Rhône, étant bornée au midi par la Méditerranée et les Pyrénées, et à l'occident par l'Océan. Ce pays, agrégé depuis dix siècles à l'empire des Romains, sera désormais isolé et indépendant : c'est le *royaume des Français*. La fusion entre les Gaulois et les Barbares est opérée; les premiers ont oublié l'empire romain, les seconds la Germanie; une langue nouvelle est formée, donc une nation nouvelle existe. La *France* conservera long-temps les limites du traité de Verdun; et tout ce qu'elle possède aujourd'hui en plus provient des conquêtes qu'elle a faites pour parvenir à occuper le cadre naturel de l'ancienne Gaule.

Le royaume de Louis comprit les pays situés entre le Rhin, la mer du Nord, l'Elbe et les Alpes; le nom de *France orientale* lui resta long-temps encore, et s'est changé peu à peu en celui d'*Allemagne*.

Lothaire eut l'Italie, et, en outre, tout le pays compris, d'une part, entre le Rhin depuis ses sources jusqu'à ses bouches, et les Alpes depuis le mont Saint-Gothard jusqu'au col de Tende, d'autre part, entre l'Escaut, la Meuse, la Saône et le Rhône; lisière longue et étroite, bizarrement coupée et serrée par les deux royaumes de France et d'Allemagne, habitée par quatre peuples, où se parlaient quatre langues, tantôt française, tantôt allemande, incapable perpétuellement d'être nationalisée et indépendante. On appela ce pays la *Part de Lothaire* (Lother-reich, Lotharingia), d'où l'on a fait ensuite *Lorraine*, nom qui est resté à une petite portion de cette bande de terre [2].

Le traité de Verdun est le premier grand traité de l'histoire moderne : par lui s'effectue la séparation entre le monde païen et le monde chrétien; il n'y a plus de Romains, ni de Barbares : il y a

---

[1] Nithard, liv. IV, ch. 3. — [2] Nithard. — Ann. de Saint-Bertin. — Ann. de Fulde.

des Français, des Allemands, des Italiens, trois populations-mères, désormais étrangères d'intérêts et d'existence, mais unies par un droit public, le droit chrétien ou féodal, au moyen duquel l'état de nature cesse d'exister pour les populations européennes. L'Angleterre ne se soumettra à ce droit que deux siècles plus tard; l'Espagne, la Grèce, les pays du Nord ne l'accepteront qu'à mesure qu'ils se mettront sous le joug catholique; la première est encore toute arabe, la deuxième toute orientale, les autres slaves et barbares. L'Europe est donc constituée politiquement et socialement pour huit siècles; et le traité de Westphalie (1648) viendra seul détruire complétement l'ordre politique et le droit social créés par le traité de Verdun.

Cet acte, qui avait coûté tant d'efforts, causa de grandes joies; et pourtant la situation des Français, des Allemands, des Italiens, était si neuve qu'elle devait exciter des alarmes. En effet, l'époque de leur ancien isolement était si éloignée, qu'on ne pouvait guère imaginer d'existence pour eux qu'en faisant partie d'un tout; membres de l'empire romain, n'ayant pas cessé de lui appartenir, même sous la domination des Barbares, même sous Charlemagne, qui n'avait fait que renouveler cette ancienne situation, ils n'avaient pas d'existence politique à laquelle ils pussent revenir, maintenant que cet état, ce tout, cet empire, était à jamais et définitivement détruit. On ne savait où l'on allait; il fallait tout créer. Aussi certains esprits furent saisis de terreur à l'aspect de ce démembrement qui semblait amener la fin de tout : « Cette grande puissance, disaient-ils, qui avait Rome pour citadelle et le portier du ciel pour auteur, a perdu son éclat et le nom d'empire; l'état, si bien uni, est divisé en trois lots; il n'y a plus personne qu'on puisse regarder comme empereur. Le lien général est brisé; chacun s'occupe de lui-même, et à peine est-il quelqu'un qui médite sur ce qui se passe et s'en afflige; on se réjouit plutôt du déchirement de l'empire, et l'on appelle paix un ordre de choses qui n'offre aucun des biens de la paix [1]. »

Cependant de cette anarchie allait sortir un nouveau monde. L'empire romain-chrétien, tant désiré par l'Église, n'existe plus. Il y a bien encore un nom d'empire, mais la chose est détruite; il y a bien encore des empereurs qui, pendant dix siècles, vont se prétendre les héritiers de Charlemagne, mais ils n'ont qu'un titre qui ne représente en rien la puissance du grand homme. Ainsi est anéanti le rêve de ce Barbare sublime qui avait cru ressusciter

---

[1] Florus, Élégie sur la division de l'Empire. Script. rer. Franc., t. VII, p. 303.

l'empire romain et son unité, et qui ne fit que préparer les nations modernes et la féodalité.

La grande époque de transition, de travail et d'enfantement est près de sa fin; les nations modernes et l'ordre social suivant lequel elles doivent se constituer sont à peu près formés.

LIVRE TROISIÈME.

COMMENCEMENTS DE LA NATION FRANÇAISE ET DE LA SOCIÉTÉ FÉODALE.

843-987.

CHAPITRE PREMIER.

Premier démembrement de l'Empire. — 843 à 888.

ROI D'ITALIE ET DE LOTHARINGIE, EMPEREUR. Lothaire I, 843-855.			ROI DE GERMANIE. Louis-le-Germanique, 843-876.			ROIS DE FRANCE.
ROIS D'ITALIE, EMPEREURS.	ROIS de PROVENCE.	ROIS de LORRAINE.	ROIS de BAVIÈRE.	ROIS de SAXE.	ROI de SOUABE.	—
—	—	—	—	—	—	Charles-le-Chauve, 843-877.
Louis II, 855-875.	Charles, 855-863.	Lothaire II, 855-870.	Carloman, 876-880.	Louis II, 876-882.	Charles-le-Gros, 876-888.	
Charles-le-Chauve, 875-877.	Ce royaume est partagé entre Louis II et Lothaire II.	Ce royaume est partagé entre Louis-le-Germanique et Charles-le-Chauve.	Louis de Saxe, 880-882.	Charles-le-Gros, 882-888.		Louis II, dit le Bègue, 877-879.
Carloman de Bavière, 877-880.			Charles-le-Gros, 882-888.			Louis III et Carloman, 879-884.
Charles-le-Gros, 880-888.						Charles-le-Gros, 884-888.

§ I. Suites du traité de Verdun. — Une grande révolution était faite, mais non consommée. Charles-le-Chauve et ses successeurs n'oublieront pas qu'ils sont les descendants de Charlemagne; ils prétendront des droits qui n'existent plus, tenteront de rétablir l'unité impériale, feront opposition aux besoins de la société qui se forme, parleront encore la langue des anciens conquérants, et rapporteront tous leurs souvenirs et leurs affections à la patrie de leurs ancêtres, la Germanie. Ils seront donc antipathiques aux Français; et ceux-ci, pour consolider leur existence nationale et créer un ordre social approprié aux nouvelles mœurs, vont travailler pendant un siècle et demi à se débarrasser de la dynastie de Charlemagne; alors la nation française et la société féodale seront définitivement constituées.

La division de l'empire en trois lots avait donné l'impulsion de déchirement; la dissolution alla bientôt des masses aux parties. Chacun des trois royaumes tendit à se diviser en plusieurs états, ceux-ci en une multitude d'autres, tous indépendants et même ennemis, jusqu'à ce que la nationalité et le gouvernement se trouvassent circonscrits dans les limites d'une ville ou d'un canton. L'esprit de localité était universel; et c'est par lui que se sont conservés les débris de l'ancienne société. Avec une nation qui était à peine formée, dans un temps d'anarchie où les intérêts étaient rétrécis, les relations intellectuelles et matérielles peu fréquentes, les idées courtes et étroites; « il fallait des sociétés et des gouvernements taillés à la mesure des idées et des relations humaines [1]; » il fallait la féodalité. La royauté s'efforcera d'arrêter cet esprit de localité; mais il n'y a plus en elle d'éléments d'unité et de pouvoir de centralisation, et cette lutte sera sa perte.

L'Église va suivre le même mouvement, et prendre une marche tout opposée à sa destinée; au lieu d'avoir, comme sous les Romains et les Barbares, une existence distincte de la société civile, elle va se confondre avec elle, devenir féodale, et aventurer ainsi son avenir. Son unité d'organisation s'ébranle, sa hiérarchie se relâche; plus de conciles œcuméniques. L'épiscopat devient un mode de possession territoriale; il prend toute l'allure de l'aristocratie laïque : comme elle, il se fait tout terrestre. Les églises s'isolent, cherchent à devenir indépendantes, à se faire une existence toute locale. Mais dans la société religieuse, l'unité de foi reste intacte; et il y a là un centre plus puissant que dans la société civile, la papauté, qui attaquera sans relâche l'esprit de localité, qui rétablira l'unité, même dans la société civile, qui finira par prendre le gouvernement du monde.

§ II. Guerres de Charles-le-Chauve dans le midi. — Ravages des Normands. — Le royaume de France était déjà morcelé par trois états qui, malgré le traité de Verdun, se regardaient comme indépendants et refusaient d'obéir à Charles II : c'étaient l'Aquitaine, gouvernée par Peppin II; la Septimanie, par Bernard; la Bretagne, par Nomenoë. Charles leur fit la guerre à tous trois.

[1] Guizot, Civil. franç., t. II.

Nomenoë le vainquit, se fit couronner roi des Bretons (841), et laissa son état à son fils Herispoë, qui força le roi de France à reconnaître son indépendance. En Septimanie, Bernard fut assassiné par Charles lui-même ; mais Guillaume, son fils, battit complétement les Français et les chassa du pays (844). En Aquitaine, Peppin lassa ses sujets par ses vices : il fut déposé et remplacé par Charles ; alors il s'allia aux Maures et à Guillaume de Septimanie, et conduisit même les Normands au pillage de Toulouse ; il fut pris et renfermé dans un cloître, pendant que son allié Guillaume tomba aux mains de Charles, et fut décapité (849). L'Aquitaine se lassa bientôt de Charles, et demanda pour roi à Louis-le-Germanique un de ses fils ; celui-ci arriva avec une armée de Germains, en même temps que Peppin s'échappait du cloître. Charles les vainquit tous deux et donna aux Aquitains son fils pour roi ; « mais les seigneurs, méprisant le fils de Charles, appelèrent Peppin et s'en firent un semblant de roi ; puis ils se lassèrent de Peppin et reprirent le fils de Charles [1]. »

Pendant cette anarchie, les invasions des pirates du Nord, déjà favorisées par les guerres entre Louis-le-Débonnaire et ses fils, devenaient fréquentes et redoutables. Les côtes avaient été depuis long-temps dépouillées de leurs garnisons à cause des troubles civils ; Rouen, Nantes, Bordeaux, furent pillées par les Normands, qui s'aventuraient avec leurs frêles barques dans l'intérieur des fleuves jusqu'à Paris, Orléans et Toulouse. « Dans tout le pays compris entre l'Océan et ces villes, il ne restait pas un hameau qui n'eût éprouvé la férocité des païens. Les stations de leurs bateaux étaient comme autant d'asiles pour leurs brigandages ; ils y établissaient des espèces de villages où ils gardaient leurs troupeaux de captifs [2]. » Les Barbares faisaient principalement porter leurs ravages sur les églises et les abbayes où étaient concentrées presque toutes les richesses et les ressources du pays ; une espèce de fureur religieuse les poussait contre ces prêtres qui avaient jadis converti au christianisme les enfants d'Odin. Personne ne s'opposait à leurs bandes, qui étaient grosses à peine de quatre à cinq cents hommes : « nul roi, nul chef, nul défenseur ne se levait pour les combattre [3]. » La race des guerriers et des hommes libres semblait avoir disparu ; les villes étaient épuisées et désarmées : plus de murailles, de milices, de curie, de trésor municipal ; le peuple des campagnes, réduit à la condition des bêtes domestiques, n'avait

---

[1] Ann. de Saint-Bertin.
[2] Miracles de saint Benoît, apud Script. franc., t. VII, p. 359.
[3] Histoire de Bretagne, par Lobineau, t. II, p. 41 des pièces justificatives.

ni le pouvoir, ni la volonté de se défendre ; les paysans émigraient dans les forêts, se cachaient dans les églises, ou renonçaient au baptême et allaient grossir les bandes des pirates. Les grands ne songeaient, au milieu des calamités publiques, qu'à accroître leurs richesses et leur tyrannie : « ils ruinaient par leur lâcheté le royaume des chrétiens, et étaient réduits à racheter par des tributs ce qu'ils auraient dû défendre par les armes [1]. » Le roi Charles paya sept cents livres d'argent le départ des pirates qui assiégeaient Paris. Une autre fois il donna cinq cents livres à l'une de ces bandes pour qu'elle quittât les rives de la Somme et s'en allât combattre d'autres brigands qui ravageaient les bords de la Seine ; mais les deux troupes se partagèrent l'argent, se concentrèrent entre les deux rivières, et y commencèrent même des établissements.

Les hommes du Nord ne ravageaient pas seulement la Gaule ; dans l'Angleterre, où ils furent connus sous le nom de Danois, ils détruisaient les royaumes saxons ; mais Alfred-le-Grand, roi de West-Sex, parvint à les chasser, et régna seul avec gloire sur tout le pays. C'est aussi à leurs incursions qu'on rapporte la fondation des monarchies du Nord ; celle des Russes date du Normand Ruric, sous lequel les pirates s'aventurèrent dans le Pont-Euxin, jusqu'à Constantinople, et levèrent des tributs sur les empereurs. Enfin l'on croit qu'ils découvrirent et peuplèrent l'Islande et le Groënland.

L'Occident avait encore d'autres ennemis que les Normands : la Méditerranée était infestée par les Sarrasins, qui vinrent piller Barcelone, Marseille et les environs de Rome ; en même temps, les Slaves dévastaient les frontières de la Germanie. Ainsi l'empire de Charlemagne était attaqué de tous côtés par ces mêmes Barbares qu'il avait repoussés ; mais l'œuvre du grand homme fut durable. Ces invasions n'étaient que des souffrances accidentelles qui ne changèrent rien à la société ; et ces poignées d'envahisseurs, ne pouvant ni conquérir ni occuper les nouveaux états, n'y firent que des ravages et non des établissements.

§ III. Progrès de l'aristocratie féodale. — Cependant la paix n'était pas stable entre les trois frères, et il fallut qu'ils la renouvelassent par des traités continuels, qui achevèrent le chaos en faisant varier les limites des états. Mais ils consolidèrent leur séparation en réglant que, eux étant morts, leurs enfants hériteraient de leurs royaumes, sans que les oncles y eussent aucune prétention. Ils commencèrent aussi à légitimer l'esprit d'indépendance féodale, en établissant que tout homme libre pourrait choisir son seigneur, non-seulement parmi les rois, mais parmi les comtes.

[1] Ermentarius, apud Pagi critica, p. 637.

Lothaire Ier meurt (855). Ses états sont partagés entre ses trois fils, d'après les différences de races et de langues. Louis II a l'Italie et la dignité impériale ; Lothaire II et Charles se divisent la Lotharingie : la portion entre Meuse et Rhin garde le nom de Lotharingie ou de Lorraine, et appartient à Lothaire II ; le pays entre les Alpes et le Rhône échoit à Charles, sous le nom de royaume de Provence.

Ces divisions d'états et l'anarchie qui en était la suite favorisaient les usurpations des seigneurs et l'ordre féodal qu'ils tendaient à établir. La royauté prenait vainement des mesures de circonstance pour arrêter la dissolution qui l'enveloppait et l'étreignait de toutes parts : ses efforts étaient impuissants. C'est ce que témoigne la législation des Capitulaires, qui cesse d'être générale et s'adresse aux particuliers pour traiter avec eux : elle exhorte et n'ose commander ; ainsi Charles II est réduit à supplier les seigneurs de faire cesser le désordre dans leurs terres. La royauté n'est plus un pouvoir public qui veut être obéi ; c'est un certain pouvoir qui demande à être reconnu des autres pouvoirs. La féodalité existe en fait, sinon en droit.

Cette décadence de l'autorité centrale, au milieu des ravages des Normands et des guerres intérieures, rendait la classe des petits propriétaires extrêmement malheureuse ; et les seigneurs en profitèrent pour les dépouiller. Comme la force devenait l'unique garantie de la liberté, la possession d'une terre compromettait la sécurité de quiconque n'était pas capable de la défendre ; c'est pourquoi les petits propriétaires, ne trouvant plus d'appui dans le pouvoir central, en cherchèrent dans la protection locale des seigneurs, et convertirent d'eux-mêmes leurs aleux en bénéfices. Alors s'introduisit l'usage de la *recommandation*, par lequel le propriétaire d'un aleu donnait son bien au seigneur dont il recherchait la protection, sous condition que celui-ci le lui rendrait aussitôt comme bénéfice. Le premier aliénait ainsi une portion de ses droits pour acquérir un défenseur ; mais, en réalité, sa condition primitive restait à peu près la même, et presque tout l'avantage du marché était pour lui. Cependant tous les petits propriétaires ne descendirent pas seulement à l'état de bénéficiers ; quelques-uns, plus faibles et plus malheureux, soumirent leurs personnes et leurs biens à la condition de tributaires ; ils perdaient ainsi la plénitude de leur propriété pour garder une portion de sa jouissance avec sécurité.

Ce n'était pas seulement aux dépens des petits propriétaires que les seigneurs agrandissaient leurs domaines : c'était aux dépens des rois, auxquels ils vendaient leurs moindres services. Charles II s'était tellement dépouillé pour se faire des partisans contre ses frères, « qu'il n'avait pas de quoi récompenser les mérites de ses serviteurs, ni les soulager de leur indigence [1]. » Il voulut reprendre par la force quelques-uns de ses domaines ; mais les grands et les évêques, ayant à leur tête Wenillon, archevêque de Sens, après l'avoir sommé plusieurs fois de respecter les Capitulaires souscrits en leur faveur, résolurent de le déposer (858). Ils écrivirent à Louis-le-Germanique « qu'ils ne pouvaient supporter plus longtemps la tyrannie de Charles, et que, s'il ne venait promptement, ils seraient forcés de demander des secours aux païens [2]. » Charles descendit aux plus humbles supplications pour arrêter cette résolution ; il leur laissa leurs fiefs, aleux, offices, et leur promit de nouvelles concessions ; mais ce fut en vain : il fut obligé, à l'approche de Louis, de s'enfuir, et il supplia le pape de prendre sa défense.

La fortune changea bientôt : la haine des habitants de la Gaule contre les Germains s'étant réveillée à leur aspect, Louis fut forcé de repasser le Rhin. Charles fut rétabli dans son royaume, et se plaignit à l'assemblée nationale de ceux qui l'avaient abandonné, surtout de Wenillon (859) « D'après sa propre élection, dit-il, et celle des autres évêques et fidèles du royaume, Wenillon m'a consacré roi, selon la tradition ecclésiastique. Après cela, je ne pouvais être renversé du trône par personne, du moins sans avoir été entendu par les évêques qui m'ont consacré roi, et qui sont les trônes de la Divinité. Dans tous les temps j'ai été prompt à me soumettre à leurs corrections paternelles, et je le suis encore à présent [3]. » Les évêques profitèrent de ces aveux d'abaissement de la royauté : ils décrétèrent « de rester unis entre eux pour corriger les rois, les seigneurs et le peuple ; » et le principal ministre de Charles, Hincmar, archevêque de Reims, crut tracer la limite de la puissance épiscopale et de la puissance royale en disant : « Les rois ne sont soumis au jugement de personne s'ils se gouvernent selon la volonté de Dieu ; mais, s'ils sont adultères, homicides, ravisseurs, ils doivent être jugés par les évêques [4]. »

§ IV. Progrès de la puissance des papes. — Nicolas Ier. — Séparation de l'Église grecque. — L'aristocratie ne se contentait donc pas d'enlever aux rois leurs richesses ; elle les dépouillait, par la voix des évêques, de leur autorité sur les peuples. C'était l'épiscopat qui semblait avoir hérité de la puissance impériale ; et

---

[1] Cap. de Baluze, t. II, p. 31. — [2] Ann. de Fulde. — [3] Baluze, t. II, p. 133. — [4] Œuvres d'Hincmar, t. I, p. 693.

il tendait non-seulement à dominer la royauté, mais à former des églises nationales indépendantes de la papauté, à l'instar des souverainetés locales des seigneurs. Cette marche toute temporelle et ces idées d'isolement étaient trop contraires à l'esprit du christianisme pour qu'elles pussent réussir. Ce n'était pas au profit des ambitions étroites des évêques que le pouvoir spirituel avait vaincu le pouvoir temporel et mis l'état dans l'Église. La papauté devenait de plus en plus la tête de la chrétienté : puissance toute morale, seule populaire au milieu de l'anarchie et de l'égoïsme de toutes les autres, elle n'avait cessé, dans les temps les plus mauvais, et quand tout le clergé croupissait dans l'ignorance et la corruption, de veiller à la conservation de l'esprit évangélique et de poursuivre partout les crimes publics et privés. Son autorité morale sur les pouvoirs temporels était partout reconnue ; mais, quoique tout le monde convînt « que l'Église romaine était faite pour donner des leçons aux hommes, quoique cette puissance fût hautement réclamée par l'intérêt du genre humain [1], » les évêques se contentaient de reconnaître le pape comme supérieur en dignité, non en autorité spirituelle ; ils se soumettaient à lui en matière de foi ; mais ils voulaient rester maîtres du gouvernement de leurs églises, et ils trouvaient des titres à cette prétention dans la discipline de l'Église primitive, titres contestables, sans doute, mais que le saint-siége annula d'une manière audacieuse. Il s'appuya, pour cela, de prétendues *décrétales* des premiers papes, dans lesquelles leur supériorité absolue, en matière de foi et de discipline, était formellement énoncée. Ces décrétales étaient une immense imposture dont on ignore l'inventeur. Que les papes de ce temps les eussent fabriquées, ou que, comme tout le monde, ils les crussent vraies, ils s'en servirent avec plein succès pendant huit siècles.

L'Occident se soumit aux prétentions pontificales ; mais l'Orient, si étranger à l'Église universelle par ses dissidences de dogme et de discipline, les progrès de l'islamisme et la caducité de son empire, l'Orient résista. Alors siégeait dans la chaire pontificale Nicolas Ier, moine ardent, sévère, inflexible, « qui se montra humble, doux et bienveillant envers les évêques fidèles aux préceptes du Seigneur, terrible et d'une rigueur extrême envers les impies [2]. » Ayant appris que Photius venait d'être élevé illégalement par l'empereur d'Orient sur le siège de Constantinople, il prononça sa déposition. Celui-ci répondit à cette condamnation en déclarant que la translation du siège de l'empire à Constantinople avait fait passer la suprématie religieuse à l'évêque de cette ville, et que conséquem-

---

[1] Voltaire, Essai sur les Mœurs. — [2] Chron. de Réginon.

ment il était seul vicaire du Christ et successeur de saint Pierre. Photius fut déclaré hérétique ; et de là date la séparation de l'Église grecque et de l'Église latine, qui ne fut pourtant consommée qu'en 1056. L'Orient, isolé définitivement de la fédération chrétienne, et livré tout entier à la décadence, traîna son agonie pendant six siècles, sous les attaques des musulmans et les mépris des Latins.

§ V. Histoire de Teutberge. — Hincmar et Jean Scot. — Commencements de la philosophie scolastique. — Nicolas Ier ne négligea aucune occasion d'étendre l'autorité pontificale : « il régna sur les rois comme sur les évêques, et les soumit à sa puissance comme s'il eût été le maître du monde [1]. « Lothaire II, roi de Lorraine, avait répudié sa femme Teutberge, qu'il accusait de grands crimes, et il vivait publiquement avec Waldrade, sa maîtresse (865) ; mais Teutberge s'étant justifiée par l'épreuve de l'eau bouillante, il la reprit pour quelque temps ; puis il la traduisit successivement devant trois conciles, qui, sur les propres aveux de cette femme, la condamnèrent, cassèrent son mariage, et permirent à Lothaire d'épouser Waldrade. L'opinion publique se prononça contre cette sentence ; et Teutberge, forte de cet appui, en appela au pape. C'était chose inusitée qu'un tel appel : car la supériorité du saint-siége sur les conciles n'était nullement admise par les évêques ; mais les fausses décrétales y avaient préparé les esprits. Nicolas convoqua un quatrième concile pour juger Teutberge, et celle-ci fut encore condamnée. La clameur générale accusait les juges de corruption. Alors le pontife, fort de l'opinion populaire et de la justice de ses idées, par une usurpation hardie et qu'aucun précédent ne justifiait, casse les décrets des conciles, dépose les évêques prévaricateurs, ordonne à Lothaire de reprendre son épouse ; il se place ainsi devant le monde chrétien comme supérieur aux conciles et aux évêques, comme gardien de la morale et de la sainteté du mariage ; et il fait entendre aux peuples ce langage tout nouveau : « Les rois, quand ils ne règnent pas selon la justice, doivent être regardés comme des tyrans : il faut leur résister et se dresser contre eux. »

Lothaire s'humilia, et la suprématie morale de la papauté sur toutes les puissances devint une idée populaire : elle aurait même été prématurément traduite en fait, si les successeurs de Nicolas Ier avaient eu ses vertus et ses talents, si la société féodale eût été assez complétement établie pour qu'ils pussent en prendre le gouvernement. L'archevêque Hincmar essaya d'arrêter cette marche hâtive de la papauté vers la monarchie universelle ; il se porta comme défenseur de l'autorité royale, et plus encore de l'autorité

---

[1] Chron. de Réginon.

épiscopale, au profit de laquelle il aurait voulu établir en France une Église indépendante; et le pape Adrien III ayant écrit des lettres très-violentes au roi et au clergé de France, il lui répondit : « Que les papes se souviennent de la condition de leurs prédécesseurs au temps de Peppin et de Charlemagne. Le vicaire du Christ ne peut être en même temps roi et évêque. Vos prédécesseurs se sont appliqués à gouverner l'Église sans se mêler de l'état; ne vous ingérez donc pas de nous soumettre à votre domination [1]. » Malgré ces efforts, la suprématie ecclésiastique des papes n'en fut pas moins fortement établie, et l'idée que les rois étaient justiciables de leur tribunal pour leurs péchés, moins répandue et moins solide.

Hincmar était la grande intelligence de cette époque; il intervint dans tous les événements, se mêla d'ambassades, de guerres, de missions, de conciles, et fut en relation avec tous les grands personnages du temps; enfin il se trouva « chargé de toutes les affaires du royaume, et même de lever des troupes contre les ennemis de l'état [2]. » Il écrivit, en outre, soixante-dix ouvrages religieux et politiques; et, quoiqu'il fût moins théologien que ministre, il dut entrer en lutte avec le dernier représentant de la philosophie ancienne, Jean Scot. Celui-ci, chef de l'école du palais sous le roi Charles II, avait essayé d'introduire, « par des raisonnements purement humains et, comme il s'en glorifiait lui-même, philosophiques [3], » la doctrine platonicienne dans le christianisme; il faisait appel à la raison contre la foi, à l'examen contre l'autorité, et transformait la religion évangélique en un panthéisme tout matérialiste. Il fut condamné. La présence de cet esprit si audacieux et si étranger à son temps atteste la fin de la société romaine. C'était le dernier théologien de cette école d'Alexandrie, qui, en discutant le fond des croyances chrétiennes, avait engendré tant d'hérésies. Le temps de la philosophie ancienne était fini : la philosophie du moyen âge, la vraie philosophie chrétienne, la *scolastique,* allait naître avec la société nouvelle. Fondée sur la Bible et sur les décisions de l'Église, elle allait s'exercer dans ce cercle inflexible; et, sans s'inquiéter du fond religieux, que nul ne discutait plus, s'occuper de la forme avec une liberté qui n'était pas sans hardiesse, mais qui ne pouvait plus enfanter d'hérésies.

§ VI. Origine des Capétiens. — Mort des trois fils de Lothaire Ier. — Cependant les brigandages des Normands continuaient, et il n'y avait guère qu'une partie du pays entre Seine et Loire (Anjou et Maine) qui en fût exempte. Là commandait un homme

---

[1] Flodoard, Hist. de l'Église de Reims. — [2] Id., ibid. — [3] Florus de Lyon, cité par Guizot, t. III, p. 145.

plein d'énergie, Robert, dit le Fort, aventurier de race saxonne et de naissance infime. Il avait d'abord servi les rois d'Aquitaine et de Bretagne ; puis il s'attacha à Charles-le-Chauve, qui lui donna le pays entre Seine et Loire à garder ; et il périt en combattant les Normands (866). Dans cette contrée, habitait aussi un nommé Tertulle, « fils d'un paysan qui vivait de la chasse et de fruits sauvages [1], » et qui fut créé par Charles sénéchal de l'Anjou. De ce Robert-le-Fort descendent les Capétiens, et de ce Tertulle-le-Rustique les Plantagenets, les deux familles du monde chrétien qui ont porté le plus de couronnes.

Malgré la faiblesse de ses moyens, Charles-le-Chauve était plein d'activité, et faisait tous ses efforts pour rattacher à son royaume les parties qui s'en étaient détachées ; mais c'était moins par désir d'y exercer réellement le pouvoir que par ambition de porter des titres nombreux et de faire montre d'une grande domination. En Bretagne, Hérispoë avait eu pour successeur Salomon ; mais, après la mort de celui-ci, le pays fut déchiré par la guerre civile, et Charles « ordonna à ses fidèles de ne plus reconnaître le titre de royaume donné à la Bretagne par nécessité, parce que, disait-il, il n'y avait plus de descendants de ceux à qui la couronne avait été conférée. » En Aquitaine, Peppin II, s'étant allié aux Normands, embrassa leur religion et ravagea le pays avec eux : il fut pris, et jugé digne de mort dans le concile de Pistes, comme apostat et ennemi de la patrie (864). Alors Charles, malgré la résistance continuelle des Aquitains, parvint à leur faire reconnaître son autorité : il leur donna pour roi l'un de ses fils sous la tutelle de trois seigneurs qui étaient les vrais maîtres du pays, les marquis de Toulouse, de Gothie, d'Auvergne, tous trois nommés Bernard [2].

L'ambition de Charles II se portait même au delà de son royaume, et il convoitait toutes les couronnes de l'empire de son père. La mort des trois fils de Lothaire lui permit de prendre des titres qui étaient bien au-dessus de sa puissance.

Charles, roi de Provence, meurt en 863. Ses états, qui étaient livrés à l'anarchie, sont partagés entre ses deux frères, Louis II et Lothaire II, et gouvernés par Gérard de Nevers, seigneur renommé dans les poèmes du moyen âge. Charles-le-Chauve veut conquérir le pays ; mais, étant privé de l'assistance des trois Bernard qui

---

[1] Gesta consulum Andegavensium.
[2] Le premier était fils de Raymond Ier, premier seigneur héréditaire de Toulouse ; le deuxième était fils de Bernard Ier, comte de Poitiers, et il est la tige des ducs d'Aquitaine ; le troisième, dit *Plantevelue*, et qu'on croit fils de ce Bernard réputé l'amant de Judith, est le père de Guillaume-le-Pieux, qui fut comte d'Auvergne et marquis de Gothie. Voy. le tableau p. 192.

refusent de venir, il ne peut que s'emparer de Vienne, de Lyon et des contrées voisines; et il les donne au duc Boson, son beau-frère.

Lothaire II, roi de Lorraine, meurt en 870. Charles-le-Chauve s'avance dans le pays et se fait nommer roi par les évêques; mais il est bientôt forcé de partager ce royaume avec Louis-le-Germanique, et il en garde la partie méridionale.

Louis II, empereur et roi d'Italie, meurt en 875. Une diète de dix-huit évêques et de dix comtes s'assemble à Pavie, et offre la couronne impériale à Louis de Germanie et à Charles de France. Celui-ci se hâte d'arriver à Rome : il est proclamé par le pape « protecteur, seigneur et roi d'Italie. »

§ VII. La féodalité est établie en droit par le capitulaire de Kiersy. — L'empire de Charlemagne n'avait plus que deux possesseurs : Louis de Germanie et Charles de France. Le premier mourut, et ses trois fils se partagèrent ses états (876) : Carloman eut les pays du Danube avec le titre de roi de Bavière; Louis, ceux de l'Elbe et du Weser avec le titre de roi de Saxe; Charles, dit le Gros, ceux du Rhin avec le titre de roi de Souabe. Charles-le-Chauve, déjà maître de l'héritage du premier Lothaire et revêtu de la dignité impériale, voulait renouveler l'empire de Charlemagne : il sollicita les seigneurs de Germanie de briser ce partage et de le reconnaître seul pour souverain; mais les trois rois prirent les armes : il fut vaincu par Louis de Saxe, et Carloman pénétra même en Italie.

L'unité n'était que dans la pensée ambitieuse du faible Charles: Malgré ses titres et ses couronnes, son pouvoir était nul en Italie, en Lorraine, en Provence, comme en Gaule; la dislocation des royaumes en duchés et comtés, et de ceux-ci en vicomtés, sireries, seigneuries, continuait toujours; et au moment même où il rêvait l'empire de son aïeul, il achevait fondamentalement sa destruction en faisant passer la féodalité des mœurs dans la loi. Voulant aller en Italie pour en chasser Carloman, il rassembla une diète à Kiersy pour régler la manière dont son fils gouvernerait la Gaule, et là fut rendu ce fameux capitulaire, d'où nous pouvons dater la révolution féodale (877) : « 1° Si quelqu'un de nos fidèles, saisi d'amour pour Dieu, veut renoncer au siècle, et s'il a un fils ou tel autre parent capable de servir la chose publique, qu'il soit libre de lui transmettre ses bénéfices et honneurs comme il lui plaira. 2° Si un comte de ce royaume vient à mourir, nous voulons que les plus proches parents du défunt, les autres officiers de la comté et les évêques du diocèse pourvoient à son administration, jusqu'à ce que nous ayons pu confier à son fils les honneurs dont il était revêtu [1]. »

Ce capitulaire ne changea rien à ce qui existait, il ne fit que confirmer des faits et légitimer une révolution qui avait son germe dans les mœurs des Germains, même avant leur entrée dans la Gaule, c'est-à-dire la transmutation des fiefs en aleux et l'appropriation héréditaire des duchés et comtés. Dès cette époque, la distinction entre les *alods* et les *féods* n'eut plus ni réalité ni importance; le fils du comte héritant non-seulement des domaines, mais des offices de son père, la distinction entre le magistrat envoyé du roi et le seigneur propriétaire fut effacée; et le titre de duc et de comte exprima non plus seulement un office, un honneur, une dignité, mais une souveraineté. La féodalité était donc écrite dans la loi; mais avant qu'elle fût entièrement organisée dans la société, il lui fallait encore un siècle et l'expulsion de la dynastie de Charlemagne.

Après l'assemblée de Kiersy, Charles-le-Chauve passa les Alpes: il comptait sur les secours que devaient lui amener les trois Bernard, le duc Boson et Hugues, successeur de Robert-le-Fort; mais ces seigneurs ne vinrent pas (877). Il prit la fuite devant Carloman, et mourut au pied du mont Cenis. Carloman fut élu empereur; Louis, fils de Charles, prit le titre de roi des Français.

§ VIII. Règne de Louis II. — Louis II, dit LE BÈGUE, « pour se faire des partisans, distribua à qui les demanda des abbayes, des comtés et des terres; mais les plus puissants du royaume, irrités de ces dons faits sans leur consentement, se réunirent contre lui [2]. » Boson et les trois Bernard étaient à la tête de cette ligue; ils le forcèrent de confirmer les anciens capitulaires et surtout celui de Kiersy; et quand ils eurent obtenu de lui de nouveaux fiefs, ils le couronnèrent; le faible Louis s'intitula alors « roi des Français par la miséricorde de Dieu et l'élection du peuple [3]. » La Neustrie seule lui obéissait; la plus grande partie de la Provence était gouvernée par Boson; l'Aquitaine et la Gothie, par les Bernard; la Bretagne, par Alain, dit le Grand, qui affranchit son pays des Normands, et fut élu roi; enfin la Gascogne, par Sanche, dit Mitarra ou le Ravageur, qui commença la lignée héréditaire des ducs gascons (872).

Le pape Jean VIII, ayant été chassé de Rome par les seigneurs d'Italie, vint en France pour demander des secours, et, de sa pleine autorité, il convoqua une assemblée nationale (878). Mais le roi Louis était incapable de lui porter aide : il le pria « de confirmer, en vertu de son privilége, l'ordonnance par laquelle son père lui trans-

[1] Capit. de Baluze, t. II, p. 259. — [2] Ann. de Saint-Bertin. — [3] Id.

mettait la couronne [1], » et le laissa commander dans le royaume par l'influence religieuse. La papauté s'élevait sur les débris de la royauté, et tendait à régir la société nouvelle ; il n'y avait plus en face d'elle qu'un pouvoir influent par le nom et les souvenirs, le pouvoir impérial : « le pape et l'empereur, voilà le Janus à deux faces qui retenait dans une laborieuse unité cette civilisation qui voulait s'épanouir et s'éparpiller [2]. »

§ IX. RÈGNE DE LOUIS III ET CARLOMAN. — Louis II meurt, et laisse deux fils, LOUIS III et CARLOMAN (879). Les grands, ayant à leur tête le comte Hugues, surnommé le premier des abbés, parce qu'il possédait les abbayes de Saint-Martin de Tours et de Saint-Germain-l'Auxerrois, donnent à Louis le nord, et à Carloman le midi de la France.

Carloman, empereur, roi d'Italie et de Bavière, meurt (880). Ses deux frères partagent ses états. L'Italie échoit à Charles de Souabe, qui est élu empereur, et la Bavière à Louis de Saxe, qui déjà avait acquis sur Louis-le-Bègue la Lorraine.

Dans le même temps, vingt-trois évêques et plusieurs comtes s'assemblent à Mantaille, près du Rhône, et élisent pour roi le duc Boson, sans donner au royaume qu'ils fondent ni nom, ni limites (879). Cet état devint très-puissant et fut appelé royaume d'Arles ou de Provence : il comprenait assez exactement le bassin du Rhône.

Les deux rois de France voulurent s'opposer à cette création, avec l'aide de l'empereur Charles-le-Gros, qu'on regardait comme le chef de l'ancienne monarchie des Francs. Ils firent la guerre en Provence pendant deux ans, mais sans succès, et laissèrent Boson tranquille, pour courir aux Normands qui avaient brûlé Aix, Cologne, Liége, Cambrai, Amiens. Louis III construisit des châteaux de bois pour arrêter ces brigands ; mais la dépopulation et la lâcheté étaient si grandes, « qu'il ne put trouver personne à qui en confier la garde [3]. »

Louis de Saxe meurt (884). « Sa vie, dit un contemporain, était inutile à lui-même, à l'Église et à son royaume [4]. » Il a pour successeur Charles-le-Gros, qui devient ainsi maître de la Germanie, de la Lorraine et de l'Italie.

---

[1] Conc. de Labbe, t. IX.

[2] Lerminier, Philosophie du droit, t. I, p. 247.

[3] Ann. de Saint-Bertin. — Un avantage qu'il remporta sur les Normands fut célébré dans une chanson qui nous a été conservée, et qui prouve que les descendants de Charlemagne parlaient encore la langue tudesque.

[4] Ann. de Saint-Bertin.

Louis III meurt (882). Carloman règne seul ; mais sans armée, sans trésors, sans villes, il abandonne la France à elle-même et aux grands qui la dominent, et, deux ans après, il meurt (884).

§ X. Règne de Charles-le-Gros. — De toute la descendance directe de Charlemagne, il ne restait que Carles III, dit le Gros, qui réunit ainsi presque toutes les parties du grand empire. Mais cette réunion n'était qu'apparente : Charles semblait fait exprès pour prouver que tous ses titres étaient sans force et sans réalité, et pour dégoûter les peuples d'un empire unique et de la race de Charlemagne. Lâche, maladif, corpulent, méprisé, il n'avait de dévouement que pour le clergé, « obéissant très-dévotement aux ordres ecclésiastiques, incessamment appliqué à l'oraison et au chant des psaumes [1]. » Il ne fut pas reconnu dans le midi de la Gaule, où l'on datait les actes « du règne de Jésus-Christ, en attendant un roi [2]. »

Sous ce triste prince, la France fut plus que jamais ravagée par les Normands. Les soldats se dispersaient à l'approche des pirates ; il n'y avait plus d'autre défense contre leurs bateaux que les estacades élevées sur les rivières. Plus de gouvernement, de magistratures, de lois ; on croirait même qu'il n'y a plus de villes, tant leur nom est rarement prononcé ; on n'entend parler que de quelques abbayes qui font résistance, et où il semble que toute la nation, avec ses richesses et son intelligence, soit concentrée [3] ; enfin on est étonné du petit nombre d'hommes dont l'histoire a conservé les noms, et ils portent presque tous le titre d'abbés. La France semble un désert où de loin en loin quelques églises dominent.

Les Normands remontèrent la Seine jusqu'à Paris, et assiégèrent cette ville, qui était alors enfermée dans l'île de la Cité (885). Trois seigneurs y commandaient : Eudes, comte de Paris, qu'on croit fils de Robert-le-Fort, Gozlin, évêque, et Hugues, « le premier des abbés. » La ville se défendit avec vigueur. Pendant ce temps, Charles était en Germanie, s'inquiétant peu des Normands ; mais « Gozlin et Hugues, en qui résidait tout l'espoir de la Gaule [4], » étant morts, il fut pressé par le comte Eudes de secourir Paris. Après de longs délais, « il arriva avec une armée considérable et fixa ses tentes au pied de Montmartre. Son premier soin fut de donner un évêque à la ville ; après quoi il traita avec les Barbares, et leur paya 700 livres d'argent pour qu'ils se retirassent sur l'Yonne, avec la condition qu'ils s'en iraient au printemps dans

---

[1] Ann. de Metz. — [2] Capit. de Baluze, t. II, p. 1531.
[3] Abbon de Fleury donne aux abbayes le nom de *républiques*, d'*états*, et il appelle *sénat* le chapitre. — [4] Ann. de Fulde.

leur patrie. Ensuite il s'en retourna en Germanie [1], » où il convoqua une diète pour nommer son successeur, car il n'avait pas d'enfants (887). Mais les Germains, par une conspiration soudaine, appelèrent à eux Arnolf ou Arnoul, fils bâtard de Carloman de Bavière; et Charles, abandonné de tous, mourut de chagrin et de misère (888).

« Après sa mort fut dissoute, faute d'héritier légitime, l'union des royaumes qui avaient obéi à sa domination, et chacun d'eux voulut se donner un roi tiré de son sein [2]. » Il se forma ainsi six grands états d'existence très-différente, et dont les premières variations sont indiquées dans le tableau ci-contre (page 191). Les Français signalèrent leur haine pour la race de Charlemagne en prenant pour roi un homme nouveau, EUDES, comte de Paris et duc de France. « Celui-ci saisit le nom et la puissance de roi aux applaudissements du peuple [3]; » et « alors s'opéra définitivement la séparation des Francs-Teutons et des Francs-Romains [4]. »

CHAPITRE II.

Deuxième démembrement de l'Empire. — 888 à 987.

§ I. RENAISSANCE DE LA POPULATION GUERRIÈRE. — Le démembrement ne s'arrêta pas aux six royaumes dont nous donnons le tableau : partout commencèrent en même temps, avec les dynasties nouvelles des ducs et des comtes, des états nouveaux, indépendants de fait, ayant un caractère et des intérêts particuliers, et qui ont eu une existence et une histoire distinctes. La France, dont le nom ne resta en réalité qu'aux pays entre Meuse et Loire, se trouva ainsi confédérée en états féodaux, dont le nombre allait, vers la fin du dixième siècle, à plus de quatre-vingts, et dont le premier, sinon en puissance, du moins en dignité, garda le titre de royaume. Nous donnons dans le deuxième tableau (p. 192 et 193) l'histoire abrégée des principaux de ces états.

Ainsi la résistance continuelle des peuples aux projets de réunion des descendants de Charlemagne avait eu plein succès : les nations nouvelles s'étaient donné des chefs indigènes. Cependant la race carlovingienne existait encore avec ses idées de légitimité, ses droits impériaux, sa langue germanique; et il faut un siècle avant que cette grande révolution, qui forme la nation française et la société féodale, soit à jamais consommée.

[1] Poëme d'Abbon sur le siége de Paris par les Normands.
[2] Ann. de Metz. — [3] Abbon, liv. II, vers 445. — [4] Ann. de Saint-Bertin.

DEUXIÈME DÉMEMBREMENT DE L'EMPIRE.

ITALIE.	GERMANIE.	LORRAINE.	PROVENCE OU BOURGOGNE CISJURANE.	BOURGOGNE TRANSJURANE.
La couronne impériale est disputée par deux prétendants, descendants de Charlemagne par les femmes : Bérenger, duc de Frioul; Guido, duc de Spolète.	Arnoul est élu roi en.... 888 Louis IV, fils d'Arnoul, en 911	Zwentibold, fils d'Arnoul, en..................... 895 Louis IV, fils d'Arnoul, en 900	Boson............. 879-890 Louis, fils de Boson. 890-923 Hugues d'Arles..... 923-933	Ce nouveau royaume était compris entre les Alpes Pennines, le Jura et le Rhin; sa capitale était Genève. Il fut formé aussitôt après la mort de Charles-le-Gros, et eut pour rois :
Guido est couronné en... 891 Lambert, fils de Guido, en 894 Arnoul, roi de Germanie, en..................... 896 Louis, roi de Provence, en 901 Bérenger, duc de Frioul, en..................... 916	La royauté de Germanie sort de la famille de Charlemagne, et les ducs germains élisent : Conrad, duc de Franconie, en.............. 912 Henri Ier, duc de Saxe, en 918 Otton Ier, fils de Henri Ier, en..................... 936	Ce royaume est disputé par les rois de Germanie et les rois de France : il reste définitivement aux premiers; il fait partie de l'empire d'Otton-le-Grand; mais les grands vassaux y sont indépendants. On remarque parmi eux : le duc de Haute-Lorraine ou de Lorraine propre, le duc de Basse-Lorraine ou de Brabant, les comtes de Hainaut, de Hollande, de Frise, etc.	Ce dernier cède son royaume à Rodolfe II, qui réunit ainsi les deux Bourgognes et en forme le	Rodolfe Ier, fils d'un comte d'Auxerre, en...... 888 Rodolfe II, en........... 911
C'est le dernier descendant de Charlemagne qui porte la couronne impériale. Après lui, anarchie pendant cinquante ans; différents princes prennent le titre de rois d'Italie, mais il n'y a plus d'empereurs. Enfin Otton Ier, dit le Grand, roi de Germanie, conquiert l'Italie, rétablit la dignité impériale, et se fait couronner empereur en 962. Dès lors la dignité impériale et la souveraineté de l'Italie appartiennent aux rois de Germanie.	La Germanie, l'Italie, la Lorraine, se trouvent alors réunies sous un même souverain, qui porte de plus la couronne impériale. A Otton Ier succèdent : Otton II............ 973-983 Otton III........... 983-1002 Henri II........... 1002-1024 Conrad II, duc de Franconie....... 1024-1039 Celui-ci réunit le royaume d'Arles à ses autres états en 1033.		### ROYAUME D'ARLES OU DE PROVENCE. Rodolfe II, en.............. 933 Conrad-le-Pacifique, en..... 937 Rodolfe III, en............. 993 Ce dernier cède son royaume à l'empereur Conrad II, et dès lors (1033) le royaume d'Arles fait partie de l'empire; mais les grands vassaux y sont indépendants. On remarque parmi eux : le comte de Provence, le comte de Savoie, le comte de Bourgogne, le comte d'Albon (depuis dauphin de Viennois), etc.	

Ces cinq états, démembrés de l'empire de Charlemagne, se trouvent donc réunis, en 1033, en un seul corps qui s'appelle le *Saint-Empire-Romain*, et qui croit être l'empire d'Occident, parce que ses chefs germains portent la couronne impériale. Il ne reste de tous les royaumes sortis du démembrement de l'empire carlovingien qu'un état indépendant, le *royaume de France*, dont les chefs, pendant la même période, sont :

Eudes, duc de France......................	888-898
Charles-le-Simple, fils de Louis-le-Bègue...	893-929
Robert, duc de France......................	922-923
Raoul, duc de Bourgogne....................	923-936
Louis IV, fils de Charles-le-Simple.........	936-954
Lothaire, fils de Louis IV.................	954-986
Louis V, fils de Lothaire..................	986-987

PRINCIPAUX ÉTATS DE LA FRANCE MÉRIDIONALE[*]

DUCHÉ OU MARQUISAT DE GOTHIE OU DE NARBONNE.	COMTÉ DE TOULOUSE.	DUCHÉ DE GASCOGNE.	DUCHÉ DE GUYENNE OU D'AQUITAINE.
Il comprenait les comtés de Narbonne, de Béziers, d'Agde, de Lodève, de Magueloune et de Nîmes. Après la mort du duc Bernard, réputé l'amant de Judith, ce pays eut cinq ducs de diverses familles, dont le dernier fut Bernard II, comte de Poitiers, tige des ducs d'Aquitaine et l'un des trois marquis Bernard. Après lui vint, en 878, Bernard III, dit *Plantevelue*, comte d'Auvergne, fils, dit-on, du premier Bernard, et aussi l'un des trois marquis. Il eut pour successeur son fils Guillaume-le-Pieux, qui mourut sans enfants en 918, et le duché tomba dans la maison de Toulouse.	Il comprenait les comtés de Toulouse, d'Alby, d'Uzès et de Viviers, avec la suzeraineté sur les comtés de Foix, de Carcassonne et de Rasez. Ses comtes possédaient en outre les comtés de Rhodez et de Cahors; ils acquirent, en 918, le duché de Gothie; en 1125, le marquisat de Provence; en 1196, le comté d'Agen, et en 1204, le Gévaudan. On les appelait vulgairement les *comtes-ducs-marquis*. Le premier comte est Raymond Ier, en 852, frère de Frédélon, institué par Charles-le-Chauve. Il a douze successeurs, dont le dernier est Raymond VII. Celui-ci cède la moitié de ses états à Louis IX en 1229; l'autre moitié passe à sa fille, qui épouse un frère de Louis. Ce dernier meurt sans postérité, et ses états sont réunis à la couronne de France en 1271.	Il comprenait la Gascogne, le Bordelais, l'Armagnac, la Limagne, etc.; avec la suzeraineté sur le Comminges, le Bigorre, le Béarn, etc. Cet état commence, en 768, par Loup Ier, cousin du fameux Waïffre. Il a quatre ducs de cette famille jusqu'en 819, puis cinq ducs amovibles jusqu'en 872. Alors Sanche Mitarra, descendant de Loup Ier, commence la lignée des ducs héréditaires, qui sont au nombre de huit, et qui finissent en 1036, par Bérenger, mort sans enfants. Le duché passe dans la maison d'Aquitaine.	Il comprenait les comtés de Poitou, de Limousin, de Saintonge, avec la suzeraineté sur la Marche, l'Angoumois, le Périgord, l'Auvergne, le Velay. Cet état commence en 880, par Rainulf, fils de Bernard II, marquis de Gothie[**]. Il se joint au duché de Gascogne en 1036, et a onze ducs héréditaires jusqu'à Guillaume X, dont la fille Aliénor épouse, en 1052, Henri Plantagenet, comte d'Anjou et roi d'Angleterre, et lui apporte ses états. Les comtés de Poitou, de Limousin, de Saintonge, d'Auvergne, sont conquis par les rois de France Philippe II, Louis VIII et Louis IX; mais la Guyenne et la Gascogne ne sont définitivement réunies à la couronne que par Charles VII.

[*] Voyez, pour la réunion des principaux états féodaux à la couronne de France, ma *Géographie physique, historique et militaire*, p. 85.

[**] Voyez la note 2, p. 185.

PRINCIPAUX ÉTATS DE LA FRANCE SEPTENTRIONALE.

COMTÉ DE FLANDRE.	COMTÉ DE VERMANDOIS.	DUCHÉ DE FRANCE.	COMTÉ D'ANJOU.	DUCHÉ DE NORMANDIE.	DUCHÉ DE BRETAGNE.	DUCHÉ DE BOURGOGNE.
Il commence en 882 par Baudouin Ier, qui a dix successeurs, jusqu'à Charles-le-Bon, mort sans enfants en 1127. Le comté passe, p^r les femmes, 1° eu 1128, dans la maison d'Alsace, qui donne six comtes; 2° en 1280, dans la maison de Dampierre, qui donne quatre comtes; 3° en 1384, dans la maison de Bourgogne-Valois, qui donne quatre comtes; 4° en 1447, dans la maison d'Autriche, qui le garde jusqu'en 1797, sauf la partie méridionale, réunie par Louis XIV à la couronne. C'est le seul état de la France féodale qui n'ait pas été uni intégralement à la France monarchique.	Les premiers comtes possédaient, outre le Vermandois, le Valois, l'Amiénois, la Champagne, la Brie, etc. Cet état commence par Herbert Ier, petit-fils de Bernard, roi d'Italie, qui a pour successeur Herbert II, après lequel les états des comtes de Vermandois se divisent, en 943, en plusieurs comtés, dont les principaux sont : **COMTÉ DE VERMANDOIS.** Il eut neuf comtes jusqu'en 1191 où la dernière, Aliénor, héritière, le céda à la maison d'Anjou, jusqu'en 1284, Philippe II, qui où la dernière héritière épousa Philippe IV, qui le réunit à la couronne. **COMTÉ DE CHAMPAGNE.** Il passa dans la maison de Blois en 1019, et eut douze comtes jusqu'en 1284, où la dernière héritière épousa Philippe IV, qui le réunit à la couronne. * Voyez la note p. 163.	On lui donne pour premier duc Robert-le-Fort, dont les fils, Eudes et Robert, furent rois de France. Hugues-le-Grand, fils de Robert, eut pour fils Hugues-Capet, qui se fit élire roi; et alors le duché de France fut le royaume de France.	Le premier comte est Ingelger, en 870; il eut neuf successeurs jusqu'à Henri Plantagenet, qui devint roi d'Angleterre. Celui-ci eut pour successeur Richard, et, après lui, Jean, qui se laissa enlever l'Anjou par Philippe II, roi de France. Ce comté fut donné par Louis IX à l'un de ses frères, et réuni définitivement à la couronne par Louis XI.	Son premier duc est le Normand Roll, en 912; il a six successeurs, jusqu'à Guillaume-le-Bâtard, qui devint roi d'Angleterre. Celui-ci a pour successeur Guillaume II, et après lui Henri Ier, dont la fille épouse Geoffroy Plantagenet, comte d'Anjou, en 1127. Ce dernier a trois successeurs jusqu'à Jean-sans-Terre, sur lequel la Normandie fut conquise par Philippe II, roi de France, et réunie à la couronne en 1204.	Son premier duc est Nomenoö, en 840, qui a dix-neuf successeurs, jusqu'à Conan IV, dont la fille épouse Guy de Thouars. Il vient de ce mariage une fille qui épouse Pierre de Dreux en 1213; alors commence une nouvelle lignée de treize ducs, jusqu'à Anne, qui épouse les rois de France Charles VIII et Louis XII. La fille de Louis XII et d'Anne épouse François Ier, et la Bretagne est ainsi réunie à la couronne en 1532.	Son premier duc est Richard-le-Justicier, institué par Charles-le-Chauve en 877; son fils Raoul est roi de France. Après celui-ci, Hugues, duc de France, s'empare de la Bourgogne en 938, et la laisse à Henri, son fils, qui meurt sans postérité. Robert, roi de France, en hérite, et son fils Robert y est établi en 1033. Celui-ci commence une lignée de douze ducs, qui finit à Philippe de Rouvre, en 1361. Alors Jean, roi de France, hérite de la Bourgogne, et la donne à son fils, Philippe-le-Hardi, qui a trois successeurs, après lesquels Louis XI réunit le duché à la couronne en 1479.

Cette deuxième période du démembrement fut pourtant une époque moins rude et moins tourmentée : elle porta même un caractère d'organisation et de renouvellement. Dans l'état de morcellement où l'esprit de localité avait réduit la société, dès qu'on ne compta plus sur la protection du gouvernement central, et qu'on se vit libre, isolé, abandonné à ses propres forces, chacun employa ses moyens à augmenter sa sûreté personnelle. Alors surgirent, dans toutes les petites souverainetés, des soldats et des châteaux, la plupart dans un but de défense, quelques-uns dans un but d'attaque. Aussitôt que ces éléments de force existèrent, les restes de la population se relevèrent, et vinrent se mettre sous la protection du guerrier et de sa maison crénelée : ce fut l'origine des villes du moyen âge. Dans ce nouvel état de choses, tous s'associèrent, et les devoirs furent réciproques : le seigneur défendit le serf, qui cultivait sa terre ou fabriquait ses vêtements et ses armes ; il s'occupa activement, même dans son propre intérêt, de son bien-être et de sa conservation ; de même, celui-ci ne vit qu'un protecteur bienveillant dans le maître qui avait besoin de lui. L'homme reprit, avec les vertus guerrières, sa dignité et sa confiance en lui-même ; et il dut ces idées nobles aux moyens de défense qu'il trouvait dans ses murailles et dans ses armes : les châteaux forts et les lourdes épées, ces représentants matériels de la féodalité, devinrent les éléments de la civilisation du moyen âge. Alors, et en présence d'une société armée, les ravages des Barbares durent cesser; leurs invasions furent désormais infructueuses; et la population renaquit rapidement avec la sécurité. « Ainsi cette époque de troubles et de désordres, qui semblait menacer de détruire les misérables restes de la population gauloise, fut en même temps l'époque d'une grande et bienfaisante révolution économique, qui releva cette population de son abaissement [1]. »

§ II. Règne d'Eudes et de Charles-le-Simple. — Les Normands continuaient leurs ravages ; mais la résistance commençait, et presque partout ils furent repoussés. Eudes les combattit sans relâche, et souvent avec succès. Arnoul leur livra, sur les bords de la Dyle, une grande bataille où ils furent complétement vaincus. Leurs déprédations cessèrent pendant quelque temps sur le continent ; et c'est alors qu'ils conquirent pour la seconde fois l'Angleterre sur les successeurs d'Alfred.

Le midi de la France n'avait pas pris part à l'élection d'Eudes ; il comprenait quatre grandes seigneuries, contre lesquelles le nouveau roi fit la guerre pendant six ans (888 à 894). Mais il trouva

---

[1] Sismondi, Hist. des Français, t. III, p. 283.

de rudes adversaires dans Rainulf, duc ou roi d'Aquitaine, et dans Guillaume-le-Pieux, comte d'Auvergne et duc de Gothie¹; et, quoiqu'il les battît plusieurs fois, il fut obligé de repasser la Loire, en laissant le midi aussi indépendant qu'avant la guerre. Les seigneurs de ce pays s'entendirent avec ceux du nord; et, pendant la dernière expédition d'Eudes au delà de la Loire, une grande assemblée se fit à Reims, où CARLES IV, dit LE SIMPLE ou le Sot, fut élu roi : c'était un fils posthume et réputé illégitime de Louis-le-Bègue (893).

Arnoul, roi de Germanie, se plaignit que cette élection eût été faite sans sa permission. Foulques, archevêque de Reims, lui répondit que les Francs avaient toujours eu coutume, à la mort d'un roi, d'en élire un autre de la même famille, sans prendre l'avis de personne; mais qu'en faisant Charles roi, ils avaient entendu le soumettre à son autorité et à ses conseils, afin que le roi et le royaume fussent gouvernés par ses ordres. Il lui rappela ensuite qu'il était de son intérêt de s'unir à Charles, quand tant de rois étrangers au sang royal existaient déjà, et prévalaient contre ceux à qui leur naissance donnait droit à la couronne². »

Charles-le-Simple ne put tenir contre les forces d'Eudes, et implora le secours d'Arnoul. « Une assemblée fut convoquée à Worms; Charles y vint, s'attacha Arnoul par de grands présents, et fut investi par lui du royaume. L'ordre fut donné aux comtes et aux évêques qui résidaient près de la Meuse de lui prêter secours; mais tout cela ne lui servit à rien, Eudes ayant repoussé de la France les soldats d'Arnoul³. »

Ainsi, par suite de l'opinion qui donnait l'empire aux Francs orientaux, Arnoul, roi des Germains, était regardé comme le chef des états de Charlemagne; les autres descendants du grand roi se considéraient comme ses vassaux, et se rattachaient pleinement par leurs souvenirs à la Germanie. D'après ces mêmes idées, Arnoul cherchait à récupérer tout l'empire (896). Il renversa Bérenger, et se fit reconnaître roi d'Italie; il essaya, mais vainement, d'expulser Rodolfe, roi de la Bourgogne transjurane; enfin, il fit donner le royaume de Lorraine à son fils Zwentibold (895). Il eut pour successeur en Germanie son fils Louis IV (899), qui, à la mort de son frère Zwentibold, hérita de la Lorraine (900).

Cependant Charles-le-Simple s'était réfugié d'abord chez Richard Iᵉʳ, dit le Justicier, duc de Bourgogne, ensuite en Lorraine;

---

¹ Voy. le tableau des principaux états de la France méridionale.
² Flodoard, Hist. de l'église de Reims, liv. IV.
³ Ann. de Metz.

il marcha de nouveau contre son rival ; mais, ayant été abandonné par les comtes de Flandre et de Hainaut, il se confia à la générosité d'Eudes, qui lui accorda quelques domaines entre la Meuse et la Seine, et « le reconnut pour son seigneur (898). » Eudes étant mort, les grands se rassemblèrent et acceptèrent Charles comme seul roi. Robert, frère d'Eudes, hérita de son duché de France.

§ III. Les Normands s'établissent dans la Neustrie. — Les Normands, voyant leurs ravages de plus en plus infructueux, songeaient à prendre des établissements dans la Gaule. Déjà Thiébold, chef des Normands de la Loire, s'était arrêté entre Chartres et Tours, et il devint la tige des comtes de Blois et de Champagne. Roll, chef des Normands de la Seine, fit de Rouen sa place d'armes, s'empara d'Évreux, de Bayeux, et des deux bords du fleuve, et commença une domination fixe, qui devint même populaire parmi les débris de la population neustrienne ; il s'allia avec d'autres chefs de bandes, et ravagea méthodiquement la France jusqu'en Bourgogne et en Auvergne. Le roi Charles, éveillé par les clameurs de ses sujets, envoya à Roll l'archevêque de Rouen, qui lui dit : « Le roi t'offre sa fille en mariage avec la seigneurie héréditaire de tout le pays situé entre la rivière d'Epte et la Bretagne, si tu consens à devenir chrétien et à vivre en paix avec le royaume (911). » Les côtes de la Gaule étaient épuisées et désertes ; le butin devenait rare et difficile ; et, lorsqu'on s'avançait dans les terres, on y trouvait des seigneurs indépendants qui défendaient leurs propriétés avec acharnement ; d'ailleurs, les Normands s'étaient familiarisés depuis un siècle avec les mœurs, la langue et la religion des Français ; la bande de Roll était déjà à demi établie dans le pays cédé, et son chef avait de grandes idées de gouvernement. Les propositions du roi furent acceptées.

Le pays, qui prit d'eux le nom de *Normandie*, fut arpenté et divisé entre les compagnons de Roll, sans égard aux droits des indigènes, qui tombèrent presque tous dans la servitude. Les nouveaux possesseurs y établirent d'emblée le système féodal, et assurèrent ainsi à leurs institutions une régularité inconnue ailleurs : le Normand fut noble, le Neustrien colon ou serf. La bande de Roll n'allait pas probablement à plus de 20,000 individus ; mais une multitude d'aventuriers vint, de toutes les parties de la Gaule, prendre des établissements dans le pays, dès qu'il fut régulièrement défendu et gouverné ; les terres furent défrichées, les villes entourées de murs, les églises reconstruites, des châteaux élevés ; et, en moins de vingt ans, la Normandie arriva à une grande prospérité. Les Normands se façonnèrent si facilement à leur nouvelle situation, qu'ils abandonnèrent la langue tudesque pour parler le français-roman ; et ils perfectionnèrent ce nouvel idiome à tel point, qu'ils l'employèrent les premiers dans leurs codes et leurs poésies. En même temps qu'ils permettaient, par la cessation de leurs ravages, à l'ordre de renaître et à la société nouvelle de s'établir, ces hommes, qui avaient encore toute leur énergie sauvage, communiquèrent à leurs voisins leur esprit d'entreprise, de vie et de liberté, et réveillèrent les habitudes guerrières des Français.

Les immigrations des hommes du nord étaient terminées définitivement et sans retour, et les Normands étaient le dernier des éléments qui devaient composer la nation française.

§ IV. DÉCADENCE DE LA ROYAUTÉ. — RÈGNE DE CHARLES-LE-SIMPLE. — ROBERT ET RAOUL SONT ÉLUS ROIS. — Louis IV, roi de Germanie et de Lorraine, meurt (912). La dislocation féodale s'effectue dans ses états. La Lorraine flotte entre l'Allemagne et la France : les seigneurs, en portant leur hommage tantôt à l'un, tantôt à l'autre roi, y restent les maîtres, et se font des guerres acharnées où les Germains et les Français interviennent comme auxiliaires. Les divers peuples de la Germanie, Souabes, Saxons, Bavarois, Francs ou Franconiens, etc., se regardent comme ennemis ; leurs ducs se rendent indépendants et prétendent à la royauté, qui sort pour jamais de la famille de Charlemagne. Conrad, duc de la France orientale ou de la *Franconie*, est élu, le premier, roi de Germanie (912). A lui succède Henri, duc de Saxe (918), dont la famille garde le trône pendant quatre-vingt-quatre ans.

La royauté n'était plus en Europe un pouvoir public : c'était un titre souvent respecté, quelquefois envié, rarement obéi. Le roi restait entièrement étranger au gouvernement des provinces, où les seigneurs faisaient à leur gré la guerre et la paix, rendaient la justice, battaient monnaie, sans lui demander ordre ou avis. Tous ses rapports avec la nation étaient perdus, ou, pour mieux dire, il n'y avait pas de nation : la Germanie, l'Italie, la Gaule, étaient devenues des assemblages de petits états indépendants, dont les intérêts étaient divers et les relations rares. La patrie était restreinte au cercle étroit où l'on vivait, ou plutôt aux biens qu'on possédait : pour le seigneur, c'était son château, pour le moine son couvent, pour le serf sa cabane, où il était abrité par les prières de l'un ou les armes de l'autre. La législation cessa d'être individuelle, symptôme assuré de la formation d'une société autre que la société germanique ; elle devint territoriale, caractère fondamental de la féodalité. Les codes des Saliens, des Bourguignons, des Saxons, disparurent. La loi ne changea plus selon les hommes et les races, mais suivant les conditions et les lieux. Il n'y eut plus de pouvoir législatif créant un code national; il y eut des priviléges et des coutumes. La liberté varia avec la propriété, et celle-ci se confondit avec la souveraineté. Enfin, toute idée d'unité et de nationalité s'effaça; toute généralité fut proscrite des esprits et des existences.

La royauté, ayant perdu sa puissance morale, ne pouvait avoir qu'une force semblable à celle des seigneurs; et, conséquemment, elle ne la tirait comme eux que de ses domaines propres; mais ces domaines diminuaient sans cesse par les usurpations des *barons* [1] et les donations des rois; et il ne restait plus à Charles-le-Simple, méprisé de tous pour son imbécillité, que la ville de Laon et quelques châteaux. Robert, duc de France, et Hugues-le-Grand, son fils, étaient beaucoup plus puissants que lui et tendaient à faire passer définitivement dans leur famille ce titre de roi qui ne donnait rien matériellement, mais qui n'en était pas moins l'objet de tous leurs désirs. Ils s'accordèrent avec Rodolfe ou Raoul, fils de Richard, duc de Bourgogne, et attaquèrent le pauvre Charles, qui s'enfuit en Lorraine. Alors Robert se fit proclamer roi, et fut sacré à Reims (922). L'année suivante, il mourut, et on lui donna RAOUL pour successeur (923). Charles obtint des secours des Normands; Raoul, de Herbert II, comte de Vermandois, et ils se firent la guerre. Mais Charles étant tombé, par trahison, aux mains de ce dernier, fut enfermé dans la tour de Péronne; il en sortit pour recommencer la guerre contre Raoul, avec l'appui du comte de Vermandois, et finit par mourir en prison (929).

§ V. RÈGNE DE RAOUL. — RÉVOLUTIONS D'ITALIE ET DE PROVENCE. — Les seigneurs du midi ne se mêlèrent pas de ces guerres civiles; par suite de leur opposition aux hommes du nord, ils aimaient mieux reconnaître les rois carlovingiens que les rois élus; mais leur obéissance se bornait à dater leurs actes du règne de ces rois [2]. Sous la domination de ces chefs nationaux, le midi était moins misérable et désordonné que le nord; il avait conservé un gouvernement régulier et quelques débris d'administration romaine; les assemblées provinciales, où assistaient « tant les Goths que les Romains, et même les Francs, » y étaient encore en vigueur; les princes se soumettaient eux-mêmes à la loi. Ainsi Raymond-Pons III, quatrième comte de Toulouse, duc de Gothie ou de Nar-

---

[1] Ce titre, par lequel on désignait toute la classe noble ou libre, vient du mot tudesque *ber*, qui se traduit exactement par le mot latin *vir*, homme distingué.

[2] On lit dans un cartulaire d'Alfred, frère et successeur de Guillaume II, duc d'Aquitaine : « La quatrième année depuis que Charles a été dégradé par les Français et Raoul élu contre les lois. »

bonne (son père, Raymond II, ayant hérité en 918 de ce duché, sur Guillaume-le-Pieux [1]), fut condamné à des restitutions envers des particuliers, dans un plaid tenu à Narbonne et composé de dix-huit juges, dont onze Romains, quatre Goths et trois Francs [2].

Raoul porta la guerre dans le midi et parvint à faire reconnaître sa dignité par les comtes de Toulouse et de Rhodez, qui se donnaient le titre de « princes des Goths et des Aquitains. » Alors il s'intitula « roi, par la grâce de Dieu, des Français, des Bourguignons, des Aquitains, invincible, pieux et toujours auguste, pleinement roi, par la soumission volontaire tant des Aquitains que des Goths. »

Bérenger était maître de l'Italie; mais, haï des seigneurs, il n'avait pu obtenir la couronne impériale. Louis, fils de Boson, roi de Provence, fut proclamé empereur par les ennemis de Bérenger (901); mais il tomba aux mains de son rival, qui lui fit crever les yeux (905), et il mourut sans postérité (923). Son royaume passa à Hugues, comte d'Arles, qui descendait par sa mère de Charlemagne. Les seigneurs d'Italie appelèrent alors contre Bérenger Rodolfe II, roi de Bourgogne (924). Bérenger fut battu et tué, et Rodolfe reconnu roi d'Italie.

De nouveaux Barbares attaquaient depuis quelque temps les frontières de la Germanie : c'étaient les *Madgyars*, appelés par les Germains *Ungren* (étrangers), d'où leur est venu le nom de *Hongrois*. Ils étaient de race finoise et sortaient du nord de l'Asie; ils avaient tourné la mer Noire, forcé les Carpathes, et s'étaient établis dans le bassin du Theiss et sur le Danube, d'où ils firent de terribles incursions en Germanie. Ils pénétrèrent en Italie et battirent les rois Rodolfe et Hugues; puis ils se répandirent dans la Gaule et arrivèrent jusqu'à Toulouse, laissant des déserts derrière eux (924). Raymond-Pons les attaqua et les battit; une épidémie acheva de les détruire. Les invasions de ces peuples ne cessèrent qu'à la fin de ce siècle, où ils se firent chrétiens et commencèrent le royaume de Hongrie sous le roi saint Étienne, qui reçut du pape Sylvestre II la couronne *apostolique*, en l'an 1000.

A peine délivrés de ces ennemis, Rodolfe et Hugues se disputèrent l'Italie. Rodolfe fut expulsé de ce royaume; et Hugues, pour en rester maître, céda sa couronne de Provence à son rival, qui réunit ainsi la Bourgogne transjurane à l'ancien royaume de Boson, et fonda un état qui s'étendait des sources du Rhin à l'embouchure du Rhône (933). Ce dernier fleuve, avec la Saône, séparait ce royaume des états de Raoul, duc de Bourgogne et roi de France.

---

[1] Voyez le tableau des principaux états de la France méridionale.
[2] Hist. du Languedoc, t. II, p. 68.

Raoul meurt sans enfants (936). Son frère, Hugues-le-Noir, hérite de son duché de Bourgogne, qui lui est disputé par Hugues-le-Grand, duc de France. Celui-ci était le vrai souverain de la France romane : fils du roi Robert, neveu du roi Eudes, maître des plus riches abbayes, il aurait pu prendre le titre de roi à la mort de Raoul ; mais il aima mieux faire venir d'Angleterre un fils de Charles-le-Simple, Louis IV, dit d'Outremer, qu'il fit couronner à Laon (936).

§ VI. Règne de Louis IV. — Hugues-le-Grand conduisit le jeune roi en Bourgogne et fit la conquête de ce pays ; bientôt il se lassa de son protégé, et s'allia contre lui avec Herbert de Vermandois et Guillaume de Normandie. A cette époque, Henri Ier, roi de Germanie, était mort et avait eu pour successeur son fils Otton Ier, dit le Grand (936). Celui-ci était un homme plein d'ambition, qui ne rêvait que le rétablissement de l'empire de Charlemagne : déjà il s'était fait reconnaître roi en Lorraine ; déjà il avait pris sous sa tutelle Conrad, roi des deux Bourgognes, qui avait succédé à Rodolfe II ; il offrit son alliance à Hugues-le-Grand, Herbert et Guillaume, qui lui firent hommage. Louis IV n'avait que son titre de roi pour résister à cette puissante ligue ; mais il parvint à rattacher à sa cause les seigneurs de Lorraine, et, au moyen des châteaux qui couvraient ce pays, il arrêta quelque temps les succès d'Otton. A la fin, celui-ci arriva à Attigny, où il se fit proclamer roi. Il ne restait à Louis que la ville de Laon, qui soutint un long siège (940) ; alors il s'enfuit en Aquitaine, où les seigneurs rassemblèrent une armée pour sa défense. Mais le pape Étienne VIII interposa sa médiation. Otton abandonna ses prétentions, et Hugues et ses alliés reconnurent Louis pour roi en gardant toute leur puissance.

Herbert II, comte de Vermandois, de Champagne et de Brie, mourut (943). Ses états furent partagés entre ses fils, que Louis IV voulut dépouiller ; Hugues les prit sous sa protection, et la guerre recommença. Mais Guillaume, duc de Normandie, étant mort, les deux ennemis se réconcilièrent pour dépouiller Richard, fils de Guillaume. Harald, roi des Danois, amena des secours à ses compatriotes ; des conférences s'entamèrent entre lui et le roi de France, pendant lesquelles les Français furent massacrés et Louis fait prisonnier. Hugues-le-Grand le délivra des mains des Danois, mais il le garda captif jusqu'à ce qu'il lui eût cédé Laon, sa dernière possession.

Louis implora les secours d'Otton (946). Celui-ci s'empara de Reims, assiégea Rouen, et ravagea le comté de Paris ; mais il fut ensuite battu, et se retira au delà du Rhin. Le malheureux Louis le suivit : il se plaignit au concile d'Ingelheim des perfidies de Hugues, et offrit « de se défendre des inculpations d'incapacité portées contre lui, soit par le jugement du roi Otton, soit par un combat singulier [1]. » Hugues fut excommunié; mais il n'en continua pas moins la guerre. Cependant Louis parvint à reprendre Laon, et tira des secours du midi, où il fit plusieurs voyages ; enfin il mourut à Reims, où l'évêque lui donnait l'hospitalité (954).

Hugues, à la prière de la veuve de Louis IV, prit son fils LOTHAIRE sous sa protection et le fit reconnaître pour roi par les seigneurs de France, de Bourgogne et d'Aquitaine. Quelque temps après, il mourut, laissant deux fils, Hugues et Henri : Hugues, surnommé Capito ou Capet, eut le duché de France; Henri, le duché de Bourgogne.

§ VII. AVILISSEMENT DU CLERGÉ. — RÉTABLISSEMENT DE LA DIGNITÉ IMPÉRIALE. — Dans l'anarchie engendrée par ces guerres confuses, fastidieuses, interminables, au milieu des calamités et des crimes de « ce siècle de fer, » l'Église perd toute sa force morale; elle devient, comme la société civile, matérielle, violente, sanguinaire. Plus de constitution générale, plus de conciles, plus d'instructions religieuses, plus d'ascendant sur les esprits; le clergé oublie ce qui avait fait sa force, et ne songe qu'à accroître ses domaines; il ne cherche plus de l'autorité par la foi et les lumières, mais par les armes et les richesses; il devient tout aristocratique, ne se recrute plus que dans la noblesse, distribue et reçoit des fiefs, et change la France en une théocratie militaire. Les prêtres ont l'épée à la main; ils pillent sur les routes, tiennent auberge dans les églises, s'entourent de femmes perdues; les cathédrales et les monastères sont fortifiés et soutiennent des sièges ; la force a remplacé partout l'élection; là où les fidèles et les moines ont conservé quelque ombre de liberté, la corruption achète ouvertement les dignités; il n'y a plus à la tête des évêchés et des abbayes que des barons avides et belliqueux; plusieurs sont mariés et transmettent leurs dignités et leurs domaines ecclésiastiques à leurs enfants, même en bas âge, ou bien les donnent en dot à leurs filles et en douaire à leurs femmes; l'hérédité va s'emparer de la société ecclésiastique comme de la société civile [2]. L'avenir de l'Église semble perdu, car la seule puissance qui peut la ramener dans la voie évangélique, celle qui dans les temps les plus mauvais n'avait pas pris part à la corruption du clergé, la papauté, est elle-même dé-

---

[1] Script. rer. Franc., t. VIII, p. 202.
[2] Spicilegium, t. I, p. 423. — Hist. de la Bretagne, par Lobineau. — Voigt, Hist. de Grégoire VII.

gouttante de sang et de débauches ; elle ne songe plus à la suprématie spirituelle du monde : elle ne veut que se faire une seigneurie féodale dans Rome. Marozia et Théodora, deux sœurs influentes par leurs richesses, leur beauté et leurs crimes, font élire leurs amants, Sergius III et Jean X (904). Ce dernier chasse les Sarrasins de l'Italie (914), combat avec succès contre Hugues d'Arles et les autres prétendants à la couronne, et est tué par Marozia, maîtresse de Sergius (928). Alors cette femme élève au pontificat son fils adultérin, Jean XI, épouse Hugues d'Arles, et le rend maître de Rome (931). Tous trois sont renversés par Albéric, autre fils de Marozia, qui transmet sa puissance à son propre fils. Celui-ci se fait élire pape sous le nom de Jean XII, et souille la chaire de saint Pierre de nouveaux crimes (956).

Appelé par les différents partis qui déchiraient l'Italie, Otton-le-Grand mit fin à cette anarchie ; il conquit la péninsule, se fit couronner empereur, et força le pape à lui faire serment de fidélité (962). Dès lors la dignité impériale et le royaume d'Italie furent réunis au royaume de Germanie, et formèrent l'empire prétendu d'Occident, qui a duré jusqu'en 1806. Il fut convenu que le prince élu dans une diète comme roi d'Allemagne acquérait en même temps par cette élection les royaumes d'Italie, de Lorraine (et plus tard de Provence), mais qu'il ne pouvait se qualifier de césar et d'auguste avant d'avoir reçu la couronne impériale des mains du pape. Les Italiens s'indignèrent de ces prétentions, eux qui avaient tant combattu pour se séparer des Germains ; et ils commencèrent dès lors leur éternelle protestation contre la domination teutonique. La papauté, toute sanglante et déshonorée qu'elle était, se porta comme protectrice de l'indépendance italienne, et commença ainsi, sous le criminel Jean XII, le rôle qu'elle devait jouer avec tant de gloire sous les grands papes du moyen âge. Otton battit les Italiens, fit déposer Jean XII, et s'empara de Rome. Alors il se fit attribuer, dans un concile, le droit de se choisir un successeur à la dignité impériale, de faire élire, de confirmer et d'établir lui-même les papes, enfin de donner l'investiture de leurs dignités aux évêques : c'était plus de pouvoir que n'en avaient eu Théodose et Charlemagne.

Otton, tyran de la papauté, maître de l'empire et de tant de royaumes, vainqueur des peuples slaves et propagateur du christianisme au delà de l'Oder, semblait le dominateur de l'Occident. La France seule restait indépendante, mais incapable de lutter contre cet essai de monarchie universelle sous des rois carlovingiens, qui s'humiliaient eux-mêmes devant les césars de Germanie. La force brutale était alors l'unique maîtresse du monde ; le spiritualisme chrétien semblait en avoir abandonné le gouvernement, pour laisser le régime féodal s'établir matériellement ; et il devait s'écouler un siècle avant que la papauté, sortie du crime et de l'oppression, vînt remplacer l'empire temporel des Teutons par l'empire spirituel de l'Église.

§ VIII. Règne de Lothaire. — A la mort d'Otton-le-Grand (973), l'Italie se souleva contre Otton II, son fils ; deux papes, nommés par l'empereur, furent massacrés, un troisième chassé ; Rome se déclara en république, sous Crescentius, fils de Marozia. Otton II parvint à s'emparer de Rome : il fit périr Crescentius et le pape qu'il avait fait élire ; mais le combat de la liberté italique contre la domination allemande continua.

En Lorraine, les seigneurs se révoltèrent et firent alliance avec Lothaire, roi de France. Celui-ci, aidé de Hugues Capet, entra en Lorraine, et ravagea tout jusqu'à Aix-la-Chapelle. Otton le battit à son tour, et ravagea tout jusqu'à Paris. Pour terminer la querelle, les seigneurs de France proposèrent un combat singulier entre les deux rois : « C'est une folie, disait le comte d'Anjou, d'exposer tant de braves gens à la mort pour le discord de deux princes ; qu'ils descendent dans le champ clos, et nous reconnaîtrons pour chef le vainqueur. » Le comte des Ardennes répondit : « Nous avions toujours ouï dire, sans le croire, que les Français méprisaient leurs rois ; aujourd'hui nous en demeurons convaincus par votre propre bouche [1]. » Malgré cela, la paix fut faite, et Otton garda la Lorraine (980) ; mais il donna à Charles, frère du roi Lothaire, le duché de Basse-Lorraine ou de Brabant.

Cette guerre est tout ce qu'on sait de Lothaire. L'homme qui occupait toute l'attention était Gerbert, moine d'Aurillac, archevêque de Reims et ensuite de Ravenne, enfin pape sous le nom de Sylvestre II. Mal content des sciences de l'Occident, il était allé à Cordoue étudier les mathématiques et l'astrologie, et s'était nourri de la civilisation des Arabes, plus hâtive que celle des chrétiens, mais qui devait s'user si rapidement. Mêlé à toutes les affaires de ce siècle, il se mit à la tête du clergé pour amener la révolution qui devait changer la dynastie des rois français : « Lothaire est roi seulement de nom, disait-il ; Hugues n'en porte pas le titre, mais il est roi et par le fait et par les œuvres [2]. » La répugnance des seigneurs et des évêques pour la race de Charlemagne croissait sans cesse ; l'organisation féodale, formée sans l'aveu et au détriment de la royauté germanique, devait s'attendre à ce que cette royauté, tant qu'elle existerait, chercherait à recon-

[1] Chron. de Balderic. — [2] Gerberti epist., apud Script. franc., t. x.

quérir son autorité intégrale. Pour consolider le nouvel état social, il fallait changer la nature de la royauté, n'en plus faire un pouvoir public et une magistrature nationale, mais un droit personnel et un mode de possession territoriale, enfin une seigneurie supérieure aux autres seulement par le titre; il fallait un roi qui, au lieu d'être le chef des conquérants, de prétendre à la puissance de Charlemagne, d'invoquer un ordre de gouvernement et de société démoli, de se refuser à des choses et à des droits modernes, fût un seigneur parmi les seigneurs, un homme de la nouvelle nation, un ennemi de l'ancienne dynastie, un prince qui eût donné des gages à la révolution féodale, et qu'on pût dire enfin le représentant du nouvel ordre de choses. La famille des ducs de France remplissait ces conditions : maîtresse de la moitié du pays appelé depuis *Ile de France*, et d'une partie de l'Orléanais et de la Picardie, elle avait déjà donné deux rois; d'après l'opinion populaire, elle sortait des rangs plébéiens de la société, et son origine, au delà de Robert-le-Fort, était inconnue, au dire même des contemporains; elle ne parlait que la langue *rustique*, la langue du peuple, et ignorait le tudesque; elle était l'amie et la protégée du clergé; elle s'honorait de posséder les abbayes de Saint-Denis, de Saint-Martin, de Saint-Germain; et l'on racontait que saint Valery, à qui Hugues avait fait bâtir un tombeau, lui avait dit, dans une apparition : « Toi et tes descendants, vous serez rois jusqu'à la génération la plus reculée. » Tout portait donc Hugues-Capet « à déraciner la race de Charlemagne, et il y était mu par d'anciennes haines et la coutume de ses pères [1]. »

§ IX. Règne de Louis V. — Élection de Hugues-Capet. — Lothaire mourut (986). Son fils Louis V lui succéda; « mais il ne fit rien : à charge à ses amis, dit Gerbert, il ne donnait pas beaucoup d'inquiétude à ses ennemis; et pendant ce temps, la grande affaire de sa ruine se traitait sérieusement en secret [2]. » L'Europe était dans l'attente de graves événements, et l'on croyait universellement que le monde approchait de sa fin. L'an 1000 était, par une fausse interprétation d'un passage de l'Évangile, assigné pour le terme fatal; on le voyait arriver avec une profonde terreur; tout faisait pénitence. En effet, un monde allait finir; mais c'était, non le monde matériel, mais le monde social des Romains et des Barbares.

Louis V meurt après un an de règne et sans enfants. Hugues-Capet, appuyé par son frère, le duc de Bourgogne, et son beau-frère, le duc de Normandie, rassemble à Noyon les principaux

---

[1] Script. rer. franc., t. X, p. 297 à 300. — [2] Gerberti epist, apud Script. rer. franc., t. X.

seigneurs et évêques de la France septentrionale; il est élu roi et sacré par Adalbéron, évêque de Laon (987). « Mettons à notre tête, avait dit ce prélat, un chef illustre par ses actions, sa noblesse, ses soldats, qui sera un protecteur non-seulement de l'état, mais des intérêts privés [1]. » Les seigneurs et les évêques du midi ne prirent aucune part à cette élection.

Cette révolution se fit sans secousse; elle n'excita ni surprise ni contestation. Les égaux de Hugues n'y firent aucune opposition : ils avaient cessé presque toutes leurs relations avec la royauté; et leur indépendance s'accommodait d'un roi dont la puissance était de même date et de même origine que la leur. Hugues n'était qu'un parvenu sans passé et sans souvenirs, comme la société nouvelle; sorti des rangs des seigneurs, il restait leur égal par le fait; le titre de roi, en passant sur sa tête, n'avait plus rien d'hostile et de suspect. Cependant cet événement, tout insignifiant qu'il paraissait aux contemporains, fermait la grande époque de transition, cette révolution de six siècles, pendant laquelle l'humanité fut si rudement retrempée : la *nation française* et la *société féodale*, sorties du mélange des éléments romain, chrétien et barbare, étaient définitivement constituées.

[1] Chron. de Richer.

HISTOIRE DES FRANÇAIS.

PREMIÈRE PARTIE.

RÉGIME FÉODAL.
987-1789.

LIVRE I.

LES CAPÉTIENS DIRECTS,

, OU

LA FRANCE CONFÉDÉRÉE EN ÉTATS FÉODAUX SOUS LA MONARCHIE UNIVERSELLE DE L'ÉGLISE.

Age héroïque de la Féodalité

987-1328.

SECTION I.

ÉTABLISSEMENT DE LA MONARCHIE UNIVERSELLE DE L'ÉGLISE.

987-1100.

CHAPITRE PREMIER.

Coup d'œil sur le système féodal.

§ I. LA FÉODALITÉ EST UN NOUVEL ORDRE SOCIAL. — Pendant les six siècles de l'époque de transition, il n'y avait pas eu de société dans la Gaule; il n'y avait eu rien de fixe ni de régulier dans les choses et dans les hommes : la philosophie grecque et la théologie chrétienne, les royautés impériale et germanique, les aristocraties gauloise et franque, les institutions municipales et les assemblées du champ-de-mars, les lois romaines et barbares, les leudes et les ahrimans, les curiales et les colons, les prêtres et les laïques, les vainqueurs et les vaincus, tous étaient dans un état de fluctuation perpétuelle, vivant au jour le jour, et se transformant sans cesse, coexistant l'un dans l'autre, et n'aspirant qu'à se détruire; nuls droits n'étaient constitués, nulle position fixée; les Romains n'avaient pu conserver leur organisation sociale ; les Francs n'avaient pu en établir une nouvelle : en tout et partout étaient l'anarchie et l'égoïsme ; le progrès ne pouvait être que lent et confus. Le régime féodal est un ordre social nouveau ; avec lui l'état d'amalgame et de fermentation cesse ; vainqueurs et vaincus ont oublié leur ancienne existence, ont mêlé leurs différences de lois, d'idées, de langues ; la stabilité et la régularité commencent ; le progrès est rapide et visible. Dans cette nouvelle société, quoique pleine de tumulte et de souffrance, les hommes et les choses, les institutions et les individus sont casés distinctement ; la royauté, l'aristocratie, le clergé, le peuple des colons et des esclaves, comprennent ce qu'ils sont et ce que sont les autres ; et quand la lutte commencera entre eux, ils sauront ce qu'ils doivent attaquer, ce qu'ils doivent défendre ; leurs positions sont nettement dessinées ; le but de l'activité sociale est visible à tous. Le régime féodal, produit du bouleversement causé par l'invasion des Barbares et l'établissement du christianisme, a donc été dans la vie de l'espèce humaine un très-grand pas : inférieur, intellectuellement, aux sociétés anciennes, il leur était politiquement égal et moralement supérieur ; c'est lui qui a tenu à l'état d'enveloppement tous les éléments de la civilisation qui se développent aujourd'hui ; enfin nous allons voir qu'il avait en germe l'unité nationale.

§ II. Formation de la nationalité française. — Pendant les six siècles de la domination franque, la Gaule ne formait pas une nation : c'était un mélange de peuples étrangers et ennemis, qui ne regardaient pas le pays où ils vivaient comme leur patrie commune. A l'époque où nous sommes arrivés, elle n'a encore ni nom, ni existence, ni gouvernement unique ; vingt peuples, différents de situation, de destinée, d'intérêts, l'habitent : c'est une confédération d'états indépendants. Néanmoins on peut déjà dire que la nation française existe : s'il n'y a pas dans la Gaule d'unité politique, il y en a une plus fondamentale et constituante, l'unité morale. La différence radicale qui existait entre les Romains et les Germains, entre les vaincus et les vainqueurs, entre la civilisation et la barbarie, a disparu ; les mœurs, les idées, les sentiments, les langues, les institutions, ont de la ressemblance ou de l'analogie ; et un souvenir vague, mais très-puissant, donne à penser que tous les peuples qui occupent le cadre de l'ancienne Gaule formeront un jour un seul et même peuple. Le noyau de cette unité politique, c'est l'état de Hugues-Capet, le duché de France ou comté de Paris, qui doit imposer ses rois, son nom et sa capitale à toutes les parties de la Gaule : pays admirablement disposé pour être le centre autour duquel toutes ces parties se grouperont de gré ou de force, mais qui doit encore davantage sa fortune au génie de ses habitants et au titre de roi, si habilement exploité par ses seigneurs.

Seule aujourd'hui, la France se présente au monde comme un être social, sain et intelligent, qui a un développement régulier et constant, qui n'a qu'une seule vie, qui jouit et souffre à la fois dans tous ses membres : c'est le plus beau problème social que l'humanité puisse résoudre. Mais que d'oppositions il a fallu vaincre, que d'existences politiques anéantir, que de sang et de larmes répandre, pour arriver à faire un tout de tant d'éléments hétérogènes ! L'esprit a dû l'emporter sur la matière, et la société sur la nature ; l'idée intelligente et politique a dû vaincre les préjugés du climat, de la race, des mœurs, de la langue, et, sans les faire pleinement disparaître, a dû n'en faire que des nuances de l'unité générale. Ce travail d'unification est conséquemment le travail de destruction de la féodalité : il dure huit siècles. C'est le fait général autour duquel tournent constamment tous les événements de l'histoire des Français, et dont le triomphe a donné à leur patrie la magistrature morale de l'Europe. A mesure qu'on fait un pas vers l'unité de nation, le régime féodal reçoit une atteinte ; et la révolution du dix-huitième siècle, qui est faite contre les débris, les souvenirs et le nom de la féodalité, est celle qui achève de constituer la nationalité française. Les deux grands ouvriers de ce double travail sont la royauté et le peuple, tous deux reposant sur d'autres principes que l'aristocratie féodale, tous deux étant en dehors et à côté de son système social, tous deux n'ayant d'avenir que dans l'unité et la centralisation, et, comme tels, ennemis de la féodalité, qui n'était que le triomphe de l'esprit d'individualité et de localisation.

§ III. Constitution, hiérarchie, obligations et justice féodales. — La féodalité n'était pas une constitution régulière, un système d'institutions fixement arrêtées, un code de lois écrites : c'était seulement un assemblage de coutumes si naturellement nées des besoins sociaux, si parfaitement adaptées aux hommes et aux choses de ce temps, qu'elles furent consenties, adoptées, consacrées tacitement par l'usage universel. Née des coutumes germaniques, développée dans l'anarchie sociale des Barbares, écrite dans la loi au neuvième siècle, triomphante au dixième, elle ne date son existence de personne : elle s'est faite elle-même.

Au commencement du régime féodal, la nation se compose seulement des aristocraties laïque et cléricale, toutes deux nombreuses, égales, fières de leurs propriétés, de leurs demeures fortifiées, de leurs armes; là sont les hommes libres, là est, pour ainsi dire, le peuple; car ces aristocraties, n'ayant au-dessous d'elles que des serfs sans existence politique, étaient, en fait, une sorte de démocratie. La population noble allait à moins de 1,000,000 d'individus, et le nombre des guerriers à plus de 100,000; on comptait environ 70,000 fiefs, dont 3,000 titrés, et, parmi ceux-ci, près de 100 états souverains, grands ou petits. Quant à la population cléricale, elle peut s'estimer par les chiffres suivants : il y avait en France, au quinzième siècle, 30,419 églises curiales, 18,537 chapelles, 420 cathédrales, 2,872 abbayes ou prieurés, 934 maladreries.

Des cent états féodaux, huit étaient supérieurs aux autres par la puissance et l'étendue, et leurs souverains, égaux entre eux, reconnaissaient à peine la supériorité morale de celui qui avait le titre de roi. C'étaient : 1° le comte de Flandre; 2° le comte de Vermandois; 3° le comte de Paris, roi de France; 4° le duc de Normandie; 5° le duc de Bourgogne; 6° le duc d'Aquitaine; 7° le duc de Gascogne; 8° le comte de Toulouse [1]. Ces huit souverains avaient d'autres souverains pour vassaux; mais la dépendance de ceux-ci était peu marquée et rarement effective : ainsi les ducs de Bretagne relevaient nominalement des ducs de Normandie [2]; les comtes d'Anjou, immédiatement des rois de France; les comtes d'Angoulême, de la Marche, du Périgord, des ducs d'Aquitaine; les comtes d'Armagnac et de Bigorre, des ducs de Gascogne, etc.

Ces vassaux étaient pairs entre eux, et n'avaient l'un envers l'autre rien de commun que la suzeraineté; isolés, étrangers, même ennemis, ils n'avaient entre eux aucuns droits et aucuns devoirs; ils étaient seigneurs, à leur tour, d'autres vassaux, pairs aussi entre eux, lesquels étaient seigneurs d'arrière-vassaux; et il semble qu'on devrait descendre ainsi jusqu'au plus petit propriétaire. Mais il y eut toujours dans la hiérarchie féodale une multitude d'exceptions et d'incohérences qui tenaient à l'essence même du système, l'indépendance individuelle; les espèces de fiefs furent très-nombreuses et très-compliquées [3]; et l'association

---

[1] Voy. le tableau des p. 192 et 193. — Les titres de comté ou de duché n'impliquent aucune situation d'infériorité ou de supériorité du possesseur. Les contemporains appellent indifféremment *regnum* le comté, le duché, le royaume, etc.

[2] Lorsque Charles-le-Simple permit aux Normands de s'établir dans la Neustrie, il leur abandonna comme indemnité de guerre, et pour y prendre des vivres, la Bretagne, qui depuis Nomenoë était pleinement indépendante. Cette cession, faite sans l'aveu et à l'insu des habitants, fut la cause de trois cents ans de guerre entre les Bretons et les Normands.

[3] Ducange compte quatre-vingts espèces de possesseurs de fiefs, qu'on peut réduire à cinq : 1° les vassaux souverains, appelés plus tard *pairs de France*; 2° les possesseurs de fiefs à grande mouvance (haute noblesse); 3° les possesseurs de fiefs de bannière, ou bannerets : ils devaient à leur seigneur depuis dix jusqu'à

des possesseurs, formée souvent par le hasard des événements et des territoires, fut toujours peu réelle, peu compacte, sans ensemble, sans unité. C'est pourquoi la féodalité ne put jamais fonder une société régulière et générale, et la royauté eut ainsi plus de facilité pour en prendre le gouvernement.

Le clergé entra dans le système féodal, non comme corps, mais comme propriétaire : il avait oublié ses idées d'unité, ne pensait plus qu'à la terre, et avait les mêmes intérêts que la noblesse. Les évêchés et les abbayes furent des seigneuries féodales tout à fait semblables aux seigneuries laïques, ayant une terre suzeraine à qui elles devaient l'hommage et les devoirs féodaux, ayant des terres vassales dont elles exigeaient les mêmes services; quelques-unes prétendaient ne relever que du saint-siège; mais la plupart étaient accaparées par les rois, qui, grâce à la non-hérédité de ces sortes de fiefs, en donnaient l'investiture à prix d'argent. Cette violation sacrilége des élections ecclésiastiques, cette confusion des deux pouvoirs, spirituel et temporel, dans les mêmes mains, la dépendance temporelle des évêques comme propriétaires et leur supériorité spirituelle comme pasteurs, étaient une source perpétuelle de troubles, et devaient enfanter de terribles guerres. Le clergé se trouva donc, à l'origine de la féodalité, tout aristocratique et matériel, tout étouffé sous la livrée terrestre. Nous verrons quelle révolution le fit sortir de cette voie fausse pour compléter l'association féodale par le lien religieux, et y faire prédominer le principe théocratique.

Tout devint matière à fiefs, non-seulement les terres, mais les meubles; tout en prit la forme. On donna en bénéfice les offices domestiques, le droit de chasse, le péage des ponts et des barrières, les baraques des foires, les fours banaux des villes, et jusqu'à des essaims d'abeilles. Le petit nombre de possesseurs d'aleux qui existaient encore se hâtèrent de se *recommander* à quelque seigneur en lui donnant leurs terres, qu'ils reçurent ensuite de lui en fiefs. S'ils ne l'eussent fait, ils se seraient trouvés isolés au milieu de la société nouvelle, à laquelle la propriété allodiale était contraire.

En résumé, la terre fut tout; elle donna valeur à l'homme, qui sans elle ne fut rien et n'eut pas même de nom; elle constitua la condition civile et politique; elle intégra dans les individus les droits de souveraineté, et même, pendant quelque temps, le caractère sacerdotal pour les possesseurs d'évêchés et d'abbayes. Cette supé-

---

vingt-cinq hommes; 4º les possesseurs de fiefs de haubert, ou chevaliers : ils devaient un cavalier armé avec deux ou trois valets; 5º les possesseurs de fiefs d'écuyer : ils devaient un vassal armé.

riorité de la terre sur l'homme, cette immobilisation par elle des conditions sociales, cette tyrannie de la matière sur l'individu, c'est le type de la féodalité, et ce qui la distingue, par-dessus tout, des sociétés anciennes.

La dépendance du vassal envers le seigneur était représentée par l'*hommage*, en retour duquel le seigneur donnait au vassal l'*investiture* ou le droit de posséder. L'hommage était *simple* ou *lige*. « Celui qui rend l'hommage simple a son épée au côté, se tient debout et a la main libre, sans s'obliger à servir envers et contre tous. Celui qui rend la foi et hommage ligement doit être sans éperons, à genoux, les mains jointes dans celles du seigneur[1]. » L'hommage simple, entièrement honorifique, était « une alliance et promesse de féauté, » qui n'obligeait à aucun service effectif : c'était l'hommage des grands vassaux envers le roi de France. L'hommage lige engageait le vassal à servir son seigneur « envers et contre toute créature qui peut vivre et mourir, » à défendre son corps et son honneur, à le tirer de prison, à le délivrer de danger, à se mettre en otage pour lui. « Je deviens votre homme de vie et de membres, » disait l'homme lige dans son serment d'hommage. Il devait à son seigneur service de guerre pour un certain temps et un certain nombre d'hommes ; il devait assister à ses plaids et lui payer des aides pour le délivrer de prison, armer son fils et marier sa fille. Le seigneur avait encore sur lui droit de relief (sorte d'impôt de mutation après la mort du vassal), droit de rachat (impôt sur la vente du fief), droit de forfaiture (sorte d'amendes pour les violations du service féodal), etc. A lui revenait la tutelle de son vassal mineur ; et il pouvait marier à l'un de ses hommes l'héritière d'un fief.

La vassalité n'avait rien d'humiliant : c'était une sorte de confraternité d'armes, une association pour la sûreté individuelle, un contrat réciproque, qui ne pouvait essentiellement avoir lieu que du consentement formel du vassal et du seigneur. Nul ne rougissait de tenir un fief d'un moins puissant que soi : ainsi les rois de France étaient vassaux de l'abbaye de Saint-Denis pour le Vexin, et l'oriflamme n'était que la bannière de ce fief. Les devoirs et les engagements étaient mutuels : « Je serai fidèle à mon seigneur, disait le vassal, mais tant qu'il me fera droit dans sa cour par le jugement de ceux qui peuvent et doivent me juger[2]. » Autant l'homme, dit un législateur, doit de foi et de loyauté pour la raison de son hommage, autant le sire en doit à son homme[3]. » « L'hommage est réciproque, dit la Chronique de Morée, car le prince doit foi à

---

[1] Chantereau, Traité des Fiefs. — [2] Brussel, Usage des Fiefs, t. I, p. 349. — [3] Beaumanoir, Coutumes du Beauvoisis.

son lige, aussi bien que le lige la lui doit de son côté ; et il n'y a aucune différence dans la nature des obligations, sauf l'honneur et la gloire qui appartiennent au suzerain. De plus, ce n'est que quand le prince a prêté serment conformément aux assises et usages, que les liges de la principauté viennent lui faire leur hommage. » L'indépendance du vassal est si bien conservée, qu'il peut se retirer de l'association quand il lui plaît ; il abjure son hommage, il rompt le lien féodal, il dit à ses propres vassaux : « Venez-vous-en avec moi, car je veux guerroyer mon seigneur, qui m'a dénié justice. » Mais ceux-ci, libres aussi et raisonnant leur obéissance, lui répondent : « Nous irons trouver notre seigneur ; et s'il est vrai qu'il vous ait dénié justice, nous vous suivrons [1]. » « Entre le seigneur et son homme, dit la loi féodale, il n'y a que la foi ; l'homme doit tant plus à son seigneur par la foi que le seigneur à lui. Autant que l'homme doit à son seigneur de révérence en toutes choses, autant tous les hommes sont tenus les uns envers les autres ; et en cette manière, que si le seigneur met main au corps ou au fief de l'un d'eux, sans égard et sans connaissance de leur cour, tous les autres doivent venir devant le seigneur et lui faire remontrance par la voix et par les armes [2]. »

C'est avec ce même caractère de respect pour l'individu que la justice s'administre dans cette société singulière, qui ne reconnaît pas de pouvoir public : le jugement par les pairs est toute la base de la justice féodale. L'offensé, qu'il soit vassal se plaignant de son seigneur, qu'il soit seigneur se plaignant de son vassal, s'adresse à l'assemblée ou cour des pairs, qui seule juge. Si le seigneur refuse justice ou rend un jugement qui déplaît, le vassal porte plainte au seigneur suzerain en *défaute de droit* ou en *faux jugement ;* et celui-ci juge de nouveau l'affaire avec ses pairs. Enfin, si ce jugement définitif ne satisfait pas, comme il n'y a pas de force publique capable de le faire exécuter, on a recours au droit naturel de la force privée : c'est la guerre ou bien le combat singulier. Les barons préféraient cette dernière manière d'obtenir justice, et y recouraient ordinairement avant toute autre ; elle était plus conforme à la fierté et à la brutalité de ces hommes de guerre, qui ne voulaient pas se soumettre aux lenteurs et aux ambiguïtés des formes judiciaires. Les cours féodales furent donc d'abord peu usitées ; l'usage qu'en firent les rois, lorsqu'ils s'efforcèrent de mettre le droit à la place de la force, fit une révolution dans le régime féodal ; mais jusqu'à ce temps la guerre privée et le combat judiciaire furent des insti-

---

[1] Établissements de saint Louis, liv. I, ch. 49. — [2] Assises de Jérusalem, ch. 206 et 212.

tutions réglées et fixement arrêtées, dont les traces se sont conservées par le duel dans nos mœurs modernes.

§ IV. CONDITIONS DES VILLAINS ET DES SERFS. — Au-dessous de ce peuple de barons et de clercs, tous libres et égaux, ayant tous les droits et les biens, il y avait une population sujette et même possédée : c'était celle des villains et des serfs. La situation des villains [1] ressemblait extérieurement à celle des colons sous les Romains ou sous les Francs : le seigneur féodal était à la fois leur propriétaire et leur souverain. Comme souverain, il taillait et imposait ses sujets à son gré ; comme propriétaire, il exigeait d'eux une redevance fixe pour les terres qu'ils cultivaient. « Sache bien, dit un législateur, que selon Dieu tu n'as pas pleine puissance sur ton villain ; donc, si tu prends du sien hors des droits redevances qu'il te doit, tu les prends contre Dieu et sur les périls de ton âme, et comme voleur. Et quand on dit que toutes choses que le villain a sont à son seigneur, c'est-à-dire à garder ; car si elles étaient à son seigneur propre, il n'y aurait nulle différence entre serf et villain [2]. » Les villains avaient donc, malgré les redevances odieuses et souvent absurdes auxquelles ils étaient assujettis, des droits et une condition fixe ; ils les défendirent avec constance et succès, et ce fut principalement avec eux que se forma le peuple des communes. Quant aux serfs, « leur sire peut prendre tout ce qu'ils ont, et les corps tenir en prison toutes fois qu'il lui plaît, soit à tort, soit à droit, et il n'est tenu d'en répondre à personne, fors à Dieu [3]. » Malgré cela, la servitude domestique ayant disparu sous les derniers rois de la race de Charlemagne, la condition du serf féodal n'était nullement celle de l'esclave romain. Il n'était pas la propriété directe de l'homme ; son travail et non lui-même était possédé ; il appartenait à la terre, et ne pouvait en être détaché ; il avait un nom, une famille, une existence civile et religieuse ; sa vie était sacrée ; son éducation morale était la même que celle de son seigneur, qui devait le nourrir et le défendre ; enfin, il n'était plus une bête de somme, mais un homme de condition inférieure. C'était surtout la religion qui traçait une différence profonde entre le serf du moyen âge et l'esclave de l'antiquité : elle proclamait non-seulement que le seigneur et le serf étaient égaux devant Dieu, mais que le serf était son élu ; elle intervenait sans cesse entre le baron oppresseur et le sujet opprimé ; elle envoyait le clergé se recruter aussi bien parmi les esclaves que parmi les maîtres. Le serf, devenu moine, était

---

Villanus, de *villa*, métairie. — [2] Pierre de Fontaines, Conseils à son ami, ch. 2. — [3] Beaumanoir.

couvert des livrées de la liberté, et forçait son ancien seigneur à s'humilier devant sa robe de bure; devenu évêque ou abbé, il était l'égal terrestre et le supérieur spirituel du baron, dont il gouvernait et censurait la vie morale. Ainsi, malgré les misères de la vie des serfs, malgré quelques droits humiliants et infâmes, restes de l'ancien esclavage domestique, et que rarement les possesseurs réclamèrent[1], l'esclavage de la glèbe fut un progrès : la servitude romaine, absolue et illimitée, avait détruit la population; la servitude féodale la fit renaître, nombreuse, forte, ayant même le sentiment de la dignité humaine; et l'on peut dire que, de l'esclavage des anciens à la liberté des modernes, le servage du moyen âge est la moitié du chemin.

Avec de tels éléments de population, le gouvernement était simple et facile. La propriété donnant la souveraineté, chaque fief était un petit état qui se suffisait à lui-même, qui avait son histoire, ses lois, son existence à part. Le seigneur réunissait les pouvoirs législatif, militaire, administratif; il rendait la justice, faisait la guerre, battait monnaie, etc. Il n'y avait que le pouvoir sacerdotal qui lui manquât; et c'est ce qui fit du prêtre, être exceptionnel dans le fief, la barrière du souverain et l'appui du sujet. Dans les seigneuries ecclésiastiques, ce pouvoir était réuni à tous les autres; mais, malgré le caractère belliqueux de quelques prélats, l'épée allait toujours mal aux mains des prêtres, et ils furent obligés de se donner des défenseurs laïques qu'on appelait *avoués*, *vidames*, *vicomtes*, ce qui leur ôta la force matérielle, source de toute puissance féodale. En résumé, toutes les seigneuries étaient, malgré leur aspect extérieur de régime patriarcal, des gouvernements despotiques : aussi la souveraineté féodale oublia-t-elle rapidement son origine de protection; elle devint oppressive, illimitée, sans qu'il fût possible d'avoir un recours contre elle tant que le clergé fut tout féodal et la royauté impuissante : de là vint que les opprimés prétendirent des droits à leur tour, et cherchèrent des protecteurs, d'abord dans les papes, ensuite dans les rois; de là vinrent les *communes*, associations des habitants des villes tout à fait analogues aux associations des seigneurs[2].

---

[1] Le plus abominable de ces droits était celui de *marquette* ou de *prélibation*, qui donnait au seigneur la première nuit des noces de ses serfs; mais ce droit n'était en réalité, dans le peu de localités où il était en usage, qu'une des nombreuses taxes financières mises par le seigneur sur ses sujets.

[2] Voyez Beaumanoir; Pierre de Fontaines; les Assises de Jérusalem; les Établissements de saint Louis; Brussel, Usage des Fiefs; Montesquieu, Esprit des Lois; Mably, Observ. sur l'Hist. de France; Hallam, l'Europe au moyen âge; Guizot, Civilis. franç., t. IV; Sismondi, Histoire des Français, t. IV.

§ V. Progrès politiques et moraux du premier age féodal. — Telle fut cette société du moyen âge, œuvre du christianisme, qui ne pouvait exister que par lui et avec lui, et qui contenait en soi, absorbés et confondus dans l'élément chrétien, tous les éléments de progrès politiques et moraux. Celui qui domine dans l'ordre politique, c'est, au milieu des bizarreries, des complexités et des violences du régime féodal, l'esprit d'indépendance individuelle, le caractère de libre arbitre dont toutes les relations sociales sont empreintes. La société n'existait que par le consentement de ses membres; les obligations étaient nettement exprimées, les droits et les devoirs connus et limités; nul n'était tenu d'obéir à des lois, de rendre des services, de payer des taxes qu'il n'avait pas consentis. Jamais l'individu n'avait tant vécu. Cette indépendance de l'homme était garantie par le jugement des pairs, par le pouvoir de rompre le lien féodal, et surtout par le droit de résistance; mais elle était limitée et restreinte par l'hérédité des positions sociales, par l'obligation de servir le fief, par la fidélité au seigneur. Tel est le principe politique que la féodalité a donné à la civilisation, et qui a été modifié et transformé dans les mœurs et les législations modernes. Les progrès moraux sont encore plus remarquables: avec eux nous entrons dans un monde nouveau. Alors apparaissent, au milieu de mœurs débauchées et cruelles, restes de la corruption romaine et de la férocité germanique, le dévouement de l'homme à l'homme, l'honneur, la loyauté, la foi du serment, le sentiment des devoirs réciproques, l'amour délicat et respectueux des femmes, la sainteté du mariage, les douceurs de la vie domestique, la courtoisie et l'élégance des manières, enfin la *chevalerie*, résumé poétique de tous les sentiments et les idées de ce temps, expression complète de la féodalité, et qui a divinisé, chez les hommes du moyen âge, l'amour et la valeur.

Les trois siècles que dure l'âge héroïque de la féodalité sont une époque organique, de force et de mouvement. La population croît rapidement; les villes s'agrandissent et entrent dans l'association féodale avec leur administration républicaine; le commerce et l'industrie répandent les richesses chez les villains et les serfs; les langues se forment, souples, élégantes et naïves; la poésie renaît avec de nouvelles formes; les troubadours et les trouvères ouvrent à l'imagination des routes inconnues; les études ecclésiastiques reprennent vigueur; l'éloquence et la dialectique reparaissent; une philosophie nouvelle, chrétienne comme toute la société, la scolastique, est en plein triomphe; les universités sont fondées; le pays se couvre de châteaux et d'églises, monuments admirables où se peignent dans toute leur merveilleuse poésie les idées et les sentiments du temps. Enfin cet âge présente un système social unique dans l'histoire, et qui ne se reproduira jamais : l'humanité, après avoir passé par les états sociaux de la famille, de la cité, de la nation, arrive à l'Église, l'association la plus forte et la plus étendue qu'on eût encore connue. L'unité de croyance, voilà l'unité du monde féodal. L'Europe chrétienne forme un peuple unique ayant des lois et des passions communes, des vues, des intérêts, des maux et des biens communs ; et ce peuple a pour chef le représentant de Dieu sur la terre, dépositaire de la vérité et de la souveraineté, dont il épand les rayons autour de lui par les prêtres et les princes, vieillard élu pour sa sainteté entre tous et par tous, qui n'a de pouvoir que par la religion. La *monarchie universelle de l'Eglise* est le fait générateur de tous les événements de cet âge ; la trêve de Dieu, l'institution de la chevalerie, les conquêtes des Normands, l'établissement des communes, les croisades, les progrès de la royauté française, la lutte de l'empire et du sacerdoce, ne sont que les conséquences de l'ordre social constitué théocratiquement ; de même tous les grands hommes dont l'époque abonde semblent graviter autour de la chaire pontificale, où siègent les guides et les éducateurs de l'humanité. Enfin tous les événements publics et privés, les malheurs et les prospérités, les vertus et les crimes, la politique, la philosophie, l'art, l'industrie, tout a pour source unique le sentiment le plus spontané, le moins individuel, le plus puissant qui ait jamais agité les hommes, la passion qui explique et absorbe toutes les autres, la *Foi!*

CHAPITRE II.

Hugues-Capet, Robert et Henri Ier. — 987 à 1060.

§ I. Règne de Hugues-Capet. — Charles, duc de Basse-Lorraine (Brabant), oncle de Louis V, contesta l'élection de Hugues, et fut reconnu roi par les seigneurs du midi et les comtes de Flandre et de Vermandois. Il s'empara de Laon et de Reims ; mais, trahi par l'évêque de Laon, il fut livré à son rival (991) et enfermé dans la tour d'Orléans, où il mourut. Ses deux fils, proclamés rois par les seigneurs du midi, se réfugièrent d'abord en Aquitaine, ensuite en Germanie, où s'éteignit leur postérité. « Hugues, voulant détruire la race de Charlemagne [1], » la persécuta en tous lieux, et fit même déposer du siége de Reims l'archevêque Arnoul, parce qu'il était frère bâtard de Charles de Basse-Lorraine. Ensuite il convoqua à

---

[1] Orderic Vital, Hist. de Normandie, liv. VII.

Orléans les grands de la France et de la Bourgogne, et leur fit reconnaître son fils Robert pour son successeur au trône : acte politique, qui fut imité pendant deux siècles par ses descendants, et rendit la couronne héréditaire dans la famille des Capétiens.

La Gaule méridionale, en reconnaissant pour rois Charles et ses fils, témoignait moins son amour pour la dynastie de Charlemagne que sa haine pour les hommes du nord. La séparation entre les deux pays était toujours profondément marquée, car la différence entre les éléments germanique et romain, quoique très-affaiblie, se perpétuait dans la féodalité. Le nouvel ordre social avait pris, dans le midi, bien moins de fixité et d'extension que dans le nord ; Bourges, Périgueux, Toulouse, Arles, etc., avaient conservé les restes de leur gouvernement municipal, sous l'influence desquels elles allaient devenir de petits états libres, dirigés par le clergé et ennemis du système féodal ; la loi romaine, appelée dans les capitulaires « la reine et la maîtresse de toutes les lois [1], » était seule en vigueur dans ces villes ; les lois salique et gothique, encore obéies dans le siècle précédent, disparaissaient [2], en même temps que les races des Goths et des Francs se confondaient avec la population indigène, toujours appelée romaine. L'étude des lettres était bien moins négligée dans le midi que dans le nord ; le clergé y était plus éclairé et moins corrompu, la noblesse moins rapace et plus citadine. Enfin la séparation entre les deux principaux dialectes de la langue romane devenait de plus en plus prononcée ; celui du midi était presque complétement formé, plus harmonieux, plus flexible, plus varié que celui du nord, et les méridionaux s'y attachaient comme à un cachet national qui les rendait plus étrangers aux Français.

Cependant le nord, depuis les conquêtes de Clovis et de Pepin, se croyait toujours le maître du midi ; et la nouvelle dynastie, à l'imitation des rois qui l'avaient précédée, tendit continuellement à étouffer l'indépendance de ce pays. Ce fut la première entreprise de Hugues-Capet (990). Il entra en Aquitaine et fit le siège de Poitiers, résidence du duc Guillaume II, dit Fier-à-Bras. Celui-ci le força de se retirer, et lui livra, sur les bords de la Loire, « un grand combat où les haines des Aquitains et des Français se signalèrent par les flots de sang qui coulèrent des deux côtés [3]. » Hugues ne tira aucun avantage de cette guerre. Le duc d'Aquitaine n'en reconnut pas moins les fils de Charles auxquels il donnait asile ; les

---

[1] Capit. de Baluze, t. II, p. 1226.

[2] Il est fait mention pour la dernière fois, dans le midi, de la loi salique en 1037, et de la loi gothique en 1070.

[3] Chron. d'Adhémar de Chabannais, t. X des Hist. de France, p. 145.

seigneurs du midi continuèrent à inscrire en tête de leurs actes : « Dieu régnant, en attendant un roi ; » et ils se firent la guerre sans se soucier du suzerain, dont le nom leur était à peine connu. Ainsi Aldebert, Ier, comte de Périgord [1], s'étant allié avec Foulques-Nerra, cinquième comte d'Anjou, assiégea Tours, qui appartenait à Eudes Ier, comte de Blois [2]. Celui-ci eut recours à Hugues-Capet, qui ordonna au comte de Périgord de lever le siége. Comme Aldebert n'obéissait pas, il lui envoya dire : « Qui t'a fait comte? » Et le seigneur, aussi indépendant que le duc de France, et dont la puissance venait de la même source que la sienne, lui répondit : « Qui t'a fait roi [3]? »

L'autorité royale n'était guère mieux assise dans le nord. Arnoult II, comte de Flandre, et Herbert III, quatrième comte de Vermandois, furent contraints par les armes à reconnaître le titre de Hugues, mais ils bornèrent là leur obéissance. Richard Ier, duc de Normandie, lui faisait hommage, mais il l'exigeait de lui à son tour. Conan-le-Tort, comte ou duc de Bretagne, était tout à fait étranger à la France : il défendait son pays contre Foulques-Nerra, comte d'Anjou, vassal assez soumis du roi de France; et il gagna sur lui la bataille de Conquereux, la plus remarquable de ce temps (992). Quant à la Champagne et à la Brie, qui appartenaient à Étienne, dernier comte de la maison de Vermandois, il n'est point question d'elles.

L'histoire de cette époque est muette et insignifiante, non pas tant faute de documents que faute d'événements. La vie était pâle et monotone, à cause de l'isolement des individus; toutes les relations intellectuelles et matérielles étaient rares ; il n'y avait guère que les pèlerins et les marchands qui voyageassent [4]. Les existences étaient généralement sombres, misérables et barbares. D'ailleurs la croyance en la fin du monde, croyance qui semblait justifiée par les pestes, les famines, les calamités de tout genre dont l'Europe était désolée, répandait une atonie universelle. Tout était glacé d'effroi à l'attente du jour fatal; toute entreprise avait cessé, tout mouvement était arrêté; il n'y avait plus ni d'espoir ni d'avenir.

---

[1] Cette maison commence en 886 et finit en 1398 par confiscation.

[2] Il était petit-fils de Thiebold, parent de Roll, qui épousa la fille de Robert-le-Fort, et il possédait les comtés de Blois, de Chartres, de Tours, de Meaux et de Provins; son deuxième successeur, Eudes II, hérita, en 1030, de la Champagne et de la Brie.

[3] Chron. d'Adhémar.

[4] L'abbé de Cluny étant sollicité de venir réformer le monastère des Fossés, près de Paris, répondit avec effroi : « Ce nous serait une pénible entreprise que de passer en des régions étrangères et inconnues : cela convient plutôt à vos voisins qu'à nous, vivant en pays lointain. » (Vie de Bouchard, comte de Melun.)

On redoublait de ferveur religieuse, on se pressait dans les couvents, on donnait ses biens à l'Église, et de toutes parts on entendait ce cri lugubre : « La fin du monde approche [1] ! »

Au milieu de cette exaltation de terreur, on apprit que les infidèles venaient de détruire l'église et le Saint-Sépulcre de Jérusalem; toute la chrétienté fut pleine de consternation, et l'on accusa les Juifs d'avoir excité le khalife Hakem à ce grand sacrilége. « Alors la fureur universelle se tourna contre eux, dit le moine Glaber; on les chassa de toutes les villes ; les uns furent égorgés, les autres noyés; plusieurs, pour échapper aux tortures, se tuèrent eux-mêmes; de sorte qu'après cette digne vengeance il n'en resta plus qu'un très-petit nombre dans le royaume [2]. » C'est à l'occasion de cette détresse de la Terre-Sainte qu'on vit poindre la première idée des croisades. Sylvestre II, l'algébriste, le magicien, l'auteur de la royauté capétienne, le précurseur des grands papes du moyen âge, devina le danger qui menaçait l'Europe du côté de l'Orient : « Soldats du Christ, s'écria-t-il, levez-vous! il faut combattre pour lui [3] ! » (1002). Mais l'ennemi était trop loin encore, et l'Église devait reprendre son caractère évangélique pour qu'elle fût capable de précipiter la chrétienté dans les gigantesques expéditions d'outre-mer.

§ II. ROBERT, ROI DE FRANCE. — RÉVOLUTIONS EN ITALIE, EN LORRAINE, EN PROVENCE. — Hugues-Capet meurt (996). C'était un homme remarquable, malgré son impuissance, et qui traça à ses successeurs la marche politique qu'ils avaient à suivre, en donnant à sa royauté un caractère tout religieux. Il se fit le roi des prêtres, leur rendit la liberté des élections, leur prodigua les donations, les traita avec une faveur extrême : c'était l'exemple que lui avaient donné Clovis et Pepin-le-Bref. Enfin, soit par humilité religieuse, soit par respect pour la légitimité de la famille dépouillée, il se décorait de la chape de saint Martin et refusait humblement de se parer de la couronne. L'Église était en effet la source de toute puissance, et c'est sur la base chrétienne que se développera la grandeur des Capétiens. A ce roi commence la fortune de Paris, qui suivit la fortune de la nouvelle dynastie, et devint, de capitale de duché, capitale du royaume de France.

ROBERT succéda à Hugues sans contestation : la couronne était regardée comme un fief, et l'hérédité des fiefs était le principe de la féodalité. Le nouveau roi était un saint homme, d'une excessive bonté, d'une simplicité charmante, s'occupant d'actes de dévotion

---

[1] Un grand nombre de chartes de donation portent : *mundi fine appropinquante*. — [2] Chron. de Raoul Glaber, liv. III. — [3] Lettres de Gerbert, épit. CIII.

et de charité, composant des hymnes, réglant les chœurs de l'abbaye de Saint-Denis, et n'ayant rien de plus à faire. Le seul événement qui troubla sa vie quiète et oisive fut son mariage avec Berthe, sa cousine, veuve d'Eudes Ier, comte de Blois. Elle était héritière, par son frère Rodolfe, du royaume d'Arles; aussi le pape allemand Grégoire V exigea-t-il, dans l'intérêt de l'empereur, dont il était la créature, que ce mariage fût rompu, sous prétexte de parenté. L'Église, pour favoriser le mélange des races, avait interdit les alliances entre parents jusqu'au septième degré. Robert résista : il fut excommunié (998). Alors il répudia Berthe et épousa Constance, fille du comte de Toulouse, Guillaume Taillefer III. « La faveur de la nouvelle reine, dit Glaber, fit affluer en France les habitants de l'Aquitaine, hommes vains et légers, aussi affectés dans leurs mœurs que dans leurs costumes, ne respectant ni la foi ni les promesses de paix, honteux exemples qui furent bientôt imités par la race des Français [1]. »

Cependant le nom du roi de France avait toujours à l'extérieur quelque chose de grand; et Conrad II, duc de Franconie, ayant été élu roi d'Allemagne (1024), les Italiens refusèrent de le reconnaître et offrirent leur couronne à Robert. En même temps les seigneurs de Lorraine lui demandèrent secours pour se mettre sous sa domination. Enfin, dans le royaume d'Arles, Rodolfe II, fils de Conrad-le-Pacifique, ayant reconnu l'empereur Conrad pour son successeur, fut abandonné de ses vassaux, qui résolurent de prendre pour roi le fils de Berthe, Eudes II, cinquième comte de Blois, de Chartres et de Tours, lequel venait d'hériter de la Champagne sur la maison de Vermandois (1030). Ainsi, la France était appelée à ramener dans sa dépendance trois royaumes de l'empire de Charlemagne. Le roi Robert rejeta les offres des Italiens et des Lorrains; mais Eudes consentit aux propositions des seigneurs de Provence; et Guillaume III, duc d'Aquitaine, « qui méprisait la faiblesse de Robert [2], » s'offrit pour roi aux Italiens. L'empereur, actif et guerrier, parcourut les trois royaumes révoltés, et avec tant de rapidité qu'il fit échouer tous ces projets d'indépendance. Il n'y avait pas en corcde pouvoir capable de lutter contre celui des rois germains, qui avait seul conservé quelque unité; et l'Allemagne restait encore la puissance prédominante de l'Occident. Conrad, maître des deux tiers de la monarchie de Charlemagne, exerça donc une grande influence sur l'Europe; toutefois, ce fut moins par ses prétentions à la domination universelle que par ses lois, qui régularisèrent le système féodal et furent adoptées dans tous les pays.

[1] Raoul Glaber, liv. III, ch. 9. — [2] Lettres de Fulbert de Chartres.

Le roi Robert n'était qu'un bien faible seigneur auprès de l'empereur Conrad; cependant il avait agrandi ses possessions du duché de Bourgogne, qui lui était échu par la mort sans postérité de Henri, son oncle (1002). Mais les barons étaient tout-puissants dans ce duché, et Otto-Guillaume, fils de la femme de Henri, prétendait à sa possession : ce ne fut qu'avec l'aide du duc de Normandie, et après douze ans de guerres, que Robert parvint à faire reconnaître son autorité; encore Otto-Guillaume resta-t-il maître de la comté de Bourgogne, qui passa à sa postérité. Il essaya aussi d'empêcher Eudes de Blois d'hériter de la Champagne, et voulut le soumettre au jugement de ses pairs; mais ce redoutable vassal lui dit : « Je suis, par la grâce de Dieu, comte héréditaire, voilà ma condition; et, quant à mon fief, il me vient par succession de mes ancêtres; il ne regarde donc pas ton domaine. Ne me force pas à faire des choses qui te déplairont pour la défense de mon honneur; car Dieu m'est témoin que j'aimerais mieux mourir que de vivre sans honneur [1]. » L'*honneur*, c'était un mot presque nouveau, comme le sentiment qu'il exprimait, et qui était le nerf de la nouvelle société.

Il ne se passa point d'autre événement notable sous le règne de Robert, si ce n'est une persécution contre quelques hérétiques obscurs. Deux prêtres d'Orléans furent brûlés avec onze de leurs sectateurs (1022) : l'un de ces prêtres avait été le confesseur de la reine Constance; comme il passait devant elle pour aller au supplice, elle lui creva un œil avec une baguette de fer. Cette exécution est la première qui fut faite en France pour crime d'hérésie.

§ III. RÈGNE DE HENRI Ier. — EUDES DE BLOIS, FOULQUES-NERRA, GUILLAUME-LE-BATARD. — Robert meurt (1030). Il avait voulu, de son vivant, associer à la royauté son fils aîné, Eudes; mais, « comme celui-ci était imbécile, il ne fut pas roi [2]; » ce fut HENRI Ier, le deuxième fils de Robert, qui fut couronné en présence du duc d'Aquitaine, du comte de Champagne et de dix évêques du nord. Cependant Constance voulut porter au trône son quatrième fils, Robert, « et elle s'efforça de retenir en son pouvoir une grande partie du royaume, c'est-à-dire les villes de Sens et de Senlis, avec les châteaux de Béthisy, de Dammartin, de Melun, de Poissy et de Coucy [3]. » Henri se réfugia auprès de Robert-le-Magnifique, duc de Normandie, força la reine à faire la paix, et consentit à ce que son frère Robert eût le duché de Bourgogne. Ce Robert est le fondateur de la première maison de Bourgogne, qui finit en 1361.

Eudes de Blois n'avait pas abandonné ses prétentions sur le

---

[1] Lettres de Fulbert de Chartres. — [2] Chron. de Saint-Martin de Tours. — [3] Chron. de Hugues de Fleury.

royaume d'Arles; Rodolfe II étant mort, et son royaume ayant été réuni à l'empire (1033), il marcha en Provence, et s'empara de Neufchâtel et de Vienne. Les Italiens s'étaient de nouveau révoltés et lui avaient offert leur couronne : « ils croyaient qu'il rétablirait le royaume de Lorraine, passerait chez eux et prendrait la couronne impériale [1]. » En effet, Eudes tourna sur la Lorraine, assiégea Toul, prit Bar et marcha sur Aix-la-Chapelle, où il voulait se faire couronner. Mais les seigneurs lorrains lui livrèrent une bataille où il fut vaincu et tué (1037). Ses deux fils partagèrent ses états : Étienne fut le sixième comte de Champagne et de Brie ; Thibaud III, le cinquième comte de Blois, de Chartres et de Tours. Tous deux refusèrent de faire hommage au roi Henri, parce que celui-ci avait manqué à son devoir de suzerain en ne soutenant pas leur père dans sa querelle; et il s'ensuivit une longue guerre entre les deux comtes et le roi de France.

Le rival du fameux Eudes de Blois avait été Foulques-Nerra, comte d'Anjou, aussi remuant et aussi belliqueux que lui; leurs démêlés furent très-sanglants et très-multipliés. Dans une de ses expéditions, Foulques mit le feu à l'église de Saint-Florent-sur-Loire ; inquiet de son sacrilège, le guerrier sauvage criait au saint, pendant l'incendie : « Laisse-moi brûler ton temple, je t'en rebâtirai un autre dans Angers [2]. » Il construisit une multitude de châteaux et de monastères, et se signala par de grands crimes : il fit assassiner un favori du roi Robert sous les yeux mêmes du pauvre monarque; il brûla l'une de ses femmes, exila l'autre à Jérusalem; il dévasta des pays entiers. Ce fut pour expier ces barbaries qu'il fit trois pèlerinages à la Terre-Sainte et deux à Rome.

Il avait un fils, nommé Geoffroy-Martel, qui se révolta contre lui; « mais il eut l'habileté de confondre ses projets, le vainquit, et le força à faire (selon l'usage) plusieurs milles en rampant sur la terre et portant une selle sur son dos, pour se rendre à ses pieds. Le vieillard se leva, et, tremblant encore de colère, le frappa du pied plusieurs fois en criant : « Tu es vaincu, enfin tu es vaincu!—Oui, répondit Geoffroy, oui, je suis vaincu, mais par toi seul, parce que tu es mon père; pour tout autre, je suis toujours invincible. » Cette réponse calma la colère de Foulques, qui lui rendit ses domaines en l'avertissant d'épargner désormais ses sujets. La même année, ce vétéran de la milice du siècle se rendit à Jérusalem avec deux serviteurs qu'il avait liés par serment à faire tout ce qu'il leur ordonnerait; et là, aux yeux de tous, il se fit conduire à demi nu devant le Saint-Sépulcre, l'un de ses serviteurs lui tenant sur le cou un

---

[1] Raoul Glaber, liv. III, ch. 9. — [2] Chron. de Saint-Florent.

joug de bois, pendant que l'autre accablait de coups ses épaules, et que lui-même criait : « Reçois, Seigneur, ton misérable Foulques, ton fugitif, ton parjure! » Il désirait mourir en Terre-Sainte, mais il ne rendit l'esprit qu'au retour de son voyage [1]. »

Son fils Geoffroy lui succéda (1040). Il fut toute sa vie en guerre avec ses voisins, et acquit le Maine et la Saintonge. Le roi Henri lui ayant demandé son secours contre les comtes de Blois et de Champagne, il les vainquit et s'empara de Tours.

Ce roi, si faible contre ses vassaux, ne put secourir les seigneurs de Lorraine révoltés contre l'empereur Henri III, et qui lui offraient la couronne. Aussi furent-ils vaincus; et le duché de Lorraine fut donné à Gérard d'Alsace, tige de la maison de Lorraine, qui est montée sur le trône d'Autriche dans le dix-huitième siècle (1048).

Le principal allié de Henri était Robert-le-Magnifique, qui mourut dans un voyage à la Terre-Sainte. Sous ce duc, les Normands, commencèrent à entrer en relation avec la Grande-Bretagne; et comme cette île avait été conquise par les Danois, ils essayèrent d'y replacer les rois saxons. A Robert succéda son fils bâtard, encore enfant, Guillaume II (1035). Sa jeunesse fut très-agitée, la plupart des barons ayant refusé de le reconnaître; mais, aidé d'Alain, duc de Bretagne, il parvint à les vaincre, et se rendit redoutable à ses voisins, surtout au roi Henri, avec qui il fut souvent en guerre; « car les Français étaient toujours jaloux des Normands, depuis que ceux-ci s'étaient établis en Neustrie [2]. »

§ IV. ÉTAT DE LA SOCIÉTÉ. — CORRUPTION DE L'ÉGLISE. — NÉCESSITÉ D'UNE RÉFORME. — Ces guerres si confuses et si multipliées étaient la vie ordinaire de la société féodale, où chacun avait le droit de se faire justice soi-même, puisqu'il n'y avait pas de pouvoir public pour gouverner les existences et les passions individuelles. Aussi les châteaux se multipliaient-ils en tous lieux; faibles et puissants s'empressaient également à couvrir le sol de ces lourdes masses bâties sans art, sans commodité, sans portes, sans jour, en même temps qu'ils cherchaient à empêcher leur construction chez les autres, les premiers essayant de se protéger seuls, les seconds voulant dominer seuls. On fortifiait tout, les montagnes et les fleuves, les villas des Romains et les manoirs des Francs, les églises, les couvents, les portes et les rues des villes. Les arènes de Nîmes et d'Arles, les arcs de triomphe de Saintes et de Reims, furent transformés en forteresses, et devinrent les

---

[1] Guillaume de Malmesbury, Gestes des rois anglais, liv. III. — [2] Guillaume de Jumiéges, liv. VII, ch. 24.

uns des asiles de sûreté, les autres des repaires de brigands. Il n'y eut bientôt plus un escarpement sans son épaisse et sombre tour, nid d'aigle d'où le châtelain fondait sur les voyageurs et les paysans pour les rançonner.

La force brutale était donc l'unique maîtresse de la société et en perpétuait les misères et l'anarchie. Les rois et les princes ne songeaient qu'à assouvir sur les faibles leurs passions rapaces, féroces et impudiques. La guerre était toute l'existence des barons, qui couraient sans cesse par les chemins pour vider une querelle, chercher du butin, avoir des aventures. Le peuple des villains et des serfs était livré à des souffrances perpétuelles; les champs restaient incultes et déserts, et les famines étaient si affreuses « qu'il semblait désormais, dit Glaber, que ce fût un usage consacré que de manger de la chair humaine [1]. » Toute civilisation semblait anéantie; l'humanité allait retomber dans l'état sauvage; « la corruption déborde partout, écrivait Pierre Damien; le monde n'est plus qu'un abîme de méchanceté et d'impudicité [2]. »

Il n'y avait plus d'espoir que dans l'Église; mais l'Église elle-même, devenue toute matérielle et féodale, envahie par des barons sanguinaires, plongée dans l'immoralité la plus profonde, était menacée de ruine. Deux grandes plaies la rongeaient au cœur : c'étaient le mariage des prêtres et les investitures séculières.

Il semble reconnu par tous les peuples, même par ceux de l'antiquité, que toute fonction sacerdotale s'accorde peu avec le mariage et que rien n'est plus agréable à Dieu que la continence. Le christianisme donna à cette idée une sanction divine; il imposa le célibat aux prêtres pour avoir en eux des hommes tout spirituels, insoucieux d'intérêts privés, attachés entièrement à la grande famille chrétienne; il voulait faire du clergé, non une caste égoïste et stationnaire, qui se serait viciée en moins d'un siècle, mais un corps plein de dévouement et de grandeur, qui puisât dans la chasteté une perpétuelle énergie. Cette loi de la plus haute discipline et d'où dépendait l'avenir du christianisme était presque partout outrageusement violée : la plupart des prêtres étaient mariés ou vivaient publiquement avec des concubines [3].

Depuis que les évêchés et les abbayes étaient devenus de véritables souverainetés féodales, la liberté des élections n'existait plus, et la violence ou la corruption donnaient seules les dignités ecclésiastiques. Les rois en faisaient le plus honteux trafic : sous pré-

---

[1] Raoul Glaber, liv. IV, ch. 4. — [2] Épîtres de Damien, liv. I et II.

[3] En Bretagne, dit un contemporain, certains prêtres avaient jusqu'à dix femmes et même davantage. (Script. rer. francicarum, t. XI, p. 88.)

texte de conférer la possession des fiefs attachés à ces dignités, ils s'attribuaient directement l'investiture des évêchés et des abbayes, les donnaient à leurs courtisans, et recevaient d'eux non-seulement l'hommage et le service militaire, mais des dons d'argent et les complaisances les plus sacriléges.

Avec un clergé marié, simoniaque, vendu aux princes, composé presque entièrement d'hommes de sang et de débauche, l'Église était perdue; et pour comble, la papauté se trouvait mise à l'encan comme les autres évêchés. Outre les châtelains pillards des environs de Rome qui les tenaient en servitude, les pontifes avaient pour maîtres, depuis Otton-le-Grand, les rois de Germanie, qui les nommaient directement et exerçaient tout le pouvoir dans Rome. Ils n'étaient plus que les chapelains des césars, laissaient l'Italie dans l'esclavage, et semblaient avoir oublié les projets de leurs prédécesseurs. Cependant les empereurs ne cessaient de se présenter à la société européenne comme un centre légitime d'autorité; ils prétendaient non-seulement faire de tous les peuples un seul peuple dont ils seraient les chefs, mais transporter leur séjour à Rome, et créer un empire qui réunirait la puissance politique des césars à la puissance morale des vicaires du Christ, qui serait, selon le titre orgueilleux que se donnait l'Allemagne, le *saint-empire romain*. Si l'épée des Teutons eût réalisé ce projet, si l'esprit féodal eût fait de l'Église un grand fief relevant de l'empire, la civilisation européenne était anéantie. La force brutale ne pouvait être le lien fédératif des états chrétiens : c'était l'esprit qui devait gouverner cette société si matérielle. La foi était l'unité du monde féodal; l'Église devait donc être la patrie commune de tous les chrétiens, et le gouvernement de cette fédération religieuse ne pouvait appartenir qu'à la papauté. Elle seule était capable de réfréner les royautés jeunes et barbares, de corriger les mœurs et les lois, de défendre les peuples, de se faire l'institutrice des princes et des nations; elle seule devait prendre la dictature pour sauver le monde. « La réforme doit partir de Rome, écrivait Pierre Damien, comme de la pierre angulaire du salut des hommes. Au milieu des dangers imminents et des abîmes sans fond qui menacent d'engloutir l'univers chancelant sur sa base, l'Église romaine est le port unique. »

Un homme vint effectuer cette grande œuvre de la réforme de la société par l'Église, et donner à l'Église le gouvernement du monde.

§ V. HILDEBRAND. — COMMENCEMENT DE LA RÉFORME. — TRÊVE DE DIEU. — Bruno, évêque de Toul, venait d'être élevé au siége pontifical par l'empereur Henri III, et il s'en allait à Rome (1048).

En passant par l'abbaye de Cluny, il rencontra un moine nommé Hildebrand, fils d'un charpentier de la Toscane, « homme très-versé dans les saintes lettres et orné de toutes les vertus » : c'était le génie créateur qui devait commencer la monarchie universelle de l'Église. Ce moine lui démontre que son élévation est nulle et criminelle, que le droit à toute fonction ecclésiastique émane de l'élection libre des fidèles, que l'Église doit être indépendante du pouvoir temporel, sortir de l'égoïsme féodal, redevenir plébéienne et évangélique. Bruno, étonné et convaincu, se dépouille de la pourpre; pieds nus, un bâton à la main, il s'en va à Rome avec Hildebrand, et se soumet à l'élection du peuple. Il est élu sous le nom de Léon IX, et convoque un concile où, sous l'influence du moine de Cluny, les élections simoniaques sont déclarées nulles et les prêtres mariés déchus du sacerdoce. Cette nouveauté excite un tumulte universel : on s'écrie que le monde va manquer de prêtres et se voir privé du service divin; mais, malgré les clameurs et la résistance, Léon et Hildebrand commencent la réforme. Dix évêques de la Gaule sont déposés, et plusieurs barons excommuniés pour leur vie licencieuse et le pillage des biens ecclésiastiques. Il sort des monastères des missionnaires intrépides qui parcourent l'Europe en prêchant la pureté et le spiritualisme de l'Église. Le peuple s'exalte à leurs paroles, soutient la réforme par ses violences, arrache de l'autel et maltraite les prêtres simoniaques ou mariés.

Léon meurt (1055). Ses successeurs, élus sous l'influence d'Hildebrand et gouvernés par lui, continuent son œuvre. Nicolas II[1], homme savant et tout évangélique, veut donner à l'Église un conseil perpétuel, semblable au sénat de l'ancienne Rome, gardien et dépositaire des idées du saint-siége, politique éternelle et incarnée des papes : il fait des curés de Rome, qu'il appelle *cardinaux*, les électeurs perpétuels de la papauté. C'est par eux que les élections seront affranchies de l'intervention des empereurs, des intrigues des barons, des violences de la populace; c'est à eux que le saint-siége déléguera sa puissance pour qu'ils aillent l'exercer dans les provinces de la monarchie théocratique. La présence de ces *légats* du vicaire de Dieu mettra tout en mouvement; les souverainetés, les juridictions, les pouvoirs de tout genre cesseront devant eux; ils changeront les états, soulèveront les peuples contre les rois, distribueront les couronnes; ils épuiseront à leur gré l'Europe de sang et d'or; ils remueront le monde avec un pardon ou un ana-

---

[1] Dans la cérémonie du couronnement de Nicolas II, « Hildebrand mit sur la tête du pape une couronne royale, sur le cercle inférieur de laquelle on lisait : *Corona de manu Dei*, et sur le second cercle : *Diadema imperii de manu Petri*. » (Benzo, De rebus Henr. III, liv. VII, ch. 2.)

thème; la paix et la guerre sembleront tomber des plis de leur robe de pourpre.

La réforme était commencée; l'Église s'arrachait aux entraves de la féodalité; le clergé excitait la ferveur religieuse par tous les moyens. Les conciles, devenus plus fréquents, ranimèrent l'esprit et les études ecclésiastiques; les pèlerinages à Rome, à Saint-Jacques-de-Compostelle, à Jérusalem, devinrent une mode et un besoin pour les barons avides d'aventures et d'émotions; des reliques nouvelles furent exposées à la vénération des fidèles; enfin des temples nouveaux furent construits de toutes parts. « Les peuples chrétiens, dit le moine Glaber, semblaient rivaliser entre eux de magnificence pour les bâtir; on eût dit que le monde entier, d'un commun accord, avait secoué ses vieux haillons pour faire revêtir à ses églises des robes blanches[1]. » Alors l'architecture prit de nouvelles formes : l'élégant plein-cintre byzantin remplaça les lourdes arcades et les robustes piliers romains; l'ogive commença son glorieux règne; les grandes peintures qui avaient couvert l'intérieur des églises ne furent plus si fréquentes; mais la sculpture fut prodiguée de plus en plus sur les portes, dans les nefs et les galeries. Les plus remarquables de ces monuments furent les deux magnifiques églises de Caen, l'abbaye aux Hommes et l'abbaye aux Dames, œuvres de Guillaume-le-Conquérant et de sa petite-fille Mathilde, qui semblent marquer la transition entre les églises *romanes* et les églises *gothiques*.

Au milieu de tous ces progrès, l'Église trouvait un immense obstacle dans les guerres perpétuelles et universelles que se faisaient les seigneurs; alors elle chercha à limiter ou à régulariser le droit barbare de la force inhérent à la société féodale; et ce fut l'origine de l'institution de la *paix* ou *trêve de Dieu*. « Les évêques d'Aquitaine, dit Glaber, avec les personnes de tous rangs dévouées au bien de la religion, formèrent des assemblées pour le rétablissement de la paix. Les provinces d'Arles, de Lyon, de Bourgogne, jusqu'aux extrémités de la France, suivirent cet exemple; et, comme on fit savoir cela partout, le peuple accueillit la nouvelle avec joie et attendit la décision des pasteurs de l'Église. Il fut ordonné aux hommes de toute condition de sortir dorénavant sans armes avec toute sécurité. Le ravisseur des biens d'autrui devait être dépouillé de ses richesses ou puni corporellement. Des honneurs et des priviléges étaient attribués aux saints lieux; et, quand un coupable s'y réfugiait, il pouvait en sortir sans crainte, excepté celui qui avait violé les lois relatives au maintien de la paix, car

---

[1] Liv. III, ch. 4.

celui-là, fût-il au pied de l'autel, ne pouvait échapper à la punition de son crime. On régla encore que ceux qui voyageraient dans la compagnie d'un clerc ou d'un moine seraient à l'abri de toute violence. Tous les habitants conçurent un tel enthousiasme de ces institutions, que les évêques levaient leurs bâtons vers le ciel, et, les mains étendues, s'écriaient : « La paix! la paix! » en signe de l'éternelle alliance qu'ils venaient de contracter avec Dieu [1]. »

Cette paix perpétuelle était impossible dans la société féodale; aussi la *paix de Dieu* fut bientôt changée en *trêve de Dieu*. Par cette nouvelle loi, toute attaque fut défendue depuis le mercredi soir jusqu'au lundi matin de chaque semaine, pendant les jours de fête, l'avent, le carême, de sorte qu'il ne resta plus que soixante à quatre-vingts jours par année où l'appel à la force fût permis. Les églises et les cimetières, les femmes, les pèlerins, les marchands, les laboureurs avec leurs outils et leurs bestiaux, ceux même qui se réfugiaient près des charrues, furent mis sous la sauvegarde perpétuelle de la trêve de Dieu.

Cette législation singulière, témoignage de la misère profonde et de la foi naïve de ces temps barbares, fut adoptée par l'Europe chrétienne pendant près de deux siècles. Les excommunications furent les principales peines établies contre les infracteurs de la trêve; et dans plusieurs endroits, des impôts particuliers et une milice spéciale en assurèrent le maintien [2]. Elle fut assez bien observée dans le midi, où le respect pour les choses écrites était dans les mœurs; mais elle fut très-souvent violée par les guerriers brutaux et indomptables du nord. Quoi qu'il en soit, c'est de cette institution que le régime féodal prend de la régularité, et que le progrès social recommence; « on doit la considérer comme la plus glorieuse des entreprises du clergé, celle qui contribua le plus à adoucir les mœurs, à développer les sentiments de commisération entre les hommes sans nuire à ceux de bravoure, à donner une base raisonnable au point d'honneur, à faire jouir les peuples d'autant de paix et de bonheur qu'en pouvait alors admettre l'état de la société, à multiplier enfin la population de manière à pouvoir fournir bientôt aux prodigieuses émigrations des croisades [3]. »

§ VI. INSTITUTION DE LA CHEVALERIE. — CONDITION DES FEMMES. — PROGRÈS INTELLECTUELS. — Vers l'époque où s'établit la trêve de Dieu, et sous l'influence des idées qui avaient engendré cette institution, il en naquit une autre aussi originale et plus efficace,

---

[1] Glaber, liv. 1, ch. I.
[2] La *paçata*, la *pezade* dans le Languedoc. Voyez le Glossaire de Ducange.
[3] Sismondi, Hist. des Franç., t. IV, p. 248.

qui en fut le complément et eut une longue et brillante existence : ce fut la *chevalerie*.

De même que, dans la Germanie, les chefs de guerre s'entouraient de compagnons qui banquetaient à leur table, et que les chefs de bande établis dans la Gaule se donnaient une cour modelée sur celle des empereurs, les seigneurs féodaux, isolés dans leurs châteaux, appelaient auprès d'eux, pour rompre l'uniformité de leur vie oisive, des vassaux peu puissants qu'ils s'attachaient en leur donnant des offices domestiques en fief, et ils se formèrent ainsi une petite cour et une troupe de guerriers. Tout souverain féodal eut bientôt son *connétable*[1], ses *maréchaux*, son *sénéchal*, ses *écuyers*, qui étaient plus immédiatement que les autres ses *hommes*, ses *fidèles*, ses *chevaliers* (milites). Cette cour se grossit des fils des feudataires que ceux-ci envoyaient à leur seigneur pour que, élevés auprès de lui, ils resserrassent entre le vassal et le suzerain les liens qui les unissaient. De même que, dans les forêts de la Germanie, les jeunes hommes recevaient solennellement l'écu et la framée des mains du chef de guerre, ces fils de feudataires étaient initiés au rang des guerriers par des cérémonies religieuses : ils recevaient l'épée et la lance des mains du seigneur, se reconnaissaient ses *chevaliers* et lui prêtaient un serment qui était un hommage anticipé. De ces coutumes d'origine germanique naquit l'ordre de la *chevalerie*[2].

Depuis plusieurs années les sentiments moraux devenaient meilleurs, mais les faits restaient toujours mauvais. Le clergé s'efforçait de faire pénétrer les sentiments évangéliques dans les actions, de faire descendre les idées de bienveillance et de dévouement de la vie privée dans la vie publique, de diriger vers l'amélioration des hommes et de la société les coutumes de la chevalerie, en tournant à la défense des faibles la force guerrière qui ne s'exerçait que par des brigandages. Les femmes, dont l'influence domestique grandissait sans cesse, mais qui ne trouvaient, hors de leurs foyers, que de la brutalité et de la tyrannie, prédicateurs plus adroits, plus opiniâtres, plus intéressés que les prêtres, travaillaient efficacement à la même réforme. Grâce à leurs efforts, la charité évangélique et l'héroïsme de la valeur engagèrent quelques jeunes chevaliers à consacrer devant les autels leurs épées à la défense des opprimés, et à se faire ainsi les

---

[1] Connétable, *comes stabuli* : c'était le roi de l'armée, et il avait droit sur toutes personnes qui étaient dans l'*ost*, même comtes et barons; les maréchaux commandaient sous lui.

[2] Guizot, Civilis. franç., t. IV, p. 181.

exécuteurs et les garants de la trêve de Dieu ; ils prirent sous leur protection les pauvres, les prêtres et les femmes ; ils jurèrent « de combattre pour la foi, pour la gloire, pour le bien et le profit de la chose publique. » La dévotion et la bravoure s'exaltèrent ; et l'amour prit ce caractère dévoué et mystique, complétement inconnu aux anciens, qui a enrichi et épuré le cœur de l'homme.

Née en France, la chevalerie se propagea rapidement dans les autres pays ; mais la France et ses nobles en restèrent le foyer et les modèles. Basée sur les trois grandes passions de cette époque, la foi, la valeur et l'amour, cette institution toute poétique, tout idéale, ne fut jamais réalisée ; et néanmoins, dans l'imperfection et le vague où elle resta, elle fit faire de grandes choses, excita beaucoup d'enthousiasme, et eut sur le développement moral de la société la plus belle influence. La pureté et la sainteté d'idées que la chevalerie proclamait, ses serments si nobles et si généreux, ses devoirs si délicats et si humains, étaient au-dessus de la nature et exigeaient la perfection ; or, malgré toute la sublimité de cette théorie, la brutalité et la grossièreté restèrent dans les hommes, les violences furent nombreuses, la licence très-grande, l'état social orageux et mauvais. Cependant il y eut un immense progrès ; on avait un modèle idéal de perfection devant les yeux, on était blâmé par les femmes et par les prêtres de ses méfaits, on en était même souvent puni ; les actions étaient mauvaises, mais les principes étaient bons, et par cela seul le nombre des crimes dut nécessairement diminuer.

D'après son origine, l'ordre de chevalerie ne put être conféré qu'aux nobles [1]. Ce ne fut pas une institution politique, mais une dignité toute morale, à laquelle tous pouvaient parvenir, dans laquelle tous étaient égaux, que la valeur et la vertu seules donnaient : point de fonction légale ; c'était un caractère, une sorte de sacerdoce plus actif que celui des prêtres. Il fallut donc, comme pour la prêtrise, au guerrier qui voulait y parvenir, une sorte de noviciat ; et c'est ce qui acheva de faire, du service personnel d'un homme envers un autre homme, un honneur : il devint de règle constante que « tout noble homme qui voulait être chevalier eût premièrement un maître qui fût chevalier [2]. » Alors les fils des vassaux envoyés à la

---

[1] C'est par le mot *miles* que les chroniques latines désignent indistinctement le chevalier et le vassal. Ce mot est aussi synonyme de noble. On trouve pourtant dans les documents du midi *miles burgensis*, chevalier-bourgeois ; c'est qu'en effet, dans quelques parties de la France méridionale, les riches bourgeois formaient une aristocratie inférieure, souvent plus fière et plus oppressive que celle des barons ; et ils étaient aptes comme ceux-ci à recevoir l'ordre de chevalerie. Voy. la fin du chapitre suivant.

[2] Lacurne-Sainte-Palaye. Mém. sur la Chevalerie, t. I, p. 56.

cour du seigneur se formèrent auprès de lui à la pratique des vertus chevaleresques et des exercices militaires, et le servirent successivement comme *valets*, comme *pages*, comme *écuyers*, avant que d'arriver à être ses égaux par la chevalerie. De même la châtelaine s'entoura des filles de ses feudataires, qui la servaient et dont elle faisait l'éducation. Dans les douceurs et les privautés du foyer domestique, auprès de ces femmes qui propageaient avec enthousiasme les idées chevaleresques, sous l'influence de la poésie, qui trouva dans la chevalerie, dans ses devoirs et ses aventures, une mine inépuisable de sensations, les mœurs s'adoucirent et prirent cette teinte de courtoisie, de délicatesse, d'élégance, qui a rendu les Français les hommes les plus sociables du monde. Ce fut dans les châteaux, et grâce à l'esprit chevaleresque, que se développa la condition des femmes et qu'elles acquirent, avec le sentiment jusqu'alors mal connu de leur dignité, cette force d'âme, cette finesse d'esprit, cette sensibilité de cœur qui tiennent une si grande place dans l'histoire moderne. La châtelaine était maîtresse; elle servait le fief comme son mari, elle était intéressée comme lui à son honneur et à sa conservation; elle pouvait d'ailleurs en hériter et le gouverner; et les femmes, placées ainsi sur un pied d'égalité avec les hommes, tendirent à prendre la conduite morale de la société. Le christianisme avait fait cette révolution : sous l'influence du culte touchant de Marie, en qui la femme était divinisée dans sa double et mystique nature de vierge et de mère, les femmes furent adorées [1]; l'esprit de famille, cette condition indispensable de la vigueur des peuples, devint une passion toute-puissante; le mariage ne fut plus un marché à l'avantage de l'homme, mais une institution sainte, basée sur l'égalité, un sacrement que le clergé sut faire respecter quand le caprice luxurieux des hommes venait à le violer.

Avec la chevalerie, les exercices militaires devinrent l'occupation de toute la vie; et on les transporta bientôt dans des jeux publics où la chevalerie déploya son luxe, sa valeur et sa galanterie : ce furent les *tournois*, invention toute française, dont les premières traces apparaissent sous le règne de Charles-le-Chauve, mais qui ne fut régularisée que dans le onzième siècle. Ces jeux n'excitèrent pas seulement la valeur, mais la loyauté et la générosité, qui allèrent des tournois dans les combats dont ils étaient l'image; ils amenèrent des réunions nombreuses, de grandes fêtes qui adou-

---

[1] C'est sous l'inspiration de ce sentiment que fut fondé l'ordre de Fontevrault. Le fondateur ordonna que le chef de l'ordre serait une femme, qui commanderait également aux couvents d'hommes et aux couvents de femmes.

cirent les rapports entre les hommes et favorisèrent l'industrie. Les habitations devinrent plus commodes, les vêtements plus riches, les armes plus élégantes. Les gens de métiers et les habitants des villes profitèrent de ces progrès matériels : ils acquirent avec l'aisance une importance dont nous verrons bientôt les témoignages. Les communications devinrent plus fréquentes et plus faciles ; le commerce se développa et alla porter chez les Maures d'Espagne nos institutions chevaleresques. Enfin les jargons informes nés du latin se transformèrent en idiomes distincts : celui du nord, âpre, mais naïf, était méprisé par les gens du midi, qui le comparaient à l'aboiement des chiens ; mais il devait suivre la fortune des guerriers qui le parlaient et vivre comme leur patrie, tandis que les méridionaux devaient perdre à la fois leur langage musical et leur nationalité éphémère. La poésie reparut en Espagne, en Italie, dans la France méridionale, là où la société était mieux assise, l'aisance plus grande, l'indépendance plus complète, les imaginations plus fraîches et plus ardentes, là enfin où le contact des Arabes éveillait les intelligences. Les poètes, à qui l'on donna le beau nom de trouveurs (*trouvères* dans le nord, *trobadors* dans le midi), consacrèrent leurs vers aux trois sentiments qui gouvernaient les hommes : ils chantèrent Dieu, les femmes et la guerre.

§ VII. Mort de Henri Ier. — Au milieu de tous ces progrès moraux et intellectuels, l'histoire du roi de France, Henri Ier, est entièrement nulle, et l'événement le plus singulier de sa vie est son mariage avec Anne, fille du duc de Russie, Jaroslaw. La Russie comprenait tout le nord de l'Europe depuis le Niémen et le Borysthène ; sa capitale était Kiew ; sauvage et convertie récemment au christianisme, elle n'avait aucune relation avec le reste de l'Europe.

Henri Ier fit élire et sacrer son fils Philippe en présence du duc d'Aquitaine, des comtes de Flandre et d'Anjou et de douze autres seigneurs (1059). « Les chevaliers et le peuple, tant les grands que les petits, donnèrent leur consentement et s'écrièrent par trois fois : « Nous le voulons, nous le louons, qu'il en soit ainsi[1]. »

Henri meurt, laissant son fils enfant[2], « qu'il recommande, avec son royaume, à Baudoin, comte de Flandre (1060). » La royauté n'étant qu'une seigneurie féodale, la minorité de Philippe ne nuisait en rien à la nation, qui avait ses chefs et ses gouvernements locaux.

[1] Procès-verbal du sacre de Philippe Ier.
[2] La veuve de Henri Ier épousa Raoul III, septième comte de Valois, et qui possédait en outre le Vexin, Mantes, Pontoise, Amiens, Péronne et Montdidier. Le fils de ce Raoul, appelé Simon, se fit moine en 1076 ; alors le Valois passa aux comtes de Vermandois, le Vexin aux rois de France, qui devinrent par là *avoués* de l'abbaye de Saint-Denis et prirent l'oriflamme pour bannière.

Le règne de Philippe Ier est le temps des prodiges de la féodalité, celui où les grands hommes et les grandes choses s'accumulent sous l'impulsion d'un sentiment unique, la foi. « Alors le moyen âge apparaît dans toute l'énergie de la jeunesse, l'âme toute religieuse, le corps tout barbare, et l'esprit aussi vigoureux que le bras [1]. »

CHAPITRE III.

Les Normands, Grégoire VII et les communes. — 1060 à 1087.

§ I. Conquête de l'Italie méridionale par les Normands. — La première moitié du onzième siècle, temps triste et sombre, avait été tout occupée à achever l'établissement du régime féodal. On bâtissait des châteaux, on se cantonnait dans son fief, on usait sa vie à des querelles obscures, à des combats porte à porte, à des pillages de grands chemins. Ce théâtre étroit et ces aventures mesquines ne suffisaient plus à l'activité féodale, surtout depuis que la chevalerie avait élargi les idées : on rêvait un plus vaste champ à la bravoure, de plus nobles exploits, de grandes conquêtes. Entre tous les hommes de France, les derniers venus, les Normands, se distinguaient par leur turbulence guerrière et cet amour des aventures, qu'ils tenaient tout fraîchement de leurs pères. Ce furent eux qui donnèrent le branle à l'Europe, et lui apprirent à sortir de chez elle, non pas, comme les Barbares primitifs, pour envahir et détruire, mais pour fonder et civiliser.

L'Italie méridionale, qui avait appartenu, sous les successeurs de Charlemagne, aux ducs lombards de Bénévent, s'était divisée en plusieurs petits états indépendants, que se disputaient des seigneurs de race lombarde, les empereurs et des bandes sarrasines. Quarante aventuriers normands, revenant d'un pèlerinage à la Terre-Sainte, abordèrent à Salerne au moment où cette ville se rachetait d'une incursion de pirates sarrasins ; ils se firent ouvrir les portes, tombèrent sur les infidèles, et les mirent en pleine déroute (1016). Cette prouesse donna aux Normands, dans la Basse-Italie, une renommée de valeur fabuleuse, et les seigneurs de tous les partis les appelèrent à leur solde. Pendant vingt ans, les fils des compagnons de Roll, semblables à leurs pères, s'en allèrent par petites bandes, tantôt pillant, tantôt mendiant sur les chemins, les uns pèlerins, les autres guerriers, chercher fortune dans la presqu'île, qu'ils effrayèrent par leur rapacité et leur astucieuse barbarie. Les fils de Tancrède de Hauteville amenèrent une colonie plus nombreuse (1033) ; ils s'allièrent aux Lombards, chassèrent

---

[1] Châteaubriand, Étud. histor., t. III, p. 300.

les Grecs de la Pouille, et formèrent de leurs conquêtes un comté que trois fils de Tancrède occupèrent successivement. Les Grecs appelèrent les Germains à leur aide, et l'empereur Henri III chargea le pape Léon IX de chasser ces barbares. Le pontife eut la faiblesse d'obéir : il fut battu et fait prisonnier. Alors, voulant s'affranchir des prétentions des deux empires et se donner un suzerain qui aurait besoin d'eux, les Normands demandèrent à Léon, et le forcèrent de leur accorder l'investiture de la Pouille, de la Calabre et de la Sicile (1053). Le pontife n'avait aucun droit sur ces pays ; mais les Normands étaient à ses pieds et le menaçaient : Hildebrand lui conseilla de céder, et le traité fut conclu. Robert Wiscard ou le Rusé, quatrième fils de Tancrède, se reconnut vassal du saint-siége, lui paya un tribut, et prit le titre de duc de Pouille et de Calabre. Un de ses frères s'empara de la Sicile. La papauté acquit ainsi des feudataires intéressés à soutenir ses prétentions à la monarchie universelle, qui la défendirent à la fois contre les deux empires, et firent cesser les invasions des mahométans en Italie.

§ II. Conquête de l'Angleterre par les Normands. — Pendant que les aventuriers normands portaient la langue et le nom des Français en Italie, le duc de Normandie allait conquérir l'Angleterre.

Sous les successeurs d'Alfred-le-Grand, les Danois avaient renouvelé leurs incursions, chassé les rois saxons, et donné à l'Angleterre quatre rois de leur nation. A la mort du dernier, les Saxons se soulevèrent, chassèrent les étrangers, et, par le conseil de Godwin, le principal auteur de cette révolution, appelèrent au trône un descendant d'Alfred, nommé Édouard, qui était, depuis son enfance, en Normandie (1042). Le nouveau roi amena avec lui un grand nombre de Normands qu'il combla de faveurs ; et, à la grande indignation des Saxons et surtout de Godwin, qui fut exilé, les usages et la langue du continent commencèrent à prévaloir dans la cour d'Édouard. Guillaume-le-Bâtard vint même le visiter, et l'on dit que le roi d'Angleterre, qui n'avait pas d'enfants, promit secrètement au duc de Normandie de le faire son héritier. A la mort de Godwin, Harold, son fils, se réconcilia avec le roi ; mais, étant allé en Normandie, il tomba aux mains de Guillaume, qui ne le mit en liberté qu'après qu'il eut fait, sur une cuve pleine de reliques, le serment public qu'il l'aiderait dans ses prétentions au royaume d'Angleterre (1066). Édouard mourut, et Harold se fit élire roi par les Saxons. Guillaume le somma de remplir sa promesse. Le nouveau roi répondit par un refus, et le duc jura de le poursuivre jusqu'à la mort. La violation d'un serment fait sur les reliques mettait l'opinion publique contre Harold, regardé comme sacrilége. Guillaume porta plainte au pape. Le saint-siége était occupé par Alexandre II, homme austère, qui avait été élu sous l'influence d'Hildebrand et qui continua avec courage la réforme de l'Église. L'Angleterre était odieuse à la cour de Rome; ses évêques étaient mal soumis, simoniaques, entachés de pélagianisme; ses habitants avaient cessé de payer l'impôt appelé denier de saint Pierre, que les Danois avaient établi au profit du pape. Par le conseil d'Hildebrand, Alexandre ordonna à Guillaume de ramener l'Angleterre sous l'autorité pontificale, lui envoya un anneau et un étendard bénits, comme marque d'investiture, et excommunia Harold. C'était le premier exemple d'une pareille sentence. « Harold la méprisa [1]; » mais elle n'en eut pas moins pour effet de mettre le droit du côté de Guillaume. Dans l'opinion chrétienne, les Normands étaient les dévots et fidèles enfants de l'Église, les Saxons des impies et des rebelles.

Le duc, ayant fait la paix avec l'Anjou, la Bretagne et la Flandre, ennemis ordinaires de la Normandie, assembla ses barons avec les notables habitants de ses villes, et leur demanda aide pour son entreprise; mais, quoiqu'il fût le souverain féodal le mieux obéi, il ne l'obtint qu'à force de promesses. Alors il fit publier par toute la France qu'il donnerait une forte solde et des biens en Angleterre à qui voudrait le servir; puis il alla trouver le roi Philippe, et sollicita son assistance, promettant de lui faire hommage de sa conquête; mais le jeune prince le refusa, du conseil de ses barons, qui lui dirent : « Vous savez combien les Normands vous obéissent peu aujourd'hui : ce sera bien autre chose quand ils posséderont l'Angleterre. » Guillaume n'en continua pas moins ses préparatifs; tous les aventuriers de la Bretagne, de la Flandre, de la Bourgogne, etc., avaient répondu à son appel et à celui du pape. Quatre cents grands navires et mille bateaux de transport mirent à la voile du port de Saint-Valery, et abordèrent en Angleterre, près de Hastings (1066, 14 octobre). Harold accourut, et livra bataille aux envahisseurs. Les Anglo-Saxons, barbares mal armés et sans discipline, furent complétement vaincus; Harold périt; et, comme le pays n'était pas fortifié, Guillaume arriva sans obstacle à Londres, où il se fit proclamer roi. Alors les vainqueurs cadastrèrent méthodiquement les terres et les habitants, et les partagèrent en soixante mille fiefs. Ils abolirent les lois saxonnes, et transportèrent d'emblée le système féodal dans leur conquête; ils imposèrent aux tribunaux, aux écoles, à l'administration, leur langue

[1] Guillaume de Malmesbury, liv. III.

normande. Tout fut mis en œuvre pour humilier et détruire l'ancienne race, qui, « privée des maîtres qu'elle avait vus naître, fut livrée en proie aux brigands étrangers [1]. » Le nom d'Anglais devint une injure; la langue saxonne fut celle des paysans, des esclaves, des chaumières; la langue française, celle des trouvères, des chevaliers, des châteaux. On construisit partout des tours, des abbayes fortifiées, qui furent peuplées de soldats et de moines venus de France. On chassa les évêques saxons de leurs sièges, « qui furent donnés à des hommes de toute nation, pourvu qu'ils ne fussent pas Anglais [2]. » Les saints de race saxonne furent arrachés de leurs tombeaux et jetés hors des églises; et l'on força, par la loi du couvre-feu, tout le peuple vaincu à se coucher au son de la cloche, comme dans un couvent. Ce fut une conquête régulière et systématique : l'ancienne population, bretonne, saxonne, danoise, fut réduite en servitude; les Normands formèrent l'aristocratie; mais l'Angleterre ne fut long-temps pour eux qu'une contrée étrangère et barbare, qu'ils dédaignaient et regardaient sans affection ; la Gaule resta leur patrie, leur séjour de prédilection; le pays qui avait toutes leurs sympathies, dont ils affectaient avec orgueil les mœurs et la langue chevaleresques. Ce n'est que sourdement et après une longue suite de temps que l'élément germain a réagi sur l'élément de la conquête, et que la fusion entre les vainqueurs et les vaincus s'est opérée. La nation anglaise, aujourd'hui une et compacte, n'a plus souvenir des antipathies des races qui l'ont composée; et cependant encore, « les hauts personnages de ce pays descendent des Normands, et les hommes de basse condition sont fils des Saxons [3]. »

§ III. Résultats de la conquête d'Angleterre. — Mort de Guillaume-le-Conquérant. — Nullité de Philippe Ier. — Ce fut une grande révolution pour l'Europe que cette conquête de l'Angleterre; non pas tant parce que, l'un des pairs de France étant devenu plus puissant que les autres, l'équilibre féodal fut rompu, que parce que Guillaume, grâce à ses talents et à sa position particulière, montra ce que pouvait devenir la royauté féodale, et qu'elle contenait en germe la monarchie absolue. En effet, les Normands, toujours en garde contre les Saxons, ne pouvaient se séparer du chef unique de la conquête, et lui furent continuellement soumis ; d'ailleurs, comme ils avaient reçu directement de lui leurs domaines, ils ne pouvaient, ainsi qu'il était arrivé en France, oublier

---

[1] Ord. Vital, liv. IV. — [2] Ingulfus, abbé de Croyland, p. 155. — [3] Chron. de Robert de Glocester. — Voy. l'Hist. de la conquête de l'Angleterre par les Normands, par Aug. Thierry.

l'origine du don et se prétendre les égaux du roi. De là vient qu'il n'y eut pas en Angleterre une fédération de fiefs et de seigneurs indépendants, mais un état ayant un chef unique ; de là vient que la vassalité y fut une condition d'infériorité réelle, et que la domination de Guillaume fut aussi complète sur les vainqueurs que sur les vaincus. Il exigea l'hommage de tous les tenanciers, immédiats ou médiats, non comme premier propriétaire, mais comme roi ; il se réserva la haute justice et le droit de battre monnaie ; il interdit les guerres privées, intervint dans le régime intérieur des fiefs, imposa les vainqueurs et les vaincus, et les astreignit également à sa police sévère, à son gouvernement souvent dur et rapace, mais stable et régulier. Il prit pour appui le clergé, qui fut plus richement et plus vigoureusement constitué que partout ailleurs, mais qu'il plaça sous la primatie de l'archevêque de Cantorbéry, et qu'il soumit très-humblement au pape. Nulle part l'état et l'Église ne furent aussi bien unis sans être confondus, nulle part la société aussi fortement organisée.

Toute désastreuse que fût la conquête pour les Saxons, c'est pourtant d'elle que date l'existence de l'Angleterre. Avant les Normands, ce pays était pleinement étranger à l'Europe par ses mœurs grossières, son isolement religieux et ses lois barbares : c'est à ses vainqueurs qu'il dut ses lois féodales, qui le firent entrer dans la famille européenne, ses vertus guerrières, sa force sociale, son aristocratie si habile et si persévérante, tout, jusqu'à ses monuments et aux élégances de sa langue.

Guillaume-le-Conquérant, étant revenu en Normandie, eut à lutter contre son fils aîné, Robert, qui prétendait gouverner ce duché ; et cette guerre dura près de quinze ans, grâce au secours que le fils révolté tira du roi Philippe, jaloux de la puissance de Guillaume (1073). A cette occasion, « l'ancienne haine des Normands et des Français se renouvela [1]. » Philippe s'empara du Vexin ; Guillaume prit Mantes ; mais, dans l'incendie de cette ville, il fut blessé par son cheval ; et, se voyant près de mourir, il laissa son domaine de famille, la Normandie, à Robert (1087). « Quant à l'Angleterre, dit-il, comme je ne l'ai pas reçue par héritage, mais acquise par la force et au prix du sang, je la remets entre les mains de Dieu, me bornant à désirer que mon second fils, Guillaume, y règne et y prospère [2]. » Henri, troisième fils du conquérant, n'eut en partage qu'une somme d'argent.

La séparation de l'Angleterre et de la Normandie mécontenta les barons, qui « voulaient conserver l'unité des deux états en plaçant

[1] Orderic Vital, liv. VII. — [2] Id., ibid.

un même roi sur les deux trônes [1]. » La guerre éclata bientôt entre Guillaume et Robert, et la Normandie en fut le théâtre. Philippe Ier y prit part, plutôt comme aventurier que comme roi. Vrai baron féodal, il restait confiné dans ses châteaux, ou bien rançonnait les voyageurs, et vivait de pillages ainsi que de la vente des dignités ecclésiastiques. La seule acquisition qu'il fit fut celle du Gâtinais qu'il acheta de Foulques le Réchin, comte d'Anjou (1068) ; et, en prenant possession de ce comté, « il jura bonnement qu'il le tiendrait aux us et coutumes qu'il avait été tenu ; car autrement ne voudraient les hommes du pays faire hommage [2]. »

§ IV. Situation des grands fiefs du nord et du midi de la France. — Expéditions des Français en Espagne. — Le régime féodal avait à peine eu le temps de s'établir, qu'il était déjà attaqué de tous côtés : le nombre des fiefs diminuait plus rapidement qu'il ne s'était multiplié ; les duchés et comtés devenaient des espèces de monarchies ; ces grandes seigneuries absorbaient les petites par la force, ou bien les minaient en intervenant dans leur gouvernement intérieur, en protégeant leurs serfs, en leur interdisant d'exercer la haute justice, enfin en restreignant leurs droits de souveraineté. Ce n'était pas seulement par les conquêtes des Normands que ce changement se manifestait, mais par des révolutions plus obscures survenues dans le nord et dans le midi de la France, et auxquelles Philippe Ier, par lâcheté et par impuissance, ne prit presque aucune part.

Baudoin V, comte de Flandre, étant mort, laissa deux fils : Baudoin VI, qui lui succéda, et Robert le Frison. Celui-ci s'en alla, en chevalier errant, chercher fortune en tout pays, et finit par s'emparer de la Hollande et de la Frise. A la mort de son frère, il dépouilla ses neveux de leur héritage (1070). Philippe Ier essaya de prendre la défense des orphelins ; mais il fut battu, et Robert, qu'on appelait le *Comte-Aquatique*, fonda au nord une domination redoutable.

Herbert IV, septième comte de Vermandois, ayant hérité, par sa femme, des comtés de Valois, de Vexin, etc., laissa ses états, non à son fils, Eudes-l'Insensé, déclaré inhabile par les barons, mais à sa fille Adélaïde, mariée à Hugues, frère de Philippe Ier, qui devint ainsi l'un des plus riches seigneurs de la France (1080).

Au midi, le duché de Gascogne passa de la maison de Sanche Mitarra dans celle des ducs d'Aquitaine, par le mariage de l'héritière avec Guillaume III, dit le Grand, dont les successeurs dominèrent ainsi la moitié de la France méridionale (1004). L'autre

---

[1] Orderic Vital, liv. VIII. — [2] Art de vérifier les dates, t. I, p. 571.

moitié était sous la puissance du neuvième comte de Toulouse, Raymond IV, dit de Saint-Gilles, dont la maison devint si célèbre par son amour pour les lettres et les chants des troubadours.

Enfin, ce n'étaient pas seulement les Normands qui s'en allaient au loin chercher des aventures, source de ces fictions gigantesques si communes dans les romans de chevalerie; d'autres Français, par un avant-goût des croisades, couraient en Espagne guerroyer contre les Maures, et acquéraient aussi de belles fortunes.

Une grande révolution était arrivée dans ce pays; la dynastie des Ommyades fut détruite, et avec elle le khalifat de Cordoue (1030). Les émirs devinrent indépendants, et s'érigèrent en rois de Séville, de Cordoue, de Tolède, de Murcie, de Valence, de Grenade, etc. Ce démembrement favorisa les conquêtes des chrétiens. Sanche-le-Grand réunit les royaumes de Navarre, d'Aragon, de Léon et de Castille; mais, à sa mort (1035), ses états furent partagés entre ses trois fils : Garcie eut la Navarre, et fut la tige des rois de ce pays jusqu'à sa conquête par Ferdinand-le-Catholique; Ramire eut l'Aragon, et fut la tige des rois de ce pays jusqu'à Charles-Quint; Ferdinand fut roi de Castille et de Léon, et eut pour fils Alphonse VI. C'est sous ce dernier que les chevaliers de France, guidés par le Cid, se distinguèrent contre les Maures. Raymond, fils de Guillaume Ier, comte de Bourgogne, épousa (1090) Urraca, fille et héritière d'Alphonse VI, et fut la tige des rois de Castille jusqu'à Charles-Quint. Henri, neveu du duc de Bourgogne, et arrière-petit-fils du roi Robert, épousa (1095) Thérèse, autre fille d'Alphonse VI, qui lui donna le comté de Portugal. Son fils, Alphonse Ier, fonda le royaume de ce nom (1140).

§ V. Grégoire VII commence la monarchie théocratique. — Cependant le moine Hildebrand, après avoir gouverné l'Église sous quatre papes pendant vingt ans, était monté sur le trône pontifical sous le nom de Grégoire VII (1073). Son plan était formé tout d'un jet dans sa tête : mettre la moralité et l'ordre dans la société à la place de la force et de l'anarchie, faire de l'Europe une république chrétienne, et en donner le gouvernement à un prêtre élu comme le plus digne d'être le vicaire du Christ. Ce projet gigantesque devait rencontrer d'immenses obstacles, car il devait s'attaquer à tout ce qui avait pouvoir dans la société, l'aristocratie féodale, les royautés, le clergé; mais Grégoire était un génie vaste, fécond, inflexible, plein de la foi la plus ardente et la plus pure, l'homme le plus vertueux et le plus grand de son siècle. Si la monarchie théocratique semblait une œuvre d'ambition personnelle, il savait qu'elle avait des bases plébéiennes, et que la masse populaire, serve et opprimée, verrait avec transport dans le pape son représentant et son défenseur. Le Christ n'avait-il pas dit : « Que celui d'entre vous qui veut être le premier soit votre serviteur? » Grégoire était le *serviteur des serviteurs de Dieu;* sa cause devait être celle de l'esprit contre la matière, de la liberté contre le pouvoir, de la démocratie naissante contre la tyrannie féodale.

Une si grande révolution avait besoin d'une armée spéciale et dévouée : déjà Grégoire avait pour lui la partie plébéienne du clergé, les moines, église pauvre, austère, farouche, qui se recrutait parmi les serfs; mais il lui fallait tirer la partie aristocratique du clergé du régime féodal et des liens du siècle, pour la mettre dans la dépendance absolue du saint-siége. « L'Église n'est pas libre, disait-il, parce que ses ministres ont été institués par les hommes du monde; il faut qu'elle le devienne par son chef, le premier des chrétiens, le soleil de la foi, le pape, qui tient la place de Dieu, puisqu'il gouverne son royaume sur la terre. » Et il ordonne aux prêtres mariés de quitter leurs femmes ou le sacerdoce; il dépose plusieurs prélats simoniaques; il interdit les investitures aux princes; enfin, s'appuyant des fausses décrétales, qui étaient alors en pleine autorité, il exige de tout le clergé le serment de foi et l'hommage-lige, le réclamant pour lui seul et malgré tout autre serment prêté aux princes. « La suprématie et les droits de saint Pierre, dit-il, sont supérieurs aux droits et à la suprématie de toute créature humaine [1]. » Un soulèvement presque universel répond à ses décrets. Le clergé l'appelle insensé et hérétique, déchire ses bulles, repousse à main armée ses légats : « Qu'il cherche des anges, disait-il, pour gouverner les églises; car nous aimons mieux abandonner la prêtrise que le mariage [2]. » Les princes résistent et exigent que les prélats, en rompant leurs liens de vassalité envers eux, abandonnent les biens attachés à leurs siéges. Mais Grégoire, en faisant sortir le clergé de son isolement féodal, prétend qu'il garde ses terres; il veut la supériorité des prélats comme prêtres et leur indépendance comme propriétaires : « Autant l'or est au-dessus du plomb, écrit-il, autant la dignité épiscopale est au-dessus de la dignité royale; la première a été établie par la bonté divine, la deuxième par l'orgueil humain [3]... Je suis décidé à résister jusqu'au sang, plutôt que de satisfaire aux volontés des princes et de me jeter avec eux dans l'abîme... » La société féodale est ébranlée par ces audacieuses prétentions; mais, plein de foi

---

[1] Conc. de Labbe, t. X, p. 379. — [2] Mabillon, Annales de Saint-Benoît, t. V, p. 634. — [3] Labbe, t. X, liv. IV, ép. 2.

dans ses idées, ne reculant devant aucune de leurs conséquences, il continue à énoncer, avec une pompe presque naïve, ses principes sur la nature et les droits du pouvoir spirituel, principes qui ont été plus tard réunis dans un écrit connu sous le nom de *Sentence du pape* (Dictatus papæ).

« Le pape est l'évêque universel; il est indubitablement saint et ne se trompe jamais. A lui seul appartient de faire de nouvelles lois : nul ne peut infirmer ses décrets, et il peut abroger ceux de tous. Aucune créature humaine n'a puissance de le juger. Son nom est le nom unique dans le monde. Lui seul peut revêtir les insignes de l'empire; tous les princes doivent baiser ses pieds. Lui seul dépose et absout les évêques, constitue ou abolit les églises, assemble et préside les conciles; lui seul destitue les empereurs; c'est devant lui que les sujets accusent leurs princes, et c'est lui qui les dégage du serment de fidélité [1]. »

Ayant ainsi déclaré incontestables des droits à peine énoncés jusqu'à lui, il se mêle de tout, des gouvernements et des individus, des états et des familles. Il déclare aux habitants de la Sardaigne et de la Hongrie qu'ils sont vassaux du saint-siége; il apprend aux Espagnols que leurs conquêtes sur les Maures lui appartiennent; il défend aux Russes d'officier en langue vulgaire; l'Église gardant dans son empire la langue romaine, dont elle fait la langue de la civilisation; il prescrit aux évêques de Pologne de ne couronner désormais aucun roi sans l'ordre du saint-siége, il renouvelle les décrets sur la paix de Dieu, et défend de tenter le Seigneur par les combats et les épreuves judiciaires; il apprend à toutes les puissances que le droit émane de la sainteté, et que toute fonction est une charge : « Quiconque, dit-il, vit en état habituel de péché, n'est ni prince ni évêque. » Il fournit aux rois « les armes de l'humilité pour comprimer les tempêtes et les flots de leur orgueil [2]; » il leur apprend « que l'Église romaine leur a conféré le pouvoir non pour leur propre gloire, mais pour le salut de leurs peuples; » il leur adresse des avis, des réprimandes, des menaces; « enfin, il enseigne, exhorte, punit, corrige, juge, décide, car tout lui est soumis, et les affaires spirituelles et temporelles doivent être portées à son tribunal. » Voici la lettre qu'il écrit aux évêques de France :

« Entre tous les princes qui, par une cupidité abominable, ont vendu l'Église de Dieu, nous avons appris que Philippe, roi des Français, tient le premier rang. Cet homme, qu'on doit appeler tyran et non roi, est la tête et la cause de tous les maux de la

[1] Labbe, t. x, p. 110. — [2] Chron. de Lamb. d'Aschaffembourg.

France. Il a souillé sa vie par des infamies et des crimes, et, incapable de gouverner, il lâche non-seulement la bride au peuple pour mal faire, mais l'excite par son exemple à des actions honteuses. Il ne lui a pas suffi de mériter la colère divine par l'oppression des églises, l'adultère, les rapines, les parjures et d'autres abominations, il vient de commettre un crime tellement honteux qu'il est inouï même dans les fables : il vient, comme un brigand, d'arrêter des marchands qui se rendaient à une foire de France et de leur enlever des sommes immenses. S'il ne veut pas s'amender, qu'il sache qu'il n'échappera pas au glaive de la vengeance apostolique. Je vous ordonne alors de mettre son royaume en interdit; si cela ne suffit pas, nous tenterons, avec l'aide de Dieu, par tous les moyens possibles, d'arracher le royaume de France de ses mains; et ses sujets, frappés d'un anathème général, renonceront à son obéissance, s'ils n'aiment mieux renoncer à la foi chrétienne. Quant à vous, sachez que si vous montrez de la tiédeur, nous vous regarderons comme complices du même crime, et que vous serez frappés du même glaive [1]. »

Philippe, tremblant devant ce langage inouï, s'humilia, promit de s'amender, et retomba dans les mêmes vices. Tous les autres princes plièrent comme lui devant cette souveraineté nouvelle, qui n'avait ni soldats, ni sujets, ni trésors, mais qui, avec un mot magique, retranchait les rois de la race des chrétiens; puissance désobéie dans Rome, mais vénérée au loin; despotisme absolu et universel, mais qui tenait lieu de liberté au peuple, parce qu'il abaissait tout ce qui était au-dessus de lui.

§ VI. GUERRE DU SACERDOCE ET DE L'EMPIRE. — MORT DE GRÉGOIRE VII. — EXCOMMUNICATION DE PHILIPPE Ier. — Cependant il était un souverain qui ne pouvait courber la tête sous la main du pontife et laisser la monarchie théocratique s'établir : c'était l'empereur Henri IV, glorieux de la pourpre des césars et de la triple couronne de Germanie, de Lorraine et de Provence. « Le patronage du monde entier, disait-il, lui appartenait [2], » et il rêvait la destinée de Charlemagne et d'Otton-le-Grand. Brave, actif, éclairé, il épouvantait ses sujets par ses débauches, ses cruautés, ses perfidies; aucun prince ne vendait plus scandaleusement les dignités de l'Église : il les donnait, en dérision des décrets du pape, aux ennemis de la réforme ou à ses courtisans les plus déhontés. Les Saxons et les Thuringiens, lassés de sa tyrannie, se révoltent (1074). « Nous t'obéirons, disent-ils, tant que tu seras roi pour l'édifica-

---

[1] Labbe, t. x, liv. x, ép. 5, 18, 32, 35. — [2] Otto de Freysingen, liv. vi, ch. 7.

tion, non pour la ruine de l'Église ; sinon, nous combattrons jusqu'à la mort pour l'Église de Dieu. » Après plusieurs batailles indécises, ils lui déclarent qu'il a commis des crimes si abominables envers sa femme, ses amis, ses sujets, « qu'il a perdu les droits du mariage, les honneurs de la chevalerie et toute fonction séculière ; » et dans une diète tenue à Wurtzbourg, « tous s'accordent à dire qu'il est indigne de porter la couronne. » Henri implore humblement l'appui du pape, avoue ses crimes et déclare qu'il est prêt à lui obéir en tout. Puis il se tourne contre les Saxons, les bat complétement et livre leur pays à la dévastation la plus sauvage. Ceux-ci portent plainte à Grégoire : « L'Empire est un fief du siége de Rome, disent-ils ; ainsi le pape et le peuple romain doivent aviser à choisir pour roi, dans une assemblée des princes, un homme plus digne de porter la couronne : il est temps de rendre à Rome son droit de faire les rois. » Le pape somme l'empereur de comparaître à Rome pour se disculper de ses crimes dans un concile. Henri chasse ses légats, convoque un concile à Worms et fait déposer Grégoire comme hérétique, magicien, flatteur de la populace, « usurpateur de l'empire, bête féroce et sanguinaire » (1076). « Tu as foulé aux pieds, lui écrit-il, les oints du Seigneur comme des serfs, et ainsi tu as gagné la faveur de la multitude ; tu t'es soulevé contre la puissance royale et nous as menacé de nous l'enlever, comme si les royaumes étaient en tes mains.... Condamné par le jugement des évêques et par le nôtre, quitte le siége que tu as usurpé. Moi, Henri, roi par la grâce de Dieu, je te dis avec nos évêques : Descends, descends ! » Un clerc ose porter cette sentence à Rome ; le peuple se jette sur lui, et il eût été massacré si Grégoire ne l'eût couvert de son corps. Alors le pontife se lève de sa chaire et adresse à saint Pierre ces paroles :

« Saint Pierre, prince des apôtres, écoutez votre serviteur : Pour l'honneur de la sainte Église, de la part du Dieu tout-puissant et par votre autorité, je défends à Henri, qui, par un orgueil inouï, s'est élevé contre votre Église, de gouverner le royaume teutonique et l'Italie ; j'absous tous les chrétiens du serment qu'ils lui ont fait, et je défends à qui que ce soit de le servir comme roi, car celui qui veut donner atteinte à l'autorité de votre Église mérite de perdre la dignité dont il est revêtu ; et parce que ce prince a refusé de m'obéir comme chrétien, je le charge d'anathèmes en votre nom, afin que les peuples sachent que vous êtes Pierre, et que les portes de l'enfer ne prévaudront pas contre l'Église de Dieu [1]. »

« Jamais il n'y avait eu une pareille sentence portée contre un

---

[1] Muratori, Script. rer. italic., t. III, p. 335.

empereur ¹; » elle obtint néanmoins un plein succès. Colportée et prêchée par les moines dans les villes et les campagnes, elle eut un retentissement prodigieux. A cette époque, où la loi, muette, prosternée sous le glaive, rampait dans une boue ensanglantée, n'était-ce pas chose admirable de voir le chef du monde, dans la plénitude de sa puissance, au milieu de ses escadrons d'hommes de fer, forcé de quitter la pourpre et le trône à la voix éloignée d'un pauvre vieillard qui n'avait pas un soldat pour sa garde! La force avait donc quelque chose au-dessus d'elle! les oppresseurs avaient donc un tribunal où ils devaient répondre! Le pape était donc réellement le vicaire de Dieu! Le peuple s'inclina avec admiration devant cette puissance qui rendait la loi chrétienne commune à l'empereur et au serf, et tout se souleva contre Henri. Vainement il essaya de faire la guerre : vaincu en tous lieux, abandonné de tous, réduit à une misère extrême, il vit les seigneurs de l'empire, « résolus de se défaire d'un prince né pour le malheur de ses sujets ², » procéder à une nouvelle élection. Il sollicita humblement un délai, et l'obtint sous condition qu'il s'abstiendrait de toute fonction royale, et qu'il se soumettrait en tout au jugement du pontife. Il partit au milieu de l'hiver le plus rude, sans argent et sans escorte, traversa les Alpes, et alla chercher Grégoire, qui était au château de Canossa, près de Reggio. Pendant trois jours, il se tint à la porte du château, à jeun, couvert d'un cilice, les pieds nus dans la neige, implorant et ne pouvant obtenir une audience (1077). Enfin le pontife céda, malgré ses convictions et sur les prières de sa chaste et courageuse amie, Mathilde d'Este. Henri parut comme un criminel devant son juge ; et Grégoire leva l'anathème sous condition qu'il se soumettrait à son jugement dans une diète des princes allemands, et que jusqu'à ce moment il ne prendrait aucune part au gouvernement de l'état.

Henri ne remplit aucune de ses promesses : il ranime ses partisans et recommence la guerre. Les seigneurs allemands convoquent une diète à Forcheim et élisent à sa place Rodolfe de Souabe. L'Allemagne et l'Italie se partagent entre les deux rois. Grégoire, pendant quatre ans, refuse de se prononcer pour l'un ou pour l'autre, et c'est seulement sur les plaintes réitérées des Saxons qu'il excommunie de nouveau Henri et ordonne d'obéir à Rodolfe, qui lui prête hommage-lige ³. Alors, aveuglé par la grandeur de

---

¹ Otto de Freysingen, de Gestis Friderici, liv. I, ch. I.
² Id., ibid.
³ Ce fut alors qu'il lui envoya, dit-on, en signe d'investiture, une couronne d'or sur laquelle était écrit : *Petra dedit Petro, Petrus diadema Rodolfo.*

ses desseins, ses succès et ses dangers, il poursuit son but avec une fougue imprudente, avec une rigueur inflexible. Les princes, les évêques, les docteurs se soulèvent contre ce terrible niveleur, « dont le devoir était d'abaisser les rois. » L'opinion publique s'ébranle : « Il est inouï, disait-on, que les évêques de Rome aient le pouvoir de diviser les royaumes, d'anéantir le nom des rois, qui remonte à l'origine du monde, de changer à leur gré les oints du Seigneur, et de les réduire, comme des villains, à la condition du peuple [1]. » Grégoire est forcé de se défendre ; il le fait dans des écrits pleins de verve et de science [2], et en même temps il continue son rôle de maître du monde. Il dépose Boleslas, roi de Pologne, qui avait tué un évêque ; il met la Corse sous la protection du saint-siége ; il donne des ordres aux rois de Danemarck et de Castille ; il sollicite un prince maure en faveur des chrétiens d'Afrique, « au nom du Dieu commun que tous deux adorent. » Il blâme l'abbé de Cluny d'avoir reçu moine un duc de Bourgogne : « Vous avez laissé cent mille chrétiens sans protecteur, lui dit-il ; on trouve assez de moines craignant Dieu ; mais trouve-t-on beaucoup de bons princes [3] ? » Il donne la dignité royale au duc de Dalmatie ; il reçoit la foi du comte de Provence et de plusieurs autres vassaux de l'empire ; il invite Guillaume-le-Bâtard à lui faire hommage de sa couronne d'Angleterre ; il demande à Philippe de France le tribut d'un denier par maison, alléguant étrangement l'exemple de Charlemagne.

Cependant Henri avait des succès : il fait déposer Grégoire dans un concile et élire un nouveau pontife, Guibert de Ravenne (1080). La guerre déchirait l'Allemagne, l'Italie, la Lorraine, la Provence. Rodolfe est tué dans une bataille. Henri pénètre en Italie. Hildebrand, menacé de ruine et peut-être de mort, ne rabaisse rien de sa hauteur : « Nous ne voulons qu'une chose, dit-il, c'est que l'Église opprimée et bouleversée revienne à sa splendeur première. » Et il ordonne aux Germains d'élire un nouvel empereur. Mais il n'avait à opposer à l'armée de Henri que les forces de Mathilde d'Este, souveraine d'une partie de la Haute-Italie, qui consacrait ses richesses et ses vertus à la réalisation des projets du saint-siége. Aussi le découragement venait-il parfois à s'emparer de lui : « Lorsque mes regards tombent sur moi-même, écrivait-il, je sens que ma vaste entreprise est au-dessus de mes forces. O Dieu ! si tu avais imposé mon fardeau à Moïse ou à Pierre, je crois qu'ils en auraient été accablés [4] ! »

[1] Lettre de l'évêque de Verdun, ap. Martenne, Thesaurus antiquit., t. I, p. 220.
[2] Il reste de cet homme prodigieux plus de dix-huit mille lettres ! et c'est là qu'est toute l'éloquence, toute l'histoire du temps.
[3] Labbe, t. X, liv. VI, ép. 17. — [4] Id., ibid., liv. V, ép. 21.

Les troupes de Mathilde furent battues, et Henri arriva devant Rome (1081). Le siége de cette ville dura trois ans. Grégoire était inébranlable : « Que le roi, disait-il, renouvelle sa pénitence, s'il veut obtenir son absolution. » Rome fut prise d'assaut. Le pape se réfugia dans le château Saint-Ange et excommunia les vainqueurs (1084). Enfin arriva la défense qu'il avait préparée au saint-siége pour les temps de danger : c'était Robert Wiscard et ses Normands, qui chassèrent les Impériaux et donnèrent au pape un asile dans Salerne. A quelques mois de là, Grégoire, épuisé, mais non abattu, résigné dans ses revers et constant dans ses idées, mourut en disant : « J'ai aimé la justice et haï l'iniquité, voilà pourquoi je meurs en exil [1] (1085). »

Ses successeurs, qui étaient ses disciples et qu'il désigna lui-même à l'avance, continuèrent son œuvre ; mais jamais elle ne fut pleinement accomplie, « quoique pendant plus de deux siècles la chaire pontificale ait exercé dans l'Occident, avec le consentement et l'applaudissement de tous, la puissance assurément la plus étendue qui fut jamais [2]. » « L'exécution de cette œuvre devait rencontrer trop d'obstacles dans l'indépendance des nationalités et des mœurs, dans la liberté des opinions et de l'esprit humain, dans les propres erreurs de la papauté, ses prétentions fausses, ses ambitions indignes et temporelles, dans les rébellions intestines de ses propres enfants [3]. » Cependant, malgré ses vices et son imperfection, la monarchie de l'Église fut l'entreprise la plus glorieuse de la papauté : ce fut le commencement de la centralisation et de la liberté ; par elle les nations se trouvèrent rapprochées sous une main suprême, tantôt menaçante, tantôt protectrice ; par elle les peuples apprirent qu'ils avaient des droits et osèrent le dire en face à leurs tyrans. Magnifique souveraineté, fondée sur la pensée, qui n'avait rien d'étroit et de personnel, qui payait en services ce qu'elle ôtait en indépendance, qui ne dominait les hommes que pour les éclairer, qui donnait, en échange d'une soumission absolue, l'union, la science, et même l'ordre et la paix ! Elle recula les bornes du monde chrétien, d'une main repoussa l'islamisme envahissant, de l'autre étouffa les restes du paganisme du nord ; elle contre-balança, par un pouvoir intellectuel et moral, le pouvoir brutal et sanglant des sceptres de fer et des lances d'airain ; elle rallia autour d'un point central et vivant les forces spirituelles de l'espèce humaine : c'est le plus beau triomphe que l'intelligence ait jamais remporté sur la matière.

---

[1] Otto de Freysingen, liv. VI, ch. 36. — [2] Pensées de Leibnitz, in-8°, t. 2, p. 101. — [3] Lerminier.

La France ne prit point de part à la guerre de l'empire et du sacerdoce : fille aînée de l'Église, elle ne fit aucune opposition aux décrets du pontife, et la monarchie pontificale devait trouver en elle son alliée la plus dévouée. Cependant Philippe, sans idées politiques et tout livré à ses passions brutales, ne voyait pas que la royauté capétienne était fondée sur une base toute catholique, et il s'attira par ses crimes les foudres du saint-siége. Il était marié à Berthe, belle-fille de Robert-le-Frison, dont il avait quatre enfants; il la répudia, enleva Bertrade, femme de Foulques-le-Réchin, comte d'Anjou, et l'épousa (1092). A ce scandale inouï, le mari de Bertrade et le beau-père de Berthe prirent les armes; mais il y avait alors en Europe une force morale plus efficace que la force guerrière, et qui avait pris à tâche de faire respecter la sainteté du mariage : l'Église tonna de toute sa hauteur contre les adultères, et Philippe Ier fut excommunié dans le concile d'Autun (1094).

Dans ce même concile, Urbain II, deuxième successeur d'Hildebrand, excommunia l'empereur Henri IV avec tous les prêtres mariés et les évêques simoniaques de la chrétienté. La guerre de l'empire et du sacerdoce continua avec des vicissitudes très-nombreuses. C'était la grande affaire du temps : elle mit en activité tous les bras et toutes les intelligences; elle développa la ferveur religieuse, l'esprit d'unité chrétienne, les idées démocratiques, et eut la plus grande influence sur la révolution plébéienne qui enfanta les communes et les républiques du moyen âge.

§ VII. ÉTABLISSEMENT DES COMMUNES. — Cette révolution n'a pas de date certaine : elle se manifeste pour la première fois en 1070 par la commune du Mans [1]; mais c'était sans doute un fait déjà accompli [2] en beaucoup de lieux, lentement et silencieusement, et qui n'a été régularisé, légitimé, inscrit dans les actes publics qu'un

---

[1] Le Maine avait été conquis par Guillaume-le-Bâtard; il se révolta pendant son expédition en Angleterre et reprit ses anciens seigneurs; c'est alors que les habitants du Mans se formèrent en *commune*. A son retour sur le continent, Guillaume détruisit cette commune et remit le Maine sous sa domination.

[2] C'est ce que semble prouver l'essai tenté en Normandie en 997. « Tandis que le jeune duc Richard abondait en bonnes qualités, il s'éleva dans son duché une semence empoisonnée de troubles civils. Les paysans se rassemblèrent en plusieurs conventicules et résolurent unanimement de vivre à leur gré et de se gouverner suivant leurs propres lois, sans s'embarrasser des droits établis pour l'usage des eaux et des forêts; et pour que ces conventions fussent confirmées, chaque assemblée de ce peuple furieux élut deux envoyés qui devaient se réunir en assemblée tenue au milieu des terres. Lorsque le duc apprit ces choses, il envoya aussitôt vers eux le comte d'Evreux avec une multitude de soldats pour dissiper ces rassemblements rustiques. Celui-ci fit arrêter tous les députés et quelques autres paysans, et, leur ayant fait couper les mains et les pieds, il les renvoya ainsi à leurs familles, afin que leur supplice détournât les autres de pareilles entreprises. Les paysans, ayant éprouvé ces rigueurs, renoncèrent à leurs assemblées et retournèrent à leurs charrues. » (Guill. de Jumièges, Hist. des Normands, liv. v, ch. 2.)

siècle après son existence, puisque la plupart des premières chartes données par les rois ou les barons ne font que confirmer et garantir des droits acquis. L'établissement des communes n'est donc dû ni à un homme ni à une année ; il est dû à tous et à la maturité des temps. Ce ne fut, à vrai dire, pour les uns, que le réveil des institutions municipales dont les souvenirs et les débris existaient encore ; pour les autres, que la conquête, sur les seigneurs, d'institutions semblables, ou au moins de priviléges analogues ; et par cette double cause, le douzième siècle s'ouvrit avec une multitude de petites républiques, diversement organisées, d'origine différente, plus ou moins libres et prospères, mais toutes pleines d'ardeur et de turbulence.

Le pouvoir des seigneurs n'était pas resté long-temps bienveillant et protecteur, pas plus que la soumission des villains et des serfs n'était restée humble et résignée : « ceux-là avaient bientôt oublié les termes de leur alliance avec le peuple [1] ; » ceux-ci ne se contentèrent plus d'avoir leur existence assurée, quand les pompes de la chevalerie et les besoins du luxe eurent augmenté l'aisance, la condition et le nombre des artisans et des marchands, quand les progrès du commerce eurent créé des fortunes mobilières faciles à transporter et à défendre. Les barons furent jaloux des richesses de leurs sujets ; et, comme propriétaires et souverains, ils leur enlevèrent les produits de leur industrie. On sait qu'il n'est pas de despotisme plus humiliant que celui d'homme à homme, car il n'a rien qui console ou qui éblouisse comme les despotismes religieux et monarchique ; aussi l'oppression seigneuriale devint intolérable, parce qu'elle était toujours présente, toujours instante, toujours au niveau et au milieu des opprimés, et que les despotes voyaient clairement dans le petit cercle de leur souveraineté ce qu'ils devaient tyranniser. Mais par cela même les serfs voyaient clairement aussi ce qu'ils devaient attaquer ; de plus les paroles évangéliques et l'exemple de l'indépendance seigneuriale leur avaient donné une idée de la dignité de l'homme. Alors il se forma, sur le modèle des associations féodales, où les devoirs et les obligations étaient réciproques, des corporations de métiers pour la défense de chaque membre contre le seigneur. Dans les campagnes, où les serfs étaient éparpillés, abrutis et demi-nus, ces corporations, ou ne purent se former, ou disparurent rapidement devant les armes et le cheval de bataille du seigneur ; mais, dans les villes, les serfs étaient unis, un peu fiers de leur argent et de leurs demeures, bien vêtus et armés ; ils ne craignaient pas la lance ou le destrier du

[1] Guillaume de Tyr, Hist. des Croisades, liv. I.

baron dans leurs maisons fermées et leurs rues étroites. Là le grand vice de l'esprit de localité se manifestait ; car si le seigneur pouvait opprimer seul et sans contrôle, il pouvait être attaqué seul et sans appui : alors, se trouvant un contre mille, il fut obligé de renoncer à une partie de ses droits de propriétaire, et n'enleva plus de force dans les maisons de ses serfs les choses dont il avait besoin. La liberté matérielle et la sûreté individuelle se trouvèrent ainsi acquises aux bourgeois, qui furent maîtres dans leurs demeures, ayant une propriété, pouvant l'augmenter et la laisser à leurs enfants. On ne saurait imaginer ce qu'il fallut d'efforts et d'énergie pour faire ce premier pas et arriver à cette situation qui nous semble si chétive. « Les intelligences ne concevaient alors rien de plus élevé, rien de plus désirable dans la condition humaine ; et l'on se dévouait pour obtenir, à force de peines, ce qui, dans l'Europe actuelle, constitue la vie commune, ce que la simple police des états modernes assure à toutes les classes de sujets, sans qu'il y ait besoin pour cela de chartes et de constitutions libres[1]. »

Le premier pas vers l'affranchissement étant fait, la tyrannie changea de forme. Le baron n'avait pas cédé ses droits de propriétaire sans conditions ; et ces conditions étaient des redevances en argent ou des services en nature. Alors il accabla tour à tour chaque corporation de vexations financières, d'exigences avilissantes et de tyrannies judiciaires ; et les bourgeois durent lutter avec lui pour la franchise des ponts, des portes, des marchés ; pour les taxes sur les fours, les moulins, les eaux ; pour le droit de bâtir ou de réparer leur maison ; surtout pour l'administration de la justice[2]. Enfin ils cherchèrent une fin à leurs maux dans ce droit de résistance par la force, conséquence de la féodalité, qu'ils voyaient sans cesse exercé autour d'eux. Comme ce n'était plus un seul homme ni un seul métier qui était opprimé, mais tous les habitants, le principe d'association s'étendit, et les bourgeois, se réunissant dans l'église ou sur la place de leur ville, « se prêtèrent le serment sur les choses saintes de se donner les uns aux autres foi, force et aide. » Par ce jugement ou cette *conjuration*, la *commune* était établie. Alors les *jurés* ou *communiers* se formaient en milice, et devaient, au signal du beffroi, se rendre en armes sur la place pour la défense de leur ville ; ils se nommaient des magistrats pour administrer les affaires et les revenus de la cité (on les appelait *maires* et *échevins* dans le nord de la France, *consuls*

---

[1] Aug. Thierry, lett. XIV sur l'Hist. de France.
[2] Voy. l'Histoire de la commune de Beauvais, l'une des plus agitées de la France, dans Guizot, Hist. de la Civilis. en France, t. v.

et *jurats* dans le midi); ils se donnaient un sceau et un trésor, et se chargeaient de la garde des murs, des portes et des chaînes de la ville. La commune était donc un corps politique composé de tous ceux qui avaient quelque chose à défendre, où l'égalité régnait entre les citoyens, où les droits et les intérêts de chacun étaient les droits et les intérêts de tous.

Aussitôt que la conjuration était formée, si le seigneur ne l'acceptait pas, la guerre commençait entre lui et les bourgeois. Quand ceux-ci l'emportaient, le baron donnait à la commune une charte dont on demandait souvent la confirmation au suzerain. Cette charte contenait moins la constitution communale et les droits politiques des bourgeois, que des règlements relatifs à la vie civile, aux libertés de l'industrie, à la sécurité des biens et des personnes, à la police, à la justice, enfin à tout ce qui pouvait tirer la ville de l'anarchie matérielle. Les vainqueurs n'exigeaient rien de plus; ils restaient les hommes du seigneur, protégés et défendus par lui, se conformant à tous les anciens usages, lui devant les services et les impôts convenus. Ainsi le pacte féodal n'était pas rompu, il n'était que mieux exécuté; la commune était un fief tenu par un seigneur, et celui-ci avait des devoirs envers ses bourgeois comme ceux-ci envers lui. Mais c'était toute une révolution qu'un serment prêté par un baron à des serfs; et la création, au-dessous de la démocratie seigneuriale, d'une autre démocratie plus vraie et plus nombreuse, qui ne pouvait que s'étendre et se fortifier, était une rude atteinte à la féodalité. Les bourgeois entraient donc dans l'ordre social; ils avaient, comme les nobles, la liberté féodale, le droit de ne payer que les services qu'ils avaient primitivement consentis, et pour conséquence le droit de résister à ceux qu'on voudrait leur imposer illégalement.

Cette révolution fut simultanée par toute la France, mais point systématique; l'instinct du mieux fut la seule idée générale qui la produisit; mais il n'y eut jamais d'alliance entre les villes pour obtenir plus facilement leur affranchissement, ni de fédération entre elles pour le défendre plus efficacement; les bourgeois restèrent aussi isolés dans leurs murailles que les seigneurs dans leurs châteaux, et l'esprit de localité domina dans les communes comme dans toute la société. Chaque ville travailla pour son compte : aussi ce fut pour la plupart une rude et terrible tâche, sujette à de nombreuses vicissitudes. Une fois les chartes obtenues, il fallut les défendre; on les modifia, on les détruisit, on les rétablit, on les dépassa, on les viola; les chances furent très-diverses, et le degré de liberté très-différent. Non-seulement les villes, mais des quartiers, des rues, des familles obtinrent des franchises et des libertés locales de date et de nature diverses. Point d'unité, point d'ensemble, point de régularité; on se modela rarement l'un sur l'autre; ce qu'une ville ambitionnait comme liberté suprême était, par des circonstances particulières, pour une autre ville une tyrannie. Quelques-unes pouvaient ne pas avoir de chartes et cependant jouir de libertés plus grandes et moins chanceuses; c'est ce qui arriva aux villes du domaine royal, qui, étant plus immédiatement protégées par les rois, n'eurent ni le besoin ni le désir d'obtenir des chartes. Ainsi Paris ne fut jamais une commune, et pourtant ses bourgeois avaient autant de liberté et d'importance que ceux de Flandre ou de Languedoc. En général, le principe démocratique, résultat de la supériorité de l'élément féodal et germanique, domina dans les communes du nord, tandis que le principe aristocratique, résultat de la supériorité de l'élément municipal et romain, domina dans les communes du midi; ce que les unes et les autres avaient de commun, c'était leur esprit de vie et de turbulence qui les rendait semblables aux anciennes républiques de la Grèce.

§ VIII. Différences entre les communes du nord et celles du midi de la France.—Dans le nord de la France, où l'on n'avait guère pour point de départ que le souvenir des institutions municipales et l'instinct de la liberté féodale, l'affranchissement fut très-laborieux et si incomplet que la lutte dura deux siècles et ne finit que par la ruine simultanée des communes et des seigneurs sous les usurpations de la royauté. Le baronnage y était plus brutal et plus guerrier, et le clergé généralement peu favorable à l'émancipation; de plus, il y avait là deux suzerains, l'empereur et le roi de France, auxquels les deux partis recouraient; ils intervenaient, mais à leur profit, et augmentaient le désordre; comme leur neutralité était au plus offrant, ils se prononcèrent plus souvent contre les communes que contre les seigneurs. On manque de documents sur l'époque de l'affranchissement des villes du nord : Paris, Metz, Reims, etc., étaient d'origine municipale; les villes de la Flandre et du Brabant étaient constituées en communes à une date si reculée qu'elles n'avaient probablement jamais perdu leurs libertés romaines; leur bourgeoisie devint très-riche, très-orgueilleuse, très-turbulente; et leurs franchises servirent de modèle et firent envie à toutes les villes du nord. Quant aux communes de la Normandie, de la Champagne, de la Bourgogne, etc., elles se formèrent plus tard; l'on n'a de données sur elles que dans le douzième siècle; mais elles existaient dès le siècle précédent[1]. Les com-

---

[1] Les preuves en sont nombreuses : ainsi l'évêque d'Autun voulut, en 1098,

munes du Vermandois sont celles sur lesquelles on a le plus de renseignements. Saint-Quentin, Noyon, Soissons, Amiens, Beauvais, s'insurgèrent à la fin du onzième siècle; il paraît qu'elles prirent modèle sur Cambrai, dont l'insurrection contre son évêque date de 957, et la commune de 1076 [1].

Le midi suivit la même impulsion de liberté, mais avec bien plus de succès. Là les Barbares n'avaient pas tout détruit comme dans le nord, et l'on trouvait des restes encore vigoureux des libertés municipales; là il n'y avait aucun suzerain pour intervenir à son profit dans le débat; là le clergé n'avait pas perdu son caractère de magistrature romaine et était favorable à l'émancipation; là l'aristocratie était moins orgueilleuse et plus citadine; enfin il n'y avait pas que des nobles et des serfs dans les riches et grandes cités du Rhône et de la Garonne; une classe moyenne n'avait jamais cessé d'y exercer les métiers et le commerce, d'y posséder la terre et d'y conserver des droits politiques [2]; elle avait des richesses et même des lumières; elle était admise sur un pied d'égalité avec la noblesse dans les châteaux et les tournois; « les bourgeois honorables qui avaient coutume de vivre en chevaliers jouissaient des mêmes priviléges que ces derniers [3]. » Presque partout ils étaient nommés *bons-hommes*, *gentils-hommes*, *barons* [4]. On ne marcha donc pas en aveugle et sans tradition à l'émancipation bourgeoise; la lutte ne fut ni longue ni pénible, et les chartes de commune ne firent que corroborer et rajeunir des droits acquis depuis longtemps; c'est pourquoi elles ne contiennent ni la concession du droit municipal, ni l'établissement des magistratures : ces institutions existaient déjà. Grâce aux traditions romaines et à l'esprit des ha-

introduire à Flavigny la commune déjà établie à Autun et à Châlons (Chron. de Hugues de Flavigny). Il faut remarquer que les historiens ne parlent jamais des communes que transitoirement et par occasion.

[1] « Que dirai-je de la liberté de cette ville? dit un contemporain. Ni l'évêque ni l'empereur ne peuvent y asseoir de taxe; on n'en peut faire sortir la milice, si ce n'est pour la défense de la ville, et à cette condition que les bourgeois soient de retour dans leurs maisons le même jour. » (Script. rer. franc., t. XIII, p. 410.)

[2] Un plaid fut tenu à Toulouse en 1036, « en présence des bons-hommes, tant nobles que paysans. » (Hist. du Languedoc, t. II, p. 167.)

[3] Accord fait entre les comtes de Toulouse et les habitants d'Avignon, dans Fantoni, Hist. d'Avignon, liv. I, p. 3. — Le troubadour Arnaud de Marveil dit : « Si les bourgeois ont une figure agréable et s'ils parlent bien, ils peuvent plaire dans les cours, faire les galants et briller dans les fêtes. » — Un autre, Giraud Riquier, va plus loin : « Les bourgeois peuvent avoir plus de bien les uns que les autres, mais non des rangs qui les distinguent. Les uns s'adonnent aux armes, les autres à la chasse; ils doivent se faire considérer par de beaux faits, se livrer à la galanterie, vivre de leurs rentes sans exercer ni métier ni commerce. » (Millot, Hist. des troubadours.)

[4] Le poème sur la guerre des Albigeois donne continuellement le nom de barons aux bourgeois de Toulouse. Une charte de Louis VII appelle aussi barons les bourgeois de Bourges.

bitants, les villes de la Provence, du Languedoc, de l'Aquitaine, prirent l'aspect, les mœurs et le nom de véritables républiques. Avignon, Marseille et Toulouse faisaient la guerre ou la paix de leur propre autorité, et leurs consuls traitaient souverainement avec les rois de France et d'Aragon et les républiques d'Italie; leurs seigneurs n'avaient que des honneurs féodaux et le commandement militaire; tout le pouvoir législatif et politique appartenait aux magistrats municipaux.

Comme l'esprit de localité avait fait là moins de progrès qu'au nord, et qu'on avait des idées de généralité et de centralisation, on ne travailla pas seulement à des droits de commune, mais à des droits politiques. Les conciles provinciaux étaient des états généraux où se traitaient toutes les affaires civiles et où assistaient non-seulement des clercs, mais les seigneurs et les députés des villes « avec des personnes distinguées de l'un et de l'autre sexe [1]. » En 1080, il y eut une grande assemblée à Narbonne, où vinrent les seigneurs et les évêques de la province, les bourgeois de Narbonne et des autres villes; et un nouvel impôt fut établi de la volonté et du consentement de tous. En 1146, on trouve une assemblée des états de Provence à Tarascon, et cette assemblée ne semble pas une innovation, mais la continuation d'un usage antique. Enfin, dans le Béarn, on faisait remonter jusqu'au huitième siècle les *fors et coutumes* qui limitaient le pouvoir des seigneurs de ce pays, et qui confiaient la souveraineté à l'assemblée des états [2].

Les communes étaient donc créées; par une fortune unique pour la nationalité et l'unité françaises, elles n'ont pas formé, comme en Italie et en Allemagne, de glorieuses et durables républiques; elles n'ont pas, comme en Angleterre, été les alliées de l'aristocratie; elles n'ont pas voulu rester isolées et indépendantes; elles ne se sont pas contentées d'être une classe, la bourgeoisie, le tiers-état : elles ont détruit, envahi, absorbé toutes les autres, et sont devenues *la nation*. La bourgeoisie, d'abord faible, obscure, méprisée, n'ayant aucuns droits politiques et à peine des droits civils, n'a cessé de s'élever pendant huit siècles; elle a tout conquis, richesses, lumières, pouvoir; c'est elle qui a transformé la société et déterminé notre civilisation; c'est elle qui a modifié le clergé, détruit la noblesse, changé la royauté, et a fini par se déclarer la puissance suprême en proclamant la *souveraineté du peuple* [3].

---

[1] Voyez les conciles de Saint-Iberi en 1050, et de Narbonne en 1054, dans l'Hist. du Languedoc, t. II.

[2] Hist. du Béarn, par Marca.

[3] Guizot, Civil. en France, t. v, 16e–19e leçons. — Aug. Thierry, Lettres sur l'hist. de France. — Sismondi, Hist. des Français, t. v. — Raynouard, Hist. du Droit municipal en France. — Hallam, l'Europe au moyen âge.

CHAPITRE IV.

Première Croisade. — 1087 à 1099.

§ I. MOTIFS ET BUT DES CROISADES. — Dans le dixième siècle, l'Afrique, l'Égypte, la Syrie se séparèrent du khalifat de Bagdad, et formèrent, sous les descendants d'Ali ou les Fathimites [1], le khalifat du Caire, qui fit à celui de Bagdad une guerre acharnée. Les Fathimites, maîtres de Jérusalem, persécutèrent les chrétiens de la Syrie, et ceux-ci adressèrent des plaintes fréquentes à leurs frères d'Occident [2]; mais ces plaintes ne furent pas entendues tant que l'Europe fut dans le travail d'enfantement de la société féodale. Lorsque cette société se fut assise, que la ferveur religieuse se ranima, et que les Latins commencèrent leurs pèlerinages à la Terre-Sainte, la pitié de l'Occident se porta sur la Syrie, où tant de chrétiens, et les pèlerins eux-mêmes, avaient à souffrir; mais cette pitié s'exhala pour lors en vœux inutiles, et la voix de Silvestre II, proclamant le premier la nécessité d'une guerre sainte, ne fut pas entendue [3].

Cependant, la religion de Mahomet retrempait son esprit de conquête par la conversion de nouveaux peuples barbares; les Turcs, race tartare, originaire des pays à l'orient de la Caspienne, étaient sortis de leurs plaines incultes vers le huitième siècle, avaient conquis la Perse, et s'étaient faits musulmans. Les khalifes de Bagdad se confièrent à cette milice farouche, qui s'empara bientôt de tout le pouvoir, ne laissa que les honneurs et l'autorité pontificale aux vicaires du prophète, et les garda respectueusement prisonniers dans Bagdad (945). Une nouvelle horde turque, les Seldjoukides, dont les chefs prirent le titre de sultans, aggrava encore l'abaissement des khalifes; mais elle battit les Fathimites, s'empara de l'Égypte, de la Syrie, de l'Asie-Mineure, et rendit à l'empire de Mahomet son ancienne grandeur. Cette horde se divisa en plusieurs dynasties. La plus puissante était celle des sultans d'Iran ou de la Perse, qui fit revoir à Jérusalem l'étendard des Abassides, et tint les chrétiens dans la plus rude captivité; la plus avancée était celle des sultans de Roum, établie à Nicée, qui essayait déjà de passer le Bosphore de Thrace.

---

[1] Voy. page 131. — Le khalifat du Caire dura de 908 à 1171.
[2] Voy. dans le t. IX des Script. rer. franc., la lettre de Hélie, patriarche de Jérusalem, adressée, en 881, « à tous les princes de l'illustre race du grand empereur Charles, aux rois, comtes, évêques, abbés de tous les pays des Gaules, enfin à tous ceux qui adorent le Christ dans l'univers. »
[3] Voy. page 222.

La Grèce se voyait donc, comme au temps de Thémistocle, menacée par l'invasion asiatique, mais elle était maintenant incapable de l'arrêter elle-même. Rien de plus misérable que les hommes du Bas-Empire; ils étaient possédés d'une fureur de controverses théologiques, qui a été le scandale et la honte de l'esprit humain. Orgueilleux de leurs sciences dégénérées, de leur civilisation abâtardie, de leur esprit futile et rusé, les lâches descendants des Hellènes, séparés obstinément de la confédération chrétienne, méprisant et haïssant les peuples nouveaux de l'Occident, qu'ils appelaient barbares, se passionnaient pour des jeux de mots en face des sauvages propagateurs de l'islamisme.

Cependant les Latins, pleins de foi, de loyauté et de bravoure, haïssaient les Sarrasins, non pas seulement comme des infidèles, mais comme les ennemis des lumières et de la liberté. Dans la multitude, c'était une idée instinctive; chez les papes, c'était une idée précise et raisonnée. Le génie de Grégoire VII avait deviné qu'il y avait là une guerre préservatrice, une lutte d'existence pour le christianisme; il avait vu avec effroi que l'Évangile, déjà banni de l'Afrique, était encore traqué en Asie; que le Coran pénétrait en Europe par les Pyrénées, la Sicile, le Bosphore; il avait convoqué tous les chrétiens à la guerre sainte, la seule raisonnable, la seule qu'ils dussent faire; il avait accueilli les cris de détresse des empereurs d'Orient, et leur avait promis d'avance l'aide des Latins; il avait écrit à tous les mécontents de l'Europe, aux seigneurs en révolte contre les rois, aux princes en révolte contre l'empereur, enfin à Henri IV lui-même, en s'offrant pour chef de l'expédition[1]. Dans le plan gigantesque qu'il avait conçu, la guerre de l'Europe contre l'Asie n'eût été qu'une conséquence de la monarchie universelle de l'Église. Il n'eut pas le temps d'aller jusque-là; la nécessité de réformer la société féodale, avant de la soulever contre l'ennemi commun, occupa toute sa vie. D'ailleurs

---

[1] Voici sa lettre à Henri IV : « Les chrétiens d'outre-mer, dont un grand nombre est massacré chaque jour comme des troupeaux, ont envoyé humblement vers moi pour me prier de les secourir, afin que la religion chrétienne ne soit pas chez eux, ce qu'à Dieu ne plaise, tout à fait anéantie. Et moi, touché d'une vive douleur jusqu'à désirer la mort, car j'aimerais mieux mourir que de les abandonner et de commander à l'univers au gré d'un orgueil charnel, j'appelle, j'anime tous les chrétiens à défendre la loi du Christ, à sacrifier leur vie pour leurs frères, et à faire briller la noblesse des enfants de Dieu. Les Italiens et les ultramontains ont, par l'inspiration divine, accueilli mes conseils. Déjà plus de cinquante mille hommes sont prêts, s'ils peuvent m'avoir pour chef et pour pontife dans cette expédition, à se lever en armes contre les ennemis de Dieu; et ils veulent, sous ma conduite, parvenir jusqu'au tombeau du Seigneur; mais, comme un si grand dessein a besoin de sérieux conseils et de puissants secours, je vous demande les uns et les autres, parce que, si je fais ce voyage, ce sera à vous, après Dieu, que je confierai la garde de l'Église romaine. » (Ép. de Grég., apud Labbe, t. X.)

il fallait, pour que sa voix fût entendue, que son projet fût devenu la passion de la foule. Aussi l'idée de la guerre sainte fermenta pendant vingt ans; Victor III et Urbain II, ses disciples et ses successeurs, la mûrirent, et bientôt tout le monde fut convaincu que c'était un devoir pour les Latins d'aller à la délivrance de la Terre-Sainte.

C'était une guerre juste et nécessaire; les chrétiens étaient les légitimes possesseurs des pays que les Turcs envahissaient; il y avait en Asie dix à douze millions d'hommes qu'on ne subjuguait pas seulement comme ennemis, mais qu'on égorgeait comme chrétiens; la charité, l'honneur, l'intérêt, commandaient aux Européens de les sauver. La cause était commune; et, comme le disaient les prédicateurs de la guerre sainte, « ce sont les infidèles qui nous ont attaqués les premiers, notre glaive ne fait que repousser le leur [1]. » La fédération chrétienne et la fédération musulmane se trouvaient placées en face l'une de l'autre : « Bagdad, dit un historien des croisades, était la capitale de la race et de la loi des Sarrasins, comme Rome était la capitale de la race et de la loi des chrétiens; le khalife occupait en Asie la même place que tient le pape en Europe [2]. » Les deux peuples ou les deux religions ne pouvaient se mêler, s'entendre, traiter ensemble; entre eux il ne devait y avoir qu'une guerre à mort. Les musulmans n'avaient jamais cessé d'être agresseurs et envahisseurs. Il avait fallu, au huitième siècle, le marteau des Francs pour les empêcher d'atteindre le but éternel de l'ambition asiatique, la conquête de l'Europe; depuis, prenant une autre route, ils avaient mis le pied en Italie, et maintenant ils mesuraient des yeux les murailles de Constantinople. C'était aux chrétiens à les arrêter, à les repousser de la terre d'Europe, à les combattre même en Asie, « non pour les contraindre à croire, disait plus tard saint Thomas d'Aquin, mais pour les empêcher de nuire et de persécuter. » Les deux chefs des musulmans et des chrétiens convièrent donc également leurs sujets à la guerre *sainte;* l'Asie et l'Europe se donnèrent rendez-vous dans la cité de David, *comme* autrefois dans les eaux de Salamine et les champs de Platée, pour y vider leur vieille querelle sous les étendards nouveaux du Christ et de Mahomet.

Les croisades furent donc des guerres de défense et de propa-

---

[1] Lettres de saint Bernard.

[2] Jacques de Vitry, liv. III. — Jacques de Vitry et les autres historiens latins appellent le khalife *le pape des musulmans*, de même que Makrisi et les autres historiens arabes appellent le pape *le khalife des chrétiens*.

gande chrétienne ; guerres légitimes et populaires, dont le succès semblait certain, car le mahométisme était en décadence, les khalifes esclaves, l'islamisme divisé en deux khalifats, alors que le christianisme était en progrès, les papes maîtres de la chrétienté, et la monarchie de l'Église complète. Tout était d'ailleurs en Europe disposé pour ces guerres, et les faits et les esprits : l'Église réunissait en un faisceau et dans une seule main toutes les forces chrétiennes, en même temps que la réforme du clergé et ses prédications avaient ranimé la foi ; la population et les richesses s'étaient accrues depuis un siècle d'une manière prodigieuse ; la chevalerie inspirait l'amour de la guerre et ouvrait carrière aux imaginations pour rêver des royaumes à conquérir, des opprimés à défendre, le Saint-Sépulcre à délivrer ; les esprits étaient avides d'illusions et de merveilles ; les lances ne pouvaient reposer aux poings de ces fous de gloire et d'aventures ; il y avait, dans toutes les têtes et les mains de ce temps, une ardeur et une turbulence que la trêve de Dieu était inefficace à contenir, et qui cherchaient des aliments partout, en Italie, en Angleterre, en Espagne ; il fallait répandre au dehors cette activité dévorante.

§ II. Prédication de Pierre-l'Hermite. — Concile de Clermont. — Apprêts de la croisade. — Sur ces entrefaites apparaît un pauvre ermite, nommé Pierre, qui revenait de la Palestine, monté sur une mule, le crucifix en main et les pieds nus ; il traverse l'Italie et la France, racontant la misère et la désolation des lieux saints, prêchant la destruction des infidèles. Tout le peuple se presse en foule autour de lui, répète ses cris de vengeance, et offre ses richesses et ses armes pour la délivrance du saint tombeau. Au milieu de cette fermentation générale, Alexis Comnène, empereur d'Orient, écrit aux seigneurs latins dans les termes les plus lamentables ; il raconte les cruautés et les débauches des Turcs qui envahissent son empire et menacent Constantinople ; il implore humblement leur secours ; il offre tous ses biens, toutes ses richesses, même sa couronne. même les belles femmes de ses états, à ces chevaliers francs qu'il croit à demi sauvages, pourvu que la ville auguste échappe au joug des impitoyables prédicateurs du Coran [1] (1092).

Urbain II convoque un concile à Plaisance ; mais les Italiens, perdus dans les agitations de leurs républiques naissantes, ne répondent pas à son enthousiasme, et se contentent de promettre des secours à Alexis. Il en indique un autre chez le peuple le plus

---

[1] Martenne, Miscellanea epist., t. I, p. 572. — Guibert de Nogent, Histoire des Croisades, liv. I.

chrétien et le plus guerrier, dans le pays qui est le cœur de l'Europe et qui semble avoir l'initiative des révolutions humaines, en France, où Urbain lui-même était né (1095). Malgré son morcellement en cinquante états, malgré la nullité de son roi, la barbarie des hommes et l'imperfection des institutions, la France était encore le premier pays de l'Europe, par la renommée de ses chevaliers, l'ardeur de sa foi, et surtout son zèle à fonder la monarchie théocratique en Sicile, en Angleterre, en Espagne. Cinq cents évêques ou abbés, plusieurs milliers de barons, et une multitude immense de toute condition se rendirent au concile de Clermont. On commença par des décrets sur la réforme du clergé, le rétablissement de la trêve de Dieu, et le renouvellement des excommunications lancées contre Henri IV et Philippe Ier. Ensuite le pontife raconta, avec des pleurs et des sanglots, les souffrances des fidèles d'Orient : « C'est du sang chrétien, dit-il, racheté par le sang du Christ, qui se verse en Asie ; c'est de la chair chrétienne, de même nature que la chair du Christ, qui est livrée aux bourreaux [1]. » Ces paroles passionnées font courir le frisson de la vengeance et de l'enthousiasme dans cette foule ardente, qui s'écrie : Dieu le veut! Dieu le veut! Puis il s'adresse aux chevaliers et aux prélats, et les pénètre des raisons politiques qui légitimaient la guerre : « Nation d'au delà des monts, aimée et choisie de Dieu, dit-il, que vos âmes s'émeuvent au souvenir de vos ancêtres! la terre que vous habitez a jadis été envahie par les Sarrasins, et l'Europe aurait reçu la loi de Mahomet sans la valeur de vos pères. Rappelez à votre esprit leurs dangers et leur gloire ; ils ont sauvé l'Occident de la servitude ; vous aussi vous délivrerez l'Europe et l'Asie ; vous délivrerez la cité du Christ, cette Jérusalem que s'était choisie le Seigneur, et d'où la loi nous est venue [2]. » Il toucha toutes les cordes, l'esprit chevaleresque, la pitié pour les opprimés, l'amour des conquêtes, et surtout cette soif de combats et le désir d'en faire pénitence, qui possédaient tous ces farouches seigneurs : « Puisque vous avez tant d'ardeur pour la guerre, dit-il, en voici une qui expiera toutes vos violences ; puisqu'il vous faut du sang, versez le sang infidèle. Soldats de l'enfer, devenez les soldats du Dieu vivant. Le Christ est mort pour vous, à votre tour mourez pour lui [3]. »

Des cris de vengeance, des pleurs de pitié, des acclamations guerrières accueillirent les paroles du pontife. Chevaliers, prêtres, femmes, enfants, se jetèrent à ses pieds et firent vœu entre ses mains de délivrer la Terre-Sainte. Tous se marquèrent d'une croix

[1] Conciles de Labbe, t. x. — [2] Robert-le-Moine, Hist. de Jérusalem, liv. I. — [3] Id. — Guibert de Nogent, liv. II.

rouge sur leurs habits, et de là prirent le nom de *croisés*. Urbain leur promit la rémission de leurs péchés, ordonna que leurs biens seraient mis sous la garantie de la trêve de Dieu, leur attribua tous les priviléges et les immunités des clercs, et menaça d'excommunication ceux qui ne rempliraient pas leur serment.

L'enthousiasme se propagea par toute l'Europe, « qui dévoua volontairement sa tête et ses bras à une si grande entreprise [1]. » Des gens de toute sorte prirent la croix, prêtres, nobles, serfs, chevaliers et brigands, les plus vertueux comme les plus corrompus, les uns pour se sanctifier, les autres pour faire pénitence, tous espérant de gagner le ciel. Toutes les passions se taisaient devant une seule; ou plutôt la naïveté grossière de ce temps, mêlait, identifiait, et croyait légitimer, dans la passion de la religion, les passions les plus répréhensibles, l'amour de la licence et des nouveautés, le désir d'acquérir les richesses, les terres, les femmes des païens. Les barons, si avides d'aventures, si empressés à sortir de l'oisiveté de leurs châteaux, trouvaient là tout ce qu'ils désiraient, voyage, guerre, butin. « Quelques-uns partaient pour éviter de paraître lâches et paresseux, d'autres uniquement par légèreté, d'autres pour échapper à leurs créanciers [2]; » la populace, par paresse, par misère, par envie de sortir d'esclavage. Les ambitions, les querelles, les guerres privées cessaient devant l'idée unique qui préoccupait tous les esprits. Métiers, champs et châteaux étaient abandonnés; terres et maisons étaient données à vil prix; on devait trouver des richesses à foison dans ces royaumes de lait et de miel qu'on allait conquérir. Les seigneurs vendaient aux églises et aux villes leurs biens et leurs droits féodaux pour acheter des armes et des vivres; ils emmenaient avec eux non-seulement leurs pages et leurs serfs, mais leurs faucons et leurs chiens de chasse. Des châteaux et des chaumières, des forêts et des montagnes, il sortait des pèlerins : « les chemins étaient trop étroits, l'espace manquait aux voyageurs [3]. » Hommes, femmes, enfants, vieillards et malades se mettaient en route, à pied, sur des charrettes, sur des bœufs, sans armes, sans vivres, sans guides, ignorant les chemins, la longueur et la difficulté du voyage, ce qu'étaient l'Asie et les Sarrasins, n'ayant qu'une pensée et qu'un cri : Dieu le veut!

§ III. Départ des croisés; leur arrivée a Constantinople. — Batailles de Nicée, de Dorylée et d'Antioche. — La première armée, commandée par l'ermite Pierre et un chevalier, Gau-

---

[1] Foulcher de Chartres, Hist. des Croisades, préface.
[2] Guillaume de Tyr, Histoire des Croisades, liv. I.
[3] Guillaume de Malmesbury, Gesta regum Anglorum.

tier-sans-Avoir, se mit en marche par le bassin du Danube (1096) : c'était une cohue barbare, frénétique, corrompue, « ramassis de tous les peuples dont l'Europe se purgeait à son grand bien [1]. » Elle dévasta la Hongrie et la Bulgarie, et arriva demi-détruite à Constantinople. Deux autres bandes tirées de la Germanie, plus brutales et plus fanatiques, se jetèrent sur les Juifs et les massacrèrent, malgré les efforts des évêques, qui donnèrent à ces malheureux un asile dans leurs châteaux ; elles pillèrent et tuèrent tout sur leur passage, et furent à moitié ruinées par les Hongrois et les Bulgares : « leurs crimes, dit un historien des croisades, avaient provoqué la colère de Dieu [2]. » Les débris de ces bandes se réunirent à ceux de l'ermite Pierre dans Constantinople, et formèrent une armée de cent mille hommes. Alexis se hâta de leur faire passer le détroit. Leurs excès continuèrent, et Pierre les abandonna, comme des brigands que Dieu jugeait indignes d'adorer le saint tombeau ; ils marchèrent en désordre sur Nicée, et furent complétement détruits par les Turcs.

Pendant ces désastres, trois armées régulières apprêtaient des armes, de l'or, des vivres, et se réunissaient, la première au nord, la deuxième au centre, la troisième au midi de la France. Elles devaient prendre trois routes différentes pour ne pas épuiser les pays qu'elles avaient à traverser : le rendez-vous général était à Constantinople. L'armée du nord, composée de dix mille chevaliers et de quatre-vingt mille fantassins de la Flandre, de la Lorraine, des bords du Rhin, etc., prit pour chef, à cause de ses vertus et de ses exploits, Godefroy de Bouillon, duc de Basse-Lorraine, descendant de Charlemagne par les femmes [3]. Elle prit sa marche par le bassin du Danube, qu'elle traversa sans obstacle et sans désordre, et arriva en bon état à Constantinople. L'armée du centre, composée de Français, de Normands, de Bourguignons, etc., avait pour chef Hugues, comte de Vermandois, frère du roi Philippe ; Robert, duc de Normandie, qui avait engagé son duché au roi d'Angleterre ; Étienne, comte de Blois, etc. ; elle traversa l'Italie, chassa en passant l'armée de Henri IV, car la guerre des investitures continuait, et arriva dans la Pouille. Là, elle se grossit des enfants des conquérants de Naples : Boëmond, fils de Robert Wiscard, les commandait. Ces deux armées traversèrent l'Adria-

---

[1] Baudry, Histoire de Jérusalem, liv. I, p. 28.
[2] Guill. de Tyr, Hist. des Croisades.
[3] Il était d'une famille ennemie des empereurs et d'où était sortie la fameuse Mathilde d'Este ; il avait pourtant pris parti pour Henri IV, tué de sa main Rodolfe de Souabe et monté le premier à l'assaut de Rome. Plein de remords de cette conduite, il prit la croix pour l'expier.

tique et débarquèrent en Grèce, se dirigeant sur Constantinople. L'armée du midi, composée de Gascons, de Provençaux, de Toulousains, etc., était commandée par Raymond de Saint-Gilles, comte de Toulouse, le premier prince qui eût pris la croix, et par l'évêque du Puy, Adhémar, légat du saint-siége et chef spirituel de tous les croisés; elle traversa les Alpes helvétiques, la Lombardie et le Frioul, passa les Alpes juliennes, et se dirigea sur Constantinople à travers les peuples sauvages et inconnus de l'Illyrie et de l'Esclavonie.

Les Grecs, cette nation eunuque, disputeuse et arrogante, s'épouvantèrent à la vue de ces Latins farouches, superbes, « couverts de foi et de fer. » De leur côté, les pèlerins s'émerveillèrent des dômes d'or et des palais de marbre de Constantinople, et eurent la tentation de prendre cette ville pour Jérusalem. Il fallut toute l'astuce et la patience d'Alexis pour mettre la concorde entre ces terribles auxiliaires et leurs perfides hôtes; enfin il amena les premiers à prendre son empire sous leur protection et il leur promit de les suivre avec une armée. Les Francs s'engagèrent à remettre entre ses mains les villes qui avaient appartenu à l'empire, et à lui rendre hommage pour leurs autres conquêtes; puis ils traversèrent le Bosphore, et arrivèrent dans les plaines de Nicée, couvertes encore des ossements des premiers croisés. « Les princes firent alors un recensement général de leurs légions, et trouvèrent qu'ils avaient six cent mille fantassins des deux sexes, et cent mille cavaliers cuirassés[1]. » Ils vinrent mettre le siége devant Nicée. Kilidge-Arslan, sultan de Roum, avait fortifié sa capitale et rassemblé une armée de cent mille hommes : il livra deux batailles et fut vaincu (1097). Nicée se rendit. L'armée continua sa marche à travers la Petite-Phrygie, et remporta encore la sanglante victoire de Dorylée. Alors les Turcs ne livrèrent plus de batailles, mais ils harcelèrent sans relâche les vainqueurs en ravageant tout devant eux. Les croisés, minés par la famine et les maladies, périrent en grand nombre dans les gorges de l'Isaurie et de la Pisidie; enfin, après avoir dévasté les deux Cilicies, détruit les mosquées, relevé les églises, ils arrivèrent en Syrie.

La dynastie des Seldjoukides d'Iran avait dominé dans ce pays, mais elle était entièrement déchue; ses états avaient été démembrés en une foule de petites souverainetés dont les chefs prenaient le titre de sultans. Akhy-Syan était maître d'Antioche quand les croisés arrivèrent devant cette métropole de l'Orient, immense, riche, peuplée, décorée de trois cent soixante églises; il n'y avait

[1] Guill. de Tyr, liv. II. — Il faut lire avec défiance ces évaluations d'hommes.

que quatorze ans que les Turcs l'avaient prise ; presque toute la population était chrétienne ; mais, tombée dans la servitude la plus dure et maintenue par une garnison très-nombreuse, elle ne fut d'aucun secours à ses libérateurs. Le siége dura neuf mois. Les croisés eurent beaucoup à souffrir de la faim et des attaques continuelles des sultans d'Alep et de Damas, qui voulaient délivrer la ville. Enfin Antioche fut emportée par surprise, et tous les musulmans y furent massacrés (1098). Trois jours après, les chrétiens furent assiégés eux-mêmes dans leur conquête par une armée formidable que commandaient les sultans de Mossoul, d'Alep, de Damas, et vingt-huit émirs. Un grand nombre de croisés, ne pouvant s'expliquer les succès des infidèles, épouvantés de leurs souffrances passées et des dangers encore plus redoutables qui les menaçaient, abandonnèrent leurs frères et retournèrent en Europe. Alexis arrivait avec une armée ; mais ayant appris la situation désastreuse des Latins, il revint sur ses pas. Le découragement se mit parmi les chrétiens, et « peu s'en fallut, dit Guillaume de Tyr, qu'ils n'accusassent Dieu d'ingratitude, puisqu'il ne tenait pas compte de leurs longues fatigues et de la sincérité de leur dévouement[1]. » On entama des négociations : l'ermite Pierre fut envoyé aux sultans et leur dit : « Les provinces que nous conquérons ont appartenu, de temps immémorial, à des peuples chrétiens ; et comme tous les peuples chrétiens sont frères, nous sommes venus en Asie pour venger les outrages de ceux qui sont persécutés et défendre l'héritage du Christ. Je vous adjure donc au nom de Dieu de retourner dans vos foyers : nous conclurons avec vous une paix durable[2]. » Les sultans repoussèrent avec mépris ces propositions, croyant leurs ennemis réduits aux dernières extrémités de la misère et de la disette. Alors les croisés se préparèrent par la prière et le jeûne à une bataille désespérée ; cent mille guerriers, « le cœur plein d'audace, mais les os dévorés par la faim[3], » sortirent d'Antioche et attaquèrent les musulmans, dont l'armée était, dit-on, de trois cent mille hommes. Les Turcs furent complétement vaincus, et leur défaite amena la ruine complète de l'empire des Seldjoukides. Les Fathimites sortirent de leur abaissement et rentrèrent dans la Syrie : Jérusalem retomba en leur pouvoir.

§ IV. Prise de Jérusalem. — Partage des conquêtes. — Assises de Jérusalem. — Les Latins, après leur victoire d'Antioche, s'étaient reposés pendant six mois, et ils furent encore di-

---

[1] Guill. de Tyr, liv. VI. — [2] Foulcher de Chartres, ch. 14. — Guibert de Nogent, liv. VI. — Robert-le-Moine, liv. VII. — Raoul de Caen, Hist. de Tancrède, ch. 81. — [3] Raoul de Caen, ch. 82.

minués par les maladies et une disette qui devint telle « que plusieurs se laissèrent aller jusqu'à manger de la chair humaine [1]. » A la nouvelle de la prise de Jérusalem par les Égyptiens, ils se remirent en marche; « les Syriens, qui souhaitaient depuis si long-temps leur venue, venaient en pleurant et en chantant des cantiques au-devant d'eux [2]. » Enfin les croisés arrivèrent sur les hauteurs d'Emmaüs, et de là découvrirent la cité de David. A cette vue, transportés de joie et les yeux pleins de larmes, ils poussèrent de grands cris, tombèrent à genoux et baisèrent cette terre sacrée en chantant ces paroles du prophète : « Lève-toi, Jérusalem! fille de Sion, sors de la poussière! » Ils n'étaient plus que quarante mille, dont à peine moitié de combattants, et il y avait quatre ans qu'ils étaient partis de leur patrie. Le siége fut terrible et dura cinq semaines; les assiégés étaient plus nombreux que les assiégeants; enfin la ville sainte fut emportée d'assaut (15 juillet 1099). Le carnage fut épouvantable : point d'asile pour les vaincus; dans le temple et le portique de Salomon, « on chevauchait dans le sang jusqu'aux genoux et aux freins des chevaux [3]. » Godefroy de Bouillon, pur de cet affreux massacre, s'en alla nu-pieds et sans armes au Saint-Sépulcre; à son exemple, les vainqueurs tout sanglants dépouillèrent leurs habits, se frappèrent la poitrine, poussèrent des gémissements et des cris de joie, et marchèrent vers l'église en pleurant et en chantant. « Le clergé de Jérusalem, dit Guillaume de Tyr, et tout le peuple fidèle de cette ville, qui, pendant tant d'années, avaient porté le joug cruel d'une injuste servitude, rendaient grâces au Rédempteur de la liberté qu'ils recouvraient; et, portant des croix et les images des saints, ils allèrent au-devant des vainqueurs et les introduisirent dans l'église. » Le lendemain, le carnage recommença; le conseil des croisés porta une sentence de mort contre les musulmans qui restaient dans la ville : tous furent égorgés, même les femmes et les enfants; et cette barbarie n'avait pour excuse que la difficulté de garder des prisonniers plus nombreux que les vainqueurs. Le massacre dura huit jours : soixante-dix mille Sarrasins périrent. Les musulmans de la Syrie furent dans la consternation; ils voyaient les sultans seldjoukides ruinés par leurs défaites, le khalife de Bagdad terrifié des progrès des chrétiens et impuissant à les combattre · la nécessité fit taire les haines religieuses; ils se tournèrent avec espoir vers les Fathimites d'Égypte, et se joigni-

---

[1] Guill. de Tyr, liv. vii. — Raoul de Caen, ch. 97.
[2] Foulcher de Chartres, ch. 18.
[3] Raymond d'Agiles. — Lettre de Godefroy et de Raymond à Urbain II.

rent à la nombreuse armée que le sultan du Caire rassemblait à Ascalon. Godefroy réunit vingt mille hommes et livra bataille à ces nouveaux ennemis : il fut complétement vainqueur.

La conquête était faite : il fallait la régulariser. On élut pour roi de Jérusalem le plus vertueux des princes croisés, Godefroy de Bouillon. Boëmond le Normand était déjà établi à Antioche. Baudoin, frère de Godefroy, s'était séparé de l'armée dans l'Asie-Mineure; suivi à peine de deux cents hommes, il avait été accueilli comme un libérateur par les villes de la Cappadoce et de l'Arménie, et avait fondé un état à Édesse, sur l'Euphrate. Enfin, Raymond de Toulouse, qui avait fait vœu de ne jamais revenir en Europe, était maître de Tripoli. Dans la formation de ces seigneuries, il ne fut plus question de l'hommage promis à l'empereur d'Orient. Celui-ci s'en plaignit : les croisés lui répondirent qu'il avait le premier violé l'alliance par ses liaisons avec les infidèles et par sa lâche retraite; que conséquemment ils se considéraient comme maîtres légitimes des pays conquis par leurs armes. Et comme la guerre sainte était spécialement la guerre de la papauté, ils se reconnurent vassaux immédiats du saint-siége : le roi de Jérusalem, les princes d'Antioche, d'Édesse et de Tripoli reçurent l'investiture des mains du patriarche de Jérusalem, et se firent rendre hommage par une multitude d'autres seigneurs cantonnés dans les villages et les châteaux de la Judée.

La défense des colonies chrétiennes fut encore plus laborieuse que la conquête. Dès que la domination de la croix parut assurée dans la Palestine, les croisés s'en revinrent dans leur patrie, et il ne resta à Godefroy que trois cents chevaliers; d'ailleurs les possessions des chrétiens étaient partout entremêlées avec celles des Sarrasins, et la guerre ne cessa pas. Cependant Godefroy eut des pensées de gouvernement et chercha à assurer l'état et les rapports des colons et des indigènes : c'est dans ce but que furent tenues les *assises de Jérusalem*. Le code publié par cette assemblée, l'un des documents les plus précieux du moyen âge, est une œuvre méthodique, bien supérieure aux lois barbares; rien de pareil n'a été écrit ni conçu depuis les Romains; on y voit toute une société nouvelle, grossière sans doute et régie par la force, mais où le droit fait effort pour occuper une place distinguée. Trois cours de justice furent établies : l'une des barons, présidés par le roi; l'autre des bourgeois, présidés par un vicomte; la troisième des Syriens, qui se jugeaient entre eux; les droits de tous furent exprimés et protégés; mais les villains et les captifs furent laissés dans la servitude. Les assises de Jérusalem régularisèrent la féodalité et en firent un système dont l'influence réagit puissamment sur les états d'Occident ; les pèlerins racontaient à l'Europe étonnée les usages et les bonnes coutumes de la Palestine. C'est à cette législation, tout inobservée qu'elle fût par les passions des conquérants, que les colonies chrétiennes durent leur existence de deux siècles.

§ V. Départ de nouveaux croisés. — Les états de l'Europe, dégarnis de guerriers et retenus par le sentiment religieux, restèrent en paix pendant cette longue expédition : on n'était occupé que des travaux et des dangers des armées d'Orient ; tous les intérêts et les passions se tournaient vers les glorieux pèlerins, dont les lettres étaient lues publiquement dans les églises ; aussi la nouvelle de la conquête de la Terre-Sainte fut-elle accueillie avec le plus grand enthousiasme. La papauté fut alors dans toute sa puissance : elle avait remué l'Europe comme un seul homme, lui ordonnant de dépenser ses forces et son ardeur pour la cause générale, lui interdisant toute pensée pour ses querelles particulières, donnant là la guerre, ici la paix, sur un signe de sa volonté. La croisade réagit sur la monarchie théocratique qui l'avait enfantée : elle la consolida, et donna aux papes pendant deux siècles le moyen d'action le plus puissant sur le monde chrétien.

Cinq à six cent mille hommes avaient péri, mais le zèle n'était pas ralenti. Le retour des croisés, le récit de leurs aventures merveilleuses, la gloire et le respect dont on les entourait, ne faisaient que réchauffer l'enthousiasme ; on couvrait d'applaudissements les héros qui avaient vu le Saint-Sépulcre ; on accablait d'ignominies les lâches qui avaient abandonné la croisade à mi-route ; on savait qu'une poignée de guerriers était restée à la défense des conquêtes chrétiennes. Godefroy était mort après un an de règne (1100) ; Baudoin, son frère, comte d'Édesse, lui avait succédé ; mais, sans trésors et sans soldats, il était constamment attaqué par les Sarrasins, et semblait couvrir de son épée seule la ville sainte. Une nouvelle levée était nécessaire : ce fut Guillaume IX, comte de Poitiers et duc d'Aquitaine, qui la conduisit (1101). C'était la plus haute renommée de ce temps ; troubadour élégant et le plus ancien dont les poésies nous soient restées, il s'était rendu fameux par ses amours scandaleuses, ses violences guerrières et son mépris pour le clergé ; il céda pourtant à l'opinion publique, et crut expier ses crimes par une croisade. Étienne de Blois et Hugues de Vermandois, fugitifs de la première expédition, forcés par la clameur générale et leurs remords, se joignirent à lui avec les ducs de Bourgogne et de Bavière, les comtes de Nevers et de Savoie, etc.

Leur armée, forte de deux cent mille hommes, arriva à Constantinople, et, malgré les conseils de Raymond de Saint-Gilles, elle voulut traverser les provinces centrales de l'Asie-Mineure. Le sultan d'Iconium la détruisit dans trois batailles, et quelques milliers d'hommes seulement arrivèrent à Jérusalem. Hugues et Étienne périrent, et Guillaume retourna avec beaucoup de peine dans ses états.

Quelques années après, Boëmond, prince d'Antioche, vint lui-même en Europe pour ranimer le zèle des chrétiens, et il emmena de France et d'Italie une puissante armée. Il la dirigea contre Alexis Comnène, voulant venger l'Occident des perfidies des Grecs et ouvrir par la conquête de Constantinople une route sûre aux croisés (1107). Mais l'expédition échoua par les remords des Latins, qui rougissaient de guerroyer contre des chrétiens. Ce fut la fin de la première grande croisade.

§ VI. Résultat des croisades. — Le résultat politique était obtenu : la fédération chrétienne avait reculé ses frontières jusqu'à l'Euphrate ; quatre états chrétiens étaient fondés, avant-postes de l'Europe contre l'Asie, propriétés communes, conquises par un effort commun, confiées à la défense commune ; Constantinople était à l'abri des Turcs ; les empereurs d'Orient rentraient en possession de la moitié de l'Asie-Mineure et des îles voisines ; l'invasion musulmane était refoulée pour trois siècles en Asie ; la civilisation de l'Évangile pouvait suivre désormais sans crainte et sans danger la lente série de ses développements. Les croisades révélèrent à l'Europe chrétienne le grand fait de son unité ; la monarchie de l'Église était démontrée en action ; toutes les populations avaient marché sous une même bannière, par un mouvement libre, spontané, général ; « les croisés, malgré la diversité des langues, s'étaient montrés comme un peuple de frères unis dans un même esprit par l'amour du Seigneur [1]. » Une commotion violente fut donnée à tous les esprits, à toutes les facultés, à toutes les existences. On était jeté hors de l'isolement féodal ; on promenait ses regards sur un vaste horizon ; on se mettait en contact avec de nouveaux hommes, de nouvelles choses, de nouvelles idées. La féodalité en reçut un immense échec : elle s'était remuée, elle était sortie de ce qui faisait sa force, de ses châteaux et de ses terres ; les petits fiefs se fondirent dans les grands, parce que leurs possesseurs les vendirent pour se faire les hommes des ducs ou des rois croisés, et les grands fiefs devinrent des centres de société qui firent cesser l'esprit de localité ; les communes

[1] Foulcher de Chartres.

accrurent leur importance et leur grandeur par le commerce et l'absence des seigneurs ; le nombre des hommes libres s'augmenta. La croix devint une sorte d'affranchissement ; le serf et le seigneur avaient eu mêmes souffrances dans la croisade, et les sentiments de fraternité évangélique furent réveillés entre eux par la communauté de but et d'existence. Les progrès matériels et intellectuels furent très-rapides : le commerce connut de nouvelles routes, l'industrie de nouveaux moyens. On fit le pèlerinage d'Orient non plus seulement par dévotion, mais par curiosité de voyageur ou par intérêt de marchand. On vit deux sociétés bien différentes, et toutes deux matériellement supérieures à celle des Latins, la grecque et la musulmane : on les haïssait d'abord ; plus tard, on les connut mieux, on les estima, on chercha à les imiter ; ce qui donna à la fois au cœur plus de bienveillance, à l'esprit plus de développement ; et le résultat le plus complet, le plus certain de cette éducation, fut la cessation même des croisades.

La France avait eu la principale part et presque toute la gloire de la guerre sainte ; sa renommée s'en accrut ; sa langue, déjà parlée en Angleterre et en Sicile, le fut encore en Syrie, le nom de Francs devint et est resté synonyme de celui de chrétiens ; un nombre prodigieux d'histoires latines et françaises racontèrent les *Gestes de Dieu par les Francs* [1]. Tous les rois de Jérusalem furent Français. Pendant les deux siècles que dura « ce long accès de dévotion et de gloire [2], » la destinée de la Terre-Sainte fut immédiatement liée à celle de la France, et l'histoire des croisades n'est, en réalité, qu'un épisode de l'histoire des Français.

[1] Guibert de Nogent, Hist. des Croisades, préface. — [2] Guizot, Notice sur Guillaume de Tyr, dans la Coll. des Mém. relatifs à l'Hist. de France.

SECTION II.

APOGÉE DE LA MONARCHIE UNIVERSELLE DE L'ÉGLISE.

1100-1229.

CHAPITRE PREMIER.

Progrès de la royauté féodale sous Louis VI. — 1100 à 1137.

§ I. LA ROYAUTÉ PREND UN CARACTÈRE MORAL ET CHEVALERESQUE. — La royauté, sous les quatre premiers Capétiens, était si inerte et si impuissante, que ces rois nouveaux semblaient subir les conditions de leur origine, et se résigner à n'être que de paisibles seigneurs dans leurs petits domaines [1]. Cependant leur titre seul éveillait en eux des pensées supérieures à leur situation; pensées rétrogrades et qui n'étaient nullement en harmonie avec la société nouvelle. La royauté de Charlemagne était en souvenir dans tous les esprits, et prenait, par la poésie, une renommée de grandeur fabuleuse. Les rois donc, oubliant la date et la source de leur dignité, se perdaient en d'absurdes rêves sur ce pouvoir impérial, si complet et si brillant; ils se désespéraient de leur impuissance, et ne comprenaient pas le parti qu'ils pouvaient tirer de leur titre pour créer une royauté nouvelle comme la société, la royauté féodale. Mal connue et mal définie, tenant de l'élection et de l'hérédité, du caractère sacerdotal et du caractère impérial, la royauté était, par sa nature et son origine, un pouvoir presque étranger à la société nouvelle; mais par cela seul qu'une terre était restée en France qui ne relevait de personne, et dont les possesseurs avaient obtenu du hasard le titre de rois, elle conférait à ces pos-

---

[1] Le domaine direct de Philippe Ier comprenait les pays qui forment aujourd'hui les quatre départements de la Seine, Seine-et-Oise, Oise et Loiret. Sa suzeraineté était à peu près reconnue par la maison de Champagne qui régnait sur sept de nos départements, par la maison de Bourgogne qui régnait sur trois, le duc de Normandie sur cinq, le duc de Bretagne sur cinq, le comte de Flandre sur quatre, le comte d'Anjou sur trois, le comte de Vermandois sur deux, le comte de Boulogne sur un; total : trente. Elle était prétendue et non reconnue sur les trente-quatre départements du midi, ni prétendue ni reconnue sur les dix-huit départements de l'est compris dans les royaumes de Provence et de Lorraine. (Sismondi, t. v, p. 8.)

sesseurs une supériorité morale sur tous les autres propriétaires, et devait être le noyau autour duquel tôt ou tard se grouperaient toutes les autres terres. Les maîtres de cette terre privilégiée n'avaient pour cela qu'à suivre l'exemple des grands feudataires : ceux-ci, qui n'étaient pas égarés par les idées du passé et l'illusion d'un titre, profitaient de leur situation pour faire de leurs fiefs de vraies monarchies qui centralisaient tout autour d'elles; et il y avait lieu de croire qu'un de ces grands vassaux, et surtout le duc de Normandie, viendrait à joindre, à la puissance matérielle qu'il avait déjà, cette couronne de France, inféconde aux mains des Capétiens. Philippe Ier eût été incapable d'empêcher ce changement, lui qui était resté spectateur immobile de tous les grands événements de son siècle. Il ne songeait qu'à ses plaisirs, vivait obscur et isolé, avec Bertrade, dans ses châteaux [1]; mais, comme les barons du duché de France profitaient de son lâche repos pour attaquer son domaine, il associa à la royauté son fils Louis (1100), et jusqu'à sa mort, arrivée en 1108, il ne s'occupa plus des affaires publiques.

Louis VI, dit le Gros, était un homme plein de sens et de bravoure; il n'eut pas la pensée de ressusciter cette royauté impériale que la féodalité avait à jamais détruite; mais, prenant la société telle qu'elle était, reconnaissant et respectant tous les droits féodaux, il trouva dans ses idées chevaleresques que « c'est le devoir des rois de réprimer de leur main puissante, et par le droit originaire de leur office, l'audace des grands qui déchirent l'état par des guerres sans fin, désolent les pauvres, détruisent les églises [2], » etc. Ce n'était pas un savant qui avait médité sur l'origine, l'étendue et la légitimité du pouvoir royal : c'était un bon chevalier, qui satisfaisait simplement aux besoins sociaux, ne sentant pas la portée de son entreprise, et ne songeant nullement à créer pour l'avenir. Il fit ainsi de la royauté une puissance publique en dehors de la suzeraineté, ayant des droits sur tous et des devoirs envers tous, équitable et bienveillante, qui devait être aimée et réussir, parce qu'elle était analogue à celle de l'Église, et qu'elle effectuait à main armée la mission que la papauté proclamait par ses décrets. La royauté devenait la chevalerie mise

---

[1] Il n'en sortit guère que pour aller visiter avec elle Foulques d'Anjou, qui les reçut avec de grands honneurs. « Cette femme avait tellement plié à ses volontés l'Angevin son premier mari, quoique entièrement exclu de son lit, qu'il la respectait comme son souveraine, et que, le plus souvent assis sur l'escabeau où elle posait ses pieds et comme fasciné par ses enchantements, il obéissait à ses ordres. » (Suger, Vie de Louis VI, ch. 17.)

[2] Vie de Louis VI, par l'abbé Suger.

sur le trône, et le roi était « en quelque sorte le grand juge de paix du pays [1]. »

Louis ne put mettre ses idées en pratique que dans un cercle très-étroit ; mais les droits qu'il énonça, quoique timidement et sans éclat, étaient bien plus vastes que les faits qu'il accomplit, et ses successeurs les appliqueront sur une grande échelle. De leur développement dépend le sort de la nation française ; car, dès le moment qu'il fut établi que la royauté n'était plus seulement un mode de possession territoriale, mais un pouvoir purement politique, placé hors de la hiérarchie féodale, on rétablissait aussi le principe de l'unité nationale, qui, en effet, n'est plus, à dater du douzième siècle, une théorie, mais un fait qui commence.

§ II. Guerres de Louis VI contre ses vassaux. — Louis songea d'abord à être maître dans ses domaines et à affranchir la royauté de ces petits vassaux, voisins de Paris, qui se cantonnaient dans leurs châteaux, pillaient les voyageurs, opprimaient les églises. Il protégea les routes, les foires, les pèlerins ; il s'occupa avec une activité extrême des plus minces affaires de police, des plus chétives querelles entre les individus. Il accueillait toutes les plaintes, et, redresseur de tous les torts, il attaquait tous les oppresseurs ; « défenseur illustre et courageux des faibles, dit Suger, il veillait à ce qui avait été négligé depuis long-temps, à la tranquillité des laboureurs, des ouvriers et des pauvres, et, par ces preuves de valeur, il s'élevait dans l'opinion, et s'efforçait en tous points de pourvoir à l'administration de la chose publique [2]. »

Le plus turbulent de ces châtelains était Bouchard de Montmorency, qui pillait les terres de l'abbaye de Saint-Denis. Louis le contraignit à comparaître devant sa cour. « Bouchard perdit sa cause ; mais il ne voulut pas se soumettre à la condamnation portée contre lui, et se retira sans qu'on le retînt captif, ce que n'eût pas permis la coutume des Français. Néanmoins il éprouva bien vite tous les maux dont la majesté royale a droit de punir la désobéissance des sujets [3]. » Un autre vassal redoutable était le sire de Montlhéry, dont la tour fermait le passage de Paris à Orléans. Le faible Philippe ne parvint à la possession de ce château qu'en mariant l'un de ses fils avec l'héritière de ce seigneur (1104) ; et il disait à Louis : « Enfant, sois bien attentif à conserver cette tour, dont les vexations m'ont fait vieillir, dont les fraudes et les trahisons ne m'ont jamais donné ni paix ni trêve [4]. » Le château de Puiset, situé entre Chartres et Orléans, exigea plusieurs an-

---

[1] Guizot, Civil. europ., neuvième leçon. — Civil. franç., t. IV, douzième leçon.
[2] Vie de Louis VI, ch. 2 et 8. — [3] Id., ch. 11. — [4] Id., ch. 8.

nées de guerre ; il fut pris trois fois et enfin détruit. Le seigneur avait pour allié Thibaud IV, comte de Blois, de Champagne et de Brie, dont les possessions enveloppaient presque entièrement celles du roi, et qui se signala pendant toute sa vie par son inimitié contre lui.

Louis ne tirait de force que d'un domaine très-étroit ; et, « comme il manquait d'argent, il ne parvenait à lever des soldats que par l'énergie de son caractère [1]. » Mais il eut pour alliés constants les évêques : « La gloire de l'Église de Dieu, disait l'abbé Suger, est dans l'union de la royauté et du sacerdoce [2] ; » paroles remarquables, qui résument toute la politique des Capétiens. Le clergé et le roi travaillant au même but, le rétablissement de la paix, « il fut décrété par l'Église que les prêtres accompagneraient Louis à la guerre, avec leurs paroissiens et leurs bannières [3]. » « C'était par les ordres des prélats qu'il attaquait les brigands séditieux, ennemis des voyageurs et des faibles [4] ; » et dès qu'il éprouvait un revers, on les voyait aussitôt accourir à son aide. La population agricole des terres ecclésiastiques, déjà plus prospère que celle des terres laïques, acquit ainsi de l'importance ; et Louis l'augmenta encore en donnant aux colons des églises certains droits, et, entre autres, celui de témoigner et de combattre en justice, même contre des hommes libres.

Ce roi si actif ne se contenta pas d'arrêter les brigandages des seigneurs : il intervint dans le gouvernement intérieur de leurs fiefs, reçut l'appel de leurs vassaux, et limita leur droit de justice. Comme le jugement par les pairs était sans force et peu usité, il institua, dans ses domaines propres et même chez ses vassaux immédiats, des *prévôts* chargés d'abord de recevoir les redevances des colons, et ensuite de leur rendre la justice ; et ces tribunaux du roi, plus justes et plus indépendants que ceux des seigneurs, prirent peu à peu de l'extension et de la fixité.

§ III. Intervention de Louis dans les révolutions communales. — Histoire de la commune de Laon. — Louis fut favorisé dans ses entreprises par le mouvement insurrectionnel des communes, qui était alors dans toute sa vigueur ; mais il ne se mêla de la querelle entre les seigneurs et les bourgeois que pour obtenir d'eux de l'argent et sanctionner leur accord. Il n'avait pas l'intention de détruire ni de rabaisser le pouvoir des barons : il ne voulait que le régulariser ; et il protégea les bourgeois comme opprimés, non comme un corps nouveau qu'il fallait opposer sys-

---

[1] Vie de Louis VI, ch. 8. — [2] Lettre de Suger à l'arch. de Reims, apud Script. rer. franc., t. XV, p. 511. — [3] Orderic Vital, liv. XI. — [4] Id., ibid.

tématiquement à la noblesse. Loyal chevalier, il comprenait bien que la royauté devait être le pouvoir protecteur de tous ; mais il fit peu de chose pour favoriser l'établissement de ces libertés municipales, qui devaient leur naissance à des causes indépendantes de sa volonté; souvent même il les contraria et les combattit. Il donna aux cinq villes principales de son domaine, Paris, Orléans, Melun, Étampes et Compiègne, des priviléges pour leur commerce et leur industrie, mais point de chartes de communes. Six villes seulement obtinrent de lui des chartes ; mais aucune d'elles ne lui appartenait en propre, et il ne faisait que corroborer de son sceau le traité entre les insurgés et leurs seigneurs. Ces villes sont : Noyon, Beauvais, Laon, qui étaient à leurs évêques ; Soissons et Amiens, mi-partie aux comtes, mi-partie aux évêques ; Saint-Riquier, à l'abbaye de ce nom. Quelques mots sur la ville de Laon nous donneront une idée de ce que fut la révolution communale.

« Le clergé et les grands de cette ville, dit un témoin oculaire, cherchant tous les moyens de tirer de l'argent du peuple, offrirent de lui accorder, pour une somme convenable, de former une commune (1110). Or, une commune, nom nouveau et exécrable, consiste en ceci, que les tributaires ne doivent plus payer qu'une fois l'année à leurs maîtres les dettes ordinaires de leur servitude, et, s'ils commettent quelques délits, se racheter par une amende légalement fixée ; du reste, ils sont entièrement exempts de toutes les charges et redevances qu'on a coutume d'imposer aux serfs [1]. » Le peuple de Laon consentit à ce marché ; la commune fut établie sur le pied de celle de Noyon, et Louis VI, ayant reçu un don des bourgeois, la confirma par une charte. L'évêque se repentit et demanda au roi de détruire la commune. Les gens de Laon voulurent parer le coup en offrant à Louis 400 livres ; mais l'évêque en offrit 700. « Le roi, bon en toute chose, ouvrait facilement son âme à l'avarice [2] ; » il accepta l'offre la plus forte, vint à Laon, révoqua la charte, et se hâta de quitter la ville, à cause des troubles qu'il prévoyait. En effet, les bourgeois, retombés sous la main des nobles, furent obligés de payer les 700 livres que l'évêque avait promises au roi. Alors ils se soulevèrent aux cris de : Vive la commune ! s'emparèrent de l'église, assiégèrent le palais épiscopal, massacrèrent l'évêque et les nobles, incendièrent leurs maisons et même la cathédrale. Après ces excès, ils furent saisis de terreur, abandonnèrent leur ville, et cherchèrent un refuge dans les châteaux de Thomas de Marle, sire de Coucy, l'un des plus féroces pillards de ce temps. Thomas de Marle et ses protégés

[1] Vie de Guibert de Nogent, par lui-même, liv. III, ch. 8. — [2] Id., ibid.

furent excommuniés et assiégés dans Coucy par Louis VI ; le château ayant été pris, les réfugiés furent pendus, et le roi vint remettre la paix dans la ville de Laon. Les bourgeois ne s'effrayèrent pas de leur désastre ; et, seize ans après, la commune fut rétablie, mais sous le nom d'institution de paix, « parce que celui de commune fut toujours abominable. » Elle subit des révolutions nombreuses, et ne fut définitivement abolie qu'en 1331 [1].

Ainsi ce n'était que rarement, dans un intérêt pécuniaire, chez ses propres vassaux seulement, et sur leur appel, que Louis prenait part à la révolution communale ; il n'avait ni le pouvoir ni la volonté d'en faire autant chez les grands feudataires, qui donnaient des chartes de leur pleine autorité, sans que Louis songeât à s'en mêler ; et l'on ne voit pas même son nom dans le peu de documents qui nous restent sur l'établissement des communes de Bourgogne, de Normandie et de Guienne.

§ IV. Activité guerrière de Louis. — Affaires d'Allemagne, de Provence, etc. — Cependant Louis, voyant la soumission de ses vassaux et la déférence des évêques, avait conçu le sentiment de sa force et de son droit. Alors il osa jeter son titre au milieu de ces grands feudataires dont l'indépendance était si complète que quelques-uns lui avaient même refusé la vaine cérémonie de l'hommage. Pas un événement ne se passa, pas une guerre ou un traité ne se fit sans qu'il s'en mêlât, à tort ou à raison, avec revers ou succès. « Sans cesse, dit Suger, on le voyait courir avec une poignée de chevaliers, pour mettre l'ordre jusque sur les frontières du Berri, de l'Auvergne et de la Bourgogne, afin qu'il parût clairement que l'efficacité de la vertu royale n'est point renfermée dans les limites de certains lieux [2]. » A force de faire sonner pompeusement les droits de sa couronne et de les appuyer de son épée et de sa présence, il parvint à éblouir les grands feudataires, à se faire craindre et respecter d'eux, à prétendre des droits et à exiger des services par lesquels il se rattachait de loin les sujets de ces seigneurs ; enfin il traça à ses successeurs la marche par laquelle ils devaient usurper, comme pouvoir unique et général, d'abord les droits, ensuite les états des vassaux souverains, et détruire ainsi la féodalité.

Grâce à cette conduite pleine de sagesse et d'activité, le titre de Louis gagnait de l'importance et faisait illusion. Le roi de France était au loin quelque chose de grand et de magnifique ; le clergé ne cessait de l'exalter par des louanges pompeuses ; la renommée

---

[1] Voy. Aug. Thierry, Lett. sur l'Hist. de France.
[2] Orderic Vital. — Suger, Vie de Louis VI.

des Français en Orient avait jeté sur leur souverain une idée fabuleuse de puissance; enfin la Germanie chercha à l'intéresser dans la guerre du sacerdoce et de l'empire, qui continuait avec acharnement. Les successeurs de Grégoire VII semblaient « des tribuns-dictateurs que le peuple envoyait pour mettre le pied sur le cou de ces rois et de ces nobles, oppresseurs de sa liberté [1]. » Henri IV, poursuivi par le pape Pascal II et trahi par son fils, implora l'aide du roi de France dans la lettre la plus touchante; mais Louis ne lui ayant pas répondu, il fut vaincu, déposé dans la diète de Mayence, et réduit à un tel degré de misère qu'il supplia l'évêque de Spire de le recevoir comme clerc dans son église. Celui-ci l'ayant refusé, il mourut de faim et de douleur, et son corps resta sans sépulture (1106). Après un si épouvantable exemple, tous les rois devaient trembler devant l'autorité papale; néanmoins le parricide Henri V, aussitôt qu'il eut succédé à son père, prétendit les mêmes droits que lui, et recommença la guerre.

Pendant cette sanglante querelle, les anciens royaumes de Lorraine et de Bourgogne deviennent de plus en plus étrangers à l'empire, et les seigneurs y sont pleinement indépendants. La Provence avait des comtes souverains depuis l'an 1048. En 1113, Douce, héritière de ce comté, épousa le comte de Barcelone, et fit commencer ainsi l'influence espagnole sur la Gaule méridionale. Mais les comtes de Toulouse prétendaient des droits sur la Provence; il s'ensuivit une guerre entre Alphonse-Jourdain, fils de Raymond de Saint-Gilles, et Raymond-Béranger, comte de Barcelone, et elle finit par le partage de la Provence (1125). Le comté de Provence (entre Durance et Méditerranée) fut attribué au comte de Barcelone, et le marquisat de Provence (entre Isère et Durance) au comte de Toulouse. Ce même Alphonse eut à combattre pour l'héritage de ses pères contre Guillaume IX, duc d'Aquitaine, qui s'empara deux fois du comté de Toulouse, et fut obligé de céder devant la résistance des habitants, à qui la maison de Saint-Gilles était très-chère.

§ V. GUERRE CONTRE LE ROI D'ANGLETERRE. — Louis VI resta étranger à ces guerres du midi; mais il y avait dans le nord une puissance redoutable qu'il cherchait à ébrécher, celle des conquérants de l'Angleterre. Guillaume, dit le Roux, étant mort (1100), Henri, troisième fils du Bâtard, avait profité de l'absence de son frère Robert, qui était en Orient, pour s'emparer de l'Angleterre et de la Normandie. Il s'ensuivit une longue guerre entre les deux frères, qui se termina par la bataille de Tinchebray (1106).

[1] Châteaubriand, Études hist., t. III, p. 285.

Henri l'emporta, fit prisonnier Robert, et le tint enfermé dans un château d'Angleterre pendant tout le reste de sa vie. Par là, l'unité de la puissance normande fut rétablie, et les deux états de Guillaume-le-Conquérant se trouvèrent encore réunis aux mains d'un homme plein de vigueur et d'ambition.

Louis VI s'allia aux comtes de Flandre et d'Anjou pour forcer Henri à céder la Normandie à Guillaume Cliton, fils de Robert-le-Prisonnier. C'était une rude entreprise pour le roi de France, et il y éprouva des revers; mais il les répara par son activité et sa constance. La Normandie fut ravagée à tel point dans cette guerre que « les églises, devenues les magasins du peuple privé de défenseurs [1], » étaient encombrées des instruments de labour que les paysans y mettaient en sûreté. Le combat le plus important fut celui de Brenneville, où Louis fut vaincu (1119). « Dans cette mêlée, où près de neuf cents chevaliers furent engagés, je me suis assuré, dit le moine Orderic, qu'il n'y en eut que trois de tués. En effet, ils étaient entièrement revêtus de fer; d'ailleurs ils s'épargnaient mutuellement, tant par la crainte de Dieu qu'à cause de la fraternité d'armes, et ils cherchaient bien moins à tuer les fuyards qu'à faire des prisonniers [2]. » Louis répara cet échec en faisant son appel ordinaire au clergé : les évêques y répondirent avec empressement; « et, à cause de la haine qu'ils portaient aux Normands, ils permirent à leurs hommes de commettre toutes sortes de crimes, employant l'autorité divine à faire le bien comme le mal [3]. »

§ VI. Concile de Reims. — En ce temps, le pape Calixte II tint à Reims un concile où furent réglées les principales affaires de l'Europe (1119). Les conciles, depuis Grégoire VII, étaient devenus les assemblées représentatives de la fédération chrétienne; ils émettaient des lois générales et particulières sur l'administration et la police des états; c'étaient aussi des tribunaux suprêmes, auxquels étaient portés les différends entre les princes et les plaintes des opprimés. La grande affaire de l'empire et du sacerdoce fut l'objet principal du concile de Reims. Henri V demandait qu'on lui aban-

---

[1] Orderic Vital, liv. XI. — Voici un fait curieux de cette guerre : « Richer de L'Aigle enleva de Cisey tout le butin qu'il y trouva. Les paysans de Gacé et des villages circonvoisins, s'étant mis à la poursuite des ravisseurs, cherchaient tous les moyens de reprendre ou de racheter leurs troupeaux; aussitôt les chevaliers firent volte-face, tombèrent sur eux et s'attachèrent à la poursuite de ces gens, qui s'empressèrent de fuir. Comme ces paysans étaient désarmés et ne pouvaient se défendre contre des hommes bardés de fer, et que d'ailleurs il ne se trouvait à leur proximité aucun fort où ils pussent se retirer, ils découvrirent sur le bord du chemin une croix de bois devant laquelle ils se prosternèrent tous en même temps. Richer, les voyant dans cette attitude, fut frappé de la crainte de Dieu, et ordonna à sa troupe de ne faire aucun mal à ces pauvres gens et de reprendre son chemin. » (Ord. Vital, liv. XII.)

[2] Ord. Vital, liv. XII. — [3] Id., ibid.

donnât les investitures, ou que les évêques renonçassent à leurs biens et droits féodaux. Calixte voulait que les élections aux dignités ecclésiastiques fussent faites, comme en France, par le clergé, mais avec l'approbation du roi, qui donnait à l'élu, par le sceptre, l'investiture des biens temporels. Henri V refusa; il fut excommunié. On renouvela les prohibitions sur le mariage des clercs et les investitures séculières; on déclara inviolables les biens ecclésiastiques; on défendit au clergé d'exiger aucun tribut pour conférer les sacrements; enfin la trêve de Dieu fut confirmée.

Plusieurs princes furent réprimandés, dans ce concile, pour la licence de leurs mœurs, entre autres Guillaume IX, duc d'Aquitaine, qui était revenu de la croisade aussi débauché qu'auparavant. Ce fut sa femme qui vint demander justice au pape; car son mari l'avait abandonnée pour vivre avec l'épouse du vicomte de Châtellerault, qu'il avait enlevée [1]. Le mépris du mariage était commun parmi les barons, surtout parmi ceux du midi, qui avaient presque tous plusieurs femmes; l'Église ne cessait de tonner contre des désordres qui minaient la société dans sa base, et qui devenaient d'autant plus scandaleux que l'influence morale des femmes s'accroissait de jour en jour.

D'autres princes s'étaient rendus à l'assemblée de Reims pour y soumettre leurs différends à la médiation du chef des chrétiens. Louis VI était de ce nombre : il exposa ses griefs contre le roi d'Angleterre. Le pape ne prononça point; mais, après le concile, il se rendit en Normandie et parvint à réconcilier les deux rois par une paix honorable pour Louis; toutefois Guillaume Cliton fut évincé de ses prétentions à l'héritage de son père. Après ce traité, Henri Ier s'en revint en Angleterre ; mais le vaisseau où étaient ses fils et leurs enfants fit naufrage en sortant de Barfleur, et périt avec tout ce qu'il portait (1120). Il ne lui resta qu'une fille, Mathilde, mariée à l'empereur Henri V, et qu'il fit reconnaître pour son héritière.

La première période de la guerre de l'empire et du sacerdoce se termine par le traité de Worms (1122). Henri V reconnaît à Calixte II le droit d'investir les évêques et les abbés de leurs dignités

[1] L'évêque de Poitiers, après l'avoir long-temps sermonné pour ce fait, résolut de l'excommunier. Le duc averti entra dans l'église au moment où le prélat prononçait l'anathème; il courut à lui l'épée à la main, le saisit par les cheveux : « Tu m'absoudras, lui dit-il, ou tu mourras. » L'évêque feignit d'avoir peur, demanda un moment de réflexion, et en profita pour achever hautement la sentence. « Frappe maintenant, » dit-il au duc en tendant le cou. Guillaume fut stupéfait, et remettant son épée au fourreau : « Je ne veux pas, dit-il, t'envoyer en paradis. » (Guillaume de Malmesbury.) — Il avait emmené une troupe de concubines en Palestine et avait voulu fonder à Niort une abbaye de prostituées.

avec la crosse et l'anneau, et le pape cède à l'empereur le droit d'investir ces dignitaires de leurs biens temporels avec le sceptre. Ainsi les droits féodaux étaient distingués des droits ecclésiastiques, et la séparation entre les pouvoirs temporel et spirituel bien marquée; mais la dispute sur les investitures n'était pour les empereurs et les papes qu'un prétexte à leurs prétentions mutuelles de monarchie universelle, et la guerre recommencera entre leurs successeurs.

§ VII. CONVOCATION D'UNE GRANDE ARMÉE FÉODALE CONTRE L'EMPEREUR. — Le roi de France et le roi d'Angleterre se brouillèrent de nouveau au sujet de la Normandie; Henri Ier fit alliance avec l'empereur son gendre, et l'engagea à envahir la France (1124). Louis VI convoqua les grands vassaux à la défense commune, et leur donna rendez-vous à Reims. « Une première division des habitants de Reims et de Châlons, dit l'abbé Suger, passait six mille combattants tant à pied qu'à cheval; la seconde, qui n'était pas moins nombreuse, comprenait ceux de Laon et de Soissons; la troisième, ceux d'Orléans, d'Étampes et de Paris, avec la nombreuse armée dévouée à Saint-Denis et à la couronne, où le roi voulut être lui-même. Le comte de Champagne, Thibaud IV, avec son oncle le comte Hugues de Troyes, étant arrivé sur les sommations de la France, formait la quatrième; le duc de Bourgogne, avec le comte de Nevers, la cinquième; l'excellent Raoul, comte de Vermandois, entouré d'une brillante chevalerie et de la bourgeoisie de Saint-Quentin armée de casques et de cuirasses, devait former l'aile droite; ceux de Ponthieu, d'Amiens et de Beauvais étaient destinés à l'aile gauche. Le noble comte de Flandre, avec dix mille chevaliers, aurait triplé l'armée, s'il avait pu venir à temps; le duc d'Aquitaine, Guillaume, l'excellent comte de Bretagne et le belliqueux Foulques, comte d'Anjou, se désolaient que la distance des lieux et la brièveté du temps ne leur permissent pas d'amener aussi leurs forces pour venger les injures faites aux Français [1]. »

En dépouillant ce récit de l'abbé Suger de son exagération, il paraît que les vassaux immédiats du roi se rendirent seuls à son appel; et néanmoins il est certain qu'aucun des prédécesseurs de Louis VI ne s'était présenté avec cet aspect de grandeur, et que la royauté, sans conquête et sans agrandissement réel, avait acquis une puissance politique toute nouvelle. Henri V, voyant cette formidable armée, n'entra pas en France; et Louis-VI et Henri Ier conclurent la paix. Le roi retira de ces apprêts de guerre plus de profit que d'une victoire : il fut accueilli par des acclamations et

[1] Vie de Louis-le-Gros, ch. 21.

des fêtes dans tous les lieux où il passa, moins parce qu'il avait délivré le pays d'une invasion peu redoutable que parce qu'il avait montré à tous « jusqu'où va l'éclat de puissance du royaume lorsque tous ses membres sont réunis [1]. » C'est que, malgré l'esprit de localité, les haines de races et les différences de langues, l'idée que tous les habitants de la France étaient compatriotes existait non contestée, quoique obscure et confuse. On sentait instinctivement qu'au-dessus de tous ces petits états dans lesquels le pays était divisé il y avait la France, qu'au-dessus de tous ces petits monarques qui se partageaient son territoire il y avait un pouvoir distinct de la suzeraineté et sans rapport avec la terre, la royauté, magistrature politique et non féodale, ayant sur toute la France un droit presque nul en fait, mais qui semblait attesté par l'inscription même du nom du roi en tête de tous les actes seigneuriaux.

§ VIII. Guerre des Guelfes et des Gibelins. — Intervention de Louis VI en Auvergne et en Flandre. — Henri V mourut au retour de son expédition (1125). Le clergé parvint à faire élire empereur Lothaire II, duc de Saxe, qui avait pour concurrent Frédéric de Hohenstauffen [2], duc de Souabe. La rivalité de ces deux princes ensanglanta une grande partie de l'Europe : elle représentait la querelle du sacerdoce et de l'empire. La maison de Saxe prend le nom de *Guelfe* et défend les papes ; la maison de Souabe prend le nom de *Gibelin* et continue les prétentions de Henri IV [3]. Ces querelles ont leur retentissement dans la France, dont les rois sont essentiellement les alliés soumis des papes. L'Église les aime et les protége, parce qu'elle n'a rien à craindre de ses fils aînés ; ceux-ci, à leur tour, autant par piété que par ambition, s'empressent en toute circonstance de servir le clergé.

Ce fut toute la politique de Louis VI. L'évêque de Clermont, étant en guerre avec Guillaume VI, comte d'Auvergne, prétendit que son église relevait directement de la couronne, et implora l'aide du roi. Louis répondit à cet appel, convoqua les comtes de Flandre, d'Anjou, de Bretagne, qui lui composèrent une forte armée,

---

[1] Vie de Louis-le-Gros, ch. 21.

[2] Le premier seigneur de Hohenstauffen était un pauvre chevalier qui s'attacha à Henri IV et obtint de lui sa fille avec le duché de Souabe. Son fils aîné fut le Frédéric dont il est ici question ; son fils cadet obtint le duché de Franconie et fut dans la suite élu empereur sous le nom de Conrad III. Le fils de Frédéric de Souabe fut Frédéric Barberousse.

[3] Le mot de *Guelfe* vient de la maison de Bavière, qui avait eu plusieurs princes du nom de *Welf*, et qui était alliée à la maison de Saxe ; le mot *Gibelin* vient du château de *Gueibelinga*, dans le diocèse d'Augsbourg, possédé par la maison de Souabe. Ces deux mots furent pris pour cris de guerre à la bataille de Winsberg, en 1140.

et passa la Loire. Le duc d'Aquitaine, Guillaume IX, suzerain du comte d'Auvergne, avait pris la défense de son vassal; mais, à l'aspect de l'armée française, ce prince, si puissant et redouté dans le midi, vint humblement dans le camp du roi, supplia *sa majesté* de recevoir son hommage et d'admettre le comte d'Auvergne au jugement des barons (1126). D'après cette offre, les prétentions de l'évêque et du comte furent réglées à l'amiable, la paix rétablie et l'autorité royale reconnue, en réalité, pour la première fois, dans une portion du midi.

Louis VI, au retour de cette expédition, eut à s'occuper d'un événement qui agita le nord pendant plusieurs années. Le comte de Flandre, Charles-le-Bon, était fils du roi de Danemark et d'une fille de Robert-le-Frison; malgré ses vertus, son amour pour les pauvres et ses soins à maintenir la paix de Dieu, on le regardait en Flandre comme un étranger. Il avait humilié plusieurs fois, à cause de son origine servile, la famille des Van-der-Strate, la plus puissante de Bruges, et dont le chef était chancelier de Flandre; et dans une grande famine il fit vendre à bas prix les blés qu'elle avait accaparés. Les Van-der-Strate, indignés, rassemblèrent leurs partisans, et assassinèrent le comte, qui faisait ses prières dans l'église de Saint-Donatien (1126). Ce meurtre fit une vive impression, et l'opinion publique vénéra Charles comme un martyr. Les seigneurs de Flandre armèrent contre les meurtriers, et vinrent assiéger Bruges. La ville se rendit; alors les Van-der-Strate se retirèrent dans le château, et du château dans l'église, qu'ils défendirent pied à pied avec un acharnement presque incroyable.

Charles-le-Bon n'avait pas laissé d'enfants. Louis VI envoya dire aux seigneurs flamands : « Je veux que vous vous réunissiez en ma présence pour élire d'un commun avis un comte qui sera votre égal et régnera sur les habitants [1]. » Les seigneurs allèrent trouver le roi à Arras; et tous les bourgeois furent convoqués « pour élire un homme capable de gouverner l'état des comtes ses prédécesseurs [2]. » Louis VI présenta Guillaume Cliton aux Flamands, et, à force d'instances, il le fit élire (1127). Les Van-der-Strate furent vaincus et périrent dans les supplices; le nouveau comte poursuivit avec la dernière rigueur tous leurs partisans. Louis VI s'éloigna; aussitôt les Flamands conspirèrent la ruine de son protégé, appelèrent contre lui Thierry d'Alsace, fils d'une sœur de Charles-le-

---

[1] Galbert, Vie de Charles-le-Bon, ch. 11. — Cet ouvrage est l'un des plus curieux de l'époque, non-seulement à cause de l'événement qu'il rapporte, mais parce qu'aucun autre ne donne plus de détails sur l'intérieur d'une grande commune. Galbert était notaire de Bruges et a écrit au moment du meurtre de Charles.

[2] Galbert, Vie de Charles-le-Bon, ch. 11.

Bon, et envoyèrent dire à Guillaume : « Vous avez rompu les serments et traités faits entre nous et vous; vous n'êtes plus notre comte [1]. » Louis VI essaya de les apaiser, mais ils dirent entre eux : « Le roi avait juré de ne pas se faire payer pour l'élection de notre comte, et il a reçu ouvertement mille marcs; c'est un parjure. Guillaume a violé nos libertés et empêché notre négoce; nous avons donc, pour le chasser de notre pays, de légitimes motifs. Maintenant nous avons élu pour notre seigneur Thierry, et nous faisons savoir à tous que rien de l'élection du comte de Flandre ne regarde le roi de France. Quand notre comte meurt, les pairs et les citoyens du pays ont pouvoir d'élire le plus proche héritier; le roi n'a aucun droit de disposer de notre gouvernement, ni de le vendre à prix d'argent [2]. » Une guerre s'ensuivit entre les deux prétendants; Guillaume fut tué au siége d'Alost, et alors les rois de France et d'Angleterre approuvèrent l'élection de Thierry (1128).

§ IX. Puissance féodale des femmes. — Réunion d'états par des mariages. — Mariage du fils de Louis avec l'héritière d'Aquitaine. — Les femmes, sorties de la dégradation antique par le christianisme, voyaient leur condition sociale s'améliorer de jour en jour; la vie de château ne leur suffisait déjà plus : grâce à la hauteur où les avait élevées la chevalerie, leur influence commençait à sortir des affaires domestiques pour s'exercer sur les affaires générales, non pas seulement à cause de leur puissance morale sur le cœur des hommes, mais par le droit constitutif de la société féodale. En effet, l'hérédité étant dans le système des fiefs un principe inflexible, les femmes étaient aptes à hériter à défaut des mâles, donc à être souveraines, puisque la terre créait la fonction et que le droit de propriété entraînait celui de magistrature. En conséquence on voyait des femmes recevoir les hommages, présider les tribunaux, remplir envers leur suzerain tous les devoirs de vassalité; les époux qu'elles prenaient ne régnaient qu'en leur nom, et comme administrateurs jusqu'à la majorité de leur fils aîné; mais le droit d'hérédité des femmes fut une cause de ruine pour la féodalité, en amenant, par des mariages, les grandes réunions d'états; c'est ce qui apparut à cette époque, où la plupart des couronnes féodales échurent par succession à des femmes.

Déjà, sous le règne précédent, le duché de Gascogne était tombé par les femmes dans la maison d'Aquitaine, le Vermandois dans une branche cadette des Capétiens, le Hainaut dans la maison de Flandre; Charles-le-Bon et Thierry d'Alsace tiraient des femmes leurs droits sur ces deux derniers comtés. La maison de Barcelone,

---

[1] Galbert, Vie de Charles-le-Bon, ch. 19. — [2] Id., ibid.

déjà maîtresse de la Catalogne, de la Cerdagne et du Roussillon, avait acquis la Provence maritime par un mariage; une autre femme lui apporta encore la couronne d'Aragon (1126), et désormais cette maison sembla le centre des états du midi par la communauté des mœurs et de la langue.

Mathilde, veuve de Henri V, héritière de la Normandie et de l'Angleterre, épousa Geoffroy, dit Plantagenet, devenu comte d'Anjou, du Maine et de la Touraine, par l'abdication de son père, Foulques, qui était allé à la Terre-Sainte (1129). Ce mariage indisposa les barons normands; Henri Ier étant mort, ils refusèrent de reconnaître Mathilde et Geoffroy, et prirent pour roi un petit-fils du Conquérant par les femmes, Étienne, comte de Boulogne (1135). La guerre s'ensuivit entre les deux rivaux et désola surtout la Normandie, regardée comme le centre de l'empire anglo-normand.

Un seul état jouit constamment du bonheur de n'avoir que des mâles pour héritiers, et par conséquent de n'obéir qu'à des maîtres nationaux, ce fut la France; et l'habitude des Français de n'avoir que des hommes pour souverains devint telle qu'elle finit par être une loi, et une loi d'autant plus puissante qu'elle n'était écrite nulle part. Nous verrons comment, deux siècles plus tard, on cherchera à légitimer cette exception à la coutume de tous les états chrétiens par un article faussement interprété du code des Saliens. Cependant l'exemple des maisons de Barcelone et d'Anjou ne devait pas être perdu pour la royauté capétienne, appelée par son titre et sa situation domaniale à tout centraliser. Louis, qui était accablé d'embonpoint et avait perdu toute son activité, venait, suivant l'usage de ses pères, d'associer à sa dignité son fils Louis, dit le Jeune ; il savait que la royauté resterait inerte tant qu'elle n'appuierait pas sa puissance morale sur une puissance matérielle impossible à acquérir par la force, et il cherchait à la donner à son fils par un mariage. En ce temps, Guillaume X, duc d'Aquitaine, qui avait été l'allié de Geoffroy Plantagenet, et s'était signalé dans la guerre de Normandie par ses cruautés et ses pillages, résolut d'apaiser sa conscience en faisant un pèlerinage à Saint-Jacques-de-Compostelle ; il n'avait qu'une fille, Aliénor, élevée dans tout le luxe et l'élégance du midi ; et comme il craignait de mourir dans le voyage, il voulut la marier, et choisit le fils de Louis VI. C'était une fortune pour la royauté française qu'un tel mariage : le duché d'Aquitaine comprenait le Poitou, le Limousin, le Bordelais, l'Agénois, l'ancien duché de Gascogne ; et il donnait l'autorité suzeraine sur l'Auvergne, le Périgord, la Marche, la Saintonge, l'Angou-

mois, etc. Pendant que le jeune Louis s'en allait chercher la riche
héritière, son père et son beau-père moururent (1137).

§ X. État moral et intellectuel de la France. — Suger,
Bernard. Abailard. — Malgré la nullité morale de Philippe Ier et
l'impuissance politique de Louis VI, la nation n'avait pas encore
montré autant de vie que sous ces deux rois. Il n'y avait pas, à
proprement parler, de lien social, pas d'ordre, pas de gouvernement, pas d'idées générales; et, nonobstant, le pays avait acquis
une grande prospérité matérielle, des libertés, des droits, des garanties pour les choses et les personnes. Toutes les forces individuelles s'étaient développées avec la guerre des investitures, l'établissement des communes et les croisades; tous les esprits s'étaient
exaltés par la grande passion du temps, la foi. Les arts naissaient,
non modelés sur l'antiquité, mais spontanés et indigènes, tout d'imagination et d'invention, expression vivante de la société. Cette
poésie naïve et passionnée, qui surabondait dans toutes les têtes,
répandait ses trésors, moins dans les livres, insuffisants à la contenir, que dans ces monuments où le moyen âge est personnifié, les
cathédrales, œuvres gigantesques élevées par le peuple et avec la
foi, où personne n'a osé mettre son nom, car l'œuvre est commune
comme le Dieu auquel elle est élevée. Alors prit naissance le style
improprement appelé gothique : aux grosses colonnes à lourds chapiteaux succédèrent les minces et inégales colonnettes groupées en
faisceaux et dont la tête s'épanouit comme un arbre en délicates
nervures; au plein-cintre des arches se substituèrent les ogives,
admirable arceau qui se renflait ou se redressait à volonté dans la
main de l'artiste, et qu'il mit partout; le toit plat se changea en
voûte étroite formée en carène de vaisseau; le clocher pyramidal
alla percer le ciel de sa flèche audacieuse; les portails, les galeries,
les nefs, les chapelles furent chargés d'une profusion de détails gracieux ou terribles, de statues innombrables, de magnifiques vitraux
peints. La pierre s'anima et se transforma en un poème immense
où l'imagination la plus féconde a épuisé toutes ses fantaisies. Peinture, musique, sculpture, tout est là; intelligence et force, industrie et richesse, drame, poésie, éloquence, tout a été dépensé là pour
remuer l'âme dans ses plus intimes profondeurs. Le peuple s'inquiétait peu des bouges obscurs et infects où il couchait, pourvu qu'elle
fût grande, riche, magnifique, cette église où il passait la moitié de
ses jours, où tous les actes de sa vie civile étaient consacrés, où il
trouvait l'égalité, bannie de partout ailleurs, où il repaissait son
cœur et ses yeux du plus grand des spectacles. La cathédrale et
sa flèche pyramidale, et sa forêt de colonnes, et ses balustres ci-

selés, et sa foule de statues, et sa musique majestueuse, et ses pompeuses cérémonies, et ses cierges, ses tentures, ses prêtres, c'était là sa gloire et sa jouissance de tous les jours; c'était sa propriété, son œuvre, sa demeure aussi, car c'était la maison de Dieu.

La passion religieuse étant le mobile de toutes les facultés humaines, la théologie accaparait toutes les intelligences : c'était la mère et la dominatrice de toutes les sciences; mais elle se perdait souvent dans des subtilités oiseuses qui rétrécissaient les esprits et leur faisaient dépenser sans profit toute leur vigueur. L'Église, âme de la société, partout présente et maîtresse, à la fois gouvernement et peuple, embrassait tous les états de la vie; elle s'incorporait tout ce qui avait des lumières, et ouvrait aux hommes de toute condition les plus brillantes carrières. Elle se glorifia surtout de trois personnages différents de destinée et de caractère : Suger, le ministre; Bernard, le saint; Abailard, le philosophe.

Suger (1081-1152), moine de basse naissance, parvint au gouvernement de l'abbaye de Saint-Denis par sa piété et son savoir. Ce fut l'ami de Louis VI et le précepteur de son fils; aussi brave chevalier que saint docteur, il aida le roi dans toutes ses entreprises, soit de la main, soit de la tête, et ses idées politiques se manifestent autant par ses actions que par ses écrits. C'est dans sa Vie de Louis VI, et surtout dans ses lettres, qu'on voit poindre les idées de gouvernement qui firent la fortune de la royauté.

Bernard (1091-1153), abbé de Clairvaux et réformateur de l'ordre de Cluny, était aimé et obéi des grands et des petits, des nations et des rois; c'était l'oracle de son siècle, plus encore par sa vertu que par sa science. Sa foi était simple et ferme, sa piété ardente et éclairée, son amour de la vérité et son dévouement au bien de la nature la plus élevée et la plus pure. Il prit part à toutes les affaires de l'Europe, et n'avait d'autre mission, d'autre pouvoir que sa renommée. Peu d'hommes ont été chargés de plus de travaux : diplomate universel, pacificateur des états, écrivain plein d'élégance et d'onction, il régnait en despote sur les intelligences, apaisait les schismes, dirigeait les conciles, instruisait le clergé, gourmandait les papes, fondait cent soixante couvents et répandait ses disciples dans toute la chrétienté.

Suger et Bernard étaient des hommes publics; mais le savant tout spéculatif, qui résume en lui toutes les connaissances de l'époque, c'est Abailard (1081-1142), l'un des génies les plus complets qui aient honoré l'humanité. Vers l'an 1050, les Arabes avaient apporté en Europe les écrits d'Aristote [1], avec les commentaires

---

[1] On n'avait encore que l'*Organum*, qui fut envoyé de Constantinople à Char-

que leurs philosophes en avaient faits. Ces richesses intellectuelles mirent la fermentation dans les écoles et ébranlèrent la scolastique, dont la forme philosophique était si pauvre. Abailard fut l'interprète le plus audacieux de ce mouvement : au moment du triomphe le plus absolu de l'autorité en matière de foi, il reproduisit les doctrines d'Aristote, condamnées jadis par les Pères de l'Église, qui étaient presque tous platoniciens; il éveilla, le premier, ce besoin d'examen et de liberté qui est la gloire et le tourment de l'esprit humain : « Nul ne peut croire, disait-il, sans avoir compris; la religion veut des arguments philosophiques qui satisfassent la raison [1]; » et il ôtait le voile à tous les mystères, il mettait à nu toute la poésie spiritualiste du christianisme. Sa philosophie, si positive et si terrestre, eut un grand succès et souleva contre lui tout le clergé. « Les secrets de Dieu sont mis à jour, s'écriait saint Bernard; les plus hautes questions sont témérairement jetées au vent[2]. » L'étoile avant-courrière de la réforme luthérienne, voyant l'orage, se hâta de s'envelopper de l'obscurité : le temps n'était pas venu ; et la riche imagination, les facultés prodigieuses, les études profondes du docteur breton durent s'humilier devant la foi implacable et l'ascendant despotique de l'abbé de Clairvaux, en même temps que les écrits de son maître Aristote furent condamnés au feu par un concile (1209). Abailard fonda la réputation des écoles de Paris; jamais savant n'a joui pendant sa vie d'une renommée plus complète; et cependant il est devenu bien moins célèbre dans la postérité, pour sa science dépensée inutilement et son génie consumé dans des subtilités théologiques, que par ses amours et ses malheurs. L'histoire d'Abailard et d'Héloïse est la plus fameuse de ces grandes passions que présente le moyen âge, la seule qui soit toute fraîche encore dans les souvenirs populaires, et qui montre la femme sous un jour inconnu au monde ancien.

CHAPITRE II.

Règne de Louis VII. — Deuxième croisade. — Domination de Henri Plantagenet. — 1137 à 1180.

§ I. GUERRE DE LOUIS VII CONTRE LES COMTES DE TOULOUSE ET DE CHAMPAGNE. — Louis VII, en montant sur le trône, était dans une situation plus prospère que celle de son prédécesseur; mais

---

lemagne, et qui, pendant plus de deux cents ans, fut toute la ressource de la scolastique. Platon ne fut apporté dans l'Occident qu'après la prise de Constantinople par les Turcs.

[1] Abailard, Introd. à la Théologie. — [2] Œuvres de saint Bernard, ép. 88.

il n'avait pas son sens droit et ses idées justes. C'était un homme faible et dominé par ses caprices, qui ne comprenait pas l'impulsion donnée au pouvoir royal. Heureusement il avait pour guide l'abbé Suger, qui gouverna pendant la moitié de son règne.

Le nouveau duc des Aquitains profita de sa position pour faire connaître au midi le nom et les droits du roi de France. Il parcourut la province avec sa femme; et celle-ci confirma les priviléges des villes, rendit au clergé la liberté des élections, donna à l'île d'Oléron un code maritime qui a servi de règle à la navigation de l'Océan. Louis voulut aussi faire valoir les droits que la maison de Poitiers prétendait sur le comté de Toulouse; mais ses vassaux ayant refusé de le suivre dans cette guerre, il échoua devant Toulouse, que ses habitants défendirent avec vigueur, et fut forcé d'abandonner ses projets (1141).

Il s'éleva alors une querelle entre le roi de France et Innocent II pour donner un pasteur à la ville de Bourges. Le pontife consacra son protégé, « disant que le roi était un enfant, qu'il fallait former et empêcher de s'accoutumer à la résistance [1]. » La discorde devint violente; Suger et Bernard jouèrent un grand rôle, celui-ci pour le pape, celui-là pour le roi; Louis VII fut excommunié. Thibaud IV, comte de Champagne, prit parti pour le pontife; le roi attaqua ses terres, s'empara de Vitry et fit mettre le feu à l'église, où treize cents personnes s'étaient réfugiées. Il eut des remords de cette atrocité, sollicita la paix, l'obtint avec son absolution, et songea dès lors à expier son crime par un pèlerinage à la Terre-Sainte.

§ II. ÉTAT DE LA TERRE-SAINTE. — PRISE D'ÉDESSE PAR LES MUSULMANS. — PRÉDICATION DE LA DEUXIÈME CROISADE. — Les colonies d'Orient étaient pour les chrétiens une seconde patrie qui avait tous les regards et les affections populaires : là vivait « un peuple pèlerin, toujours assiégé dans sa conquête, et qui, tout entier en armes, veillait constamment comme une sentinelle auprès d'un tombeau [2]. » Chaque année des troupes de chevaliers se dirigeaient vers cette nouvelle France; mais ces secours étaient insuffisants, et la foi et la valeur avaient engendré, pour la défense des lieux saints, l'institution la plus merveilleuse de ce temps, celle des moines-chevaliers du Temple, de l'Hôpital de Saint-Jean de Jérusalem. Comme religieux, ils étaient astreints aux vœux de pauvreté, de chasteté, d'obéissance, et à toutes les exigences de la règle austère que leur donna saint Bernard; comme guerriers, ils avaient à combattre sans repos. « Armés de foi au dedans et de

[1] Guillaume de Nangis, a. 1142. — [2] Guizot, Notice de Foulcher de Chartres.

fer au dehors [1], » ils devaient, d'un côté, vivre dans l'abstinence et la prière; de l'autre côté, défendre la sainte cité, protéger les pèlerins, soigner les malades. C'était la croisade rendue permanente. Ces moines-chevaliers, par leur dévouement absolu à la cause qui remuait tous les cœurs, acquirent une gloire et une popularité immenses; on les accabla de richesses, d'honneurs et de priviléges.

A Baudoin Ier avait succédé Baudoin du Bourg, son cousin (1118). Sous lui les colonies chrétiennes atteignirent leur plus haut degré de prospérité; les Francs s'emparèrent de Ptolémaïs à l'aide des Génois, et de Tyr à l'aide des Vénitiens; mais ils n'eurent jamais un grand plan de conquête et des idées systématiques d'établissement en Syrie; il semble que tout leur génie politique ne dépassait pas la garde du Saint-Sépulcre. Ils ne surent pas mettre à profit la ruine des Seldjoukides, pour rejeter ces peuples au centre de l'Asie, et laissèrent élever par Zenguy, sultan d'Alep, une nouvelle dynastie, celle des Atabeks, qui domina sur la meilleure partie de l'Orient. A Baudoin II succéda son gendre Foulques, jadis comte d'Anjou, et père de Geoffroi Plantagenet (1131). Sous lui et son fils Baudoin III les états chrétiens déchurent. Les Latins prirent des mœurs efféminées et opprimèrent les Syriens comme hérétiques; des querelles s'élevèrent entre les princes d'Antioche, de Tripoli, d'Édesse; les chevaliers du Temple et de Saint-Jean dégénérèrent et se rendirent odieux par leur cupidité et leur orgueil. Les Musulmans profitèrent de cette décadence; la ville d'Édesse, avant-poste de la Syrie, fut prise par Zenguy (1144); trente mille chrétiens furent massacrés, vingt mille réduits en servitude.

A cette nouvelle, l'Europe consternée fut saisie d'un désir de vengeance : c'était un devoir rigoureux pour tous les chrétiens d'aller à la défense de leurs frères; la France n'avait alors que des guerres peu animées; Louis VII était excité par sa dévotion, sa bravoure et ses remords à acquérir de la renommée; enfin, la guerre sainte était prêchée par un homme qui gouvernait les rois, le clergé et les peuples par le double ascendant du génie et de la vertu, saint Bernard. Une croisade fut résolue dans l'assemblée de Vezelay; Louis VII prit la croix avec sa femme et une multitude de seigneurs (1145). Une année fut consacrée aux apprêts; mais on avait oublié les grandes raisons de la première expédition : on se croisa uniquement pour faire un pèlerinage aux lieux saints; et, comme on admettait en principe que la croisade lavait

[1] Lettres de saint Bernard.

tous les crimes, il y eut encore plus de malfaiteurs que dans la première guerre. On avait résolu d'abord de prendre la voie de la mer; mais, à cause de la multitude de pèlerins non combattants et de la cherté du passage, on se décida à suivre la route du Danube. « Les frais de l'expédition furent fournis par des impôts levés sur tous sans distinction de rang, d'âge, ni de sexe, ce qui excita de grandes malédictions [1]; » le clergé paya des sommes énormes. Suger désapprouva le voyage; mais il ne put changer la volonté de Louis, « qui abandonna le choix des gardiens du royaume aux prélats et aux grands [2]. » Ceux-ci confièrent la régence à l'abbé Suger, auquel on adjoignit ensuite l'archevêque de Reims et le comte de Vermandois.

Cependant, Bernard parcourait la France et l'Allemagne, et faisait passer dans tous les cœurs le feu dont il était animé; « épuisé par les jeûnes et les privations du désert, pâle et respirant à peine, il persuadait par sa présence autant que par ses discours [3]. » On accourait, on se pressait de toutes parts pour voir et toucher l'interprète de Dieu. Ses actions étaient des miracles, ses paroles des ordres divins; les Allemands n'entendaient pas sa langue et étaient entraînés par ses regards et sa voix; l'empereur (c'était Conrad III, tige de l'illustre maison de Hohenstauffen, que les gibelins avaient fait élire après la mort de Lothaire II, en 1137) ne put résister à ses pressantes sollicitations, et prit la croix avec plusieurs autres princes. « Les villes et les châteaux sont déserts, s'écriait Bernard, on ne voit que des veuves et des orphelins dont les maris et les pères existent encore [4]. »

Tout semblait annoncer le succès; deux grandes armées s'apprêtaient, l'une en France, l'autre en Allemagne; les rois de Sicile et de Hongrie, l'empereur d'Orient, Manuel Comnène, promettaient leur assistance. On offrit à saint Bernard le commandement de la croisade; mais sa piété, tout ardente qu'elle était, ne l'aveuglait pas; il refusa, par humilité et par raison, et, comme il voyait les Juifs menacés d'une persécution, il prit ces malheureux sous sa tutelle, et empêcha le renouvellement des horreurs de la première croisade.

§ III. Deuxième croisade. — L'armée de l'empereur partit la première (1147); l'armée du roi de France la suivit deux mois après. Celle-ci, plus compacte, mieux approvisionnée, profitait des fautes des Allemands, qu'elle affectait de surpasser en sagesse

---

[1] Chron. de Raoul de Dicet. — [2] Odon de Deuil, Hist. du voyage de Louis VII, liv. I. — [3] Epîtres de l'abbé Vibald, Coll. de Mascovius, liv. IV. — [4] Epîtres de saint Bernard, p. 247.

comme en bravoure. Cette rivalité amena un résultat que sans doute ni le roi ni son ministre n'avaient prévu : c'est que les divers habitants de la France, ennemis et étrangers quand ils étaient dans leur pays, s'habituèrent, en face des Germains, à se considérer comme compatriotes, ayant même esprit, mêmes intérêts, même chef; tous les seigneurs qui accompagnaient le roi l'entouraient d'honneurs, de respect, d'obéissance, affectant de le regarder comme l'égal de l'empereur, exagérant sa puissance et leur soumission pour mettre la royauté française au-dessus de la royauté germanique; de sorte que le pouvoir royal acquit dans le voyage un aspect de grandeur et d'unité qui porta plus de fruit que les combats de Louis VI et les écrits de Suger.

Les Allemands arrivèrent les premiers à Constantinople. Les Grecs, qui n'avaient plus de raisons pour désirer l'intervention des Latins, et qui redoutaient leur ambition, les accueillirent avec la plus grande défiance, leur refusant des vivres et égorgeant les traîneurs. « Il n'y eut méchanceté, dit un Grec contemporain, que Manuel ne fît aux croisés et n'ordonnât de leur faire, pour servir d'exemple à leurs descendants [1]. » Les Allemands se hâtèrent de passer le Bosphore, et prirent leur chemin par le centre de l'Asie mineure, mais ils ne trouvèrent ni eau ni vivres dans ce pays âpre et désert; trahis par leurs guides, ils furent mis en déroute par les Turcs et rétrogradèrent sur Nicée. Il ne resta à Conrad que cinq à six mille hommes, qui vinrent se réunir à l'armée de Louis VII.

Les Français, arrivés à Constantinople, s'indignaient des trahisons des Grecs et de leurs insolences; ils les haïssaient comme des hérétiques, et se livraient envers eux à mille violences, « jugeant que c'était moins que rien de les tuer [2]. » De leur côté, ceux-ci abhorraient les Latins; « leur patriarche disait que c'étaient des chiens, non des hommes, et que l'effusion de leur sang effaçait tous les péchés [3]; » les croisés apprirent même que Manuel avertissait les Turcs de leurs plans et de leurs mouvements. Alors l'évêque de Langres proposa dans le conseil de s'emparer de Constantinople, afin de punir ces perfides alliés, pires que des ennemis, et de faire désormais communiquer sans obstacle l'Europe et ses colonies d'Asie : « Ces hérétiques, dit-il, n'ont pas su défendre la chrétienté et le Saint-Sépulcre, et il viendra un temps où leur lâcheté laissera prendre Constantinople par les Turcs, et ouvrira ainsi aux infidèles les portes de l'Occident. C'est à nous de prévenir ce désastre; la

---

[1] Nicetas Choniates. — [2] Odon de Deuil, liv. III. — [3] Chron. sur l'expédition des Allemands, citée par Gibbon.

nécessité, la patrie et la religion nous commandent de ne pas laisser derrière nous une ville de traîtres : si vous ne le faites, l'Occident vous demandera compte de votre imprudence [1]. » De telles raisons ne pouvaient être comprises du roi et de ses barons; la guerre sainte n'était pour eux qu'un acte de dévotion; leur loyauté chevaleresque s'effrayait d'une trahison, et ils répondirent à l'évêque : « Nous sommes venus en Asie pour expier nos péchés et non pour punir les Grecs; d'ailleurs, *l'apôtre* [2] ne nous a donné aucun ordre à cet égard [3]. » La croisade étant considérée sous ce point de vue, on se fia sur la Providence et l'on ne prit aucune précaution; l'armée française passa le Bosphore, et les Grecs eux-mêmes s'étonnèrent de la patience et de la modération des Français [4].

Louis VII commença de marcher par le littoral de l'Asie; mais, arrivé à Éphèse, il se jeta dans l'intérieur, remontant le Méandre pour parvenir plus directement au golfe d'Attalie. Au passage du fleuve, les Turcs se présentèrent et furent mis en déroute; alors leur cavalerie légère voltigea sur les flancs de l'armée, coupant les vivres et enlevant les traîneurs; et, au passage d'un défilé, le corps de bataille, ayant été séparé de son avant-garde, fut attaqué dans des gorges affreuses et presque entièrement détruit. Le roi courut les plus grands dangers, et ne se sauva que par des prodiges de valeur. Enfin les croisés, diminués de moitié par les combats, la famine et les trahisons des Grecs, arrivèrent à Attalie, sur la côte de Pamphylie; ils n'avaient plus de vivres, plus d'armes, plus de chevaux. D'Attalie à Antioche il y avait quarante journées de marche par terre, à travers des populations ennemies; par mer il ne fallait que trois jours. On résolut de s'embarquer; mais les Grecs ne fournirent qu'un petit nombre de vaisseaux, sur lesquels partirent le roi et les chevaliers. Le reste de l'armée, composé d'hommes de pied, de femmes, d'enfants, sans chefs, sans armes, livré au désespoir, essaya de continuer sa marche par terre; mais il périt sous le fer des Turcs, ou fut réduit en esclavage par les Grecs; et, de cette croisade de quatre cent mille pèlerins, il n'y en eut pas dix mille qui atteignirent la Terre-Sainte.

Cependant le roi et sa petite armée étaient arrivés à Antioche; là régnait Raymond de Poitiers, fils de Guillaume IX d'Aquitaine, oncle de la reine Aliénor. Ce prince, menacé par Noureddin, sultan d'Alep, accueillit les Français avec joie, comptant sur leur assistance; mais le roi, épouvanté de ses désastres et pressé d'acquitter

---

[1] Odon de Deuil, liv. IV.

[2] *L'apôtre* ou *l'apostolle* est le nom donné au pape dans toutes les chroniques du moyen âge.

[3] Odon de Deuil, liv. IV. — [4] Nicetas Choniates.

son vœu, refusa de rien entreprendre avant d'avoir vu le Saint-Sépulcre, et il s'en alla à Jérusalem (1148). Alors commencèrent entre Louis et son épouse des querelles domestiques qui devaient avoir de funestes suites pour la France : « Aliénor, légère, imprudente, négligeait la dignité royale, et oubliait jusqu'à la foi due au lit conjugal [1]. »

L'expédition était manquée; mais les croisés ne croyaient pas leur vœu accompli tant qu'ils n'auraient pas versé le sang des infidèles. Le roi de France, l'empereur Conrad, le roi de Jérusalem, les ducs d'Antioche, de Souabe, de Bavière, les comtes de Flandre et de Champagne, se réunirent à Ptolémaïs, et résolurent de faire le siège de Damas. Mais des discordes s'élevèrent entre les Francs et les Syriens, par la perfidie de ceux-ci et l'orgueil de ceux-là; et, après plusieurs combats meurtriers, le siège fut levé. Le découragement se mit parmi les croisés, qui ne songèrent plus qu'à retourner dans leur patrie. Conrad partit le premier. Louis s'embarqua l'année suivante; il fut pris en mer par les Grecs, délivré par les Normands de Sicile, et enfin arriva en France (1149).

Cette croisade fut désastreuse, surtout par ses suites. La mauvaise opinion que les Français conçurent des Syriens se répandit dans l'Europe et refroidit l'enthousiasme; dès lors, la condition des colonies d'Orient alla toujours en empirant [2]. » La réputation de saint Bernard fut rudement ébranlée; il avait promis le succès, on n'avait eu que des revers; des malédictions s'élevèrent de toutes parts contre lui. « Quelle confusion pour nous! écrivait-il au pape. Tout le monde sait que les jugements du Seigneur sont véritables; mais celui-ci est un si profond abîme, qu'on peut appeler heureux celui qui n'en est pas scandalisé [3]. » Il mourut cinq ans après.

§ IV. Administration de Suger. — Divorce de Louis VII. — Henri Plantagenet épouse Aliénor et devient roi d'Angleterre. — Une renommée moins éclatante, mais plus heureuse, était celle de Suger. « Aussitôt que le roi fut parti, les hommes avides de pillage commencèrent à désoler le royaume; mais, armé du glaive spirituel et du glaive temporel, l'abbé réprima en peu de temps leur méchanceté [4]; » et le pouvoir royal ne fit que s'accroître aux mains de l'homme qui avait pour maxime : « qu'il vaut mieux que tous aient un seul maître qui les défende, que de périr tous en n'ayant pas de maître [5]. » On admirait en lui moins sa science et sa sainteté que son habileté politique; et ce sentiment qui lui valut le surnom de Salomon, et qui fit venir en France des

---

[1] Guill. de Tyr, liv. XVI. — [2] Id., liv. XVII. — [3] Lettres de saint Bernard. — [4] Vie de Suger, liv. III. — [5] Vie de Louis VI, par Suger, liv. XV.

étrangers pour voir son administration, indique par lui seul un immense progrès dans les idées. Comme il avait désapprouvé le départ du roi, il ne cessa de presser son retour[1], et se hâta de lui remettre le gouvernement du royaume, pour rentrer dans son abbaye « avec le glorieux titre de père de la patrie que le roi et le peuple lui donnèrent. »

Louis VII revenait dans ses états, diminué de puissance et de renommée, plein de chagrin et d'humiliation; l'animadversion publique l'accusait d'avoir abandonné son armée à Attalie; le mépris que sa femme avait pour lui semblait s'être communiqué à tous ses sujets; enfin, « Suger ne voulait plus sortir de son abbaye que par force, pour assister aux conseils des princes, où il intercédait encore pour les pauvres, les veuves et tous ceux qui souffraient quelque injure[2]. » Désormais, Louis allait apparaître à la France dans toute sa faiblesse, sa timidité d'esprit, sa dévotion étroite et sans dignité.

La reine Aliénor avait conçu la plus profonde aversion pour son mari : « c'est un moine, disait-elle, et non un roi[3]; » et elle sollicitait un divorce auquel Louis s'opposait faiblement. Tout à coup, au retour d'un voyage en Aquitaine, le roi retire ses garnisons de tous les châteaux de ce pays. Un concile était assemblé à Beaugency; des parents d'Aliénor y portent une demande de divorce;

---

[1] Ses lettres sont des plus intéressantes : c'est là qu'est en réalité l'histoire du temps. En voici une qui nous montre ses idées sur les devoirs et les droits de la royauté, les objets sur lesquels portaient son administration et les relations du roi et de son ministre :

« Les perturbateurs du repos public sont revenus, tandis que, obligé de défendre vos sujets, vous demeurez captif dans une terre étrangère. À quoi pensez-vous, seigneur, de laisser ainsi à la merci des loups les brebis qui vous sont confiées! Non, il ne vous est pas permis de vous tenir plus long-temps éloigné de nous. Nous supplions donc votre grandeur, nous exhortons votre piété, nous interpellons la bonté de votre cœur, enfin nous vous conjurons par la foi qui lie réciproquement le prince et les sujets, de ne pas prolonger votre séjour en Syrie, de peur qu'un plus long délai ne vous rende coupable aux yeux du Seigneur de manquer au serment que vous avez fait en recevant la couronne. — Vous avez lieu, je pense, d'être satisfait de notre conduite. Nous avons remis entre les mains des chevaliers du Temple l'argent que nous avions résolu de vous envoyer. Nous avons de plus remboursé au comte de Vermandois l'argent qu'il nous avait prêté pour votre service. — Votre terre et vos hommes jouissent, quant à présent, d'une heureuse paix. Nous réservons pour votre retour les reliefs des fiefs mouvants de vous, les tailles et les provisions de bouche que nous levons sur votre domaine. Vous trouverez vos maisons et vos châteaux en bon état, par le soin que nous avons pris d'en faire les réparations. — Me voilà présentement sur le déclin de l'âge; mais j'ose dire que les occupations où je me suis engagé pour l'amour de Dieu et par attachement pour votre personne, ont beaucoup avancé ma vieillesse. — À l'égard de la reine votre épouse, je suis d'avis que vous dissimuliez le mécontentement qu'elle vous cause, jusqu'à ce que, rendu en vos états, vous puissiez tranquillement délibérer sur cela et sur d'autres objets. » (Traduction de M. Guizot.)

[2] Lettre de l'abbaye de Saint-Denis sur la mort de Suger.

[3] Guill. Neubrig., liv. I.

sous prétexte de parenté; Louis déclare qu'il se soumettra au jugement de l'Église; et la cassation du mariage est prononcée. Aussitôt Aliénor regagne ses états, échappe à plusieurs prétendants qui voulaient l'épouser de force, arrive à Poitiers : elle y trouve et agrée Henri, fils de Geoffroy Plantagenet, qui venait de succéder à son père dans la possession de l'Anjou, du Maine et de la Touraine, et dans ses prétentions sur la Normandie et l'Angleterre (1152). Louis s'alarme et somme son vassal de ne pas contracter mariage sans sa permission. Henri ne tient compte de la défense, et s'empresse de faire hommage à son suzerain des riches états qu'il vient de lui enlever. Ainsi la royauté, par la faiblesse de Louis VII, retombait dans son impuissance primitive, et l'un des vassaux du roi de France acquérait un pouvoir triple du sien; mais la couronne avait gagné une telle force dans l'opinion, que, quel que fût l'homme qui la portait, quelle que fût la petitesse de ses moyens matériels, elle devait finir par être victorieuse.

Louis VII s'irrita des pertes qu'il venait de faire, et forma contre son rival une ligue redoutable, où entraient Étienne, roi d'Angleterre, et Henri, comte de Champagne. On avait résolu de partager ses états; mais Henri Plantagenet était plein de talent et d'activité; il déjoua promptement les desseins de ses ennemis, et passa en Angleterre, où une foule de barons se réunirent à lui. Étienne fut forcé de conclure un traité par lequel il reconnut Henri pour son successeur; le roi de France lui-même fut contraint à faire la paix. Un an après, Étienne mourut, et Henri lui succéda sans opposition (1154).

§ V. Relations de Louis VII avec les communes. — Histoire de la commune de Vézelay. — Pendant ces révolutions d'états, la révolution des communes continuait sans éclat et avec constance; mais, comme les bourgeois n'avaient pas d'écrivains, elle ne nous est révélée que de loin en loin par quelque phrase incidente des historiens. Louis VII suivit avec elle la même marche que son père : il abolit plusieurs communes pour l'argent qu'on lui donna; rarement il protégea leur établissement chez les autres, et toujours il l'empêcha chez lui. La première opération de son règne avait été d'apaiser « l'orgueil et la forsennerie d'aucuns musards de la cité d'Orléans, qui, pour raison de la commune, faisoient semblant de soi rebeller et dresser contre la couronne, et il en fit détruire plusieurs de male mort [1]; » mais en même temps il amenda la conduite de ses officiers dans cette ville, y abolit la servitude, et garantit la liberté individuelle des habitants. Sous son règne, un grand

[1] Grandes Chroniques de France.

nombre de *villes neuves* furent bâties et d'anciennes agrandies ¹. »
Il institua des communes dans quelques bourgades sans importance, confirma les chartes accordées par son père à Beauvais et à Mantes, défendit à main armée la commune de Laon contre son évêque, et interposa partout sa médiation entre les seigneurs et les bourgeois. Sa conduite à l'égard de la commune de Vezelay complétera nos idées sur la révolution communale.

L'abbaye de Vezelay, célèbre par son église de Sainte-Marie-Madeleine, était indépendante de toute juridiction temporelle ou ecclésiastique, et ne reconnaissait que l'autorité du saint-siége. Ce privilége, qui était fort rare, et les nombreux pèlerins qu'attirait l'église, donnèrent une grande prospérité au bourg de Vezelay; et les habitants, quoique sujets ou colons de l'abbaye, acquirent des richesses, de l'importance et cette sorte de liberté que donnait toujours la protection du clergé. Le comte de Nevers, Guillaume III, vassal des ducs de Bourgogne, fut jaloux de la puissance des abbés de Vezelay, et prétendit des droits seigneuriaux sur la ville. Comme les bourgeois n'étaient pas indifférents à cette fermentation de liberté qui agitait alors toutes les villes de France, il profita de cette disposition, et leur dit : « Hommes très-illustres par votre sagesse, par votre force et par les richesses que votre mérite vous a données, je m'afflige très-profondément de votre misérable condition; car, possesseurs en apparence de beaucoup de choses, vous n'êtes en réalité maîtres d'aucunes, et vous ne jouissez même nullement de votre liberté naturelle. C'est pourquoi je vous conseille de vous séparer de cet abbé, qui exerce sur vous sa tyrannie. Concluez avec moi un traité d'alliance ; je m'appliquerai à vous délivrer de toute vexation, et je vous défendrai de tous les maux qui menacent de vous accabler ². » Les bourgeois s'en allèrent trouver l'abbé, et lui firent part des propositions du comte. L'abbé les conjura « de ne point se soustraire à une sujétion sous laquelle ils vivaient en hommes libres ³; » mais il refusa de leur faire aucune concession. Alors les bourgeois s'insurgèrent, et, renonçant à leur foi envers l'abbé et l'église de Sainte-Marie, ils se formèrent en commune. Le comte jura fidélité aux bourgeois, et promit de n'avoir pour amis ou ennemis que les amis ou ennemis de la commune; eux lui jurèrent foi et service à la vie et à la mort. L'abbé s'exila de Vezelay, et écrivit au pape, à tout le clergé de France et à Louis VII. Un légat arriva et excommunia les bourgeois. Ceux-ci, désespérés, chassèrent les

---

¹ Guillaume de Nangis. — Ces villes neuves étaient des asiles ouverts par un seigneur aux dépens de ses voisins, et qui se peuplaient de serfs fugitifs.
² Hist. de l'abbaye de Vezelay, liv. III. — ³ Id., ibid.

moines, firent de l'église leur place d'armes, détruisirent les murailles du monastère, et fortifièrent de tours et de créneaux les maisons de la ville. Louis, vivement sollicité par l'abbé, envoya des messagers au comte de Nevers, et le somma de détruire la commune; mais le comte répondit : « J'ai fait du monastère de Vezelay comme de ce qui m'appartient, et je ne dois aucun compte au roi pour un tel fait [1]. » Alors le pape Adrien IV enjoignit à Louis VII de marcher avec une armée sur Vezelay. Le roi convoqua, à Moret, le comte, l'abbé et les bourgeois devant sa cour; mais, malgré ses sollicitations et ses menaces, le comte fut inflexible : « Je ferai pour toi, lui disait-il, tout ce que je puis; mais jamais je ne composerai sur ce qui est de mon droit [2]. » La cour du roi déclara les bourgeois convaincus de meurtre, de sacrilège et de trahison ; et le comte de Nevers fut condamné à amener les coupables devant le roi, et à mettre leurs biens dans les mains de l'abbé.

Le comte, étant revenu à Vezelay, fit proclamer la sentence, et tous les bourgeois abandonnèrent la ville et se retirèrent dans ses châteaux. L'abbé, voyant cela, prit à sa solde des compagnies d'aventuriers qui ravagèrent les maisons et les terres des exilés. Ceux-ci, lassés de tant de maux, offrirent au roi de l'argent pour avoir la paix. Louis vint à Auxerre, et y convoqua de nouveau l'abbé, le comte et les bourgeois. Les derniers remirent leurs corps et leurs biens à la merci du roi, abjurèrent leur commune, firent serment de fidélité à l'abbé, et promirent de livrer les meurtriers, de démolir leurs tours et de payer une forte amende. A ces conditions, la paix fut conclue; les habitants rentrèrent dans leur ville, et l'abbaye « recouvra le libre exercice de son droit de justice sur ses vassaux rebelles [3]. » (1155).

Beaucoup d'autres villes eurent aussi peu de succès dans leurs entreprises de liberté; et la destruction d'une commune fut toujours facile, parce que ces petites sociétés, en présence des rois, des seigneurs, des prélats, étaient isolées, sans communication, sans sympathie, et que le malheur de l'une n'émouvait nullement les autres. La fédération des communes n'était pas plus dans les mœurs que la fédération des seigneurs : on ne concevait l'existence politique qu'isolée. C'est la cause principale de la courte existence des communes de France, malgré l'énergie et la constance qui furent dépensées dans leur établissement et leur défense; c'est aussi ce qui a favorisé les usurpations de la royauté, et par suite la formation de la nationalité française. Une situation tout à fait contraire a donné une longue vie aux républiques d'Italie, dont

[1] Hist. de l'abbaye de Vezelay, liv. III. — [2] Id., ibid. — [3] Id., ibid.

l'indépendance date de cette époque, mais, conséquemment, a empêché la formation de la nationalité italienne.

§ VI. GUERRE DE FRÉDÉRIC BARBEROUSSE ET DES RÉPUBLIQUES ITALIENNES. — POLITIQUE DES HOHENSTAUFFEN. — L'Italie, comme tous les pays de race et de législation romaines, avait vu la féodalité s'établir chez elle moins largement et moins profondément que dans les pays de race et de législation germaniques. Les municipes romains n'avaient jamais cessé d'y exister; l'aristocratie n'y était pas maîtresse à la fois de tous les droits et de tous les biens; enfin l'Italie n'était point partagée, comme la France, en une multitude de souverains indépendants : elle n'en connaissait qu'un, l'empereur, à qui l'on obéissait mal, qu'on voyait rarement, qu'on haïssait comme étranger. Les villes n'avaient donc pas à lutter pour leur liberté, chacune contre un seigneur, mais toutes contre un seigneur commun; elles avaient contre lui mêmes intérêts et même antipathie, et elles profitèrent si bien des guerres entre les maisons de Souabe et de Saxe, qu'elles devinrent, surtout dans la Lombardie, de véritables républiques. Frédéric Barberousse, neveu de Conrad de Hohenstauffen, lui succéda (1152) : c'était un homme plein d'ambition et d'énergie, qui se proposait Charlemagne pour modèle, et qui, n'ayant que l'ombre du pouvoir impérial, n'en regardait pas moins les autres souverains comme ses lieutenants, et les appelait dédaigneusement les *rois provinciaux*. De telles prétentions ne pouvaient être admises par les successeurs de Grégoire VII; et la maison de Hohenstauffen leur en devint si odieuse, que le saint-siége ne cessa de lutter contre elle jusqu'à destruction. Frédéric chercha d'abord à rattacher à l'empire l'ancien royaume de Bourgogne, où les seigneurs étaient indépendants, et pour cela il épousa l'héritière de Reynaud III, septième comte de Bourgogne; il tint ensuite une diète à Besançon, et s'y fit rendre hommage par les archevêques de Lyon et de Vienne, le comte de Viennois, Guigues V [1], le comte de Savoie, Humbert III, et les autres seigneurs de l'ancien royaume d'Arles (1158). De là il descendit en Italie avec une armée formidable, soumit toutes les villes, détruisit Milan de fond en comble, et se fit couronner empereur à Rome. En vain les descendants de Romulus réclamèrent leur indépendance : « Vous avez hérité du nom, leur dit-il; mais nous, Germains, nous avons hérité du pouvoir romain. » Le souverain pontificat pouvait seul donner aux cités d'Italie l'unité nécessaire pour résister à l'épée des Teutons; Alexandre II se dé-

---

[1] De tous les seigneurs du pays appelé aujourd'hui Dauphiné, qui se rendirent indépendants après la mort de Rodolphe III, les comtes d'Albon devinrent les plus puissants. Maîtres de Grenoble et de Vienne, ils prirent le titre de comtes et ensuite de dauphins de Viennois. Guigues V était le cinquième souverain.

clara donc « le défenseur de la liberté italienne, » excommunia l'empereur, et délia ses sujets du serment de fidélité (1160). Alors il se forma entre les villes lombardes une ligue redoutable qui lutta pendant vingt ans contre les prétentions impériales.

Les noms de Guelfes et de Gibelins passèrent dans la presqu'île, et désignèrent les partisans des papes ou de l'indépendance italienne et ceux des empereurs ou de la domination teutonique. La querelle des investitures se renouvela avec une violence extrême; et les papes énoncèrent ouvertement que la couronne impériale était vassale du saint-siège. Frédéric, après sept expéditions inutiles en Italie, fut forcé, par le traité de Venise, de reconnaître l'indépendance des républiques lombardes; et les projets du saint empire romain furent encore réduits à néant (1177). Mais les empereurs n'abandonnèrent pas ces projets, et tournèrent constamment leur ambition vers l'Italie. Ce fut la perte des Hohenstauffen. Les souvenirs de l'empire de Charlemagne les égarèrent : au lieu de faire comme les rois de France, d'assurer l'hérédité du trône dans leur maison, de centraliser autour d'eux les petits états d'Allemagne et de donner ainsi à leur patrie cette unité que les nations acquièrent si laborieusement, et qui est la condition vitale de leur grandeur, ils voulurent être empereurs d'Occident, et tournèrent tous leurs regards vers cette Rome où se donnait la couronne impériale; mais ils rencontrèrent là un double obstacle insurmontable : la haine des Italiens pour les Teutons, l'opposition de la papauté à l'empire. Ils furent vaincus, et leur maison anéantie. La féodalité devint plus anarchique et plus vigoureuse que jamais dans l'Allemagne, et cette belle nation cherche encore aujourd'hui l'unité que la France doit à sa royauté intelligente.

§ VII. PUISSANCE RELATIVE DE LOUIS VII ET DE HENRI II. — CONQUÊTE DE LA BRETAGNE PAR HENRI. — INFLUENCE DE LOUIS SUR LE MIDI. — Cependant la marche de la France vers cette unité semblait incertaine et presque rétrograde sous le fils inhabile de Louis-le-Gros. Tandis que Louis VII avait à peine en souveraineté un quinzième du royaume, Henri Plantagenet en avait près d'un tiers et tout d'une pièce, comprenant la partie la plus occidentale de la France, depuis l'embouchure de la Somme jusqu'à celle de l'Adour, sauf la Bretagne. Les deux rivaux étaient également Français et avaient même langue, mêmes mœurs, mêmes idées; car l'Angleterre n'était pour le comte d'Anjou qu'un pays étranger et conquis, pour lequel les rois et les barons de race normande ou angevine affectaient une sorte de dédain. Aussi la lutte qui va s'engager entre les deux rois ne porte pas un caractère de guerre nationale entre la France et l'Angleterre ; c'est, en réalité, la querelle d'un suzerain et d'un vassal, une guerre intérieure et qu'on pourrait appeler civile, qui n'a pour théâtre que la France, où les hommes de France furent seuls engagés, et dans laquelle l'Angleterre ne compta que par les secours que son roi tira d'elle. Dans cette lutte, le prince qui avait le titre de roi de France aurait dû succomber, non-seulement à cause de sa grande infériorité de puissance, mais à cause de sa plus grande infériorité de talents ; et l'on pouvait prévoir que le comte d'Anjou serait ce vassal qui déposséderait les Capétiens de leur dignité, et ferait définitivement de l'Angleterre une province française. Cependant ce fut le vassal qui succomba, et cela seulement parce qu'il était vassal. La royauté avait beau perdre de sa puissance effective : elle ne perdait rien de sa puissance morale ; Henri II lui-même, quoiqu'il portât le nom de roi, se reconnaissait comme très-inférieur en dignité à Louis VII ; il n'était, par son titre natal, que comte d'Anjou, et, comme tel, il se glorifiait d'être sénéchal de France, fonction domestique qui lui donnait le droit de mettre les plats sur la table du roi. Ce sentiment religieux et tout instinctif d'infériorité féodale, qui a engendré une idée politique très-puissante dans les états modernes, la légitimité, était si bien inné au cœur de Plantagenet, qu'il ne songea jamais à déposséder Louis VII de sa dignité par la force, mais bien à la mettre dans sa famille par un mariage : il ne voulait pas l'usurper, mais en hériter légalement.

La Bretagne rompait la continuité des états de Henri II ; bien qu'elle fût reconnue comme fief de la Normandie, elle n'avait depuis long-temps presque rien de commun avec ce pays, ni avec le reste de la France ; elle s'occupait uniquement de ses affaires intérieures, et perdait toute son activité dans les guerres qui divisaient perpétuellement les villes de Nantes et de Rennes. La cause de ces guerres était la différence des populations et des idiomes. Le comté de Nantes, voisin de l'Anjou et du Maine, avait quelques relations avec la France, était plus commerçant et ouvert, tandis que le reste de la Bretagne était à demi sauvage, encore tout gallique de mœurs et de langue, entaché même d'idolâtrie. Le duc Conan III étant mort, les Nantais élurent Geoffroy Plantagenet, frère de Henri II ; et les Rennois, Conan IV, petit-fils de Conan III (1158). Geoffroy mourut, et Henri II se prétendit substitué aux droits de son frère. Les Bretons résistèrent. Henri, craignant qu'ils ne recourussent à la protection de Louis VII, se montra à eux comme sénéchal et représentant du roi de France ; et, après plusieurs années de combats et de ravages, il prit possession du comté de Nantes. Ce fut une révolution pour la Bretagne, qui se trouva dès lors mêlée dans les affaires de la France.

La domination de Plantagenet s'étendait de tous les côtés ; pendant qu'avec les mercenaires qu'il avait pris à sa solde il tenait ses barons, soit de l'Angleterre, soit de la France, dans une étroite sujétion, il força les seigneurs indépendants des Pyrénées à lui rendre hommage ; il porta la guerre avec succès dans le pays de Galles ; il tint en garde le comté de Flandre pendant le pèlerinage de Thierry d'Alsace en Palestine ; il fit une étroite alliance avec les comtes de Champagne et de Blois, ennemis perpétuels des rois de France ; il donna des droits à sa famille dans l'héritage de Louis VII, en faisant épouser à son fils l'aînée des filles du roi, qui n'avait pas encore d'enfants mâles [1] ; enfin il prétendit exercer les droits de sa femme sur le comté de Toulouse, et s'unit avec les ennemis de Raymond V, qui étaient : Raymond-Béranger IV, comte de Barcelone et de Provence, roi d'Aragon par sa femme ; Raymond Trancavel, vicomte de Béziers et de Carcassonne ; Guillaume, seigneur de Montpellier, etc. De son côté, Raymond V, qui avait épousé une sœur de Louis VII, appela celui-ci à son aide, et la commune de Toulouse entama, en son propre nom, des négociations avec le même roi.

Henri II, ayant convoqué tous ses vassaux pour cette conquête importante, marcha sur Toulouse (1159). Louis, qui ne pouvait arrêter son redoutable vassal que par sa bravoure personnelle, se jeta dans la ville ; et « celui-ci, n'osant assiéger son seigneur, se retira [2]. » Alors Plantagenet se tourna sur Cahors, dont il s'empara, pendant que le comte de Champagne et les seigneurs de Normandie attaquaient le duché de France. L'Église interposa sa médiation entre les deux rois, et la paix fut conclue, la question du comté de Toulouse restant indécise (1160).

Louis VII, à cette époque, avait une grande influence sur le midi : il essayait de neutraliser la puissance de son rival en s'alliant avec tous les princes de ce pays, et en leur faisant reconnaître la supériorité de son titre. Le plus remarquable de ces alliés était Ermengarde, vicomtesse de Narbonne, qui gouverna cette seigneurie pendant cinquante ans avec sagesse, et ne se maria point. Elle fut mêlée à toutes les affaires du midi, estimée et recherchée de tous les souverains, célébrée par les troubadours ;

---

[1] Louis, après son divorce, épousa Constance de Castille, qui ne lui donna que des filles, et c'est de ces filles qu'il est ici question, car il avait eu aussi deux filles d'Aliénor. Il épousa en troisièmes noces Adèle de Champagne, qui lui donna Philippe-Auguste.

[2] Guillaume de Nangis, a. 1161.

elle tenait des cours d'amour, menait elle-même ses vassaux à la guerre, et rendait la justice. Cette dernière fonction lui fut disputée, à cause des lois romaines, et quoiqu'elle pût s'appuyer de l'usage. Alors elle eut recours à Louis VII, qui saisit avec empressement cette occasion de faire reconnaître sa juridiction suprême, et écrivit à Ermengarde cette lettre précieuse : « Vous nous apprenez qu'on décide chez vous les procès conformément aux lois impériales, qui défendent aux femmes de rendre la justice. La coutume de notre royaume est beaucoup plus indulgente : elle permet aux femmes de succéder à défaut des mâles, et d'administrer elles-mêmes leurs biens. Souvenez-vous donc que vous êtes de notre royaume, et que nous voulons que vous en suiviez les maximes, et employiez le zèle de celui qui, pouvant vous créer homme, ne vous a créée que femme, et qui, par sa bonté, a mis dans vos mains le gouvernement de la province de Narbonne. Quoique vous soyez femme, nous ordonnons qu'il ne soit permis à personne de décliner votre juridiction [1]. »

§ VIII. Querelle de Henri II et de Thomas Becket. — Meurtre de Thomas. — Dangers et pénitence de Henri. — Louis, qui était matériellement si faible, avait sur son rival un avantage moral plus puissant encore que la suzeraineté : c'est qu'il était dévot, ami et serviteur de l'Église, pendant que Plantagenet était féroce, libidineux, impie et contempteur du clergé. Ce fut contre l'Église que la fortune de Henri II alla se briser. Le clergé d'Angleterre avait acquis, depuis Guillaume-le-Conquérant, une grande puissance : ses richesses étaient immenses, ses élections libres, ses juridictions très-étendues. Le peuple aimait les priviléges de l'Église, surtout ses tribunaux, plus doux et plus justes que ceux des barons, et auxquels il recourait sans cesse pour se mettre à l'abri de leurs rapacités et de leurs violences. Les immunités ecclésiastiques semblaient donc les libertés du pays, et l'archevêque de Cantorbéry, chef du clergé anglais, le rival du roi. Henri, voulant s'affranchir de ces libertés et de ce rival, fit nommer au siége pontifical de Cantorbéry Thomas Becket, homme de race saxonne, qui était devenu, par ses talents, chancelier d'Angleterre : c'était le favori du roi, le plus souple et le plus mondain de ses courtisans. Mais à peine Thomas fut-il revêtu de sa nouvelle dignité qu'il devint un autre homme, le plus austère des prélats, humble avec les petits, fier avec les grands, aussi saint dans sa doctrine que dans ses mœurs. Henri fit publier, par un parlement de barons et d'évêques dévoués à ses volontés, les *Constitutions de Clarendon*, qui mettaient pleinement

[1] Duchêne, t. IV, p. 732.

l'Église dans la main du roi, lui livraient les richesses, les élections, les juridictions ecclésiastiques, forçaient le clergé au service militaire, enfin permettaient au noble excommunié pour n'avoir pas comparu devant un tribunal ecclésiastique d'attaquer l'évêque et ses biens à main armée. Thomas refusa d'obéir à ces constitutions; il « combattit jusqu'au sang pour les moindres droits de l'Église, défendit jusqu'aux dehors de cette sainte cité [1]; » et, déjà populaire par sa sainteté, il le devint encore plus par sa résistance. Alors le roi conçut contre son ancien ami la haine la plus implacable; il l'accabla de vexations, et l'accusa même devant la cour des barons de trahison dans son office de chancelier. Thomas, condamné injustement, en appela au pape et s'enfuit en France (1164). Henri écrivit à Louis VII de ne pas donner asile à celui qu'il appelait l'ex-archevêque; mais le roi lui répondit : « Qui donc l'a déposé? Je suis roi aussi; mais je n'ai pas le pouvoir de dépouiller le moindre de mes clercs. D'ailleurs il est de l'ancienne dignité des rois de France de défendre les exilés contre leurs persécuteurs. J'ai reçu l'archevêque de Cantorbéry des mains du pape, *qui est seul mon seigneur sur la terre;* c'est pourquoi je ne l'abandonnerai ni pour roi, ni pour empereur, ni pour aucune personne au monde [2]. »

Thomas se retira dans un couvent, et excommunia les ministres de Henri. Celui-ci en devint presque fou; il déchirait ses habits, rugissait comme une bête fauve, mangeait la paille de son lit; tantôt il menaçait de se faire musulman, tantôt il s'humiliait devant Louis VII, tantôt il s'alliait à l'empereur. La querelle était devenue très-grave, et elle agita presque toute la chrétienté : c'était toujours la guerre de l'empire et du sacerdoce, des pouvoirs matériel et moral, du despotisme et de la liberté : aussi la popularité de Thomas fut-elle immense; mais il fut mal soutenu par Alexandre II, qui, occupé alors à défendre l'indépendance italienne, ménagea le roi d'Angleterre.

Cette affaire donna plus de soucis à Plantagenet que toutes ses guerres; mais elle ne lui fit pas négliger ses agrandissements. Il négocia un mariage entre la fille de Conan IV et son fils Geoffroy, et engagea Conan à céder ses états à ces deux enfants. Louis VII s'efforça inutilement d'empêcher cet accord; et Henri II, au nom de son fils, exerça le pouvoir souverain sur la Bretagne (1166). Les Bretons se soulevèrent et cherchèrent l'appui de Louis; en même temps, les seigneurs du Poitou, les comtes de la Marche et d'Angoulême s'insurgèrent et s'aidèrent aussi du faible roi de France;

---

[1] Bossuet, Hist. des variations des égl. protest., p. 207.
[2] Histor. de France, t. XIII, p. 456.

mais l'activité de Henri triompha de cette double guerre. Les Aquitains se soumirent, et Henri fit couronner son fils duc de Bretagne (1169). Cependant le mariage de Geoffroy avec Constance, fille de Conan, ne fut célébré que treize ans après, et Conan lui-même vécut encore deux ans. Ainsi la Bretagne fut en réalité conquise par les Plantagenet, et elle suivit les destinées de cette famille.

Enfin, la paix fut conclue à Montmirail entre Louis et Henri (1169). Celui-ci institua son fils aîné, Henri, duc de Normandie, d'Anjou et du Maine, et son deuxième fils, Richard, comte de Poitiers et duc d'Aquitaine; tous deux firent hommage à Louis VII, et Geoffroy, comme duc de Bretagne, à son frère aîné. On chercha inutilement dans les mêmes conférences à réconcilier Plantagenet et l'archevêque de Cantorbéry; ce ne fut qu'après six années de troubles et de négociations que le roi d'Angleterre, menacé d'excommunication et inquiet du mécontentement des peuples, s'en alla chercher Thomas, qui était abandonné de tous et réduit à mendier. Il le traita avec amitié et respect, « n'osa pas même dire un mot de ces coutumes d'Angleterre qu'il avait voulu jusqu'alors maintenir avec tant d'obstination, n'exigea aucun serment de Becket ni des siens, lui rendit tous ses biens et ceux de son église, et se déclara prêt à lui donner le baiser de paix [1]. »

Thomas retourna en Angleterre, malgré les conseils de Louis, malgré la certitude où il était lui-même de sa mort prochaine; il fut accueilli avec transport par le peuple. Henri était resté en Normandie. La querelle recommença, et l'archevêque refusa d'absoudre les barons excommuniés. A cette nouvelle, Henri, plein de colère, s'écria : « Ne se trouvera-t-il donc personne, entre tant de serviteurs que j'ai nourris, qui me délivre de ce prêtre? » A ces mots, quatre chevaliers se dévouèrent pour venger l'injure de leur maître; ils passèrent en Angleterre et assassinèrent l'archevêque, au pied de l'autel, dans l'église de Cantorbéry (1170).

Un meurtre aussi patent, aussi sacrilége, était chose monstrueuse et inouïe; il n'y eut qu'un cri dans l'Europe contre Henri II; et Louis VII, plein d'indignation, écrivit au pape : « Que le glaive de saint Pierre sorte du fourreau pour venger le martyr de Cantorbéry! son sang crie au nom de l'Église universelle [2]. » Henri fut épouvanté : déjà ses états de France étaient mis en interdit; il trembla qu'une excommunication ne lui enlevât tous ses sujets mécontents; il s'humilia, promit, donna de toutes parts, et parvint à force d'argent et d'habileté à arrêter la sentence. Mais il n'obtint son absolution qu'en reconnaissant tenir l'Angleterre

---

[1] Épîtres de saint Thomas, liv. V, ép. 45. — [2] Histor. de France, t. XVI, p. 476

comme fief du saint-siége, en abolissant les constitutions de Clarendon, en promettant de prendre la croix, en payant un tribut pour la croisade (1172). Thomas fut déclaré saint et martyr; et Henri, obligé d'invoquer publiquement celui dont il avait désiré, sinon ordonné la mort, s'en vengea en mettant en sûreté ses meurtriers.

§ IX. HENRI II CONQUIERT L'IRLANDE. — RÉVOLTES DE SES FILS. — MORT DE LOUIS VII. — Alors il continua ses projets d'agrandissement. L'Irlande était restée jusqu'à cette époque étrangère aux affaires de l'Europe; habitée par des hommes de race gallique, elle était chrétienne, éclairée, indépendante sous le gouvernement patriarcal de ses chefs nationaux. Des querelles intestines amenèrent les Normands d'Angleterre dans cette île, et Henri II demanda au pape d'en faire la conquête. Celui-ci lui en donna l'investiture; « car nul ne doute, disait-il, que l'Irlande et toutes les îles qui ont reçu la foi chrétienne n'appartiennent à l'Église de Rome [1]. » Henri parvint à soumettre ce pays; mais la conquête fut loin d'être définitive (1173) : l'Irlande, abrutie sous le joug des vainqueurs, traitée en pays étranger, lutta avec une constance indomptable, et sans succès, contre la domination des conquérants; et, malgré le mélange des races et les transactions de toute espèce amenées par le cours des siècles, la haine du gouvernement anglais subsiste encore, comme une passion native, dans la masse de la nation irlandaise.

Les succès de Henri Plantagenet allaient avoir un terme : ses vices et ses crimes lui avaient attiré la haine générale; le peuple ne voyait en lui que le meurtrier de saint Thomas; les barons et le clergé étaient impatients de sa tyrannie; ses fils, pleins d'orgueil, voulaient avoir part à sa puissance; enfin son plus grand ennemi, et qui excitait contre lui peuple, barons, clergé, enfants, c'était Aliénor. On racontait avec horreur les mœurs abominables de ce roi adultère et incestueux; on disait que deux enfants, toutes deux du nom d'Alice, l'une de la maison ducale de Bretagne et donnée à lui en otage, l'autre, fille de Louis VII et fiancée à son fils Richard, avaient été souillées par ce vieillard infâme. Une révolte générale éclata; Louis VII en était l'âme (1173). Henri se trouva presque entièrement abandonné : l'Angleterre fut attaquée par les Écossais, la Normandie par Louis et le comte de Flandre; l'Aquitaine s'insurgea sous Richard, la Bretagne sous Geoffroy; le jeune Henri, que son père avait associé à la royauté, se retira chez Louis, somma Plantagenet d'abdiquer toutes ses couronnes, et fut reconnu, par la cour des barons de France, roi d'Angleterre, duc de Normandie, comte d'Anjou et de Touraine.

[1] Conciles de Labbe, t. x.

Henri était dans la plus grande détresse; son mépris pour l'Église l'avait perdu : ce fut dans son alliance qu'il trouva des ressources. Il implora le secours du pape, se déclara humblement son vassal et son tributaire, et le supplia de défendre par les armes spirituelles l'Angleterre, qui était du patrimoine de saint Pierre. Pour donner satisfaction à l'opinion publique, et peut-être à sa conscience, il alla pieds nus au tombeau de Thomas, y resta prosterné pendant un jour et une nuit, et fut battu de verges par les moines de Cantorbéry (1174). Cette pénitence lui rendit l'estime de ses sujets. Abandonné de ses barons, il solda des pillards nommés Brabançons, et se porta rapidement en Normandie, où Louis venait de prendre et de brûler Verneuil; il l'atteignit et le mit en pleine déroute. Avec une pareille activité il eut de pareils succès en Angleterre et en Bretagne. Aliénor courait de tous côtés, attisant les haines contre son mari; elle fut arrêtée et emprisonnée. Mais la lutte était plus acharnée en Aquitaine, où il fallait combattre l'antipathie des peuples. La trompette de cette guerre était Bertram de Born, seigneur limousin, le plus célèbre des troubadours : c'était un homme plein de feu et de mouvement; la tête aussi active que la main; ne respirant que la guerre pour le bruit, pour le sang, pour les armes; appelant tout le monde au combat par des *sirventes* hardies, sonores, impétueuses, où l'on sent l'odeur du carnage [1]. « Si les rois avaient paix ou trêve, il se peinait et travaillait jusqu'à ce qu'on eût défait cette paix [2]; » il mettait en lutte les fils contre le père, les frères entre eux, les rois ensemble. Le midi apparaissait au milieu de ces querelles, avec sa turbulence, son ardeur de combats, sa passion d'indépendance, ses poésies incisives et harmonieuses, expression des sentiments et des idées populaires. « Réjouissons-nous, Aquitains! réjouissons-nous, Poitevins! disaient les méridionaux en prenant les armes contre Henri II; le sceptre du roi du nord s'éloigne de nous [3]. » Ils exaltaient le roi du sud, le roi de la France, parce qu'il n'était plus leur maître; ils n'avaient de constant amour que pour Aliénor, la fille de leurs anciens ducs, la femme habile et populaire qui avait donné des libertés aux villes, des lois au commerce, et dont le nom avait un

---

[1] En voici quelques strophes : « Je vous le dis, le boire, le manger, le dormir, n'ont pas tant de saveur pour moi que d'ouïr crier des deux parts : A eux! et d'entendre hennir les chevaux démontés dans la forêt; et d'entendre crier : A l'aide! à l'aide! et de voir tomber dans les fossés petits et grands sur l'herbe; et de voir les morts qui ont des tronçons de lances dans les flancs traversés. Faire provision de casques, d'épées, de chevaux, voilà tout ce que j'aime. » (Voy. Poésies des Troubadours, par M. Raynouard, t. v; Tableau de la littérature du moyen âge, par M. Villemain, t. I; Hist. de la conq. de l'Angleterre, par M. Aug. Thierry, t. III.)

[2] Poésies des troub., t v, p. 76. — [3] Chron. de Richard de Poitiers, dans les Histor. de France, t. XII, p. 420.

grand retentissement dans le midi. « Reviens, disaient-ils, reviens à tes villes, pauvre captive. On t'a enlevée de ton pays et conduite dans une terre étrangère. Tendre et délicate, tu jouissais d'une liberté royale, tu te plaisais au chant de tes femmes, au son de leurs guitares; maintenant tu pleures, tu te consumes de chagrin. Où est ta cour? où sont tes compagnes? où sont tes conseillers? Élève ta voix pour que tes fils t'entendent, car le jour approche où tu reverras ton pays [1]. »

Louis VII se lassa de cette guerre qui épuisait ses faibles ressources; et les trois fils de Henri II firent la paix avec leur père (1176). Mais l'Aquitaine, qui n'avait vu dans cette lutte qu'une guerre nationale pour elle, continua de combattre contre le roi et ses fils pendant deux ans. Enfin Richard, à force de valeur et de cruauté, parvint à soumettre tout le pays (1178).

Un an après, Louis VII associa à la royauté son fils Philippe, âgé de quinze ans; puis il mourut (1180).

CHAPITRE III.

Progrès de la royauté sous Philippe-Auguste. — Troisième et quatrième croisades. — Décadence des Plantagenet. — 1180 à 1207.

§ I. GUERRES ENTRE HENRI II ET SES FILS. — RÉUNION DU VERMANDOIS A LA COURONNE DE FRANCE. — GUERRE DE PHILIPPE ET DE HENRI. — Les barons de France voulurent profiter de la jeunesse de Philippe II pour le réduire à la nullité de ses pères, et ils cherchèrent l'appui de Plantagenet; mais celui-ci se sentait retenu par l'honneur féodal; et d'ailleurs il était las de guerres. Il s'entremit donc entre le roi et ses vassaux, et parvint à tout pacifier; lui-même s'empressa de lui faire hommage. Il ne voulait que la paix et ne pouvait la trouver dans sa famille; ses fils, pleins d'orgueil, de brutalité et de turbulence, avides de dépenser les richesses et la puissance paternelles, se révoltaient sans cesse contre lui. Ces haines domestiques ardentes et continuelles, ce père et ces enfants si méchants et si débauchés, donnaient consistance aux fables les plus étranges sur cette famille, qu'on disait issue du diable et inspirée par lui; les fils de Henri eux-mêmes le croyaient et en faisaient moquerie. Leurs fureurs guerrières ruinèrent la grandeur de leur maison, brisèrent le faisceau d'états formé avec tant de peine par leur père, habituèrent les provinces de France à les considérer comme étrangers et ennemis, et préparèrent leur séparation définitive de l'Angleterre.

[1] Chron. de Richard de Poitiers, dans les Histor. de France. — Thierry, t. III.

L'Aquitaine, le Poitou et l'Anjou furent ravagés sans pitié par les trois princes (1182). Raymond V de Toulouse prit part à cette guerre, tantôt comme allié, tantôt comme ennemi de Richard ; de sorte que tout le midi fut en proie aux gens de guerre. Alors se multiplièrent les bandes de brigands mercenaires connus sous le nom de *cotereaux*, *routiers*, *brabançons*, *basques*, qui pillaient et tuaient tout sans miséricorde. La désolation devint si grande que les villains et les prêtres, par le conseil d'un pauvre charpentier et sous la médiation de l'évêque du Puy, formèrent une ligue pour la défense des petits et le maintien de la paix : ils organisèrent des milices, qui devinrent très-puissantes sous le nom de *capuchons*, et chassèrent les brigands de plusieurs provinces.

Philippe II, dit Auguste, encouragea cette société, et ne se mêla point de la guerre du midi : c'était un homme plein d'orgueil de son titre, qui avait résolu de lui donner la supériorité matérielle qui lui manquait, et de rétablir à la fois, en fait comme en droit, la royauté et le royaume. L'exemple des réunions d'états lui avait été donné par Henri Plantagenet : il le suivit avec une intelligence admirable de ses ressources. Jeune, et menacé par les coalitions de ses vassaux, il disait : « Quelque chose qu'ils fassent maintenant, leurs forces et leurs grands outrages il ne convient de souffrir. Si à Dieu plaît, ils affaibliront et envieilliront, et je croîtrai en force et en sagesse : j'en serai alors vengé à mon tour [1]. »

Il porta d'abord ses regards vers le nord. Isabelle, petite-fille de Hugues-le-Grand (frère de Philippe Ier), avait hérité des comtés de Vermandois, de Valois, d'Amiens, et s'était mariée à Philippe d'Alsace, comte de Flandre; elle mourut laissant ses états à sa sœur nommée Aliénor. Philippe d'Alsace voulut s'en emparer; Aliénor demanda l'appui du roi de France (1183). Il s'ensuivit une longue guerre, après laquelle Philippe-Auguste, ayant obtenu d'Aliénor la cession des trois comtés, les conquit sur le comte de Flandre. Le comté d'Amiens relevait de l'évêque de cette ville, et celui-ci demanda l'hommage au roi ; mais Philippe avait des idées nouvelles sur la royauté, et il refusa par ces paroles remarquables : « Nous ne pouvons ni ne devons rendre hommage à personne. » La royauté se dégageait de plus en plus de la féodalité.

La prospérité de Henri II continuait à décroître. Ses fils Henri et Geoffroy étaient morts, le premier sans postérité, le second laissant un fils, que les Bretons nommèrent Arthur ; Richard, dit Cœur-de-Lion, montrait toujours la même turbulence, la même insoumission ; et toutes les affections du père s'étaient portées sur

[1] Chron. manuscrite citée dans l'Art de vérifier les dates, t. I, p. 578.

son quatrième fils, Jean-sans-Terre. De nombreuses difficultés s'élevaient entre les rois d'Angleterre et de France, Henri reculant devant la guerre, Philippe l'appelant de tous ses vœux, assuré qu'il était de l'assistance de Richard; mais, lorsque les hostilités eurent commencé, Philippe se montra timide et irrésolu devant le vieux Plantagenet, qui déjoua toutes ses tentatives (1187). Après des trêves nombreuses, aussitôt brisées que conclues, la guerre fut suspendue par une nouvelle qui terrifia l'Europe : Jérusalem était prise.

§ II. PRISE DE JÉRUSALEM PAR SALADIN. — PRÉDICATION D'UNE NOUVELLE CROISADE. — MORT DE HENRI II. — Noureddin, maître d'Alep, de Damas et de Mossoul, avait relevé la domination des Abassides, pendant que les chrétiens tournaient toutes leurs vues vers l'Égypte et imposaient des tributs au calife du Caire. Il profita des victoires des croisés sur les Fathimites, et s'empara de l'Égypte par un de ses émirs, Schirkouk; les califes furent déposés, leur dynastie et leur empire détruits; la religion de Mahomet reprit son unité et sa force (1171). Saladin, neveu de Schirkouk, hérita de toute la puissance de Noureddin, étendit sa domination sur la Mésopotamie, la Syrie et l'Égypte, et tourna ses forces et ses talents contre les chrétiens (1173).

A Baudoin III, roi de Jérusalem, avait succédé son fils Amaury, qui usa toutes ses ressources à essayer la conquête de l'Égypte (1162). Amaury eut pour successeur son fils Baudoin IV, enfant toujours malade, sous lequel la décadence des états chrétiens fut complète (1173). Après sa mort, sa sœur Sibylle hérita du trône et fit couronner son mari, Guy de Lusignan (1186). Alors l'anarchie fut au comble; les Latins se disputèrent avec acharnement les débris de la Terre-Sainte. Le nouveau roi attaqua Saladin dans la plaine de Tibériade, avec les dernières ressources des chrétiens (1187). La bataille dura deux jours : l'armée latine fut entièrement détruite; la vraie croix [1], Lusignan, les princes d'Antioche et d'Édesse, les grands-maîtres du Temple et de Saint-Jean, une foule d'illustres chevaliers, tombèrent aux mains des vainqueurs. Saladin fit massacrer après la bataille tous les soldats du Temple et de Saint-Jean, avec un grand nombre d'autres guerriers, qui se firent passer pour membres de ces ordres et se jetèrent héroïque-

[1] Voici comment un historien arabe parle de la prise de la vraie croix : « Cette prise leur fut plus douloureuse que la captivité de leur roi. Rien ne peut compenser pour eux la perte qu'ils en ont faite. Ils l'adorent; elle est leur dieu; ils roulent leur front dans la poussière devant elle et l'exaltent par des cantiques. Lorsqu'ils la possèdent, ils semblent jouir de tout; ils la rachèteraient volontiers de leur propre sang; ils espéraient la victoire par son moyen. » (Les Deux Jardins, dans la Bibliog. des Croisades, t. II, p. 588.)

ment sous le sabre des bourreaux. Alors le vainqueur vint assiéger Jérusalem et s'en empara par capitulation : quatorze mille chrétiens furent réduits en servitude, et cent mille chassés de la ville sainte (1187). Toute la Syrie fut occupée par les Musulmans, à la réserve de Tyr, d'Antioche et de Tripoli.

Ces désastres jetèrent l'Occident dans une profonde consternation : le pape Urbain III en mourut de douleur ; il n'y eut plus de larmes que pour cette sainte patrie qu'on venait de perdre. Tous s'accusèrent d'avoir provoqué la colère de Dieu par leurs péchés ; les guerres, les pillages, les débauches cessèrent tout à coup ; la chrétienté sembla pendant un moment un peuple de saints. L'enthousiasme des croisades se ranima dans toute sa pureté ; ce n'était plus un dévot pèlerinage, c'était vraiment la guerre sainte qu'il fallait faire ; car Saladin se préparait à conduire en Europe une croisade musulmane, et quatre cent mille barbares de l'Afrique venaient de se jeter en Espagne. Clément III exhorta les fidèles à prendre la croix ; Guillaume, archevêque de Tyr, aussi célèbre par sa sainteté que par son savoir, vint en Europe et prêcha la guerre. Les rois de France et d'Angleterre se réunirent à Gisors, pour conférer sur la paix et sur la délivrance des lieux saints (1188). Guillaume se rendit à cette entrevue : « Un empire chrétien, leur dit-il, a été fondé par vos pères au milieu des nations musulmanes ; vous avez laissé périr leur ouvrage, venez défendre leurs tombeaux. » Les deux rois s'embrassèrent et prirent la croix. Richard, le duc de Bourgogne, les comtes de Flandre, de Champagne, de Blois, de Nevers, suivirent leur exemple. Mais cette belle résolution ne tint pas long-temps ; et, malgré la sainteté de leur vœu, la guerre recommença entre Philippe et Henri (1189). Les peuples jetèrent des cris d'indignation contre les sacriléges ; plusieurs princes leur refusèrent le service féodal, et un légat du pape vint menacer Philippe de mettre l'interdit sur son royaume.

Enfin, après des négociations sans cesse rompues, Henri, abandonné par ses barons, battu de toutes parts et dévoré de chagrins, consentit à une paix humiliante, par laquelle il se reconnut expressément « l'homme lige de Philippe, à merci et à miséricorde ; » il lui céda le Berry, et pardonna à tous ceux qui l'avaient trahi, même en secret. Lorsqu'il demanda la liste de ces infidèles serviteurs, il y lut en tête le nom de Jean-sans-Terre : « Est-il vrai, dit-il stupéfié, que mon fils de prédilection, pour l'amour duquel je me suis attiré tous mes malheurs, se soit séparé de moi ? Eh bien ! que tout aille dorénavant comme il pourra. Je n'ai plus de souci ni de moi ni de rien au monde. Honte à un roi vaincu ! maudit soit le jour où je suis né! maudits soient de Dieu les fils que je laisse! » Et il mourut[1] (1189).

La puissance des Plantagenet était brisée; et la domination de la France allait passer aux Capétiens.

§ III. Troisième croisade. — Prise de Ptolémaïs. — Retour de Philippe II. — Les désastres des deux premières croisades avaient donné de l'expérience; et cette fois on résolut de prendre la voie de mer et de n'envoyer à la Terre-Sainte que des combattants et des chevaliers. Les vagabonds et les malfaiteurs furent éloignés, on n'admit que les gens qui pouvaient suffire aux dépenses du voyage; une dîme fut imposée sur tous les biens meubles et les revenus des terres en Angleterre et en France; enfin l'on fit des règlements pour le maintien des mœurs et de la discipline (1189). L'empereur Frédéric avait pris la croix avec les ducs de Souabe, d'Autriche et de Moravie; et comme il voulait suivre la voie de terre, il partit le premier, avec une armée de cent mille hommes, et arriva à Constantinople. Malgré les perfidies des Grecs, qui ont été avouées et vantées par leurs historiens [2], il continua sa route par la Mysie et la Phrygie. Attaqué dans les montagnes par les Turcs, il les vainquit, prit Iconium d'assaut, et arriva dans les plaines de Cilicie. Là il se noya en traversant le Sélef (1190). Le découragement se mit dans son armée; la famine et les infidèles la détruisirent, et le duc de Souabe ne parvint à conduire que cinq mille hommes à Ptolémaïs.

C'était sous les murs de cette ville que les chrétiens s'étaient donné rendez-vous. Lusignan, délivré de prison, avait essayé d'arrêter les progrès de Saladin en assiégeant Ptolémaïs; et une foule de croisés de toutes nations étaient venus recruter son armée, qui se monta à cent mille hommes. Saladin assiégea le camp des chrétiens. Alors commencèrent des combats continuels entre les deux armées, qui recevaient sans cesse de nouveaux renforts; l'Europe et l'Asie semblaient accumuler toutes leurs forces et leur haine devant Ptolémaïs. Mais les discordes des chrétiens rendaient leur bravoure inutile; partagés en troupes de diverses nations et dont les chefs étaient ennemis, ils refusaient souvent de se porter aide; la famine et les maladies les décimaient. La reine Sibylle et ses enfants moururent; comme Lusignan ne tenait sa couronne que de sa femme, il semblait, d'après les coutumes féodales, déchu de tous ses droits, et eut pour concurrent Conrad de Montferrat, époux d'Isabelle, sœur de Sibylle. Les croisés se partagèrent entre

---

[1] Thierry, t. III, p. 381.
[2] Voy. Nicetas, qui était alors gouverneur de Philippopolis.

les deux prétendants; et, au milieu de cette confusion, le siége, commencé depuis deux ans, n'avançait pas.

Cependant Philippe et Richard continuaient leurs apprêts. Ils se donnèrent une garantie mutuelle contre ceux qui troubleraient la paix pendant leur absence, et « jurèrent de défendre les droits l'un de l'autre, Philippe comme sa ville de Paris, Richard comme sa ville de Rouen [1]. » Le roi de France, ayant laissé ses états en garde à sa mère, Adèle de Champagne, et à son oncle, l'archevêque de Reims, alla s'embarquer à Gênes, pendant que le roi d'Angleterre s'embarqua à Marseille. Les vents contraires les forcèrent à passer l'hiver en Sicile; et là l'harmonie fut rompue. Richard était loin d'avoir devant son suzerain l'humilité adroite de son père; son orgueil s'indignait de toute infériorité, et sa brutale turbulence le témoigna en s'emparant violemment de Messine, et en répudiant Alice, sœur de Philippe, avec laquelle il était fiancé dès l'enfance. Le roi de France, patient, rusé, persévérant, contint sa colère, ne voulant pas qu'on lui reprochât d'avoir fait manquer la croisade pour ses injures personnelles; il renouvela son alliance avec Richard, partit sans l'attendre, et arriva à Ptolémaïs. Le roi d'Angleterre le suivit; mais il fut battu par une tempête, aborda en Chypre, et, mécontent d'Isaac Comnène, qui y régnait, s'empara de l'île et la garda. Enfin il arriva en Syrie deux mois après Philippe, qui l'attendait pour presser la capitulation de Ptolémaïs, réduite aux dernières extrémités. Mais la discorde des deux rois s'ajouta aux autres éléments d'anarchie qui existaient dans le camp chrétien, et la fin du siège fut encore retardée. Saladin sollicitait tous les Musulmans de le secourir contre les innombrables guerriers de l'Occident, et « à ne pas laisser retomber au pouvoir de ces idolâtres, qui donnent un fils et un égal au Très-haut, Jérusalem, la sœur de Médine et de la Mecque; » ses soldats étaient animés, comme lui, d'une dévotion sombre et austère; et la guerre prit un caractère pleinement religieux. L'Évangile et le Coran étaient portés en grande pompe dans les combats; chrétiens et mahométans regardaient leurs frères morts comme des martyrs, insultaient les objets du culte de leurs adversaires, et massacraient les prisonniers. Malgré ces excès, la longueur de la guerre fit que les deux peuples commencèrent à se connaître, à prendre de l'estime l'un pour l'autre, au moins comme guerriers, et même à se mettre en relations de courtoisie. L'esprit chevaleresque, qui était alors dans toute sa gloire, gagna les Musulmans; et Saladin, qui avait de l'héroïsme et des vertus, voulut être initié à cet ordre de

[1] Roger de Hoveden, p. 664.

chevalerie, si merveilleux par les hommes et les choses qu'il produisait.

« Le siége de Ptolémaïs dura trois ans; les croisés y versèrent plus de sang et y montrèrent plus de bravoure qu'il n'en fallait pour conquérir toute l'Asie. Plus de cent combats et neuf grandes batailles furent livrés devant les murs de cette ville [1]. » Enfin elle capitula (1191); ses défenseurs, au nombre de cinq mille, se mirent à la merci des vainqueurs, si, au bout de quarante jours, Saladin ne rendait pas aux chrétiens la vraie croix, deux cents chevaliers captifs et 200,000 bysants d'or [2]. Saladin refusa ces conditions; et, au terme assigné, Richard fit décapiter les cinq mille Musulmans, « sans que Philippe y mît aucune opposition [3]. » Alors le roi de France, mécontent du rôle qu'il jouait à côté de son brillant vassal, résolut de partir; il jura de nouveau de respecter et de défendre les états de Richard, confia le commandement de son armée à Hugues III, duc de Bourgogne, et revint dans son royaume, après dix-huit mois d'absence; mais « de son retour il fut moult blâmé [4] » (1192).

Le commandement suprême des croisés resta à Richard, qui acquit chez les Orientaux, par sa bravoure, une renommée fabuleuse : « Il revenait de la mêlée, dit un chevalier, tout hérissé de flèches, semblable à une pelote couverte d'aiguilles [5]; » mais il fit la guerre sans méthode, ne tira aucun profit de ses succès, et se rendit insupportable à tous par son orgueil et sa violence. Deux fois il manqua, par sa faute, de prendre Jérusalem; on disait qu'il s'intéressait moins à la guerre sainte qu'à satisfaire sa passion des combats; on l'accusait de la mort de Conrad de Montferrat, qui était tombé sous les coups d'un inconnu; l'armée chrétienne était découragée et à demi détruite par les maladies; Richard se décida à partir. Il fit un traité avec Saladin, par lequel les chrétiens gardèrent les villes maritimes depuis Jaffa jusqu'à Tyr, et obtinrent un passage libre et sûr pour aller en pèlerinage à Jérusalem. Il donna à Lusignan le royaume de Chypre, qui est resté pendant trois siècles sous la domination des Latins; celui de Jérusalem à Henri de Champagne, qui venait d'épouser la veuve de Conrad de Montferrat; puis il s'embarqua à Ptolémaïs. Jeté par la tempête sur les côtes de Dalmatie, il voulut traverser l'Allemagne secrètement et déguisé en pèlerin; mais il avait un ennemi

---

[1] Michaud, Hist. des Croisades, liv. VIII.
[2] Le byzant, monnaie grecque, valait à peu près 12 francs.
[3] Guillaume-le-Breton, Philippide, ch. IV. — [4] Joinville, p. 85.
[5] Michaud, t. II, p. 509.

mortel dans Léopold, duc d'Autriche, qu'il avait outragé au siège de Ptolémaïs. Celui-ci le découvrit, le fit arrêter, et le livra à l'empereur Henri VI, fils de Frédéric Barberousse (1192).

§ IV. Captivité et délivrance de Richard. — Guerre entre les rois de France et d'Angleterre. — Philippe était revenu avec l'intention de se venger de Richard en le dépouillant. Sans respect pour ses serments et le caractère sacré qui protégeait le champion de la chrétienté, il fit alliance avec Jean-sans-Terre, qui s'était emparé par force du gouvernement des états de son frère, et il lui garantit ses possessions de France. Celui-ci se déclara son vassal, même pour l'Angleterre, et jura de ne point faire la paix avec son frère sans son aveu. A la nouvelle de la captivité de Richard, Philippe envahit la Normandie, s'empara d'Evreux et assiégea Rouen. Jean, sollicité par les barons anglais de marcher contre le roi de France, voulut auparavant se faire reconnaître comme héritier de son frère, au détriment de son neveu Arthur, duc de Bretagne; mais, déjoué dans ses projets par la fidélité des Anglais et des Normands, il fut obligé de chercher un refuge en France.

C'était uniquement par cupidité que Henri VI retenait prisonnier un roi qui n'avait fait contre lui aucun acte d'hostilité; il avait beau dire que Richard était l'ennemi des chrétiens, à cause de sa trêve avec les Musulmans : sa conduite avait excité l'indignation générale. Aliénor d'Aquitaine remplissait l'Europe de ses plaintes et sollicitait le pape de délivrer son fils « en vertu de l'autorité qu'il avait sur tous les rois; » déjà le duc d'Autriche était frappé d'excommunication. L'empereur se vit forcé, par la diète germanique, de mettre son captif à rançon; il lui demanda 100,000 livres et l'hommage de sa couronne d'Angleterre. Les négociations furent long-temps entravées par Philippe-Auguste et Jean-sans-Terre, qui lui offraient 150,000 marcs pour qu'il gardât Richard en prison; « le monde ne pouvant vivre en paix, disaient-ils, avec un tel perturbateur [1]. » Enfin, le prisonnier souscrivit à tout; « il se démit du royaume d'Angleterre et le donna à l'empereur, comme au seigneur de toute la terre; celui-ci le lui rendit en fief [2], » et le gratifia, en outre, du royaume de Provence, « présent de nulle valeur pour l'un et pour l'autre, dit un contemporain, car il faut savoir que l'empereur n'a jamais pu dominer sur ce pays et ses habitants, et qu'ils n'ont voulu recevoir aucun seigneur de lui [3]. » Alors Richard sortit de sa prison, et arriva en Angleterre, plein de fureur contre Philippe (1194).

Jean-sans-Terre trembla au retour du lion déchaîné : pour ob-

[1] Guill. Neubrig., p. 38. — [2] Roger de Hoveden, p. 724. — [3] Id., p. 733.

tenir sa grâce, il fit égorger trois cents chevaliers français qui formaient la garnison d'Évreux, et livra la ville à son frère. Alors la guerre commença entre Richard et Philippe; guerre peu active, à cause de l'épuisement d'hommes et d'argent, et dans laquelle le roi de France fut aidé par les comtes de Flandre, de Champagne, de Bourgogne, etc. Le midi, toujours passionné pour son indépendance, y prit part comme auxiliaire du roi de France; et Bertram de Born s'efforça encore, autant par sa valeur que par ses chants, d'empêcher la paix entre les deux rois. Enfin une trêve fut conclue, par laquelle Richard céda à Philippe la suzeraineté de l'Auvergne. Ce pays, long-temps gouverné par des princes indépendants, subordonnés nominalement aux ducs d'Aquitaine, se refusa à la domination étrangère du roi de France. « Les chevaliers du nord entrèrent dans l'Auvergne, et y mirent tout à feu et à sang [1]; » Robert, dauphin, et Guy, comte d'Auvergne, furent obligés de se soumettre (1199) [2].

§ V. Conquête des Deux-Siciles par Henri VI. — Pontificat d'Innocent III. — Guerre des Guelfes et des Gibelins. — Mort de Richard. — Saladin était mort, et son empire avait été partagé entre ses fils et son frère Malek-Adhel; mais les chrétiens de Syrie ne surent pas profiter des discordes des Sarrasins. Le pape Célestin III fit prêcher vainement une nouvelle croisade : on commençait à voir le néant de ces expéditions désastreuses; les barons versaient des larmes stériles sur la captivité de Jérusalem; les templiers et les hospitaliers ne songeaient qu'à accroître scandaleusement leurs richesses. Néanmoins l'esprit des croisades sembla se ranimer en Allemagne, à la voix de Henri VI, qui promit une solde aux libérateurs de la Terre-Sainte, et prit lui-même la croix, avec les ducs de Saxe, d'Autriche et de Moravie. Deux armées se mirent en marche : la première arriva en Syrie, et après des batailles gagnées et un séjour de quelques mois, elle laissa la Terre-Sainte plus faible que jamais. L'empereur conduisit la deuxième armée à travers l'Italie. La croisade n'était pour lui qu'un prétexte pour s'em-

[1] Raynouard, Poésies des troubadours, t. v, p. 431.
[2] Le premier comte héréditaire d'Auvergne fut Guillaume-le-Pieux, en 886; il eut douze successeurs jusqu'à Guillaume VII, qui prit le titre de dauphin en 1145; son oncle, Guillaume VIII, s'empara d'une portion de ses états, et dès lors l'Auvergne se trouva partagée entre des dauphins et des comtes. Les dauphins, moins puissants, durèrent jusqu'en 1428, où Jeanne, dernière héritière, épousa Louis Ier de Bourbon, comte de Montpensier; et le dauphiné d'Auvergne fut réuni à la couronne par confiscation sur le connétable de Bourbon, en 1527. Du comté d'Auvergne, la meilleure partie fut conquise par Philippe-Auguste et saint Louis, et réunie à la couronne sous Philippe-le-Hardi. Le titre de comte d'Auvergne resta à des souverains peu puissants qui ne possédaient guère que Clermont, jusqu'à Anne de la Tour, duchesse d'Urbino, mère de Catherine de Médicis; et ce domaine fut définitivement réuni à la couronne sous Louis XIII.

parer du royaume des Deux-Siciles, qu'il convoitait comme époux de l'héritière du dernier roi normand. La conquête s'effectua à force de cruautés (1194); et la couronne de Naples resta dans la maison de Hohenstauffen pendant soixante-douze ans. Ce fut un grand événement pour l'Europe. La maison de Hohenstauffen, maîtresse de la couronne impériale qu'elle posséda pendant cent vingt-sept ans, domina entièrement l'Italie, devint plus italienne que germaine, et fit valoir avec une sorte de raison ses prétentions à la monarchie universelle. Henri VI fit même une constitution impériale pour rendre la couronne des césars héréditaire dans sa maison (1196); et cette constitution fut adoptée par cinquante-deux princes de l'empire. Enfin la conquête de Naples par les Allemands fit perdre aux papes leur appui temporel et leur refuge dans les revers : resserrés dans Rome par la domination germanique, et inquiets pour leur monarchie théocratique, ils tournèrent toute leur énergie et leur habileté contre cette famille doublement odieuse, et par ses prétentions sur l'Europe et par ses possessions en Italie, et ils n'eurent ni repos ni joie qu'elle ne fût anéantie.

Alors venait de monter dans la chaire pontificale l'un des plus grands hommes du moyen âge, Innocent III, plein des idées de Grégoire VII et résolu à les faire triompher. Il commença par consolider dans Rome le pouvoir temporel des papes, toujours très-précaire, força le préfet impérial à recevoir l'investiture de ses mains, et réunit la marche d'Ancône et le duché de Spolète au domaine de saint Pierre. Son indépendance politique étant ainsi assurée, il parvint à faire reconnaître le siége de Rome comme l'unique source de toute puissance ecclésiastique, dépouilla le clergé et le peuple de chaque église du droit d'élection, qui leur était revenu depuis que Grégoire VII en avait privé les princes, et, au moyen des fausses Décrétales et d'une foule de mesures frauduleuses, s'attribua la nomination et la collation de tous les bénéfices ecclésiastiques. Maître de ce pouvoir exorbitant, il énonça ouvertement ses prétentions à la domination universelle : « Le successeur de saint Pierre, disait-il, a été préposé par Dieu pour gouverner non-seulement l'Église, mais le monde. De même que le Créateur a placé au ciel deux grands luminaires, l'un pour présider au jour, l'autre pour présider à la nuit, il a établi sur la terre deux grandes puissances, la pontificale et la royale; et ainsi que la lune reçoit sa lumière du soleil, la puissance royale emprunte sa splendeur de l'autorité pontificale[1]. » Il définissait le pape : « vicaire de Jésus-Christ, oint du Seigneur, en deçà de Dieu, au

[1] Épîtres d'Innocent III, t. I, p. 472.

delà de l'homme, plus petit que Dieu, plus grand que l'homme [1]; » et il appuyait d'actes analogues des paroles si hautaines.

Henri VI mourut. Philippe de Souabe, son frère, se fit élire par les Gibelins (1197); mais Innocent III lui opposa à la fois, pour la dignité impériale Otton de Brunswick, pour le trône de Naples Frédéric II, fils de Henri VI, dont il prit la tutelle : c'était briser l'union des deux couronnes dans la maison de Hohenstauffen. La guerre commença entre Philippe et Otton, et se propagea par toute l'Europe. Le roi de France avait une tendance gibeline, contrairement à la politique de ses prédécesseurs : il soutint Philippe de Souabe; de son côté, le roi d'Angleterre était l'ennemi privé des Hohenstauffen et l'oncle d'Otton de Brunswick : il prit parti pour les Guelfes. Les hostilités recommencèrent entre Richard et Philippe; mais Innocent III leur ordonna de faire la paix, et les deux rois conclurent une trêve de cinq ans. En ce temps, on vint dire à l'aventureux Richard qu'un trésor avait été trouvé dans le château de Châlus; il le réclama, d'après la loi féodale, du vicomte de Limoges, et, sur son refus, il vint assiéger le château. Il y fut atteint d'une flèche et mourut (1199).

§ VI. GUERRE ENTRE PHILIPPE ET JEAN-SANS-TERRE. — DOUBLE MARIAGE ET EXCOMMUNICATION DE PHILIPPE. — La lente ambition de Philippe-Auguste n'avait eu que des avantages peu marqués contre l'habileté politique de Henri II et l'héroïsme brutal et populaire de Richard; elle allait avoir plus de succès contre leur successeur. C'était à Arthur, fils de Geoffroy, que revenaient les états des Plantagenet; mais Jean-sans-Terre profita de la jeunesse de son neveu pour s'emparer violemment de son héritage. L'Anjou, le Poitou, la Touraine, lassés de la domination anglaise, se donnèrent à Arthur, et se mirent sous la protection de Philippe. Celui-ci proposa à Jean de céder au jeune duc de Bretagne les états de France, pendant qu'il garderait l'Angleterre; mais Jean ne regardait pas ce partage comme égal : la véritable patrie des Plantagenet était la France, dont ils suivaient les mœurs, les lois, la langue, et ils préféraient grandement les séjours de Bordeaux et de Rouen à celui de Londres. Les propositions de Philippe furent donc refusées, et la guerre commença. Le roi de France entra en Bretagne et démantela les villes de ses nouveaux vassaux; car sous l'ombre de protéger Arthur, il ne travaillait que pour lui-même. Mais il n'était pas alors en mesure de faire une bonne guerre, parce qu'il s'était, comme nous allons le voir, brouillé avec l'Église, et qu'il avait contre lui l'opinion publique. Il se hâta de conclure la paix;

[1] Sermo de consacr. pontif., t. I, p. 180.

et, ayant obtenu Évreux et plusieurs places du Berri, il abandonna les droits d'Arthur (1200).

Malgré les préceptes évangéliques et les idées chevaleresques, malgré l'amélioration des femmes et le pied d'égalité où elles s'étaient placées vis-à-vis des hommes par leur éducation, leurs vertus et même leurs vices, il y avait dans les mœurs des princes un reste de la barbarie franque qui les portait au mépris de la sainteté du mariage. Philippe Ier, Louis VI, Louis VII avaient répudié leurs femmes; presque tous les seigneurs de France, et surtout ceux du midi, avaient eu successivement quatre à cinq épouses; les rois normands et angevins d'Angleterre s'étaient souillés de toutes sortes de débauches. Les papes avaient sévi avec emportement contre ces scandales qui minaient dans sa base la société nouvelle : ils savaient que « le moyen le plus efficace de perfectionner l'homme, c'est d'ennoblir et d'exalter la femme [1], » et, au médiocre succès qu'obtinrent leurs exhortations et leurs violences, on se demande ce que serait devenue la sainte institution du mariage sans leur morale intervention.

Philippe-Auguste, ayant perdu sa première femme, épousa Ingerburge de Danemark (1194); mais le lendemain même de ses noces et sans raison aucune, il la renvoya, assembla un concile d'évêques qui lui étaient dévoués, et fit prononcer la dissolution de son mariage. La pauvre femme du nord, qui ignorait la langue française, ne comprit sa sentence que par des signes; alors elle poussa le cri que tous les opprimés et tous les faibles connaissaient : Rome! Rome! Mais déjà Philippe avait épousé Agnès de Méranie. Innocent III s'emporta contre ce double scandale, menaça long-temps Philippe des foudres de l'Église et mit enfin son royaume sous l'interdit (1200). Cette peine était moins juste, mais plus efficace et dangereuse que l'excommunication. Elle jeta un grand trouble dans toute la France, qui se soumit humblement à la sentence du pape; mais comme les deux existences du citoyen et du chrétien étaient intimement confondues, en suspendant les offices de la vie religieuse, on suspendait en réalité les actes de la vie civile; et cette double cause pouvait exciter les peuples à la révolte. Philippe, plein d'orgueil et du sentiment de sa puissance, résista; « il chassa de leurs siéges et dépouilla de leurs biens les évêques qui observaient l'interdit, persécuta ses barons, extorqua à ses bourgeois d'innombrables exactions [2], » enfin voulut apaiser

---

[1] Grégoire X disait en 1266 : « Si toutes les reines du monde devenaient lépreuses, et que les rois nous demandassent la permission de se marier à d'autres; nous la refuserions, quand bien même toutes les maisons royales devraient périr faute d'enfants. — [2] Guillaume de Nangis, ad a. 1199.—Rigord, Vie de Philippe.

les murmures à force de duretés et de hauteurs; mais la clameur générale le contraignit bientôt à plier. Il renvoya Agnès et demanda un jugement. Un concile fut assemblé à Soissons : les débats ouvrirent les yeux à Philippe sur la fausse voie où il était entré, et, sans attendre la sentence, il reprit Ingerburge et partit avec elle de la ville, « envoyant dire aux pères du concile qu'il ne voulait plus se séparer d'elle (1204) [1]. » C'était sagement comprendre que la royauté n'était pas encore assez forte pour lutter contre l'Église. Le roi de France, redevenu l'ami du clergé, reprit dès lors tout son ascendant politique.

§ VII. Puissance nouvelle de la royauté. — Université de Paris. — Pandectes de Justinien. — Littérature populaire. — La confiance des peuples dans la royauté croissait chaque jour, et l'on pouvait prévoir que sa protection, toujours présente et effective, serait bientôt préférée à la protection éloignée et souvent impuissante de la papauté. Philippe marchait à ce but : c'était un esprit droit, qui sentait les besoins sociaux et s'occupait activement de les satisfaire; il avait l'instinct et la volonté du progrès, et s'intéressait à tout ce qui pouvait améliorer le bien-être matériel et intellectuel du peuple. Il construisait des halles, des égouts, des hôpitaux; il agrandissait l'enceinte de Paris, faisait paver ses rues, réglait son administration. Il intervenait avec empressement dans toutes les querelles des communes avec leurs seigneurs; il donnait des chartes à Sens, à Niort, à Pontoise, à une foule de lieux obscurs; mais il avait soin de mettre en regard des libertés de ces petites républiques, où la vie était si anarchique et si précaire, le bien-être social des villes à priviléges royaux, si régulièrement et si paisiblement administrées par ses prévôts [2]. La voix populaire reconnaissait que personne n'avait autant fait pour la prospérité publique; la royauté devenait une puissance intelligente et bienveillante. essentiellement amie de la civilisation, ayant, comme le pays, le sentiment du bien et en prenant presque toujours l'initiative. C'est par là que la royauté française s'est distinguée de toutes les autres et qu'elle est devenue, pour ainsi dire, la providence visible de la France [3].

Le roi, d'après le caractère nouveau que prenait la royauté, devait mener une existence plus brillante que celle des seigneurs : « contre la coutume de ses ancêtres, il ne marchait jamais qu'avec

---

[1] Guillaume de Nangis, ad a. 1199. — Rigord, Vie de Philippe.

[2] On a de lui soixante-dix-huit actes relatifs aux communes. Depuis Louis VI jusqu'à Charles IV, on en compte deux cent trente-six. C'est la matière sur laquelle il reste le plus de documents royaux.

[3] Guizot, Civil. franç., t. v.

une escorte de gens armés[1] ; nouveauté qui déplut à ses vassaux et pour laquelle il dut obtenir leur assentiment. Sa cour était supérieure à celle des hauts barons par la richesse et par l'esprit ; elle avait un certain aspect de grandeur ; une certaine élégance sociale s'y mêlait plus que partout ailleurs à la grossièreté des existences. Philippe s'entourait non-seulement de preux chevaliers, mais de musiciens et de chanteurs : Chrétien de Troyes était son poète lauréat ; Guillaume le Breton écrivait son histoire et chantait ses louanges. Il aimait la science et donna aux savants de grands priviléges. L'université de Paris reçut de lui une organisation régulière et prit le titre de fille aînée des rois : ses vingt-cinq mille écoliers obtinrent de si grandes franchises qu'ils formèrent un monde à part dans la ville, exempt de toute juridiction municipale, libre jusqu'à la licence, ennemi des bourgeois, insolent, tumultueux, peuple surtout, foyer d'intelligence et de grandes idées, réceptacle de toutes les subtilités et de toutes les débauches. Cette université acquit une immense renommée : c'était, disait-on, « la citadelle de la foi catholique[2] ; » elle prit, en face des papes, une position très-indépendante et lutta avec eux en faveur des rois ; il fallut, pour être savant, avoir étudié chez elle, et de tous les pays on vint se presser sur la paille de ses écoles ; enfin elle servit de modèle aux universités d'Allemagne et de France, qui datent presque toutes de cette époque. Jusqu'alors on n'y avait enseigné que le *trivium*, qui comprenait la grammaire, la rhétorique et la dialectique ; et le *quadrivium*, qui comprenait l'arithmétique, la géométrie, la musique et l'astronomie ; Philippe-Auguste y introduisit trois nouvelles sciences : la médecine, le droit romain et le droit canon (1200).

Les Pandectes de Justinien avaient été retrouvées à Amalfi en 1135, et Wernerius les enseignait à Bologne dès l'an 1140. Elles se répandirent rapidement en France ; dès le temps de Louis VII, on en avait fait une traduction en langue vulgaire ; elles étaient enseignées à Montpellier en l'an 1160. L'ardeur qu'on mit à les apprendre fut telle qu'un concile tenu à Tours en 1180 en interdit l'étude aux clercs, de peur qu'ils n'abandonnassent celle du droit ecclésiastique. La précision et l'équité des lois romaines, en face de l'insuffisance et de la complexité des lois féodales, excitèrent l'admiration d'une époque où le droit prenait insensiblement la place de la force, et le code romain se répandit rapidement par toutes les écoles et les tribunaux de l'Europe du nord. Les souverains le protégèrent parce qu'il propageait des idées d'ordre et de despotisme favorables à l'accroissement de leur pouvoir ; et en

---

Script. rer. franc., t. XVI, p. 31. — Ibid, p. 78.

effet, nous verrons les juristes devenir les plus actifs instruments de la monarchie absolue.

Les progrès de la nouvelle jurisprudence donnèrent aux papes l'idée de former un code ecclésiastique par lequel l'Église pût régler ses relations avec la société civile : Eugène III fit rédiger, en 1152, un recueil de canons, connu sous le nom de *Décret,* qui fut enseigné dans les écoles et reçu dans les tribunaux du clergé; par lui la trêve de Dieu et la défense des duels et des épreuves judiciaires entrèrent dans la loi générale de l'Église. Un siècle plus tard, Grégoire IX compléta le droit canon en publiant les *Décrétales,* où sont rassemblées toutes les décisions de ses prédécesseurs.

Les universités tournaient toutes leurs études vers l'antiquité sacrée et profane; elles n'avaient d'autre ambition que de rappeler et de renouveler cet ancien monde si merveilleux par ses mœurs, ses lois, sa langue; mais il était un monde nouveau, qui avait des mœurs, des lois, une langue tout autrement populaires. Les littératures du nord et du midi de la France étaient alors dans toute leur splendeur; celle du nord surtout, plus variée, plus féconde, plus philosophique que celle du midi. A voir le grand nombre des ouvrages de ce temps, les questions qui y sont soulevées, la raison et même le scepticisme qui y règnent, il faut croire que les intelligences étaient singulièrement éveillées. Alors pullulaient ces fabliaux licencieux et railleurs, où les moines sont attaqués avec tant de cynisme et de naïveté, où la grossièreté est maligne, où la corruption est candide; œuvres qui ne ressemblent à rien des œuvres de l'antiquité, parce qu'elles sont un produit brut et fidèle des idées et des sentiments du moyen âge. Alors circulaient dans les châteaux ces romans de chevalerie où l'orientalisme des images, l'esprit grave et ardent du christianisme, le caractère pudique et rêveur des Germains, les souvenirs des lettres romaines se mêlent et se confondent; longues et merveilleuses épopées, analogues à celles d'Homère, mais non modelées sur elles, où les peuples et les familles retrouvaient leur origine, leurs lois, leur culte, et qui, imprégnées des mœurs publiques, réagissaient à leur tour sur ces mœurs; c'étaient des fictions qui devenaient des vérités. On vivait dans un temps de choses prodigieuses où l'on ne s'étonnait de rien, où l'imagination ne se refusait à aucune illusion, où il y avait de la poésie dans toutes les têtes; de là tant de miracles, tant de magies, tant de contes. Une chose était surtout restée dans les esprits et les frappait vivement : c'était le règne merveilleux de Charlemagne, rendu plus merveilleux encore par des traditions gigantesques et fabuleuses; cet empire si grand, dont les rois d'Allemagne, les évêques de Rome et les rois de France se prétendaient les successeurs ; cet homme si prodigieux par ses actions et ses idées. Comme on aimait à appliquer au temps passé ce qui préoccupait dans le temps présent, on transforma aisément en preux chevaliers le Franc Karl et ses compagnons germains ; et Charlemagne et ses douze pairs firent tous les frais des chroniques de Turpin et de ses imitateurs. Ces poèmes eurent une influence incroyable ; ils devinrent de l'histoire, et même l'histoire unique et populaire ; ils favorisèrent l'accomplissement de faits analogues à ceux qu'ils préconisaient, et l'on peut dire que les conquêtes des Normands et celles des croisés ne furent que la réalisation des romans du moyen âge.

Ces fictions allaient encore se traduire en faits dans l'événement le plus étrange de ce temps, la conquête de Constantinople par les Latins. Ici commence une nouvelle ère pour l'historien : l'écrivain et l'un des acteurs de cette conquête, Geoffroy de Ville-Hardouin, est le premier chroniqueur en langue moderne que nous rencontrons ; et son récit est un chef-d'œuvre de naïveté et de mouvement.

§ VIII. Quatrième croisade. Prise de Constantinople. — Les regards de l'Europe cessaient de se tourner vers la Terre-Sainte ; les guerres de l'Allemagne et de la France occupaient tous les bras et les esprits. Innocent III se souvint seul des chrétiens d'Orient, et réveilla par ses lettres chaleureuses l'enthousiasme des croisades. Des légats et des missionnaires parcoururent l'Europe, prêchant la paix, prodiguant les indulgences, ranimant les vertus chrétiennes. Parmi eux la faveur publique distingua Foulques, curé de Neuilly-sur-Marne ; le peuple le regardait comme un saint et se pressait autour de lui ; mais le peuple seul s'émouvait au nom de Jérusalem, et il fallait, pour délivrer la ville sainte, des riches et des guerriers. Foulques alla prêcher la croisade au milieu d'un tournoi qu'on célébrait en Champagne, et où s'étaient réunis les plus hauts barons et chevaliers de la France (1200). Les comtes de Champagne, de Flandre, de Blois, et une foule d'autres prirent la croix et envoyèrent à Venise six députés pour y louer des vaisseaux.

Cette république puissante avait eu grande part aux croisades par sa marine : c'était à elle qu'on devait la prise de Tyr et l'expulsion des flottes musulmanes de la Méditerranée ; plus occupée de ses affaires de commerce que de celles de la chrétienté, elle s'était fait céder en propriété un quartier dans les principales villes maritimes de la Syrie et y faisait un grand négoce. Sa prospérité commerciale et son voisinage de la Grèce lui donnaient donc un intérêt immédiat à la guerre sainte ; malgré cela, les Vénitiens firent avec les croisés un traité d'argent : ils leur demandèrent 85,000 marcs (4 millions de francs), et la moitié de leurs conquêtes pour le transport de vingt mille hommes et de quatre mille cinq cents chevaux, et pour leur nourriture pendant neuf mois. Les six députés, dont était Ville-Hardouin, acceptèrent. Innocent III excitait le zèle des chrétiens par tous les moyens : il vendait sa vaisselle pour les frais de la guerre, proscrivait tous les divertissements, ordonnait des prières publiques ; mais, comme le fanatisme se réveillait contre les Juifs, il les prit sous sa protection et défendit de les inquiéter dans leurs biens et dans leur culte. Les croisés se mirent en route de toutes parts, ayant à leur tête Boniface, marquis de Montferrat : c'étaient tous chevaliers ou soldats disciplinés, « et onques plus belle gent ne feust vue [1] ; » mais un grand nombre s'en alla en Terre-Sainte par d'autres voies que celle de Venise, et ceux qui se réunirent dans cette ville ne purent rassembler que 35,000 marcs pour payer les Vénitiens. Alors ceux-ci proposèrent aux Français de remettre l'acquittement de leur dette à un autre temps, s'ils voulaient les aider à reprendre Zara, ville de Dalmatie, qui s'était donnée au roi de Hongrie. Les légats du pape s'opposèrent à cet emploi sacrilége des armes chrétiennes contre une ville chrétienne ; mais c'était moins la piété que le goût des aventures chevaleresques qui avait armé les Français ; l'honneur leur ordonnait de s'acquitter de leur dette envers les Vénitiens, et le doge Dandolo acheva de vaincre leurs scrupules en prenant la croix (1202). La flotte partit : Zara fut conquise, et après elle Trieste et toute l'Istrie. Le pape reprocha véhémentement aux croisés d'avoir violé leur vœu, et excommunia les Vénitiens. Les Français s'humilièrent et promirent de suivre leur route en Syrie ; « mais une plus grande merveille et meilleure aventure » vint les en détourner.

L'empire d'Orient était tombé au dernier degré d'avilissement où puisse descendre un pays civilisé : plus de commerce et d'armée, plus de courage et d'intelligence ; la perfidie des Grecs, leur cruauté, leur ardeur de disputes et d'ergotisme étaient le déshonneur de la chrétienté ; peuple opiniâtrement stationnaire, il devait disparaître et léguer à un autre peuple les germes de progrès qu'il avait en lui. Son schisme, en l'isolant de l'Occident, l'avait perdu ; et loin de sentir sa fausse position, il réservait toute sa haine, non pour ses ennemis d'Asie, mais pour les Latins. Cette haine s'était manifestée non-seulement dans les croisades, où elle avait pour

---

[1] Geoffroy de Ville-Hardouin, Conquête de Constantinople par les Francs, liv. I, édit. de Buchon, t. III.

excuse la barbarie des pèlerins; mais récemment encore, lorsque, sans raison aucune, tous les Latins établis à Constantinople, femmes, enfants, malades, avaient été enveloppés dans un massacre général dont les prêtres étaient les instigateurs et les chefs (1182); quatre mille infortunés qui avaient échappé à cette boucherie furent vendus aux Turcs comme esclaves. L'Europe fut saisie, à cette nouvelle, d'un violent désir de vengeance, et l'occasion de le satisfaire vint bientôt se présenter.

Les révolutions se succédaient rapidement dans cet empire, que nul de ses despotes ne savait garantir des Sarrasins ou des Bulgares. Après les Comnène, Isaac l'Ange était monté sur le trône; il fut renversé et emprisonné par son frère. Alexis, fils d'Isaac, s'enfuit en Allemagne, et chercha des défenseurs à son père. Il vint implorer le secours des croisés, promettant de mettre l'Église grecque sous la dépendance de celle de Rome, et de fournir 200,000 marcs et dix mille hommes pour la croisade. Les Français se laissèrent tenter par ces promesses, et plus encore les Vénitiens, qui, dit-on, étaient gagnés par Malek-Adhel, pour détourner la guerre sur Constantinople. On rêvait des royaumes à conquérir, un empereur à relever, les dames de la Grèce à visiter. Après de longues discussions, et malgré la colère du pape, qui menaçait les croisés de toute la vengeance céleste, cette armée de chevaliers errants et de chercheurs d'aventures se laissa persuader « que la terre d'outre-mer ne pourrait jamais être recouvrée que par l'Égypte ou par la Grèce [1]; » et l'expédition fut décidée. La flotte partit et arriva sans encombre devant Constantinople (1203). Aucun apprêt de défense n'avait été fait. L'armée latine avait de quinze à vingt mille hommes; la ville contenait cinq cent mille habitants, et était fortifiée de hautes tours et d'énormes murailles, « tellement qu'il n'y eut si hardi à qui le cœur ne frémît, car jamais si grande affaire ne fut entreprise [2]. » Néanmoins le siège dura à peine quelques jours; les Grecs voyaient avec une terreur profonde ces Francs, qu'ils appelaient des anges exterminateurs et des statues de bronze [3]; l'usurpateur s'enfuit : Isaac et son fils furent rétablis sur le trône.

L'accord entre les Grecs et les Latins ne fut pas de longue durée : Alexis ne pouvait exécuter complètement ses promesses envers ses alliés, à cause de l'indignation de ses sujets; et il mécontentait les croisés, devenus plus insatiables et plus insolents à l'aspect des richesses et de la lâcheté des Grecs. La guerre commença. Les Latins, qui avaient pris leurs campements hors de la ville, se dispo-

---

[1] Ville-Hardouin, p. 39. — [2] Id. p. 50. — [3] Nicetas, trad. de M. d'Hauterive, dans Buchon, t. III.

sèrent à en faire le siège, et se partagèrent d'avance l'empire par un traité; les Grecs massacrèrent Isaac et Alexis, et décorèrent de la pourpre Ducas, dit Murzuphle, qui essaya vainement d'animer ses concitoyens à la défense de leur ville. Constantinople fut emportée d'assaut après un siège de trois jours (10 avril 1204).

Le désastre fut épouvantable; malgré les défenses des chefs et des prélats, les soldats ne respectèrent rien, ni les monastères, ni les églises, ni les vieillards, ni les femmes. « Ces destructeurs, dit Nicétas, qui mettaient la vengeance au-dessus de toutes les vertus et s'en attribuaient la prérogative [1], » s'en donnèrent à pleine joie sur les Grecs hérétiques et parjures; on dévastait leurs monuments, on brisait leurs statues, on se raillait de leur vaine science, de leurs arts impuissants; et le seul sentiment qu'éprouvaient les croisés se manifeste par ces mots étranges : « Bien témoigne Geoffroy de Ville-Hardouin, le maréchal de Champagne, à son escient pour vérité, que, depuis les siècles, ne fust tant gaigné en une ville. Ainsi firent les pèlerins et les Vénitiens la Pasque-Fleurie, et la Grande-Pasque après, en celle honneur et en celle joie que Dieu leur eut donnée [2]. » Du butin mis en commun, on préleva l'argent dû aux Vénitiens; puis on partagea, et chacune des deux nations eut 500,000 marcs d'argent.

« Alors les vainqueurs se partagèrent l'empire, la balance à la main, dit la Chronique de Morée, de telle sorte que chacun eut une part proportionnée à sa puissance. » Baudoin IV, comte de Flandre, fut élu empereur; Boniface de Montferrat fut créé roi de Macédoine ou de Thessalonique; le doge Dandolo, au nom de Venise, fut despote de Romanie, ayant la moitié de Constantinople sous ses lois; toutes les provinces furent partagées entre les deux nations; ce fut une vraie curée. Il y eut des princes d'Achaïe, des ducs d'Athènes, des sires de Thèbes; et, comme on n'avait aucune idée de l'étendue et des limites de l'empire, on se distribua le royaume des Mèdes, celui des Parthes, Iconium, Alexandrie, etc.; on échangeait, on jouait, on vendait sa part. « Constantinople fut, pendant quelques jours, un marché où l'on trafiquait de la mer et de ses îles, des peuples et de leurs richesses; où l'univers romain était mis à l'enchère, et trouvait des acheteurs dans la foule obscure des croisés [3]. » Les vingt mille vainqueurs se dispersèrent pour aller prendre possession de leurs états; les côtes de la Propontide et du Bosphore, la Phrygie, la Bithynie, la Thessalie, l'Épire, l'Attique, le Péloponnèse furent conquis. La féodalité s'introduisit dans ces mille souverainetés avec toutes ses bizarreries et son es-

---

[1] Ville-Hardouin, p. 99. — [2] Michaud, t. III, p. 286. — [3] Ville-Hardouin, p. 179.

prit d'isolement ; ce fut la perte des vainqueurs : « et bien témoigne Geoffroy de Ville-Hardouin, le maréchal de Romanie et de Champagne, que oncques en nul pays ne furent gens si chargés de guerres, parce qu'ils étoient épars en trop de lieux. »

Cependant ils écrivirent au pape, mirent à ses pieds leurs conquêtes, et demandèrent leur absolution. Innocent III, irrité du pillage d'une ville chrétienne, « où l'on n'avait épargné, disait-il, ni les petits, ni les grands, ni l'âge, ni le sexe, ni les vierges du Seigneur, ni les saints autels, ni les vases sacrés, » refusa long-temps de pardonner ; enfin, considérant la conquête de la Grèce comme l'acheminement à la délivrance des lieux saints, il approuva l'élection de Baudoin, et ordonna aux Français d'aller défendre le nouvel empire chrétien, la *nouvelle France*. L'esprit et le but des croisades furent ainsi changés : on n'alla plus qu'en Grèce ; la Terre-Sainte fut abandonnée, et la langue française, déjà parlée en Syrie, en Angleterre, en Sicile, se répandit dans le pays des Macédoniens et des Hellènes, avec les grands coups d'épée et les mœurs de France.

La domination française dura à Constantinople cinquante-trois ans, et, dans quelques portions de la Grèce, deux cent cinquante ans [1] ; celle des Vénitiens sur le Péloponnèse et les îles s'est prolongée jusqu'au dix-septième siècle.

§ IX. Meurtre d'Arthur de Bretagne. — Philippe conquiert la Normandie, l'Anjou et le Poitou. — Condamnation de Jean-sans-Terre par la cour des pairs. — Pendant ces merveilleuses conquêtes, il se passait en France de graves événements, qui en détournèrent l'attention.

Le Poitou, l'Anjou et la Touraine n'avaient pas varié dans leur haine contre la domination des Plantagenet, et Jean-sans-Terre, arrogant, dissipateur, luxurieux, ne faisait que l'alimenter : il enleva au comte de la Marche sa femme, Isabelle d'Angoulême, et l'épousa. L'unité de l'empire anglais ne pouvait durer sous un tel homme : le Poitou et le Limousin se soulevèrent ; la Normandie se déclara pour Arthur de Bretagne ; les seigneurs de ce pays portèrent appel devant Philippe-Auguste. Celui-ci somma Jean de se rendre dans sa cour « pour y répondre suffisamment aux choses qu'il proposerait contre lui (1202) [2]. » Le roi anglais n'osa décliner cette sommation inouïe jusqu'alors ; mais, malgré sa promesse, il n'y obéit pas. Philippe entra en Normandie, s'empara de plusieurs villes, et s'allia avec Arthur. « Celui-ci lui céda tout ce qu'il avait pris et tout ce qu'il pourrait prendre dans ce duché [3], » lui fit hommage pour la Bretagne, le Maine, l'Anjou, le Poitou et la Tou-

[1] Voir mon *Essai historique sur les relations de la France avec l'Orient*, dans la Revue indépendante du 25 oct. 1843. — [2] Rigord, *Vie de Philippe-Auguste*. — [3] Id., ib.

raine, et marcha avec les seigneurs de ce pays contre son oncle ; mais il fut battu complétement et fait prisonnier avec les comtes de la Marche, de Limoges et de Thouars. Jean emmena son neveu dans la tour de Rouen, l'égorgea, dit-on, de ses propres mains, et jeta son cadavre dans la Seine (1203).

Ce meurtre excita l'indignation générale. Les Bretons élurent pour duc Guy de Thouars, époux de la mère d'Arthur, et en appelèrent à la justice du suzerain. Philippe se jeta presque seul dans le Poitou, où tout se souleva à son approche, pendant que la Normandie était attaquée par les Bretons et les Angevins. Jean s'inquiéta peu de cette guerre, et, comme s'il n'avait plus ni désirs à former, ni dangers à craindre, il se livra aux plaisirs et à la débauche dans ses châteaux de Normandie ; enfin, lorsque les Andelys tombèrent devant Philippe, après un siége de cinq mois, il s'enfuit en Angleterre, où il redoubla ses tyrannies, et implora la médiation du pape.

Innocent III ordonna aux deux rois de faire la paix et de soumettre leur querelle à son tribunal, les menaçant de mettre l'interdit sur leurs états. Philippe frémissait d'abandonner la fortune qu'il avait si long-temps attendue, et que son rival lui avait si follement jetée ; il se sentait fort et populaire, et voulait affranchir la royauté, devenue pouvoir public, de cette domination ecclésiastique qu'elle subissait justement depuis trois siècles. Il n'obéit pas ; et, mettant à profit l'étonnement qu'inspirait la protection accordée par Innocent à un roi tyran de ses sujets, contempteur du mariage et meurtrier de son neveu, il fit promettre à ses grands vassaux de l'aider dans sa résistance. Onze des premiers barons publièrent les lettres suivantes (1203) : « Je fais savoir à tous que j'ai conseillé au seigneur Philippe de ne faire ni paix ni trêve avec le roi d'Angleterre par l'ordre ou l'exhortation du seigneur pape. Que si le pape entreprenait de faire au roi à ce sujet aucune violence, j'ai promis à celui-ci, comme à mon seigneur lige, que je viendrai à son secours de tout mon pouvoir, et que je ne ferai de paix avec le seigneur pape que par l'entremise du seigneur roi[1]. » C'était le premier exemple d'une querelle de puissance entre la papauté et les fils aînés de l'Église ; Innocent III en sentit les dangers : il écrivit à Philippe qu'il s'était mépris sur ses intentions, et qu'il n'avait prêché la paix que comme prêtre chrétien : « Nous ne voulons pas, dit-il, nous arroger le droit de juger ce qui touche le fief, mais nous avons le droit de juger ce qui concerne le péché ; et il est de notre devoir d'exercer ce droit contre le coupable, quel qu'il soit[2]. »

[1] Dumont, Corpus diplomat., t. I, p. 129. — [2] Lettres d'Innocent III, liv. VII, ép. 42.

La prise de Falaise, de Caen, de Bayeux, de Séez, de Lisieux, suivit la reddition des Andelys, et Philippe alla mettre enfin le siége devant Rouen. Les Normands, conquérants de l'Angleterre, méprisaient et haïssaient les Français, qu'ils combattaient depuis cent cinquante ans. Rouen était grande et forte; ses bourgeois, formés depuis un siècle en commune, étaient enrichis par le commerce, fiers, bien armés, et « ils portaient une haine éternelle à Philippe [1]; » mais, désespérée de la lâcheté du roi Jean, qui ne faisait rien pour la secourir, la ville se rendit sous condition que les personnes, les biens, les lois et les coutumes seraient respectés. Cette capitulation termina la conquête de la Normandie, qui, après deux cent quatre-vingt-douze ans d'indépendance, fit partie du royaume des Français (1204). La Bretagne, fief de la Normandie, suivit ses destinées, et se trouva désormais vassale immédiate de la France. Ce fut un grave événement. La nation normande « porta long-temps avec indignation le joug de Philippe, ne pouvant oublier ses anciens seigneurs [2]; » mais l'habileté du roi fit taire les mécontentements, et la Normandie s'habitua si bien à être française qu'un siècle après elle devint la plus redoutable ennemie de l'Angleterre.

Le Poitou, la Touraine, l'Anjou, abandonnés comme la Normandie par leur souverain, se soumirent aussi aux armes françaises; et il ne resta dans ces pays, à la maison de Plantagenet, que Thouars, Niort et La Rochelle.

Philippe, ayant donné à tous l'idée de la supériorité de ses forces, alla plus loin : il résolut de faire consacrer par le droit ce qu'il avait gagné par la violence; et il somma son vassal de comparaître devant la cour de ses pairs, pour y rendre compte du meurtre de son neveu. C'était un procès tout nouveau; l'Église seule jusqu'alors s'était crue en droit d'attaquer les princes pour leurs crimes privés, et jamais le seigneur n'avait eu le pouvoir de regarder dans la vie intime de son vassal; en outre, aucun souverain n'avait encore été traduit devant ses pairs; enfin, cette cour des pairs elle-même, telle que Philippe cherchait à la constituer, n'était qu'une innovation empruntée aux romans de chevalerie, et par laquelle on croyait rétablir une institution de Charlemagne. Néanmoins, telles étaient la popularité de ces traditions qu'on croyait historiques, l'idée de pouvoir public attribué à la royauté française, l'horreur inspirée par les crimes de Jean, que nul ne réclama contre l'usurpation de Philippe, et que le roi anglais lui-même ne récusa pas le tribunal des pairs. Il envoya des ambassadeurs au roi de France pour demander la restitution de la Normandie, lui faisant dire

[1] Guillaume-le-Breton, Philippide, ch. 8. — [2] Id., ibid.

« qu'il se rendrait volontiers à sa cour pour obéir et répondre à tout droit sur cette chose, mais pourvu qu'on lui donnât un sauf-conduit. — Volontiers, répondit le roi, qu'il vienne en paix et en sûreté. — Et qu'il se retire de même? dirent les ambassadeurs. — Oui, pourvu que le jugement de ses pairs le lui permette. » Sur ce refus, les ambassadeurs revinrent vers le roi d'Angleterre, qui ne voulut pas se commettre à une aventure si douteuse; les grands barons n'en procédèrent pas moins au jugement, et Jean fut déshérité de toute la terre qu'il possédait dans le royaume de France [1].

On ne sait point de quels seigneurs était composée la cour qui rendit ce jugement; il est probable qu'on y voyait le duc de Bourgogne et les barons qui relevaient immédiatement de la couronne : c'étaient là les *pairs*, les *magnats*, les *optimates* du royaume de France. Néanmoins il paraît que ce fut vers ce temps qu'on régularisa la cour du roi sur le modèle de la cour romanesque de Charlemagne, et qu'on la réduisit à douze pairs : six laïques, les ducs de Normandie, de Bourgogne et d'Aquitaine, les comtes de Flandre, de Champagne, et de Toulouse; six ecclésiastiques, l'archevêque de Reims, les évêques de Laon, de Noyon, de Beauvais, de Châlons et de Langres. Ainsi, la cour des pairs devint une institution; les grands vassaux se trouvèrent désormais réunis autour de la royauté comme centre et unité de la France; le droit était apte à remplacer la force.

Jean sortit enfin de son apathie et débarqua à La Rochelle avec une armée nombreuse. L'Anjou, le Maine et le Poitou se repentaient d'avoir perdu leur existence nationale; ils se révoltèrent en sa faveur. Mais Jean, aussitôt que le roi de France arriva, se hâta de conclure une trêve par laquelle il abandonna la Normandie, le Maine, la Touraine, l'Anjou, et une portion du Poitou (1206). Ainsi, la domination des Plantagenet était détruite sur le continent; cette famille devenait désormais étrangère à la France; la prépondérance matérielle était acquise à la royauté capétienne; un royaume français se trouvait constitué; enfin la royauté n'était plus, comme sous Louis VI, une idée ou un droit, mais une puissance de fait qui avait un royaume à gouverner.

La portion orientale de la Gaule, comprise dans l'empire, ne prit aucune part aux querelles de Jean et de Philippe; elle était toute occupée des guerres entre Philippe de Souabe et Otton de Brunswick. Celui-ci, malgré la protection du pape, avait été chassé d'Allemagne et s'était réfugié en Angleterre; mais, son rival ayant été assassiné, il revint et fut reconnu à la fois par les

[1] Mathieu Pâris, Hist. d'Anglet., p. 725. — Guill. de Nangis.

Gibelins et les Guelfes (1208). Le troisième prétendant, Frédéric II, resta maître des Deux-Siciles.

La portion de la Gaule qui comprenait les pays voisins de la Méditerranée et des Pyrénées était, comme la Gaule allemande, étrangère aux rois de France et d'Angleterre; elle allait subir une terrible révolution qui devait l'incorporer dans le royaume de France.

CHAPITRE IV.

Guerre des Albigeois. — 1207 à 1215.

§ I. ÉTAT POLITIQUE ET INTELLECTUEL DE LA FRANCE MÉRIDIONALE. — La Provence, le Dauphiné, la Septimanie, la Gascogne, l'Aquitaine, et même la Catalogne et l'Aragon, quoique vivant sous des dominations différentes, se considéraient comme formant un même pays, et le nom de *Provençaux* était devenu commun à tous les hommes du midi. C'étaient les rois d'Aragon qui semblaient avoir la suprématie sur les autres seigneurs de ces contrées : maîtres du comté de Provence, du Roussillon et de la Cerdagne, suzerains du Béarn, du Bigorre, de l'Armagnac, de Montpellier, de Carcassonne, ils paraissaient appelés à avoir dans le midi de la France la même fortune que les Capétiens dans le nord. Mais la première puissance de la Gaule méridionale était en effet la maison de Saint-Gilles : vassale des rois de France et des empereurs, elle possédait le comté de Toulouse, le duché de Septimanie et le marquisat de Provence; suzeraine de Béziers, de Foix, de Comminges, elle avait acquis l'Agénois des rois d'Angleterre en 1196, et le Gévaudan des rois d'Aragon en 1204; enfin elle régnait directement ou indirectement sur tout le pays compris entre le Lot, les sources de la Loire, le Rhône, l'Isère, les Alpes, la Durance, la Méditerranée, l'Aude, l'Ariége et la Garonne.

Le midi de la Gaule semblait destiné à former une nation à part. Ses villes étaient grandes, libres, industrieuses; ses habitants se glorifiaient de leurs richesses et de leurs lumières; ses mœurs chevaleresques, ses fêtes splendides, ses relations de commerce avec les Arabes, ses cours d'amour, les chants hardis de ses troubadours, faisaient de ce pays un monde distinct, aimé de l'Espagne, jalousé de l'Italie, haï de la France, mais qui inspirait tant d'enthousiasme à ses habitants qu'ils l'appelaient communément le paradis terrestre [1]. Ainsi que dans toutes les contrées de droit romain, la féodalité n'y avait pris que des racines peu pro-

---

[1] Poëme sur la guerre des Albigeois, par un troubadour contemporain, traduit et publié par M. Fauriel, p. 213.

fondes; le régime municipal y était en pleine vigueur, et l'aristocratie bourgeoise regardait en face l'aristocratie seigneuriale. Sa langue, l'une des plus riches et des plus harmonieuses que l'homme ait parlées, était connue et admirée de tous les beaux-esprits, et elle pensa devenir l'idiome national de l'Italie; mais il n'est sorti de cette langue, toute belle qu'elle fût, ni un grand ouvrage ni un homme de génie qui aient fait pour la Provence ce que la *Divine Comédie* et Dante devaient faire, un siècle plus tard, pour l'Italie. Sa prose, pédantesque et légiste, n'a donné que de futiles et ennuyeux écrits; sa poésie ne semble qu'une musique fugitive; ses écrivains sont tous également gracieux, élégants, sonores; mais ils ne traitent pas de sujets graves et philosophiques; l'amour libertin est l'objet ordinaire de leurs chants; rarement on leur trouve de la force et de l'enthousiasme, ils n'ont que de l'esprit. Ce n'est pas là la poésie instinctive et dévergondée des nations jeunes; c'est celle d'un peuple vieux et usé avant l'âge; on sent qu'il n'a pas d'avenir; et sa disparition, si rapide, s'explique d'ailleurs par l'examen intérieur de ce monde singulier. Au-dessous du clinquant de civilisation dont il se pare, on découvre une corruption raffinée; de la subtilité d'esprit, des sentiments faux, l'amour du gain, l'orgueil des richesses [1], la folie de la prospérité, de la mauvaise foi dans les relations, de la politesse sans bienveillance, de la cruauté froide et réfléchie. La civilisation de la Gaule méridionale ressemble à celle du Bas-Empire ou à celle des Arabes.

§ II. Hérésie des Albigeois. — Un peuple si étranger à la constitution temporelle de l'Europe devait naturellement tendre à s'éloigner de sa constitution spirituelle : aussi une hérésie nouvelle s'était répandue dans le midi, « depuis Béziers jusqu'à Bordeaux [2]. » Elle était née de la secte des pauliciens, sorte de manichéens chassés de l'Asie, dans le sixième siècle, par les empereurs grecs, et qui s'étaient dispersés dans l'Occident. Leurs doctrines s'y propagèrent lentement et sourdement, principalement dans le midi de la Gaule, où l'arianisme avait régné long-temps avec les Visigoths. On appelait ces hérétiques *Albigeois* et *Patarins*. Leurs croyances nous sont presque entièrement inconnues, et il paraît que les sectes albigeoises étaient nombreuses; tout ce qu'on sait, c'est qu'elles s'accordaient à détester le joug de Rome, qu'elles appelaient la prostituée de Babylone; à rejeter les sacrements, la

---

[1] Dans une fête où Henri II d'Angleterre, Alfonse d'Aragon et Raymond VI de Toulouse assistaient, un simple chevalier fit labourer un arpent de terre et y sema 30,000 sous; un autre fit cuire tous les mets au feu des flambeaux de cire; un troisième fit brûler trente de ses chevaux.

[2] Poëme traduit par Fauriel, p. 5.

messe, le culte des images, le purgatoire; à proscrire l'usage de la langue latine, cette langue de la fédération européenne, dont elles voulaient se séparer. La vie des Albigeois était austère, leur zèle exalté, leur esprit guerrier, solitaire, ascétique; ils vantaient la pauvreté absolue. « Leurs mœurs sont irréprochables, disait saint Bernard; ils ne font de mal à personne; leurs visages sont mortifiés et abattus par le jeûne; ils ne mangent pas leur pain comme des paresseux, et travaillent pour gagner leur vie [1]. » Presque toute la population des villes embrassa l'hérésie, qui eut sa hiérarchie, ses pontifes, ses missionnaires, et qui fut protégée par les princes. « L'erreur gagna jusqu'aux prêtres; les églises étaient abandonnées et ruinées; les plus nobles étaient les plus infectés, et entraînaient la multitude [2]. » Les troubadours, si influents sur l'opinion publique, aidaient, par leurs chants, à la propagation de l'hérésie. La poésie, déjà si licencieuse, s'empara des mœurs corrompues du clergé, les satirisa, non avec la moquerie naïve des gens du nord, mais avec une verve de colère inépuisable, et popularisa ainsi dans le midi la haine contre l'Église. Le nom de prêtre devint une injure, et en plusieurs lieux on chassa et on maltraita les moines. Toulouse fut regardée comme la Rome de la nouvelle religion, et on y tint, en 1167, un concile où se rendirent les députés des églises albigeoises de tous les pays et même d'Asie.

Cette hérésie amena dans le midi la liberté de conscience. Les hérétiques y vivaient en bonne intelligence, non-seulement avec les catholiques, mais avec les Juifs. Cette race, persécutée depuis douze siècles par toute l'Europe, jouissait, dans la Gaule méridionale, de tous les droits civils; elle possédait des aleux et des fiefs, occupait les hauts emplois de l'administration et des finances, avait des synagogues et des écoles d'où sortirent des philosophes et des médecins distingués. C'étaient ces Juifs qui, par leur contact perpétuel avec les Arabes, avaient répandu les sciences métaphysiques et naturelles dans l'Occident; ils avaient traduit en hébreu Avicenne, Averroës et les commentaires arabes d'Aristote. Le *Languedoc* [3] semblait une autre Judée, et était le scandale de tous les chrétiens.

Ces nouveautés n'avaient pas échappé à l'œil clairvoyant des papes. L'Église avait le gouvernement général de la société; et le principe « hors de l'Église point de salut » était la base du droit chrétien féodal. En effet, au temporel, l'ordre social était si fon-

---

[1] Œuvres de saint Bernard, serm. 65. — [2] Gervais de Douvres, p. 441.
[3] On appelait *pays de la langue d'Oc* tous ceux qui parlaient la langue provençale. Je donne par anticipation ce nom au pays qui était le centre de cette langue, et auquel il est resté.

damentalement catholique, que toute protestation contre l'autorité exclusive et inflexible de l'Église était un acte véritable d'insurrection politique ; ne plus croire, c'était conspirer; renoncer à l'Église, c'était renier la patrie européenne et briser le lien social. Au spirituel, l'idée que « la vérité une et universelle a droit de poursuivre par la force les conséquences de son unité et de son universalité » était dans tous les esprits, et l'exercice de ce droit terrible aux mains des papes était reconnu même de leurs ennemis. Ainsi, si l'hérésie des Albigeois l'emportait, c'en était fait de la fédération chrétienne; si le catholicisme subissait une réforme prématurée, si la liberté prévalait avant que la foi n'eût donné tous ses fruits, la croissance de l'Europe était incomplète et avortée. De plus, si la tentative municipale et démocratique du midi réussissait, si ce représentant du vieux monde, avec son esprit de conservation, triomphait, c'était un coup mortel à la féodalité du nord, à ce nouveau monde qui avait en lui l'esprit de mouvement. Enfin, si les pays de langue provençale devenaient une nation particulière, l'unité nationale de la France et sa fortune étaient perdues.

L'hérésie des Albigeois et la nationalité provençale devaient donc être détruites : elles le furent, mais par quels moyens! C'est dans le sang qu'on éteignit la religion, la civilisation, la langue, l'indépendance de la Gaule méridionale; et c'est à ce prix que des prêtres barbares sauvèrent les principes de l'unité chrétienne et de la nationalité française.

§ III. INNOCENT III PRÊCHE UNE CROISADE CONTRE LES ALBIGEOIS. — Dès le milieu du onzième siècle, des légats et des missionnaires furent envoyés dans le Languedoc; saint Bernard lui-même crut sa présence nécessaire; mais il fut accueilli avec froideur et, en quelques lieux, par des huées et des chansons injurieuses. Plus tard, les rois de France et d'Angleterre conférèrent sur les moyens de réprimer cette hérésie, si menaçante pour l'Europe féodale. Des persécutions commencèrent contre les sectaires; on brûla un de leurs chefs; on excommunia le vicomte de Béziers qui les protégeait. Enfin l'homme qui gourmandait les rois et instruisait les peuples, celui dont le génie comprenait toute la grandeur et les destinées de l'Église, Innocent III tourna ses regards vers ce coin de terre où l'esprit se montrait indépendant et rebelle. Le danger était grand : déjà la réforme avait pénétré en Hongrie, en Bulgarie, en Lombardie, en Espagne, et généralement dans tous les pays de langue romane. D'ailleurs il y avait partout un réveil de l'esprit humain menaçant pour l'autorité : dans les écoles de Paris, Aristote régnait, et Pierre Lombard répétait les erreurs d'Abailard;

en Allemagne, dans les Alpes et dans les Pays-Bas, des hérésies diverses apparaissaient. Enfin l'islamisme gagnait du terrain en Asie, et menaçait l'Espagne d'une nouvelle invasion.

Innocent III envoya dans le Languedoc des légats et des moines de Cîteaux, qui furent aidés par un prêtre d'Espagne, pieux et charitable, Dominique, fondateur de l'inquisition. On les accueillit par des moqueries et des vers satiriques. Ils s'en revinrent indignés, et racontèrent qu'ils avaient vu le comte de Toulouse, Raymond VI, entouré de concubines, ayant pour ministres des juifs, pour soldats des routiers brûleurs d'églises et tueurs de prêtres, pour amis des hérétiques à qui il voulait confier l'éducation de son fils, et dont il disait : « Je sais que je perdrai ma terre pour eux; eh bien! la perte de ma terre et encore celle de ma tête, je suis prêt à tout souffrir [1]. » Le pape lança l'anathème contre les Albigeois, les condamna à l'exil, livra leurs biens à qui les dépouillerait, excommunia les seigneurs qui refuseraient de les poursuivre, et envoya Pierre de Castelnau « pour abattre la gent mécréante [2]. » Le légat, armé d'une puissance dictatoriale, parcourut la province en demandant des supplices; mais seigneurs et bourgeois aimaient les hérétiques. « Chassez-les de vos terres, leur disait-on. — Nous ne le pouvons, répondaient-ils; nous avons été nourris avec eux, nous avons nos parents parmi eux, et nous voyons combien leur vie est honnête [3]. » Castelnau, éprouvant de la résistance même dans le clergé, suspendit ou déposa les évêques; puis il intervint entre les seigneurs de Languedoc et de Provence pour une paix générale qui permettrait à toutes les forces de se tourner contre les hérétiques. Le comte de Toulouse se refusa à cette paix. Il fut excommunié (1207), et le pape lui écrivit : « Homme pestilentiel, quelle est votre folie de braver les lois divines en vous joignant aux ennemis de la foi? Qui êtes-vous donc pour refuser seul de signer la paix et oser vous écarter de l'unité de l'Église? Impie, cruel et barbare tyran, n'êtes-vous pas honteux de favoriser les hérétiques et d'avoir répondu à ceux qui vous le reprochaient, que vous trouveriez parmi eux un évêque qui prouverait que leur croyance est meilleure que celle des catholiques? Si vous ne redoutez pas les flammes éternelles, ne devez-vous pas craindre les châtiments temporels que vous avez mérités par vos crimes? Sachez, si vous ne vous repentez, que nous vous enlèverons les domaines que vous tenez dans l'Église universelle, et que nous enjoindrons à tous les princes de s'élever contre vous, comme en-

---

[1] Guill. de Puy-Laurens, Hist. des Albig. — [2] Poëme traduit par M. Fauriel, p. 7. — [3] Guill. de Puy-Laurens.

nemi du Christ et persécuteur de l'Église. La main du Seigneur s'étendra sur vous pour vous écraser [1]. » Le comte effrayé se soumet et jure d'exterminer les Albigeois; mais comme il tarde à remplir sa promesse, Castelnau vient la lui rappeler, l'accable d'outrages, lance de nouveau contre lui l'excommunication, et s'éloigne de Saint-Gilles, fier et tranquille, quoique seul au milieu du peuple indigné. Un serviteur du comte suit le légat et le joint dans une hôtellerie; là il l'insulte et le tue (1208).

A la nouvelle de ce meurtre, Innocent tonne du haut de sa chaire, demande vengeance à tous les chrétiens, et leur montre du doigt les proscrits. « Sachez, écrit-il au roi, aux évêques et aux barons de France, que nous chargeons d'anathèmes le comte de Toulouse; nous délions tous ceux qui se croient liés envers lui; nous permettons à tout catholique de courir sus à sa personne, d'occuper et de retenir ses biens; et quand il viendrait à résipiscence, ne cessez pas pour cela de faire peser sur lui la punition qu'il a méritée; chassez-le, lui et ses fauteurs, et enlevez-lui ses terres. Nous accordons la rémission de leurs péchés à tous ceux qui s'armeront contre ces empestés Provençaux, race perverse et méchante. Sus donc, soldats du Christ; sus donc, novices de la milice chrétienne! Que l'universel gémissement de l'Église vous émeuve! que les hérétiques disparaissent, et que des colonies de catholiques soient établies en leur place [2]. »

Les moines de Cîteaux [3] se font les trompettes de cette croisade nouvelle, et leurs prédications sont accueillies avec transport : on avait pris du dégoût pour l'Asie; le voyage au midi était court, la guerre facile, la proie abondante, les indulgences plus étendues que celles de la Terre-Sainte. Le zèle religieux, l'amour du pillage, la haine contre les Provençaux soulèvent tout le nord, barbare et pauvre, contre le midi, si riche, si orgueilleux, si envié. Les vers satiriques contre le clergé et la France allaient avoir de sanglantes représailles. Eudes III, duc de Bourgogne, les comtes de Nevers, d'Auxerre, de Genève, une multitude d'évêques et de seigneurs prirent la croix; les serfs, les aventuriers, les bandits de toute nation, les suivirent. Philippe-Auguste avait, l'un des premiers, sollicité une croisade contre son parent et son vassal Raymond;

---

[1] Lettres d'Innocent III; coll. de Baluze, l. x, ép. 69.
[2] Lettres d'Innocent III, l. xi, ép. 26, 27, 28, 29.
[3] L'ordre de Saint-Benoît fut unique dans l'Occident jusqu'à l'établissement des Dominicains et des Franciscains, en 1216; mais il avait subi des réformes : d'abord celle de Cluny, d'où sortit Grégoire VII; ensuite celle de Cîteaux, faite par saint Bernard. Vingt ans après la mort de ce saint, il y avait trois mille couvents de la réforme de Cîteaux : c'étaient les moines populaires et la milice dévouée de la papauté.

mais il ne voulut pas se mettre à la tête de cette guerre, si favorable à l'extension de sa puissance : « J'ai aux flancs, écrivit-il au pape, deux lions grands et terribles, Otton l'empereur et Jean d'Angleterre; ainsi je ne puis sortir de France : c'est assez pour le présent de permettre à mes barons de marcher contre les perturbateurs de la foi [1]. »

§ IV. Raymond-Roger de Béziers est dépouillé de ses états et empoisonné. — Trois armées se rassemblèrent, l'une au Puy, l'autre à Lyon, la troisième à Bordeaux; elles se composaient de Français, de Bourguignons, de Lorrains et même de Gascons (1209). En présence de ces étrangers qui allaient attaquer le midi dans son existence nationale, ses libertés et sa religion, nul ne songea à former de tous les états, seigneurs et communes, une grande coalition contre l'ennemi commun. Malgré la communauté de mœurs et de langage, les peuples méridionaux avaient chacun une existence séparée et des intérêts divers : ils se laissèrent attaquer l'un après l'autre et ne surent se défendre qu'isolément. Trois seigneurs étaient principalement menacés : Raymond VI, comte de Toulouse, marquis de Provence, duc de Narbonne; Raymond-Roger II, vicomte de Béziers, de Carcassonne et d'Alby [2]; Raymond-Roger Ier, comte de Foix [3], dont la famille avait embrassé la réforme. Raymond de Toulouse essaya d'abord d'intéresser en sa faveur ses deux suzerains, Philippe de France et Otton d'Allemagne; mais il ne fut pas écouté; alors il se rendit, avec Raymond de Béziers, à un concile que présidaient Arnaud et Milon, légats du saint-siège, et qui s'était assemblé à Valence pour régler la marche des croisés. Il y fit les plus humbles soumissions, renia le meurtre de Castelnau et se déclara fidèle enfant de l'Église : on ne voulut pas l'entendre. Alors le vicomte de Béziers lui dit : « Il faut mander tous nos amis, sujets et alliés, et nous défendre bravement contre ces légats et leur armée. » Mais Raymond envoya au pape de nouvelles sollicitations, mit en sa main sept de ses meilleurs châteaux, et jura d'obéir en tout à ses ordres, s'il voulait lever son excommunication. Alors Innocent adressa aux légats l'instruction suivante : « Vous attaquerez l'un après l'autre ceux qui se sont séparés de l'unité; mais vous ne vous en prendrez pas d'abord au comte de Toulouse, si vous prévoyez qu'il ne s'empresse pas de secourir ses

---

[1] Hist. des Albigeois, par l'abbé de Vaux de Cernay, ch. 10.

[2] Cette maison jouissait des droits régaliens dans six vicomtés depuis la fin du neuvième siècle. En prêtant alternativement hommage aux comtes de Toulouse et à ceux de Barcelone, elle s'était maintenue indépendante.

[3] Cette maison datait de la fin du dixième siècle; elle était vassale à la fois des comtes de Toulouse et de Barcelone.

voisins; laissez-le pour un temps : par là, ces derniers seront plus aisément défaits; et le comte, voyant leur ruine, rentrera peut-être en lui-même; mais, s'il persiste dans sa méchanceté, attaquez-le lorsqu'il sera seul et hors d'état d'être secouru par les autres [1]. » D'après cela, le légat Milon admit le comte de Toulouse à l'humiliante cérémonie de l'absolution; il lui fit jurer de congédier toutes ses troupes, de poursuivre les hérétiques, de ne pas établir de nouveaux impôts; puis il lui mit au cou son étole, par laquelle il l'attira dans l'église en le frappant de verges. Raymond prit la croix.

Raymond de Béziers s'était mis en état de défense et avait appelé à lui tous ses sujets. C'était un jeune chevalier, vaillant, spirituel, adoré de ses vassaux. Il voulut négocier; mais les légats lui firent répondre « que tout était inutile, et que ce qu'il avait de mieux à faire, c'était de se défendre jusqu'à la mort, car on ne lui donnerait pas de merci [2]. » L'armée des croisés, guidée par Raymond de Toulouse, se dirigea sur Béziers. C'était une forte place, où s'était retirée toute la population des environs. Les bourgeois, célèbres dans le midi par leur énergie, avaient fait de vigoureux apprêts de défense; malgré l'innombrable armée qui les entourait, ils répondirent à leur évêque, qui les sommait de livrer leurs concitoyens hérétiques : « Reportez au légat que notre cité est bonne et forte, que notre seigneur ne manquera pas de nous secourir, et qu'avant de nous rendre nous mangerons nos propres enfants [3]. » Là-dessus, ils s'élancent impétueusement hors de Béziers : enveloppés par les aventuriers ou *ribauds*, qui précédaient les chevaliers, ils sont battus et repoussés jusqu'à leurs portes. Les assiégeants les franchissent avec eux : la ville est prise. Alors les vainqueurs se tournent vers le légat Arnaud, lui demandant ce qu'il faut faire pour distinguer les Albigeois des catholiques, et il répond par ces mots épouvantables, manifeste politique de cette guerre religieuse : « Tuez tout! Dieu connaît ceux qui sont à lui [4]. » « Alors se fit le plus grand massacre qu'on ait jamais vu dans le monde; on n'épargna ni vieux ni jeunes, pas même les enfants à la mamelle. Tous ceux qui le purent se retirèrent dans la grande église de Saint-Nazaire, où les prêtres faisaient entendre le son des cloches, à défaut de la voix humaine; mais il n'y eut ni son de cloches, ni prêtre revêtu de ses habits, ni croix, ni autel qui pût

[1] Lettres d'Innocent III, l. XI, ép. 232.
[2] Chron. anonyme de Toulouse, intitulée : Historia de los faicts d'armes de Tolosa, dans les Preuves justif. de l'Hist. du Languedoc. Elle paraît n'être qu'un abrégé en prose du poème publié par M. Fauriel.
[3] Chron. anonyme de Toulouse, p. 14.
[4] Cæsar Heisterb., l. v, ch. 21.

empêcher que tout ne passât par l'épée. Ce fut la plus grande pitié qui jamais fut osée et faite; et, la ville pillée, on y mit le feu par tous les coins, tellement que tout fut dévasté et brûlé, et qu'il n'y resta chose vivante au monde [1] (1209). »

Après cet effroyable holocauste de trente à quarante mille victimes, la terreur se répandit partout; les villes et villages furent abandonnés par les habitants; cent châteaux, munis de bonnes garnisons, se rendirent sans résistance; et les croisés arrivèrent devant Carcassonne, où s'était renfermé le jeune Raymond-Roger. Le roi d'Aragon, Pierre II, suzerain du vicomte, vint au camp et interposa vainement sa médiation; le légat consentit seulement à laisser sortir Raymond, lui douzième, tous les habitants devant rester à sa merci. « Je me laisserais plutôt écorcher tout vif, s'écria le brave jeune homme. Il n'aura pas seulement en son pouvoir le plus petit ni le plus misérable des miens, car c'est pour moi qu'ils se trouvent tous en danger. Je mourrai en défendant mon droit et ma querelle [2]. » Les attaques recommencèrent et furent repoussées avec vigueur. Alors le légat offrit une capitulation, et le vicomte, se fiant à sa parole, alla au camp des croisés pour traiter. Il fut arrêté avec son escorte, et la ville effrayée se rendit. On permit aux habitants d'en sortir, vêtus seulement de leurs chemises, excepté à quatre cent cinquante, qui furent retenus et brûlés. Carcassonne fut mise au pillage, et toutes les places voisines se soumirent.

Alors les états de Raymond-Roger furent offerts aux grands seigneurs de la croisade, qui, indignés de la conduite des légats, les refusèrent. Simon de Montfort, petit châtelain des environs de Paris, les accepta : c'était un homme brave, austère, impitoyable et ambitieux. Il reçut l'hommage des vassaux du jeune Roger, distribua les terres et châteaux conquis aux chevaliers de France, publia des ordonnances contre les hérétiques, et voulut continuer la guerre contre eux. Mais tous les grands barons s'en allèrent avec leurs gens, contents d'avoir gagné du butin et des indulgences pour leurs quarante jours de service; et il ne resta à Montfort que quatre à cinq mille hommes. Il mit garnison dans quelques châteaux et tint la campagne avec une troupe de chevaliers; il s'empara d'Alby et de plusieurs autres places, et poursuivit le comte de Foix, qui se croyait en sûreté dans ses forteresses des Pyrénées. Pamiers et Mirepoix furent pris, et le comte fut obligé de jurer fidélité à l'Église.

---

[1] Chron. anonyme de Toulouse, p. 11. — Poème trad. par Fauriel, p. 37.
[2] Fauriel, p. 49.

La guerre semblait terminée ; les hérétiques étaient détruits ou dispersés ; deux de leurs protecteurs avaient fait leur soumission à Rome, le troisième était prisonnier. Mais c'était celui-ci qu'on redoutait ; ses malheurs et sa bravoure lui avaient fait des partisans, même parmi les croisés ; il fallait ôter aux vaincus tout sujet d'espérance et de ralliement : Raymond-Roger II, dix-huitième vicomte de Béziers, d'Alby et de Carcassonne, mourut empoisonné (1209).

§ V. Raymond VI est dépouillé de ses états. — Cependant Raymond VI était accablé de vexations par les légats : on lui avait interdit l'entrée de sa capitale ; on voulait qu'il livrât tous ses sujets hérétiques ; on favorisait par tous les moyens les desseins de Montfort sur ses états. « Celui-ci finit par lui envoyer des messagers pour savoir s'il voulait s'accommoder avec lui, autrement il avait résolu de lui courir sus et à sa terre [1]. »

Le comte et la commune de Toulouse firent appel au saint-siége. Le malheureux Raymond, voulant éviter à tout prix le sort du vicomte de Béziers, quitta ses états, accompagné des consuls de Toulouse, traversa la France et l'Allemagne, dont les rois le virent avec froideur, arriva à Rome et exposa sa cause au pape (1210). Innocent l'accueillit avec bonté et voulait l'absoudre ; mais les légats lui écrivirent que, s'il pardonnait au comte, tout ce qu'on avait fait pour l'Église devenait inutile : « Nous l'avons si étroitement lié, disaient-ils, par la grâce de Dieu et par vos soins, qu'il n'est pas en état de regimber [2]. » Raymond fut renvoyé devant le concile de Saint-Gilles ; mais là, malgré les ordres réitérés d'Innocent, on refusa de l'entendre. Il ne se rebuta pas, redoubla ses prières et ses humiliations, pleura même devant le légat, et lui livra le château de Toulouse : il n'obtint aucune pitié. Ses amis l'excitaient à la guerre ; mais il voyait les états de ses voisins conquis, le roi d'Aragon, effrayé, qui recevait l'hommage de Montfort, et lui donnait même son fils en otage, des troupes de pèlerins qui arrivaient sans cesse à la voix des moines de Cîteaux ; il savait qu'une fois qu'il aurait pris les armes, il n'y aurait plus de salut pour lui. Un nouveau concile était assemblé à Arles ; il y fut cité, et comparut (1211). Là, les propositions suivantes lui furent faites, « mais non pas en audience publique, dit la chronique contemporaine, car le légat savait bien qu'elles péchaient contre Dieu et la conscience [3] : 1° qu'il chasserait les Juifs, mettrait les hérétiques

---

[1] Chron. anon. de Toulouse, p. 50.
[2] Lettres d'Innocent III, l. XII, ép. 107.
[3] Chron. anon. de Toulouse, p. 38.

aux mains de Montfort, pour en faire à son plaisir, forcerait ses sujets à se vêtir en pénitents, et ses nobles à quitter les villes pour vivre aux champs comme villains ; 2° qu'il renverrait tous ses soldats, ferait abattre tous ses châteaux jusqu'à ras de terre, et ne s'opposerait plus à la marche des croisés ; 3° qu'il s'en irait à la Terre-Sainte, et n'en reviendrait qu'au mandement de l'Église. A ces conditions, toutes ses terres et seigneuries pourraient lui être rendues, mais quand il plairait au légat et à Montfort [1]. »

Raymond éclata de rire à ces propositions, et, la rage dans le cœur, partit sans répondre. La sentence d'excommunication fut lancée. Le décret du concile à la main, il parcourut tout d'un trait Toulouse, Montauban, Moissac, Agen, lisant aux habitants les conditions qu'on lui avait faites. L'indignation fut extrême : on voyait décidément « que, sous couleur de l'hérésie, on avait résolu de détruire le pays. » « Chevaliers et bourgeois dirent qu'ils aimaient mieux mourir que souffrir de telles choses qui feraient d'eux des serfs, qu'ils s'enfuiraient en tous pays plutôt que d'avoir pour seigneurs les Français [2]. » Tous prirent les armes ; les seigneurs voisins de Comminges, de Foix, de Béarn, qui n'étaient ni hérétiques ni catholiques, mais grands pilleurs d'églises et coureurs de femmes, arrivèrent, avec leurs routiers et leurs montagnards, à la défense de Raymond, convaincus que sa cause était celle de tous les gens du midi. La guerre commença.

De nouveaux croisés arrivaient en foule : c'étaient des Allemands, des Lorrains, des Flamands, que commandaient le duc d'Autriche, les comtes de Juliers, de Mons, etc. Avec leur aide, Montfort s'empara de plusieurs places, et soumit le Quercy. Lavaur fit une résistance héroïque ; tous ses défenseurs furent brûlés ou pendus, « à la joie extrême des pèlerins [3]. » Toulouse offrit les plus humbles soumissions ; on lui répondit que, « tant qu'elle n'aurait pas chassé son comte et juré fidélité à ceux que l'Église lui donnerait pour seigneurs, elle serait poursuivie comme hérétique [4]. » Le siège commença (1211) ; mais les Toulousains étaient nombreux et résolus : ils forcèrent Montfort à abandonner la place. Il marcha alors sur Foix. La guerre se faisait avec un acharnement extrême ; rarement on pardonnait aux prisonniers ; les croisés brûlaient ou pendaient tout ce qui faisait résistance, et les Albigeois se livraient à de sanglantes représailles. Baudoin, frère du comte de Toulouse, avait

---

[1] Chron. anon. de Toulouse, p. 39. — Fauriel, p. 100.
[2] Id., p. 46. — Fauriel, p. 103.
[3] Vaux-Cernay, ch. 53.
[4] Lettre de la commune de Toulouse au roi d'Aragon.

pris parti pour les croisés : il tomba aux mains de son frère, qui le fit juger sommairement et condamner à mort ; le comte de Foix et son fils exécutèrent eux-mêmes la sentence en le pendant à un noyer. La fluctuation des hommes du nord vers le midi était perpétuelle ; et chaque jour on voyait arriver des prélats à la tête de leurs ouailles ; mais la plupart s'en retournaient mécontents, quoique chargés de butin, « parce qu'ils voyaient que le légat et Montfort n'avaient pas bonne cause ni querelle pour dévorer le monde comme ils faisaient [1]. » L'avantage resta en définitive au comte du Christ, à l'athlète du Seigneur, au nouveau Macchabée (c'étaient là les titres blasphématoires dont on décorait le sanguinaire Montfort) ; il battit complétement les comtes de Toulouse, de Béarn et de Foix sous les murs de Castelnaudary ; puis il s'empara de l'Agénois (1212), qui était tout catholique, et détruisit les forteresses de ce pays, « parce qu'elles pouvaient nuire, disait-il, d'une ou d'autre manière, à la chrétienté [2]. » Le Quercy, Foix et Comminges furent ravagés ; il ne resta que Toulouse et Montauban à Raymond VI, qui s'enfuit auprès du roi d'Aragon avec sa famille.

La conquête semblait effectuée ; il fallait la régulariser. Déjà Simon avait distribué aux seigneurs de France quatre cent trente-quatre fiefs conquis ; déjà les hommes du nord avaient remplacé dans les siéges épiscopaux les hommes du midi, que le patriotisme rendait tièdes : le légat Arnaud était archevêque de Narbonne ; l'abbé de Vaux-Cernay, évêque de Carcassonne ; l'archidiacre de Paris, évêque de Béziers. Dans un parlement tenu à Pamiers pour régler l'administration du pays conquis, il fut ordonné aux veuves et aux filles des seigneurs de Languedoc de n'épouser que des Français ; on exila les femmes dont les maris combattaient contre les croisés, et l'on confisqua leurs biens ; les paysans et gens de basse condition, moins attachés à l'hérésie ou à la patrie, furent ménagés et même traités avec faveur (1212). Ces mesures, la guerre et les supplices firent disparaître la moitié de cette population libre, qui se glorifiait de descendre des Romains et des Goths ; et elle fut remplacée par des gens du nord, qui apportèrent les lois et la langue de leur pays. Dès lors le midi fut complétement soumis au régime de la féodalité ; sa tentative démocratique se trouva pour jamais arrêtée, et son aristocratie bourgeoise fut étouffée sous l'aristocratie féodale.

§ VI. INTERVENTION DU ROI D'ARAGON. — BATAILLE DE MURET. — SOUMISSION DES SEIGNEURS DU MIDI. — Les comtes de Toulouse,

---

[1] Chron. anon. de Toulouse, p. 76.
[2] Puy-Laurens, ch. 43.

de Foix, de Béarn ¹, de Comminges ², de Béziers (celui-ci était Raymond-Trancavel, fils de Roger, âgé de cinq ans), excommuniés et dépouillés, n'avaient plus d'espoir que dans le roi d'Aragon, vrai suzerain du midi, et vivement intéressé au sort des Provençaux, qu'il regardait comme des compatriotes (1213). Ce prince avait été occupé, l'année précédente, avec tous les rois d'Espagne, à repousser la terrible invasion des Almohades, barbares qui étaient venus d'Afrique au nombre de trois cent mille; mais, lorsque la Péninsule eut été délivrée par la grande bataille de Las Navas de Tolosa, il entama des négociations en faveur des gens du midi (1212). Le concile de Lavaur rejeta ses propositions; alors il déclara « qu'il prenait les excommuniés et leurs domaines sous sa protection; » et les cinq comtes mirent leurs états dans sa main et promirent de lui obéir en tout (1213). Il envoya une ambassade au pape, et lui démontra que la cupidité, non la piété, armait les pèlerins; qu'on voulait détruire plutôt la nation provençale que l'hérésie, puisque plus de catholiques que d'Albigeois périssaient aux mains des croisés, enfin que Montfort s'était emparé de plusieurs pays où il n'y avait pas un homme soupçonné d'hérésie. « Tout est maintenant soumis à l'Église, dit-il; qu'on cesse donc de prêcher la croisade; qu'on ne confonde plus les innocents avec les criminels; et, si Raymond de Toulouse est coupable, qu'on ne punisse pas son fils, ses feudataires et ses sujets ³. »

Jamais la vérité n'avait pleinement pénétré à Rome. Innocent III, à ce message, se repentit; il avait vu ses ordres méprisés touchant la justification de Raymond VI et la disposition de ses domaines, qu'il avait expressément défendu de livrer au premier occupant; il reprocha à Montfort et aux légats leur ambition et leur cruauté, les accusa de la mort du vicomte de Béziers, leur ordonna de rendre aux comtes de Foix, de Comminges et de Béarn leurs états; enfin il fit cesser la prédication de la croisade, et révoqua ses indulgences. Les persécuteurs furent stupéfaits de ce changement; mais ils avaient pour eux l'opinion générale favorable à cette guerre d'extermination; ils se roidirent contre le saint-siège, et, malgré ses injonctions, refusèrent d'entendre la justification de Raymond et d'absoudre les autres comtes; ils demandèrent audacieusement de détruire Toulouse et d'exterminer ses habitants:

¹ C'était Gaston VI, quatorzième vicomte du Béarn. Les vicomtes du Béarn, dont le premier remontait à l'an 819, feignaient de rendre hommage tantôt aux rois d'Aragon, tantôt aux ducs de Gascogne, et étaient en réalité indépendants. Le pays était libre et régi par des *fors* et coutumes très-remarquables.

² C'était Bernard IV, treizième comte de Comminges. Les comtes de Comminges, dont le premier remonte à 900, rendaient hommage aux ducs de Gascogne.

³ Lettres d'Innocent. — Hist. de Béarn, par Marca, liv. vi, ch. 15 et 17.

« L'anéantissement de cette nouvelle Sodome, disaient-ils, était le salut des chrétiens. » Innocent III fut ébranlé par cet acharnement; la politique fit taire la pitié; il vit que le moindre retour en arrière allait ébranler la foi et donner aux sectaires pleine confiance : « Sachez, lui écrivait-on, que si le pays enlevé aux tyrans leur est restitué, ou à leurs héritiers, la ruine de l'Église est imminente [1]. » Il révoqua ses ordres, confirma l'excommunication et la croisade, et menaça de toute sa colère le roi d'Aragon, « s'il s'opposait à la consommation d'une œuvre sainte, où la cause de Dieu et celle de l'Église étaient également intéressées [2]. »

Alors Pierre résolut d'employer la force pour délivrer le midi; il passa les Pyrénées avec une armée, et arriva à Toulouse. La joie fut grande; les comtes proscrits et les milices communales se joignirent à lui, et tous ensemble allèrent mettre le siège devant Muret, dont la garnison incommodait les Toulousains et tenait le cours de la Garonne. Montfort vint au secours de la place. Une bataille s'engagea sur les bords du fleuve. Les chevaliers de France, inférieurs en nombre, mais supérieurs en science guerrière aux chevaliers d'Espagne, furent vainqueurs; Pierre fut tué, et les milices de Toulouse périrent en grand nombre par le fer des croisés ou dans les eaux de la Garonne (1213).

Simon, grandi par cette victoire, qui fut célébrée dant toute l'Europe comme un miracle, continua ses conquêtes dans le Quercy, le Rouergue, l'Agénois et même le Périgord (1214). Il s'empara de Nîmes et parvint à se faire recevoir dans Montpellier : ces villes étaient libres et pures d'hérésie; elles détestaient Montfort « ainsi que tous les Français [3]; » mais elles n'osèrent s'opposer à lui. Ensuite il parcourut le marquisat de Provence et força les barons à lui faire hommage; enfin il fit épouser à son fils aîné l'héritière du Dauphiné de Viennois [4], à son deuxième fils celle du Bigorre, à son neveu celle du Comminges. La famille de Montfort tendait à la domination de tout le midi.

Cependant la cour de Rome était revenue de nouveau à des idées de modération; elle prescrivait l'indulgence et avait envoyé des légats tout portés à la paix. Les comtes étaient désespérés, errants, sans armée, sans ressources; ils demandèrent grâce, se remirent corps et biens, sans condition, à la miséricorde de l'Église, jurant de prendre le lieu d'exil et d'exécuter la pénitence qu'on leur imposerait. Les légats consentirent à les absoudre, et même ils réta-

[1] Lettres du concile de Lavaur à Innocent. — [2] Lettres d'Innocent, l. XVI, ép. 55. — [3] Vaux-Cernay, ch. 81.

[4] C'était la fille unique de Guigues VI; mais celui-ci, s'étant remarié, eut un fils qui lui succéda.

blirent Gaston de Béarn dans sa seigneurie; quant aux autres comtes, il fut décidé, dans le concile de Montpellier, que Montfort occuperait leurs états, « comme prince et monarque du pays (1215) [1]. » Le pape confirma cette sentence, mais provisoirement, jusqu'à ce que la cause fût plus amplement instruite dans un concile œcuménique qu'il convoqua à Rome, dans l'église de Saint-Jean-de-Latran. Les comtes se soumirent; Raymond VI s'en alla à Toulouse, où il vécut en homme privé chez un bourgeois. Tous les seigneurs firent hommage à Montfort, toutes les villes lui ouvrirent leurs portes. Il entra dans Toulouse en compagnie de Louis, fils de Philippe-Auguste, qui venait, avec une foule de chevaliers, faire son pèlerinage contre les Albigeois. Le moment du voyage de ce prince semblait singulièrement choisi, puisque l'hérésie était complétement vaincue, et l'on craignait qu'il ne voulût défendre son parent Raymond, ou revendiquer les droits de suzeraineté du roi de France; mais le légat lui déclara qu'il ne pouvait porter atteinte à ce qui avait été fait, attendu qu'il ne venait qu'en pèlerin, et que le pays avait été conquis par le pape. Alors Louis ne songea qu'à aggraver les maux des vaincus : il proposa de saccager et de brûler Toulouse; mais Montfort se contenta de désarmer les habitants et de raser les fortifications de cette ville. Le prince, à son retour, raconta à son père son expédition, mais celui-ci ne lui répondit que par un morne silence [2].

§ VII. Concile de Latran. — Le concile général de Latran s'assembla : presque tous les évêques et abbés de la chrétienté y assistaient avec les ambassadeurs de tous les rois (1215). On y décréta une cinquième grande croisade pour la délivrance de la Terre-Sainte; on prononça la cessation de la guerre contre les Albigeois, et l'on délibéra sur le partage des pays conquis par les catholiques. Les comtes de Toulouse, de Foix et de Comminges se présentèrent devant le concile et plaidèrent vivement leur cause. Des voix nombreuses s'élevèrent en leur faveur et révélèrent avec indignation les massacres du midi, les offres constantes de soumission des peuples, pendant que Simon, le plus cruel des hommes, les exterminait sans merci. « C'est par vous, dit-on aux légats, que les bons et les justes ont été détruits, et les méchants laissés sans punition; c'est par vous que trente mille hommes ont péri dans Béziers et dix mille dans Toulouse; c'est par vous que la cour de Rome a été tellement diffamée que par tout le monde il en est bruit et renommée [3]. » Innocent fut vivement surpris et touché; tant de

---

[1] Vaux-Cernay, ch. 81. — [2] Fauriel, p. 225. — [3] Chron. anon. de Toulouse, p. 114-121.

sang versé ébranla ses convictions : « Rends-moi ma terre, lui dit le comte de Foix; sinon je te redemanderai tout, la terre, le droit, l'héritage, au jour du jugement [1]. » — « Je reconnais, répondit le pape, qu'il vous a été fait grand tort, mais ce n'est pas par mon ordre, et je ne sais aucun gré à ceux qui l'ont fait [2]. » Il traita les malheureux seigneurs avec bonté, « et finit par déclarer qu'il leur donnait congé de reprendre leurs terres sur ceux qui les retenaient injustement. A ces mots, dit un poète de ce temps, vous auriez vu les évêques et les partisans de Montfort se rebeller contre le pontife avec tant de violence qu'il en fut tout effrayé; ils lui jurèrent que s'il ôtait à Simon une parcelle de ses conquêtes, eux l'aideraient à les garder envers et contre tous [3]. » On lui fit entendre que c'était compromettre la cause chrétienne que de blâmer la croisade; s'il le faisait, jamais homme du monde ne voudrait se mêler des affaires de l'Église; le résultat était obtenu, il fallait jeter le voile sur les moyens; enfin, on lui fit l'éloge de Montfort, qui chassait les hérétiques pour peupler le pays de ces Français qui avaient tant conquis pour l'Église. Après de longs débats, les comtes de Foix et de Comminges partirent avec l'espérance vague d'être rétablis; le comte de Toulouse fut déclaré incapable de gouverner ses états selon la foi catholique, déchu de sa souveraineté, et condamné à l'exil; ses états furent adjugés à Montfort, sauf la Provence, qui fut mise en réserve. Le vieux Raymond partit de Rome; mais son fils, qui était aimé du pape, fit encore de nouvelles sollicitations, et prit enfin congé d'Innocent. Alors celui-ci lui dit tout ému : « Je ne veux pas que tu demeures sans seigneurie, et te garde le comté Venaissin avec ses appartenances; que Montfort ait le reste. » Le jeune homme refusa : « Je ne demande rien, dit-il, que la permission de conquérir ma terre. — Eh bien! répondit le pape, quoi que tu fasses, que Dieu te permette de bien commencer et de mieux finir [4]. » Cette imprudente parole annonçait que la sanglante histoire des Albigeois n'était pas terminée.

Philippe-Auguste sembla indifférent à cette guerre, bien qu'il fût maintes fois averti et requis de donner assistance aux croisés. Ce n'était pas par tolérance, lui qui faisait brûler les hérétiques dans ses états, et qui avait signalé le commencement de son règne par l'expulsion des Juifs de son royaume; c'est que des intérêts immédiats le tenaient tout occupé au nord et que la croisade ne lui promettait que des avantages éloignés. Quoiqu'il vît avec chagrin l'ambition et les succès de Montfort, il n'essaya nullement de faire

[1] Fauriel, p. 241. — [2] Id., p. 242. — Chron. de Toulouse, p. 114-121. — [3] Id., ibid. — [4] Id. ibid.

valoir ses droits de suzeraineté sur les états de Toulouse, et laissa les conciles en disposer sans faire de réclamation. L'Église, à son insu, travaillait à l'agrandissement de la royauté française, par la destruction des plus puissantes seigneuries du midi ; à la formation du royaume de France, par l'anéantissement de la nationalité provençale ; et c'était, en définitive, la couronne des Capétiens qui devait recueillir les fruits de cette abominable guerre.

CHAPITRE V.

Bataille de Bouvines. — Règne de Louis VIII. — Fin de la guerre des Albigeois. 1212 à 1229.

§ I. Bataille de Bouvines. — Le jugement de Jean-sans-Terre avait fortifié Philippe II dans son entreprise de gouvernement général ; la cour des pairs devenait une institution politique au moyen de laquelle la royauté publiait des ordonnances qui n'étaient plus renfermées dans le domaine royal, mais qui étaient obéies de tous comme produit de la volonté de tout ce qui était souverain [1]. La puissance législative exercée par tous les seigneurs, non plus isolément mais collectivement, tendait à réunir par le lien d'une loi commune toutes les parties éparses de la nation ; une volonté publique était mise à la place de la volonté individuelle ; on voyait cesser l'esprit de localité et un gouvernement général s'établir ; la monarchie féodale commençait à remplacer la confédération féodale.

Cependant, les barons voyaient avec chagrin la marche envahissante de la royauté ; ils avaient été courroucés du pèlerinage du fils du roi dans le midi, car ils savaient que, malgré ses démonstrations en faveur des comtes proscrits, Philippe était bien aise de la destruction des seigneuries provençales [2]. Ils cherchèrent tous les moyens de recouvrer leur indépendance et tournèrent leur espoir vers Jean-sans-Terre. Mais ce tyran, licencieux et cruel comme son père, était incapable d'un plan de conduite, et il se trouvait, à cette époque, dans une fâcheuse position : il se querella avec le pape pour la nomination d'un archevêque de Cantorbéry, et fut excommunié. Alors il persécuta le clergé, s'entoura de pillards féroces qui accablèrent ses sujets d'exactions et de tyrannies, et se rendit odieux à tous par ses fureurs et ses débauches (1211). Le

---

[1] On trouve des ordonnances de ce temps qui portent en tête : « Philippe, roi des Français, Eudes, duc de Bourgogne, Hervey, comte de Nevers, Raynaud, comte de Boulogne, Guy de Dampierre, Gaucher de Saint-Paul, et autres magnats du royaume de France, sont convenus à l'unanimité et ont réglé ceci par un consentement mutuel, etc. »

[2] Chron. anon. de Toulouse.

pape offrit la couronne de Jean à Philippe, et les barons anglais invitèrent eux-mêmes le roi de France à passer en Angleterre. Jean appela à son aide son neveu Otton IV; mais celui-ci n'était pas en mesure de le secourir : élu par la protection d'Innocent, il avait tourné ses armes contre lui et était excommunié; son concurrent, Frédéric II, fils de Henri VI, favorisé par le pape, avait été couronné empereur, et venait de faire alliance avec Philippe-Auguste (1212). Ainsi les rois d'Angleterre et de Germanie, déposés par le pontife et abandonnés par leurs sujets, avaient contre eux les rois de France et de Sicile; mais ils trouvaient des alliés dans les comtes de Flandre, de Hollande, de Boulogne, amis d'Otton IV, et dans les peuples récemment soumis à Philippe, lesquels préféraient la domination de Jean. La guerre allait donc se faire sur une grande échelle et pour de larges et complexes intérêts; mais c'était toujours la querelle de l'empire et du sacerdoce.

Le roi de France convoqua à Soissons un parlement de ses barons (1213); car il ne faisait plus rien sans eux, et ces assemblées, formées sur les souvenirs des champs-de-mars, étaient son principal moyen de gouvernement. Le duc de Bourgogne, les comtes de Nevers, de Bar, de Nemours, de Dreux, de Vendôme, etc., se lièrent avec lui par un traité pour attaquer le roi d'Angleterre. On rassembla de toutes parts des soldats et des vaisseaux; jamais, depuis trois siècles, la France ne s'était montrée puissance si compacte et si redoutable : c'était réellement un état, non plus une seigneurie. Un légat, qui surveillait les apprêts de l'expédition, passe en Angleterre, dévoile à Jean le danger qui le menace, et l'engage à s'humilier devant l'Église. Le roi d'Angleterre, effrayé et « forcé par ses barons [1], » consent à toutes les concessions qu'on lui demande en faveur du clergé; il fait oblation au saint-siége de son royaume, et celui-ci le lui donne en fief sous la redevance annuelle de 1,000 marcs d'argent. D'après la loi féodale, la protection du seigneur était toujours acquise au vassal : donc le légat signifie à Philippe de se désister de son entreprise contre un feudataire de saint Pierre. Le roi de France est indigné de ce caprice intéressé du pouvoir pontifical; mais, comme il ne marchait qu'en qualité d'exécuteur des ordres du saint-siége, il obéit à cette puissance qui faisait et défaisait à son gré les tempêtes, et tourne ses armes contre la Flandre.

Le comte de Flandre était Ferrand de Portugal, qui avait épousé la fille de Baudoin IX, empereur de Constantinople; il avait refusé de venir au parlement de Soissons et s'était allié avec Otton IV.

---

[1] Rymer, t. I, p. 185.

Son pays, quoique réputé le premier des comtés de France, flottait incessamment entre l'Angleterre et la Germanie; il excitait l'envie des Français par ses richesses, ses libertés, son orgueil; c'était l'une des provinces dont Philippe convoitait la réunion : « La France deviendra Flandre, disait-il, ou la Flandre deviendra France [1]. »

Les Français se répandirent dans les plaines flamandes avec une fureur dévastatrice (1213). La flotte s'empara de Gravelines et pilla Dam : l'armée de terre prit Cassel, Ypres, Bruges, et arriva devant Gand, l'une des plus riches villes du monde. On voulait abattre la superbe de ses habitants, « et les forcer enfin à plier la tête sous le joug d'un roi [2]; » mais Philippe fut obligé de lever le siège et de courir à Dam, où sa flotte venait d'être battue. Dam fut incendiée, Bruges, Ypres et Gand mises à rançon, Courtray, Oudenarde, Douay pillées, Lille brûlée et ses habitants égorgés ou vendus. Après ces effroyables exécutions, Philippe licencia son armée et revint à Paris.

Jean aurait dû faire une diversion dans le Poitou, mais les barons et les évêques d'Angleterre refusèrent de le suivre, et ce ne fut qu'après avoir signé une charte confirmative de leurs libertés féodales qu'il parvint à réunir une armée, avec laquelle il débarqua à la Rochelle (1214). Alors le Poitou, la Touraine, l'Anjou, la Normandie se soulevèrent contre les Français. Pendant ce temps, Otton, qui ne pouvait se soutenir en Allemagne, arrivait par la frontière du nord pour tâcher de rétablir ses affaires en battant l'allié d'Innocent et de Frédéric; il était sans soldats, mais il vit accourir à lui avec des forces considérables les comtes de Flandre et de Hollande, les ducs de Brabant et de Limbourg. Philippe était menacé dans toutes ses conquêtes, et à cette époque la croisade contre les Albigeois lui enlevait une foule de soldats; il fit appel à tous ses barons et aux milices des communes. Les noms de Jean et d'Otton donnaient à sa querelle un caractère national; mais en réalité les deux rois et leurs alliés n'étaient que les ennemis de Philippe, puisqu'ils tiraient toutes leurs forces de la France, non de l'Angleterre et de la Germanie; leur guerre, purement féodale, était une véritable conjuration de l'aristocratie française contre la royauté; « déjà même les seigneurs de l'Aquitaine avaient d'avance partagé le royaume avec les rois d'Angleterre et de Germanie et les seigneurs du nord [3]. » De plus, comme la querelle de l'empire et du sacerdoce se mêlait à toutes les querelles, celle-ci n'en semblait qu'un épisode : la puissance de l'Église était aussi

[1] Math. Paris — [2] Guillaume-le-Breton, Vie de Philippe, ch. 9. — [3] Id., ibid., p. 300.

bien menacée en Flandre que dans le Languedoc; car Jean et Otton, qui étaient excommuniés, déclaraient « n'avoir pris les armes que pour réduire le clergé à ne vivre que d'aumônes [1]. » Aussi Philippe se présentait comme défenseur né de l'Église : il excitait l'ardeur de ses chevaliers en leur rappelant qu'Otton et son armée étaient ennemis de la société chrétienne et mis hors la loi commune : « Mais nous, disait-il, nous sommes chrétiens, nous jouissons de la communion et de la paix de la sainte Église, et nous défendons ses libertés [2]. »

Louis, fils aîné du roi, marcha vers la Loire avec trois mille cavaliers et sept mille fantassins. Déjà le roi Jean avait passé le fleuve et s'était emparé d'Angers; il fit une tentative sur Nantes, et fut battu à la Roche-au-Moine par le prince Louis, qui le poursuivit dans le Poitou.

Pendant ce temps, Philippe entra en Flandre et rencontra, au pont de Bouvines, l'armée d'Otton, toute composée de Flamands, de Brabançons, de Hollandais, etc. (27 août 1214). La bataille s'engagea et fut très-acharnée : c'est la première où il y eut un peu d'ordre et de science militaire. Philippe courut de grands dangers; les milices communales se distinguèrent, et la victoire resta complétement aux Français. Les comtes de Flandre et de Boulogne, trois autres comtes et vingt-cinq chevaliers bannerets furent pris. « Le roi, quoiqu'ils fussent tous du royaume, qu'ils eussent conspiré contre sa vie, et qu'ils dussent, selon les lois et coutumes du pays, être punis de mort, se montra miséricordieux et leur fit grâce de la vie [3]. » Le comte de Flandre fut mené captif au Louvre, mais ses états demeurèrent à Jeanne, sa femme; le comté de Boulogne fut donné à un fils naturel du roi. Otton se retira à Brunswick et ne reparut plus : sa défaite avait été le triomphe du pape, et Frédéric II fut reconnu seul comme empereur. Jean, abandonné par les seigneurs du Poitou qui voyaient de près tous ses vices, conclut une trêve de cinq ans avec Philippe et revint en Angleterre.

La bataille de Bouvines fut un événement national : elle consolidait à la fois la royauté et le royaume, et sanctionnait la sentence des pairs contre le roi Jean; la ruine de la grande vassalité était donc commencée en fait comme en droit. Aussi « Philippe fut accueilli par le clergé et le peuple avec des larmes de joie et des acclamations jusqu'alors sans exemple [4]. »

§ II. Jean signe la Grande-Charte et est déposé par les ba-

---

[1] Guillaume-le-Breton, la Philippide, ch. 10. — [2] Id., Vie de Philippe, p. 279. — [3] Id., ibid., p. 292. — [4] Guillaume de Nangis.

rons anglais. — La défaite de Jean avait porté au comble la désaffection de ses barons, et son retour détermina la révolution d'où datent les libertés nationales de l'Angleterre. Guillaume-le-Conquérant avait créé la royauté féodale ; ses successeurs en exagérèrent les droits et les conséquences : ils se firent un pouvoir pleinement tyrannique et aussi odieux aux seigneurs normands qu'aux serfs saxons. L'aristocratie formait en Angleterre un corps compacte, ayant des droits et des intérêts communs : elle consentait à une subordination exacte envers le pouvoir royal, parce que cette subordination faisait la sûreté des vainqueurs en face des vaincus ; mais elle ne pouvait supporter que ses biens et sa vie fussent livrés aux caprices de la royauté, qui s'entourait de troupes soldées et levait de lourds impôts sur toutes les classes. Les mécontentements avaient été contenus par l'habileté de Henri II et la popularité de Richard ; ils éclatèrent devant l'insolente lâcheté de Jean (1215). Les évêques et les barons se réunirent pour recouvrer ces libertés féodales qu'ils voyaient encore possédées par la noblesse de France, et ils demandèrent au roi une charte de garantie de leurs droits. Jean résista de tout son pouvoir : « Jamais, dit-il, je n'accorderai des libertés qui me rendraient moi-même esclave. » Mais les barons étaient en armes et maîtres de l'Angleterre ; ils avaient eu soin de se faire les alliés des petits tenanciers et des bourgeois de Londres, de sorte qu'ils paraissaient agir dans l'intérêt public, et que leur lutte contre la royauté avait un aspect national ; ils forcèrent Jean de signer la *grande charte des libertés communes*, origine de la puissance de l'aristocratie anglaise, qui s'est toujours maintenue tutrice de la nation, et a pris en Angleterre le rôle de protection que la royauté avait en France. Par cette charte, il fut résolu que tout homme libre ne pourrait être arrêté, dépouillé, banni, que par le jugement de ses pairs et la loi du pays ; les soldats mercenaires furent renvoyés, les aides extraordinaires abolies ; aucun impôt territorial ne put être établi sans le consentement des barons, évêques et chevaliers qui devaient être convoqués pour cela en *parlement*[1]. Si le roi violait quelque article de cette charte, il autorisait les barons « à le poursuivre et à le molester de toutes façons, jusqu'à ce que l'abus eût été réformé. » La Grande-Charte fut moins une constitution nouvelle qu'un retour à la féodalité pure ; elle fit pourtant le désespoir de la royauté anglaise, et eut besoin, en moins d'un siècle, de trente-cinq confirmations.

[1] C'est l'origine du *parlement*. Les évêques et barons étaient convoqués individuellement, et formèrent la chambre des lords ; les chevaliers étaient convoqués collectivement, et, au lieu de venir tous, envoyaient des députés. Plus tard, on demanda aussi des mandataires aux villes pour les imposer au delà de ce qu'elles devaient primitivement : et c'est ainsi que se forma la chambre des communes.

Jean n'avait pas été humilié de sa soumission envers le pape, parce que le vasselage n'avait rien en soi de déshonorant; mais il l'était profondément de ses concessions envers les barons: « il en rugissait comme une bête féroce, » et, dans son désespoir, il recourut à Innocent III. L'Église haïssait par instinct le pouvoir seigneurial, qui seul, en tous lieux et en toutes circonstances, avait résisté à sa domination universelle; aussi, quoique l'archevêque de Cantorbéry, protecteur naturel des libertés anglaises, fût à la tête de la ligue des barons, et que celle-ci s'appelât « armée de Dieu et de la sainte Église, » le pape condamna la coalition et cassa la Grande-Charte. Jean se mit en campagne avec une armée de quarante mille aventuriers qu'il avait fait venir du Brabant, de la Normandie, de la Gascogne, et auxquels il donna à ravager les terres des seigneurs. Alors ceux-ci invoquèrent l'appui de l'étranger et offrirent la couronne d'Angleterre à Louis, fils de Philippe (1215).

Le roi de France, qui grandissait de toutes les folies de son rival, accepta la proposition. Innocent III menaça de l'excommunier. Philippe sembla abandonner son fils, mais celui-ci lui dit en présence des légats: « Je suis votre homme lige pour les terres que vous m'avez baillées en France, mais ne vous appartient de décider du fait du royaume d'Angleterre; et si le faites, me pourvoirai devant mes pairs. » Et malgré les défenses du pape Louis débarqua en Angleterre, reçut les hommages des barons et jura de garder leurs libertés (1216). Jean recula devant lui, fut abandonné même par ses mercenaires, et mourut de chagrin. Dès lors la discorde se mit dans le parti des barons; la plupart, contents d'être débarrassés de Jean et inquiets de voir les châteaux de l'Angleterre distribués à des Français, reconnurent Henri III, fils de Jean, enfant de dix ans, et publièrent sous son nom la Grande-Charte. La défection fut très-rapide. Louis et ses partisans étaient excommuniés; son armée fut battue à Lincoln, sa flotte à Douvres: il se décida à traiter. Il renonça à la couronne d'Angleterre, stipula pour la liberté, la vie et les biens de ses alliés, et revint en France (1217).

§ III. RAYMOND VI RECOUVRE SES ÉTATS. — SIÉGE DE TOULOUSE. — MORT DE SIMON DE MONTFORT. — Cependant les décrets du concile de Latran avaient reçu leur pleine exécution : la soumission du Languedoc était complète. Simon de Montfort s'en alla en France pour demander à Philippe II l'investiture des pays conquis; il fut reçu en triomphe sur toute la route; le peuple, qui le regardait comme un saint, se précipitait à sa rencontre pour le voir et toucher son cheval et ses habits. Le roi accepta son hommage (1216).

Pendant ce temps, les deux Raymond étaient arrivés en Provence, et, sur la foi des paroles du pape, ils se préparaient à recouvrer leur héritage. Les habitants de Marseille, d'Avignon et de Tarascon les accueillirent avec les plus vives acclamations et prirent les armes. Raymond le jeune attaqua Beaucaire : le siége fut terrible; mais, malgré tous les efforts de Simon, il s'empara de la ville. Raymond le vieux alla en Aragon, y leva une armée et passa les Pyrénées. Tout s'émut à ces nouvelles, et Toulouse fit secrètement alliance avec ses anciens seigneurs. Montfort accourut de Beaucaire, furieux de ses revers, déchu de sa renommée, et il força le vieux Raymond à la retraite ; puis il se tourna contre le fils, essaya vainement de reprendre Beaucaire, et revint sur Toulouse, déterminé à la détruire, pour se venger de la perte de la Provence. Cette ville s'effraya de ses menaces et demanda grâce ; les bourgeois, d'après les conseils perfides de leur évêque, vinrent même au-devant de Simon en suppliants ; mais à mesure qu'ils arrivaient, on les chargeait de chaînes, et les Français s'emparaient des portes. Alors les Toulousains, désespérés, coururent aux armes, barricadèrent leurs maisons, et livrèrent trois batailles dans les rues, « non comme gens raisonnables, mais comme lions enragés [1]. » Montfort fit mettre le feu à deux quartiers et menaça de trancher la tête aux bourgeois qu'il tenait en son pouvoir. Alors la ville se rendit sous condition qu'on ne toucherait ni à la vie ni aux biens des habitants; mais quand elle eut livré ses armes, ses portes, ses tours, « il se fit la plus grande trahison qu'on eût jamais vue, car il n'y eut homme notable qui ne fût lié et mis en prison [2] ; » et l'on dispersa les captifs en telle sorte que jamais on ne les revit ; « Montfort les fit tous périr de male-mort [3]. » Il voulait même détruire entièrement la ville, et ses conseillers l'y excitaient ; « car, disaient-ils, tu as tué à ces gens leurs parents et leurs amis, et, par ainsi, ils ne t'aimeront jamais [4] » ; mais il se contenta de démolir les principales maisons, les tours et les portes, et d'imposer la ville à 30,000 marcs.

« Lorsqu'il eut brisé dans tous ses os la reine et la fleur des cités [5], » il marcha contre le comte de Foix, qui avait repris les armes en même temps que ses alliés ; mais à peine eut-il quitté Toulouse, que l'héroïque ville rappela le vieux Raymond. Celui-ci accourut avec les comtes de Foix et de Comminges et un petit corps d'Aragonais et de Catalans; il battit les croisés qui s'opposaient à son passage, et pénétra enfin dans Toulouse « la désirée ». L'enthousiasme

---

[1] Chron. anon. de Toulouse, p. 154. — [2] Id., p. 162. — [3] Id., p. 165. — [4] Id. — Fauriel, p. 377. — [5] Fauriel, p. 129.

fut immense (1217) : « tant grands que petits lui firent la plus belle fête qu'on eût vue jamais ; ils se jetaient à ses genoux, pleurant de joie, lui baisant la robe ou les pieds : « Voilà notre *parage* restauré et revenu en puissance, » disaient-ils. Puis, s'armant de pierres et de bâtons, ils se ruèrent sur la garnison française et la chassèrent. Chevaliers, femmes, enfants dansaient, chantaient, formaient des barricades, forgeaient des armes : « Dieu garde et protége la belle Toulouse ! criaient-ils, notre seigneur est revenu ! nous avons notre Jésus-Christ[1] ! » Raymond VI n'était pourtant qu'un homme faible et médiocre, mais c'était leur vrai seigneur et le représentant de leur nation ; il les aimait et protégeait leurs libertés ; il avait souffert avec eux, il avait été dépouillé comme eux, il était mu contre les Français de la même animosité qu'eux. Il ne s'agissait plus de religion, mais de leur pays, de leurs familles, de leur nom qu'on voulait détruire. Trois cent mille hommes s'étaient rués pendant huit ans sur cette terre proscrite, l'accablant à plaisir de vexations et d'iniquités, l'épuisant de sang et d'or. Toutes les classes de la population avaient également souffert : paysans et bourgeois avaient été décimés par les bûchers des inquisiteurs et pillés par les pèlerins ; évêques et moines avaient été dépouillés et chassés de leurs églises ; princes et chevaliers avaient été exilés de leurs châteaux ; on les voyait errer en Provence ou en Aragon ; ou si on leur permettait de demeurer dans le Languedoc, c'était en les déclarant inhabiles à tenir la lance, à monter un cheval de guerre, à séjourner dans une ville murée.

La présence du vieux Raymond ranima toutes les ardeurs ; chevaliers et bourgeois accouraient à sa défense de l'Albigeois, du Quercy, de la Gascogne, de la Catalogne et de la Navarre ; les tours et les murailles de Toulouse se relevaient ; la poésie se réveillait, non plus pour moduler des chants d'amour, mais des accents de douleur : « Toulouse et Provence ! disaient les troubadours, terres d'Agen, de Béziers et de Carcassonne ! dans quelle splendeur nous vous avons vues, dans quel abaissement nous vous voyons ! Noble Toulouse ! reine des cités ! à quelle gent perverse as-tu été livrée[2] ! » Ils jetaient des cris de désespoir, de haine et de vengeance contre la France et contre Rome : « Que le brave Raymond vive encore deux ans, ô Rome ! et il fera repentir la France de s'être livrée à tes impostures[3] ! » Ils disaient au vieux comte : « Toi qui tonds les Français, toi qui les écorches, toi qui les pends, toi qui te fais un pont de leurs cadavres, Dieu te soutienne !

---

[1] Chron. de Toulouse, p. 169. — Fauriel, p. 429. — [2] Chron. anon. de Toulouse, p. 154. — [3] Poésies des troubadours, par M. Raynouard, t. IV, p. 192.

Dieu te donne le pouvoir et la force[1]! — Que le *parage* abatte *l'orgueil!* qu'il ne reste personne de cette race étrangère qui veut éteindre toute lumière! à la mort les Français et les porte-bourdons[2]! »

Montfort revint à la hâte et mit le siége devant Toulouse : « Nous y mourrons tous! disait-il, ou je vengerai l'affront que m'ont fait les gens de cette ville. Je veux baigner mon lion dans leur sang mêlé de cervelle[3]! » Les légats lui ordonnèrent de massacrer tous les habitants, même les enfants, et jusque sur les autels : « cela avait été décidé, disaient-ils, dans le conseil secret de Rome[4]. » Mais il fut repoussé dans tous les assauts avec de grandes pertes ; les Toulousains, armés seulement de piques et de bâtons, se ruaient avec rage sur les assaillants, « ne pouvant assez se venger d'eux, tant ils les haïssaient[5]! » Les Français s'épouvantèrent de leur résistance. Montfort n'avait que peu de troupes, car, depuis que la croisade n'était plus prêchée, il se trouvait réduit à ses chevaliers soldés ; il demandait vainement des secours « pour abattre l'écueil de la chrétienté ; » il accusait Dieu et le clergé de ses revers. Toutes les villes se soulevaient ; on voyait reparaître les hérétiques ; la conquête était compromise. Néanmoins Simon s'opiniâtra pendant neuf mois au siége de Toulouse, et, dans un combat de nuit, il fut tué par une pierre lancée de la ville par des femmes (1247) : « la pierre vint où il fallait, dit le troubadour qui a chanté cette terrible guerre ; cette nuit restaura le parage et ensevelit l'orgueil. »

Amaury, fils de Simon, reçut l'hommage et les serments de son armée ; mais voyant toutes les provinces insurgées, le Rouergue, le Quercy, l'Agénois qui se soumettaient à Raymond, il leva le siége de Toulouse et se retira à Carcassonne. On prêchait en vain la guerre contre les Albigeois ; tout le zèle religieux et l'ardeur guerrière étaient absorbés par les apprêts de la cinquième grande croisade, ordonnée dans le concile de Latran.

§ IV. Cinquième croisade en Orient. — Mort d'Innocent III. — Les chrétiens de Syrie, laissés à leurs propres forces et réduits à la possession de Tyr et de Ptolémaïs, ne voyaient plus arriver leurs frères d'Occident. Amaury de Lusignan et Isabelle d'Anjou, sa femme, moururent. Une fille d'Isabelle, héritière du royaume de Jérusalem, fut mariée à un simple chevalier de France, Jean de

---

[1] Poésies des troubadours, par M. Raynouard, t. IV, p. 314.

[2] Fauriel, p. 499, 567, 539. — Les mots *parage* et *orgueil* sont employés sans cesse par l'auteur de la chronique : ils ont bien certainement pour lui le sens de *civilisation* et de *barbarie*.

[3] Fauriel, p. 435. — [4] Chron. anon. de Toulouse, p. 181. — [5] Id., p. 171. — Fauriel, p. 533.

Brienne (1210); mais la Terre-Sainte ne gagna à ce mariage qu'un roi et point d'armée. Toute l'Europe était occupée aux guerres de Philippe de Souabe avec Otton de Brunswick, aux guerres de Philippe-Auguste avec Jean-sans-Terre, et par-dessus tout à la croisade contre les Albigeois. Innocent III écrivait en vain à tous les rois, à tous les peuples; sa voix était impuissante. On commençait à raisonner ces expéditions d'outre-mer qui étaient toujours à refaire, et où tant de monde périssait; on n'avait plus les désirs et les besoins qui avaient engendré les premières guerres; on s'était habitué aux musulmans, qui n'étaient plus à craindre pour l'Europe; enfin des idées plus libres et plus étendues étaient nées des croisades mêmes, et partout s'élevait un esprit d'examen qui demandait une réforme dans l'Église. Le concile de Latran n'avait pu réveiller l'enthousiasme; il fallut des indulgences prodiguées, des prières et des pénitences publiques, la paix prêchée à tous les rois, la poésie provençale qui cherchait à tourner sur l'Orient l'activité du nord, pour faire prendre la croix à quelques princes. Innocent, désespéré de cette tiédeur, avait résolu de conduire lui-même la croisade; la mort l'en empêcha. Il mourut (1217) alors qu'il était victorieux des Albigeois, de Jean-sans-Terre et de l'empire, ayant porté la papauté à l'apogée de sa grandeur, et réalisé, autant que cela était possible, le projet de Grégoire VII; pourtant sa mort fut pleine d'inquiétude et d'amertume. C'est qu'il mourut en doutant de la bonté de sa cause; il avait le génie de Grégoire, moins sa foi en lui-même; et toute sa politique, pendant la fin de sa vie, avait été contradictoire et vacillante : vainqueur des Albigeois, il aidait les deux Raymond contre les croisés; maître de la royauté anglaise, il blâmait l'aristocratie en faveur du despote Jean; enfin, et par-dessus tout, il avait poussé au trône impérial un Gibelin, un Hohenstauffen, le plus grand ennemi de la papauté, Frédéric II. La monarchie pontificale approchait de sa période de décroissance.

La mort d'Innocent n'empêcha pas la croisade. Les ducs d'Autriche et de Bavière, les comtes de Bar, de Nevers, de la Marche, et une foule d'autres seigneurs de France et de Germanie s'embarquèrent, résolus d'attaquer l'Égypte. Malek-Adhel était mort, et son empire avait été partagé entre ses fils. Seffeddyn-Aboubekre, qui possédait l'Égypte et la Palestine, fut effrayé de la nouvelle invasion des chrétiens; car, à l'Orient, l'on entendait déjà gronder l'orage des Mogols, et le khalife de Bagdad appelait tous les fidèles à la défense de l'islamisme contre Genghis-Kan. Les croisés débarquèrent en Égypte sans obstacle, et assiégèrent

Damiette pendant dix-huit mois. Les musulmans offrirent de donner Jérusalem pour rançon de leur ville : l'orgueil d'un légat fit rejeter cette proposition; et quand les chrétiens entrèrent victorieux dans Damiette (1219), ils n'y trouvèrent plus d'habitants; quatre-vingt mille avaient péri pendant le siège. De là ils marchèrent sur le Caire; mais, réduits de moitié par la peste, ils furent bientôt forcés de se mettre en retraite et d'évacuer Damiette avec toute l'Égypte (1221).

§ V. Succès des Albigeois. — Mort de Philippe-Auguste. — Cette croisade désastreuse permit à l'insurrection albigeoise de prendre consistance. Le jeune Raymond avait parcouru le Rouergue, le Quercy et l'Agénois avec la faveur publique; mais il négocia vainement auprès de Philippe-Auguste pour être reconnu de lui : la France voyait avec chagrin ses conquêtes perdues, et la royauté commença à prendre une part active dans la guerre. Louis, fils du roi, vint, avec le duc de Bretagne, trente comtes, six cents chevaliers et dix mille archers, pour renforcer Amaury de Montfort, qui faisait le siège de Marmande (1219). Les défenseurs se rendirent, moyennant la vie sauve; mais le digne fils de Simon entra dans la ville durant la négociation, et fit massacrer tous les habitants. Pendant ce temps, le jeune Raymond et les comtes de Foix et de Comminges gagnaient, sur un autre corps de croisés, la bataille de Basiége, et les Toulousains se préparaient à la défense la plus opiniâtre. Le légat Bertrand avait fait serment « de tuer tous les habitants, jeunes ou vieux, femmes ou enfants, et de ne pas laisser pierre sur pierre dans cette ville maudite [1]. » Les Toulousains jurèrent de se défendre jusqu'à la mort, et leur généreuse résistance eut un plein succès. Les Français, après deux mois et demi de combats, furent obligés de lever le siège. Castelnaudary chassa sa garnison, reçut dans ses murs le jeune Raymond, et soutint un blocus de huit mois (1220); Béziers rappela son vicomte; Montauban, Agen et les autres villes s'insurgèrent, et il ne resta aux Français que Carcassonne.

Les hérétiques relevèrent la tête. Honorius III, successeur d'Innocent, prêcha vainement une croisade (1221); vainement il institua l'ordre de la Sainte-Foi pour combattre les Albigeois : personne ne bougea; on était las de croisades de tout genre; la conquête était perdue. Amaury, découragé, sans soldats et sans argent, offrit ses états à Philippe, et le pape ordonna à celui-ci de les accepter (1222). Le roi refusa, soit qu'il ne voulût pas s'engager dans une nouvelle guerre, soit qu'il ne crût pas venu le moment

[1] Chron. anon. de Toulouse, p. 202. — Fauriel, p. 643.

de se montrer. Vieux et affaibli, il aimait mieux consolider ses premières conquêtes, s'occuper d'administration intérieure, favoriser le commerce et l'agriculture, fortifier et enceindre ses villes; et c'est dans ces soins qu'il passa ses dernières années. Philippe-Auguste, Raymond VI de Toulouse et Raymond-Roger de Foix moururent presque en même temps (1223).

§ VI. Louis VIII, roi de France. — Guerre contre les Anglais. — Croisade contre les Albigeois. — C'était une nouvelle génération de princes qui allait continuer la guerre des Albigeois. Raymond VII, comte de Toulouse, et Roger-Bernard, comte de Foix, jeunes, pleins d'activité et de bravoure, unis d'une étroite amitié, firent alliance avec Raymond-Trancavel, vicomte proscrit de Béziers, et poursuivirent leurs succès. Amaury, privé de tout secours, était cerné dans Carcassonne par ce triumvirat de jeunes gens, qui avaient à venger les malheurs de leurs pères sur le fils de Simon : il conclut une trêve avec eux, abandonna la ville, et revint en France avec le peu de chevaliers qui lui restaient (1224). Arrivé à Paris, il céda au nouveau roi de France, Louis VIII, tous ses droits sur les pays conquis par son père [1], et désormais la guerre des Albigeois fut la querelle immédiate de la royauté française avec les grands fiefs du midi.

Louis VIII, d'après les idées de son temps et les projets de son père, se croyait le successeur de Charlemagne, et, comme tel, appelé à régner sur toute la Gaule. « Tu dresseras tes tentes sur les Pyrénées, lui disaient les poètes ; il faut que tu agrandisses tes états jusque-là, afin de posséder sans intermédiaire le domaine de tes aïeux. Transporte donc tes armes victorieuses dans le pays de Toulouse, et repousse l'hérésie de toute l'étendue de ton royaume [2]. »

Mais il était un objet d'ambition plus instant pour la royauté française, l'Aquitaine, d'où il fallait chasser « le dragon blanc des Anglais [3]. » La trêve avec Henri III venait d'expirer (1224) ; les hostilités recommencèrent. Le roi de France s'avança rapidement dans le Poitou, qui se soumit ; La Rochelle, Limoges, Périgueux, quoique attachées à la domination des Plantagenet, se rendirent ; le comte de la Marche, Hugues X, fit hommage à Louis, avec tous les seigneurs de l'Aquitaine. Les barons anglais, en discord avec leur roi, le soutinrent mal dans cette guerre : ils isolaient peu à peu leurs intérêts de ceux du continent, et, tout occupés à accroî-

---

[1] Amaury fut nommé connétable de France en 1231, et mourut au retour d'une croisade à la Terre-Sainte, en 1241. Son fils, nommé Jean, ne laissa qu'une fille qui fut mariée à Arthur II, comte de Bretagne ; et de ce mariage vint Jean de Montfort, si célèbre au quatorzième siècle comme duc de Bretagne.

[2] Guillaume-le-Breton, Philippide. — [3] Id., ibid.

tre leur puissance aux dépens de la royauté, ils s'inquiétaient peu d'une guerre toute personnelle à Henri, et qui aurait pu augmenter ses forces contre eux.

Cependant un concile était assemblé à Bourges (1225) ; les comtes de Toulouse, de Foix et de Béziers s'y rendirent. Raymond VII offrit toutes les réparations, les restitutions, les soumissions possibles : « Régner, dit-il, c'est obéir à la sainte Église. Nous obéirons donc humblement et dévotement en tout et pour tout aux ordres du pape, sans toutefois porter atteinte à la domination de nos seigneurs, le roi de France et l'empereur [1]. » Il supplia le légat « de venir visiter chacune des cités de sa province, et de questionner chacun sur sa foi ; et s'il trouvait quelqu'un qui différât de la croyance catholique, il protesta qu'il était prêt à faire de lui la plus sévère justice, suivant le jugement de l'Église. Quant à lui, il était prêt à subir l'examen de sa foi, et, s'il avait péché, d'en faire publiquement pénitence. Mais le légat méprisa toutes ces offres ; et le comte, tout catholique qu'il était, ne put obtenir de grâce qu'autant qu'il renoncerait à son héritage, pour lui et pour les siens [2]. » Ainsi l'on avouait, pour ainsi dire, qu'on avait pour but la ruine de la démocratie du midi par la féodalité du nord, la transformation de la nation provençale dans la nation française ; enfin, comme le disaient avec indignation les malheureuses gens de la langue d'Oc, « que les Français s'étaient engagés à anéantir toute cette contrée depuis un bout jusqu'à l'autre, avec tous ses habitants [3]. »

Une croisade fut ordonnée, et le roi de France en fut chargé. L'Église accorda aux pèlerins les indulgences les plus étendues, donna à Louis la décime des revenus ecclésiastiques pendant cinq ans, excommunia les barons qui refuseraient le service féodal contre un de leurs pairs ; elle força Henri III à une trêve, défendit au roi d'Aragon le moindre mouvement en faveur « du peuple ennemi de la loi [4], » enfin interdit aux chrétiens toute relation avec le pays proscrit. Raymond VII fut solennellement excommunié avec tous ses sujets et ses adhérents. Une armée immense, qui comptait, dit-on, cinquante mille cavaliers, se rassembla des diverses parties de la France. Ainsi toutes les forces, toutes les passions, toutes les puissances, étaient ramassées contre le malheureux pays des Albigeois ; et l'Europe, à qui l'on prescrivait l'immobilité et le silence, était spectatrice de ce drame terrible, où tout un peuple était mis hors de la loi commune et voué à l'extermination, pour avoir tenté de se soustraire à la fédération chrétienne.

[1] Vie de Louis VIII. — [2] Math. Paris, p. 279. — [3] Id., p. 280. — [4] Nicolas de Bray, Poème sur les faits et gestes de Louis VIII.

La terreur se répandit dans le midi; les seigneurs et les villes se hâtèrent de faire leur soumission et d'envoyer des otages; Raymond VII fut abandonné par tous ses alliés, excepté par le comte de Foix. L'armée, qui avait pour chef le cardinal-légat de Saint-Ange, prit sa route par la vallée du Rhône et arriva devant Avignon. Cette ville, excommuniée depuis douze ans, s'était signalée, dans la guerre albigeoise, par son énergie et ses cruautés : le prince d'Orange, pris par elle, avait été écorché vif et coupé en morceaux. Elle était libre et impériale, gouvernée par des consuls et un *podesta*, comme les républiques italiennes, riche, peuplée, industrieuse; elle avait pour seigneur Raymond VII, comme marquis de Provence, et pour suzerain Frédéric II, comme empereur et roi d'Arles : donc elle était complètement étrangère à la France. Elle offrit à Louis VIII un passage à travers ses faubourgs, et s'approvisionna d'armes, de machines et de vivres; mais le roi voulut passer en triomphateur par la ville même; les magistrats le refusèrent et fermèrent leurs portes. Le siége commença : il dura trois mois (1226). Les Avignonais se défendirent avec vigueur; Raymond coupa les vivres aux croisés, et les fatigua par ses escarmouches; la famine et les maladies décimèrent le camp français. Nonobstant, la ville fut forcée de se rendre. Grâce à l'intervention de l'empereur, on ne massacra que les soldats mercenaires; un tribut fut imposé aux habitants, et l'on détruisit leurs murailles, avec trois cents maisons garnies de tours.

Pendant le siége, des corps considérables de croisés se portèrent dans le Languedoc épouvanté; Nîmes, Carcassonne, Béziers, Castres, Alby et une multitude de châteaux se rendirent sans résistance; les comtes de Toulouse et de Foix, accompagnés à peine de quelques hommes dévoués, se retirèrent sans combat devant les Français. Comme il fallait donner un air de croisade à cette conquête politique, on chercha partout des hérétiques, et on parvint à en trouver un qui se cachait dans les cavernes : il fut brûlé en grande pompe.

Toulouse n'était pas prise, mais l'hiver approchait; l'armée avait fait de grandes pertes; une ligue de seigneurs s'était formée contre la royauté, si menaçante par ses envahissements. Thibaud IV, comte de Champagne, célèbre par ses poésies et ses talents, était déjà parti malgré les ordres du roi, et les autres barons s'empressèrent de le suivre. Louis mit des garnisons dans les places, laissa le gouvernement du pays et le soin de finir la guerre à Humbert, sire de Beaujeu, et s'achemina par l'Auvergne pour revenir en France. Il fut attaqué, à Montpensier, de l'épidémie qui avait ravagé son armée, d'autres disent du poison que lui avait donné Thibaud, réputé l'amant de la reine ; et, avant de mourir, il fit jurer aux seigneurs qu'ils reconnaîtraient pour roi son fils Louis, âgé de onze ans (1226).

§ VII. Louis IX, roi de France. — Régence de Blanche de Castille. — Opposition et défaite des barons. — Il n'y avait encore eu de roi mineur dans la dynastie capétienne que Philippe Ier ; mais, sous ce prince, la royauté et le royaume n'étaient que des noms ; maintenant c'étaient des réalités ; et Louis IX, succédant à son père sans avoir été couronné de son vivant, devait éprouver des résistances, car le principe de l'hérédité pour la couronne de France n'était pas encore incontestablement établi. D'ailleurs les barons, qui s'inquiétaient des usurpations morales et matérielles de la royauté, devaient chercher à profiter de l'enfance du nouveau roi pour le ramener à la nullité de ses pères. Mais il avait pour mère Blanche de Castille, femme tendre et énergique, pieuse et élégante, magnanime et dévouée, dont la vie atteste ce que le christianisme et la chevalerie avaient fait du cœur et de la tête des femmes ; elle prétendit à régir le royaume pendant la minorité de son fils. Le droit des femmes au gouvernement des fiefs était universellement reconnu, et, en France même, on avait vu Philippe-Auguste, partant pour la croisade, laisser la régence à sa mère ; mais la royauté française n'était plus un fief, c'était un pouvoir unique et général ; et les barons prétendirent que le gouvernement de la France devenue un royaume supérieur, en fait et en droit, à tous les fiefs, ne pouvait être laissé aux mains d'une femme. Sous l'ombre d'attaquer le pouvoir de Blanche, c'était la royauté qu'ils voulaient abaisser. Ils annoncèrent qu'ils ne consentiraient au sacre du jeune Louis, qu'autant qu'on leur donnerait des garanties contre la cour des pairs, qu'on rétablirait les anciennes libertés féodales, appelées par eux les libertés de la nation, qu'on mettrait à délivrance les comtes faits prisonniers à Bouvines : preuve que cette victoire avait été remportée sur la puissance seigneuriale et non sur des ennemis nationaux. Ainsi l'opposition des barons à Blanche de Castille était une véritable réaction de l'aristocratie féodale contre la marche progressive et usurpatrice de la royauté. Les barons français se trouvaient à peu près dans la même position en face de Louis IX que les barons anglais en face de Jean-sans-Terre ; mais leur conduite fut tout autre, et le résultat bien différent. La royauté anglaise était tyrannique et détestée, et le baronnage aimé, parce qu'il s'appuyait sur les classes inférieures et semblait faire cause commune avec elles ; la royauté française était protectrice et aimée, et le baronnage détesté, parce qu'il s'isolait des classes inférieures et semblait ne chercher son ancienne puissance que pour peser sur elles. Voilà la cause des deux routes différentes qu'ont suivies les deux nations, bien que parties du même point; en France c'est la royauté, en Angleterre c'est l'aristocratie qui s'est mise à la tête de la civilisation.

Blanche, qui se sentait soutenue par l'opinion populaire, s'aida encore du cardinal-légat de Saint-Ange, homme plein de talents, que la calomnie lui donnait pour amant; elle mena son fils à Reims et le fit sacrer (1227); un seul pair assista à la cérémonie, c'était Hugues IV, duc de Bourgogne. Alors, sans demander ses pouvoirs à personne, sans prendre d'autre titre que celui de mère du roi, elle gouverna en se cachant derrière le nom de son fils, qui sembla effectivement régner.

Les barons s'armèrent et refusèrent de reconnaître Louis, qu'ils appelaient bâtard et fils de l'Espagnole. Thibaud, comte de Champagne, Pierre de Dreux, duc de Bretagne [1], Hugues de Lusignan, comte de la Marche, Richard, duc d'Aquitaine, et même en secret Raymond VII de Toulouse entraient dans la ligue seigneuriale. Il s'en fallut peu que les Capétiens ne succombassent et que la république féodale ne fût rétablie. Les barons élurent pour roi un seigneur de haute noblesse et de petite terre, bon chevalier, tout taillé pour faire un nouveau Hugues Capet, Enguerrand de Coucy [2], qui se para des insignes de la royauté. Henri III était le chef nominal de la confédération; mais ses querelles avec les seigneurs d'Angleterre le forcèrent à l'inaction, et tout le poids de la ligue tomba sur Thibaud. Les ennemis de Blanche prétendaient qu'il était son amant, quoiqu'elle eût quarante ans et lui vingt-cinq; et ce bruit prit quelque consistance lorsqu'on vit le comte, malgré ses grands apprêts de guerre, abandonner ses alliés et se soumettre à Louis IX. Les barons marchèrent sur Orléans, où le jeune roi était avec sa mère. Blanche et son fils se sauvèrent du côté de Paris, et, trouvant la route coupée à Montlhéry, appelèrent à leur défense les habitants de la ville « avec laquelle les rois de France ont perpétuellement uni leur fortune [3]. » Les Parisiens

---

[1] C'était un arrière-petit-fils de Louis VI, qui épousa, en 1213, l'héritière de la Bretagne, fille de la fameuse Constance et de Guy de Thouars. Il fut la tige de la dernière dynastie des ducs de Bretagne.

[2] Enguerrand, troisième du nom, dit le Grand, était arrière-petit-fils de Thomas de Marle; ce fut lui qui fit bâtir le fameux château de Coucy, dont il reste une tour qui a 172 pieds de hauteur et 365 de circonférence. Il avait pour devise:

Je ne suis roi, ne duc, prince, ne comte aussy,
Je suis le sire de Coucy.

[3] Pasquier, liv. v, lett. 2.

sortirent en armes, délivrèrent le roi, et le ramenèrent en triomphe dans leurs murs (1227).

Les seigneurs se séparèrent; mais le duc de Bretagne avait juré d'expulser l'étrangère du royaume, et il continua la guerre. Blanche convoqua les barons et marcha en Bretagne; mais ceux-ci ne lui amenèrent chacun que deux hommes, et elle était perdue lorsque Thibaud accourut à son aide. Néanmoins il se laissa séduire par l'espérance d'épouser l'héritière du duc de Bretagne, et il lui fallut une lettre du roi pour rompre cette alliance (1228) : « Si cher que avez, lui dit Blanche au nom de son fils, tout quant que aimez au royaume de France, ne le faites pas ; la raison pourquoi, vous savez bien : je jamais n'ai trouvé pis qui mal m'ait voulu faire que lui [1]. » Alors les seigneurs, mécontents des changements continuels de Thibaud, tournèrent leurs armes contre lui et ravagèrent ses domaines. Blanche le secourut à son tour, et elle les força d'évacuer la Champagne.

La guerre continua encore pendant trois ans et fut terminée par le traité de Saint-Aubin-du-Cormier, qui assura la victoire de la royauté sur l'aristocratie (1234). Louis reçut l'hommage de tous les seigneurs ; mais le comte de Champagne n'obtint le pardon de ses anciens alliés qu'en s'engageant à faire un pèlerinage à la Terre-Sainte. Les prétentions de Henri III et de Louis IX sur la mouvance de la Bretagne, à cause qu'elle était vassale de la Normandie, province possédée par le roi de France et revendiquée par le roi d'Angleterre, restèrent indécises jusqu'en 1234, où Pierre de Dreux se reconnut vassal de Louis. Ce fut alors qu'il abdiqua le duché de Bretagne, dont il n'était qu'administrateur jusqu'à la majorité de son fils Jean Ier, qui fit hommage-lige au roi de France.

§ VIII. Fin de la guerre contre les Albigeois. — Traité de Paris. — Établissement de l'inquisition. — Le Languedoc avait profité de ces troubles pour revenir de sa stupeur. Humbert de Beaujeu fut battu plusieurs fois ; mais Blanche, malgré les dangers qui la menaçaient au nord, lui envoya des troupes ; les conciles et l'inquisition redoublèrent de sévérité, et les Français ravagèrent les campagnes de façon à forcer les Toulousains par la famine. Les malheureux habitants du Languedoc perdirent tout courage, et, sur la proposition du légat Saint-Ange, ils se décidèrent à se soumettre sans restriction. Le traité fut signé à Paris (1229). Raymond VII se remit, désarmé, aux mains de ses ennemis, et souscrivit à tout ce qu'ils voulurent. On lui laissa la moitié du diocèse de Toulouse, l'Agénois, le Rouergue, mais pour sa vie seulement et à

---

[1] Joinville, p. 38.

condition qu'ils formeraient la dot de sa fille unique. Celle-ci fut remise aux mains de Blanche et destinée à son troisième fils, Alphonse : car, toute pieuse et catholique qu'était la reine, elle ne répugnait pas à s'unir avec une famille hérétique et excommuniée. Les diocèses de Narbonne, de Maguelonne, de Nîmes, d'Uzès, de Viviers, le Velay, le Gévaudan, l'Albigeois et la moitié du Toulousain furent immédiatement réunis à la couronne de France, et formèrent, avec les diocèses de Carcassonne, de Béziers, d'Agde, enlevés à Raymond-Trancavel, les deux sénéchaussées de Beaucaire et de Carcassonne. Le marquisat de Provence fut remis au pape, qui en donna la garde au roi de France; et, plus tard, l'usufruit en fut laissé à Raymond, en récompense de sa soumission; car une fois qu'on eut obtenu de lui ce qu'on voulait et que le pays fut dompté et tranquille, on le traita avec douceur, et on lui rendit une sorte d'indépendance. Il promit, en outre, de payer vingt mille marcs d'argent au profit des églises et pour relever les fortifications des villes qu'il livrait; quant aux villes qu'il gardait, elles eurent leurs murailles détruites ou reçurent garnison française. Il congédia ses troupes mercenaires, et jura de prendre les armes contre ses sujets et alliés s'ils refusaient d'exécuter le traité. De plus, il eut ordre de fonder des chaires de théologie et de droit-canon à Toulouse, et c'est l'origine de l'université de cette ville. A ces conditions il reçut son absolution du légat, qui le battit de verges à la porte de Notre-Dame de Paris. Le comte de Foix obtint la paix et la restitution de ses états à des conditions analogues. Quant à Raymond-Trancavel, il fut entièrement dépouillé et se retira à la cour d'Aragôn.

Ainsi furent détruits, au profit de la royauté et du royaume de France, les plus puissantes seigneuries du midi et le noyau de la nation provençale. Le Languedoc ne se releva pas de sa défaite; ses libertés furent attaquées lentement et sourdement; sa civilisation s'arrêta; sa langue déclina et se perdit en patois informes; son commerce et son industrie dégénérèrent; mais, bien que les lois et les coutumes du nord tendissent déjà à prévaloir dans le pays, le nom de la France ne lui fut imposé que trois siècles plus tard. L'esprit d'indépendance du midi se conserva et s'est manifesté à toutes les époques, quelquefois par des révoltes, souvent par des murmures, et toujours par de la répugnance pour les hommes et les idées du nord.

Pour consolider la conquête, l'inquisition fut définitivement organisée dans le concile de Toulouse. C'était à la fois une police partout présente et un tribunal toujours menaçant pour les vaincus. Elle fut d'abord peu cruelle, parce que la terreur était à son comble, et que les sectaires avaient disparu ; mais plus tard elle sévit d'une manière atroce contre les moindres tentatives de révolte contre la France ou d'opposition à l'Église ; elle ne se contenta plus de chercher des coupables, elle força les suspects et les innocents, au moyen de l'horrible invention de la torture, à se déclarer criminels. Ce déplorable résultat de la croisade albigeoise, bien que sollicité par les pouvoirs temporels, qui en firent un moyen de gouvernement et un instrument de répression contre leurs sujets, n'en fut pas moins la honte de l'Église et l'une des causes de ruine de la monarchie pontificale : toute puissance qui a besoin de supplices pour se soutenir est voisine de sa chute. La papauté venait de sortir victorieuse de sa lutte contre la réforme, mais sanglante et débilitée : quoiqu'elle se présentât dans cette guerre autant comme gardienne de la constitution générale de l'Europe que comme gardienne de la foi chrétienne, la chose religieuse était si intimement confondue à la chose politique, qu'elle ne pouvait entièrement dépouiller ce dernier aspect, et alors sa coaction des dissidents par les supplices, légitime peut-être comme gouvernement politique, devenait anti-évangélique comme gouvernement religieux. Ce fut sa perte. La voilà qui va devenir d'autant plus tyrannique qu'elle se sentira affaiblir, et elle tendra de telle sorte le ressort de sa puissance qu'il finira par se briser entre ses mains.

SECTION III.

DÉCADENCE DE LA MONARCHIE UNIVERSELLE DE L'ÉGLISE.

1229-1328.

CHAPITRE PREMIER.
Frédéric II et Louis IX. — 1229 à 1243.

§ I. GUERRES DE L'EMPIRE ET DE LA PAPAUTÉ. — CROISADE DE FRÉDÉRIC II. — JEAN DE BRIENNE, EMPEREUR DE CONSTANTINOPLE. —Frédéric II, roi de Naples et de Sicile, élu empereur par la faveur des Gibelins et la protection d'Innocent III, était un homme plein de science et de talent, guerrier, législateur et poète; il favorisait les beaux-arts, cherchait ses amis parmi les savants, et ce fut lui qui donna le premier de la fixité à la langue italienne. Son règne est le siècle héroïque de l'Allemagne, son temps de luxe, de tournois et de poésie. « C'était un noble roi, dit un contemporain, mais aussi fort dissolu et adonné à toutes les voluptés; il n'avait nul souci de l'existence future [1], » il bravait par ses mœurs sarrasines toutes les croyances de son siècle;» enfin il semblait porté d'inclination vers l'islamisme, parce qu'il avait été élevé en Sicile, dont presque tous les habitants sont musulmans [2]. » Comme héritier des Hohenstauffen, comme roi de Naples, comme empereur, il était l'ennemi du saint-siége, et avait les mêmes prétentions que ses ancêtres : « son dessein était d'établir en Italie le trône des nouveaux césars, et c'est le nœud secret de toutes les querelles qu'il eut avec les papes [3]. » Mais, pour parvenir à son but, il devait soigneusement cacher ses projets, lui qui avait été porté à l'empire par Innocent, et qu'Honorius avait couronné : aussi montrait-il une soumission extrême envers les pontifes et un acharnement méprisable contre leurs ennemis; il céda même à l'Église les domaines de la

---

[1] Villani. — [2] Djemal' Eddin, contin. de l'Hist. de Tabary, dans la bibliogr. des Croisades de M. Michaud, t. II, p. 350. — [3] Voltaire, Essai sur les mœurs, ch. 42.

célèbre Mathilde, pour lesquels les papes et les empereurs avaient été en contestation pendant un siècle.

Depuis dix ans il avait pris la croix (1218), mais il se souciait peu d'accomplir son vœu, et la cinquième croisade se fit sans son assistance. Cependant, ayant épousé la fille de Jean de Brienne, qui était venu en Occident chercher des secours, il prit le titre de roi de Jérusalem, fit de grands préparatifs pour une nouvelle croisade, et s'engagea à aller en Palestine, sous peine d'excommunication ; mais il différa de nouveau son voyage, s'occupa à soumettre les républiques lombardes, et répondit aux représentations du pape : « L'Italie, qui est mon héritage, est pleine d'hérétiques ; les laisser impunis pour aller aux Sarrasins, ce serait laisser le fer dans la plaie [1]. »

Cependant Grégoire IX, neveu d'Innocent III, succéda à Honorius (1227) : « c'était un vieillard d'une réputation sans tache, disait Frédéric lui-même, d'une moralité incontestée, qui, par sa science, sa piété, son éloquence, brillait au milieu de ses contemporains comme une étoile dans le ciel. » Plein des idées de Grégoire VII, et résolu d'asservir le monde à l'unité catholique, il suspectait les projets ambitieux de Frédéric, voyait avec horreur sa vie licencieuse et sa cour pleine de musulmans, de juifs, de courtisanes. C'était lui qui lui avait donné la croix ; il le força de partir pour la Terre-Sainte. Frédéric s'embarqua à Brindes ; mais une maladie épidémique s'étant déclarée dans son armée, il se fit mettre à terre au bout de trois jours, et rompit l'expédition. A cette nouvelle, Grégoire, convaincu que l'empereur se jouait de son serment et des chrétiens, jeta l'interdit sur ses terres. Frédéric s'emporta contre le pontife, dévoila la politique de la cour de Rome, et l'accusa de trahir la cause européenne par son ambition et sa cupidité. « Que les puissances temporelles, s'écria-t-il, s'unissent contre la tyrannie romaine ; l'interdit ne sera point exécuté dans mes états. » La guerre entre les pouvoirs spirituel et temporel, entre les Guelfes et les Gibelins, recommença.

Les deux ennemis se poursuivirent avec acharnement par leurs écrits et par leurs armes. Frédéric fit lever contre le pape les colonies de Sarrasins qu'il avait établies dans son royaume ; et Grégoire, chassé de l'état pontifical, prononça deux fois l'anathème contre l'empereur. Celui-ci, voulant se laver dans l'opinion publique du reproche de parjure et braver la sentence du pape, résolut de faire un simulacre de croisade. Il entra en négociation avec le sultan du Caire, et partit pour la Palestine avec une simple

[1] Math. Pâris, p. 366.

escorte de six cents hommes. Les chrétiens d'Orient, avertis de son arrivée, accueillirent avec horreur cet empereur excommunié, que poursuivait sa renommée d'impiété, et qui l'accrut encore par ses accointances avec le sultan. Un harem, qu'il reçut en présent de Malek-el-Kamel, excita l'indignation générale, et le fit accuser « d'être chaud en la loi de Mahomet [1], » même par les Sarrasins. On refusa de lui obéir, et il fut obligé de donner ses ordres « au nom de Dieu et de la république chrétienne. » De son côté, le sultan se trouvait exposé au fanatisme de ses soldats, qui voyaient avec colère son amitié pour l'infidèle. Les deux souverains furent obligés de négocier secrètement, et conclurent une trêve de dix ans, par laquelle la ville sainte, Nazareth et Bethléem furent rendues à Frédéric; mais les Musulmans devaient conserver le quartier du Temple et une mosquée dans Jérusalem (1228). Chrétiens et Sarrasins éclatèrent contre cette paix sacrilége. La reddition de Jérusalem était une satisfaction illusoire et presque une moquerie; car la ville, ne pouvant être ni défendue ni fortifiée par Frédéric, devait retomber aux mains des Musulmans dès les premières hostilités. « Son but, disait l'empereur lui-même aux Sarrasins, n'avait été nullement la délivrance de la ville, mais seulement la crainte de perdre son crédit dans l'Occident [2]. » Néanmoins, content de montrer à l'Europe qu'un prince excommunié faisait plus pour la cause chrétienne que toutes les armes des Latins depuis quarante ans, il se dirigea sur Jérusalem, et y entra triomphalement, au milieu de la consternation des chrétiens. Les prêtres s'enfuirent, à son approche, de l'église du Saint-Sépulcre, et il fut obligé, la nuit, furtivement et au milieu de ses soldats, de prendre lui-même la couronne sur l'autel. La haine dont il se vit l'objet le porta à des violences envers les chrétiens de Syrie; enfin il quitta le pays, chargé de malédictions, et en se moquant lui-même de sa croisade.

Pendant ce temps, son royaume de Pouille était attaqué par Jean de Brienne, qui conduisait une armée aux ordres du saint-siége, et qui, soutenu par les républiques d'Italie, prétendait à l'empire. Frédéric arriva et vainquit Brienne (1229). Le pape l'excommunia de nouveau avec tous ses adhérents, ceux même qui lui donneraient quelque marque d'obéissance et de respect. L'empereur fut effrayé de cette guerre interminable : il négocia, se soumit, s'humilia, et obtint enfin son pardon avec la paix (1230).

Jean de Brienne était un de ces chevaliers d'aventure que les poèmes du moyen âge nous montrent conquérant de belles dames

---

[1] Contin. de Guill. de Tyr.
[2] Makrisi, Hist. des Ayoubites, dans la bibliog. des Croisades, t. II, p. 714.

et de beaux royaumes à grands coups d'épée; simple et pauvre gentilhomme, il avait obtenu, par sa vaillance, la main de la petite-fille de Foulques d'Anjou, héritière du royaume de Jérusalem. Dépouillé de son titre par son gendre, Frédéric, il s'était fait le champion du pape, et venait d'être vaincu; il avait alors quatre-vingts ans; mais sa renommée était telle qu'il fut élu au trône de Constantinople par les barons français de cet empire, après la mort de Robert de Courtenay, quatrième empereur latin (1230). Il porta pendant sept ans cette couronne, qui chancelait sous les attaques des Grecs, des Musulmans et des Bulgares.

Plusieurs chevaliers français le suivirent à Constantinople; l'amour de la guerre, du butin et des aventures les entraînait en tous lieux, pendant que la France jouissait d'une paix profonde sous l'administration de Blanche. Jacques Ier, roi d'Aragon, dans sa conquête de Valence et de Majorque sur les Maures, fut aidé par des guerriers du midi, et surtout par les proscrits du Languedoc (1228 à 1236). Les querelles de Henri III avec ses barons firent accourir en Angleterre une foule d'aventuriers de l'Aquitaine, qui prirent parti pour le roi contre les seigneurs (1233). Enfin Thibaud de Champagne, ayant hérité du royaume de Navarre, vendit à la couronne de France les comtés de Chartres, de Blois et de Sancerre, leva une armée de chevaliers du nord, et conquit son héritage (1233).

§ II. DÉCADENCE ET CORRUPTION DU CLERGÉ. — FONDATION DES ORDRES MENDIANTS. — PERSÉCUTION CONTRE LES HÉRÉTIQUES ET PRÉDICATION D'UNE CROISADE. — La fédération chrétienne sentait peu à peu se disjoindre ses liens, moins par les prétentions de Frédéric II que par l'indépendance des opinions qui se manifestait en tous lieux. L'hérésie avait fait une profonde plaie à la monarchie pontificale; et, malgré les bûchers sans cesse allumés contre les dissidents, on voyait surgir sans cesse des partisans de la réforme. On commençait à tout discuter, le pouvoir des papes, les droits des souverains, la liberté des individus. La métaphysique d'Aristote prenait une autorité presque égale à celle de l'Évangile; la dialectique se jouait des questions les plus graves; l'esprit soulevait les opinions les plus hardies. Le clergé lui-même semblait las du joug de la foi; il ne songeait qu'à amasser des richesses; il faisait cause commune avec les seigneurs pour opprimer les pauvres; il envahissait, sous prétexte de péché, toutes les juridictions, et faisait prononcer par ses tribunaux des jugements iniques. La vie des prêtres était pleine de désordre et de sensualité, les églises étaient devenues des lieux de débauche; on y jouait, on y traitait d'affaires et de plaisirs, on y étalait un luxe indécent ; les fêtes *des fous* et *des ânes* déshonoraient le sanctuaire.

Grégoire IX voulut retremper le clergé dans sa source plébéienne, et institua les ordres mendiants de Saint-François et de Saint-Dominique. Ces religieux d'un nouveau genre devaient mener une vie, non pas contemplative, mais pratique, pour remplacer le clergé séculier dans toutes ses fonctions ; ils devaient se mettre dans la plus basse des conditions sociales, pour rappeler la pauvreté et l'humilité évangéliques ; ils devaient n'avoir de supériorité que par la science et le dévouement, être ambulants et sans patrie, ne vivre que d'aumônes, ne posséder rien en propre ; enfin ils devaient n'avoir qu'un maître, le pape, et, dévoués pleinement à lui, être ses missionnaires, ses messagers, ses collecteurs. Ennemis des clergés nationaux, soustraits à la juridiction épiscopale, chargés de l'éducation populaire, les moines mendiants devinrent une milice redoutable, toute sortie du peuple, toujours mêlée à lui, parlant son langage, portant ses vêtements grossiers, mangeant son pain noir ; théologiens savants et orateurs populaires, pleins d'exaltation mystique, d'humilité et d'esprit de pénitence, ils régénérèrent l'Église dans l'esprit des peuples, et firent taire leurs justes murmures contre les richesses, l'orgueil et les débauches du clergé.

Sûr de ces nouveaux auxiliaires, le pape essaya de ranimer la foi et de resserrer le lien social par les moyens ordinaires du saint-siége, la persécution contre les dissidents et la guerre en Orient. Il lança contre les hérétiques les décrets les plus sévères, et confia l'inquisition aux dominicains (1233). Alors les tribunaux ecclésiastiques adoptèrent des formes iniques et expéditives ; les biens des condamnés furent partagés entre leurs dénonciateurs et leurs juges ; il fut permis à tout fidèle d'arrêter une personne suspecte d'hérésie. Tous les souverains obéirent à ces décrets ; et Frédéric lui-même se servit de l'inquisition pour faire périr, sous couleur d'hérésie, ceux de ses sujets qui résistaient à son despotisme. Louis IX, qui commençait à gouverner par lui-même, essaya de restreindre la juridiction cléricale ; mais Grégoire le menaça d'excommunication, et lui écrivit que « Dieu lui avait confié tout à la fois les droits de l'empire céleste et ceux de l'empire terrestre (1234). »

Raymond VII, par ruse ou par conviction, se montra le plus acharné contre ses sujets : il donna une prime d'un marc d'argent à quiconque dénoncerait un hérétique ; il confisqua les biens et rasa les maisons de ceux qui donneraient asile aux proscrits ; il traduisit devant les tribunaux de l'inquisition ceux qui refuseraient de les arrêter. Ces rigueurs excitèrent des troubles, et les inquisiteurs furent poursuivis et tués dans plusieurs villes. Le pape, irrité, accusa Raymond de duplicité, et l'excommunia (1236). Celui-ci se jeta alors dans le parti gibelin, et, sans se brouiller avec la France, il fit activement la guerre dans la Provence en faveur de Frédéric II.

Grégoire IX, pour donner pâture à l'activité sociale et se faire des soldats contre l'empereur, résolut une croisade et la fit prêcher par ses moines mendiants; mais les passions religieuses, étant dégénérées, ranimaient moins l'enthousiasme que la cruauté, et l'on se prépara à la croisade nouvelle par le massacre des Juifs (1235). Thibaud de Champagne et Pierre de Dreux prirent la croix; Henri III suivit cet exemple, et Frédéric II promit son assistance. Il fallut quatre ans aux nobles pèlerins pour faire leurs préparatifs. D'ailleurs, d'autres secours étaient sollicités par d'autres colonies chrétiennes : l'empire de Constantinople tombait en ruines, et Baudoin II de Courtenay, successeur de Jean de Brienne, parcourait l'Europe en demandant de l'argent et des soldats; le pape protégeait ses efforts, et Louis IX lui donna un secours de 200,000 liv., pour lequel il reçut de lui la sainte couronne d'épines (1238).

Cependant la querelle de l'empire et du sacerdoce n'était qu'ajournée, et de nouvelles discussions s'élevaient entre Grégoire et Frédéric. Les soldats de la croix étaient levés moins pour aller à la guerre sainte que pour effrayer l'empereur, contre lequel un mot du pontife pouvait les tourner : aussi Frédéric s'efforça-t-il, par des ruses et des promesses, de retarder la croisade pour la Syrie; il parvint même à disperser l'armée qui marchait à Constantinople par l'Italie. Selon lui, un intérêt plus grand que la conquête de la Grèce et de la Palestine devait armer les chrétiens, c'était la défense de l'Europe contre les Mogols.

§ III. INVASION DES MOGOLS. — LE PAPE EXCOMMUNIE FRÉDÉRIC II. — LOUIS IX REFUSE LA COURONNE IMPÉRIALE POUR ROBERT D'ARTOIS. — Depuis la destruction de l'empire romain, l'Asie centrale avait cessé de jeter sur l'Occident ses myriades de Tartares; mais, au commencement du douzième siècle, ces hordes sortirent de leur repos : elles étaient conduites par l'Attila du moyen âge, le terrible Genghis, né en 1163 sur les bords de l'Onon. La Tartarie et la Chine furent conquises, l'Inde et la Perse ravagées, le grand empire des Khorasmiens renversé [1], l'Asie bouleversée depuis la mer Orientale jusqu'à la mer Caspienne. Les petites guerres féodales de l'Europe et même la grande tourmente des croisades

[1] Cet empire comprenait le Turkestan, la Transoxiane, le Khorasme, le Khoraçan, etc.

ne sont que jeux d'enfants auprès de ces invasions gigantesques, où plusieurs millions d'hommes périrent par le fer ou la faim. Genghis mourut en 1227; mais ses fils continuèrent ses conquêtes. Une grande armée mogole s'avança vers l'Asie occidentale. Les Musulmans de la Syrie et de l'Égypte, tremblants de frayeur, implorèrent le secours des nations latines; mais les Mogols ne passèrent pas l'Euphrate, et continuèrent par le nord leur marche vers l'Occident; ils soumirent le Kaptschak (pays entre le Jaïk, le Wolga et le Don), firent la conquête de la Russie, dévastèrent la Pologne, la Silésie, la Moravie; Moscow, Kiow, Varsovie furent réduites en cendres (1237); la Hongrie eut la moitié de sa population et presque toutes ses villes détruites; il semblait que les Barbares eussent pris à tâche d'anéantir non-seulement toute civilisation, mais la race humaine.

La terreur se répandit par tout l'Occident; mais personne ne bougea (1238). Grégoire IX se taisait, et la voix de Frédéric II était impuissante à soulever l'Europe; les deux ennemis semblaient moins préoccupés de l'invasion des Tartares que de leurs projets de monarchie universelle. L'empereur, quoique Italien de naissance, de mœurs et de langage, voulait arriver à ses desseins par l'Allemagne; il affranchissait les villes, augmentait le nombre de ses chevaliers soldés, et s'efforçait de donner à la société germaine une communauté d'actions et de sentiments; mais il n'y avait pas de centre en Allemagne, c'était Rome qu'il lui fallait. Il guerroya sans relâche contre les républiques lombardes, fit élire roi des Romains son fils Conrad, et donna à son fils naturel, Henzius, le royaume de Sardaigne, comme ancienne dépendance de l'empire : « Tout le monde sait, disait-il, que j'ai juré de reprendre tout ce qui a été démembré de l'empire, et je serai diligent à le faire [1]. » A cette dernière usurpation, Grégoire IX, dont l'âge presque séculaire ne ralentissait pas l'ardeur, se décida à la guerre : il voyait la ferveur religieuse ranimée par les prédications et les persécutions, deux armées de croisés prêtes à marcher à sa défense, la France gouvernée par un roi plein de piété; il crut le moment venu d'abattre son ennemi. Il l'accusa d'avoir dit que le monde a été trompé par trois imposteurs, Moïse, Jésus et Mahomet; de se faire proclamer par ses légistes « la loi vivante sur la terre [2]; » de violer le droit de saint Pierre par ses usurpations en Italie, etc.; il lança l'excommunication contre lui, le déclara déchu de sa dignité, mit sous l'interdit tous les pays qui lui donneraient asile;

---

[1] Matth. Paris, p. 410.
[2] *Imperator est animata lex in terris.*

enfin, écrivit au roi de France qu'il avait choisi pour être élevé au trône impérial Robert, comte d'Artois (1239).

Un légat apporta cette décision devant Louis IX et tout le baronnage de France; mais, à la grande surprise du pape, les Français lui répondirent : « Par quelle audace le pontife a-t-il osé déposer un si grand prince, qui n'a point son pareil parmi les chrétiens, sans l'avoir convaincu des accusations portées contre lui? S'il avait mérité d'être déposé, il ne devait l'être que par un concile général. Pour nous, il est toujours innocent, il a toujours été notre bon voisin, et nous n'avons vu rien de mauvais en lui. Nous savons qu'il a servi fidèlement Jésus-Christ, en s'exposant pour lui aux dangers de la mer et de la guerre; mais nous ne trouvons pas tant de religion dans le pape, qui, au lieu de le seconder, a cherché à le dépouiller pendant son absence. Nous ne voulons pas nous exposer à de grands dangers en attaquant Frédéric dans sa puissance, alors que tant de royaumes l'assisteront, et qu'il aura encore pour lui la justice de sa cause. Si le pape réussissait à le vaincre par notre aide, il foulerait aux pieds tous les princes du monde [1]. »

A ce langage des fils aînés de l'Église, il était visible qu'une révolution s'était faite dans les esprits, et que les longues protestations des rois et des nobles contre la monarchie pontificale s'étaient transformées en opposition formelle et déclarée. Louis IX et ses barons envoyèrent des ambassadeurs à Frédéric pour s'assurer de son orthodoxie et resserrer l'alliance avec lui. La guerre recommença entre le pape et l'empereur, et mit en feu toute l'Italie.

§ IV. Croisades en Grèce et en Syrie. — Guerre du pape et de l'empereur. — Fermeté de Louis IX. — Les deux croisades partirent (1239). Baudoin II, avec une armée composée presque entièrement de Français, traversa l'Allemagne et la Hongrie, et arriva sans encombre à Constantinople. Mais l'empire était dans une situation si désastreuse que ce secours ne fit que retarder sa chute définitive. Quant aux croisés de Syrie, le pape mit des entraves à leur départ pour favoriser l'entreprise de Baudoin, et Frédéric leur interdit le passage sur les terres de l'empire. Les pèlerins, indignés contre ces deux rivaux, s'embarquèrent à Marseille, et, découragés à l'avance, arrivèrent dans la Terre-Sainte (1240). L'anarchie ruinait les débris des colonies chrétiennes plus que les armes des Musulmans : point de gouvernement, point de roi; chacun traitait isolément avec les Sarrasins; tous refusaient d'obéir à Frédéric. L'arrivée des croisés ne fit qu'augmenter le désordre; et,

[1] Matth. Pâris, p. 464.

après quelques efforts infructueux, ils repartirent au moment où Richard, frère de Henri III, arrivait avec les pèlerins anglais (1241). Celui-ci borna ses soins à obtenir du sultan d'Égypte la reddition des prisonniers et une trêve de douze ans. La moitié de la Judée resta aux chrétiens, mais dépeuplée et misérable; elle devait retomber aux mains des Sarrasins dès les premières hostilités.

Les Mogols étaient arrivés jusqu'aux bords de la mer Adriatique; mais, éparpillés et sans force, à une si grande distance de leur point de départ, ils furent aisément repoussés. Conrad, fils de l'empereur, les battit sur les bords du Danube (1241), et les rejeta en Russie, où leur domination subsista jusqu'au seizième siècle.

L'Europe méridionale s'inquiétait peu de ces barbares; elle était toute occupée de la guerre entre le pape et l'empereur. Grégoire avait fait prêcher une croisade contre son ennemi, et Frédéric mettait à mort tous ceux qui prenaient la croix. Celui-ci s'efforçait de faire considérer cette guerre comme mue par l'ambition personnelle du pontife; celui-là prétendait en faire l'affaire du monde chrétien, et, à cet effet, il convoqua un concile à Rome pour faire condamner l'empereur par toute l'Église. Le clergé s'empressa d'obéir aux ordres du pape; mais Frédéric ferma tous les chemins de l'Italie. Les évêques de France s'embarquèrent à Gênes, sur les vaisseaux de cette république, dévouée au parti guelfe; ils furent attaqués par la flotte impériale et faits prisonniers (1241). Il y eut grande rumeur en France, et Louis IX écrivit à Frédéric une lettre où respirent la candeur, la justesse d'esprit et la noblesse de sentiments du saint roi. Après lui avoir rappelé l'union constante des empereurs et des rois de France et s'être plaint avec fermeté et modération de la captivité des prélats, il lui dit : « Il convient que votre grandeur les fasse rendre à la liberté qui leur est due : c'est ainsi que vous nous apaiserez; car nous regardons leur détention comme une injure, et la majesté royale perdrait de sa considération si nous pouvions nous taire dans un cas semblable. Rappelez à votre mémoire que nous avons repoussé les légats de l'Église qui voulaient avoir un subside à votre préjudice, et qu'ils n'ont rien pu obtenir dans notre royaume contre Votre Majesté. Que votre prudence impériale pèse donc notre demande, et qu'elle ne se borne pas à alléguer votre puissance ou votre volonté, car le royaume de France n'est pas si faible qu'il se soumît davantage à recevoir vos coups d'éperon [1]. »

Cette lettre eut un plein succès : Frédéric mit en liberté les évê-

[1] Pierre des Vignes, l. 1, ép. 13.

ques de France, et la mort de Grégoire IX fit languir la guerre entre le sacerdoce et l'empire.

§ V. POLITIQUE DE LOUIS IX. — LIGUE DES SEIGNEURS DU MIDI CONTRE LUI. — BATAILLE DE SAINTES. — TRÊVE ENTRE LOUIS IX ET HENRI III. — La France avait donc alors un digne soutien de son honneur et de ses intérêts, un vrai chef national ; la royauté était aux mains de l'homme le plus saint qui ait jamais commandé aux hommes. Louis IX, rigide pour lui-même, indulgent pour les autres, faisait de la vertu la règle unique de sa conduite ; il avait le sentiment le plus exquis de ses devoirs, et, profondément convaincu que la royauté était une charge envers ses semblables, il la remplit dans l'intérêt unique de l'humanité, avec le dévouement le plus entier et pour plaire à Dieu : il avait trouvé du génie dans sa conscience.

Ses prédécesseurs avaient accru leur puissance aux dépens de la république féodale par ambition : il continua leur œuvre par vertu. L'indépendance des grands vassaux, c'était le règne de la violence ; leur soumission, c'était le repos des faibles et des pauvres : il devait donc faire tous ses efforts pour agrandir la royauté et le royaume de France. Déjà une vassalité plus immédiate et plus soumise se formait : les membres de la famille royale, en acquérant de grandes seigneuries, s'imprégnaient bien quelque peu de l'esprit hostile des peuples qu'ils gouvernaient ; mais leur subordination était plus grande que celle des chefs nationaux qu'ils remplaçaient ; ils ne pouvaient oublier qu'ils étaient parents du roi, et prenaient, à certains égards, l'aspect de ses lieutenants.

Robert, le premier des frères de saint Louis, avait été pourvu (1237) du comté d'Artois, celle des provinces conquises dans le nord qui était le plus hostile à la France ; et l'alliance de Robert avec la famille du duc de Brabant rattachait au royaume les provinces septentrionales.

Le Poitou et l'Auvergne avaient été donnés à Alphonse, deuxième frère du roi ; et son mariage avec l'héritière de Raymond VII lui destinait la possession de la moitié du Languedoc et de la Provence. Louis le conduisit dans le Poitou et assembla une cour plénière à Saumur pour lui faire rendre hommage par les barons (1241) ; mais ceux-ci virent cette cérémonie avec chagrin, se retirèrent pour assembler leurs gens d'armes, et appelèrent à leur aide le roi d'Angleterre, qui n'avait pas abandonné ses droits sur le Poitou. Une ligue se forma bientôt entre les rois d'Angleterre, d'Aragon, de Navarre, les seigneurs du Poitou, à la tête desquels était le comte de la Marche ; enfin Raymond VII, qui cherchait, au moyen des guerres du sacerdoce, à recouvrer sa puissance, et qui même avait rappelé en Languedoc tous les proscrits. C'était donc tout le midi qui se soulevait contre cette puissance du nord, devenue d'autant plus redoutable qu'elle était aux mains d'un homme aimé et vénéré de tous les chrétiens.

Alphonse tenait sa cour à Poitiers et y convoqua ses vassaux. Le comte de la Marche avait pour femme Isabelle, comtesse d'Angoulême, veuve de Jean-sans-Terre et mère de Henri III; excité par elle, il se présenta devant Alphonse et lui dit : « J'avais été déçu et circonvenu quand je m'étais proposé de te faire hommage; aujourd'hui j'ai changé d'avis, et je viens te jurer et t'affirmer que jamais je ne me tiendrai pour ton homme-lige [1]. » Ces mots dits, il s'élança sur son cheval et partit. A cette nouvelle, « Louis IX convoqua la chevalerie de France et ordonna aux communes de préparer des armes et des vivres. Il fit rassembler un millier de fourgons pour transporter les tentes, les machines, les munitions et les armes. Quatre mille chevaliers élégamment armés se rangèrent sous ses drapeaux; les écuyers, les sergents et les archers qui formaient le reste de l'armée, étaient au nombre de vingt mille [2]. »

Henri III, toujours en querelle avec ses barons d'Angleterre, n'obtint d'eux aucun secours et arriva dans le Poitou sans armée, mais avec de l'argent pour solder les insurgés. Les seigneurs du midi ne remuaient pas encore, et le comte de la Marche n'avait d'autre assistance que celle du roi anglais. Louis IX s'avança rapidement dans le Poitou et la Marche, quoique les habitants eussent ravagé tout le pays, et il s'empara de toutes les places. Henri III essaya vainement de défendre le passage de la Charente à Taillebourg; il se retira sur Saintes, où se livra un combat très-acharné : les Poitevins furent complètement vaincus. Le roi d'Angleterre se préparait à soutenir un siége; mais, effrayé des dispositions des habitants, il s'enfuit à Blaye et de là à Bordeaux. Louis entra dans Saintes. Le comte de la Marche et les autres barons firent leur soumission (1242).

Raymond VII s'était mis en mouvement, mais il n'avait obtenu de secours que des seigneurs des Pyrénées; les rois d'Espagne manquèrent à leurs promesses. Néanmoins tout le Languedoc s'était soulevé; les villes avaient chassé les garnisons françaises; presque tout le pays cédé par le traité de Paris avait été reconquis; l'on vit même sortir de leurs retraites les hérétiques qui avaient échappé à quarante ans de persécutions : ils prirent le château d'Avignonnet, où siégeait le tribunal de l'inquisition, et firent périr

---

[1] Matth. Paris, p. 511. — [2] Id., p. 518.

dans les tortures treize inquisiteurs. Raymond vint trouver Henri III à Bordeaux, renouvela son alliance avec lui, et l'excita à continuer la guerre ; mais il s'aperçut, à sa froideur, que le midi aurait bientôt à supporter seul tout l'effort des Français. Déjà lui et tous ses alliés étaient excommuniés ; déjà Louis IX avait fait mettre en mouvement deux corps d'armée, et demandé des subsides au clergé pour une croisade albigeoise ; déjà le découragement avait succédé à la fièvre de vengeance qui avait saisi le Languedoc ; déjà le comte de Foix, le plus fidèle ami de Raymond, lassé de cette guerre perpétuelle, lui avait retiré son hommage et s'était mis sous la domination directe du roi de France. Le comte de Toulouse trembla à l'aspect d'une nouvelle croisade et se soumit sans condition. Louis se laissa émouvoir, « et par le conseil de sa mère, qui agissait en femme discrète et faisait en sorte d'acquérir de ce côté et d'assurer la paix au royaume [1], » il consentit à mettre en vigueur le traité de Paris, sous condition que tous les habitants du Languedoc jureraient de l'observer (1242).

Le Poitou, la Marche, la Saintonge, l'Angoumois étaient soumis ; et le roi de France allait entreprendre la conquête de la Guyenne, lorsque Henri lui proposa une trêve de cinq ans. Louis « pensa en soi-même que nul de méchant cœur n'acquit oncques salut [2] », et il consentit à traiter. Pendant les négociations, Henri apprit que l'armée française était décimée par une épidémie et que Louis était revenu lui-même malade à Paris : il recommença la guerre ; mais, après d'inutiles hostilités, il sollicita de nouveau la trêve, et Louis, toujours modéré, l'accorda (1243).

Cette guerre ruina presque entièrement l'indépendance des grands vassaux ; désormais aucun d'eux ne pouvait traiter de puissance à puissance avec le roi de France, et leur ligue devait être toujours déjouée ou vaincue. Louis IX acheva leur désunion en déclarant qu'aucun serviteur ne pouvant avoir deux maîtres, les barons qui tenaient des fiefs à la fois de lui et de Henri III devaient choisir entre le roi de France et le roi d'Angleterre (1244). Presque tous les seigneurs du continent choisirent Louis ; la séparation de l'Angleterre et de la France se trouva déterminée ; et les guerres entre les Plantagenet et les Capétiens prirent un caractère national.

§ VI. Mariage de Charles d'Anjou avec l'héritière de Provence. — Saint Louis avait un troisième frère, Charles, comte d'Anjou et du Maine : c'était un homme plein de valeur et d'habileté, mais dont l'ambition rêvait de plus hautes destinées ; le roi chercha à lui assurer une souveraineté qui achevât la destruction

---

[1] Puy-Laurens, ch. 45. — [2] Guill. de Nangis.

de la nation provençale. Raymond-Bérenger IV, comte de Provence (entre Durance et Méditerranée), avait quatre filles : la première était mariée à Louis IX, la deuxième à Henri III, la troisième à Richard, duc d'Aquitaine; il avait résolu, afin que son pays ne tombât pas sous une domination étrangère, de laisser à la quatrième, Béatrix, son héritage, et de la marier à un prince qui recommençât la lignée des comtes et maintînt l'indépendance de la Provence. Ce prince était Raymond VII, qui menait la vie la plus remuante, et était mêlé à toutes les intrigues du temps : il avait su se faire à la fois l'ami du pape et de l'empereur; il obtenait des hommages, faisait des alliances et voulait, enfin, par un mariage, recouvrer la puissance de ses pères : il avait, à cet effet, répudié deux femmes et jeté ses vues sur la fille de Bérenger. Une telle union entraînait de graves conséquences : si Raymond avait des fils, les effets du traité de Paris se trouvaient détruits; la nation provençale était reconstituée plus puissante que jamais sous un chef unique, ennemi implacable de la France, et autour duquel se grouperaient tous les seigneurs du midi; la monarchie de Philippe-Auguste et de saint Louis était compromise.

Raymond-Bérenger mourut (1245) avant d'avoir mis à fin son projet, et Béatrix fut reconnue son héritière; mais alors il se présenta un nouveau prétendant à la main de la comtesse, Charles d'Anjou, jeune, brave, audacieux. Les états de Provence craignirent de s'attirer une guerre dévastatrice et d'avoir à subir une conquête, s'ils préféraient au prince français le proscrit Raymond, et ils transigèrent avec Louis IX. Mais le peuple, « qui avait une haine inexorable pour les Français [1], vit s'approcher la domination des rois de Paris avec une répugnance profonde; » et les troubadours s'écrièrent avec douleur : « Au lieu d'un brave *seigneur*, les Provençaux vont donc avoir un *sire!* on ne leur laissera plus bâtir ni tours, ni châteaux; ils n'oseront plus porter la lance ni l'écu devant les Français! Puissent-ils tous mourir plutôt que de tomber dans un pareil état [2]! » Malgré ces protestations, il fallut céder : la France était devenue si puissante qu'il y avait désormais folie pour les petits états à engager la lutte avec elle. Quelques troupes françaises pénétrèrent en Provence; Raymond VII, trompé par les ministres de Béatrix et manquant de soldats, recula devant son rival, et Charles d'Anjou épousa en grande pompe la riche héritière (1246).

La Provence était commerçante, populeuse, civilisée; on envoya pour la gouverner des sénéchaux qui violèrent ses libertés, l'acca-

---

[1] Matth. Paris, p. 442. — [2] Millot, Hist. des Troubadours, t. II, p. 237. — Thierry, Hist. de la Conq. d'Angl., t. IV.

blèrent d'exactions, et traitèrent les habitants comme des vaincus ; il y eut des murmures, des résistances, des projets de révolte, mais qui furent toujours comprimés par la main de fer des conquérants. Désormais la soumission du midi fut assurée, et le royaume de France posséda les côtes de la Méditerranée depuis l'embouchure du Var jusqu'à l'étang de Leucate.

Il ne restait plus de grands vassaux étrangers à la famille royale que les comtes de Flandre et de Champagne, les ducs de Bourgogne, de Bretagne et d'Aquitaine, indépendants dans leurs états, mais hommes-liges du roi de France et se reconnaissant comme grandement inférieurs à lui. Louis IX, pendant que son bisaïeul possédait à peine cinq à six de nos départements actuels, régnait par lui-même ou par ses frères sur quarante-cinq de ces divisions modernes. Il est peu d'exemples dans l'histoire d'une grandeur obtenue si rapidement et par de si faibles moyens ; elle est due sans doute à la force des choses qui entraînait invinciblement toutes les parties de l'ancienne Gaule à se former en une seule nation sous un gouvernement unique, mais aussi à l'habileté des cinq grands personnages qui administrèrent le royaume de France : Louis VI, Suger, Philippe-Auguste, Blanche de Castille et saint Louis.

CHAPITRE II.

Croisade de saint Louis en Égypte. — 1243 à 1254.

§ I. Élection d'Innocent IV. — Politique du saint-siége. — Depuis vingt-deux mois que Grégoire IX était mort, les cardinaux n'avaient pu s'accorder sur le choix d'un pape, et la puissance de l'Église s'en trouvait ébranlée ; l'esprit d'indépendance se propageait en l'absence d'un chef, même parmi les évêques ; les peuples mécontents accusaient les cardinaux d'ambition ; les colonies d'Orient demandaient l'appui d'un pontife. Innocent IV, de la maison génoise des Fieschi, fut enfin élu (1243) : c'était un homme plein des mêmes idées que ses prédécesseurs, avec autant de science et d'austérité, mais qui avait encore plus de violence et de roideur. Les successeurs d'Innocent III, tous différents de naissance, de patrie, d'éducation, semblaient un même homme sous différents noms : c'était la politique du saint-siége incarnée. Le nouveau pontife tourna ses premiers regards vers les colonies chrétiennes.

Baudoin II, pressé, dans sa capitale, par les armes des Grecs, en était sorti pour parcourir la France et l'Italie en demandant des secours. En Syrie, l'orage des Mogols avait passé près des établissements latins, dont les Barbares ignoraient l'existence; mais au moment où les chrétiens se croyaient hors de tout péril, les Khorasmiens, vaincus et refoulés par les Tartares, se jetèrent sur la Terre-Sainte, la ravagèrent avec fureur, s'emparèrent de Jérusalem, et massacrèrent tous ses habitants (1244). Le sultan du Caire fit alliance avec eux; les chrétiens s'unirent avec d'autres princes musulmans, présentèrent la bataille aux Khorasmiens, et furent complétement vaincus. Les colonies latines semblaient perdues, quand les Khorasmiens entrèrent en discord avec le sultan du Caire, et furent détruits dans deux batailles. La Syrie retomba sous la domination égyptienne, et fut plus désolée que jamais.

Ces nouvelles jetèrent la consternation dans la chrétienté; et la voix publique demandait la paix entre le sacerdoce et l'empire, pour que l'Europe tournât toutes ses forces sur l'Asie; mais, quoique la possession de la Terre-Sainte fût la cause la plus active de la puissance pontificale, et que celle-ci grandît ou baissât selon que celle-là était en prospérité ou en décadence, le salut des colonies chrétiennes ne fut point l'objet des sollicitudes d'Innocent : ce fut la lutte du sacerdoce et de l'empire. Depuis que la papauté avait versé tant de sang pour affermir la foi, il semblait que la charité eût disparu de ses conseils : elle ne parlait que de mort et de ruine pour les ennemis de sa monarchie universelle. Mais le peuple ne comprenait pas cette politique implacable, qui voulait l'exécution intégrale de son système et fermait les yeux sur les maux qu'il engendrait; et quand le nouveau pape se refusa à toute proposition de paix, et mit à poursuivre Frédéric plus d'acharnement encore que ses prédécesseurs, on dut croire que sa conduite avait pour mobile, non l'intérêt de la chrétienté, mais l'amour du pouvoir.

C'était une lutte à mort qui allait s'engager entre l'autorité temporelle et l'autorité spirituelle, et Innocent IV ne le cachait point : « Détruisons d'abord le dragon, disait-il de l'empereur, et les serpents seront bientôt écrasés [1]. » Mais comme il n'avait pas de force matérielle à opposer à la colère de Frédéric, il s'enfuit de l'Italie et vint en France, « asile ordinaire des papes persécutés [2]. » La foi y était encore pure et entière, le peuple y croyait encore à la sainte protection des pontifes; mais l'aristocratie haïssait de plus en plus la papauté, la royauté commençait à voir en elle une rivale, et les ambassadeurs de Frédéric avaient tout disposé contre Innocent. Louis IX eut une entrevue avec le pontife à Cîteaux, et lui déclara « qu'autant que l'honneur le permettrait, il le défendrait contre toute attaque de l'empereur, mais qu'il ne pouvait le recevoir dans

[1] Matth. Paris. — [2] Muratori, t. VI, p. 549.

son royaume que si le conseil des grands, qu'aucun roi de France ne peut négliger, le lui permettait [1]. » Alors Innocent IV se réfugia à Lyon, ville libre et impériale, dont la commune était alliée aux républiques lombardes, et il y convoqua un concile œcuménique pour délibérer sur les désastres de la Syrie et de la Grèce, l'invasion des Mogols et la querelle du sacerdoce et de l'empire (1245).

§ II. CONCILE DE LYON. — DÉPOSITION DE FRÉDÉRIC II. — Cette assemblée solennelle de la chrétienté réunit une multitude de prélats et des ambassadeurs de presque tous les princes ; l'empereur Baudoin II et les comtes de Toulouse et de Provence y assistaient. Les malheurs des colonies chrétiennes furent l'objet des premières délibérations. Frédéric proposa, par ses ambassadeurs, de se mettre à la tête des fidèles pour repousser les Tartares de l'Europe, reconquérir la Grèce et délivrer la Terre-Sainte. Innocent s'emporta avec une violence extrême contre les parjures et les impiétés de l'empereur ; il dénonça ses persécutions contre le clergé, ses projets contre le saint-siége, ses alliances avec le sultan d'Égypte, enfin les colonies de Sarrasins qu'il avait fondées en Italie pour s'en servir contre les chrétiens. Les ambassadeurs impériaux reprochèrent au pape son ambition, ses prétentions de souveraineté sur toutes les couronnes, le danger où son obstination mettait la chrétienté. Le scandale fut très-grand : quel que fût le vainqueur dans cette lutte déplorable, il devait en sortir perdu dans la considération des peuples.

Le concile décréta une croisade en Grèce et en Syrie, et fit toutes les ordonnances nécessaires pour la levée des impôts et des hommes ; il ne s'inquiéta pas des Tartares, et abandonna la Hongrie à elle-même ; enfin il s'occupa de l'accusation portée par le pape contre l'empereur. Frédéric fut cité devant le concile et ne comparut pas. Alors, malgré l'éloquence des ambassadeurs impériaux, malgré leurs protestations contre la légalité de cette assemblée européenne, qui n'avait pas tous ses représentants, malgré leur appel à un concile plus complet (1245), Innocent, sans examen préalable, sans consulter personne, sans recueillir les votes, fulmina la sentence d'excommunication contre Frédéric au milieu de l'appareil le plus solennel et de la stupeur générale. Le condamné fut dépouillé à la fois de ses trois couronnes ; tous ses sujets furent déliés du serment de fidélité ; tous les pays qui le recevraient furent mis sous l'interdit ; ordre fut donné aux électeurs de nommer un autre empereur ; le pontife se réserva la disposition des couronnes de Naples et de Jérusalem. « Jour de colère, de tribulation et de dou-

---

[1] Matth. Pâris.

leur! s'écrièrent les ambassadeurs. Réjouissez-vous, hérétiques! races des païens, soyez satisfaites! Sarrasins et Mogols, faites vos invasions sans crainte et sans pitié. — J'ai fait mon devoir, répondit le pape ; le reste appartient à Dieu. » Et il entonna le cantique d'actions de grâces avec les cardinaux ; puis, le chant terminé, chacun des assistants renversa à terre la torche qu'il tenait en main et l'éteignit. Tout retomba dans le silence, et le concile se sépara.

L'opinion publique blâma Innocent : poètes et légistes s'élevèrent contre lui ; nul ne contestait son droit, mais l'usage de ce droit sur un prince qui ne demandait que la paix ; on ne pouvait voir qu'avec frayeur le vicaire du Christ acharné à la guerre. Les évêques, ébranlés dans leurs convictions, rejetèrent la faute de la sentence sur le pape ; ils prétendirent qu'ils étaient restés neutres, et que le concile n'était pas œcuménique. Seul contre tous et fort de sa conscience implacable, Innocent ne fléchit pas et se prépara à la guerre. Frédéric, en recevant la sentence qui le mettait au ban des nations et ne lui laissait pas un coin de terre chrétienne pour y poser le pied, plein de rage et de désespoir, enfonça la couronne impériale sur sa tête : « Elle n'est pas encore perdue, s'écria-t-il, et je ne la perdrai pas sans qu'il en coûte du sang. » Tout courut aux armes, Guelfes et Gibelins, Italiens et Teutons : c'était au nom de la foi et de la liberté que le pontife sollicitait les peuples à secouer le joug d'un impie et d'un tyran ; c'était au nom de la raison et de l'indépendance des couronnes que l'empereur soulevait les princes contre le *pouvoir populacier* des papes, leur proposait de ramener le clergé à sa modestie primitive, et annonçait hautement le dessein de mettre l'Église dans son entière dépendance. Il répandit par toute l'Europe les lettres éloquentes de son secrétaire, Pierre des Vignes, l'un des beaux esprits de ce siècle ; il mit à nu toutes les turpitudes de la cour de Rome : « Je ne suis pas le seul, dit-il aux rois, que le clergé ait si indignement traité, et je ne serai pas le dernier. Que ne devez-vous pas craindre, si moi, empereur, couronné, de la part de Dieu, par l'élection des princes et l'approbation de l'Église, je puis être déposé! Je n'ai pas d'égal entre les souverains, et nul ne peut me faire tomber de mon trône impérial. Dieu seul juge les rois, Dieu seul peut les punir. »

§ III. Louis IX prend la croix. — Guerre d'Innocent IV et de Frédéric II. — Au milieu de cette fermentation générale, à travers tous ces hommes ardents de colère et de vengeance, une figure nous apparaît, toujours calme, toujours pure, toujours sainte. Louis IX, ferme dans sa foi, ferme dans sa dignité, marche dans la droite voie, respectant les convictions du pape et de l'empereur, déplorant leurs violences, songeant seul à la religion quand la politique la fait oublier à tous, songeant seul que la communauté chrétienne a décrété de secourir ses frères d'Asie, et que ceux-ci, au milieu des discordes de l'Occident, souffrent et attendent.

Déjà, l'année précédente, dans une maladie si grave qu'on le crut un instant mort, Louis avait fait vœu de prendre la croix (1244). Revenu à la santé, il était résolu, malgré les larmes et les supplications de sa mère, à exécuter son engagement avec Dieu. Ce n'était pas seulement la piété qui l'y conviait ; cette âme si tendre et si douce sentait qu'il y avait lâcheté à délaisser les chrétiens d'outre-mer. Les passions politiques commençaient alors à prendre la place des passions religieuses ; l'âge héroïque de la féodalité touchait à sa fin ; l'enthousiasme des croisades s'était éteint ; il y avait encore de vives sympathies pour les frères d'Orient ; mais on était presque certain de mourir en les secourant, et le siècle du dévouement était fini. La résolution du roi de France excita donc une profonde admiration ; son sacrifice à la cause chrétienne, alors que les rois d'abord, puis les nobles, ensuite le clergé et le peuple l'avaient abandonnée, le rendit cent fois plus cher et vénérable ; les prédicateurs de la croisade eurent peu de succès, l'exemple du roi fit tout.

Dans un parlement tenu à Paris, sa piété réveilla sinon le zèle, du moins l'honneur : ses trois frères, les ducs de Bourgogne, de Brabant et de Bretagne, les comtes de la Marche, de Dreux, de Bar, de Soissons, et une multitude d'évêques et de chevaliers prirent la croix (1245). Dès lors Louis fit ses préparatifs, qui durèrent trois ans, et il chercha à mettre la paix partout pour faire plus de prosélytes à son entreprise. La Flandre était déchirée par la guerre civile depuis la mort de Marguerite, fille du premier empereur latin de Constantinople ; les d'Avesne et les Dampierre, enfants de deux lits, se disputaient sa succession. Louis attribua le Hainaut aux d'Avesne et la Flandre aux Dampierre, et pacifia ainsi le pays. Il proposa un traité à Henri III, à des conditions modérées, et, sur son refus, il renouvela la trêve avec lui pour tout le temps de la croisade. Il excita Raymond-Trancavel et les proscrits du Languedoc à se réconcilier avec l'Église en prenant la croix, afin d'emmener hors du royaume ceux qui pouvaient le troubler en son absence. Trancavel lui vendit ses droits pour 600 livres de rente ; « et c'est tout ce qui resta à l'héritier des vicomtes de Béziers, de Carcassonne, d'Agde, de Rasez, d'Alby et de Nîmes, de tous les biens que ses ancêtres avaient possédés[1] : » sa postérité se perdit sans qu'on en trouve aucune trace.

[1] Hist. du Languedoc, t. III.

Cependant la sentence du pape avait produit son effet : les Guelfes et les Gibelins se faisaient une guerre acharnée ; mais les premiers avaient tout le succès, et ils avaient élu un empereur, Henri de Thuringe (1246). Frédéric trembla, s'abaissa et implora la médiation de saint Louis ; il offrait d'aller en Syrie, et de n'en jamais revenir, demandant seulement son absolution et la dignité impériale pour son fils. Louis eut deux longues conférences avec Innocent, le suppliant d'agréer les propositions de Frédéric et d'étendre sur lui cette miséricorde qui doit pardonner jusqu'à septante fois sept fois. « Ce n'est pas de moi qu'il s'agit, répondit l'implacable pontife, c'est de la cause de la chrétienté tout entière [1]. » Alors le saint roi lui dit : « Mon royaume court peut-être des dangers, et ce sera par votre faute si la croisade est retardée ; car, avant tout, je dois conserver mon royaume comme la prunelle de l'œil, puisque de sa conservation dépend la vôtre et celle de la chrétienté. — Je défendrai la France, répondit le pape, tant que je vivrai, contre le schismatique Frédéric, contre mon vassal Henri et contre tous ses autres ennemis [2]. » En vain le roi lui démontra que l'excommunication de Frédéric, outre qu'elle privait la croisade d'une épée puissante, forçait les Français à changer leur plan de guerre, à hiverner en Chypre, non en Sicile ; à débarquer en Égypte, non en Syrie, puisque Frédéric était roi de Sicile et de Jérusalem ; le pape fut inflexible. Il avait été irrévocablement résolu, dans les conseils de Rome, que la maison de Hohenstauffen serait anéantie ; l'Église n'avait plus d'autre pensée, d'autre intérêt, d'autre but : il fallait qu'elle fît triompher ses principes d'unité et d'autorité ou qu'elle pérît. Louis fut scandalisé de tant d'opiniâtreté, et il se retira, résolu à accomplir, Dieu seul aidant, sa noble entreprise.

La guerre continua en Italie avec un nouvel acharnement (1247). Le pontife porta la violence à tel point qu'il engagea le sultan du Caire à rompre son alliance avec Frédéric. Celui-ci, plus coupable encore, ne se croyant plus chrétien, ne devant plus rien à cette patrie chrétienne qui le rejetait, avertit les Musulmans des apprêts de guerre des Français [3] ; vainqueur, il se portait aux plus grandes cruautés ; vaincu, il tombait dans le désespoir et les plus humbles supplications : tantôt il voulait passer les Alpes et aller prendre son ennemi dans Lyon, tantôt il songeait à appeler les Tartares ou les Turcs à son aide [4]. A son tour le pape, pour avoir des soldats, dégageait les croisés de leur serment, interdisait aux Hollandais et aux Frisons de prendre la croix, vendait aux hérétiques condamnés

---

[1] Matth. Paris, p. 610. — [2] Id., p. 650. — [3] Makrisi, dans la bibliogr. des Croisades, t. II, p. 719. — [4] Matth. Paris, p. 621.

par l'inquisition des dispenses et des pardons, et accablait les chrétiens d'impôts pour fournir aux frais de la guerre. Aucun revers ne l'accablait. Henri de Thuringe fut tué, il fit élire Guillaume, comte de Hollande; un convoi de 50,000 marcs fut perdu, il fit fondre les vases et les cloches des églises pour lever une armée de dix mille hommes. Ses plus ardents auxiliaires étaient les frères de Saint-Dominique et de Saint-François, qui couraient pieds nus, le crucifix en main, la menace à la bouche, et soulevaient tous les serfs, les artisans, les aventuriers. Frédéric les poursuivait en tous lieux et condamnait au feu quiconque obéissait aux bulles du pape.

Les barons de France furent touchés des malheurs de l'empereur : eux-mêmes étaient impatients de la puissance du clergé, et se plaignaient surtout de ses tribunaux qui avaient envahi toute juridiction. Ils formèrent une ligue dans le but de pourchasser, requérir et défendre leurs droits contre l'Église, et publièrent le manifeste suivant : « Considérant que la superstition des clercs absorbe la juridiction des princes séculiers, de telle sorte que ces fils de serfs jugent selon leur loi les hommes libres, bien que, suivant la loi des anciens conquérants, ce soit plutôt eux que nous devions juger ; considérant que le royaume a été conquis par la guerre et non par le droit écrit, nous défendons que personne ne traîne à l'avenir qui que ce soit devant le juge ecclésiastique, sinon pour hérésie, mariage ou usure, sous peine de la perte de ses biens et de la mutilation d'un membre... afin que notre juridiction se relève enfin, et que les clercs, enrichis de nos dépouilles, soient ramenés à l'état de l'Église primitive et à leur vie de contemplation, et que, pendant que nous mènerons la vie active, ils nous fassent voir les miracles que depuis long-temps le siècle ne connaît plus [1]. » Le chef de cette ligue était le duc de Bretagne ; tous les nobles furent sollicités d'y entrer, et l'on établit des subsides en hommes et en argent pour résister aux sentences des tribunaux ecclésiastiques et même à l'excommunication.

Innocent IV s'inquiéta peu de ces nouveaux ennemis : « Nous ne nous en affligeons, dit-il, qu'à cause des pernicieux exemples qu'y trouveront les autres nations, et parce que ce sont ceux en qui nous avions le plus de confiance qui ont formé contre l'Église une conjuration inouïe, alors que son persécuteur menace de l'engloutir [2]. » Enfin, il ordonna aux prélats de France de demeurer fermes dans la défense des droits ecclésiastiques et de poursuivre les rebelles selon la rigueur des lois (1247); il excommunia les barons ; et s'il ne parvint pas à rompre leur ligue, au moins il la rendit inactive.

[1] Preuves des libertés de l'Église gall., t. I, p. 229. — [2] Raynaldi Ann., a. 1247.

IV. Départ de Louis IX pour la croisade. — Débarquement des Français. — Prise de Damiette. — La noblesse fut distraite de cette tentative par la croisade à laquelle tout le royaume se préparait par des dons, des réparations, des pénitences. Louis redoublait de vertus et de piété; il mettait partout l'ordre et la justice, protégeait les Juifs, repoussait les vagabonds de son armée, accueillait les laboureurs et les artisans avec lesquels il voulait repeupler la Terre-Sainte, et amassait des instruments de labour et des outils de tout métier. C'était sa mère qui devait administrer le royaume en son absence. Il manda ses barons à Paris et leur fit prêter serment « que foi et loyauté porteroient à ses enfants, si aucune male chose advenoit de lui au saint voyage d'outre-mer [1] (1248).» C'était en Chypre qu'était le rendez-vous, et d'immenses approvisionnements y avaient été ramassés aux frais du roi. Le lieu était bien choisi, car il menaçait à la fois la Syrie et l'Égypte; de plus, Henri de Lusignan, qui régnait en Chypre, venait d'être nommé par le pape roi de Jérusalem à la place de Frédéric. Louis partit de Paris avec sa femme et les comtes d'Artois et de Provence; il vit à Lyon le pape, qu'il supplia de nouveau en faveur de l'empereur, s'embarqua à Aigues-Mortes dont le port avait été creusé par ses ordres, aborda en Chypre, et y passa l'hiver pour donner le temps aux croisés de se réunir. Il fut alors résolu qu'on attaquerait l'Égypte. De tous les sultans qui se disputaient les états de Saladin, celui du Caire était le plus puissant et le maître de la Syrie; c'était sur les bords du Nil, d'après l'opinion populaire, qu'il fallait conquérir la Terre-Sainte. Le projet était grand, les apprêts faits avec sagesse, l'armée bien composée, bien approvisionnée, bien compacte sous un chef unique; tout présageait le succès.

Louis partit de Chypre au printemps suivant avec une flotte de dix-huit cents vaisseaux tant grands que petits, et, en quatre jours de navigation, il arriva en vue de Damiette (1249). Le sultan d'Égypte, Nedjm-Eddyn, était mortellement malade; il avait confié la garde du rivage à ses émirs, et comptait sur son excellente cavalerie composée d'esclaves circassiens qu'on appelait *Mamelucks;* une flotte nombreuse couvrait la côte et les bouches du Nil. Les Français se précipitèrent dans des chaloupes la lance à la main, et, sous une grêle de pierres et de flèches, ils poussèrent à la côte. Louis, le premier, l'épée au poing, s'élança dans l'eau; tous le

---

[1] Joinville, édit. de 1785 t. I, p. 51. — « Et aussi me manda-t-il, ajoute l'historien, qui était sénéchal de Champagne. Mais moi qui n'étois pas subject à lui, ne voulus point faire de serment. »

suivirent, culbutèrent les Sarrasins et les rejetèrent jusque dans Damiette. Les infidèles furent saisis d'une si grande terreur qu'ils abandonnèrent cette ville populeuse, riche, fortifiée, qui, trente ans auparavant, avait soutenu un siége de dix-huit mois. Les croisés y entrèrent (7 juin). Tout favorisait leur entreprise; ils avaient une place de dépôt, des provisions, une bouche du Nil, un temps favorable; les Musulmans étaient désorganisés; le sultan traînait une vie languissante, et les chefs des Mamelucks, dont cinquante venaient d'être décapités à cause de l'abandon de Damiette, attendaient sa mort avec impatience. Jusque-là la croisade avait été conduite avec sagesse et bonheur; mais les fautes commencèrent. Damiette fut pillée; et comme les chrétiens craignaient l'inondation prochaine, ils attendirent cinq mois et demi les renforts qu'amenait Alphonse, comte de Poitiers; l'indiscipline et la débauche se mirent dans le camp pendant ce long repos; Louis ne fut plus obéi; les Musulmans reprirent courage.

§ V. Bataille de Mansourah. — Retraite des Français. — Captivité de saint Louis. — Enfin l'armée, composée de soixante mille hommes, dont vingt mille cavaliers, se mit en marche (20 nov.) sur le Caire, mais elle resta un mois à parcourir les dix lieues qui séparent Damiette de Mansourah. Là est un canal large et profond qui dérive les eaux du Nil à Aschmoun, et qu'on appelle rivière de Thanis. Au lieu d'y jeter un pont, les Français résolurent de boucher ce canal par une chaussée qui rétablirait la portion rompue de la rive du Nil; ils furent assiégés dans leur camp par les Sarrasins, qui incendiaient leurs machines avec le feu grégeois; et, au bout de cinquante jours, l'entreprise fut reconnue impraticable. Les vivres manquaient, les maladies commençaient, l'armée était déjà diminuée d'un tiers. Enfin, l'on vint à découvrir un gué dans le canal. Le comte d'Artois, les templiers et le comte de Salisbury avec deux cents hommes, les seuls Anglais qui fussent venus à la croisade, en tout quatorze cents cavaliers, se mirent à l'avant-garde, passèrent le canal, et, au lieu d'attendre l'armée, se jetèrent sur les Musulmans, les culbutèrent et les poursuivirent jusque dans Mansourah; mais, dès qu'ils furent entrés, on ferma les portes, on barricada les rues, et, du haut des maisons, on écrasa les croisés, qui combattirent en désespérés durant sept heures et périrent tous (8 fév. 1250). Pendant ce temps l'armée traversait lentement le canal; mais, à la nouvelle du danger de l'avant-garde, elle se précipita sans ordre dans la plaine; ses divers corps furent séparés les uns des autres, enveloppés par une multitude d'ennemis, et il s'engagea de tous côtés une foule de combats désordonnés qui durèrent jusqu'à la nuit. Enfin, les Français, après des actes d'une valeur qui semble fabuleuse, restèrent maîtres du camp des Sarrasins. On félicita le roi de sa victoire ; mais il savait ce qu'elle était, et il répondit « que Dieu fût adoré de quant qu'il lui donnoit. Et lors commencèrent à lui choir grosses larmes des yeux à force [1]. » La joie et la confiance étaient, au contraire, dans l'armée musulmane.

Nedjm-Eddyn était mort ; le chef des Mamelucks, Bibars, avait pris le commandement des Sarrasins, en attendant l'arrivée du nouveau sultan Touran-Schah, et il attaqua les chrétiens avec une immense cavalerie (11 fév.). Cette seconde bataille fut plus terrible que la première ; les Musulmans furent encore repoussés, mais les Français étaient épuisés et diminués de moitié ; presque tous les chevaliers étaient blessés ou malades ; il n'y avait plus de chevaux. On s'arrêta pour prendre quelque repos au lieu de revenir en toute hâte sur Damiette. La plaine était couverte de cadavres ; ceux qui étaient tombés dans le canal, ramenés à la surface de l'eau par la putréfaction, formaient une digue de la largeur d'un jet de pierre : on ne pouvait laisser les martyrs sans sépulture, et le roi lui-même se mit à les enterrer ; mais ce travail déploya la contagion, qui fut encore augmentée par l'obstination des croisés à observer le carême. Un mois et demi fut perdu dans ce cloaque où la famine vint s'ajouter aux autres calamités ; tout le fleuve, en aval comme en amont, était occupé par la flotte musulmane, qui arrêtait les convois venant de Damiette.

Enfin, l'on résolut de repasser le canal ; mais la retraite se fit dans le plus grand désordre (27 mars). On mit sur les galères les malades, les blessés et les prêtres. Louis était attaqué de la contagion ; on voulait qu'il montât sur les vaisseaux : il s'y refusa constamment, disant « qu'il aimait mieux mourir que laisser son peuple [2] ; » et il se mit à l'arrière-garde. L'armée marcha à la débandade le long du fleuve, harcelée par des ennemis sans nombre qui égorgeaient tous les traîneurs ; les galères furent prises et détruites avec tout ce qu'elles portaient. L'arrière-garde faisait des efforts incroyables ; Louis s'y comportait en héros et en saint ; enfin, épuisé par la maladie, il fut forcé de s'arrêter [3] : on le crut mort. Les Sarrasins tournoyaient autour de lui : Geoffroy de Sargine le défendit, dit Joinville, « en la façon que le bon serviteur défend des mouches le hanap de son seigneur ; » Gauthier de Châtillon

---

[1] Joinville, t. 1, p. 112. — [2] Id., p. 145.
[3] Les auteurs arabes disent que ce fut à *Minieh-abou-Abdallah*. On ignore où est aujourd'hui ce lieu, mais on pense que ce doit être près de *Baramoun*.

périt en couvrant de son épée la maison où le roi gisait. Cependant l'arrière-garde combattait encore, lorsqu'un traître ou un lâche s'écria que Louis ordonnait de se rendre; on se rendit : le roi et ses deux frères furent chargés de chaînes (6 avril). Alors la déroute fut complète; le corps de bataille se laissa prendre ou égorger sans résistance; les croisés se jetaient sous le sabre des infidèles pour échapper à tant de maux en allant au ciel. Les Sarrasins massacrèrent froidement, pendant plusieurs jours, tous les prisonniers obscurs, et ne gardèrent que le roi, ses barons, ses chevaliers, presque tous blessés ou malades. On les ramena à Mansourah ; là, une partie des prisonniers, qui n'avait pas voulu abjurer sa foi, fut égorgée, une autre partie conduite esclave au Caire. Louis et ses barons résistèrent glorieusement à toute proposition déshonorante; jamais le roi ne parut plus grand que dans son infortune. On négocia. Le sultan, qui craignait ses émirs et voulait se débarrasser de cette guerre, demanda aux chrétiens, pour leur rançon, un million de bysants, la reddition de Damiette, et une trêve de dix ans. Louis ne voulut accepter ces conditions qu'autant que la reine, maîtresse de Damiette et des dernières ressources des croisés, les agréerait : « Comment, s'écria le mahométan, un homme peut-il se soumettre à une femme? —C'est ma dame et compagne, » répondit le roi chrétien. Le traité fut conclu. Les Sarrasins embarquèrent leurs prisonniers, et les descendirent jusqu'à Fariskur. Là, les Mamelucks, depuis long-temps irrités contre le sultan, se révoltèrent, et le dernier descendant des Ayoubites tomba sous leurs sabres (1er mai 1250). Ainsi fut fondée, en face des Français, la domination des Mamelucks; elle dura cinq siècles et demi, jusqu'au moment où les Français reparurent en Égypte avec des idées de colonisation politique, qui eurent aussi peu de succès que les idées de colonisation chrétienne du treizième siècle : l'homme le plus vertueux et l'homme le plus grand de l'histoire ont tous deux échoué à vouloir régénérer le pays d'où est partie la civilisation de l'Occident.

§ VI. ÉVACUATION DE L'ÉGYPTE PAR LES FRANÇAIS. — SÉJOUR DE LOUIS IX EN SYRIE. — Pendant le meurtre de Touran-Schah, les prisonniers crurent que leur dernière heure était venue; les Mamelucks les accablèrent d'injures et de menaces : « Fais-moi chevalier, dit leur chef à saint Louis, ou tu es mort. —Fais-toi chrétien, répondit le héros, et je te ferai chevalier. » D'autres le traitèrent avec respect, et, si l'on en croit Joinville, ils eurent même l'intention de lui proposer le trône de l'Égypte. Enfin, le traité de délivrance fut maintenu. On voulait que le roi le jurât en des termes qui lui semblaient injurieux à la religion : il refusa inébranlablement ; et les Musulmans furent obligés de se contenter de la parole de « ce prince franc, le plus fier chrétien, disaient-ils, qu'on eût jamais vu en Orient. » Damiette fut livrée aux Sarrasins, qui tuèrent les malades, pillèrent les bagages, et se prirent tout à coup de l'envie de massacrer tous les prisonniers ; un émir s'écria que les morts ne payaient pas rançon, et le traité fut exécuté (1250, 8 mai). Louis s'embarqua avec les débris de son armée sur les vaisseaux génois : une partie fit voile pour l'Europe ; l'autre, et le roi avec elle, arriva, dans le plus grand délabrement, à Ptolémaïs. Douze mille chrétiens restaient prisonniers en Égypte.

Louis ne voulut pas abandonner l'Orient avant que ses captifs ne lui fussent rendus, et qu'il n'eût assuré l'existence des colonies chrétiennes. Ptolémaïs et Tyr étaient les seules villes importantes qui restassent aux Latins ; Jérusalem n'avait plus d'habitants ; les campagnes étaient complétement désertes : laisser les chrétiens dans cet état de désolation, c'était déclarer qu'on renonçait à la possession de la Terre-Sainte et livrer ses habitants à l'épée des Musulmans. L'Occident avait été terrifié en apprenant les désastres des Français ; « il avait blasphémé le Seigneur en l'accusant d'injustice ; » mais il ne remua pas. Le pape « avait demandé à Dieu, avec des gémissements, comment il avait pu payer les vertus du plus saint des rois par tant de malheurs » ; mais il n'en poursuivait pas moins sa guerre contre les Hohenstauffen. Frédéric II était mort de poison comme il se préparait à secourir saint Louis (1250), et aussitôt Innocent IV était revenu à Rome pour ranimer les Guelfes par sa présence ; Conrad IV, fils de Frédéric, fut excommunié, et une croisade prêchée contre lui au détriment de celle d'Orient (1251). Blanche pressa son fils de revenir dans son royaume ; mais Louis, malgré les prières et les conseils de ses barons, persista à séjourner en Palestine, pour sauver d'une ruine totale les chrétiens d'outre-mer.

Les deux frères du roi revinrent en France ; et Alphonse, comte de Poitiers, prit, à son arrivée, possession des états de son beau-père Raymond VII était mort (1248) comme il se disposait à partir pour la croisade ; « il fut grandement pleuré de ses peuples, qui voyaient en lui leur dernier seigneur naturel, et n'attendaient plus personne de sa race [1]. » Blanche, en vertu du traité de Paris, avait déjà rassemblé les états du Languedoc et fait prêter serment à son fils absent (1250). Alphonse parcourut la province, jura aux consuls et bourgeois des villes de conserver leurs libertés, leur laissa des

[1] Guill. de Puy-Laurens, ch. 48.

gouverneurs français, et s'en revint à Paris, au grand déplaisir des habitants, qui auraient voulu au moins que leur seigneur séjournât parmi eux et devînt leur compatriote.

Les désastres de saint Louis avaient excité une grande joie parmi les Gibelins [1], surtout dans la Provence, qui espérait que son nouveau seigneur mourrait en Égypte : Arles, Marseille, Aix, Avignon, avaient repris leur indépendance. Le retour de Charles d'Anjou les jeta dans la consternation : ce prince mit le siége devant Arles, la prit, et détruisit son organisation républicaine (1252); Avignon eût le même sort; Marseille ne fut soumise que six années après; et c'est ainsi que s'anéantit l'indépendance de ces villes, qui avaient pris pour modèle les républiques de Lombardie.

§ VII. Popularité de saint Louis. — Croisade des pastoureaux. — Retour de saint Louis. — Jamais Louis n'avait été plus populaire que depuis ses malheurs; ses fautes comme général n'étaient point remarquées, car on ne demandait alors aux rois que la bravoure des chevaliers, non l'habileté des capitaines; ses vertus avaient brillé du plus touchant éclat pendant toute l'expédition; c'était plus qu'un héros, qu'un grand homme, c'était un saint et un martyr. Il n'y avait qu'un désir en France, c'était de le secourir; et l'on s'indigna contre le pontife romain lorsqu'il prêcha une croisade contre le malheureux fils de Frédéric. il semblait à tous que l'intérêt de Louis IX, du champion le plus dévoué qu'eût jamais eu la république chrétienne, dût être l'intérêt unique de l'Église. La papauté, victorieuse dans sa lutte contre l'empire, perdait chaque jour, à cause de son indifférence pour le saint roi, de sa puissance et de sa popularité. Les barons de France s'opposèrent à la croisade prêchée contre Conrad; Blanche déclara que les terres de ceux qui s'engageraient dans cette guerre seraient confisquées; les dominicains furent contraints de cesser leurs prédications. Le peuple s'émut de l'abandon du saint roi : « Dieu était offensé, disait-il, du luxe des prélats et de l'orgueil des chevaliers, c'était aux petits à délivrer la Terre-Sainte (1251). » Un homme, qu'on appelait le maître de Hongrie, parcourut les campagnes, et appela les serfs, les pastoureaux, les pauvres à la croisade. La multitude le suivit avec les aventuriers, les excommuniés, les voleurs. Les prédications de cette tourbe populaire devinrent menaçantes pour le clergé; on se répandit en invectives contre ses richesses, ses débauches, son orgueil; des paroles on passa aux faits, et vingt-cinq prêtres furent massacrés à Orléans. Alors la reine, qui avait favorisé ce mouvement, espérant qu'il serait utile à son fils, envoya

---

[1] Villani, liv. VI.

des soldats contre cette *ribaudaille* qui menaçait tout de destruction ; les seigneurs et les milices des communes se portèrent avec ardeur contre eux ; « on les tua çà et là comme des chiens enragés [1], » et les attroupements furent dissipés.

Cependant Louis réparait en partie les désastres de la Palestine ; il n'avait que sept cents chevaliers avec lui, et il chercha moins à combattre qu'à négocier avec toutes les puissances qui entouraient les colonies chrétiennes. Il envoya une ambassade à Sartak, arrière-petit-fils de Genghis, qui protégeait les chrétiens dans l'Asie centrale, et était l'ennemi des Musulmans ; il mit à profit les guerres entre les Mamelucks d'Égypte et les Sarrasins de Syrie, battit ces derniers en plusieurs rencontres, délivra tous les captifs faits en Égypte depuis vingt ans ; il releva les fortifications de Césarée, Sidon, Jaffa, Ptolémaïs, et passa ainsi quatre années dans les détails pénibles du gouvernement de la Terre-Sainte. Ses chevaliers l'abandonnèrent l'un après l'autre ; mais il ne se décida à partir que lorsqu'il apprit la mort de sa mère (1253) : c'était son bras droit ; et « il l'aimait, disait-il, plus qu'aucune créature mortelle ; » non-seulement il lui avait donné la régence pendant son pèlerinage, mais il se laissait gouverner par elle dans sa vie privée comme un enfant ; en toute occasion il suivait ses conseils et même ses vouloirs, et il semblait s'en glorifier, en appuyant toujours ses ordres « de la volonté de sa dame et mère très-chérie. »

Il arriva à Paris après six ans d'absence, portant sur son visage les marques d'une profonde tristesse, « parce que, disait-il, la chrétienté avait été par lui couverte de confusion (1254, 12 septembre) [2]. »

CHAPITRE III.

Législation de saint Louis. — Huitième Croisade. — Règne de Philippe III. — 1254 à 1285.

§. I. RELATIONS DE LOUIS IX AVEC L'ANGLETERRE, L'ARAGON, L'ALLEMAGNE ET L'ITALIE. — « Louis IX, dit Joinville, fut l'homme du monde qui plus se travailla à faire et mettre paix et concorde entre ses sujets, et par espécial entre les princes et seigneurs de son royaume et des voisins. » C'est ce qui apparut principalement dans les dernières années de son règne. Les combinaisons politiques de saint Louis ne furent jamais que les inspirations de sa conscience.

Nous avons vu quelle attention il portait à l'agrandissement de son royaume, mais jamais ses acquisitions ne provinrent de la

[1] Matth. Paris, p. 550. — [2] Id., p. 770.

fraude ou de la violence; et malgré les barons, qui lui conseillaient de laisser les rois ses ennemis se battre et s'appauvrir, il ne s'entremit dans leurs querelles que pour les apaiser. C'est d'après ces idées qu'il doutait de la légitimité des conquêtes de son aïeul, et que « sa conscience lui remordoit » des réclamations continuelles de Henri III; il pensa que, tant qu'une paix définitive n'aurait pas réglé le différend, la souveraineté des pays conquis resterait en question, et qu'il était avantageux de s'assurer par une libre transaction la possession légitime d'une partie. En conséquence, et malgré l'opposition de ses barons, il conclut un traité par lequel il rendit au roi anglais, sous la condition de l'hommage-lige, le Limousin, le Périgord, le Quercy, l'Agénois, une partie de la Saintonge, et garda pleinement en souveraineté la Normandie, la Touraine, l'Anjou, le Maine et le Poitou (1258). L'œuvre de Philippe II et de Louis VIII se trouva ainsi consolidée; mais les provinces cédées ne retournèrent qu'avec répugnance sous la domination des Plantagenet.

Pareilles négociations furent entamées avec le roi d'Aragon pour régler les limites des deux royaumes qui étaient mêlées par des inféodations très-compliquées. Par le traité qui fut signé entre Louis IX et Jacques Ier, celui-ci resta indépendant dans son royaume et garda en pleine souveraineté la Catalogne et le Roussillon (1258). La nationalité provençale fut ainsi brisée sans retour; le roi d'Aragon cessa d'être regardé par les gens du midi comme un suzerain et un compatriote; la Provence et le Languedoc durent se résigner à devenir entièrement français.

Louis porta le même esprit de conciliation dans les affaires d'Allemagne et d'Italie. La mort de Frédéric II avait anéanti la puissance impériale; Conrad IV combattait contre Guillaume de Hollande pour l'empire, et contre Manfred, son frère naturel, pour les Deux-Siciles; il mourut en laissant un fils âgé de trois ans, Conradin, à qui il ne resta que les duchés de Souabe et de Franconie (1254). Le saint-siége tressaillit de joie : il se voyait bientôt arrivé au terme de son ambition; la maison de Hohenstauffen n'avait plus d'autre défenseur que Manfred; il fallait anéantir ce bâtard de Frédéric, brillant, impie et débauché comme lui. Innocent déclara qu'il mettait le fief des Deux-Siciles sous la domination immédiate de saint Pierre : il leva une armée, fut accueilli avec transport par les républiques italiennes, et marcha sur Naples. Mais Manfred avait rassemblé une armée d'aventuriers allemands et sarrasins : il battit le belliqueux pontife, qui mourut peu de temps après (1254). Alexandre IV, successeur d'Innocent, appela au trône de Naples Edmond, fils du roi d'Angleterre (1255); mais Manfred, à force de talents, maintint le royaume sous sa domination. Pendant ce temps, Guillaume de Hollande fut tué (1256); les princes d'Allemagne se divisèrent pour lui donner un successeur, et nommèrent, les uns Richard, frère du roi d'Angleterre, les autres Alphonse X, roi de Léon et de Castille (1257). C'est l'époque du grand interrègne d'Allemagne qui dura vingt-trois ans, et pendant lequel les rois de Danemarck, de Pologne, de Hongrie et les seigneurs du royaume d'Arles se séparèrent de l'empire; l'Italie même faillit en être détachée. L'aristocratie germaine se consolida, les villes formèrent des ligues pour leur défense, et sept princes s'arrogèrent le droit exclusif d'élire les empereurs : ce furent le roi de Bohême, le duc de Saxe, le margrave de Brandebourg, le comte palatin du Rhin et les trois archevêques de Mayence, de Cologne et de Trèves. Ce droit ayant été régularisé en 1356 par une constitution impériale, dite *Bulle d'or*, ces sept princes sont restés, jusqu'en 1648, les seuls électeurs de l'empire germanique.

Les relations continuelles des Provençaux avec les Italiens avaient éveillé l'ambition de Charles d'Anjou; déjà il s'était rendu maître de quelques places du Piémont, avait rétabli les Guelfes dans Florence, et exerçait une grande influence sur les républiques lombardes; il tourna ses regards vers la couronne de Naples, et offrit ses services au pape. Urbain IV, qui venait de succéder à Alexandre (1261), était Français; inquiété par Manfred, il voyait avec peine qu'Edmond restait en Angleterre, et cessait d'envoyer des subsides en Italie pour solder ses partisans; il résolut donc de transporter la couronne sicilienne à une famille plus dévouée, et fit faire des propositions à saint Louis. Celui-ci les refusa; mais le comte d'Anjou continua avec le pape des négociations secrètes qui devaient avoir de graves résultats (1262).

§ II. RELATIONS DE LOUIS IX AVEC SES BARONS : SES ORDONNANCES CONTRE LES GUERRES PRIVÉES ET LES DUELS JUDICIAIRES. — Les relations de Louis IX avec ses vassaux furent empreintes du même esprit de justice et de respect des droits acquis. Il acceptait la société telle qu'elle était constituée politiquement, mais il la jugeait moralement meilleure; il se proposa donc, non pas de détruire la féodalité, mais d'empêcher tout le mal qu'elle pouvait faire, et de mettre partout le droit à la place de la force. En agissant ainsi de bonne foi et dans une intention purement religieuse, il fit, à son insu, une révolution immense dont la dernière conséquence a été la monarchie absolue.

Nous avons vu que les guerres privées étaient le résultat rigoureux de l'indépendance féodale, et que l'Église, en les réprouvant, s'était efforcée de les restreindre par la trêve de Dieu. Louis respectait scrupuleusement le droit de résistance à l'oppression, dût-il être employé contre lui-même; mais sa raison et sa vertu se révoltaient contre ces guerres privées qui engendraient l'anarchie, mettaient tout sous la loi de la force brutale, et pesaient sur les petits et les pauvres; il les regardait comme indignes d'une société régulière et chrétienne, surtout depuis qu'une justice publique existait dans la cour des pairs et les tribunaux du roi. En conséquence, il ordonna que, dans ses domaines, il y aurait trêve entre l'offenseur et l'offensé pendant quarante jours, et que le plus faible pourrait recourir au jugement royal (1245). Cette ordonnance ne regardait que ses vassaux immédiats; mais le cri de sa conscience et la plainte des opprimés le firent aller plus loin, et il en publia une autre qui commence par ces mots (1257) : « Sachez que, par délibération de notre conseil, nous avons prohibé toute guerre dans notre royaume, tout incendie, tout empêchement donné aux charrues [1]. » Il n'est pas probable que les grands vassaux aient obéi à cette ordonnance usurpatrice de leurs droits; mais sa promulgation seule indique un progrès social, et il suffisait qu'elle existât pour que certains opprimés aient songé à y recourir.

Les combats judiciaires étaient aussi une conséquence de la féodalité, profondément enracinée dans les mœurs; ils avaient été proscrits à plusieurs reprises par le clergé, principalement par Grégoire VII. « Les preuves par serment, disait ce pontife, les témoins, les enquêtes sont bien suffisants, sans vouloir tenter Dieu. » Mais les impérieux barons trouvaient plus noble de n'attendre de justice que d'eux-mêmes, et ils s'étaient rarement soumis aux lenteurs des formes judiciaires. Louis interdit absolument et à toujours le duel dans ses domaines (1260). « Cil qui prouvoit par bataille, prouvera par témoins ou par chartes, » dit-il. Il étendit même sa défense dans les terres de ses vassaux immédiats, et parvint souvent à la faire respecter : un événement qui fit grand bruit l'avait conduit à cette usurpation.

Le sire de Coucy, Enguerrand IV, vassal immédiat de la couronne, avait fait pendre sans procès trois jeunes nobles soupçonnés d'avoir chassé sur ses terres (1256). Louis le fit arrêter, conduire à la tour du Louvre, et comparaître devant sa cour; mais la maison de Coucy, gardienne des vieilles mœurs féodales, était alliée à toutes les familles souveraines, et même à celle de France; le duc de Bourgogne, les comtes de Champagne, de Bar, de Soissons, pa-

---

[1] Recueil des Ord., t. I, p. 86.

rents et amis de l'accusé, s'empressèrent de venir à la cour du roi, dont ils étaient membres. Coucy, par leur conseil, déclara qu'il ne voulait pas se soumettre à un jugement, et qu'il était prêt à se défendre par bataille. Le roi s'y opposa par ces mots remarquables. « Au fait des pauvres, des églises et des personnes dont il faut avoir pitié, l'on ne doit pas aller avant par gage de bataille : *bataille n'est pas voie de droit* [1]. » Et il força les juges, malgré leur répugnance et leurs prières, à prononcer la sentence. Coucy fut condamné à 12,000 livres d'amende, à la privation du droit de justice et de chasse, à des expiations nombreuses. Ce jugement excita de grands murmures parmi les barons : c'était une atteinte, non-seulement à leur indépendance politique, mais à leur sûreté individuelle : « Si j'étais roi, dit le châtelain de Noyon, je ferais pendre tous les barons; le premier pas est fait, il n'en coûte pas plus. — Je ne fais pas pendre mes barons, répondit le roi, mais je les châtie quand ils méfont [2]. »

§ III. PUISSANCE NOUVELLE DES LÉGISTES. — APPELS ET CAS ROYAUX. — COMMENCEMENTS DU PARLEMENT. — Les cours féodales furent donc remises en vigueur; mais les seigneurs n'y vinrent qu'avec dégoût, et se perdirent dans ce fatras de preuves, d'actes, de plaids; aussi furent-elles peu à peu remplacées par celles des *baillis royaux*. Ce fut une révolution. Aux juges-chevaliers qui siégeaient avec le seigneur, furent adjoints, comme suppléants ou conseillers, des hommes nouveaux qui avaient étudié les lois, et qui devinrent juges de profession. Ces *légistes* n'eurent qu'une pensée, celle de prendre dans le tribunal la place de ces barons qui les faisaient asseoir dédaigneusement à leurs pieds. Pour y parvenir, ils firent de la législation la science la plus subtile, la plus fastidieuse, la plus compliquée; ils remirent en vigueur le droit romain, aveuglèrent et étourdirent de leur savoir les barons ignorants qui désertèrent les tribunaux par ennui et par orgueil, enfin ils en vinrent à juger seuls. Alors ils continuèrent avec passion la révolution commencée par saint Louis. Celui-ci n'avait jamais eu le projet systématique d'usurper le pouvoir des barons, dont il reconnaissait la légitimité; mais il n'en fut pas de même de ceux qui exécutèrent ses ordonnances. Ils eurent pour ambition unique de miner et de détruire la féodalité par tous les moyens, d'opposer à l'armée des barons une armée de baillis, de prévôts et de sergents forts de chicanes, d'écrits et de parchemins, enfin de faire de la royauté un pouvoir taillé sur le modèle de celui de

---

[1] Vie de saint Louis, par le confesseur de la reine Marguerite, p. 379.
[2] Id., ibid.

Théodose et de Justinien, type idéal qu'ils admiraient dans leurs livres. « Si veut le roi, si veut la loi, » telle fut leur doctrine; et ils l'appuyèrent de toutes les fausses similitudes qu'ils rassemblèrent dans les codes anciens [1].

La base de tout leur système fut de changer les compétences et d'attirer successivement dans la cour du roi toute la juridiction des cours seigneuriales, au moyen des *appels* et des *cas royaux*. D'après les idées féodales, le vassal condamné par le tribunal de son seigneur pouvait *fausser jugement*, c'est-à-dire accuser son juge de déloyauté et le provoquer au combat; Louis, ayant aboli les guerres privées et les duels judiciaires, ordonna que, dans le cas de jugement faussé, le plaid serait *appelé* dans sa cour; de sorte que les juges de la cour du roi se trouvèrent juges définitifs des affaires décidées en première instance par les barons et même des affaires où ceux-ci étaient intéressés. Cette usurpation des légistes fut encore accrue par l'extension donnée aux *cas royaux*, c'est-à-dire aux causes que le roi, comme chef de la monarchie féodale, devait juger par lui-même; comme ces cas n'étaient pas exactement déterminés, l'adresse des baillis transforma en cas royaux toutes les causes un peu importantes, et dépouilla en réalité les tribunaux des barons de toute juridiction. On vint même à déclarer en principe que tout homme franc pouvait s'avouer du roi, choisir son bailli pour juge et se plaindre directement en sa cour de son seigneur.

Cette cour du roi prit alors exclusivement le nom de *parlement*: elle se réunit désormais en lieu fixe à Paris, pendant les grandes fêtes, et commença à tenir un registre pour y inscrire ses décisions. Les légistes entrèrent dans cette cour suprême seulement comme *conseillers*, non comme juges, et néanmoins ils parvinrent à mettre en peu de temps tout le pouvoir judiciaire entre leurs mains.

§ IV. Relations du roi avec ses sujets : ordonnances pour les communes, les impôts, les monnaies, la justice, etc. — Philosophie et littérature françaises. — Toutes les usurpations de la royauté sur l'aristocratie étaient faites en réalité au profit du peuple, lequel, en récompense, mettait sa gloire et son bonheur dans le roi. « Je te prie, disait Louis à son fils, que tu te fasses aimer au peuple de ton royaume; car vraiment j'aimerois mieux qu'un Écossois vînt d'Écosse et gouvernât bien et loyaument le peuple du royaume, que tu le gouvernasses mal apertement [2]. » Il ne dédai-

---

[1] « Le roi est souverain par-dessus tout, dit Beaumanoir; par quoi il peut faire tels établissements comme il lui plaît pour le commun profit. » Cout. de Beauvoisis, ch. 34.

[2] Joinville, t. I, p. 6.

gnait pas l'aide et le conseil des bourgeois, et, d'après sa justice consciencieuse, il les appela auprès de lui pour rédiger ses principales ordonnances. Il leur laissa répartir les tailles entre eux, leur permit d'acquérir des fiefs, à la condition de n'y exercer le droit de justice que par son autorité; enfin il leur attribua toute la liberté dont ils étaient capables de jouir. Mais il se prononça constamment contre les communes, n'en fonda qu'une seule, celle d'Aigues-Mortes, et abolit celles de Reims et de Beauvais. Louis VIII avait déclaré qu'il regardait comme étant de son domaine direct toutes les villes communales : Louis IX émit le même principe, et exigea de ces villes le service militaire. Lui, qui se sentait fort et protecteur, ne pouvait voir qu'avec peine l'indépendance locale des communes, et ne comprenait pas la nécessité de ces garanties contre le despotisme aristocratique, alors que ce despotisme était contrarié et annulé par le pouvoir royal. « Mu par un sentiment de dévotion et de pitié, il décora beaucoup de serfs de ses domaines du don de la liberté : Les serfs, disait-il, appartiennent à Jésus-Christ autant qu'à nous, et dans un royaume chrétien nous ne devons pas oublier qu'ils sont nos frères [1]. » Il protégea le commerce et l'industrie, non pas toujours avec discernement, mais avec bonne foi; il fit des statuts pour les métiers de Paris et réforma la prévôté de cette ville, qui était dans un tel état de désordre que « le menu peuple n'osoit demeurer en la terre du roi [2]. » Les impôts furent très-lourds sous son règne, et il n'abolit aucun de ceux qu'il trouva établis : car à mesure que la royauté devenait plus gouvernante, elle avait besoin d'être plus riche pour payer ses agents; d'ailleurs presque tout le baronnage était à la solde du roi, et la croisade avait coûté des sommes énormes. Les prévôtés royales, qui rapportaient 32,000 livres en 1202, donnaient le double en 1265, ce qui est à la fois le signe de la prospérité publique et des exigences royales. Le fisc était très-ingénieux à trouver la matière imposable, et il n'y avait pas un besoin ni une action de l'homme qui ne fussent taxés. Les plaintes furent très-fréquentes; si Louis ne put les arrêter en diminuant les impôts, il essaya de le faire en mettant un terme à la multiplicité et à l'altération des monnaies. Il y avait encore à cette époque quatre-vingts seigneurs qui battaient argent, et qui, par les exclusions mutuelles, les valeurs diverses et les falsifications scandaleuses de leurs espèces, causaient une confusion extrême dans les relations sociales et de grands empêchements au commerce. Louis, sans songer que cette innovation était plus favorable encore aux progrès de la royauté

---

[1] Ordonn. du Louvre, t. XII. — [2] Joinville, t. II, p. 149.

qu'au bien-être du peuple, fixa le titre de sa monnaie à soixante-dix-neuf grains le sou d'argent, et il ordonna qu'elle aurait cours par tout le royaume, même dans les domaines des grands vassaux et en concurrence libre avec la leur. Cette ordonnance fut faite du conseil et avec le concours de douze bourgeois et contresignée par eux. Dès que la monnaie du roi fut meilleure que toute autre et recevable partout, il y eut tendance à ce qu'elle devînt la seule du royaume, et, de fait, le nombre et le crédit des espèces seigneuriales décrurent rapidement.

L'activité intellectuelle du saint roi, ou plutôt la délicatesse exquise de sa conscience ne s'arrêta pas à ces innovations. Il remédia aux abus de pouvoir des baillis, prévôts et vicomtes des villes de son domaine, et les rendit responsables de leur gestion sur leurs propres biens. Il fit même un essai de centralisation à la manière de Charlemagne, en envoyant dans les provinces des *enquesteurs* qui avaient plein pouvoir sur les vicomtes, prévôts et baillis, écoutaient les plaintes, réformaient les abus et ne rendaient compte qu'au roi. Il régla la procédure criminelle, interdit les arrestations arbitraires et les tortures dans beaucoup de cas, publia des lois civiles remarquables par leur tendance à ramener uniquement le droit romain, et fit des lois pénales très-sévères ; « il vouloit que la justice fût bonne et roide et n'épargnât pas plus le riche homme que le pauvre[1]. » On le vit souvent perdre ses procès contre des particuliers ; lui-même ne dédaignait pas de s'établir le juge des différends entre ses sujets ; « maintes fois il advint que en été il alloit seoir au bois de Vincennes après sa messe, et se accotoyoit à un chêne, et tous ceux qui avoient affaire venoient à lui sans huissier ni autre[2]. » Il poursuivait le désordre en tous points, et poussa le désir d'empêcher le mal jusqu'à se mêler des consciences, jusqu'à vouloir punir les crimes privés, surtout les blasphèmes : une insulte à Dieu était, dans la pensée de cet âge religieux, un cri de révolte contre la société.

Sa protection éclairée donna une vive excitation aux intelligences : la Sorbonne ou la Faculté de théologie fut créée par lui ; l'Université de Paris, favorisée de nouveaux priviléges, attira tous les savants de l'Europe : Albert-le-Grand, Thomas d'Aquin, Roger Bacon, vinrent y étudier. Ce fut le bel âge de la scolastique, dont la logique d'Aristote avait perfectionné la forme ; ce qui permit une sorte d'alliance entre la théologie et la philosophie. Son principal interprète fut saint Thomas d'Aquin, esprit philosophique de la plus haute portée, surnommé l'Ange de l'école, et dont la *Somme*

---

[1] Joinville, p. 149. — [2] Id., p. 13.

théologique est, pour la forme, un des chefs-d'œuvre de l'esprit humain ; il fut aimé et consulté par saint Louis. La langue française commença alors à devenir universelle, non par l'influence des armes, mais par ses propres qualités ; les étrangers eux-mêmes écrivaient dans cet idiome, « parce que, dit l'un d'eux, la parlure en est plus delittable et plus commune à toutes gens [1]. » Des écrivains remarquables parurent ; les uns, héritiers de la société romaine, de sa langue et de ses livres, vécurent des souvenirs de l'antiquité, et méprisèrent tous les efforts de l'art moderne, qu'ils regardaient comme barbare : ce furent des érudits qui donnèrent des traductions, des traités scientifiques et scolastiques, etc. ; les autres se montrèrent tout empreints de la société où ils vivaient : ce furent des poètes qui donnèrent des romans féconds et interminables, des fabliaux naïfs et malins. Parmi ceux-ci on distingue Thibaud, comte de Champagne, le premier poète français qu'on puisse lire ; et, par-dessus tous ces écrivains en langue moderne, le chroniqueur Joinville, l'ami et le confident du saint roi. Son ouvrage est unique comme son héros : Louis IX est heureux d'avoir eu un tel historien, Joinville d'avoir eu un tel sujet ; tous deux réagissent l'un sur l'autre et se font aimer. Le sénéchal de Champagne est le vrai représentant de cette littérature spontanée et indépendante, qui ne doit rien à l'antiquité, et qui est toute de sentiment, non de forme ; plein de sensibilité, de naïveté, d'héroïsme, d'enjouement, il nous dit, sincèrement et sans apprêt, toutes ses idées, toutes ses sensations, toutes ses faiblesses : c'est un écrivain éminemment français par son caractère et son talent.

§ V. Relations du roi avec le clergé. — Pragmatique-sanction. — Caractère nouveau de la royauté. — Sous un roi aussi saint, la royauté tendait à succéder à la papauté comme puissance publique, et à hériter de la dévotion que les peuples portaient aux vicaires du Christ. Ceux-ci, moins habiles et plus égoïstes que leurs prédécesseurs, perdaient chaque jour de leur crédit dans l'opinion ; ils tendaient le nerf de leur puissance pour se conserver dans leur ancienne position, et ils ne voyaient pas qu'ils devenaient d'autant moins populaires que leurs moyens étaient plus violents, les rois plus protecteurs, les peuples moins soumis. L'opposition se manifestait par tous les moyens de publicité qui fussent alors : les chants des troubadours et les fabliaux des trouvères devenaient de jour en jour plus insolents. Les églises de chaque pays, outre qu'elles cherchaient à devenir nationales, étaient hostiles à la cour de Rome, parce que celle-ci les épuisait d'impôts levés pour sa

[1] Brunetto Latini, le Trésor.

cause, s'attribuait la distribution de toutes les dignités ecclésiastiques, et, au moyen de ses *mandats*, *réserves*, *grâces expectatives*, avait fini par accaparer tous les revenus des évêchés et des abbayes. La papauté était devenue oppressive : Louis IX, d'accord avec le clergé de France, et même avec le peuple, chercha donc à limiter sa puissance; et, poussé par les légistes, il rendit la célèbre ordonnance dite *pragmatique-sanction,* par laquelle la simonie fut interdite, l'élection des dignitaires ecclésiastiques assurée, et les levées d'argent de la cour romaine faites seulement de l'aveu exprès du roi et du clergé de France (1269).

C'était une protestation éclatante contre la monarchie de l'Église, une sorte de déclaration d'indépendance des rois et des peuples, enfin une attaque d'autant plus rude pour la papauté qu'elle venait de l'homme le plus saint du siècle. Le texte de l'ordonnance était assez vague en lui-même; mais les légistes le travaillèrent, le commentèrent, le torturèrent avec une telle passion qu'ils lui firent exprimer tout ce qu'ils voulaient, et qu'on regarda la pragmatique-sanction comme un arsenal inépuisable contre Rome. Le parlement se trouva ainsi chargé de la lutte de la royauté contre le saint-siège, et il chercha des alliés dans les théologiens de la Sorbonne et de l'Université, qui combattaient avec succès contre les ordres mendiants, et voulaient, comme les légistes, arriver à l'indépendance de l'église *gallicane.* Attaquée par tant d'ennemis qui étaient unanimes dans leur but, c'est-à-dire qui voulaient faire prévaloir la royauté sur la papauté, la monarchie pontificale devait bientôt succomber.

Saint Louis, malgré son opposition à la puissance suprême des pontifes, n'en portait pas moins le zèle religieux jusqu'à la passion et même la cruauté : il demanda au saint-siége l'établissement de l'inquisition dans son royaume (1255); il poursuivit avec rigueur les hérétiques, les blasphémateurs, les usuriers; il aggrava la malheureuse condition des Juifs. « Aucun, disait-il à Joinville, si n'est grand clerc et théologien parfait, ne doit disputer aux Juifs; mais doit l'homme lay, quand il oist médire de la foi chrestienne, défendre la chose non pas seulement de paroles, mais à bonne épée tranchant, et en frapper les mesdisants et mécréants à travers du corps tant qu'elle y pourra entrer [1]. » Ses pratiques de piété étaient souvent puériles et minutieuses; son âme si tendre se plongeait dans les extases du mysticisme; son affection pour les dominicains et les franciscains était si grande, qu'il aurait voulu, disait-il, faire deux parts de sa personne et les donner à ces deux ordres. Il s'af-

[1] Joinville, p. 11.

filia à l'ordre de Saint-François, et eut même l'intention de déposer la couronne pour finir sa vie dans un couvent.

En résumé, saint Louis attaqua et morcela, par vertu, tout ce qui dominait dans la société féodale, les barons et l'Église; il éleva la royauté au-dessus de ces deux puissances, et donna sous son abri une place au peuple, humble et étroite sans doute, mais la seule qu'il pût occuper et désirer. Au spectacle de ces changements d'une si grande portée dans l'avenir, on voit à quelle hauteur était arrivé saint Louis par la seule impulsion de sa conscience : il avait plus fait pour la royauté par ses vertus que ses prédécesseurs par leurs guerres; et il donnait au monde l'exemple d'un pouvoir idéal, image de Dieu sur la terre, et le meilleur des gouvernements humains, si Louis IX n'était pas un homme unique dans l'histoire. Aussi, à dater de lui, la royauté de France, intelligente et systématique, devient vraiment l'unité sociale en action et en pensée, et se montre sous une forme nouvelle : c'est une grande magistrature, centre et lien de la société, dépositaire et protectrice de l'ordre public, de la justice générale, de l'intérêt commun. « Le roi, c'était la loi. Jamais le principe du droit n'eut un représentant mieux obéi et plus révéré. La vieille royauté de France fut marquée d'un caractère mystique et sacré; elle reposa sur la foi des peuples [1]. »

L'immense travail législatif de saint Louis eut pour ouvriers principaux : Pierre de Fontaine, Pierre de Villette, Étienne Boileau; et il a produit les monuments suivants : 1° les *Etablissements de Louis IX*, sorte de code civil et criminel publié en 1270, et où les coutumes franques, les ordonnances des rois, les canons des conciles, sont mêlés au droit romain ; 2° les *Etablissements des métiers de Paris*.

Ce travail occupa toutes les dernières années de Louis IX, et il ne porta qu'une attention de concorde et de bienveillance aux événements extérieurs. Les plus importants étaient la guerre de l'aristocratie anglaise contre la royauté, et celle du sacerdoce et de l'empire, qui touchait à sa fin.

§ VI. Victoire de l'aristocratie anglaise sur la royauté. — Conquête de Naples par Charles d'Anjou. — Les barons d'Angleterre, lassés de Henri III, qui violait sans cesse les chartes conquises sur son père et sur lui, prirent les armes et lui arrachèrent de nouvelles concessions, dites les Constitutions d'Oxford (1258) : c'était Simon de Montfort, comte de Leicester, troisième fils du vainqueur des Albigeois, qui les commandait. Les désordres continuèrent, et l'on chercha à les terminer en portant la décision de la querelle au tribunal de Louis IX, non comme suzerain du roi an-

[1] M. Lerminier.

glais, mais comme le plus saint des hommes (1263). Celui-ci, d'après ses idées répressives de l'aristocratie, jugea en faveur de Henri III. Les barons n'accédèrent pas à cette sentence, et la bataille de Lewes décida la question (1264). Henri et ses fils furent faits prisonniers, et les barons restèrent maîtres du gouvernement.

Cette défaite ruina le parti d'Edmond en Italie ; et Urbain IV offrit à Louis IX, « comme à son bras droit, » la couronne de Sicile pour son frère Charles (1264). Celui-ci était le protecteur déclaré des Guelfes, et il venait d'être élu, par l'entremise du pape, sénateur, c'est-à-dire chef du gouvernement municipal de Rome. Louis repoussa d'abord les prétentions du pape ; puis, vaincu par les sollicitations de son frère, il consentit à le laisser agir, mais en lui refusant son concours. Néanmoins Charles ne manqua pas d'armée ; la paix qui régnait en France excita les barons, toujours avides d'aventures, à se porter au delà des Alpes, contre ces impies de la maison de Souabe, ennemis de l'Église et amis des Sarrasins ; de plus, le pape fit prêcher une croisade contre Manfred, et dégagea de leur serment les chrétiens croisés pour la Terre-Sainte, à condition qu'ils aideraient à la conquête de Naples. Charles s'embarqua en Provence avec trente vaisseaux, arriva à Rome, et fut couronné par Urbain, à qui il fit hommage-lige (1266). Pendant ce temps, l'armée de terre, commandée par Robert de Béthune, fils du comte de Flandre et gendre de Charles, passait les Alpes : elle était composée de cinq mille chevaux, dix mille arbalétriers et quinze mille fantassins. Accueillie avec faveur par les Guelfes, elle arriva à Rome sans combat. Charles se mit en marche et rencontra, à Bénévent, l'armée de Manfred, composée presque entièrement de Sarrasins. Celui-ci fut défait et tué ; on pilla Bénévent, et on massacra les habitants ; Naples et Messine ouvrirent leurs portes, et les deux royaumes se soumirent, ainsi que leurs annexes, c'est-à-dire la Sardaigne, Malte et les îles Ioniennes. Les vainqueurs se dispersèrent dans leurs conquêtes, se distribuèrent les terres et les charges, et exercèrent sur les habitants la plus odieuse tyrannie.

§ VII. DESTRUCTION DU KHALIFAT DE BAGDAD. — PRISE DE CONSTANTINOPLE PAR LES GRECS. — APPRÊTS D'UNE NOUVELLE CROISADE. — Cependant la Terre-Sainte était tombée au dernier degré de la misère. Une nouvelle bande de Mogols, conduite par Houlagou, petit-fils de Genghis, sortit de la Perse et prit Bagdad. Mostazem, cinquante-sixième khalife depuis Aboubèkre, et trente-septième Abasside, fut mis à mort, et le khalifat détruit (1258). Les barbares se répandirent dans la Syrie, et menacèrent les états musulmans de destruction ; mais les chrétiens, dans leur aveugle haine pour le mahométisme, les accueillirent comme des libérateurs. Néanmoins les Mogols furent vaincus et repoussés dans l'Asie centrale; et les Mamelucks, ayant élu pour sultan Bibars, le meurtrier du dernier Ayoubite et le vainqueur de saint Louis, réduisirent les chrétiens aux plus grandes extrémités. Antioche fut prise; dix-sept mille fidèles y furent massacrés, et cent mille vendus (1268). Il ne resta aux Latins que Tripoli et Ptolémaïs.

Ces désastres consternèrent l'Occident, mais ne ranimèrent ni l'enthousiasme religieux ni le désir de la vengeance. C'était le temps où Charles d'Anjou conquérait les Deux-Siciles; le saint-siège tournait toute son attention de ce côté, et consumait, pour achever la ruine de la maison de Souabe, tous les efforts des chrétiens. Les passions politiques de l'Europe occidentale étaient changées; tous les intérêts commençaient à se concentrer dans la patrie temporelle, et l'on s'habituait à la perte de ces établissements lointains, où personne n'allait plus. Constantinople fut reprise par les Grecs (1261), sous les Paléologue de Nicée, sans que la chrétienté s'en émût, et Baudoin II parcourut vainement l'Europe en demandant de l'argent et des soldats.

Un seul homme avait conservé les passions héroïques du moyen âge, et nourrissait encore l'espoir de relever les colonies chrétiennes : c'était saint Louis, qui n'avait pas quitté la croix. Il ne pouvait rester tranquille alors qu'on égorgeait des chrétiens ; le cri des victimes venait le troubler dans ses prières ; il y avait en lui comme un remords et une envie du martyre. Il résolut de faire une nouvelle croisade, et il l'annonça à ses barons dans un parlement solennel (1267). Ce fut un grand sujet de surprise et de deuil; mais les seigneurs n'osèrent aller à l'encontre du bon roi, qui, ruiné par la maladie et égaré par l'exaltation de sa piété, se dévouait pour le salut des chrétiens; on pensait communément qu'il mourrait dans l'expédition. Ses trois fils, avec les comtes de Toulouse, de Flandre et de Champagne, prirent la croix, plutôt par obéissance que par dévotion. Joinville refusa de le faire, persuadé que « ceux qui conseillèrent l'entreprise firent un très-grand mal, et péchèrent mortellement. » L'exemple du roi fut suivi par le nouveau roi de Sicile, dont les secours étaient très-importants, par Édouard, duc d'Aquitaine, et par plusieurs autres princes. Trois années furent consacrées aux préparatifs. Le clergé, que tant de croisades de tout genre avaient épuisé, fit des réclamations inutiles et fournit encore aux frais de l'expédition, qui furent énormes, le roi s'étant engagé à solder les seigneurs pendant le voyage. Louis négociait avec tous les souverains, et aurait voulu rendre la paix à l'Europe, pour qu'elle portât la totalité de ses forces contre les infidèles; mais les guerres des Gibelins et des Guelfes, de la papauté et de l'empire, ne pouvaient être apaisées que par la destruction définitive de l'un des deux partis : le moment en était venu.

§ VIII. Destruction de la maison de Hohenstauffen. — Conradin, fils de Conrad IV, descendit en Italie pour recouvrer le royaume de ses pères (1268). C'était un enfant de seize ans, plein de grâce et d'esprit, qui réunit autour de lui tous les Gibelins et arriva à Rome sans résistance. Le pape excommunia ce « rejeton d'une race de vipères. » Charles d'Anjou marcha au-devant de lui avec une armée, et le rencontra à Tagliacozzo. Conradin fut vaincu et pris. Le vainqueur, homme d'un caractère sombre, austère, impitoyable, crut assurer sa conquête et en finir d'un coup avec les Gibelins s'il faisait périr le dernier Hohenstauffen : il le fit condamner par ses propres satellites pour avoir porté les armes contre l'Église. Conradin mourut sur l'échafaud. Tous ses compagnons périrent après lui, et les Gibelins furent proscrits et suppliciés en tous lieux. Alors l'Italie se trouva pleinement affranchie de la domination teutonique, et Charles en fut le maître à divers titres. Favori des papes, il régnait à Rome comme *sénateur;* dans les états de l'Église, comme *vicaire impérial;* dans la Toscane, comme *pacificateur;* il était seigneur direct de plusieurs villes du Piémont, et les républiques lombardes le reconnaissaient pour chef. Son ambition n'était pourtant pas satisfaite : il rêvait la conquête de l'empire d'Orient; et il s'y prépara en faisant passer dans sa maison les principautés d'Albanie et d'Achaïe [1].

Il ne resta de la maison de Souabe qu'une fille de Manfred, mariée au roi d'Aragon. Ainsi fut accomplie la vengeance des pontifes de Rome; ainsi fut détruite cette famille impériale qui tendait à la monarchie universelle; ainsi fut terrassée la puissance temporelle par la puissance spirituelle. La papauté semblait en plein triomphe et à l'apogée de sa grandeur; mais elle était épuisée par sa propre victoire et hors d'haleine par la violence de ses efforts. Son pouvoir moral était en discrédit par les progrès de l'opinion publique; son pouvoir matériel était ébréché par la perte de la Palestine et de Constantinople : on pouvait dès lors prévoir la ruine de sa monarchie universelle. Ce fut la royauté de France, son appui et son instrument, qui lui porta alors même le premier coup

---

[1] Il obtint la première en faisant valoir les droits des rois de Sicile sur les colonies fondées au onzième siècle par les Normands dans l'Épire; il obtint la deuxième en mariant l'un de ses fils à l'héritière des Ville-Hardouin, qui, dans la conquête de Constantinople, avaient acquis cette principauté. (Voir mon *Essai historique sur les relations de la France avec l'Orient*, dans la *Revue indépendante* du 25 octobre 1843.

par la pragmatique-sanction (1269), et le temps n'est pas loin où la dominatrice spirituelle de l'Occident sera l'esclave avilie et corrompue de son ancienne alliée. La dernière croisade qui s'apprête est le signal de sa chute prochaine : la monarchie théocratique, cause ou effet des guerres sacrées, doit finir avec elles.

§ IX. Huitième croisade. — Mort de Louis IX. — Louis IX donna la régence à l'abbé de Saint-Denis, et s'embarqua à Aigues-Mortes (1270) avec ses trois fils, le comte de Toulouse, son frère, et le comte d'Artois, son neveu. Le premier point de réunion des croisés était la Sardaigne. Là, on changea de résolution sur le but du voyage; et on ne sait pas par quel motif il fut décidé qu'on cinglerait vers Tunis, où régnait un prince musulman. La moitié de l'armée était déjà malade; les barons répugnaient à aller en Syrie; Charles d'Anjou, que l'expédition contrariait, à cause de ses projets sur Constantinople, avait des tributs à recouvrer sur le souverain de Tunis; enfin l'esprit des croisades était tellement dégénéré qu'on se croyait quitte de son vœu pourvu qu'on eût tué des infidèles, n'importe le lieu et la cause. « On donnoit à entendre au roi que la terre de Tunis souloit venir grande aide au sultan du Caire, laquelle chose étoit grand nuisement à la Terre-Sainte; et croyoient les barons, si cette mauvaise racine, la cité de Tunis, étoit extirpée, que grand profit en viendroit à la chrétienté[1]. » Il semble difficile que Louis se soit laissé prendre à de telles raisons; mais comme la France était depuis quelque temps en relation avec le roi de Tunis, on fit croire à Louis que le prince maure n'était pas éloigné de se faire chrétien. Aveuglé par l'ardeur de son prosélytisme et les sollicitations des barons, affaibli peut-être de raison par la maladie, le roi commit la faute de changer le but de l'expédition. Tunis, c'était un bien long chemin pour arriver à Jérusalem, alors que le féroce Bibars menaçait la dernière ville chrétienne de la Syrie; et un tel but donné à la guerre sainte annonce que celle-ci fut le dernier accès de la fièvre des croisades. Le débarquement se fit sans résistance; l'ombre de la vieille Carthage essaya de se défendre et fut emportée d'assaut. Une partie de l'armée s'y logea, l'autre resta exposée au soleil africain et aux flèches des Maures. La flotte de Charles d'Anjou n'était pas encore arrivée, et l'on attendait ce puissant renfort pour marcher sur Tunis; mais la peste se mit dans l'armée, et y fit les plus grands ravages. Le roi tomba malade, et vit approcher sa fin dans la quiétude la plus parfaite; il donna à son fils des instructions touchantes, où s'épanouit son âme si pure et sublime, et mourut plein de foi et

[1] Guill. de Nangis, p. 277.

tout à Dieu (1270, 25 août). « Il n'est pas donné à l'homme de porter plus loin la vertu [1]. »

Il laissa trois fils : PHILIPPE III, dit LE HARDI, qui lui succéda ; le comte d'Alençon, qui mourut sous le règne suivant, sans postérité, et Robert, comte de Clermont en Beauvoisis. Celui-ci épousa Béatrix, héritière des sires de Bourbon, et fut la tige de l'illustre maison qui monta, trois siècles après, sur le trône de France [2].

§ X. PHILIPPE III, ROI DE FRANCE. — RÉUNION DU LANGUEDOC. — Au moment où Louis IX expirait, la flotte de Charles d'Anjou entrait dans le port. On continua mollement les hostilités durant deux mois ; mais le mécontentement, contenu pendant la vie du saint roi, éclata après sa mort : chacun s'accusait d'avoir manqué à son vœu en n'allant pas en Palestine. Les Maures entamèrent des négociations, et consentirent à tout ce que les chrétiens demandèrent pour prix de leur départ : un tribut annuel de 20,000 onces d'or au roi de Naples, la reddition des captifs, l'ouverture de leurs ports au commerce des Francs. Aussitôt que le traité fut conclu, les croisés s'embarquèrent et firent voile pour la Sicile. La plupart avaient le dessein de repartir de là pour la Terre-Sainte ; mais une tempête engloutit la meilleure partie de la flotte en vue de la Sicile, et un grand nombre de ceux qui échappèrent à ce désastre moururent des suites du voyage, en revenant en France. De ce nombre furent : la femme du nouveau roi ; Thibaud, comte de Champagne, et sa femme ; Alphonse, comte de Toulouse, et sa femme, qui était le dernier rejeton de la maison de Saint-Gilles.

A son arrivée en France, Philippe III s'assura du riche héritage de son frère Alphonse (1271). Le comté de Toulouse, le Rouergue, l'Agénois, le Quercy furent réunis à la couronne, mais sans être compris dans le royaume de France ; ils jurèrent fidélité au roi, sous la réserve de leurs libertés, de leurs lois romaines et du droit de s'imposer eux-mêmes, et ils gardèrent leurs mœurs et leurs inclinations étrangères. Philippe profita d'une querelle féodale avec le comte de Foix pour se montrer au midi dans toute sa puissance (1272). Dans un autre voyage (1279) il établit à Toulouse un parlement indépendant de celui de Paris, auquel ressortirent les sénéchaussées de Toulouse, de Carcassonne, de Beaucaire, du Rouergue, du Quercy, du Périgord, ce qui rendit une sorte d'existence nationale à tout le Languedoc ; et il jura solennellement la conservation des priviléges du pays. Ses successeurs imitèrent ces ména-

---

[1] Voltaire, Essai sur les Mœurs, etc.

[2] Les souverains du Bourbonnais prétendaient descendre de Charles-Martel ; ils n'entrèrent en relation avec les rois capétiens que sous Louis VI. On compte seize sires de Bourbon jusqu'à Béatrix.

gements, et aucun d'eux ne manqua, à son avénement, de visiter les « pays conquis de la langue d'Oc; » mais, malgré ces efforts, ils ne remplacèrent pas les anciens souverains dans l'esprit des habitants, qui continuèrent à les regarder, sinon avec haine, du moins sans affection. La seconde partie de l'héritage des Raymond, le comtat Venaissin, fut, d'après les termes du traité de Paris, rendue aux papes, qui l'ont gardée jusqu'en 1790.

§ XI. Décadence du pouvoir impérial. — Concile de Lyon. — Ruine de la Terre-Sainte. — La mort de Louis IX semblait avoir clos les guerres sacrées, et nul ne s'inquiétait plus de la Terre-Sainte, qui agonisait sous le sabre des Mamelucks, lorsque le saint-siége, vacant depuis deux ans, fut occupé par un prêtre vertueux et qui avait été témoin des maux de la Palestine, Grégoire X (1271). Ce pontife résolut de tenter un dernier effort pour sauver les chrétiens de l'Orient; mais auparavant il fallait mettre la paix en Europe : il y travailla avec l'activité la plus bienveillante, et l'Allemagne lui dut principalement la fin de l'anarchie à laquelle elle était livrée depuis que les prétentions impériales étaient mortes avec la maison de Hohenstauffen. Par ses soins, les princes allemands s'accordèrent à élire pour empereur un petit seigneur de l'Helvétie, Rodolphe de Hapsbourg (1273). Alors la monarchie germanique fut reconstituée sur de nouvelles bases : ce fut bien encore, de nom, l'empire des césars; mais, de fait, ses prétentions à la domination de l'Occident ne furent nullement reconnues. Les empereurs furent de chétifs souverains, mal obéis, et qui ne s'occupèrent que de l'agrandissement de leur famille. Rodolphe de Hapsbourg tourna ses vues sur la possession de l'Autriche, de la Bohême et des pays slaves, à l'orient de l'empire; ce fut la politique constante de sa maison et la cause de sa grandeur. Les projets sur l'Italie furent abandonnés; le nouvel empereur reconnut et confirma la donation de Charlemagne au saint-siége, et les états relevant de l'Église furent définitivement séparés de ceux de l'empire; mais le saint-siége n'exerça sur ces pays qu'une suzeraineté plus nominale que réelle. C'est seulement lorsque son édifice de monarchie universelle sera ruiné qu'il s'efforcera de devenir puissance temporelle en Italie, et qu'il soumettra à sa domination effective le pays qu'on appelait le patrimoine de saint Pierre.

Grégoire X, ayant pacifié l'Allemagne, donna suite à ses projets de croisade, et il convoqua un concile œcuménique à Lyon (1274). Plus de seize cents dignitaires du clergé y assistèrent avec les ambassadeurs de Paléologue et le patriarche de Constantinople. La réunion des Églises d'Orient et d'Occident y fut prononcée; mais le pouvoir pontifical n'était plus assez fort pour tirer parti de ce grand résultat, si long-temps désiré, et cette réunion ne fut qu'éphémère. On décréta une croisade ; mais, malgré la solennité de l'assemblée, les exhortations du pape, les promesses d'alliance des Mogols, dont les ambassadeurs assistaient au concile, personne ne remua. Le pape mourut deux ans après (1276), et il ne fut plus question de croisade. Alors les chrétiens d'Orient tombèrent les uns après les autres sous le fer des Mamelucks. Ptolémaïs tint encore pendant quinze ans ; mais, durant ce long intervalle, ses cris de détresse ne lui amenèrent aucun secours. A la fin les Infidèles l'assiégèrent avec toutes leurs forces : elle se défendit pendant trois mois avec désespoir, mais elle fut emportée d'assaut, pillée, massacrée, détruite tout entière (1291), et il ne resta rien à la chrétienté de ces colonies, pour lesquelles elle prodiguait, depuis deux siècles, tant de sang et de trésors. Il n'y eut plus de barrière entre la barbarie de l'Asie et la civilisation de l'Europe, et l'invasion mahométane reprit sa marche à l'Occident. Mais tel était le coup porté par les croisades, qu'il lui fallut cent soixante ans pour revenir devant Constantinople ; et lorsque cette ville fut prise, la civilisation européenne était si bien assise, que l'invasion ne put jamais dépasser le Danube, et que la barbarie turque est restée isolée et toujours étrangère dans le coin de terre chrétienne qu'elle occupe encore aujourd'hui.

§ XII. Première lettre d'anoblissement. — Procès de La-brosse. — Le règne de Philippe III est obscur et monotone ; les historiens manquent pendant un demi-siècle. Tout ce qu'on sait du roi, c'est qu'il était « illettré et peu adonné aux actions du monde. » Son histoire ne semble qu'une continuation de celle de son père ; mais l'impulsion donnée au pouvoir royal par les légistes continua, et se manifesta principalement par la première lettre d'anoblissement, accordée, dit-on, par le roi à son argentier. C'était une usurpation bien hardie, pour ainsi dire sacrilége, et la plus rude attaque qu'eût éprouvée l'aristocratie. La terre seule faisait la noblesse, c'était la base de la féodalité ; les rois capétiens n'étaient nobles qu'au même titre que les barons, puisque leur puissance était de même date et de même origine que la leur : se donner le droit d'instituer des nobles, c'était donc faire de la royauté un pouvoir surhumain, forcer pour ainsi dire la nature, se constituer créateur. Il y avait là toute une révolution. L'anoblissement levait la séparation qui était dans l'état des personnes, et les rendait toutes d'une même espèce ; il y avait désormais une échelle pour s'élever dans la carrière civile comme dans la carrière ecclésiastique; et, par des talents ou de la richesse, on pouvait arriver aux droits que la naissance seule donnait auparavant. L'égalité des hommes était donc admise, non-seulement par la loi religieuse, mais par la loi civile, sinon en fait, du moins en principe.

L'aristocratie s'inquiétait de ces innovations; mais telle était déjà la puissance de la royauté, qu'elle ne témoigna son opposition que par de sourdes intrigues, et en cherchant à perdre bassement les parvenus, dont elle enviait la faveur. Parmi eux, on distinguait Pierre de Labrosse, chirurgien de saint Louis, « pauvre homme, natif de Touraine, qui devint si puissant que les prélats et les chevaliers lui témoignaient le plus profond respect, et lui apportaient de riches présents, persuadés que tout ce qu'il voulait du roi, il l'obtenait; ils en éprouvaient en secret beaucoup de dégoût et d'indignation [1]. » Pour s'en venger, ils l'impliquèrent dans une affaire très-obscure, où il eut à lutter non-seulement contre les calomnies des courtisans, mais encore contre la beauté et les larmes de Marie de Brabant, deuxième femme du roi, accusée par Labrosse d'avoir fait périr un enfant royal du premier lit. Une commission fut nommée pour juger le parvenu. C'est le premier exemple de ces procès par commissaires, dans lesquels les légistes furent les instruments odieux des vengeances d'un parti. La procédure fut des plus secrètes et des plus iniques, et Labrosse périt à la potence (1276).

§ XIII. GUERRES DES FRANÇAIS EN ESPAGNE. — Henri-le-Gros, roi de Navarre et comte de Champagne, meurt, laissant une fille unique (1274). Sa veuve, fille de Charles d'Anjou, amène à Philippe III l'enfant, qu'il destine à son fils aîné : la Champagne et la Brie se trouvent, de fait, réunies à la couronne. En même temps, des troupes françaises entrent dans la Navarre et en prennent possession. Ce pays, comme tous les royaumes chrétiens d'Espagne, jouissait de grandes libertés; les soldats de France en font mépris : les Navarrais se soulèvent (1276). Deux armées marchent contre eux : l'une, commandée par Robert d'Artois et composée de méridionaux, assiège Pampelune et la livre au pillage; l'autre, commandée par Philippe III, ne peut aller que jusqu'en Béarn, étant privée de vivres dans ce pays demi-sauvage. La Navarre se soumit.

Un autre motif appelait les Français dans la Péninsule : la royauté capétienne prenait en Europe le rôle de l'empire; et, maîtresse de la France et de l'Italie, elle cherchait à étendre sa domination en Espagne. Alphonse X, roi de Castille, avait deux fils,

[1] Guill. de Nangis.

Ferdinand de la Cerda et Sanche. Le premier mourut laissant deux fils ; les *cortès* de Ségovie, au lieu de les reconnaître pour héritiers d'Alphonse, choisirent Sanche, qui avait bien mérité du pays dans la guerre contre les Maures (1275). Comme Ferdinand de la Cerda avait épousé une fille de saint Louis, Philippe III se porta le protecteur de ses enfants. Une guerre peu active s'ensuivit entre lui et Alphonse X ; et le pape ayant interposé sa médiation, une trêve fut conclue.

§ XIV. Vêpres-Siciliennes. — Guerre d'Aragon. — Mort de Philippe III. — Le roi d'Aragon était pour la France un ennemi plus redoutable. C'était Pierre III, gendre de Manfred, qui protégeait et accueillait les exilés gibelins, et, excité par Procida, noble de Salerne, nourrissait de grands projets contre Charles d'Anjou (1276). Il savait combien les conquérants de Naples s'étaient rendus odieux par leurs cruautés et leurs débauches ; que la Sicile, demi-arabe, demi-sauvage, affectionnée à la race de Manfred et accablée d'impôts vexatoires, détestait « l'anti-Christ que le père des chrétiens lui avait donné pour roi ; » enfin que toute l'Italie et les papes eux-mêmes se lassaient du despotisme sombre et cruel de Charles d'Anjou. Pendant que celui-ci portait toute son attention sur Constantinople, une vaste conspiration s'ourdit entre le roi d'Aragon, l'empereur Paléologue et les Siciliens : Procida en fut le moteur. Le premier équipa une flotte avec les subsides de l'empereur, annonça qu'il allait porter la guerre aux Musulmans d'Afrique, et mit à la voile. Pendant ce temps, Procida parcourait la Sicile, distribuait des armes et de l'argent, promettait des libérateurs ; et le 30 mars 1282, au moment où les cloches appelaient à vêpres les fidèles de Palerme, un Français, ayant insulté une femme, fut massacré par les habitants ; ce fut le signal du carnage, qui dura un mois, en se propageant par toutes les villes de la Sicile. Tous les Français furent tués ou proscrits. Les Siciliens députèrent sur-le-champ à Pierre d'Aragon, qui croisait avec sa flotte dans les eaux de l'Afrique, et ils le reconnurent pour roi.

A ces nouvelles, Charles accourut et mit le siége devant Messine. La flotte aragonaise arriva et le força à se rembarquer. Les *Vêpres-Siciliennes* avaient excité l'indignation de toute la France ; et une multitude de chevaliers passa en Italie à l'aide de Charles d'Anjou, qu'on regardait comme le chef de la maison de France, par son âge, ses talents et sa vaste domination. Le pape Martin IV, Français de naissance, tonna contre les Siciliens et publia une croisade contre eux. Tous ces secours furent inutiles, et Charles n'éprouva que des défaites. Sa flotte fut brûlée à Catane et à Reggio, par Roger de Luria, le plus habile marin de ce temps. Humilié et furieux, il proposa à Pierre un combat particulier de cent chevaliers (1283). Malgré les défenses du pape, le défi fut accepté, et le rendez-vous donné en Aquitaine ; mais Édouard Ier, qui venait de succéder à Henri III, refusa d'être le gardien du champ-clos. Charles arriva avec le roi de France et trois mille cavaliers ; Pierre vint en secret et sous un déguisement, parcourut la lice, protesta qu'il n'avait pas trouvé ses sûretés pour le combat, et s'enfuit dans son royaume. Pendant cette comédie, la Calabre se révoltait ; le comte d'Alençon, frère de Philippe III, était battu et tué, et les Aragonais achevaient la conquête de la Sicile.

Alors Martin IV déclara Pierre déchu de sa couronne d'Aragon et l'offrit à Philippe III, qui l'accepta pour son deuxième fils (1284). Une croisade fut prêchée contre les Aragonais et les Siciliens ; on s'y porta avec ardeur. Charles d'Anjou préparait un armement formidable dans les ports de Provence ; mais, pendant ce temps, Roger de Luria défit complétement la flotte provençale à Malte, cingla vers Naples, et remporta une seconde victoire sur la flotte napolitaine ; le fils de Charles, qui commandait cette flotte, fut fait prisonnier. Le père arriva, et mourut dévoré de chagrins et d'humiliations (1285).

Une armée française, qui comptait, dit-on, vingt mille chevaliers, s'apprêtait à entrer en Espagne ; elle était commandée par Philippe III et ses deux fils : l'aîné (Philippe IV), comme époux de l'héritière des Thibaud, portait le titre de roi de Navarre ; le cadet, Charles de Valois, portait le titre de roi d'Aragon. Outre la conquête de ce dernier royaume, on avait des projets sur le trône de Castille, où Sanche venait de monter après la mort d'Alphonse X. Le rendez-vous était à Toulouse ; et le résultat le plus clair de ces expéditions en Espagne fut de familiariser le midi avec la domination française. Le roi de Majorque, souverain du Roussillon et de Montpellier, était le frère et l'ennemi de Pierre ; il livra ses villes aux Français : Elne résista, fut prise d'assaut et pillée. On franchit les Pyrénées. Philippe s'empara de Roses et assiégea Girone. Pierre semblait perdu ; il n'avait pour soldats que des montagnards nus et sans armes ; contempteur des libertés de l'Aragon, il était haï de ses sujets, et les *cortès* s'étaient emparées du gouvernement : elles le forcèrent à leur restituer tous leurs droits, et le sauvèrent en décrétant une levée en masse contre les ennemis. Girone fut prise par les Français ; mais les maladies s'étaient mises dans leur armée. Les flottes catalanes avaient une grande supériorité sur les flottes de France, composées de vaisseaux provençaux et génois [1]; Roger de Luria fut vainqueur dans deux combats. L'armée française se mit en retraite; les désastres se succédèrent, le reste de la flotte fut détruit, les soldats périrent de misère et de maladie, et le roi lui-même mourut à Perpignan (1285).

CHAPITRE IV.

Philippe-le-Bel et Boniface VIII. — 1285 à 1303.

§ I. PHILIPPE IV, ROI DE FRANCE. — TRAITÉ DE TARASCON. — De nouveaux rois apparaissaient en même temps que PHILIPPE IV, dit LE BEL, pour continuer les guerres d'Espagne et d'Italie. Charles, dit le Boiteux, avait succédé à Charles d'Anjou; mais il était prisonnier des Aragonais, et Robert d'Artois, son cousin, administrait ses états. Pierre III d'Aragon était mort un mois après Philippe III, laissant à son fils aîné, Alfonse, les royaumes d'Aragon et de Valence, et à son deuxième fils, Jacques, la Sicile; enfin, Martin IV avait des successeurs impotents qui restèrent dans l'obscurité.

La guerre se continua de toutes parts avec mollesse. Deux combats de mer furent perdus par les flottes de France et de Provence; Luria ravagea les côtes du Languedoc, et les Aragonais conquirent les Baléares. Des négociations s'entamèrent sous la médiation équitable d'Édouard Ier, roi d'Angleterre, et Charles-le-Boiteux fut mis provisoirement en liberté, sous condition qu'il renoncerait à la Sicile (1288). Philippe IV s'opposa à ce traité, et Charles refusa de reprendre ses fers. La guerre recommença. Les fils de la Cerda furent abandonnés par le roi de France, et l'on fit alliance avec Sanche de Castille; Alfonse d'Aragon fut battu par Charles-le-Boiteux. Enfin, Charles et Alfonse conclurent un traité à Tarascon (1291) : ils se reconnurent mutuellement, l'un pour roi d'Aragon, l'autre pour roi de Sicile, abandonnant ainsi, le premier la cause de Charles de Valois, le second la cause de Jacques de Sicile. Philippe IV refusa d'accéder à ce traité, mais il ne recommença pas la guerre. Quelque temps après, Alfonse mourut; son frère Jacques hérita de l'Aragon, et parvint même à conserver la Sicile.

§ II. PROGRÈS ADMINISTRATIFS DE LA ROYAUTÉ. — Ces guerres, où Philippe n'avait pas un intérêt immédiat, l'occupèrent moins que l'administration de son royaume. Il n'était âgé que de dix-sept ans à son avénement au trône; mais, étant guidé par les conseil-

---

[1] Les Catalans étaient les plus habiles navigateurs de ce siècle; leur tactique navale est très-curieuse. — V. Ramon Muntaner, dans la Coll. de Buchon, t. V, p. 391.

lers de son père et de son aïeul, il travailla à continuer leur œuvre, sinon avec le même sentiment moral, du moins avec l'activité la plus intelligente. La royauté avait grandi depuis Louis VI, en faisant servir son intérêt privé au bien général ; Philippe IV voulut la royauté forte et indépendante, mais dans un but purement individuel ; il fit du despotisme, non pour le bien de ses sujets, mais à son profit unique, pour être libre et sans contrôle à satisfaire ses passions ; enfin, il exploita la foi du peuple dans la royauté de saint Louis pour faire de la tyrannie.

La féodalité continuait à décroître, non-seulement par l'abaissement de l'aristocratie, mais par la disparition des communes, car le mouvement de centralisation entraînait toutes les existences locales. Ce n'était pas tout pour la bourgeoisie d'avoir acquis l'indépendance communale, il lui fallait encore la défendre ; or, à mesure que les grands états se formaient, la résistance contre les seigneurs devenait de plus en plus laborieuse, et, à plus forte raison, quand ces états se fondirent dans le royaume. D'ailleurs, les dangers extérieurs n'étaient pas les plus terribles pour les villes communales ; c'étaient les dangers intérieurs. Rien de plus tumultueux que la vie des communes ; rien de plus orageux et de plus précaire que leur liberté, achetée au prix de tout ordre et de toute sécurité ; les violences et les barbaries des châteaux féodaux se reproduisaient dans ces petites républiques, où les pillages, les vengeances, l'anarchie étaient continuels ; où l'aristocratie bourgeoise et la démocratie populacière se combattaient sans cesse ; où des haines de métiers, des rivalités de quartiers, des partis de tout genre, ensanglantaient chaque jour les rues. Aussi, grand nombre de communes avaient-elles disparu, de gré ou de force, car leurs ennemis profitaient de leurs désordres pour les asservir ; elles-mêmes demandaient souvent l'intervention d'un voisin puissant. La plupart enviaient le bonheur des villes royales, qu'elles voyaient si prospères et paisibles sous un pouvoir fort et protecteur, et demandaient à se reposer à l'abri du despotisme. La royauté favorisa cette tendance par tous les moyens ; et, comme elle n'avait rien à craindre de la bourgeoisie et tout à espérer de son esprit d'ordre et d'affaires, elle rendit en sa faveur une multitude d'ordonnances, tira de son sein ses légistes dévoués et ses agents civils, et, en lui donnant ainsi part au pouvoir, accrut sa prospérité et satisfit à sa modeste ambition. Cette destruction des communes, à laquelle les juristes travaillèrent avec ardeur, fut la fortune de la bourgeoisie, qui, accolée à la royauté, forma le noyau de la nation et força plus tard les classes privilégiées à venir se fondre dans elle.

La royauté commença aussi à attaquer le pouvoir du clergé. Des ordonnances empiétèrent sur les priviléges cléricaux, et principalement sur la juridiction des tribunaux ecclésiastiques; les prêtres furent exclus des fonctions judiciaires, non-seulement dans le domaine royal, mais par tout le royaume, et ils ne purent remplir les charges de baillis, maires, échevins, etc. (1287).

L'organisation administrative, commencée par Louis IX, continua. On a de ce règne trois cent cinquante-quatre actes publics ou ordonnances; jamais la royauté n'avait été si active : elle se mêlait de tout, faisait des règlements sur tout, même des lois somptuaires minutieuses et inquisitoriales, et elle répandait dans les provinces, des prévôts, sénéchaux, tabellions, qui travaillaient pour elle. Le parlement prit une organisation régulière et toute laïque; les chambres des enquêtes et des requêtes furent instituées, ainsi que l'office de *poursuivant du roi*, origine du ministère public (1291); enfin, une ordonnance de 1302 le rendit sédentaire à Paris. Ce fut le grand moyen de gouvernement de Philippe. Le parlement ne cessa d'instrumenter contre les prêtres et les nobles : il protégea les Juifs et les hérétiques contre l'inquisition, défendit les guerres privées, mit des empêchements aux acquisitions ecclésiastiques, et mina sourdement les juridictions féodales.

§ III. Guerre avec les Anglais. — La royauté continuait aussi ses agrandissements matériels. Le royaume de France était devenu l'état le plus compacte de l'Europe : la Champagne et la Brie avaient été réunies à la couronne par le mariage de Philippe avec l'héritière des Thibaud; la Marche et l'Angoumois eurent le même sort, après la mort de Hugues XIII de Lusignan, au moyen d'une sentence du parlement qui dépouilla de ces comtés les héritiers légitimes; plus tard, la comté de Bourgogne fut mise dans la famille du roi, par le mariage de son deuxième fils avec l'héritière Jeanne; mariage qui donna l'administration de cette province à Philippe IV, et amena une révolte des habitants. Plusieurs autres réunions furent opérées par l'habileté, souvent frauduleuse, des légistes, entre autres celle de la seigneurie de Montpellier : il ne restait plus guère que quatre grands fiefs; le plus redoutable était le duché de Guyenne, et Philippe en convoitait la possession.

Depuis le traité de Bordeaux, la paix entre les rois de France et d'Angleterre n'avait pas été troublée. Édouard Ier était un prince habile, qui s'était fait un nom dans la Palestine, avait soumis les Gallois et forcé les Écossais de reconnaître sa suzeraineté; il s'était toujours conduit en vassal soumis et en bon voisin avec Philippe ; il lui avait même cédé le Quercy, moyennant une rente de 3,000 livres. Les villes de Guyenne étaient affectionnées à la domination anglaise, qui favorisait leurs libertés et surtout leur commerce de vins ; les barons seuls inclinaient vers la France, à cause de leurs mœurs chevaleresques : enfin il n'y avait pas encore, entre les Anglais et les Français, cette haine aveugle qui les porta dans la suite à se faire la guerre avec tant d'acharnement. Le moment ne semblait donc pas favorable aux projets ambitieux de Philippe. Une querelle obscure entre des matelots de Guyenne et de Normandie amena une rupture (1292). Les marins des deux nations, sans guerre déclarée, s'attaquèrent en tous lieux avec violence ; les Gascons tentèrent même une surprise sur la Rochelle. Alors le roi de France ordonna à ses gens d'occuper pacifiquement les terres de son vassal et d'y saisir les coupables, car le droit commençait à être un moyen plus efficace que la force pour obtenir justice, et Philippe était plus légiste que chevalier ; mais les garnisons anglaises chassèrent ces officiers civils. Philippe cita Édouard à comparaître devant sa cour pour répondre de cette insulte (1293), « et de toute autre chose qu'on jugerait convenable de proposer contre lui [1]. » Le roi anglais envoya son frère pour faire des soumissions en son nom, et ordonna à ses lieutenants de « remettre au roi de France la terre de Gascogne à sa volonté, » sous condition qu'elle serait rendue aux Anglais dans quarante jours.

Pendant ce temps, les Gascons commirent plusieurs actes d'hostilité ouverte contre les Français, et, à l'expiration du terme, Philippe refusa de rendre la Guyenne, en sommant de nouveau Édouard de comparaître devant la cour des pairs (1294). Le roi d'Angleterre, irrité de ce manque de foi, renonça à l'allégeance de Philippe, lui chercha des ennemis de tous côtés et arma les Gascons. De son côté, Philippe fit prononcer par son parlement la condamnation d'Édouard et la confiscation de ses fiefs de France. La querelle des deux rois remua une partie de l'Europe. Philippe avait pour alliés les Gallois et les Écossais ; Édouard, Adolphe de Nassau, roi des Romains, et le comte de Flandre. La révolte des Gallois obligea Édouard à rester en Angleterre ; mais Jean Bailleul, roi d'Écosse, fut vaincu, obligé de renoncer à la couronne, et il mourut captif (1297). Adolphe de Nassau devait envahir la France avec les seigneurs du Nord ; mais il se contenta d'écrire des lettres injurieuses à Philippe, et ne bougea pas. Le comte de Flandre devait marier sa fille au fils d'Édouard ; Philippe, sous

[1] Rymer, t. II.

prétexte de félonie, fit enlever et retenir au Louvre le père et la fille. Ce ne fut qu'en Guyenne que les hostilités furent directes et actives ; mais là comme ailleurs, les revers et les succès se balancèrent. Philippe manquait d'argent ; après avoir pillé les Juifs et falsifié la monnaie, il mit des taxes sur le clergé.

§ IV. COMMENCEMENT DE LA QUERELLE DE BONIFACE VIII ET DE PHILIPPE IV. — Alors siégeait dans la chaire pontificale Boniface VIII, de la famille des Gaëtani, vieillard énergique et rusé, élu par l'influence française et par des moyens peut-être frauduleux (1295). Protecteur des Guelfes et ami déclaré de la France, il avait décidé Jacques d'Aragon à céder la Sicile à Charles-le-Boiteux ; il destinait l'empire d'Orient à Charles de Valois ; enfin il cherchait par tous les moyens à élever la maison de France dans l'Italie. La guerre déraisonnable que se faisaient Philippe et Édouard le tourmentait, parce que c'était pour ces deux rois un motif d'accabler leurs peuples et le clergé d'exactions intolérables. Il demanda à Philippe de mettre en liberté le comte de Flandre et de conclure une trêve avec l'Angleterre ; et, comme le roi de France ne se pressait pas d'obéir, le pontife, qui se disait « établi par Dieu sur les rois et les royaumes pour les juger avec majesté du haut de son trône, et dissiper les maux par son regard [1], » lança une bulle violente, dans laquelle il excommunia tout clerc qui consentirait à payer un impôt sans l'ordre du saint-siége, et tous ceux qui établiraient un pareil impôt, quoi qu'ils fussent (1296) [2].

Le jeune roi, irrité de cette bulle, prohiba le séjour des étrangers en France, et défendit d'en laisser sortir ni argent, ni vivres, ni chevaux, sans sa permission. C'était une attaque indirecte contre le pape, qui tirait son revenu des impôts divers levés sur le clergé européen ; il y répondit par cette bulle : « Séduit par un conseil malicieux, tu as rendu une ordonnance qui attaque par ses intentions la liberté ecclésiastique, enlève à ceux qui ne sont pas nés dans ton royaume la faculté d'y demeurer ou d'y exercer leur commerce, et cause beaucoup de dommage et d'oppression à tes sujets comme aux étrangers. Leur amour accoutumé pour toi s'en est refroidi, et ce n'est pas une petite perte pour un roi que celle du cœur des sujets. Si ton intention a été d'attaquer nos frères et nous, leurs biens et les nôtres, par cette prohibition, ce serait non-seulement une imprudence, mais une folie, que de vouloir étendre tes mains téméraires à des choses sur lesquelles les princes séculiers n'ont aucun pouvoir, et tu tomberais sous la sentence

[1] Raynaldi Annales, a. 1301.
[2] Preuves du différend de Boniface VIII et de Philippe-le-Bel, p. 14.

d'excommunication. Vois, mon fils, où tes conseillers t'ont amené. Ce n'était pas la conduite de tes aïeux, si promptement dévoués au saint-siége. Au reste, nous n'avons pas statué que les clercs de ton royaume ne t'aideraient pas dans tes besoins pour la défense de la France, mais qu'ils le feraient avec notre permission, et cela à cause des exactions intolérables que tes officiers ont exercées sur les personnes tant religieuses que séculières. Si une grande nécessité menaçait ton royaume, si cher à l'Église, le saint-siége étendrait sa main jusqu'aux croix et aux calices plutôt que de le laisser périr. Nous exhortons donc ta sérénité royale à recevoir avec respect les remèdes que t'offre la main paternelle, et à corriger ton erreur. Conserve notre bienveillance et celle du saint-siége, et ne nous force pas à recourir à des moyens inusités, que nous n'emploierions que malgré nous, alors que nous y serions réduit par la justice [1]. »

Ce langage était rude et hautain; mais on était habitué à ces âpres sermons dans la bouche des pontifes, et la bulle de Boniface ne sembla étrange qu'à Philippe et à ses hommes de loi. Le pape avait toutes les ambitieuses prétentions de ses prédécesseurs, mais il manquait de foi dans la légitimité de ces prétentions, qu'il voyait en désaccord avec les besoins et les opinions du temps; d'ailleurs, le saint-siége était habitué à aimer la royauté française, dans laquelle il n'avait jamais trouvé que fidélité et dévouement: aussi Boniface s'empressa-t-il d'expliquer sa bulle dès qu'il sut le mécontentement de Philippe, déclarant qu'il ne prétendait nullement empêcher le clergé ni de faire des dons au roi pour les nécessités du royaume, ni de rendre à la couronne les services féodaux qu'il lui devait. Il continua d'accorder toutes ses faveurs à la maison de France en Italie; et, pour mieux lui témoigner son amour, il mit solennellement Louis IX au rang des saints (1297).

Mais l'orgueilleux Philippe avait conçu le plus vif ressentiment des reproches du pape; il ne pouvait souffrir qu'un homme eût le droit de se mettre entre lui et ses sujets : il chercha dès lors à se débarrasser de cet importun défenseur de la morale publique, et à rendre la royauté aussi indépendante en face de l'Église qu'en face de l'aristocratie. Il fit répondre au pape, par ses légistes, que le gouvernement temporel appartient aux rois, et qu'ils sont au-dessus de tous les pouvoirs vivants [2]. « Quant aux clercs, dit-il, ils ne sont pas seulement membres de l'Église, mais citoyens de France, et ils doivent aider le royaume par des subsides, puisqu'ils ne le peuvent par les armes. Le refus de secourir le prince contre

---

[1] Preuves du diff., etc., p. 15. — [2] Id., p. 28.

ses ennemis est un crime de lèse-majesté [1]. » Cependant il suspendit ses exactions contre le clergé; le pape modifia ses prétentions, et les deux pouvoirs semblèrent réconciliés. Alors Philippe s'efforça de terminer la guerre avec les Anglais pour être libre dans la grande entreprise où avaient échoué les Henri IV et les Frédéric II.

§ V. Création de pairs. — Trêve avec l'Angleterre. — Réunion de la Flandre a la couronne. — Il commença par détacher le duc de Bretagne de l'alliance avec les Anglais et il le créa pair de France, ainsi que Robert, comte d'Artois, son cousin, et Charles, comte de Valois, son frère. C'était une innovation du même genre et plus audacieuse que l'anoblissement. Le descendant des ducs de France, en créant des pairs « de l'abondance et de la plénitude de son autorité royale, » se donnait, non pas des égaux en souveraineté, mais des sujets plus immédiatement attachés à lui; et la pairie ne fut plus qu'une dignité. La vanité des seigneurs les empêcha de voir la portée de cette innovation; et la royauté était déjà si grande que des princes indépendants se firent honneur de resserrer, par la pairie, leur lien de vassalité avec elle.

Guy, comte de Flandre, était sorti de prison, mais en laissant sa fille pour otage et en jurant de ne pas faire alliance avec Édouard. A son arrivée en Flandre, il forma avec le roi anglais, Adolphe de Nassau, et les seigneurs des royaumes de Lorraine et de Bourgogne, une ligue formidable. Philippe résolut de se venger de ce manque de foi : il renouvela les ordonnances de saint Louis sur les guerres privées, les combats judiciaires et les tournois, et, par ces moyens, il rassembla une forte armée, qu'il conduisit en Flandre (1297). Il avait des intelligences avec les bourgeois de ce pays, dont Guy avait violé les priviléges, et qui lui avaient adressé leurs plaintes. Le comte, abandonné de ses sujets, se retira dans Bruges, et ses deux fils se renfermèrent dans Lille et dans Courtray. Pendant que Philippe mettait le siége devant ces deux villes, Robert, comte d'Artois, marcha par la Flandre maritime, et rencontra l'armée ennemie à Furnes. Les Flamands furent vaincus; Lille et Courtray se rendirent; tout le pays fut conquis, à l'exception de Bruges et de Gand. Guy était dans la plus grande détresse : aucun des seigneurs de Lorraine et de Bourgogne ne s'était mis en campagne; l'empereur Adolphe était menacé de perdre sa couronne, son rival, Albert d'Autriche, ayant fait avec Philippe une alliance où « il fut convenu, dit-on, que le royaume de France, qui ne s'étendait que jusqu'à la Meuse, porterait jusqu'au Rhin la limite de sa domination [2]; » enfin Édouard arriva en Flandre, mais avec

---

[1] Preuves du diff., etc., p. 25. — [2] Guill. de Nangis, p. 257.

une si faible armée, que les deux alliés évacuèrent Bruges et se retirèrent à Gand. En même temps la Guyenne, abandonnée à elle-même, était occupée par les Français; l'Écosse, soulevée par Wallace, chassa les Anglais, et força Édouard à revenir dans son île. Alors le roi d'Angleterre demanda une trêve et la médiation de Boniface VIII (1298). Philippe accorda la trêve et accepta le médiateur, mais comme personne privée, non comme pape. Boniface, toujours partial pour la France, lui envoya d'avance une copie de sa décision; et il prononça que les deux rois resteraient provisoirement maîtres de ce qu'ils tenaient en Guyenne au moment de la trêve, mais que la portion d'Édouard serait mise sous la main du pape jusqu'à ce que les deux rois eussent réglé à l'amiable le partage du duché [1]. Le traité fut accepté des deux parts et exécuté. Pour le consolider, le roi d'Angleterre épousa la sœur du roi de France; et son fils, Édouard II, fiança Isabelle, fille de Philippe. Ce dernier mariage sera la cause de cent ans de guerres entre les deux nations.

Les deux rois abandonnèrent mutuellement leurs alliés. Wallace fut vaincu et tué, et l'Écosse retomba sous la domination anglaise. Les troupes d'Édouard évacuèrent la Flandre, et les Français l'occupèrent toute, à l'exception de Gand. Alors, par le conseil de Charles de Valois, le comte Guy se remit à la générosité du roi, avec ses fils, ses nobles et ses châteaux. Philippe répondit à cette confiance en envoyant le comte au Louvre et en faisant prononcer par son parlement la réunion de la Flandre à la couronne (1299). Il alla ensuite visiter sa conquête, la plus importante qu'eût encore faite un roi capétien, « et fut reçu en grande pompe par les Flamands, qui étalèrent devant lui toutes leurs richesses. » Il avait d'abord promis d'augmenter leurs libertés; mais sa cupidité fut excitée à l'aspect du luxe de ces marchands, dont on n'avait aucune idée dans le reste de l'Europe : « Je croyais être seule reine, disait sa femme en regardant avec une avidité sauvage les bijoux des bourgeoises de Bruges, mais il y en a ici six cents [2] ! » Dès lors Philippe ne songea plus qu'à tirer de l'argent de sa conquête.

§ VI. Exactions financières de Philippe IV. — Suites de la querelle avec Boniface VIII. — A mesure que les passions morales qui avaient donné tant d'excitation à l'âge héroïque perdaient de leur intensité, les passions matérielles prenaient leur place; l'or commençait à être le dieu unique et le fondement de toute puissance. On en chercha non-seulement par le commerce et l'indus-

[1] Rymer, t. 1, part. 2, p. 200. — [2] Contin. de Nangis, p. 54.

trie, auxquels cette soif universelle de richesses donna un nouvel essor [1], mais par des voies surnaturelles ou illicites : l'alchimie voulut en fabriquer ; la magie en mendia aux esprits infernaux ; le faux-monnayage devint le crime le plus commun ; l'usure fut la plaie sociale, et se personnifia dans le Juif, nation immonde et torturée, toujours chassée, toujours rappelée, qui commença la sourde guerre de l'argent et de l'industrie contre l'épée et la violence. L'or n'était plus seulement pour les rois une source de jouissances personnelles, c'était le ressort unique de leur gouvernement. Les papes avaient administré le monde avec la parole : les rois ne pouvaient administrer leurs états que par une puissance matérielle ; il fallait tout payer, les armées, le parlement, les prévôts et baillis, les nobles, le clergé lui-même : aussi Philippe IV était continuellement besogneux d'argent et en cherchait par tous les moyens. Tantôt il arrachait par la violence leur fortune aux Juifs et aux Lombards qui faisaient la banque en France ; tantôt il abolissait la servitude dans ses domaines du Languedoc, et convertissait ses droits en une redevance pécuniaire. Sa ressource principale était l'altération des monnaies, au moyen de laquelle il imposait en réalité tout le royaume. Tout occupé de lui-même, il ne s'inquiétait pas des souffrances et des besoins de ses sujets, leur prenait leurs richesses sans précaution et sans discernement, et gênait ainsi le commerce et l'industrie, qui n'avaient aucune garantie contre son avidité capricieuse. C'étaient encore les légistes qui trouvaient dans les lois romaines des motifs à ces exactions, qui les faisaient réussir par les tortures, et qui émirent le principe que le roi a seul droit d'imposer ses sujets à son gré.

Le clergé était principalement l'objet de ces vexations financières : le pape ne cessait de s'en plaindre ; mais il n'en restait pas moins l'ami des Français, et se rendait odieux en Italie par sa partialité pour eux. Il donna à Charles-le-Boiteux l'appui de Jacques, roi d'Aragon, contre le frère même de celui-ci, Frédéric, que les Siciliens avaient appelé au trône ; il tourna à la maison d'Anjou ses deux plus grands ennemis, Jean Procida et Roger de Luria ; il donna le trône de Hongrie au petit-fils de Charles-le-Boiteux, malgré les Hongrois eux-mêmes, qui avaient élu André le Vénitien ; enfin il nomma Charles de Valois, duc de Spolète, capitaine-général de l'Église, vicaire de l'empereur en Italie et pacificateur de la Toscane, et il lui promit de l'aider à monter sur le trône impérial, dont

---

[1] La ligue anséatique, créée en 1164, comprenait, au quatorzième siècle, quatre-vingts villes, parmi lesquelles Anvers, Ostende, Dunkerque, Calais, Rouen, Saint-Malo, Bordeaux, Bayonne et Marseille.

il déposséda Albert d'Autriche, meurtrier d'Adolphe de Nassau et excommunié.

En favorisant ainsi la maison de France, Boniface n'avait qu'un but, la grandeur de l'Église, et il souffrait de ne pas trouver en Philippe un fils soumis et un instrument docile. Une dissension entre la papauté et la royauté française était chose étrange et pour ainsi dire intestine ; et dès que la lutte s'engagerait entre deux pouvoirs qui s'étaient toujours mutuellement soutenus, on pouvait prévoir que la papauté succomberait, puisqu'elle combattait contre son appui matériel alors que sa force d'opinion était ébranlée. Boniface sentait le danger ; mais il ne pouvait garder un silence coupable, lorsqu'il voyait les droits de l'Église attaqués même par son fils aîné : d'ailleurs il n'avait ni douceur ni modération dans le caractère ; et, malgré les périls de cette sorte de guerre civile, il se résolut à la soutenir désespérément et à mourir sur les débris du grand édifice fondé par Grégoire VII.

§ VII. Jubilé de l'an 1300. — Bulle contre Philippe IV. — Le quatorzième siècle venait de s'ouvrir (1300) ; le pape voulut en célébrer la première année par une cérémonie qui ranimât la foi chrétienne, et il accorda des indulgences plénières à tous les fidèles qui visiteraient, cette année, le tombeau des saints apôtres. Cette nouveauté fut accueillie avec transport : c'était un dernier et pâle reflet des croisades. Plusieurs millions de chrétiens firent le pèlerinage de Rome ; la grande ville manqua de place pour les loger, et l'on dressa des campements dans les plaines voisines. Boniface fut enflé d'orgueil à l'aspect de tous ces fidèles qui venaient lui baiser les pieds ; et lorsque les ambassadeurs d'Albert d'Autriche vinrent lui demander de le reconnaître pour le successeur de Charlemagne, il les reçut la couronne impériale en tête, l'épée nue à la main, disant : « C'est moi, c'est moi qui suis césar ; c'est moi qui suis l'empereur [1]. » Il croyait que la papauté était toute-puissante comme au temps d'Urbain II, et qu'il pourrait d'un mot intéresser l'Europe à la cause de l'Église ; mais c'était aux funérailles de la monarchie pontificale qu'il avait convoqué le monde chrétien, et le jubilé de l'an 1300 fut la dernière cérémonie où un pape se para des ornements impériaux.

La querelle avec le roi de France avait pris un caractère d'aigreur extrême. Philippe ne cessait ses usurpations, Boniface ses réprimandes ; enfin celui-ci, pour terminer toute contestation, nomma légat en France Bernard Saissetti, évêque de Pamiers. Le choix était malheureux : Saissetti, outre qu'il avait un esprit exalté,

---

[1] Benvenuto da Imola, d'après l'Art de vérifier les dates, t. II, p. 31.

peu propre à une mission pacifique, était né dans le Languedoc et se souvenait que son pays avait été indépendant ; il ne cachait pas sa haine « contre les ennemis de la langue provençale, qui avaient fait tant de maux aux Toulousains ; » il avait même engagé les comtes de Foix et de Comminges à chasser les Français du midi et à établir un royaume de la Gaule méridionale. Sa conduite à la cour de France fut pleine de hauteur et excita l'indignation de Philippe, qui se décida à commencer la lutte (1301). Saissetti était revenu à Pamiers, et, sur la nouvelle que le roi préparait quelque violence contre lui, il allait se réfugier à Rome, lorsqu'il fut enlevé dans son palais épiscopal et conduit à Paris. Ses biens furent séquestrés ; on envoya des commissaires dans le Languedoc pour recueillir des informations contre lui ; ses domestiques furent mis à la torture, et l'on commença une enquête qui fut un modèle d'iniquité. Les légistes étaient les instruments de cette violation de la liberté ecclésiastique : c'étaient moins des juges consciencieux et inflexibles que des esclaves chargés de trouver dans la loi de quoi satisfaire aux volontés du maître. L'information des procès était une science nouvelle qui avait pris aux tribunaux de l'inquisition ses formes, ses tortures, son mystère, son langage même, et qui n'avait qu'un but, trouver des coupables. Le juge, plein d'une cruauté froide et servile, faisait métier de surprendre, de scruter, d'embarrasser l'accusé ; il n'imaginait pas qu'il eût à examiner si ce qu'on lui commandait était bon ou mauvais en soi-même ; il croyait remplir tout son devoir en trouvant des raisons de condamner ceux qu'on lui livrait. La science des lois devint une sorte de fanatisme. L'Église avait souvent combattu les hérétiques, non par des raisonnements, mais par des textes : les juristes en firent autant ; la loi devint une arme redoutable, féconde, multiforme, aux mains de ces *chevaliers en droit*, bardés de textes et de paroles subtiles. Et telle est la source impure de cette magistrature française, qui a été la sauvegarde et le guide des libertés nationales.

Saissetti comparut devant le conseil du roi, et y fut accusé d'hérésie et de simonie : c'était le crime banal de ceux qu'on voulait perdre ; les véritables étaient son attachement aux droits de l'Église et son dessein de rendre l'indépendance au Languedoc. Il nia tout, et excita la colère des barons à tel point qu'ils lui dirent : « Nous ne savons à quoi il tient que nous ne vous massacrions sur l'heure [1]. » Il fut mis en prison, sous la garde de l'archevêque de Narbonne ; et Philippe signifia au souverain pontife « qu'il le requérait de venger les injures de Dieu, du roi de France et de tout

---

[1] Hist. du Lang., t. IV, p. 102.

le royaume, en privant de ses ordres et de tout privilége clérical cet homme dévoué à la mort, et dont la vie, si elle était prolongée, corromprait les lieux qu'il habitait ; et cela afin que le roi pût en faire un sacrifice à Dieu, selon la voie de justice, comme d'un scélérat incorrigible [1]. »

Boniface répondit : « Suivant le droit divin et le droit humain, les laïques n'ont aucun pouvoir sur la liberté des clercs : que ta grandeur laisse donc venir à nous cet évêque, dont nous désirons la présence ; que ses biens et ceux de son église lui soient restitués. Nous t'avertissons de ne pas étendre à l'avenir tes mains ravissantes sur des choses semblables, et d'éviter dorénavant d'offenser la majesté divine ou la dignité apostolique ; car nous ne voyons pas comment tu pourrais éviter la sentence des saints canons [2]. »

Il convoqua ensuite le clergé de France à Rome pour le consulter sur les infractions aux libertés de l'Église dont Philippe et ses ministres s'étaient rendus coupables, et il adressa au roi une bulle qui commençait ainsi (1304) : « Écoute, ô mon fils, les conseils d'un père tendre. Ne te laisse pas persuader que tu n'as pas de supérieur sur la terre, et que tu n'es pas soumis au souverain chef de la hiérarchie ecclésiastique ; car celui qui a de telles opinions est insensé, et s'il persiste dans cette erreur il cesse de faire partie du troupeau. Dieu nous a constitué, quoique indigne, au-dessus des rois et des royaumes, nous imposant le joug de la servitude apostolique, pour arracher, détruire, disperser, édifier et planter sous son nom et sa doctrine ; pour paître le troupeau, affermir les infirmes, guérir les blessés, » etc. Alors il blâma toutes les méchantes actions de Philippe, non comme suzerain des rois, mais comme prêtre suprême, à cause des péchés qu'il commettait et de ceux qu'il faisait commettre ; il lui reprocha ses attaques contre les églises, la dilapidation de leurs revenus, les empêchements au commerce, l'expulsion des étrangers, les altérations des monnaies, etc. « Quelque tendresse que nous ayons pour toi, dit-il, pour ta maison, pour ton royaume, nous ne pouvons, nous ne devons point passer sous silence combien tu nous troubles en offensant la majesté divine, lorsque tu accables tes sujets, que tu affliges les laïques comme les prêtres, que tu aliènes, par des exactions de tout genre, les pairs, les comtes, les communes et la masse du peuple, » etc. Enfin il lui parla du mépris des étrangers, de la haine de ses sujets et du jugement de la postérité, qui le nommerait mauvais roi et malhonnête homme [3].

Philippe IV fut saisi de fureur à la lecture de cette réprimande

---

[1] Preuves du diff., p. 630. — [2] Id., p. 661. — [3] Preuves du diff., p. 47.

audacieuse, qui le démasquait aux yeux des chrétiens; il fit jeter la bulle au feu, chassa de France le nonce qui l'avait apportée ainsi que l'évêque de Pamiers; et comme il voulait faire partager sa colère à tous ses sujets et les rendre solidaires de sa querelle, il convoqua un parlement plus nombreux que tous ceux qui avaient été tenus jusqu'alors.

Outre que la bulle n'était pas aussi injurieuse et despotique que Philippe le disait, elle contenait des reproches si vrais contre lui, des idées si saines sur le pouvoir des rois et les droits des peuples, tant de mesure et de force, tant de tendresse et de sévérité paternelle, qu'il n'était pas bon de la mettre devant les yeux de la nation. C'est pourquoi le chancelier Pierre Flotte répandit partout, au lieu de la longue et éloquente réprimande de Boniface, ce sec et grossier écrit qu'il prétendit être un résumé de la bulle, mais qui n'en contient pas un mot : « Boniface, évêque, serviteur des serviteurs de Dieu, à Philippe, roi des Français. Nous voulons que tu saches que tu nous es soumis au spirituel comme au temporel; que les collations de bénéfices et de prébendes ne t'appartiennent pas; que si tu as la garde des bénéfices vacants, c'est pour en réserver les fruits aux successeurs; que si tu en as conféré quelqu'un, nous regardons cette collation comme invalide et la révoquons; déclarant hérétiques tous ceux qui pensent autrement [1]. »

Le pape récrimina contre cette impudente falsification; il expliqua sa vraie bulle, dont quelques paroles pouvaient blesser l'indépendance des Français, et protesta qu'en parlant de sa supériorité sur les rois et les royaumes, il ne parlait que de sa supériorité morale, de son autorité ecclésiastique sur les pécheurs : « Pierre Flotte, dit-il en plein consistoire, nous a accusé d'avoir mandé au roi qu'il devait reconnaître que c'était de nous qu'il tenait son royaume. Il y a quarante ans que nous avons été reçu docteur en droit, et que nous savons que l'une et l'autre puissance sont ordonnées de Dieu : qui donc peut croire qu'une telle sottise, une telle extravagance ait pu entrer dans notre esprit? Nous ne voulons en rien usurper sur la puissance du roi; mais le roi ne peut nier qu'il ne nous soit soumis quand il s'agit du péché [2]. »

Malgré ces explications, Pierre Flotte répandit dans le public la réponse que Philippe ne rougissait pas de faire au pape : « Philippe, par la grâce de Dieu, roi des Français, à Boniface, qui se dit pape, peu ou point de salut. Que ta très-grande fatuité sache que nous ne sommes soumis à personne pour le temporel, » etc.

§ VIII. Premiers états-généraux. — Pendant ce temps, le

[1] Preuves du diff., p. 44. — [2] Id., p. 77.

parlement convoqué par Philippe s'assemblait. Jusqu'alors ce nom avait été donné indistinctement aux conférences des barons, soit entre eux, soit avec le roi, qu'il s'agît d'un jugement féodal à prononcer, d'une guerre à entreprendre, d'une ordonnance à publier : c'était tantôt une cour de justice, tantôt un conseil privé, tantôt une assemblée législative. Ses attributions et ses prérogatives n'étaient nullement définies; son pouvoir et son utilité dépendaient entièrement des circonstances; il n'y avait rien de fixe ni de régulier dans le mode de convocation, le nombre des membres, les choses à faire. Barons et prélats y avaient seuls place; les légistes n'y avaient été introduits que comme conseillers judiciaires et non comme membres. Philippe, qui savait que la papauté se prétendait spécialement la tutrice du peuple, voulut intéresser les bourgeois à sa querelle contre le pontife, et il appela à son conseil les députés des universités et des communes, de sorte que le parlement de 1302, par le nombre et la condition de ses membres, eut l'aspect, sinon la réalité, d'une assemblée représentative des trois ordres de la nation : c'est pourquoi on le considère comme la première assemblée des *états-généraux*.

Le parlement se tint à Paris, dans l'église de Notre-Dame, et n'eut à s'occuper que de la querelle de Boniface et de Philippe (1302, 10 avril). Pas une voix n'osa s'élever en faveur de Rome, et chaque ordre écrivit au pape une lettre de blâme. Le clergé, impatient des exactions pontificales, cherchait, comme le peuple, un appui dans la royauté, et il appelait libertés de l'Église gallicane sa soumission absolue aux volontés d'un maître; d'ailleurs, il craignait, tant l'irritation contre la cour de Rome était grande, une rupture de la France non-seulement avec le pape, mais avec tous les prêtres; et il voulut prendre une position nationale en refusant l'appui que lui offrait le chef des chrétiens contre le despotisme royal. Les barons montrèrent même docilité : « Boniface, dirent-ils, a fait appeler les prélats et les docteurs de France pour corriger et amender les excès, oppressions et dommages qu'il dit être faits par le roi notre sire, ses baillis et ses ministres, aux églises, aux universités et au peuple de ce royaume, encore que nous, ni les universités, ni le peuple dudit royaume, ne requérions ni ne voulions avoir correction sur les choses devant dites par lui, ni par son autorité, ni par pouvoir d'autre que le roi notre sire[1]. » Quant aux bourgeois, leur lettre n'a pas été conservée; mais il est certain, d'après une supplique du peuple au roi, publiée plus tard, qu'ils émirent le vœu « que le roi gardât la souveraine fran-

[1] Preuves du diff., p. 60.

chise de son royaume, qui est telle qu'il ne reconnaît de son temporel souverain en terre fors que Dieu. »

Les cardinaux répondirent aux lettres des états-généraux en désavouant les accusations portées contre le pontife; les légistes, à leur tour, publièrent des écrits où ils émettaient en principe que « le roi commande dans son royaume sans crainte d'aucune répression humaine. » Le pape traita l'Église gallicane de fille insensée, et déclara déchus de leurs dignités les prélats qui ne se rendraient pas au concile de Rome : « Nos prédécesseurs ont déposé trois rois de France, dit-il; nous déposerons celui-ci, s'il ne s'amende, comme un petit garçon. Sans nous il ne tiendrait pas d'un pied dans son siége royal; car nous savons comment les Allemands, les Bourguignons et les Languedociens aiment les Français [1]. » Malgré les menaces de Philippe, quarante-cinq évêques sortirent de France; il fit saisir leurs biens et commencer leur procès; quelques clercs furent pendus. Pour se faire un allié du roi d'Angleterre, il conclut une paix définitive avec lui, et lui rendit toute la Guyenne (1303). Enfin, quoique chef naturel des Guelfes, il combla de faveurs les Colonna, Gibelins, ennemis jurés du pape, que celui-ci persécutait avec acharnement, et qui s'étaient réfugiés en France. De son côté, Boniface cherchait des alliés (1303) : il voulut se réconcilier avec les Gibelins et reconnut empereur Albert d'Autriche; il exhorta les Flamands à la résistance; il reçut en faveur Frédéric d'Aragon, et le reconnut roi des Deux-Siciles; enfin il frappa d'excommunication tous ceux, fussent-ils rois, qui empêcheraient les évêques de se rendre à Rome.

§ IX. CONCILE DE ROME. — MORT DE BONIFACE VIII. — FIN DE LA MONARCHIE THÉOCRATIQUE. — Le concile s'assembla, et le pape y exposa sa doctrine. « L'Église est une, dit-il; mais elle a deux glaives, l'un spirituel, l'autre temporel; le premier est tenu par l'Église et la main des prêtres; le second pour l'Église et par la main des rois, mais selon la volonté du pontife [2]. » Il prétendit qu'en vertu de sa puissance spirituelle, il avait droit de veiller sur la conduite des rois dans l'administration de leurs états, d'écouter les plaintes de leurs sujets, et de les déposer s'ils ne se corrigeaient. Il proposa une pacification humiliante à Philippe, et, sur son refus de l'accepter, il ordonna à son légat de l'excommunier.

De son côté, Philippe assembla de nouveaux états-généraux « pour affaires concernant l'indépendance de sa couronne (1303). » Les légistes défendaient la royauté avec une sorte de fureur; ils s'acharnaient à la ruine de la monarchie pontificale, comme à la clef

[1] Preuves du diff., p. 77, — [2] Id., p. 54.

de voûte de la féodalité, avides de bâtir sur ses débris le pouvoir judiciaire, de mettre la loi à la place de la foi dans le monde chrétien. Dans cette nouvelle assemblée, Guillaume de Nogaret, professeur en droit de Toulouse [1], porta la parole contre le pape, et l'accusa de simonie, d'hérésie et des vices les plus infâmes. Un autre juriste du midi, Guillaume de Plasian, supplia le roi de rassembler un concile général, d'arrêter Boniface et de le traduire devant ce concile. Philippe accéda à cette demande, et invita les barons, les prélats, les villes et les communautés religieuses à adhérer à la convocation d'un concile général. Sept cents actes d'adhésion lui arrivèrent. L'Université, que le roi avait toujours traitée avec faveur, et qui avait de vieilles haines contre les papes, se déclara hautement pour la royauté.

A cette attaque, Boniface répondit : « Quand nous comblions le roi de bienfaits, il nous tenait pour très-catholique. Quelle est la cause de cette mutation subite, de cette irrévérence filiale? Que tout le monde le sache, c'est pour avoir voulu panser la plaie de ses péchés et lui imposer l'amertume d'une pénitence qu'il regimbe contre nous et nous charge d'injures atroces. Si l'on ouvre ce chemin aux princes, la papauté est avilie. Dieu nous garde de donner l'exemple d'une telle lâcheté! Je trancherai le mal dans sa racine [2]. » Alors il se décida à déposer solennellement Philippe et à donner son royaume à Albert d'Autriche, et il prépara, à cet effet, une bulle où il justifiait longuement sa conduite. Le roi de France en fut averti, et résolut de prévenir le coup. Il allait montrer au monde chrétien ce qu'était matériellement cette puissance papale indéfinissable, qui n'avait rien en propre et prétendait à tout; il allait affranchir les peuples et les rois d'un tuteur décrépit, que sa force unique, l'opinion, avait abandonné : l'édifice vermoulu de Grégoire VII, touché du doigt, allait tomber.

Guillaume de Nogaret part pour l'Italie avec Sciarra Colonna et d'autres ennemis du pape, rassemble une troupe d'aventuriers, et corrompt les magistrats d'Anagni, ville natale et séjour du vieux pontife. Tous se conjurent « tant pour la vie que pour la mort de Boniface [3]; » et, les portes leur étant livrées, ils entrent dans Anagni la veille même du jour où la fatale bulle devait être lancée, enfoncent les portes de la maison du pape, et crient : Vive le roi de France! meure Boniface! Au premier bruit, ce vieillard de quatre-vingt-six ans revêt ses habits pontificaux, se couronne de la tiare, prend en mains les clefs et la croix, s'assied près de

---

[1] C'est de lui que descend la famille d'Épernon, si célèbre à la fin du seizième siècle. — [2] Preuves du diff., p. 166. — [3] Id., p. 175.

l'autel, dans sa chaire apostolique, et, plein de calme et de majesté, attend les conjurés. Ils arrivent furieux, l'injure à la bouche, en brandissant leurs armes. « Fils de Satan, crie Colonna, cède la tiare que tu as usurpée. — Voilà mon cou, voilà ma tête, répond le pontife; mais, trahi comme Jésus-Christ, et prêt à mourir, du moins je mourrai pape [1]. » Colonna se jette sur lui et le frappe sur la joue de son gantelet : sans les efforts de Nogaret, il l'aurait massacré. On l'accable d'outrages, on pille son palais, on le garde prisonnier pendant trois jours sans lui donner de nourriture. Enfin le peuple d'Anagni, revenu de sa stupeur, se soulève; tous les villages voisins prennent les armes; le pape est délivré, et les Français sont chassés de la ville.

A la nouvelle de cet attentat, le monde fut saisi d'horreur : « Le Christ est captif dans son vicaire, s'écria le poète qui devait chanter cette merveilleuse époque [2]; il est moqué une seconde fois; il est de nouveau abreuvé de fiel et de vinaigre; il est mis à mort entre des brigands [3]. » Mais personne ne remua, et l'entreprise criminelle de Philippe eut l'issue qu'il en attendait. Boniface était retourné à Rome; mais, usé par la vieillesse et la douleur, il perdit le sens; et, quelques jours après, on le trouva mort, tout sanglant, dans son lit (1303). Le malheureux vieillard s'était, dit-on, brisé la tête contre la muraille.

Ainsi mourut le dernier des grands papes du moyen âge, martyr de la monarchie universelle de l'Église, qui finit avec lui; ainsi fut vengée la défaite des empereurs par les mains de la fille aînée du saint-siège, la royauté de France; ainsi fut ruiné à son tour cet empire romain spirituel, que sa victoire sur l'empire romain temporel avait épuisé. Mais l'œuvre de Grégoire VII ne périt pas tout entière et a laissé des fruits. La foi ne fut point ébranlée, et resta encore, pendant deux siècles, la base du système social; l'autorité spirituelle du pontificat demeura aussi pleine et entière que jamais; les peuples ne cessèrent de lui vouer, malgré l'avilissement où il allait tomber, leurs respects et leurs adorations. Enfin, aujourd'hui encore, la république chrétienne existe de fait; l'Europe est encore une confédération de peuples compatriotes par la foi et les lumières; la langue de l'Église est encore le cachet de la civilisation.

[1] Villani, liv. VIII, ch. 63.

[2] Dante Alighieri, qui cette année-là même se trouvait à Paris. — Cet Homère du christianisme, qui appartient à l'Europe chrétienne par son génie, a mis au monde la *Divine Comédie*, tableau sombre et passionné des idées, des sentiments, des mœurs de cet âge; création populaire, où domine la grande figure de la papauté, où tout est empreint de cette science qui résumait toutes les autres, la théologie; cosmogonie sociale, cantique mystérieux, sorte d'apocalypse que le poète seul a parfaitement comprise. — [3] Purgatoire, ch. xx.

La papauté, comme puissance temporelle théocratique, a terminé sa mission, mais elle n'avouera jamais sa déchéance : elle ne veut pas voir que la société s'est émancipée de ses entraves ; elle garde ses prétentions, comme ces rois qui se parent des titres des royaumes qu'ils ont perdus. Cependant, loin d'attaquer pour les faire valoir, elle se tiendra constamment sur la défensive et ne les émettra que sous le couvert de sa puissance spirituelle. Étrange et mystérieuse monarchie, qui fut, pendant trois cents ans, par ses principes spirituels d'unité et d'universalité, le lien, la force et la cause de tous les progrès de l'Occident ; mais qui tomba, parce que, en voulant perpétuer au temporel ces mêmes principes, elle tendait à immobiliser le monde chrétien, à faire du despotisme, non plus au profit des peuples, mais au profit des pontifes, à tenir éternellement en lisière des nations capables de marcher seules. La royauté, dont l'éducation a été faite par la papauté, se dégage de cette maîtresse impérieuse et décrépite ; elle lui prend la confiance des peuples ; elle fait passer de son côté l'inviolabilité et l'infaillibilité ; elle commence à être absolue.

CHAPITRE V.

Compléments de la révolution précédente : bataille de Courtray ; simonie de Clément V ; condamnation des Templiers ; établissement de la loi salique ; extinction de la race directe des Capétiens. — 1303 à 1328.

§ I. SUITES DE LA RÉVOLUTION PRÉCÉDENTE. — Une révolution était faite : sa date précise est dans la mort de Boniface VIII ; mais son origine est dans les événements qui précèdent la ruine de la monarchie pontificale, alors qu'une royauté, nouvelle en fait comme en droit, s'est manifestée, alors qu'elle n'est plus sainte, protectrice et publique, mais vicieuse, despotique et égoïste ; alors que la plupart des grands fiefs sont réunis à la couronne, que les communes n'existent plus, que la France n'est plus une province de la monarchie pontificale, mais une nation distincte qui se manifeste par les états-généraux ; alors que les parlements commencent, que les croisades finissent, que les guerres de nationalité sont écloses et vont occuper tous les esprits et les bras. Nous allons voir cette révolution se compléter dans les vingt-cinq années qui suivent la mort de Boniface VIII par la première victoire des bandes populaires sur les chevaliers féodaux, par l'esclavage de la papauté, la destruction des Templiers, l'établissement de la loi salique et l'extinction de la race directe des Capétiens.

§ II. Batailles de Courtray et de Mons-en-Puelle. — Avant que la lutte entre la papauté et la royauté de France ne fût terminée, une puissance nouvelle s'était révélée au monde, le *peuple,* qui allait se mettre à part des autres puissances et entrer en lutte ouverte avec elles. Ce fut en Flandre, où la bourgeoisie était si riche, si orgueilleuse, si turbulente, que le peuple manifesta, par une première victoire, son existence et sa force. Ce pays, dont le lien de vassalité envers la France était autrefois si léger, s'indignait d'être soumis directement à un roi peu soucieux de respecter ses priviléges et ses biens. Le gouverneur, Jacques de Châtillon, accabla les Flamands d'exactions et de tyrannies si odieuses, qu'un soulèvement général éclata dans Bruges, et que trois mille Français, qui étaient dans cette ville, furent massacrés (1302). Un fils du comte Guy vint se mettre à la tête des insurgés, s'empara de Courtray et assiégea Cassel. Presque toutes les villes de Flandre se révoltèrent et chassèrent les Français.

Philippe envoya en Flandre Robert d'Artois avec sept mille cinq cents gendarmes, dix mille archers et trente mille fantassins. Les Flamands, au nombre de vingt mille, attendirent l'armée française à Courtray, derrière un canal. Les Français, leur général en tête, se précipitèrent en cohue dans ce canal, qu'ils comblèrent de leurs corps; les Flamands tombèrent sur eux et en firent un horrible massacre (1302). Robert d'Artois, le connétable de Nesle, le chancelier Flotte, deux cents grands seigneurs et six mille chevaliers périrent. C'était la première fois que la démocratie et ses fantassins demi-nus luttaient corps à corps avec l'aristocratie et ses chevaliers bardés de fer; ce fut donc un grave événement que la victoire des Flamands : *le peuple était;* il fallait désormais traiter avec lui de puissance à puissance. Aussi la noblesse conçut-elle contre lui la plus profonde haine; il se fit dès lors tacitement, entre les nobles de tous les pays contre les bourgeois de tous les pays, une coalition perpétuelle; et ceux-ci vont être poursuivis comme des espèces d'infidèles, dans des guerres acharnées qui seront les croisades des chevaliers de cette époque.

La chevalerie de France avait eu jusqu'alors, soit dans les croisades, soit dans les guerres féodales, la plus haute renommée militaire; en bataille rangée, elle avait été rarement vaincue, et souvent elle avait remporté de grandes victoires. Avec la journée de Courtray commencent ces sanglantes défaites que nous verrons se multiplier dans l'âge suivant, et qui sont toutes causées par l'orgueil et l'ineptie des chevaliers. L'habileté, la valeur, le patriotisme descendent chez ces *pédailles,* ces *villains,* ces *ribaudailles,* qu'ils accablent de leur mépris; la noblesse mettra la France dans l'abîme, le peuple la sauvera. C'est aussi dans ces honteuses déroutes que sera détruit le deuxième âge de l'aristocratie, la vraie aristocratie féodale, qui commence après la bataille de Fontanet, et finit dans le quinzième siècle ; cinq journées épuiseront ce sang si riche et si ardent : Courtray, Crécy, Poitiers, Nicopolis et Azincourt; et les échafauds de Louis XI en boiront les restes.

A la nouvelle du désastre de Courtray, Philippe IV redoubla d'énergie et de violence. Il força les nobles et les bourgeois à porter leur vaisselle d'argent à la monnaie, et la paya en espèces falsifiées (1302); il vendit la liberté aux serfs de la couronne et la noblesse aux bourgeois; il ordonna que chaque centaine de livres de rente possédée par les nobles ou les clercs fournirait un cavalier armé ; que chaque centaine de feux de roturiers pauvres fournirait six sergents à pied, et que tout roturier possédant vingt-cinq livres de revenu serait appelé à porter les armes. En retour de ces mesures despotiques, il publia une grande ordonnance de réformation par laquelle il interdit les guerres privées pour toujours et les duels jusqu'à la paix, mit des bornes à l'inquisition et à la juridiction ecclésiastique, limita les confiscations, abolit la prison pour dettes, réfréna les abus de pouvoir des sénéchaux et des baillis, enfin régularisa l'administration de la justice, en ordonnant de tenir tous les deux mois des assises dans les bailliages, et tous les ans deux parlements à Paris, deux *échiquiers* [1] à Rouen, un parlement à Toulouse et deux fois les *jours de Troye* en Champagne.

Une armée de dix mille cavaliers et quarante mille fantassins fut rassemblée à Arras, et le roi, qui la commandait lui-même, entra en Flandre; mais les insurgés avaient quatre-vingt mille hommes en armes, et eurent l'avantage dans toutes les rencontres. Pressé par l'hiver, Philippe, qui était alors dans le feu de sa querelle avec Boniface VIII, conclut une trêve; l'année suivante, il fit sortir de prison le comte Guy, et l'envoya à ses indomptables sujets, pour les engager à la paix (1302). Mais le vieillard, accueilli avec enthousiasme par les Flamands, les félicita au contraire de leurs succès, et leur donna sa bénédiction; puis il revint dans sa prison, où il mourut (1303). Alors Philippe rassembla une armée de cinquante mille fantassins et de douze mille cavaliers, et entra dans le pays. Les Flamands, au nombre de soixante mille, et commandés par les trois fils du comte Guy, étaient devant Lille; ils ne

---

[1] C'était la cour suprême féodale des ducs de Normandie : elle devait « corriger tout ce que les baillis et autres manières de justice ont malement jugé. »

s'effrayèrent pas de ce que leur flotte venait d'être battue à Zirikzée par les galères génoises à la solde de Philippe, et assaillirent l'armée française à Mons-en-Puelle ; mais ils furent entièrement défaits (1304). Loin d'être abattus, ils rassemblèrent en moins de trois semaines une seconde armée, et vinrent attaquer Philippe, qui faisait le siége de Lille, car « ils étaient résolus, disaient-ils, de mourir dans la bataille plutôt que de vivre en servage. » Le roi, épouvanté de cette guerre interminable, résolut de faire la paix la plus humiliante qu'eût encore faite un roi de France avec ses vassaux : il reconnut l'indépendance de la Flandre, sauf le lien féodal, et reçut l'hommage du fils aîné du comte Guy. Il ne resta à la France que Lille, Douay et Orchies.

Ainsi fut manquée la réunion du plus important des grands fiefs du nord ; et les essais tentés depuis cette époque n'ont réussi qu'en partie. L'éloignement des Flamands pour la domination française ne fit que s'accroître avec le temps, et aujourd'hui encore la plus grande partie de la Flandre est étrangère à la France. C'était le premier échec qu'éprouvait la royauté française dans son travail d'unification ; et il apprit aux peuples qu'il était possible de défendre contre elle son indépendance.

§ III. Élection simoniaque de Clément V. — Les cardinaux s'étaient hâtés de donner un successeur au malheureux Boniface VIII (1303). Ce fut Benoît XI, homme adroit et ferme, qui fit craindre à Philippe que sa victoire ne devînt inutile. Il négocia d'abord humblement avec le roi, puis le releva de son excommunication ; et lorsqu'il eût reconnu que la puissance papale était un peu raffermie et que le monde chrétien gardait ressentiment des outrages faits à son chef, il reprit vigueur et excommunia les conjurés de l'affaire d'Anagni avec ceux qui leur avaient donné ordre, secours ou conseil. Cette bulle avait à peine eu le temps de se répandre en Europe, que ceux qu'elle frappait y firent une terrible réponse : Benoît XI mourut empoisonné (1304). Les historiens contemporains accusent de ce crime Nogaret et ses complices ; l'un d'eux nomme Philippe-le-Bel.

Neuf mois se passèrent sans que les cardinaux pussent s'entendre sur le successeur de Benoît XI. Le conclave était divisé entre les Gaëtani, Guelfes et parents de Boniface VIII, et les Colonna, Gibelins et amis de la France (1305). Enfin, les Colonna proposèrent secrètement aux Gaëtani de leur présenter trois candidats, sur lesquels ils promirent de faire un choix dans quarante jours. L'accord est fait : les Gaëtani proposent trois prélats, créatures de Boniface VIII et ennemis de Philippe IV. Aussitôt les Colonna envoient secrètement les trois noms au roi de France, lui conseillant de choisir Bertrand de Got, archevêque de Bordeaux, de la famille des comtes de Lomagne et sujet des rois anglais; c'était pourtant son ennemi déclaré. Mais Philippe appelle Bertrand à une entrevue secrète dans l'abbaye de Saint-Jean-d'Angely, lui découvre l'état du conclave, et lui propose de le faire nommer pape s'il veut souscrire aux conditions suivantes : 1° qu'il le réconciliera avec l'Église ; 2° qu'il absoudra ses agents ; 3° qu'il lui donnera un décime sur le clergé de France pendant cinq ans ; 4° qu'il rétablira les Colonna dans leurs biens et honneurs, et fera entrer dans le sacré collége dix sujets français désignés par lui ; 5° qu'il censurera la conduite de Boniface. Il s'arrête à la sixième condition, et se réserve de la faire connaître quand le temps sera venu ; c'était le moyen d'obtenir de sa créature tout ce qu'il voudrait. L'archevêque, transporté de joie, se jette aux genoux du roi, se soumet à toutes ses demandes, lui jure sur la sainte hostie entière soumission ; et l'infâme marché, qui achève la ruine et l'opprobre de la papauté, est conclu. Un courrier porte le choix de Philippe aux Colonna; Bertrand de Got est élu sous le nom de Clément V, et les successeurs de saint Pierre perdent à jamais la magistrature suprême de la chrétienté.

Le prêtre impie qui venait, par son élection simoniaque, de bouleverser l'ordre social de l'Europe, n'osa mettre le pied dans la capitale du monde chrétien ; il abjura ce séjour si habilement choisi et si obstinément gardé par ses prédécesseurs, pour demeurer honteusement sous l'abri du maître qu'il s'était donné, et qui l'exigea de lui comme la sixième condition de son marché ; il resta en France, et, à la grande surprise de tous les chrétiens, alla se faire couronner à Lyon (1305). L'empire théocratique n'avait plus de centre, c'était dire qu'il n'existait plus. La politique de Grégoire VII se trouvait abandonnée ; la papauté n'était plus la barrière, mais l'instrument de la tyrannie des rois ; du camp des faibles, elle avait passé au camp des forts. Après son couronnement, le pape se hâta d'acquitter le prix de son élection en rappelant les Colonna, en donnant la pourpre à six créatures du roi de France, en révoquant les censures portées contre Philippe et ses agents, en autorisant le roi à pressurer son clergé, en prodiguant les indulgences pour une croisade en faveur de Charles de Valois, qui prétendait à l'empire de Constantinople. Ensuite, et comme s'il eût voulu faire moquerie des mœurs austères de tous les papes de l'âge héroïque, il parcourut l'Aquitaine et la Bourgogne au milieu du cortége le plus pompeux, traînant avec lui l'épouse du comte de la Marche, dont il avait fait sa maîtresse, épuisant les églises pour subvenir à son faste et aux dépenses prodigieuses de la femme adultère, effrayant la chrétienté par le scandale de sa marche triomphale. Il y avait déjà tout un monde entre Boniface VIII et Clément V : la débauche était montée dans la chaire de saint Pierre. Enfin, il s'en alla cacher sa honte à Avignon, ville du domaine des rois de Naples, où ses successeurs, au nombre de sept, tous Français, tous nés dans le midi de la France, résidèrent pendant soixante-dix ans. C'est cet exil de la papauté que les Italiens ont appelé la *captivité de Babylone*.

§ IV. EXACTIONS FINANCIÈRES DE PHILIPPE IV. — ESCLAVAGE DE CLÉMENT V. — La royauté n'avait plus de surveillants ; elle pouvait se livrer à tous ses caprices despotiques. C'était surtout le besoin d'argent qui tourmentait Philippe, et il ne se passait point d'année qu'il n'employât quelque nouveau moyen pour falsifier les monnaies : en huit ans, le marc d'argent varia de 8 liv. 10 sous à 2 liv. 14 s. Il suspendit dans les grands fiefs et acheta des seigneurs le droit de battre argent, afin de donner plus d'écoulement à ses monnaies altérées. Mais les faux monnayeurs se multipliaient, et les décrets de Philippe étaient insuffisants pour les réprimer ; il les fit excommunier par le pape, comme s'il avait voulu faire du faux monnayage une prérogative royale. Il lançait ordonnances sur ordonnances pour donner quelque crédit à ses espèces, défendant tantôt de les peser, tantôt de les comparer aux monnaies étrangères ; mais il s'aperçut bientôt que, toutes les monnaies étant falsifiées, on ne le payait plus qu'avec elles, et qu'il perdait à son tour. Alors il fit battre de la bonne monnaie, ordonna que seule elle aurait cours, et que l'ancienne ne serait reçue qu'au tiers de sa valeur nominale. Cette décision excita un soulèvement universel, car elle bouleversait toutes les transactions et forçait les débiteurs à payer trois fois le montant de leurs créances. Un grand nombre de villes résistèrent par la force à cette iniquité ; le peuple de Paris prit les armes. C'était sa première révolte contre cette royauté qui oubliait son rôle de protection et la première manifestation de sa puissance (1306). Philippe fut assiégé dans le palais du Temple et délivré par ses archers ; des supplices nombreux mirent fin à l'émeute, et les ordonnances sur les monnaies furent modifiées. Alors, toutes ses ressources étant épuisées, il résolut de remplir ses coffres d'un seul coup, et par un brigandage ouvert : à un jour et à une heure indiqués, sans que personne en eût le moindre soupçon, tant son système de police tyrannique était déjà complet, tous les Juifs du royaume furent arrêtés et mis en prison ; et, sans autre forme, on confisqua leurs biens et on les jeta hors de France (1306).

Pour cette dernière iniquité, Philippe avait demandé et obtenu sans peine l'autorisation de Clément V : c'était l'instrument avec lequel il légitimait ses tyrannies. Malgré la servilité du pontife, il le tourmentait sans cesse, et, à la moindre hésitation, le menaçait de la sixième condition de leur marché, éternelle demande toujours accordée, jamais satisfaite ; espèce d'épouvantail indestructible au moyen duquel il tenait le simoniaque à la chaîne. Pour dernier coup, il l'appela à Poitiers, et lui demanda, en vertu de cette sixième condition, que la mémoire de Boniface VIII fût condamnée, que ce pontife fût déclaré usurpateur, hérétique et infâme, que tous ses actes fussent annulés, que ses ossements fussent retirés du tombeau et brûlés (1307). C'était ébranler la religion, bouleverser l'Église, remettre tous les pouvoirs ecclésiastiques en question, et entacher même de nullité l'élection de Clément : il refusa, « et chercha à s'évader sous un déguisement ; mais le roi et ses ministres le retinrent par violence [1]. » Alors il tâcha d'adoucir, à force de soumission, l'implacable maître qu'il s'était donné, et il finit par déférer le jugement de Boniface VIII à un concile œcuménique qu'il convoqua à Vienne pour l'an 1310. Prêt à tout faire pour détourner le roi de cette fatale question, il assigna le royaume de Navarre à son fils aîné, Louis, le royaume de Hongrie à Charobert, petit-fils de Charles-le-Boiteux, et il accabla lui et sa famille d'argent et de dignités C'est alors que Philippe, paraissant abandonner sa poursuite contre Boniface, lui demanda, et toujours comme sixième condition de leur marché, la destruction de l'ordre des Templiers.

§ V. JUGEMENT DES TEMPLIERS. — La demande de Philippe était une nouvelle manière de forcer la papauté à se suicider elle-même L'ordre du Temple comptait plus de quinze mille chevaliers, milice dévouée à l'Église, pour laquelle elle versait son sang depuis deux siècles ; c'était la seule portion du clergé français qui eût pris parti pour Boniface, la seule qui eût manifesté son mécontentement des exactions et des usurpations de Philippe ; c'était aussi la portion la plus indépendante et la plus puissante de l'aristocratie féodale ; c'était enfin la société la plus riche de l'Europe. Son chef-lieu était à Paris, et presque tous ses membres étaient Français. Le pape conçut une extrême douleur de la demande de Philippe, et néanmoins lui promit de commencer les informations nécessaires à une si grande entreprise ; mais les hésitations du pontife déplaisaient à l'implacable roi, et, « d'après ses ordres, le 13 octobre 1307, vers le point du jour, tous les Templiers qu'on trouva dans le royaume

[1] Vie de Clément V, par un moine de Saint-Victor. (Script. Italic., t. III, p. 452.)

de France furent tout à coup, et en un seul moment, saisis et renfermés dans différentes prisons ¹. » Cette violence subite et mystérieuse jeta la plus grande épouvante. Nul n'en avait eu le moindre soupçon, car le roi avait toujours témoigné une vive amitié aux Templiers ; il avait même demandé à être affilié à leur ordre ; enfin il venait de rappeler d'Orient le grand-maître, Jacques de Molay, sous prétexte d'un projet de croisade, et il l'avait prié d'être le parrain d'un de ses enfants. Le jour même de leur arrestation, il assembla l'Université et les bourgeois de Paris dans son palais, et leur dévoila les crimes dont les Templiers étaient accusés : trahison envers la chrétienté, idolâtrie, débauches, etc. Ayant obtenu l'approbation servile de cette assemblée, il se transporta au Temple avec ses légistes et ses archers, et s'empara du trésor et des archives de l'ordre ; puis il envoya par toute la France un manifeste explicatif de sa conduite ; enfin il écrivit à tous les souverains, et, grâce à la prépondérance qu'il exerçait en Europe, les Templiers furent arrêtés partout et leurs biens saisis.

Alors, et par l'ordre de Philippe, l'inquisition de France commença les interrogatoires et les tortures ; et presque tous les chevaliers, même le grand-maître, avouèrent la plupart des choses dont on les accusait, quelque absurdes et dégoûtantes qu'elles fussent. Il est probable que les Templiers avaient rapporté de leur long séjour en Orient des croyances téméraires, des cérémonies bizarres et mystérieuses ², des mœurs corrompues ; mais ils étaient restés fidèles à la cause chrétienne en Asie, alors que tout l'Occident l'avait abandonnée ; ils continuaient à combattre les ennemis du Christ dans les îles de la Méditerranée, et défendaient pied à pied les approches de l'Europe ; enfin ils n'étaient justiciables que de la puissance spirituelle pour des dérèglements et des croyances qui d'ailleurs ne causaient aucun trouble. Mais la royauté craignait des obstacles à son pouvoir de la part de ces religieux militaires qui allaient être ramenés en France par les désastres de la Terre-Sainte, et qui pouvaient présenter un appui soit à l'aristocratie, soit à la papauté. Les Templiers, alliés à toutes les familles nobles, propriétaires de dix mille châteaux, guerriers fabuleusement célèbres pour leur valeur, hostiles aux légistes et aux moines, avaient enfin le malheur de posséder le plus riche trésor du monde : aux yeux de Philippe, c'étaient des ennemis qu'il fallait détruire.

---

[1] Guill. de Nangis, a. 1307.

[2] Il paraît certain que dans la cérémonie de réception le récipiendaire devait renier le Christ et cracher sur la croix. On ne sait pas la signification de cette coutume absurde ; mais elle fut le principal chef d'accusation contre les Templiers et ameuta tout le peuple contre eux.

Clément V fut affligé et indigné des violences exercées contre un ordre qui ne pouvait être jugé que par lui; il suspendit donc les procédures et évoqua l'affaire à son tribunal. Philippe éclata de colère : « Je ne tolérerai pas cet outrage! dit-il au pontife : j'ai pris la chose en main comme champion de la foi et défenseur de l'Église [1]. » Clément fut contraint de confirmer les procédures commencées par les évêques, d'approuver les accusations, de régler le séquestre des biens de l'ordre : il se réserva seulement le jugement des chefs. Le roi ne se contenta pas de l'assentiment du pontife, et sachant que le peuple portait une grande vénération aux derniers soldats du Saint-Sépulcre, il voulut faire de leur condamnation une affaire nationale. Les états-généraux furent donc convoqués à Tours, « pour avoir le jugement et l'approbation des hommes de toute condition touchant les Templiers, et ils prononcèrent que les chevaliers étaient dignes de mort (1308) [2]. » Seize princes et seigneurs se portèrent accusateurs de l'ordre, et donnèrent procuration au roi pour agir contre lui.

Alors Philippe eut une nouvelle conférence à Poitiers avec le pape, lui fit interroger soixante-douze accusés et lui promit de lui donner les biens de l'ordre. Le pontife, dans l'espoir de sauver les Templiers, institua quatre commissions inquisitoriales, en France, en Italie, en Allemagne et en Espagne, pour juger les chevaliers et faire un rapport sur l'ordre dans un concile général qu'il convoqua à Vienne pour l'an 1311.

La commission de France, composée de huit évêques, s'assembla à Paris (1309). Le grand-maître des Templiers se présenta devant elle; mais, après avoir protesté de son innocence, il fut si effrayé des accusations portées contre l'ordre et des aveux de ses membres, qu'il n'osa entreprendre leur défense, et en appela simplement, pour lui-même, au pape. Alors cinq cent soixante-six chevaliers, qui étaient entassés depuis deux ans dans les prisons, furent amenés devant la commission et dénoncèrent les barbaries dont ils étaient victimes. Leurs défenseurs firent une hardie protestation, déclarèrent l'entière innocence de tous les Templiers, et demandèrent à être jugés par le concile général. Ce procès dura long-temps, et l'on entendit deux cent trente témoins sans que l'affaire fût éclaircie : il fut suivi avec intérêt par le peuple de Paris, qui murmurait des souffrances des accusés. Philippe, voyant ces lenteurs, et sachant que les commissions pontificales d'Espagne, d'Italie et d'Allemagne avaient absous les Templiers, changea de plan. Il remit en vigueur la bulle du pape qui approuvait les

[1] Dupuy, p. 11. — [2] Vie de Clément V, par un moine de Saint-Victor.

procédures commencées par les évêques; et, d'après cela, les conciles provinciaux furent convoqués. Celui de Paris avait pour président l'archevêque de Sens, Marigny, frère du premier ministre du roi : il commença le procès des prisonniers de Paris. Les Templiers se trouvèrent ainsi jugés à la fois par deux tribunaux. Vainement la commission inquisitoriale réclama; vainement les accusés en appelèrent au pape : le concile de Paris, en un seul jour, condamna au feu cinquante-quatre Templiers, et les fit exécuter (1309). De semblables exécutions furent ordonnées, et avec la même rapidité, par les autres conciles provinciaux; les chevaliers qui échappèrent à la mort furent condamnés à la captivité et à de rudes pénitences; les grands dignitaires de l'ordre restèrent en prison, le pape s'étant réservé leur jugement. Quant à la commission inquisitoriale, elle continua à instruire le procès de gens condamnés et exécutés, et ne se sépara que deux ans après.

§ VI. RÉVOLUTION EN HELVÉTIE. — ÉLECTION DE HENRI VII. — L'Italie, toujours déchirée par les Guelfes et les Gibelins, ne voyait plus ni le pape ni l'empereur. Clément V se souciait peu des Guelfes, qu'il ne connaissait pas; et le sacré collège, composé presque entièrement de Français, semblait avoir oublié l'ancienne politique de la cour de Rome. De son côté, Albert d'Autriche ne répondait pas à l'appel et aux imprécations des Gibelins, et s'occupait uniquement d'étendre sa domination sur l'Allemagne et principalement sur l'Helvétie. Ce pays, qui avait fait partie du royaume de Bourgogne, était devenu province immédiate de l'empire, et se trouvait partagé en une multitude d'états : Zurich, Bâle, Berne, etc., étaient villes impériales; les cantons d'Uri, de Schwitz, d'Unterwalden, avaient pour gouverneurs des avoyers nommés par l'empereur. Albert, comme comte de Hapsbourg, avait des possessions considérables en Helvétie : il voulut y étendre sa domination et en faire un état pour l'un de ses fils. Les cantons d'Uri, de Schwitz et d'Unterwalden se révoltèrent, chassèrent les avoyers autrichiens, et formèrent une ligue pour le maintien de leurs libertés, en réservant les droits de l'empire (1308). Albert marcha contre eux et fut assassiné par son neveu (1315). Les Autrichiens furent vaincus à Morgarten, et la ligue des trois cantons se grossit de l'accession de Lucerne en 1332, de Zurich en 1351, de Glaris, de Zug et de Berne en 1353.

A la mort d'Albert, Philippe IV demanda au pape qu'il fît obtenir la couronne impériale à Charles de Valois, dont les projets sur Constantinople avaient eu mauvais succès. Clément le promit; mais jamais danger plus grand n'avait menacé l'Église, si la maison des

Capétiens, déjà maîtresse des trônes de France, de Naples, de Navarre, de Hongrie, avait encore la dignité impériale ; il écrivit donc aux électeurs qu'ils se hâtassent de nommer un prince allemand, et il leur indiqua le comte de Luxembourg. Celui-ci fut élu et prit le nom de Henri VII : il s'empressa de faire serment au pape pour les immunités de l'Église et les donations de Charlemagne. Les rôles étaient changés. De son côté, Clément l'excita à aller en Italie pour mettre la paix entre les Guelfes et les Gibelins, et il écrivit aux Italiens pour les engager à reconnaître Henri comme leur souverain.

§ VII. Procès de Boniface VIII. — Concile de Vienne. — Abolition de l'ordre des Templiers. — Philippe fut très-irrité de la mauvaise foi du pape, et il le persécuta de nouvelles demandes : c'était, comme dans les légendes de ce siècle, le démon tourmentant, par des exigences sans nombre, l'âme qui s'était vendue à lui. En vain l'ordre des Templiers lui avait été sacrifié pour le détourner de sa poursuite contre le cadavre de Boniface, l'inexorable roi ne donna pas de repos à sa créature jusqu'à ce que le scandaleux procès fût entamé (1309). Nogaret et Plasian rassemblèrent une foule de témoins, qui vinrent dénoncer les mœurs et les croyances de Boniface, l'accusant de simonie, d'athéisme, de magie et des vices les plus infâmes. Il est probable que ce pontife avait des idées plus hardies que celles de son siècle et des mœurs peu régulières ; mais, à moins qu'il ne fût insensé, il est impossible de croire aux témoignages de ceux qui l'accusèrent d'avoir fait parade de son incrédulité et de ses débauches. Cependant le nombre et l'importance des accusateurs étaient tels, les instances de Philippe étaient si menaçantes, que Clément se trouva dans le plus grand embarras. Il entassa délais sur délais, interlocutoires sur préliminaires, protestations sur exceptions ; il négocia, s'humilia, menaça, parvint à traîner l'affaire pendant deux ans, et enfin, se trouvant à bout, il résista ouvertement. Philippe sentit qu'il ne pouvait aller plus loin : il consentit à suspendre ses poursuites, à les laisser à la décision du pape et du futur concile ; et Clément termina le procès en publiant une bulle qui est « le plus grand acte de déférence à une autorité étrangère qui ait jamais été obtenu de la cour de Rome [1] (1311). » Après avoir dit que les Français étaient le peuple chéri de Dieu, et les rois de France les défenseurs et les fidèles enfants de l'Église, il déclara que Philippe n'avait été mu que du zèle de la vérité en poursuivant la mémoire de Boniface, et qu'il était entièrement innocent de l'attentat d'Anagni ; puis il

---

[1] Sismondi, Hist. des Franç., t. IX, p. 251.

se réserva la poursuite, la connaissance et la décision de l'affaire, et cependant supprima toutes les sentences, excommunications, déclarations, prononcées contre les droits et les libertés du roi et de son royaume.

Le concile œcuménique de Vienne s'assembla; trois cents évêques, le pape et le roi de France, y assistaient (1311). On proclama que, s'il était quelque défenseur de l'ordre des Templiers, il pouvait se présenter. Presque tous les chevaliers qui avaient échappé à la persécution étaient cachés ou errants. Neuf se présentèrent au nom de deux mille de leurs frères; mais Clément les fit jeter en prison. Les évêques, indignés, déclarèrent qu'ils ne pouvaient condamner aucun accusé sans l'entendre. Alors le pape, ayant conféré secrètement avec Philippe, de lui-même et par voie de provision, cassa et annula l'ordre des Templiers, « comme étant très-suspect, » et attribua ses biens à celui des Hospitaliers. « Ainsi, dit l'un des membres de la commission inquisitoriale, ainsi fut anéanti l'ordre du Temple, après avoir combattu cent quatre-vingt-quatre ans, et avoir été comblé de richesses et orné des plus beaux priviléges par le saint-siége. Il n'en faut pas rejeter la faute sur le pontife, car il est constant que lui et le concile n'ont fondé leur jugement que sur les allégations et les preuves que le roi de France leur a fournies [1]. »

Le concile de Vienne, après avoir privé le Saint-Sépulcre de ses défenseurs, décréta une croisade; et Philippe prit la croix avec toute sa famille. Le serment d'aller en Terre-Sainte n'était plus qu'une vaine cérémonie, ou plutôt une dérision impie par laquelle le pape donnait au roi le droit de lever des décimes sur le clergé et le peuple. Après cette nouvelle marque de servilité, Clément V voulut prendre sa revanche, et, dans la dernière séance du concile, il déclara tout à coup que Boniface VIII avait été légitime pontife, non souillé d'hérésie, et que les accusations portées contre lui étaient calomnieuses. « Le roi et les siens furent confus [2]; » et le concile se sépara. Papauté, conciles, croisades, Templiers, tout ce qui avait fait la force de cet âge de foi et d'héroïsme était mort.

§ VIII. Réunion de la ville de Lyon a la couronne. — Supplice du grand-maître des Templiers. — Fin du règne de Philippe IV. — A son retour de Vienne, Philippe termina une acquisition importante à laquelle il travaillait depuis quatre ans (1310 à 1314) : c'était celle de Lyon, ville riche, peuplée, commerçante, qui appartenait de droit au royaume d'Arles, et où la souveraineté était de fait partagée par les bourgeois et l'archevêque. Le roi de France y tenait un officier pour rendre la justice dans le bourg de

---

[1] Bernard. Guidon. in Vitâ Clément. V. — [2] Villani, liv. IX, 22.

Saint-Just, et cherchait, par ce moyen, à s'emparer de toute la ville. Mais les bourgeois s'armèrent, chassèrent le lieutenant du roi et prirent le château de Saint-Just. Philippe envoya une armée, et les Lyonnais firent leur soumission. L'archevêque fut conduit à Paris, et contraint de céder ses droits de souveraineté au roi de France. Le pape n'osa rien dire; l'empereur ne fit aucune protestation, et c'est ainsi que fut réunie à la couronne de France l'ancienne capitale de la Gaule romaine.

Les derniers temps du règne de Philippe IV sont obscurs et sombres : quelques tyrannies financières, de petites révoltes, plusieurs supplices nous révèlent seuls l'existence de ce maître impérieux, sinistre, impitoyable. Sa vie intérieure ne nous est pas connue. Il nous apparaît toujours couvert d'ombres et de mystères, toujours dévoré de l'amour du pouvoir, toujours occupé de l'avenir de la monarchie, comme l'atteste sa dernière ordonnance, qui restreignit aux hoirs mâles le droit de succession aux apanages, et prépara ainsi la loi salique. On ne lui connaît d'autres plaisirs que les affaires; on ne lui voit pas de favoris; on n'entend parler que de ses ministres, aussi actifs et aussi méchants que lui : Enguerrand de Marigny, l'inventeur de ses brigandages financiers; Plasian, son légiste subtil et féroce; Nogaret, son exécuteur de la papauté. Nul historien ne parle de ses mœurs; pourtant il ne semble pas que sa cour fût très-austère. Il avait trois fils, tous trois beaux comme lui, tous trois mariés, et dont les femmes furent accusées d'adultère (1314). Blanche, deuxième fille d'Otton IV, comte de Bourgogne, et épouse de Charles de la Marche, troisième fils du roi, fut mise en prison et livrée à la brutalité de ses geôliers, qui la rendirent mère [1]. Jeanne, fille aînée et héritière du même Otton, épouse de Philippe de Poitiers, deuxième fils du roi, fut reprise par son mari. Marguerite, fille de Robert II, duc de Bourgogne, et épouse de Louis, fils aîné du roi, fut emprisonnée et périt étranglée aussitôt que son mari monta sur le trône.

Ce triple scandale n'était que le prélude du triste sort réservé à ces trois fils du roi, qui, à la suite de leur père, devaient, en quatorze années, descendre du trône dans la tombe. La main de Dieu allait s'appesantir sur cette race si brillante des Capétiens; et, suivant l'opinion populaire, la dernière iniquité de Philippe IV fut le signal de la vengeance divine.

L'ordre du Temple était détruit, mais on avait laissé pourrir dans les prisons de Paris le grand-maître et trois autres dignitaires, dont le pape s'était réservé le jugement. Philippe les fit traduire devant

[1] Cont. de Nangis, a. 1314.

une commission nommée par le pontife, et qui les condamna à une prison perpétuelle. A la lecture de la sentence, le grand-maître et le commandeur de Normandie rétractèrent leurs premiers aveux et protestèrent de leur innocence. Les commissaires, étonnés, se remirent à délibérer; mais, avant qu'ils eussent pris une décision, Philippe déclara les deux Templiers relaps, et les fit brûler devant le jardin de son palais (1314, 11 mars). Les deux martyrs ne cessèrent, au milieu des flammes, d'attester l'innocence de l'ordre du Temple; et le peuple, émerveillé de leur constance, crut qu'ils avaient ajourné le pape et le roi à comparaître devant Dieu, l'un dans l'année, l'autre dans quarante jours.

Le 20 avril, Clément V obéit à la prophétie des deux Templiers; et, le 29 novembre, Philippe IV, attaqué d'une maladie de langueur, « qui fut pour beaucoup de gens un sujet de grande surprise et de stupeur [1], » suivit son complice dans la tombe : il n'avait que quarante-six ans.

§ IX. Règne de Louis X, dit le Hutin. — Philippe IV, roi tout moderne, créateur de l'ordre civil et du pouvoir absolu, avait porté trois coups mortels à la féodalité, par la création d'une nouvelle pairie, la puissance attribuée au parlement rendu sédentaire, enfin par l'établissement des états-généraux. La noblesse ne supporta qu'avec peine ces entreprises; et, dans la dernière année de son règne, des ligues de seigneurs se formèrent dans toutes les provinces pour résister à l'oppression royale; ils refusèrent les impôts, reprirent leur droit de battre monnaie, et même s'appuyèrent sur les communes. Le roi fut obligé de faire appel aux villes, et n'obtint la paix que par des concessions. Aussitôt qu'il fut mort, la réaction recommença.

Noblesse, clergé, bourgeoisie, éclatèrent contre le système et les agents politiques de Philippe IV. Il fallait une victime à la haine universelle : parmi les ministres du roi défunt, la vindicte de la noblesse distingua Enguerrand de Marigny, qui était appelé « coadjuteur et gouverneur de tout le royaume, et semblait un second roi [2]. » Charles de Valois l'accusa de malversations financières et de tous les impôts dont le peuple était chargé; on ajouta à ces allégations le crime ordinaire des innocents, la magie (1315). Le nouveau roi, Louis X, nomma une commission qui ne permit pas un mot à l'accusé pour sa défense; et, après la plus odieuse procédure, il fut condamné à la potence. La persécution ne s'arrêta pas à Marigny; la plupart des autres ministres furent emprisonnés, exilés ou privés de leurs biens, aux grands applau-

[1] Cont. de Nangis, a. 1314. — [2] Guidonis, Vie de Clément V.

dissements du peuple. Les *jugeurs* furent jugés à leur tour; et l'on tourna contre eux les cruautés judiciaires qu'ils avaient inventées.

La noblesse, non contente de ces vengeances, se confédéra dans plusieurs provinces pour regagner ses franchises; elle demanda la fixation des monnaies, des garanties pour la liberté des individus et pour les propriétés, le rétablissement des combats judiciaires et des justices seigneuriales, l'abolition de la torture, la publicité des débats en matière criminelle, etc. Cette réaction féodale aurait pu devenir redoutable et donner à l'aristocratie, en France, le rôle qu'elle avait en Angleterre; mais au lieu d'agir en un seul corps, de mettre de l'union dans ses demandes, de s'allier à la bourgeoisie, de réclamer l'établissement régulier des états-généraux, enfin de se faire la protectrice des libertés publiques, la noblesse agit par provinces et même par individus, fit des réclamations et des résistances isolées, et dévoila son égoïsme. Louis X fit de nombreuses concessions, et la royauté en fut très-affaiblie. Les guerres privées recommencèrent; les nobles [1] battirent de la fausse monnaie; l'œuvre de Philippe IV sembla démolie.

Alors le roi chercha l'appui des classes inférieures par une ordonnance où l'on est tout surpris d'entendre pour la première fois le pouvoir politique parler le plus noble langage; mais ce langage était copié par les légistes dans les codes romains, et il cachait simplement une mesure fiscale. « Comme, selon le droit de nature, dit cette ordonnance, chacun doit naître franc... et que beaucoup de personnes de notre commun peuple sont déchues en liens de servitude, ce qui moult nous déplaît; nous, considérant que notre royaume est dit et nommé le royaume des Francs, et voulant que la chose en vérité soit accordée au nom... voulant aussi que les autres seigneurs qui ont hommes de corps prennent exemple à nous de les ramener à franchise... nous voulons que franchise leur soit donnée à bonnes et valables conditions [2]. »

Ces conditions étaient de l'argent, dont Louis avait besoin pour faire la guerre au comte de Flandre; mais les serfs se souciaient peu de sortir de leur état, où du moins la vie et la nourriture leur étaient assurées, tandis que, libres et pauvres, ils tombaient sous la dépendance de la bourgeoisie, maîtresse des métiers et de l'argent: l'ordonnance de Louis X eut donc peu d'effet. On força quelques serfs à acheter leur liberté; on taxa les autres fortement; et ces vexations arrêtèrent le mouvement d'amélioration de la popu-

[1] D'après une ordonnance de Louis X, trente et un seigneurs avaient encore le droit de battre monnaie.

[2] Cette ordonnance était modelée sur une autre rendue par Philippe-le-Bel en faveur des serfs du Valois.

lation agricole, qui avait été si rapide depuis trois siècles, et qui allait être suspendu pendant plus de cent ans. Alors le roi chercha de l'argent en imposant les marchands italiens, en défendant de trafiquer avec les Flamands, en rappelant les Juifs, et il ruina ainsi le commerce, déjà si pénible et si difficile à travers la France privée de routes, et au milieu de tant de seigneurs pillards. Enfin il leva une armée ; mais son expédition contre les Flamands ne fut pas heureuse ; et, l'année suivante, il mourut laissant une fille et sa femme enceinte (1316).

§ X. ÉTABLISSEMENT DE LA LOI SALIQUE. — Aussitôt les barons s'emparèrent du gouvernement, « en attendant celui ou ceux qui le royaume devroient gouverner, » et la royauté sembla suspendue. Philippe, comte de Poitiers, deuxième fils de Philippe IV, accourut de Lyon, où il faisait élire un pape, et rassembla à Paris quelques seigneurs dévoués : de leur consentement, il fut décrété que Philippe régirait le royaume de France et de Navarre jusqu'à la délivrance de la reine ; que, si elle accouchait d'un fils, le comte retiendrait la garde du royaume pendant dix-huit ans, résignerait ensuite librement le royaume à l'enfant royal, comme au vrai héritier, et lui obéirait dès lors comme à son seigneur. Si au contraire il naissait une fille, le comte serait reconnu roi [1]. C'était trancher bien rapidement la plus grande question de succession qui se fût encore présentée dans l'histoire des Capétiens.

Ces rois avaient tous succédé directement l'un à l'autre de père en fils. Si la veuve de Louis X n'accouchait pas d'un enfant mâle, Jeanne, fille de ce roi, pouvait-elle hériter de la couronne ? Il était universellement reconnu dans le régime féodal que les femmes, à défaut d'héritiers mâles, avaient droit d'hériter des fiefs ; nous en avons vu une foule d'exemples, et tous les souverains de l'Europe, excepté les empereurs et les rois de France, tiraient leurs droits des femmes. On regardait comme des fiefs toutes les couronnes, excepté celle de Charlemagne ; mais la couronne de France pouvait-elle être encore considérée comme telle ? la royauté française n'était-elle pas la magistrature la plus auguste de l'Europe, après celle des césars d'Allemagne ? Il paraissait étrange à tout le monde que le deuxième sceptre chrétien tombât aux mains d'une fille, surtout à une époque où il dominait la moitié de l'Europe, la papauté et même l'empire. Ce n'était pas l'incapacité politique des femmes qu'on redoutait, mais le passage de la couronne dans une famille étrangère, alors que la France se nationalisait, et que sa séparation d'avec les autres pays devenait de plus en plus marquée.

[1] Le moine de Saint-Victor, p. 177.

En l'absence d'une constitution régulière, le droit était évidemment en faveur de la fille de Louis X; la décision de Philippe et de ses barons violait ce droit, mais ce ne fut pas sans contestation. Eudes, duc de Bourgogne, défendit Jeanne, qui était sa nièce, et força Philippe à un traité par lequel « sa régence ne devait durer que jusqu'à ce que les deux filles de Louis X (en supposant que la reine accouchât d'une fille) fussent en âge nubile; alors elles devaient avoir la Navarre, la Champagne et la Brie, moyennant quoi elles feraient quittance du royaume de France; mais s'il ne leur plaisait de faire cette quittance, elles reviendraient à leurs droits en toutes les descendances de leur père [1]. »

Les barons reconnurent ce traité bizarre, qui, s'il eût été exécuté, laissait pendant quinze à vingt ans dans un provisoire anarchique la question de succession et le gouvernement de la France; et alors Philippe gouverna sans opposition. La reine accoucha d'un fils qui ne vécut que cinq jours. Aussitôt le régent, violant les conventions faites et s'appuyant de la première décision des barons, courut à Reims avec ses deux oncles et quelques serviteurs dévoués; il s'empara de la cathédrale, qu'il enveloppa de soldats, et, malgré les protestations du duc de Bourgogne et du comte de la Marche, son frère, il se fit sacrer (1317). Puis il revint à Paris, assembla les clercs et les bourgeois aux halles avec beaucoup de grands et de notables du royaume, « et là il fut déclaré qu'à la couronne de France la femme ne succède pas [2]. »

Ainsi fut consommée cette révolution importante qui plaça la couronne de France hors du droit commun de l'Europe, et lui donna un caractère de dignité exceptionnelle et de magistrature virile. La force seule avait résolu la question; mais, comme elle a toujours besoin de s'appuyer du droit, les légistes cherchèrent à légitimer l'usurpation de PHILIPPE V par quelque texte; et c'est alors qu'ils invoquèrent un article du code des Saliens, ainsi conçu : « De la terre salique, que nulle portion d'héritage ne vienne à la femme, mais que l'héritage de toute la terre parvienne au sexe viril [3]. » Il n'y avait qu'une insigne mauvaise foi ou une grossière ignorance qui pût admettre que cet article, fait avant qu'il y eût, non-seulement des rois français, mais des rois francs, pût régler la question de successibilité au trône féodal; car la royauté capétienne n'avait nulle ressemblance avec les royautés de Clovis et de Charlemagne : celle-là, simple commandement de guerre; celle-ci, dignité catholique et impériale, toutes deux d'ailleurs électives. Quoi

---

[1] Preuves de l'Hist. de Bourgogne, t. II, p. 224. — [2] Nangis, p. 322.
[3] Voy. p. 75 de ce volume.

qu'il en soit, la *loi salique* (c'est ainsi qu'on appela la convention qui excluait les femmes du trône) devint loi populaire et fondamentale de la France ; et, décrétée par le fait de l'usurpation de Philippe, approuvée par l'opinion publique, elle entra intimement dans les idées nationales et fut indestructible.

§ XI. Règne de Philippe V, dit le Long. — Persécution contre les Franciscains, les Pastoureaux, les Juifs, etc. — La royauté, qui gagnait tant de force par la nouvelle loi, parut pourtant, dès l'abord, arrêtée dans son mouvement d'ascension ; c'est qu'il se forma, sous prétexte de défendre l'héritière légitime, une vaste opposition qui cherchait à l'affaiblir par tous les moyens. Philippe V mit tous ses efforts à la détruire ; il promit aux barons de leur rendre leurs priviléges, confirma les franchises des villes communales, obtint l'assentiment du saint-siége, répandit l'argent de tous côtés, et se fit des alliés en mariant ses filles à l'héritier du comte de Flandre, au dauphin de Viennois et à Eudes, duc de Bourgogne. Ce dernier mariage, qui mit dans une même maison le duché et la comté de Bourgogne, ainsi que la comté d'Artois (la fille de Philippe V était héritière par sa mère de ces deux derniers fiefs), fut une fortune pour le nouveau roi, car le duc de Bourgogne, en récompense des deux comtés qu'il acquérait, trahit la cause de sa pupille, en cédant à Philippe les droits de Jeanne à l'héritage de son père, et en la mariant au fils du comte d'Évreux, troisième fils de Philippe-le-Hardi. Tout enfant qu'était Jeanne, on lui fit signer plusieurs actes de renonciation aux royaumes de France et de Navarre. De ce mariage vint Charles, dit le Mauvais.

Assuré sur son trône, Philippe s'occupa activement d'administration ; il régla l'organisation de la cour des comptes et du parlement, établit la doctrine salutaire que le domaine royal est inaliénable, renouvela l'ordonnance de Louis X pour l'affranchissement des serfs, donna des chartes aux nobles et bourgeois de l'Auvergne et du Périgord, fit des ordonnances pour la gestion des forêts, fournit des armes et des capitaines à ses *bonnes* villes, etc. (1318).

Malgré ces progrès administratifs, la population serve était toujours très-malheureuse ; elle n'avait plus de protecteur. La papauté était déshonorée par Jean XXII, pontife orgueilleux, cupide, cruel et pédant, créature et instrument des rois de France. Il ne songeait qu'à recouvrer en Italie les domaines du saint-siége, qui s'étaient rendus indépendants depuis Clément V, et il épuisait la chrétienté pour la guerre qu'il entreprit à ce sujet contre les Visconti, seigneurs de Milan, et qui dura près d'un siècle. Au milieu de cette corruption des chefs de l'Église, les moines mendiants de Saint-François, milice dévouée au saint-siége et toute sortie des rangs plébéiens, étaient restés fidèles à leur origine et à leur institution; ils attaquèrent le luxe de la cour d'Avignon, disant qu'il fallait que l'Église revînt à la pauvreté de Jésus-Christ et des apôtres, qui ne possédaient rien ni en propre ni en commun; ils prétendirent, dans leur exaltation d'amour pour la pauvreté et de dévouement au saint-siége, qu'ils n'avaient pas même la propriété de leurs aliments; mais que tout, biens, vêtements, nourriture, était au pape. Ces prétentions d'abnégation absolue et évangélique étaient une censure amère des orgies de la cour d'Avignon : Jean XXII accusa donc les Franciscains d'hérésie et les persécuta. Le peuple prit parti pour eux, et vit des martyrs dans ces moines, dont l'idéal était d'être pauvres, de prier, de souffrir comme lui et comme le Christ. Les Franciscains s'exaltèrent de plus en plus dans leur mystique amour pour la pauvreté; et ceux du Languedoc, qui avaient respiré l'air albigeois, appelèrent le pape l'Antichrist, demandèrent la réforme du clergé, et prêchèrent contre l'inquisition : « Si saint Pierre revenait au monde, disaient-ils, il serait déclaré hérétique par ses successeurs. Il y a aujourd'hui deux églises, l'une charnelle, comblée de richesses, plongée dans les plaisirs, noircie de vices, à laquelle commandent le pape et les cardinaux; l'autre spirituelle, vertueuse, frugale et pauvre : c'est celle du Saint-Esprit, dont le règne commence [1]. » Alors les persécutions redoublèrent; des bûchers furent allumés, surtout dans le midi; les malheureux moines périrent en grand nombre, et l'ordre se mit sous la protection de l'empereur Louis de Bavière, que le pape refusait de reconnaître (1319).

Philippe V, pour se donner de la popularité, avait pris la croix; mais Jean XXII lui défendit d'exécuter son vœu, ce qui mécontenta le peuple. Alors les habitants des campagnes, serfs et pastoureaux, irrités de leur misère et de l'impiété des grands, se levèrent pour aller en Terre-Sainte (1320); ils ravagèrent plusieurs provinces, pillant les églises, abattant les châteaux, massacrant les Juifs, et ils se dirigèrent sur Avignon. Roi, barons, prélats, bourgeois, prirent les armes contre ces misérables, et les massacrèrent en grand nombre.

Au-dessous de ces malheureux, il existait des hommes plus malheureux encore : c'étaient les lépreux, abominables en tous lieux, et séquestrés des vivants par l'Église même. Leur nombre était considérable; on comptait plus de deux mille léproseries en France et plus de trente mille en Europe. On les accusa d'avoir fait pacte

---

[1] Nangis, a. 1316. — Fleury, Hist. ecclésiast., t. XXIX, p. 291.

avec le diable pour empoisonner les fontaines, car les idées de sorcellerie devenaient populaires à mesure que la foi se corrompait : le pape lui-même croyait à la magie et la persécutait avec une terreur barbare. Sur cette vague accusation, le roi ordonna de les arrêter : serfs, bourgeois et nobles leur coururent sus, les égorgèrent ou les brûlèrent (1321). Enfin les Juifs, qui, dans cette longue échelle de misérables, étaient au dernier degré, et sur lesquels les paysans, maltraités par les seigneurs, faisaient retomber les persécutions, furent poursuivis comme alliés des lépreux ; le roi et les nobles s'emparèrent de leurs dépouilles, et, « dans plusieurs provinces, ils furent tous brûlés sans distinction. »

A cette multitude de victimes, il semble que l'humanité ne fût jamais plus malheureuse et plus méprisée. Il n'y avait pas un mouvement de pitié pour tout ce qui cherchait à sortir de l'oppression : franciscains, pastoureaux, lépreux, Juifs, étaient proscrits, traqués, égorgés, comme hostiles et redoutables à ceux qui avaient quelque puissance ou quelque richesse. Un temps si mauvais était comparé à ceux qui l'avaient précédé avec amertume et douleur; on s'en prenait aux rois de France, et la croyance populaire était que Dieu avait maudit la race de Philippe-le-Bel par la bouche de Boniface VIII. Cette croyance ne fit que s'affirmer par la mort prématurée de Philippe V, qui n'avait que trente ans ; « et l'on crut qu'il était frappé ainsi à cause des malédictions de son peuple (1322). »

§ XII. RÈGNE DE CHARLES IV, DIT LE BEL. — La loi que Philippe V avait faite pour monter sur le trône fut exécutée contre sa famille : ses quatre filles furent exclues, et le comte de la Marche, troisième fils de Philippe IV, fut reconnu roi sans contestation sous le nom de CHARLES IV [1].

La fin de la dynastie capétienne est pleine d'obscurité et de monotonie : quelques ordonnances administratives, des persécutions contre les franciscains, quelques hostilités en Guyenne avec les Anglais, l'abolition de la fameuse commune de Laon, l'érection de la sirerie de Bourbon en duché-pairie en faveur de Louis Ier, petit-fils de saint Louis, enfin un voyage de Charles IV dans le Languedoc [2] (1323), voilà tout ce qui distingue ce règne. Cependant le mou-

---

[1] Il faudrait, d'après la nomenclature que les anciens historiens ont rendue vulgaire, l'appeler Charles V, puisque la dynastie de Charlemagne compte quatre rois du nom de Charles : Charlemagne, Charles-le-Chauve, Charles-le-Gros, Charles-le-Simple.

[2] C'est à ce voyage dans le Languedoc qu'on rapporte l'origine des Jeux Floraux de Toulouse, sorte d'académie ou école de rhétorique avec laquelle on espérait maintenir la langue provençale. Mais il n'y avait plus de troubadours; ce furent sept bourgeois de Toulouse qui en prirent le rôle, et l'institution des Jeux Floraux n'arrêta pas la décadence de la langue provençale.

vement administratif continue ; le parlement grandit sans cesse, devient le représentant du roi, et fait trembler toutes les puissances. Un seigneur du midi, Jourdain de l'Isle, s'était rendu célèbre par ses cruautés : cité à comparaître devant le parlement, il fit pendre l'envoyé des légistes ; mais il fut amené de force à Paris, et, malgré la protection de tous les princes, sa haute naissance, sa parenté avec le pape, il fut condamné à être pendu, et « exécuté au commun patibulaire (1325). »

Jean XXII, de sa prison d'Avignon, continuait le langage hautain de ses prédécesseurs envers les césars, et toujours dans l'intérêt des rois de France. Il ne jouait plus qu'un rôle minime en Italie, où les noms de Gibelins et de Guelfes ne représentaient plus que des haines héréditaires de famille ; toute son ambition était de mettre cette contrée sous la domination des rois de France ou des rois de Naples. Il avait excommunié Louis de Bavière et commencé contre lui une petite guerre pour laquelle il accablait le clergé d'impôts, d'accord en cela avec Charles IV, qui en avait sa part : « l'un tondoit la malheureuse église, dit Nangis, pendant que l'autre l'écorchoit. » Ses légats publiaient partout que le temps était venu de rendre à la France le sceptre de Charlemagne. Charles IV solda des Valaques, des Polonais, des Russes pour attaquer l'Allemagne, et se fit des alliés de Léopold, duc d'Autriche, et de Jean de Luxembourg, roi de Bohême (1323) ; mais il avait contre lui la haine des Allemands pour le pape français et l'opposition des franciscains qui défendaient Louis de Bavière ; il échoua dans ses tentatives ambitieuses. L'empereur, en réponse à l'excommunication lancée contre lui d'Avignon, alla à Rome, y convoqua un concile dans lequel Jean fut déposé et condamné à être brûlé comme hérétique, et fit nommer un pape à sa dévotion, un franciscain, le pape des pauvres [1].

§ XIII. Extinction de la race directe des Capétiens. — Pendant ces obscures querelles, la main qui avait frappé Philippe IV à quarante-six ans, Louis X à vingt-quatre, Philippe V à trente, s'appesantissait sur Charles IV, qui n'avait que trente-quatre ans. Jamais famille ne sembla mieux sous le coup de la fatalité ; jamais croyance populaire ne parut mieux justifiée par les événements. « Quand Charles aperçut que mourir lui convenoit (1328), il dévisa que s'il advenoit que la reine accouchât d'un fils, il vouloit que messire Philippe de Valois, son cousin-germain, en fût *maimbourg* (tuteur) et régent du royaume jusques à donc que son fils

---

[1] C'est cet empereur qui appelait l'année de la naissance de Jésus-Christ l'an de la liberté.

seroit en âge d'être roi ; et, s'il advenoit que ce fût une fille, que les douze pairs et les hauts barons de France eussent conseil et avis entre eux d'en ordonner, et donnassent le royaume à celui qui avoir le devroit [1]. » La reine accoucha d'une fille.

Au dire du dernier roi et de l'opinion publique, l'extinction de la ligne directe remettait la nation en possession d'elle-même, et l'élection devait décider la grave question de la succession en ligne collatérale. Deux concurrents se présentaient : Philippe, comte de Valois, fils de Charles, frère de Philippe IV ; Édouard III, roi d'Angleterre, fils d'Isabelle, fille de Philippe IV. Les barons se réunirent avec les notables de Paris et des bonnes villes, et il fut déclaré, en vertu de la loi salique, qu'Isabelle ne pouvait avoir transmis à son fils des droits qu'elle ne possédait pas elle-même ; que d'ailleurs, si le principe de la représentation par les femmes était admis, le comte d'Évreux, fils de la fille de Louis X, était plus près du trône qu'Édouard. En conséquence, « les douze pairs et les hauts barons de France donnèrent le royaume, de commun accord, à Philippe, comte de Valois [2]. Et ainsi alla le royaume, ce semble à moult de gens, hors de la droite ligne. »

Ainsi finit la première branche des Capétiens : elle a donné quatorze rois presque tous remarquables par leurs vertus ou par leurs talents, et parmi lesquels on compte le plus grand homme du moyen âge ; c'est la famille qui a rendu les plus éminents services à la nationalité française. Avec cette brillante dynastie se termine l'âge héroïque de la féodalité. La révolution qui a renversé la monarchie universelle de l'Église est complétée : la papauté est esclave ; sa puissance temporelle n'existe plus ; son autorité spirituelle est même entamée. L'âge de foi est fini ; un âge de transition commence, âge d'ébranlement spirituel et de souffrances matérielles, au delà duquel on aperçoit l'âge d'examen.

[1] Froissard, t. I, p. 121. Édit. de M. Buchon.
[2] Id., ibid., t. I, p. 14 et 122.

FIN DU PREMIER VOLUME.

TABLE DES MATIÈRES
DU PREMIER VOLUME.

                                                                               Pages

PRÉFACE.

PLAN DE L'OUVRAGE.

HISTOIRE DE LA GAULE INDÉPENDANTE, DEPUIS LES TEMPS LES PLUS RECULÉS JUSQU'A LA NAISSANCE DU CHRIST.   1

    CHAPITRE I. Coup d'œil sur le monde ancien.   *ibid.*

Dates		
	§ I. Peuples de l'Europe ancienne.	*ibid.*
1600-170.	§ II. Établissement des Kimris et des Grecs dans la Gaule. — Migration des Galls en Italie et en Grèce.	2
	§ III. Population de la Gaule au deuxième siècle avant J.-C.	6
	§ IV. Triple erreur sociale de l'antiquité.	7
	§ V. Avenir de l'espèce humaine.	14

    CHAPITRE II. Conquête de la Gaule par les Romains.   16

154-118.	§ I. Réduction du sud-est de la Gaule en province romaine.	*ibid.*
113-69.	§ II. Invasion des Teutons et des Kimris. — Guerres civiles de Marius et de Sylla.	18
63-58.	§ III. Premières guerres de César contre les Helvètes et les Germains.	20
57-53.	§ IV. Première, deuxième, troisième, quatrième et cinquième campagnes de César.	22
52-51.	§ V. Sixième campagne de César.	25
50.	§ VI. Soumission définitive de la Gaule. — César empereur. — Fin de la société ancienne.	28

HISTOIRE DE LA GAULE ROMAINE, DEPUIS LA NAISSANCE DE J.-C. JUSQU'EN 406.   31

    CHAPITRE I. Commencements du christianisme et des Barbares. — 1 à 325.   *ibid.*

	§ I. Organisation de la Gaule sous Auguste.	*ibid.*
	§ II. La Gaule sous les successeurs d'Auguste.	35
	§ III. Commencements du christianisme.	37
	§ IV. Premières invasions des Barbares.	43
249-325.	§ V. Suite de l'histoire de la Gaule sous les empereurs jusqu'à Constantin.	46

    CHAPITRE II. Triomphe du christianisme et invasion des Barbares. — 312 à 406.   49

312-337.	§ I. Constantin change la religion, la constitution et la capitale de l'empire.	*ibid.*
	§ II. Changement de religion. — Puissance de l'Église. — Hérésie d'Arius.	49

Dates		Pages
	§ III. Changement de constitution. — Organisation nouvelle de l'empire.	52
	§ IV. Changement de capitale. — Fondation de Constantinople.	53
	§ V. Population de la Gaule au quatrième siècle.	ibid.
337-375.	§ VI. Successeurs de Constantin : Constance, Julien, Valentinien, Gratien.	56
375-379.	§ VII. Grande invasion des Goths.	58
	§ VIII. Progrès du christianisme. — Puissance universelle des évêques. — Institution des moines. — Littérature chrétienne. — Hérésie de Pélage.	59
406.	§ IX. Invasion définitive de la Gaule.	65

HISTOIRE DE LA GAULE BARBARE. — 406 à 987. 68

LIVRE I. — Domination des Francs-Neustriens. — 406 à 687. ..... ibid.

CHAPITRE I. Établissement des Barbares dans la Gaule. — 406 à 476. ibid.

	§ I. Suites de l'invasion,	ibid.
407-428.	§ II. Établissement des Visigoths, des Bourguignons et des Francs dans la Gaule.	69
	§ III. Lois des Francs, des Bourguignons et des Visigoths.	73
451.	§ IV. Invasion des Huns.	76
476.	§ V. Fin de l'empire d'Occident.	78

CHAPITRE II. Clovis. — 476 à 511. 80

476-481.	§ I. Situation des Goths, des Bourguignons et des Francs.	ibid.
496.	§ II. Conversion des Francs au christianisme.	82
	§ III. Suites de la conversion des Francs.	85
	§ IV. Situation des Francs et des Gaulois après la conquête.	87
500-507.	§ V. Conquêtes des Francs sur les Bourguignons et les Visigoths.	91
	§ VI. Relations de Clovis avec le clergé.	
511.	§ VII. Guerre contre les Bretons. — Soumission de tous les royaumes francs à Clovis.	92

CHAPITRE III. Fils de Clovis. — 511 à 561. 93

511.	§ I. Partage du royaume de Clovis.	ibid.
524-534.	§ II. Guerres en Germanie, en Bourgogne et en Auvergne.	94
526-553.	§ III. Guerres contre les Goths en Espagne et en Italie.	96
	§ IV. Changements dans la situation sociale des Francs.	97
553-561.	§ V. Clotaire réunit les quatre royaumes.	99

CHAPITRE IV. Frédégonde et Brunehaut. — 561 à 613. 100

561.	§ I. Partage entre les quatre fils de Clotaire. — Commencements des maires du palais.	ibid.
562-576.	§ II. Invasions des Abares et des Lombards.	101
567-575.	§ III. Premières guerres entre les Neustriens et les Austrasiens. — Mort de Sigebert.	102

Dates		Pages
	§ IV. Situation des Gaulois et du clergé en face des rois francs.	104
543.	§ V. Régénération de la vie monastique par la règle de saint Benoît.	106
576-580.	§ VI. Deuxième mariage de Brunehaut. — Cruautés de Frédégonde.	108
581.	§ VII. Reprise de la guerre entre la Neustrie et l'Austrasie. — Mort de Chilpéric.	109
584-587.	§ VIII. Aventures de Gondovald. — Victoires de la royauté sur l'aristocratie.	111
593-597.	§ IX. Mort de Gontran, de Childebert et de Frédégonde.	113
598-613.	§ X. Domination de Brunehaut. — Ligue des leudes contre la royauté. — Mort de Brunehaut.	ibid.
CHAPITRE V. Maires du palais. — 613 à 687.		115
613-628.	§ I. Règne de Clotaire II.	ibid.
628-637.	§ II. Règne de Dagobert.	116
	§ III. Architecture lombarde. — Littérature religieuse.	119
637-656.	§ IV. Règne de Sigebert et de Clovis II.	120
656-681.	§ V. Ébroïn relève la royauté et la Neustrie.	121
687.	§ VI. Fin de la lutte entre les Neustriens et les Austrasiens. — Bataille de Testry.	123
LIVRE II. — Domination des Francs-Austrasiens. — 687 à 843.		125
CHAPITRE I. Peppin d'Herstall, Charles-Martel, Peppin-le-Bref. — 687 à 751.		ibid.
	§ I. État social et empire des Francs à la fin du septième siècle.	ibid.
687-714.	§ II. Guerres de Peppin contre les Germains.	126
714-719.	§ III. Charles-Martel. — Bataille de Vincy. — Soumission définitive des Neustriens.	ibid.
	§ IV. Charles dépouille le clergé de ses biens.	128
720-740.	§ V. Guerres et missions en Germanie.	ibid.
570-711.	§ VI. Mahomet. — Conquêtes des Arabes. — Soumission de l'Espagne.	129
718-732.	§ VII. Invasion des Arabes dans la Gaule. — Bataille de Poitiers.	133
733-741.	§ VIII. Guerres des Francs dans la Gaule méridionale.	134
741-747.	§ IX. Mort de Charles. — Peppin et Carloman lui succèdent. — Rois fainéants.	135
	§ X. Situation temporelle des papes.	136
752.	§ XI. Négociations des papes avec les Francs. — Peppin est élu roi.	137
CHAPITRE II. Peppin roi des Francs. — Conquêtes et gouvernement de Charlemagne. — Rétablissement de l'empire d'Occident. — 752 à 800.		139
752-756.	§ I. Expéditions de Peppin en Italie. — Commencements de la puissance temporelle des papes.	ibid.
	§ II. Retour du gouvernement à la forme ecclésiastique.	140

Dates		Pages
759-768.	§ III. Conquête de la Septimanie et de l'Aquitaine.	141
768-771.	§ IV. Charles et Carloman, rois des Francs.	143
	§ V. But et résultats généraux du règne de Charlemagne.	144
771-804.	§ VI. Guerres contre les Saxons.	ibid.
773-776.	§ VII. Guerres contre les Lombards. — Formation du royaume d'Italie.	145
777-778.	§ VIII. Guerre contre les Sarrasins. — Formation du royaume d'Aquitaine.	146
	§ IX. Gouvernement de Charlemagne.	147
	§ X. Envoyés royaux. — Assemblées nationales.	149
	§ XI. État du clergé sous Charlemagne.	150
	§ XII. Restauration des lettres et des arts.	152
	§ XIII. Situation de l'aristocratie franque.	153
782-812.	§ XIV. Guerres sur toutes les frontières.	154
	§ XV. Puissance universelle de Charlemagne.	156
800.	§ XVI. Charlemagne empereur d'Occident.	157

Chapitre III. Empire occidental des Francs. — 800 à 843.   159

	§ I. Résultat du rétablissement de l'empire.	ibid.
800-814.	§ II. Fin du règne de Charlemagne.	160
814-829.	§ III. Louis-le Débonnaire empereur. — Progrès de l'aristocratie et du clergé. — Guerres sur toutes les frontières.	161
829-831.	§ IV. Première révolte des fils de Louis.	164
832-835.	§ V. Deuxième révolte des fils de Louis.	166
835-840.	§ VI. Dernières révoltes des fils de Louis.	169
841.	§ VII. Bataille de Fontanet.	170
843.	§ VIII. Traité de Verdun.	172

Livre III. Commencements de la nation française et de la société féodale. — 843 à 987.   176

Chapitre I. Premier démembrement de l'empire. — 843 à 888.   ibid.

	§ I. Suites du traité de Verdun.	ibid.
843-849.	§ II. Guerres de Charles-le-Chauve dans le midi. — Ravages des Normands.	177
855-859.	§ III. Progrès de l'aristocratie féodale.	179
	§ IV. Progrès de la puissance des papes. — Nicolas Ier. — Séparation de l'Église grecque.	181
865.	§ V. Histoire de Teutberge. — Hincmar et Jean Scot. — Commencements de la philosophie scolastique.	183
866-875.	§ VI. Origine des Capétiens. — Mort des trois fils de Lothaire Ier.	184
877.	§ VII. La féodalité établie en droit par le capitulaire de Kiersy.	186
877-879.	§ VIII. Règne de Louis II.	187
879-884.	§ IV. Règne de Louis III et Carloman.	188
884-888.	§ X. Règne de Charles-le-Gros.	189

Dates		Pages
	CHAPITRE II. Deuxième démembrement de l'empire. — 888 à 987.	190
	§ I. Renaissance de la population guerrière.	ibid.
888-898.	§ II. Règnes d'Eudes et de Charles-le-Simple.	194
911.	§ III. Les Normands s'établissent dans la Neustrie.	196
912-929.	§ IV. Décadence de la royauté. — Règne de Charles-le-Simple. — Robert et Raoul sont élus rois.	197
929-936.	§ V. Règne de Raoul. — Révolutions d'Italie et de Provence.	198
936-954.	§ VI. Règne de Louis IV.	200
962.	§ VII. Avilissement du clergé. — Rétablissement de la dignité impériale.	201
954-986.	§ VIII. Règne de Lothaire.	203
986-987.	§ IX. Règne de Louis V. — Élection de Hugues Capet.	204

HISTOIRE DES FRANÇAIS.

PREMIÈRE PARTIE. — RÉGIME FÉODAL. — 987 A 1789.

	LIVRE I. — LES CAPÉTIENS DIRECTS, ou la France confédérée en états féodaux sous la monarchie universelle de l'Église. — Age historique de la féodalité. — 987 à 1328.	209
	SECTION I. — Établissement de la monarchie universelle de l'Église. — 987 à 1100.	ibid.
	CHAPITRE I. — Coup d'œil sur le système féodal.	ibid.
	§ I. La féodalité est un nouvel ordre social.	ibid.
	§ II. Formation de la nationalité française.	210
	§ III. Constitution, hiérarchie, obligations et justice féodales.	211
	§ IV. Condition des villains et des serfs.	215
	§ V. Progrès politiques et moraux du premier âge féodal.	218
	CHAPITRE II. — Hugues Capet, Robert et Henri Ier. — 987 à 1060.	219
987-996.	§ I. Règne de Hugues Capet.	ibid.
996-1030.	§ II. Robert, roi de France. — Révolutions en Italie, en Lorraine et en Provence.	222
1030-1040.	§ III. Règne de Henri Ier. — Eudes de Blois, Foulques-Nerra, Guillaume-le-Bâtard.	224
	§ VI. Etat de la société. — Corruption de l'Église. — Nécessité d'une réforme.	226
	§ V. Hildebrand. — Commencement de la réforme. — Trêve de Dieu.	228
	§ VI. Institution de la chevalerie. — Condition des femmes. — Progrès intellectuel.	231
1060.	§ VII. Mort de Henri Ier.	235

TABLE DES MATIÈRES.

Dates		Pages
	CHAPITRE III. — Les Normands, Grégoire VII et les communes. — 1060 à 1087.	236
1016-1053.	§ I. Conquête de l'Italie méridionale par les Normands.	ibid.
1066.	§ II. Conquête de l'Angleterre par les Normands.	237
1066-1087.	§ III. Résultats de la conquête d'Angleterre. — Mort de Guillaume-le-Conquérant. — Nullité de Philippe Ier.	239
1070-1085.	§ IV. Situation des grands fiefs du nord et du midi de la France. — Expéditions des Français en Espagne.	241
1073.	§ V. Grégoire VII commence la monarchie théocratique.	242
1074-1094.	§ VI. Guerre du sacerdoce et de l'empire. — Mort de Grégoire VII. — Excommunication de Philippe Ier.	245
	§ VII. Établissement des communes.	250
	§ VIII. Différence entre les communes du nord et du midi de la France.	254
	CHAPITRE IV. Première croisade. — 1087 à 1099.	257
	§ I. Motifs et but des croisades.	ibid.
1092-1096.	§ II. Prédication de Pierre-l'Ermite. — Concile de Clermont. — Apprêts de la croisade.	260
1096-1098.	§ III. Départ des croisés; leur arrivée à Constantinople. — Batailles de Nicée, de Dorylée et d'Antioche.	262
1099.	§ IV. Prise de Jérusalem. — Partage des conquêtes. — Assises de Jérusalem.	265
1100-1107.	§ V. Départ de nouveaux croisés.	268
	§ VI. Résultat des croisades.	269
	SECTION II. — Apogée de la monarchie universelle de l'Église. — 1100 à 1229.	271
	CHAPITRE I. Progrès de la royauté féodale sous Louis VI. — 1100 à 1137.	ibid.
	§ I. La royauté prend un caractère moral et chevaleresque.	ibid.
1100-1110.	§ II. Guerres de Louis VI contre ses vassaux.	273
1110.	§ III. Intervention de Louis dans les révolutions communales. — Histoire de la commune de Laon.	274
1106-1125.	§ IV. Activité guerrière de Louis. — Affaires d'Allemagne, de Provence, etc.	276
1106-1119.	§ V. Guerre contre le roi d'Angleterre.	277
1119.	§ VI. Concile de Reims.	278
1124.	§ VII. Convocation d'une grande armée féodale contre l'empereur.	280
1125-1128.	§ VIII. Guerre des Guelfes et des Gibelins. — Intervention de Louis VI en Auvergne et en Flandre.	281
1137.	§ IX. Puissance féodale des femmes. — Réunions d'états par des mariages. — Mariage du fils de Louis avec l'héritière d'Aquitaine.	283
	§ X. État moral et intellectuel de la France. — Suger; Bernard; Abailard.	285

Dates		Pages
	CHAPITRE II. Règne de Louis VII. — Deuxième croisade. — Domination de Henri Plantagenet. — 1137 à 1180.	287
1137-1142.	§ I. Guerres de Louis VII contre les comtes de Toulouse et de Champagne.	ibid.
1118-1146.	§ II. État de la Terre-Sainte. — Prise d'Édesse par les Musulmans. — Prédication de la deuxième croisade.	288
1147-1149.	§ III. Deuxième croisade.	290
1150-1154.	§ IV. Administration de Suger. — Divorce de Louis VII. — Henri Plantagenet épouse Aliénor et devient roi d'Angleterre.	293
1155.	§ V. Relations de Louis VII avec les communes. — Histoire de la commune de Vezelay.	295
1152-1177.	§ VI. Guerre de Frédéric Barberousse et des républiques italiennes. — Politique des Hohenstauffen.	298
1158-1160.	§ VII. Puissance relative de Louis VII et de Henri II. — Conquête de la Bretagne par Henri. — Influence de Louis sur le midi.	299
1163-1172.	§ VIII. Querelle de Henri II et de Thomas Becket. — Meurtre de Thomas. — Dangers et pénitence de Henri.	302
1172-1180.	§ IX. Henri II conquiert l'Irlande. — Revolte de ses fils. — Mort de Louis VII.	305
	CHAPITRE III. Progrès de la royauté sous Philippe-Auguste. — Troisième et quatrième croisades. — Décadence des Plantagenet. — 1180 à 1207.	307
1180-1187.	§ I. Guerres entre Henri II et ses fils. — Réunion du Vermandois à la couronne de France. — Guerre de Philippe et de Henri.	ibid.
1187-1189.	§ II. Prise de Jérusalem par Saladin. — Prédication d'une nouvelle croisade. — Mort de Henri II.	309
1189-1192.	§ III. Troisième croisade. — Prise de Ptolémaïs. — Retour de Philippe II.	311
1192-1199.	§ IV. Captivité et délivrance de Richard. — Guerre entre les rois de France et d'Angleterre.	314
1194-1199.	§ V. Conquête des Deux-Siciles par Henri VI. — Pontificat d'Innocent III. — Guerres des Guelfes et des Gibelins. — Mort de Richard.	315
1199-1201.	§ VI. Guerre entre Philippe et Jean-sans-Terre. — Double mariage et excommunication de Philippe.	317
	§ VII. Puissance nouvelle de la royauté. — Université de Paris. — Pandectes de Justinien. — Littérature populaire.	319
1198-1204.	§ VIII. Quatrième croisade. — Prise de Constantinople.	322
1202-1207.	§ IX. Meurtre d'Arthur de Bretagne. — Philippe conquiert la Normandie, l'Anjou, le Poitou. — Condamnation de Jean-sans-Terre par la cour des pairs.	326

Dates		Pages
	CHAPITRE IV. Guerre des Albigeois. — 1207 à 1215.	330
	§ I. État politique et intellectuel de la France méridionale.	ibid.
	§ II. Hérésie des Albigeois.	331
1207-1208.	§ III. Innocent III prêche une croisade contre les Albigeois.	333
1209.	§ IV. Raymond-Roger de Béziers est dépouillé de ses états et empoisonné.	336
1210-1212.	§ V. Raymond VI est dépouillé de ses états.	339
1213-1215.	§ VI. Intervention du roi d'Aragon. — Bataille de Muret. — Soumission des seigneurs du midi.	341
1215.	§ VII. Concile de Latran.	344
	CHAPITRE V. Bataille de Bouvines. — Règne de Louis VIII. — Fin de la guerre des Albigeois. — 1212 à 1229.	346
1211-1214.	§ I. Bataille de Bouvines.	ibid.
1215-1217.	§ II. Jean signe la Grande-Charte et est déposé par les barons anglais.	349
1216-1217.	§ III. Raymond VI recouvre ses états. — Siége de Toulouse. — Mort de Simon de Montfort.	351
1217-1221.	§ IV. Cinquième croisade en Orient. — Mort d'Innocent III.	354
1219-1223.	§ V. Succès des Albigeois. — Mort de Philippe-Auguste.	356
1224-1226.	§ VI. Louis VIII, roi de France. — Guerre contre les Anglais. — Croisade contre les Albigeois.	357
1226-1231.	§ VII. Louis IX, roi de France. — Régence de Blanche de Castille. — Opposition et défaite des barons.	360
1229.	§ VIII. Fin de la guerre contre les Albigeois. — Traité de Paris. — Établissement de l'Inquisition.	362
	SECTION III. — Décadence de la monarchie universelle de l'Église. — 1229 à 1328.	365
	CHAPITRE I. Frédéric II et Louis IX. — 1229 à 1243.	ibid.
1228-1233.	§ I. Guerres de l'empire et de la papauté. — Croisade de Frédéric II. — Jean de Brienne, empereur de Constantinople.	ibid.
1233-1238.	§ II. Décadence et corruption du clergé. — Fondation des ordres mendiants. — Persécution contre les hérétiques et prédication d'une croisade.	368
1238.	§ III. Invasion des Mogols. — Le pape excommunie Frédéric II. — Louis IX refuse la couronne impériale pour Robert d'Artois.	370
1239-1241.	§ IV. Croisade en Grèce et en Syrie. — Guerre du pape et de l'empereur. — Fermeté de Louis IX.	372
1241-1244.	§ V. Politique de Louis IX. — Ligue des seigneurs du midi contre lui. — Bataille de Saintes. — Trêve entre Louis IX et Henri III.	374
1246.	§ VI. Mariage de Charles d'Anjou avec l'héritière de Provence	376

TABLE DES MATIÈRES.

Dates		Pages
	CHAPITRE II. Croisade de saint Louis en Égypte. — 1243 à 1254.	378
1243-1245.	§ I. Élection d'Innocent IV. — Politique du saint-siége.	ibid.
1245.	§ II. Concile de Lyon. — Déposition de Frédéric II.	380
1245-1247.	§ III. Louis IX prend la croix. — Guerre d'Innocent IV et de Frédéric II.	381
1248-1249.	§ IV. Départ de Louis IX pour la croisade. — Débarquement des Français. — Prise de Damiette.	385
1249-1250.	§ V. Bataille de Mansourah. — Retraite des Français. Captivité de saint Louis.	386
1250.	§ VI. Évacuation de l'Égypte par les Français. — Séjour de Louis IX en Syrie.	388
1250-1254.	§ VII. Popularité de saint Louis. — Croisade des Pastoureaux. — Retour de saint Louis.	390
	CHAPITRE III. Législation de saint Louis. — Huitième croisade. — Règne de Philippe III. — 1254 à 1285.	391
1254-1262.	§ I. Relations de Louis IX avec l'Angleterre, l'Aragon, l'Allemagne et l'Italie.	ibid.
	§ II. Relations de Louis IX avec ses barons; ses ordonnances contre les guerres privées et les duels judiciaires.	393
	§ III. Puissance nouvelle des légistes. — Appels et cas royaux. — Commencements du parlement.	395.
	§ IV. Relations du roi avec ses sujets; ordonnances pour les communes, les impôts, les monnaies, la justice, etc. — Philosophie et littérature françaises.	396
	§ V. Relations de saint Louis avec le clergé. — Pragmatique-sanction. — Caractère nouveau de la royauté.	399
1258-1266.	§ VI. Victoire de l'aristocratie anglaise sur la royauté. — Conquête de Naples par Charles d'Anjou.	401
1258-1267.	§ VII. Destruction du khalifat de Bagdad. — Prise de Constantinople par les Grecs après une nouvelle croisade.	402
1268.	§ VIII. Destruction de la maison de Hohenstauffen.	404
1270.	§ IX. Huitième croisade. — Mort de Louis IX.	405
1270-1272.	§ X. Philippe III, roi de France. — Réunion du Languedoc.	406
1271-1291.	§ XI. Décadence du pouvoir impérial. — Concile de Lyon. — Ruine de la Terre-Sainte.	407
1276.	§ XII. Première lettre d'anoblissement. — Procès de Labrosse.	408
1274-1276.	§ XIII. Guerres des Français en Espagne.	409
1276-1285.	§ XIV. Vêpres Siciliennes. — Guerre d'Aragon. — Mort de Philippe III.	410
	CHAPITRE IV. Philippe-le-Bel et Boniface VIII. — 1285 à 1303.	412
1285-1291.	§ I. Philippe IV, roi de France. — Traité de Tarascon.	ibid.
	§ II. Progrès administratifs de la royauté.	ibid.
1292-1297.	§ III. Guerre avec les Anglais.	414

Dates		Pages
1296-1297.	§ IV. Commencement de la querelle de Boniface VIII et de Philippe IV.	416
1297-1299.	§ V. Création de pairs. — Trêve avec l'Angleterre. — Réunion de la Flandre à la couronne.	418
1299.	§ VI. Exactions financières de Philippe IV. — Suites de la querelle avec Boniface VIII.	419
1300-1301.	§ VII. Jubilé de l'an 1300. — Bulle contre Philippe IV.	421
1302-1303.	§ VIII. Premiers états-généraux.	424
	§ IX. Concile de Rome. — Mort de Boniface VIII. — Fin de la monarchie théocratique.	426

Chapitre V. Compléments de la révolution précédente : bataille de Courtray; simonie de Clément V; condamnation des Templiers; établissement de la loi salique; extinction de la race directe des Capétiens. — 1303 à 1328. — 429

	§ I. Suites de la révolution précédente.	ibid.
1302-1304.	§ II. Batailles de Courtray et de Mons-en-Puelle.	430
1305.	§ III. Élection simoniaque de Clément V.	432
1306.	§ IV. Exactions financières de Philippe IV. — Esclavage de Clément V.	434
1307-1309.	§ V. Jugement des Templiers.	435
1308.	§ VI. Révolution en Helvétie. — Élection de Henri VII.	438
1309-1311.	§ VII. Procès de Boniface VIII. — Concile de Vienne. — Abolition de l'ordre des Templiers.	439
1314.	§ VIII. Réunion de la ville de Lyon à la couronne. — Supplice du grand-maître des Templiers. — Fin du règne de Philippe IV.	440
1314-1316.	§ IX. Règne de Louis X, dit le Hutin.	442
1317.	§ X. Établissement de la loi salique.	444
1317-1322.	§ XI. Règne de Philippe V, dit le Long. — Persécutions contre les Franciscains, les Pastoureaux, les Juifs, etc.	446
1323-1328.	§ XII. Règne de Charles IV, dit le Bel.	448
1328.	§ XIII. Extinction de la race directe des Capétiens.	449

FIN DE LA TABLE DES MATIÈRES.

www.ingramcontent.com/pod-product-compliance
Lightning Source LLC
Chambersburg PA
CBHW070207240426
43671CB00007B/572